龚六堂●编著

北京大学光华管理学院教材

Applied Economics
应用经济学系列

公共财政理论

PUBLIC FINANCE

北京大学出版社
PEKING UNIVERSITY PRESS

图书在版编目(CIP)数据

公共财政理论/龚六堂编著.—北京:北京大学出版社,2009.1
(北京大学光华管理学院教材·应用经济学系列)
ISBN 978-7-301-11275-5

Ⅰ.公⋯　Ⅱ.龚⋯　Ⅲ.公共财政学-高等学校-教材　Ⅳ.F810

中国版本图书馆 CIP 数据核字(2006)第 135315 号

书　　　名：	公共财政理论
著作责任者：	龚六堂　编著
责 任 编 辑：	张迎新
标 准 书 号：	ISBN 978-7-301-11275-5/F·1511
出 版 发 行：	北京大学出版社
地　　　址：	北京市海淀区成府路 205 号　100871
网　　　址：	http://www.pup.cn
电　　　话：	邮购部 62752015　发行部 62750672　编辑部 62752926
	出版部 62754962
电 子 邮 箱：	em@pup.pku.edu.cn
印　刷　者：	北京飞达印刷有限责任公司
经　销　者：	新华书店
	730 毫米×980 毫米　16 开本　26.5 印张　476 千字
	2009 年 1 月第 1 版　2009 年 1 月第 1 次印刷
印　　　数：	0001—4000 册
定　　　价：	42.00 元

未经许可,不得以任何方式复制或抄袭本书之部分或全部内容。
版权所有,侵权必究
举报电话:010-62752024　电子邮箱:fd@pup.pku.edu.cn

编委会名单

名誉主编： 厉以宁
主　　编： 张维迎
执行主编： 涂　平

编委(按姓氏笔画排序)

王汉生	王其文	李　东	刘　力	刘国恩	朱善利	吴联生
张一弛	陆正飞	陈　嵘	周长辉	武常岐	涂　平	徐信忠
梁钧平	符国群	龚六堂	董小英	雷　明		

丛书总序

教材建设是大学人才培养和知识传授的重要组成部分。对管理教育而言,教材建设尤为重要,一流的商学院不仅要有一流的师资力量、一流的生源、一流的教学管理水平,而且必须使用一流的教科书。一流的管理类教科书必须满足以下标准:第一,能把所在领域的基础知识以全面、系统的方式和与读者友好的语言呈现给读者;第二,必须有时代感,能把学科前沿的研究成果囊括进去;第三,必须做到理论和实务(包括案例分析)相结合,有很强的实用性;第四,能够启发学生思考现实的管理问题,培养他们分析问题和解决问题的能力;第五,可以作为研究人员和管理人士的工具书。

中国的管理教育是伴随改革开放而产生的。真正意义上的管理教育在中国不过十多年的历史,但巨大的市场需求使得管理教育成为中国高等教育各学科中发展最快的领域,管理类教科书市场异常繁荣。但总体而言,目前国内市场上管理类教科书的水平仍不能令人满意。国内教科书作者大多数在所涉及领域并没有真正的原创性研究和学术贡献,所撰写的教科书普遍停留在对国外教科书的内容进行中国式排列组合的水平上;国外引进的原版教科书虽然具有学术上的先进性,但由于其写作背景是外国的管理实践和制度安排,案例也都是取自于西方发达国家,加上语言风格与中文不同,对中国读者而言,总有一种隔靴搔痒的感觉。如何写出一流的中国版的管理类教材,是中国管理教育发展面临的重要任务。

北京大学光华管理学院一直重视教材建设工作。1999 年夏,我们曾与经济科学出版社签约,以每本 20 万元的稿酬,向全国征集 MBA 教科书作者。这个计划公布之后,我们收到了十几本教科书的写作方案,遗憾的是,经专家委员会评审,没有一本可以达到我们所期望的水平。究其原因,主要是当时中国管理学院的教授、学者大多数并没有真正从事有关中国商业实践、管理实践的理论性和实证性研究。我们得出的结论是：没有一流的学者，没有一流的学术研究成果，就不可能写出一流的教科书。国外有大量优秀的教科书，这些教科书都是成千上万的优秀学者在对每一个具体的管理问题进行出类拔萃的研究的基础上写成的，是学术研究的结晶。国内学者如果没有研究的积累，要写出包含中国管理实践的好的教科书是不可能的。所以，我们果断地中断了这个计划。

自1999年以来，师资队伍的建设成为光华管理学院工作的重中之重，除了通过出国培训、合作研究等方式提升原有教师的水平外，我们还从国内外引进了六十多位优秀的新教师，使得光华管理学院成为真正与国际接轨的研究型商学院。我们的绝大多数教师不仅受过良好的科学研究训练，具有很好的理论素养，而且潜心于中国管理实践的研究和教学。不少教师已在国际一流的学术刊物上发表论文，受到国际同行的关注。我们还与其他兄弟院校合作创办了几种高水准的中英文学术刊物，组织了一系列的学术会议，推动了整个中国管理学研究和教学水平的提升。

今天，我们有充分的信心向社会呈献一套由光华管理学院教师撰写的优秀的管理类系列教科书。"光华管理学院系列教材"包括"应用经济学"、"金融学"、"会计学"、"市场营销学"、"战略管理"、"组织管理"、"管理科学与工程"和"信息系统管理"等多个子系列，针对本科生、研究生、MBA/EMBA等多个层次。这些教科书都是作者在光华管理学院多次授课的讲义的基础上反复修改写成的，已经经受过课堂实践的考验。

当然，我们深知，优秀教材的建设是一项长期的任务，不可能一蹴而就，也不是一个学院能独立完成的事业，而是需要所有管理学院的通力合作。我们欢迎兄弟院校的师生和广大读者对书中的不足提出批评和建议，以便我们在未来的修订中不断改进。

让众多的没有机会进入光华管理学院的读者分享我们的课堂内容，是我们的荣幸，更是我们的责任。我们将以开放的姿态和与时俱进的精神为管理学教育的发展而努力。相信随着我们师资队伍的不断壮大和研究水平的不断提升，我们将会有更多更高水平的教材奉献给广大读者！

张维迎
北京大学光华管理学院
2005年7月11日

前　言

公共财政理论是经济学的重要应用,它讨论的问题涉及政府财政政策和货币政策的各个方面,如:政府如何对产品收税? 如何对消费者的资本收入收税? 如何对消费者的劳动收入收税? 以及政府如何安排自己的开支? 在教育投入多少开支? 在社会福利改善投入多少开支,等等,同时,也要讨论政府采取的这些政策对经济的影响有多大等类似的问题。

本书作为公共财政理论的高级教材,包括微观公共财政理论部分和宏观公共财政理论部分。关于微观公共财政部分,已经有经典的教材,如 Atkinson 和 Stiglitz 的《公共经济学》、Myles 的《公共经济学》,这两本书比较系统地总结了微观公共财政方面在 20 世纪 90 年代以前的工作,实际上关于微观公共财政的理论在近年来没有得到很好的发展。我们这里对这部分的介绍比较简单,读者可以参考上面两本书的内容。至于更简单一些的教材,读者可以参考 Rosen 的《财政学》一书。作为重点,本书着重介绍了宏观公共财政理论在近期的发展,关于这部分,目前国际上还没有一本较为系统的教材,一般把这方面的内容作为宏观公共政策部分在宏观经济学中讨论,但是宏观公共财政在近年来的蓬勃发展,使得其越来越独立,从而可以将其作为一个重要的经济学方向加以讨论。实际上关于宏观公共财政方面的著作,Arrow 和 Kurz 已经在其 70 年代的专著 *Public Investment, the Rate of Return, and Optimal Fiscal Policy* 中作了描述,他们主要讨论了政府公共开支与政府公共积累、政府税收对经济的影响,以及在次优框架下的最优税收问题。因为时代的局限性,他们采用的模型是古典增长模型,没有考虑内生增长模型的框架。但是,后面关于宏观公共财政的工作基本上是基于他们讨论的框架。自内生经济增长模型从 80 年代出现后,内生经济增长的框架被广泛引入公共财政领域,Barro(1990)首次在内生经济增长中讨论了政府税收和政府公共开支,之后 Lucas、Jones、Rebelo 等经济学家的工作都是在他们工作的基础上展开的。另外,把财政分权引入到宏观模型也是公共财政理论发展的一个新阶段。本书介绍了宏观公共财政理论的最新进展：在宏观公共财政方面首先讨论了政府公共开支和税收对经济的长期影响和短期影响，给出了财政政策和货币政策对社会福利影响的分析；同时本书在第7章和第8章系统地讨论了决定宏观税收的次优框架，在古典增长的框架下讨论了决定最优税收的Ramsey问题，同时也考虑了财政分权框架下的最优税收决定的Ramsey问题。在第9章我们给出了Barro(1990)的工作以及他的最新推广，在财政分权的框架下考虑了最优税收的问题。在第10章我们考虑了政府公共开支结构对经济的影响，从而可以得到政府公共开支的最优结构。在第11章我们考虑了随机模型中的政府税收问题，给出了随机模型中政府税收对经济的影响，同时，也在次优的框架下给出了连续时间的最优税收。在第12章我们考虑了离散模型中的最优税收问题，给出了Ricardian等价性，讨论了离散模型中的确定性下的最优税收和不确定性下的最优税收。最后，我们给出了目前关于宏观非线性税收的最新研究进展。

本书要求读者具有较高的微观经济学和宏观经济学的基础知识，本书可以作为高年级本科生、研究生的教材，也可供专门从事公共财政理论研究的学者使用。因为水平所限，错误在所难免，欢迎大家指正。另一方面，关于宏观公共财政方面的文献相当丰富，本书虽力求概括公共财政领域的最新成果，但选材时可能倾向于作者的研究兴趣，请读者谅解。最后，对多年关心和帮助我的老师和朋友邹恒甫教授、谢丹阳教授、阮志华教授等表示谢意，对支持我的家人表示感谢！

龚六堂

2008年6月于北京大学光华管理学院

CONTENTS 目录

第一部分 预备知识 /1

第1章 数学方法 /3
1.1 生产函数 /3
1.2 常用的优化方法 /5
习题 /22

第2章 微观经济学基础 /26
2.1 消费者行为 /26
2.2 厂商行为 /27
2.3 一般均衡 /28
2.4 竞争均衡的福利性质 /32
2.5 社会福利函数 /35
习题 /36

第3章 宏观经济学基础 /42
3.1 Solow 模型 /42
3.2 Ramsey-Cass-Koopmans 模型 /53
3.3 效用函数中的货币
——Sidrauski 模型 /59
3.4 内生经济增长模型 /66
习题 /78

第二部分 微观公共财政理论 /83

第4章 商品税的 Ramsey 法则 /85
4.1 Ramsey 法则的导出和性质 /85

CONTENTS
目 录

4.2 政府间转移支付的研究 /96
习题 /105
附录 资源的有效配置和相应的
   税收体系 /108

第 5 章 收入税模型 /119
5.1 最优收入税——Mirrlees 模型 /119
5.2 累进税的公平原则 /136
习题 /140

第三部分 宏观公共财政理论 /143

第 6 章 政府政策改变的福利分析 /151
6.1 效用函数中的休闲和政府
   公共开支 /151
6.2 Judd 的方法考虑的政府公共
   开支的影响 /161
6.3 资本收入税的福利影响——Chamley
   的福利分析方法 /168
6.4 货币、通货膨胀与社会福利损失 /175
习题 /185
附录 部分均衡中税收的超额负担 /189

第 7 章 最优税收理论 /192
7.1 一级政府框架下的最优税收 /192
7.2 一级政府下的最优税收路径 /203

CONTENTS 目录

    7.3 Ramsey 问题中的货币政策 /212
          习题 /221
          附录 A /223
          附录 B /224

第 8 章　多级政府框架下的最优税收和政府间转移支付 /227
    8.1 一个简单的模型 /229
    8.2 财政分权下的最优税收和最优中央政府转移支付 /239
          习题 /264
          附录 /265

第 9 章　内生经济模型框架下的最优税收 /268
    9.1 一级政府的行为 /269
    9.2 多级政府框架下的政府公共开支与税收 /271
    9.3 多级政府的公共资本积累与经济增长 /279
    9.4 多级政府中的货币和税收 /286
          习题 /301

第 10 章　政府公共开支与经济增长 /309
    10.1 问题的提出 /309
    10.2 政府公共开支与经济增长 /311
    10.3 政府公共开支结构与经济增长 /314

CONTENTS 目录

10.4 政府公共开支的增长和波动对经济增长的影响 /326

习题 /334

附录A 变量说明 /334

附录B 最优解的求出 /340

第11章 随机增长模型中的政府税收 /342

11.1 随机模型中的税收 /342

11.2 随机模型中的最优税收 /352

习题 /358

第12章 离散的最优税收理论 /360

12.1 Ricardian 等价性 /361

12.2 确定性下的离散模型的 Ramsey 问题 /365

12.3 不确定性下的离散时间的最优税收问题 /376

12.4 OLG 模型中的最优税收 /391

习题 /396

参考文献 /399

第一部分
预备知识

第 1 章　数学方法

第 2 章　微观经济学基础

第 3 章　宏观经济学基础

第1章 数 学 方 法

在研究经济学问题的时候一般考虑的框架是：消费者行为、厂商行为，然后在市场上，通过供给等于需求得到均衡的价格. 在公共财政理论中考虑问题就是在上面的框架中加入政府行为. 因此，公共财政理论可以看成宏观经济学和微观经济学的应用，所以在讨论公共财政理论之前需要给出宏观经济学和微观经济学的基本理论. 在预备知识中，我们给出这两方面的基本知识. 同时，我们也给出了数学基本知识：包括经常遇到的生产函数和处理优化问题的基本方法等.

1.1 生产函数

在经济中经常要用一个函数来描述厂商的生产过程，即生产函数. 它的性质在后面经常用到，这里给出一个简单介绍.

假设产出 Y 由厂商投入资本存量 $K(t)$ 和劳动力 $L(t)$ 来生产，这个过程由函数 $Y(t)=F(K(t),L(t))$ 给出. 假设函数 $F(\cdot,\cdot):R\times R\to R$ 是二阶连续可微的，并且满足

A1. $F(0,L(t))=0, F(K(t),0)=0$. 即没有资本投入或者没有劳动力投入都不可能生产出产品. 这也是人们通常讲的"没有免费的午餐".

A2. 函数 $F(\cdot,\cdot)$ 对于变量是非降的，即投入品越多，产出越多. 由生产函数的可微性，假设 A2 可以表示为

$$\frac{\partial F(K,L)}{\partial K}\geqslant 0, \quad \frac{\partial F(K,L)}{\partial L}\geqslant 0$$

A3. 生产函数是常数规模回报的，即对任意的 $\lambda>0$，有

$$F(\lambda K(t),\lambda L(t))=\lambda F(K(t),L(t))$$

假设 A3 告诉我们，如果把所有的投入同时提高 λ 倍，总的产出也会相应地提高 λ 倍. 在连续可微的假设下，由假设 A3 可以得到下面的 Euler 方程：

$$F(K(t),L(t)) = \frac{\partial F(K,L)}{\partial K}K + \frac{\partial F(K,L)}{\partial L}L$$

Euler 方程告诉我们在完全竞争的假设下,具有常数规模回报的厂商的所有收益被资本回报和工资所瓜分,因此它的极大化利润为零.

A4. 生产函数对变量是拟凹的. 即对任意的生产可行性计划 (K_1,L_1) 和 (K_2,L_2),以及任意的 $\lambda \in [0,1]$,有

$$F(\lambda K_1(t) + (1-\lambda)K_2(t), \lambda L_1(t) + (1-\lambda)L_2(t))$$
$$\geq \min\{F(K_1,L_1), F(K_2,L_2)\}$$

条件 A4 等价于厂商的要素需求集是凸集合. 但它在应用中较难,因此通常用更强的条件来代替:

A4′. 生产函数对变量是凹的,并且对任意线性无关的投入来讲是严格凹的. 即对任意的生产可行性计划 (K_1,L_1) 和 (K_2,L_2),并且对任意的 $t>0$, $(K_1,L_1) \neq t(K_2,L_2)$,以及任意的 $\lambda \in (0,1)$,有

$$F(\lambda K_1(t) + (1-\lambda)K_2(t), \lambda L_1(t) + (1-\lambda)L_2(t))$$
$$> \lambda F(K_1,L_1) + (1-\lambda)F(K_2,L_2)$$

在生产函数的可微性下,A4′ 等价于生产函数的 Hessian 矩阵是秩为 1 的矩阵,并且满足

$$\frac{\partial^2 F(K,L)}{\partial K^2} < 0, \quad \frac{\partial^2 F(K,L)}{\partial L^2} < 0$$

因此,在 A4′ 下,资本存量和劳动力的边际生产率都是递减的.

A5. 生产函数满足 Inada 条件,即

$$\lim_{K \to \infty} F_K(K,L) = 0, \quad \lim_{L \to \infty} F_L(K,L) = 0$$
$$\lim_{K \to 0} F_K(K,L) = \infty, \quad \lim_{L \to 0} F_L(K,L) = \infty$$

假设 A5 表明当资本存量水平或者劳动力水平充分大时,它们的边际生产率充分小;反之,当它们的水平充分小时,它们的边际生产率充分大.

例 1.1.1 对任意的 $\gamma > 0, \rho < 0$,考虑生产函数

$$F(K,L) = \gamma(\alpha K^{-\rho} + (1-\alpha)L^{-\rho})^{-1/\rho}$$

可以验证上面函数满足条件 A1—A3,A4′ 和 A5. 我们通常所讲的 Cobb-Douglas 生产函数

$$Y(t) = A(t)K(t)^\alpha L(t)^\beta$$

其中 α,β 为非负常数满足 $0 < \alpha, \beta < 1$. 可以验证它也满足新古典生产函数的假设.

在公共财政理论中,考虑到政府公共开支和政府的公共资本积累,我们可以把政府公共开支或者政府公共资本积累引入生产函数,如:

$$Y = AK^{\alpha}L^{\beta}G^{\xi}$$

其中 α,β,ξ 为正常数,满足 $\alpha+\beta+\xi=1$.

对于把这些政府公共开支引入生产函数,最早可以追溯到 Arrow 和 Kurz(1970)的工作,之后政府公共开支被 Barro 引入到内生经济增长模型中来考察政府的最优税收,此后,大量的经济学家对这类生产函数进行应用,如 Turnovsky(1995),Zou(1994),Gong 和 Zou(1998),Devarajan、Swaroop 和 Zou(2001a,b)等.特别地,Gong 和 Zou(2001b)在财政分权的框架下,把多级政府的公共开支引入生产函数.这些工作在公共财政理论中已经得到广泛应用.我们一般把这类生产函数叫做 Arrow-Kurz-Barro 型生产函数.

同时,因为政府的公共开支可以分成很多类,如国际货币基金组织(IMF)出版的《政府财政统计》(GFS)中政府的公共开支可以按照两种方式来分类:一种按照政府开支的经济类型,另一种按照政府开支的职能类型.按照政府开支的经济类型来划分,政府的公共开支可以分成政府经常性项目的开支(包括购买商品和服务、支付工资、支付利息和补贴等)和资本性项目的开支(包括证券的投资、土地和资本转移等).政府公共开支按照政府职能可以分成:(1)一般性的公共服务开支;(2)国防开支(包括国防和维护公共安全与秩序的开支);(3)教育开支;(4)社会福利改善开支(包括健康、社会安全、住房、文化等);(5)交通运输开支(道路、水上交通、铁道和航空);(6)经济事务与服务开支(包括能源、农业、森林、渔业等).此时,生产函数一般地定义在资本存量、劳动力供给和上述的政府公共开支水平上,即

$$Y = F(K,L,G_1,G_2,\cdots,G_n)$$

对于这种生产函数,我们一般假设条件 A2—A5 是成立的,但是条件 A1 就不一定成立了,我们可以要求 $F(0,L,G_1,G_2,\cdots,G_n)=0$,$F(K,0,G_1,G_2,\cdots,G_n)=0$,但是不能要求 $F(K,L,0,G_2,\cdots,G_n)=0$.这类生产函数会贯穿整个公共财政理论.

1.2 常用的优化方法

在经济学中经常要处理一些优化问题,公共财政理论也不例外,为了方便读者阅读本书,我们这里给出处理优化问题的几个重要方法,当然读者要具体掌握这些方法还需要阅读作者编写的另外一本教材《动态经济学方法》.这里给出了处理静态优化问题的 Lagrange 方法,处理跨时优化问题的最优控制方法和动态规划方法.

1.2.1 Lagrange 方法

对于目标函数和约束条件由非线性函数给出的规划问题,我们一般可以用 Lagrange 方法来解决,它是处理静态优化问题的常用方法,下面给出 Lagrange 方法处理问题的主要过程.

1. 一般规划问题

假设函数 $f(\cdot):C\to R$, $g_i(\cdot):C\to R(i=1,\cdots,m)$ 和 $h_j(\cdot):C\to R(j=1,\cdots,p)$ 都是二阶连续可微的函数,考虑优化问题

$$\min_x f(x) \tag{1.2.1}$$

受约束于

$$g_i(x) \geqslant 0, \quad i=1,\cdots,m \tag{1.2.2}$$

$$h_j(x) = 0, \quad j=1,\cdots,p \tag{1.2.3}$$

这里 $m,p \leqslant n$, 为常数, $C \subset R^n$.

分别定义优化问题(1.2.1)—(1.2.3)的可行集合 X 以及在 x^* 的积极约束指标集 $I(x^*)$、可行方向锥 $Z^1(x^*)$ 和下降方向锥 $Z^2(x^*)$ 为

$$X = \{x \mid g_i(x) \geqslant 0, h_j(x) = 0\}, \tag{1.2.4}$$

$$I(x^*) = \{i \mid g_i(x^*) = 0\}, \tag{1.2.5}$$

$$Z^1(x^*) = \{z \mid z^T \nabla g_i(x^*) \geqslant 0, i \in I(x^*);$$

$$z^T \nabla h_j(x^*) \geqslant 0, j=1,\cdots,p\}, \tag{1.2.6}$$

$$Z^2(x^*) = \{z \mid z^T \nabla f(x^*) < 0\}. \tag{1.2.7}$$

定义 1.2.1

集合 A 的闭切锥定义为包含向量 $\{a-x, a \in A\}$ 的所有闭锥之交,即

$$S(A,x) = \bigcap_{k=1}^{\infty} \{A \cap N_{\frac{1}{k}}(x), x\}.$$

定义 1.2.2

集合 A 的法锥定义 $A' = \{x \mid x^T y \geqslant 0, y \in A\}$.

对应优化问题(1.2.1)—(1.2.3),定义 Lagrange 函数为①

---

① 如果把(1.2.1)中的目标函数改为极大化,应用中为了保证 Lagrange 乘子的非负性,Lagrange 函数一般定义为

$$L(x,\lambda,\mu) = f(x) + \sum_{i=1}^{m} \lambda_i g_i(x) + \sum_{j=1}^{p} \mu_j h_j(x)$$

对于其他的结论可以同样成立.

$$L(x,\lambda,\mu) = f(x) - \sum_{i=1}^{m}\lambda_i g_i(x) - \sum_{j=1}^{p}\mu_j h_j(x) \qquad (1.2.8)$$

其中 $\lambda_i, i=1,\cdots,m$ 和 $\mu_j, j=1,\cdots,p$ 分别为对应约束条件(1.2.2)和(1.2.3)的 Lagrange 乘子. 这样,求解优化问题(1.2.1)—(1.2.3)的 Kuhn-Tucker 定理为:

【定理 1.2.1】(Kuhn-Tucker)

若 x^* 为问题(1.2.1)—(1.2.3)的解,且 $(Z^1(x^*))' = (S(X,x^*))'$,则存在乘子 $\lambda^* = (\lambda_1^*,\cdots,\lambda_m^*) \geqslant 0, \mu^* = (\mu_1^*,\cdots,\mu_p^*)$ 满足

$$\frac{\partial f(x^*)}{\partial x_j} - \sum_{i=1}^{m}\lambda_i^*\frac{\partial g_i(x^*)}{\partial x_j} - \sum_{k=1}^{p}\mu_k^*\frac{\partial h_k(x^*)}{\partial x_j} = 0,$$
$$j = 1,\cdots,n$$
$$\lambda_i^* \geqslant 0, \quad \lambda_i^* g_i(x^*) = 0, \quad g_i(x^*) \geqslant 0, \quad i = 1,\cdots,m$$

关于充分性条件,我们给出了下面的结论:

【定理 1.2.2】(充分性条件)

若 x^* 为问题的可行解,且存在 $\lambda^* = (\lambda_1^*,\cdots,\lambda_m^*) \geqslant 0, \mu^* = (\mu_1^*,\cdots,\mu_p^*)$ 满足

$$\frac{\partial f(x^*)}{\partial x_j} - \sum_{i=1}^{m}\lambda_i^*\frac{\partial g_i(x^*)}{\partial x_j} - \sum_{k=1}^{p}\mu_k^*\frac{\partial h_k(x^*)}{\partial x_j} = 0, \quad j = 1,\cdots,n$$
$$\lambda_i^* \geqslant 0, \quad \lambda_i^* g_i(x^*) = 0, \quad g_i(x^*) \geqslant 0, \quad i = 1,\cdots,m$$

同时,对于任意的 $z \in \hat{Z}^1(x^*)$ 且 $z \neq 0$ 满足

$$z^T \nabla_{xx} L(x^*,\lambda^*,\mu^*) z > 0$$

则 x^* 为函数的局部严格极小值点.(如果不等式反向,则为局部严格极大值点). 其中,$\hat{I}(x^*)$ 和 $\hat{Z}^1(x^*)$ 分别定义为

$$\hat{I}(x^*) = \{i \mid g_i(x^*) = 0, \lambda_i^* > 0\}.$$
$$\hat{Z}^1(x^*) = \{z \mid z^T \nabla g_i(x^*) = 0, i \in \hat{I}(x^*); z^T \nabla g_i(x^*) \geqslant 0,$$
$$i \in I(x^*); z^T \nabla h_j(x^*) \geqslant 0, j = 1,\cdots,p\}.$$

2. 凸规划

在经济中,我们考虑的优化问题中的目标函数或者约束条件的函数往往具有凸凹性的假设,如效用函数、生产函数都是凹函数. 这种规划问题具有一般规划问题不具有的特殊性质,因此,优化中常常要研究这类特殊的规划问题——凸规划. 凸规划研究的问题为

$$\min_x f(x) \tag{1.2.9}$$

受约束于

$$g_i(x) \geqslant 0, \quad i=1,\cdots,m \tag{1.2.10}$$

$$h_j(x) = 0, \quad j=1,\cdots,p \tag{1.2.11}$$

其中 $f(x)$ 为正常凸函数；$g_i(x) \geqslant 0$ 为正常凹函数，$h_j(x)=0$ 为线性函数. 这里正常的意思表示函数不是处处无穷大.

强相容条件：如果存在 x^0 满足

$$g_i(x) > 0, \quad i=1,\cdots,m; \quad h_j(x)=0, \quad j=1,\cdots,p$$

相应于凸规划问题，我们有下面的定理：[①]

【**定理 1.2.3**】(Kuhn-Tucker)

若 x^* 为问题(1.2.9)—(1.2.11)的解，而且规划问题还满足强相容条件，同时，$h_j(x)=0$ 的系数矩阵是满秩的，则存在乘子 $\lambda^* = (\lambda_1^*,\cdots,\lambda_m^*) \geqslant 0$ 和 $\mu^* = (\mu_1^*,\cdots,\mu_p^*)$ 满足

$$\frac{\partial f(x^*)}{\partial x_j} - \sum_{i=1}^m \lambda_i^* \frac{\partial g_i(x^*)}{\partial x_j} - \sum_{k=1}^p \mu_k^* \frac{\partial h_k(x^*)}{\partial x_j} = 0, \quad j=1,\cdots,n$$

$$\lambda_i^* \geqslant 0, \quad \lambda_i^* g_i(x^*) = 0, \quad g_i(x^*) \geqslant 0, \quad i=1,\cdots,m$$

对于凸规划问题，我们有下面的充分性条件：

【**定理 1.2.4**】(充分性条件)

若存在 x^* 满足条件(1.2.10)—(1.2.11)，而且存在乘子 $\lambda^* = (\lambda_1^*,\cdots,\lambda_m^*) \geqslant 0$ 和 $\mu^* = (\mu_1^*,\cdots,\mu_p^*)$ 满足

$$\frac{\partial f(x^*)}{\partial x_j} - \sum_{i=1}^m \lambda_i^* \frac{\partial g_i(x^*)}{\partial x_j} - \sum_{k=1}^p \mu_k^* \frac{\partial h_k(x^*)}{\partial x_j} = 0, \quad j=1,\cdots,n$$

$$\lambda_i^* \geqslant 0, \quad \lambda_i^* g_i(x^*) = 0, \quad g_i(x^*) \geqslant 0, \quad i=1,\cdots,m$$

则 x^* 为目标函数 $f(x)$ 的整体极小值点.

[①] 如果在约束条件中增加变量 $x_i \geqslant 0$，则该定理可以改写为：若 x^* 为问题(1.2.9)—(1.2.11)的解，而且规划问题满足强相容条件，同时，$h_j(x)=0$ 的系数矩阵是满秩的，则存在乘子 $\lambda^* = (\lambda_1^*,\cdots,\lambda_m^*) \geqslant 0$，$\mu^* = (\mu_1^*,\cdots,\mu_p^*)$ 满足

$$\left(\frac{\partial f(x^*)}{\partial x_j} - \sum_{i=1}^m \lambda_i^* \frac{\partial g_i(x^*)}{\partial x_j} - \sum_{k=1}^p \mu_k^* \frac{\partial h_k(x^*)}{\partial x_j}\right) x_j^* = 0, \quad j=1,\cdots,n$$

$$\frac{\partial f(x^*)}{\partial x_j} - \sum_{i=1}^m \lambda_i^* \frac{\partial g_i(x^*)}{\partial x_j} - \sum_{k=1}^p \mu_k^* \frac{\partial h_k(x^*)}{\partial x_j} \geqslant 0, \quad x_j^* \geqslant 0, \quad j=1,\cdots,n$$

$$\lambda_i^* \geqslant 0, \quad \lambda_i^* g_i(x^*) = 0, \quad g_i(x^*) \geqslant 0, \quad i=1,\cdots,m$$

这就是我们通常在经济学中常用的 Kuhn-Tucker 定理的表述形式.

因此,对于一般规划问题,求解可以采用下面的步骤:

(1) 定义对应的 Lagrange 方程;

(2) 通过 Kuhn-Tucker 定理写出一阶条件和松弛条件;

(3) 通过上面给出的一阶条件和松弛条件求解,求解过程一般是从松弛条件开始的.

3. 包络引理和 Lagrange 乘子的经济意义

下面来考虑 Lagrange 乘子的经济意义,考虑带参数的等式约束优化问题

$$V(a) = \max_x f(x,a)$$

受约束于 $g(x,a)=0$,这里 a 为参数.

显然上面问题的最优值是与参数 a 相关的,记这一最优值为 $V(a)$,我们把它叫做值函数.在函数 f,g 的连续可微性假设下,我们可以得到值函数的连续可微性.包络引理给出了当参数 a 变化时,最优值是如何变化的.它可以表示为:

【包络引理】

$$V'(a) = \frac{\partial L(x,a,\lambda)}{\partial a}\bigg|_{x=x(a),\lambda=\lambda(a)}$$

,这里 $L(x,a,\lambda)$ 为 Lagrange 函数,定义为

$$L(x,a,\lambda) = f(x,a) - \lambda g(x,a)$$

其中 $x(a)$ 和 $\lambda(a)$ 为对应的优化问题的最优解和 Lagrange 乘子.

特别地,对于下面的优化问题:

$$V(b) = \max f(x,y)$$

受约束于 $g(x,y)=b$,其中 b 为参数.这里函数 f 和 g 都是 $R^2 \to R$ 的二阶连续可微函数.

由包络引理可以得到 $\lambda = V'(b)$,即 Lagrange 乘子为参数 b 的边际值.它表示当参数 b 增加一个单位时,函数 $f(x,y)$ 的最优值增加多少.因此,也把 Lagrange 乘子叫做影子价格.

1.2.2 最优控制

最优控制原理是由前苏联数学家 Pontryagin 给出的,它讨论的问题就是在微分方程给出的约束条件下,选择函数来使得目标函数极大或者极小.它是求解连续时间的跨时优化问题的重要方法,我们下面给出求解的方法.

1. 各种终点受约束的情形

考虑在微分方程约束下的优化问题:

$$\max_{x,u} \int_{t_0}^{t_1} f(t,x(t),u(t))dt + \phi(x(t_1),t_1)$$

受约束于
$$\dot{x}(t) = g(t, x(t), u(t))$$
$$x(t_0) = x_0$$

在 t_1 处的约束可以分下面的情形：

(1) $x(t_1) = x_1$；

(2) $x(t_1)$ 自由选择；

(3) $x(t_1) \geqslant 0$；

(4) $K(x(t_1), t_1) \geqslant 0$；

(5) t_1 自由选择.

这里函数 f 和 g 都是二阶连续可微的函数，K 和 ϕ 为连续可微函数，$\dot{x}(t)$ 是 $x(t)$ 对时间的导数. 我们把 $u(t)$ 叫做控制变量；$x(t)$ 叫做状态变量. 这是因为人们可以通过改变 $u(t)$ 来改变 $x(t)$ 的值；要改变 $x(t)$ 的值，必须通过改变 $u(t)$ 才能实现.

对应于上面的问题，定义 Hamilton 方程
$$H(t, x, u, \lambda) = f(t, x, u) + \lambda g(t, x, u),$$
其中 λ 为 Hamilton 乘子.

【定理 1.2.5】

如果 $x^*(t), u^*(t), t \in [t_0, t_1]$ 为最优问题的解，则存在 Hamilton 乘子 $\lambda^*(t), t \in [t_0, t_1]$，满足

(1) 最优性条件：
$$\frac{\partial H(t, x^*, u^*, \lambda^*)}{\partial u} = \frac{\partial f(t, x^*, u^*)}{\partial u} + \lambda^* \frac{\partial g(t, x^*, u^*)}{\partial u} = 0;$$

(2) Euler 方程：
$$\frac{d\lambda^*}{dt} = -\frac{\partial H(t, x^*, u^*, \lambda^*)}{\partial x}$$
$$= -\frac{\partial f(t, x^*, u^*)}{\partial x} - \lambda^* \frac{\partial g(t, x^*, u^*)}{\partial x};$$

(3) 可行性条件：
$$\frac{dx^*}{dt} = \frac{\partial H(t, x^*, u^*, \lambda^*)}{\partial \lambda} = g(t, x^*, u^*)$$
$$x^*(t_0) = x_0$$

(4) 横截性条件（对应于上面不同的终点约束有下面的横截性条件）：

① 如果约束条件是 $x^*(t_1) = x_1$，则不存在其他的横截性条件；

② 如果 $x(t_1)$ 自由选择，则横截性条件为 $\lambda^*(t_1) = \phi_{x_1}(x^*(t_1), t_1)$；

③ 如果约束条件为 $x(t_1) \geqslant 0$，则横截性条件为

$$x^*(t_1) \geqslant 0, \quad \lambda^*(t_1) \geqslant \phi_{x_1}(x^*(t_1),t_1),$$
$$x^*(t_1)(\lambda^*(t_1) - \phi_{x_1}(x^*(t_1),t_1)) = 0;$$

④ 如果约束条件为 $K(x(t_1),t_1) \geqslant 0$,则横截性条件为
$$\lambda^*(t_1) = \phi_{x_1}(x^*(t_1),t_1) + pK_{x_1}(x^*(t_1),t_1),$$
$$f(t_1, x^*(t_1), u^*(t_1)) + \lambda^*(t_1)g(t_1, x^*(t_1), u^*(t_1))$$
$$+ \phi_{t_1}(x^*(t_1),t_1) + pK_{t_1}(x^*(t_1),t_1) = 0,$$
$$p \geqslant 0, \quad K(x^*(t_1),t_1) \geqslant 0, \quad pK(x^*(t_1),t_1) = 0$$

(特别地,如果约束条件为 $t_1 \leqslant T$,则对应的横截性条件为
$$t_1 \leqslant T,$$
$$f(t_1, x^*(t_1), u^*(t_1)) + \lambda^*(t_1)g(t_1, x^*(t_1), u^*(t_1))$$
$$+ \phi_{t_1}(x^*(t_1),t_1) \geqslant 0,$$
$$(T - t_1)(f(t_1, x^*(t_1), u^*(t_1))$$
$$+ \lambda^*(t_1)g(t_1, x^*(t_1), u^*(t_1))$$
$$+ \phi_{t_1}(x^*(t_1),t_1)) = 0)$$

⑤ 如果 t_1 自由选择,则横截性条件为
$$f(t_1, x^*(t_1), u^*(t_1)) + \lambda^*(t_1)g(t_1, x^*(t_1), u^*(t_1))$$
$$+ \phi_{t_1}(x^*(t_1),t_1) = 0$$

(5) 二阶条件:
$$\frac{\partial^2 H(t,x^*,u^*,\lambda^*)}{\partial u^2} \leqslant 0 \quad (\text{如果对应的是极大化问题});$$
$$\frac{\partial^2 H(t,x^*,u^*,\lambda^*)}{\partial u^2} \geqslant 0 \quad (\text{如果对应的是极小化问题}).$$

2. 带约束的控制问题

对于更一般的控制问题,有时约束条件不仅带有微分方程约束,而且还带有代数约束,即
$$\max_{x,u} \int_{t_0}^{t_1} f(t, x(t), u(t)) \mathrm{d}t$$

受约束于
$$\dot{x}(t) = g(t, x(t), u(t))$$
$$h(t, x(t), u(t)) \leqslant 0$$

以及 $t_0, t_1, x(t_0) = x_0$ 给定, $x(t_1)$ 自由选择.

这里函数 f, g 和 h 都是二阶连续可微的函数. 当然,我们也可以考虑在这种情形下的各种终点受约束的情形,得到和前面类似的结论,这里不再讨论.

对应于上面的优化问题,定义 Hamilton 方程
$$H(t, x, u, \lambda, \mu) = f(t, x, u) + \lambda g(t, x, u) + \mu h(t, x, u)$$

其中 λ 为 Hamilton 乘子，μ 为 Lagrange 乘子.

有下面的最优性条件：

【定理 1.2.6】

如果 $x^*(t), u^*(t), t \in [t_0, t_1]$ 为问题的解，则存在 Hamilton 乘子 $\lambda^*(t)$, $t \in [t_0, t_1]$, μ^* 满足

(1) 最优性条件：

$$\frac{\partial H(t, x^*, u^*, \lambda^*, \mu^*)}{\partial u} = \frac{\partial f(t, x^*, u^*)}{\partial u} + \lambda^* \frac{\partial g(t, x^*, u^*)}{\partial u}$$

$$+ \mu^* \frac{\partial h(t, x^*, u^*)}{\partial u} = 0$$

(2) Euler 方程：

$$\frac{\mathrm{d}\lambda^*}{\mathrm{d}t} = -\frac{\partial H(t, x^*, u^*, \lambda^*, \mu^*)}{\partial x}$$

$$= -\frac{\partial f(t, x^*, u^*)}{\partial x} - \lambda^* \frac{\partial g(t, x^*, u^*)}{\partial x}$$

$$- \mu^* \frac{\partial h(t, x^*, u^*)}{\partial x}$$

(3) 可行性条件：

$$\frac{\mathrm{d}x^*}{\mathrm{d}t} = \frac{\partial H(t, x^*, u^*, \lambda^*, \mu^*)}{\partial \lambda} = g(t, x^*, u^*)$$

$$t_0, t_1, x^*(t_0) = x_0$$

(4) 横截性条件：

$$\lambda^*(t_1) = 0.$$

(5) 松弛条件：

$$\mu^* \geqslant 0, \quad h(t, x^*, u^*) \geqslant 0, \quad \mu^* h(t, x^*, u^*) = 0.$$

(6) 二阶条件：

$$\frac{\partial^2 H(t, x^*, u^*, \lambda^*, \mu^*)}{\partial u^2} \leqslant 0 \quad \text{（如果对应的是极大化问题）；}$$

$$\frac{\partial^2 H(t, x^*, u^*, \lambda^*, \mu^*)}{\partial u^2} \geqslant 0 \quad \text{（如果对应的是极小化问题）.}$$

3. Hamilton 乘子的经济含义

上面给出的优化问题的最优值是参数 t_0, t_1, x_0 的函数，我们把这个函数叫做值函数，记为 $V(t_0, t_1, x_0)$，我们可以证明

$$\lambda(t_0) = \frac{\partial V(t_0, t_1, x_0)}{\partial x_0}$$

进一步地，可以得到

$$\lambda(t) = \frac{\partial V(t,t_1,x(t))}{\partial x(t)}$$

因此 Hamilton 乘子表示了该时刻的状态变量的边际值,即 $\lambda(t)$ 表示了在 t 时刻状态变量增加一个单位所带来的最优值改变是多少,因此,它也叫做状态变量的影子价格.

4. 比较静态分析——包络引理

对大量的经济中给出的问题来讲,很难求出显示解,但是,我们可以通过给出的最优性条件来对经济系统进行分析,得到某些关于经济的特征. 主要的手段就是比较静态分析,比较静态分析要借助于稳定性和相位图来讨论在均衡点附近的特征. 现在我们考虑带参数的最优控制问题,我们只考虑最简单的模型,至于更复杂的例子,我们下面的方法可以平行推广,这里不再赘述.

考虑问题
$$V(r) = \max_{x,u} \int_{t_0}^{t_1} f(t,x(t),u(t),r) \mathrm{d}t$$

受约束于
$$\dot{x}(t) = g(t,x(t),u(t),r)$$

以及 $t_0, t_1, x(t_0) = x_0$ 给定,$x(t_1)$ 自由选择. 这里 r 为给定的参数.

对应上面的问题,我们定义 Hamilton 方程
$$H(t,x,u,\lambda,r) = f(t,x,u,r) + \lambda g(t,x,u,r)$$

我们知道我们的最优解是与参数 r 有关的. 我们讨论当参数发生变化时,最优值如何发生改变,这在福利分析中有很重要的意义,如我们讨论当政府公共开支改变时,社会福利如何改变、税收政策的变化如何影响社会福利等.

最优控制中的包络引理指出
$$V'(r) = \int_{t_0}^{t_1} \frac{\partial H(t,x^*(t,r),u^*(t,r),\lambda^*(t,r),r)}{\partial r} \mathrm{d}t$$

其中 $x^*(t,r), u^*(t,r), \lambda^*(t,r)$ 分别是对应的最优解和 Hamilton 乘子.

例 1.2.1 考虑带政府公共开支的 Ramsey 模型,假设生活在 $[0,T]$ 期的消费者的效用函数为 $u(c)$,贴现率为 β,这样,消费者的问题可以写为
$$W(g) = \max \int_0^T u(c) \mathrm{e}^{-\beta t} \mathrm{d}t$$

满足下面的预算约束方程和初终值条件
$$\dot{k} = f(k) - nk - c - g$$
$$k(0) = k_0, \quad k(T) \geqslant 0.$$

解 定义 Hamilton 函数为
$$H = u(c)\mathrm{e}^{-\beta t} + \lambda(f(k) - nk - c - g)$$

我们可以很容易得到政府公共开支对社会福利的影响为

$$\frac{\mathrm{d}W(g)}{\mathrm{d}g} = \int_0^T -\lambda \mathrm{d}t = -\int_0^T u'(c)\mathrm{e}^{-\beta t}\mathrm{d}t.$$

5. Judd 的福利分析方法

基于最优控制理论，Judd(1981)给出了分析连续时间系统的参数改变对内生变量的长期影响和短期影响的方法，他的方法也可以分析参数改变对最优值的影响．下面我们来给出他讨论的基本方法．

他讨论的问题是在由下面的动力系统

$$\begin{aligned} \frac{\mathrm{d}x(t)}{\mathrm{d}t} &= g^1(x(t), y(t), rh(t)) \\ \frac{\mathrm{d}y(t)}{\mathrm{d}t} &= g^2(x(t), y(t), rh(t)) \end{aligned} \quad (1.2.12)$$

决定的路径 $x(t)$ 和 $y(t)$ 下，讨论参数变化时如下的福利函数

$$W = \int_0^\infty u(x(t), y(t)) \mathrm{e}^{-\rho t} \mathrm{d}t$$

的改变．这里 $g^1(\cdot, \cdot, \cdot), g^2(\cdot, \cdot, \cdot)$ 是 $R \times R \times R \to R$ 的连续可微函数，r 是参数．

(x^*, y^*) 是一个均衡点，如果它满足 $\frac{\mathrm{d}x(t)}{\mathrm{d}t} = \frac{\mathrm{d}y(t)}{\mathrm{d}t} = 0$. 现在假设系统在起始时，参数改变前，已经处于均衡点状态，即

$$g^1(x^*, y^*, 0) = g^2(x^*, y^*, 0) = 0$$

下面来讨论参数变化时对福利的影响，这个问题可以归结为求 $\frac{\mathrm{d}W}{\mathrm{d}r}$. 其步骤为：

第一步：求全微分．在系统(1.2.12)中对参数 r 求导数，得到

$$\begin{bmatrix} \dfrac{\mathrm{d}x_r(t)}{\mathrm{d}t} \\ \dfrac{\mathrm{d}y_r(t)}{\mathrm{d}t} \end{bmatrix} = J \begin{bmatrix} x_r(t) \\ y_r(t) \end{bmatrix} + \begin{bmatrix} g_r^1(x^*, y^*, 0) \\ g_r^2(x^*, y^*, 0) \end{bmatrix} h(t) \quad (1.2.12\mathrm{a})$$

其中 J 为 Jacobi 矩阵 $\begin{bmatrix} g_1^1(x^*, y^*, 0) & g_2^1(x^*, y^*, 0) \\ g_1^2(x^*, y^*, 0) & g_2^2(x^*, y^*, 0) \end{bmatrix}$.

第二步：Laplace 变换．记相应的大写字母为该变量的 Laplace 变换，这样在上式中对 t 取参数为 s 的 Laplace 变换，得到

$$s \begin{bmatrix} X_r(s) \\ Y_r(s) \end{bmatrix} = J \begin{bmatrix} X_r(s) \\ Y_r(s) \end{bmatrix} + \begin{bmatrix} x_r(0) + g_r^1(x^*, y^*, 0) \\ g_r^2(x^*, y^*, 0) \end{bmatrix} H(s)$$

其中 $x_r(0)$ 表示变量 $x(t)$ 在 0 时刻的变化，我们需要在下面决定．注意，我们这里假设 $y(t)$ 是状态变量，一般地假设它是不能跳跃的，因此这里用到了条件

$y_r(0)$.

第三步：决定内生变量在初始时刻的改变. 把上面的方程组写成下面的形式

$$\begin{bmatrix} X_r(s) \\ Y_r(s) \end{bmatrix} = (sI - J)^{-1} \begin{bmatrix} x_r(0) + g_r^1(x^*, y^*, 0) \\ g_r^2(x^*, y^*, 0) \end{bmatrix} H(s) \quad (1.2.12b)$$

如果我们假设系统是鞍点均衡, 那么矩阵 J 的两个特征根 μ_1, μ_2 中有一根是正的, 另外一根是负的. 我们不妨记 μ_1 为负根, μ_2 为正根. 可以证明 $X_r(\mu_2)$ 是有界的. 因此, 由 Cramer 法则知道矩阵

$$\begin{bmatrix} x_r(0) + g_r^1(x^*, y^*, 0) & -J_{12} \\ g_r^2(x^*, y^*, 0) & \mu_2 - J_{22} \end{bmatrix}$$

是奇异的, 即

$$\det \begin{bmatrix} x_r(0) + g_r^1(x^*, y^*, 0) & -J_{12} \\ g_r^2(x^*, y^*, 0) & \mu_2 - J_{22} \end{bmatrix} H(\mu_2) = 0$$

也就是

$$(x_r(0) + g_r^1(x^*, y^*, 0))(\mu_2 - J_{22}) + J_{12} g_r^2(x^*, y^*, 0) = 0$$

这样, 我们可以得到①

$$x_r(0) = -\frac{J_{12} g_r^2(x^*, y^*, 0)}{\mu_2 - J_{22}} - g_r^1(x^*, y^*, 0)$$

第四步：求出内生变量的 Laplace 变换, 得到参数对福利的影响. 通过上面的讨论, 我们可以通过方程 (1.2.12b) 求得 $X_r(s)$ 和 $Y_r(s)$, 这样

$$\frac{dW}{dr} = \int_0^\infty (u_x(x^*, y^*) x_r e^{-\rho t} + u_y(x^*, y^*) y_r e^{-\rho t}) dt$$
$$= u_x(x^*, y^*) X_r(\rho) + u_y(x^*, y^*) Y_r(\rho)$$

这就是我们所要求的参数改变对社会福利的影响.

这里 Judd(1982) 的方法受到了系统维数的限制, Cui 和 Gong (2006) 对这一方法进行了推广. 有兴趣的读者可以参考.

1.2.3 动态规划原理

对于连续时间的优化问题, 除可以采用上面的变分法和最优控制方法来解决外, 还可以采用动态规划来处理. 动态规划处理过程对于不确定性的情形具有很大的优越性. 下面我们分确定性和不确定性的情形来给出这一方法.

---

① 实际上, 把下面得到的 $x_r(0)$ 的值代入方程 (1.2.12a), 我们得到了 $\frac{dx_r(0)}{dt}$ 和 $\frac{dy_r(0)}{dt}$, 即参数改变对内生变量的初始变化率的影响. 这个变量有时具有很强的经济学意义, 如果我们考虑的变量是资本存量, 那么它的变化率就是投资水平.

1. 连续时间的动态规划方法

(1) 确定性情形

与最优控制研究的问题一致,我们考虑下面的问题

$$\max_{x,u} \int_0^T f(t,x,u)\mathrm{d}t + \phi(x(T),T)$$

受约束于

$$\dot{x} = g(t,x,u), \quad x(0) = a$$

这里函数 f, g 和 ϕ 都是二阶连续可微的函数,a 为常数.

为求解上面的问题,定义从时刻 t_0 出发的值函数如下

$$J(t_0, x_0) = \max \int_0^T f(t,x,u)\mathrm{d}t + \phi(x(T),T)$$

受约束于

$$\dot{x} = g(t,x,u), \quad x(t_0) = x_0$$

显然有边值条件

$$J(T, x(T)) = \phi(x(T), T)$$

这样,我们得到下面的问题

$$0 = \max_u \{f(t,x,u) + J_t(t,x) + J_x(t,x)g(t,x,u)\}$$

一般地,动态规划求解优化问题的过程如下:

① 通过最优性条件

$$0 = f_u(t,x,u) + J_x(t,x)g_u(t,x,u)$$

可以把控制变量 u 表示为状态变量 x 的函数,即 $u = u(x)$;

② 把这个条件代入 Hamilton-Jacobi-Bellman(HJB)方程得到

$$0 = \max_u \{f(t,x,u(x)) + J_t(t,x) + J_x(t,x)g(t,x,u(t))\}$$

通过这个方程可以求出值函数.

③ 通过可行性条件

$$\dot{x} = g(t,x,u), \quad x(t_0) = x_0$$

求出最优解 x.

在经济学中通常考虑的是无穷限的带贴现的最优问题. 即

$$\max_{x,u} \int_0^\infty f(x,u)\mathrm{e}^{-rt}\mathrm{d}t$$

受约束于

$$\dot{x} = g(x,u), \quad x(0) = a$$

定义贴现的值函数为

$$V(x_0) = \max \int_0^\infty \mathrm{e}^{-r(t-t_0)} f(x,u)\mathrm{d}t$$

即 $J(t,x) = e^{-rt}V(x)$，这样 HJB 方程可以改写为
$$rV(x) = \max_u (f(x,u) + V'(x)g(x,u))$$
下面求解优化问题的步骤就和上面一致.

（2）不确定性情形

如果上面考虑的问题中，约束条件不是由确定的微分方程给出的，而是由下面的随机微分方程给出的，如
$$dx = g(t,x,u)dt + \sigma(t,x,u)dz \qquad (1.2.13)$$
其中 z 为布朗运动或者白噪声，dz 为布朗运动 z 的增量. 它们满足下面的法则

	dz	dt
dz	dt	0
dt	0	0

现在由方程(1.2.13)约束的优化问题
$$\max_{x,u} E\int_0^T f(t,x,u)dt + \phi(x(T),T)$$
受约束于
$$dx = g(t,x,u)dt + \sigma(t,x,u)dz, \quad x(0) = a$$
这里函数 f,g 和 ϕ 都是二阶连续可微的函数，a 为常数.

定义值函数
$$J(t_0,x_0) = \max_u E\int_{t_0}^T f(t,x,u)dt + \phi(x(T),T)$$
受约束于
$$dx = g(t,x,u)dt + \sigma(t,x,u)dz, \quad x(t_0) = x_0$$
类似地，我们得到下面的问题
$$0 = \max_u \{f(t,x,u) + J_t(t,x) + J_x(t,x)g(t,x,u) + 1/2 J_{xx}\sigma^2(t,x,u)\}$$
和条件
$$J(T,x(T)) = \phi(x(T),T)$$

同样，求解不确定优化问题的过程如下：

① 通过条件
$$0 = f_u(t,x,u) + J_x(t,x)g_u(t,x,u)$$
可以把控制变量 u 表示为状态变量 x 的函数，即 $u=u(x)$；

② 把 $u=u(x)$ 代入 Hamilton-Jacobi-Bellman 方程得到
$$0 = \max\{f(t,x,u) + J_t(t,x) + J_x(t,x)g(t,x,u) + 1/2 J_{xx}\sigma^2(t,x,u)\}$$

通过这个方程可以求出值函数.

③ 通过可行性条件
$$dx = g(t,x,u)dt + \sigma(t,x,u)dz, \quad x(t_0) = x_0$$
求出最优解 x.

同样,对于无穷限的带贴现的最优问题
$$\max E\int_0^\infty f(x,u)e^{-rt}dt$$
受约束于
$$dx = g(x,u)dt + \sigma(x,u)dz, \quad x(0) = a$$
定义现值的值函数为
$$V(x_0) = \max E\int_0^\infty e^{-r(t-t_0)}f(x,u)dt$$
显然,$J(t,x) = e^{-rt}V(x)$,这样,Hamilton-Jacobi-Bellman 方程可以改写为
$$rV(x) = \max\{f(x,u) + V'(x)g(x,u) + 1/2V''(x)\sigma^2(x,u)\}$$
余下的步骤和上面的一致,只是求解过程是基于上面的 HJB 方程.

2. 离散时间的动态规划方法

在处理离散的优化问题时,一般采用动态规划的原理来给出解,同样,我们也考虑处理确定性问题和不确定性问题的方法.

确定性的问题一般地可以归结为下面的形式:

(SP) $$\max_{\{x_t\}_0^\infty,\{u_t\}_0^\infty} \sum_{t=0}^\infty \beta^t r(x_t,u_t) \tag{1.2.14}$$

受约束于下面的约束条件和初始条件 $x_t = x_0$ 给定.
$$x_{t+1} = g(x_t,u_t) \tag{1.2.15}$$

其中 $\beta \in (0,1)$ 为贴现因子.

假设目标函数 $r(x_t,u_t)$ 和约束函数 $g(x_t,u_t)$ 均为凹函数. 这个假设在我们通常遇到的经济学和金融问题中是满足的.

为了保证问题(1.2.14)—(1.2.15)有意义,我们假设可行集合 $\{(x_{t+1},x_t) \mid x_{t+1} \leq g(x_t,u_t), u_t \in R^k\}$ 是一个凸的紧集合. 动态规划方法实质上就是要寻找一个策略函数 h 把状态 x_t 映射到控制变量 u_t,从而由下面的过程迭代得到 $\{u_t\}_{t=0}^\infty$ 和 $\{x_t\}_{t=0}^\infty$
$$u_t = h(x_t), \quad x_{t+1} = g(x_t,u_t)$$
和给定的初始值 x_0.

因此,要得到问题的显示解,关键就是要知道策略函数 h,为得到这个函数,我们必须考虑另外一个函数 $V(x)$,它表示了原来问题从任意的初始条件出发的最优值. 我们把这个函数叫做值函数. 特别地,从初始值 x_0 出发的值函数定

义为

$$V(x_0) = \max_{\{u_s\}_{s=0}^{\infty}} \sum_{t=0}^{\infty} \beta^t r(x_t, u_t) \qquad (1.2.16)$$

受约束于条件 $x_{t+1} = g(x_t, u_t)$ 和初始条件 x_0.

如果知道 $V(x_0)$，策略函数可以通过极大化下面的问题得到

(FE) $$\max_u \{r(x,u) + \beta V(\widetilde{x})\} \qquad (1.2.17)$$

受约束于 $\widetilde{x} = g(x,u)$，而且初始值 x 给定.

因此我们把一个求解无穷序列的问题转化为求解最优的值函数和策略函数的连续时间的优化问题(1.2.17).

求解值函数和策略函数的过程等价于下面的 Bellman 方程：

$$V(x) = \max_u \{r(x,u) + \beta V(g(x,u))\} \qquad (1.2.18)$$

上面问题的最优解就是策略函数 $h(x)$，它满足下面的方程：

$$V(x) = \{r(x, h(x)) + \beta V(g(x, h(x)))\} \qquad (1.2.19)$$

通过方程(1.2.15)和(1.2.19)可以求得值函数和策略函数，从而得到问题的解.

求解 Bellman 方程的方法一般地要借助于数学构造. 在目标函数和约束条件中函数的性质假设下，值函数和策略函数的性质及其求解方法是可以得到的. 我们把它们总结为：

(1) 函数方程(1.2.18)存在唯一的严格凹的解.

(2) 从任意的有界的连续的初始函数 V_0 出发，由下面的迭代得到的序列 $\{V_j\}$ 收敛到方程(1.2.17)的最优值.

$$V_{j+1}(x) = \max_u \{r(x,u) + \beta V_j(\widetilde{x})\} \qquad (1.2.20)$$

其中 $\widetilde{x} = g(x,u)$.

(3) 在值函数通过迭代得到后，通过方程(1.2.17)可以求得唯一的与时间无关的策略函数 h，从而控制变量 u_t 表示为状态变量 x_t 的函数：$u_t = h(x_t)$.

(4) 同时，我们可以得到值函数的可微性，而且可以得到类似包络引理的结论，对于任意的 x，有

$$V'(x) = \frac{\partial r(x, h(x))}{\partial x} \qquad (1.2.21)$$

(5) 对于问题的最优解 $\{u_t^*\}$ 和 $\{x_t^*\}$，我们一般地可以证明这两个序列满足

Euler 方程[①]
$$r_u(x_t^*, x_{t+1}^*) + \beta r_x(x_{t+1}^*, x_{t+2}^*) = 0, \quad t = 0,1,2,\cdots$$
和横截性条件
$$\lim_{t \to \infty} \beta^t r_x(x_t^*, x_{t+1}^*) x_t^* = 0$$
而且,我们证明如果存在序列满足上面的 Euler 方程和横截性条件,那么它一定是前面给出的最优问题的解.

求解动态规划问题的方法有三个:

(1) 值函数迭代

这个求解方法,我们在前面已经提到,它的主要思想就是通过给定初始的值函数,通过迭代得到问题的解. 不妨令 $V_0 = 0$,通过下面的迭代得到的序列 $\{V_j\}$ 收敛到方程(1.2.17)的最优值.
$$V_{j+1}(x) = \max_u \{r(x,u) + \beta V_j(\tilde{x})\} \tag{1.2.22}$$
其中 $\tilde{x} = g(x,u)$.

(2) 猜解

我们知道值函数通过方程(1.2.15)和(1.2.18)可以得到关系,可以通过函数 r 和 g 的很好的性质猜测出值函数的形式,然后采用待定系数法确定最后的值函数形式.

(3) Howard 算法

第三个方法是策略函数迭代方法. 它的步骤为:

① 任意选取一个可行的策略,$u = h_0(x)$,计算由下面函数定义的值

---

① 求解 Euler 方程的方法一般为:对应(SP)问题的(FE)也可以写为
$$V(x_t) = \max_{u_t, x_{t+1}} \{r(x_t, u_t) + \beta V(x_{t+1})\}$$
受约束于 $x_{t+1} = g(x_t, u_t)$ 和给定的 x_t.

对应上面的优化问题,定义 Lagrange 函数
$$L = r(x_t, u_t) + \beta V(x_{t+1}) + \lambda_t (g(x_t, u_t) - x_{t+1})$$
其中 λ_t 为 Lagrange 乘子.

这样,我们得到最优性条件
$$\frac{\partial r(x_t, u_t)}{\partial u_t} + \lambda_t \frac{\partial g(x_t, u_t)}{\partial u_t} = 0 \tag{1}$$
$$V'(x_{t+1}) = \lambda_t$$
由包络引理,我们得到
$$V'(x_t) = \frac{\partial r(x_t, u_t)}{\partial x_t} + \lambda_t \frac{\partial g(x_t, u_t)}{\partial x_t}$$
因此,我们得到
$$\frac{\partial r(x_{t+1}, u_{t+1})}{\partial x_{t+1}} + \lambda_{t+1} \frac{\partial g(x_{t+1}, u_{t+1})}{\partial x_{t+1}} = \lambda_t \tag{2}$$
方程(1)、(2)和 $x_{t+1} = g(x_t, u_t)$ 给出了 x_t, u_t 和 λ_t 的动态特征.

$$V_{h_j}(x) = \sum_{t=0}^{\infty} \beta^t r(x_t, h_j(x_t))$$

其中 $x_{t+1} = g(x_t, h_j(x_t))$，$j=0$.

② 通过求解下面的问题得到新的策略 $u = h_{j+1}(x)$
$$\max_u \{r(x,u) + \beta V_{h_j}(g(x,u))\}$$

③ 令 $j = j+1$ 回到过程①.

对于随机的动态规划问题

$$\max E_0 \sum_{t=0}^{\infty} \beta^t r(x_t, u_t) \qquad (1.2.23)$$

受约束于下面的约束条件和初始条件 $x_t = x_0$ 给定.

$$x_{t+1} = g(x_t, u_t, \varepsilon_{t+1}) \qquad (1.2.24)$$

其中 ε_t 为独立同分布的随机变量序列，并且对任意的时间 t 概率分布函数为 $F(e) = \text{prob}\{\varepsilon_t \leqslant e\}$；$E_t(y)$ 表示随机变量 y 在时刻 t 对所知道信息的条件期望. 在时刻 t，我们假设 x_t 是已知的，而 x_{t+j} 是未知的.

我们可以通过类似确定性的方法来求解上面的不确定性问题(1.2.23)和(1.2.24). 问题就是要寻找策略函数 h，满足 $u_t = h(x_t)$. 此时 Bellman 方程(1.2.18)可以改写为

$$V(x) = \max_u \{r(x,u) + \beta E[V(g(x,u,\varepsilon)) \mid x]\} \qquad (1.2.25)$$

其中 $E[V(g(x,u,\varepsilon)) \mid x] = \int V(g(x,u,\varepsilon)) \mathrm{d}F(\varepsilon)$.

(1) 求解上面问题的方法，我们在前面已经提到，它的主要思想就是通过给定初始的值函数，通过迭代得到问题的解. 不妨令 $V_0 = 0$，通过下面的迭代得到的序列 $\{V_j\}$ 收敛到方程(1.2.25)的最优值.

$$V_{j+1}(x) = \max_u \{r(x,u) + \beta E[V_j(g(x,u,\varepsilon)) \mid x]\} \qquad (1.2.26)$$

其中 $\tilde{x} = g(x,u)$.

(2) 同时我们可以得到值函数的凹性和可微性，而且此时的包络引理表示为

$$V'(x) = \left\{ r_x(x, h(x)) + \beta E\left[\frac{\partial g(x, h(x), \varepsilon)}{\partial x} V'(g(x, h(x), \varepsilon)) \mid x \right] \right\}$$

如果 $\partial g/\partial x=0$，则有 $V'(x)=r_x(x,h(x))$，而且随机 Euler 方程①表示为

$$r_u(x,u)+\beta E\left[\frac{\partial g(x,u,\varepsilon)}{\partial u}\frac{\partial r(\tilde{x},\tilde{u})}{\partial x}\bigg|x\right]=0$$

在应用动态规划问题时，我们可能得不到 Bellman 方程的迭代公式，一般需要采用数值逼近方法. 在这里我们不讨论，后面的具体例子会讨论.

习题

1. 证明对于任意的 $z \notin Z^1(x^*)$，z 不是 x^* 的可行方向；对于任意的 $z \in Z^2(x^*)$，存在 $\bar{\alpha}$，对任意的 $\alpha \in [0,\bar{\alpha}]$ 成立 $f(x^*+\alpha z) \leqslant f(x^*)$.

2. 定义 $k=K/L$ 为资本存量—劳动比率，$f(k)=F(k,1)$，其中函数 F 为第一节给出的生产函数，满足假设 A1—A5，证明 $f(k)$ 满足

$$f(0)=0, \quad f'(k)>0, \quad f''(k)<0,$$
$$\lim_{k\to\infty}f(k)=0, \quad \lim_{k\to\infty}f(k)=+\infty.$$

3. (The Cake-Eating Model) 假设消费者消费一个蛋糕，记 k_t 为 t 时刻开始的蛋糕量，为简单起见，假设 $k_0=1$. c_t 为 t 期消费的蛋糕量，消费者通过消费获得的效用贴现到开始时的效用为 $\beta^t \ln c_t$，这样生活 T 期的消费者的最优问题可以表述为

$$\max_{c_t,k_t}\sum_{t=0}^{T}\beta^t\ln c_t$$

受约束于

---

① 求解 Euler 方程的方法一般为：对应(SP)问题的(FE)也可以写为
$$V(x_t)=\max_{u_t,x_{t+1}}\{r(x_t,u_t)+\beta EV(x_{t+1})\}$$
受约束于 $x_{t+1}=g(x_t,u_t,\varepsilon_t)$ 和给定的 x_t.
对应上面的优化问题，定义 Lagrange 函数
$$L=r(x_t,u_t)+\beta EV(x_{t+1})+\lambda_t(g(x_t,u_t,\varepsilon_t)-x_{t+1})$$
其中 λ_t 为 Lagrange 乘子.
这样，我们得到最优性条件
$$\frac{\partial r(x_t,u_t)}{\partial u_t}+\lambda_t\frac{\partial g(x_t,u_t,\varepsilon_t)}{\partial u_t}=0 \tag{1}$$
$$\beta EV'(x_{t+1})=\lambda_t$$
由包络引理，我们得到
$$V'(x_t)=\frac{\partial r(x_t,u_t)}{\partial x_t}+\lambda_t\frac{\partial g(x_t,u_t,\varepsilon_t)}{\partial x_t}$$
因此，我们得到
$$\beta E\left(\frac{\partial r(x_{t+1},u_{t+1})}{\partial x_{t+1}}+\lambda_{t+1}\frac{\partial g(x_{t+1},u_{t+1},\varepsilon_{t+1})}{\partial x_{t+1}}\right)=\lambda_t \tag{2}$$
方程(1)、(2)和 $x_{t+1}=g(x_t,u_t,\varepsilon_t)$ 给出了 x_t,u_t 和 λ_t 的动态特征.

$$k_t \leqslant k_{t-1} - c_{t-1}, \quad t = 1, \cdots, T+1$$

因为经济结束时不可能借贷,因此我们要求 $k_{T+1} \geqslant 0$.

求出最优的消费路径以及每一时刻剩下的蛋糕量;进一步,如果 $T \to \infty$,重复上面的过程.

4. 考虑消费者的最优问题

$$\max_{c,k} \int_0^T u(c) e^{-\beta t} dt$$

受约束于

$$\frac{dk}{dt} = f(k) - nk - c - g$$

其中初始资本 $k(0) = k_0$ 给定. 这里 $c(t)$ 为 t 时刻的消费水平, $k(t)$ 为 t 时刻的资本存量, g 为政府公共开支, $\beta \in (0,1)$ 为贴现率. $u(c), f(k)$ 为二阶连续可微的凹函数. 回答下面的问题:

(1) 求出最优性条件和横截性条件,导出资本存量和消费水平的积累方程;并且证明上述条件是充分的,即满足最优条件和横截性条件的资本存量和消费水平是最优的.

(2) 写出当 $k(T) \geqslant 0$ 的横截性条件,并予以解释;进一步,当 $T = \infty$ 时,给出横截性条件.

(3) 对于 $T = \infty$,讨论均衡点满足的条件及其稳定性,并且用相位图进行说明. 对于下面的效用函数和生产函数

$$u(c) = \frac{c^{1-\sigma} - 1}{1 - \sigma}, \quad f(k) = Ak^\alpha$$

其中 σ, α, A 为常数,求出均衡点的资本存量和消费水平.

(4) 讨论政府公共开支的改变对社会福利和均衡点时的资本存量、消费水平的影响. 用相位图分析当政府公共开支改变时,资本存量和消费的均衡水平如何移动.

(5) 当 $T = \infty$,而且生产函数和效用函数分别为下面形式时:

$$u(c) = \ln c, \quad f(k) = Ak$$

其中 A 为正常数,求出显示的消费路径和资本积累路径.

5. (Merton 模型) 假设消费者的财富为 W,他可以投资在风险资产和无风险资产上. 假设无风险资产的回报率为

$$dR_B = s dt$$

风险资产的回报率为

$$dR = a dt + \sigma dz$$

其中, dz 为布朗运动 z 的增量, z 为布朗运动或者白噪声. a 和 σ 为正常数.

假设消费者可以投资在风险资产和无风险资产上,消费者投资于风险资产的份额为 w,投资于无风险资产上的份额为 $1-w$. 这样,消费者投资在风险资产和无风险资产上的财富分别为 wW 和 $(1-w)W$,假设消费者的消费为 c,消费者的预算约束方程为

$$\mathrm{d}W = [s(1-w)W + awW - c]\mathrm{d}t + wW\sigma \mathrm{d}z$$

其中初始财富 $W(0) = W_0$ 给定.

假设消费者的效用函数为 $u(c) = \dfrac{c^b}{b}$,其中 b 为给定常数. 假设消费者的贴现因子为 r. 这样,消费者的问题就是选择投资在两种资产上的份额、消费水平和财富的积累路径来极大化他的效用. 即

$$\max E \int_0^\infty \mathrm{e}^{-rt} c^b / b \, \mathrm{d}t$$

受约束于

$$\mathrm{d}W = [s(1-w)W + awW - c]\mathrm{d}t + wW\sigma \mathrm{d}z$$

其中初始财富 $W(0) = W_0$ 给定.

(1) 求出最优的消费路径和证券投资组合.

(2) 假设效用函数定义在消费水平和财富水平上,$u(c,W) = \dfrac{c^{1-\gamma}}{1-\gamma} W^{-\lambda}$,其中 γ 和 λ 为常数,满足当 $0 < \gamma < 1$ 时 $\lambda < 0$,当 $\gamma > 1$ 时 $\lambda > 0$. 求出最优的消费路径和证券投资组合.

6. (随机增长模型)假设产出和政府公共开支由下面的随机微分方程给出:

$$\mathrm{d}Y = \alpha K (\mathrm{d}t + \mathrm{d}y)$$

$$\mathrm{d}G = g\alpha K \mathrm{d}t + \alpha K \mathrm{d}z$$

$\mathrm{d}y$ 和 $\mathrm{d}z$ 可以解释为不确定的冲击,假设它们是独立的,并且

$$E(\mathrm{d}y) = 0, \quad V(\mathrm{d}y) = \sigma_y^2 \mathrm{d}t, \quad E(\mathrm{d}z) = 0, \quad V(\mathrm{d}z) = \sigma_z^2 \mathrm{d}t$$

假设市场上存在两种资产:一种是资本,另一种为政府债券. 消费者可以任意持有这两种资产. 假设政府债券的回报率服从下面的方程:

$$\mathrm{d}R_B = r_B \mathrm{d}t + \mathrm{d}u_B$$

因此,政府债券在 $(t, t+\mathrm{d}t)$ 区间的回报的平均水平为 $r_B \mathrm{d}t$,$\mathrm{d}u_B$ 为不确定性带来的回报的不确定性. 在宏观均衡时,我们要决定均衡回报的平均值和不确定性的回报 $\mathrm{d}u_B$.

在不考虑投资的调整成本时,另一种资产 K 的回报定义为产出和资本存量的比率,即

$$\mathrm{d}R_K = \frac{\mathrm{d}Y}{K} = \alpha \mathrm{d}t + \alpha \mathrm{d}y \equiv r_K \mathrm{d}t + \mathrm{d}u_K$$

因此，我们知道资本的回报率的不确定性完全来自于产出的不确定性.

假设在区间 $(t,t+\mathrm{d}t)$ 中，政府的税收来自于政府从消费者那里收得的收入税，包括确定性收入税 $\tau r_K K \mathrm{d}t$ 和不确定性收入税 $\tau' \mathrm{d}u_K$，其中 τ 和 τ' 分别为确定性收入税税率和不确定性收入税税率.因此政府税收的增量为

$$\mathrm{d}T = \tau r_K K \mathrm{d}t + \tau' \mathrm{d}u_K = \tau \alpha K \mathrm{d}t + \tau' \alpha K \mathrm{d}y$$

假设消费者的财富为 W，他可以选择投资在资本存量 K 和政府债券 B 上.记消费者的消费为 c，消费者投资于资本存量的份额为 n_K，投资在政府公共开支上的份额为 n_B.这样消费者投资在两种资产上的财富分别为 $n_K W$ 和 $n_B W$.而且 $n_B + n_K = 1$.

考虑到消费者的消费水平和政府的税收，得到消费者的预算约束方程

$$\frac{\mathrm{d}W}{W} = \left[n_K(1-\tau)r_K + n_B r_B - \frac{c}{W} \right] \mathrm{d}t - \mathrm{d}w$$

其中初始财富 $W(0) = W_0$ 给定，$\mathrm{d}w$ 为财富的不确定因素，可以表示为

$$\mathrm{d}w = n_B \mathrm{d}u_B + (1-\tau') \mathrm{d}u_K$$

假设消费者的效用函数为 $u(c) = \dfrac{c^{1-\gamma}}{1-\gamma}$，其中 γ 为正常数.假设消费者的贴现因子为 β.这样消费者的问题就是选择投资在两种资产上面的份额、消费水平和财富的积累路径来极大化他的效用.即

$$\max E \int_0^\infty \mathrm{e}^{-\beta t} u(c) \mathrm{d}t$$

受约束于

$$\frac{\mathrm{d}W}{W} = \left[n_K(1-\tau)r_K + n_B r_B - \frac{c}{W} \right] \mathrm{d}t - \mathrm{d}w$$

$$n_B + n_K = 1$$

和 $\mathrm{d}w = n_B \mathrm{d}u_B + (1-\tau') \mathrm{d}u_K$.

(1) 求出上面问题的最优性条件；

(2) 给出显示的消费水平—财富比率、期望经济增长率和持有的资产份额；

(3) 讨论随机冲击对经济的影响；

(4) 讨论政府财政政策对经济的影响.

第 2 章 微观经济学基础

为了讨论微观公共财政理论,我们需要回顾一下福利经济学的基本知识,这些知识是公共财政理论研究的基础.福利经济学的重要结论是两个福利经济学的基本定理,它们联系了竞争均衡和有效性.

我们这里考虑的是一个 Arrow-Debreu 经济,在这个经济中包括消费者和厂商,另外包括政府的经济,也就是我们后面要讨论的重要内容,这里暂时不涉及.假设每个消费者赋予一定数量商品和一定份额的公司股份的禀赋.消费者选择他的消费组合来极大化他的效用,厂商选择投入和产出来极大化自己的利润.所有的利润都作为红利按消费者持有的公司股份的份额分配给消费者.下面我们来具体讨论消费者和厂商行为.

2.1 消费者行为

商品是在经济运行中可以提供的物品,假设经济中存在 n 种商品,记为 $i=1,2,\cdots,n$,我们这里把每个商品按照地点和时间区分,如将今天的面包和明天的面包理解为不同的商品.对应于每种商品,存在一个正的价格,表示为 p_i.

假设每个消费者持有一定数量的商品和一定数量的公司股票份额作为禀赋.消费者从交换商品和公司的分红中得到收入,选择消费商品的数量来极大化他的效用.假设市场上存在 H 个消费者,我们记为 $h=1,2,\cdots,H$. 对应每个消费者存在一个消费集合 X^h,它表示该消费者所有可行的消费计划.假设消费者 h 的初始禀赋赋予的商品为

$$\omega^h = (\omega_1^h, \cdots, \omega_n^h)$$

注意在这个禀赋中包括了消费者的劳动.

假设市场上存在 m 个厂商,消费者 h 持有这 m 个厂商的股份分别是 $\theta_1^h,\cdots,\theta_m^h$,这里假设 $\theta_j^h \geq 0$. 同时,假设第 j 个厂商的利润是 π^j,因此这个消费者持有这个公司股份所带来的收益为 $\theta_j^h \pi^j$. 因为假设厂商的利润完全分配给消费

者,因此
$$\sum_{h=1}^{H}\theta_j^h=1,\quad j=1,2,\cdots,m.$$
假设消费者选择的消费组合为
$$x^h=(x_1^h,\cdots,x_n^h)$$
这个消费组合是可行的当且仅当满足
$$\sum_{i=1}^{n}p_i\theta_i^h\leqslant\sum_{i=1}^{n}p_i\omega_i^h+\sum_{j=1}^{H}\theta_j^h\pi^j$$
消费者的预算约束集合就是满足上面预算约束的所有消费组合构成的全体,即
$$B(p,\omega^h,\theta^h,\pi)=\left\{x^h\in X^h\ \Big|\ \sum_{i=1}^{n}p_i\theta_i^h\leqslant\sum_{i=1}^{n}p_i\omega_i^h+\sum_{j=1}^{H}\theta_j^h\pi^j\right\}$$

对于每个消费者存在一个效用函数表示他的偏好关系. 按照 Debreu 的结论,我们仅仅需要假设偏好关系满足自反性、传递性、完备性和连续性,对应这个偏好关系就存在一个连续的效用函数. 假设效用函数是严格拟凹的,因此对于任意的 $\hat{x}^h\in X^h$,效用函数的水平集合
$$\{x^h\in X^h\mid U^h(x^h)\geqslant U^h(\hat{x}^h)\}$$
是一个严格凸集合. 这个假设等价于假设偏好关系是严格凸的. 因此,第 h 个消费者选择消费组合 $x^h\in X^h$ 获得的效用为
$$U^h=U^h(x_1^h,\cdots,x_n^h)$$

消费者行为就是在预算约束集合 $B(p,\omega^h,\theta^h,\pi)$ 中选择消费组合来极大化他的效用 $U^h=U^h(x_1^h,\cdots,x_n^h)$. 在效用函数的严格凹性下,可以得到这个消费者对第 i 种商品的需求为
$$x_i^h=x_i^h(p,\omega^h,\theta^h,\pi)$$
注意这里 x_i^h 既可以大于零,也可以小于零;$x_i^h>0$ 表示消费者对这种商品是需求,反之,我们叫做消费者对这种商品是供给. 对于每个消费者我们可以得到上面的需求函数,因此对于第 i 种商品的总的需求函数为
$$X_i=\sum_{h=1}^{H}x_i^h=\sum_{h=1}^{H}x_i^h(p,\omega^h,\theta^h,\pi)$$
因为单个消费者的需求可能为负,从而总的需求可能为负,如消费者提供劳动力,因此对劳动力的需求是负的,从而整个社会总的劳动力需求函数也是负的.

2.2 厂商行为

厂商在经济中把投入品转化为产出,投入品可以来自于消费者的初始禀

赋,也可以来自其他厂商生产出的中间产品.每个厂商在给定的技术特征下,选择它的生产计划来极大化厂商的利润.

每个厂商由生产可行集合 Y^j 刻画,它表示厂商的技术.这个集合表示了该厂商的所有投入—产出组合.也就是给出了厂商的所知道的所有投入—产出组合.我们要求这个集合是非空、严格凸的.一般地,在一个 n 种商品的经济,厂商要选择一个生产计划 $y^j=(y_1^j,\cdots,y_n^j)$ 来极大化它的利润,我们知道厂商选择生产计划 $y^j=(y_1^j,\cdots,y_n^j)$ 的利润可以表示为 py^j,因此厂商的利润极大化问题就是

$$\max_{y^j \in Y^j} py^j$$

由上面的最优化问题可以得到厂商对每种商品的供给函数,如果它为负,那么这种商品是投入品;如果它为正,那么这种商品是产出.我们记第 j 个厂商对第 i 种商品的供给函数为

$$y_i^j = y_i^j(p)$$

因此对于第 i 种商品总的供给函数就是这些厂商的供给函数相加得到的结果.我们可以表示为

$$Y_i = \sum_{j=1}^{J} y_i^j = \sum_{j=1}^{J} y_i^j(p)$$

2.3 一般均衡

在每个厂商的最优行为下,每个厂商的利润可以表示为

$$\pi^j = py^j(p)$$

这样对于每种商品总的需求函数就是

$$X_i = X_i(p, \pi^j(p)) = X_i(p)$$

因此,通过消费者行为和厂商行为,我们得到了对于每种商品的总的供给和总的需求,用向量表示为

$$X = (X_1(p), X_2(p), \cdots, X_n(p))$$
$$Y = (Y_1(p), Y_2(p), \cdots, Y_n(p))$$

这样,每种商品的超需求函数 $Z_i(p)$ 定义为总的需求减去总的供给和这种商品总的禀赋,即

$$Z_i(p) = X_i(p) - Y_i(p) - \sum_{h=1}^{H} \omega_i^h$$

因此,均衡的定义就是供给等于需求,或者供给大于需求,但是这种商品的

价格为零. 在第二种情形下,一种均衡的可能性就是可能存在一种商品,对于家庭和厂商都没有用途,因此它的价格一定为零. 因而可以用下面的数学表达式来描述均衡

$$Z_i(p) \leqslant 0; \quad \text{而且如果}(Z_i(p) < 0 \text{ 时}, \quad p_i = 0.$$

均衡的过程就是调整价格水平使得上面的条件成立的过程. 均衡存在性问题就是是否存在价格水平来使得上面的不等式成立. 下面我们回顾一下均衡存在性问题.

Warlas 法则 $\sum_{i=1}^{n} p_i Z_i(p) \leqslant 0.$

证明 注意到消费者的预算约束条件

$$\sum_{i=1}^{n} p_i x_i^h \leqslant \sum_{i=1}^{n} p_i \omega_i^h + \sum_{j=1}^{H} \theta_j^h \pi^j$$

把它对于所有消费者求和,得到

$$\sum_{i=1}^{n} p_i X_i \leqslant \sum_{h=1}^{H} \sum_{i=1}^{n} p_i \omega_i^h + \sum_{h=1}^{H} \sum_{j=1}^{m} \theta_j^h \pi^j$$

因为 $\sum_{h=1}^{H} \theta_j^h = 1$ 和 $\pi^j = p y^j(p)$,我们可以把上式改写为

$$\sum_{i=1}^{n} p_i X_i \leqslant \sum_{h=1}^{H} \sum_{i=1}^{n} p_i \omega_i^h + \sum_{j=1}^{m} \sum_{i=1}^{n} p_i y_i^j$$

表示成总量的供给关系,由此我们得到

$$\sum_{i=1}^{n} p_i X_i \leqslant \sum_{n=1}^{H} \sum_{i=1}^{n} p_i \omega_i^h + \sum_{i=1}^{n} p_i Y_i(p)$$

因此得到我们要证明的结论:

$$\sum_{i=1}^{n} p_i Z_i(p) \leqslant 0$$

Warlas 法则表明超需求的总的价值非正. Warlas 法则是对于所有的价格向量成立的结论. 进一步,我们可以得到下面的结论:

性质 2.3.1

如果消费者是局部不满足的,则 Warlas 法则表示为 $\sum_{i=1}^{n} p_i Z_i(p) = 0.$

因此在局部不满足的时候,超需求的总的价值为零. 这个证明只要注意到消费者局部不满足的定义即可. 在消费者是局部不满足的条件下,我们有下面的结论:

性质 2.3.2

如果消费者是局部不满足的,假设 p 是一个均衡价格,如果在 $n-1$ 个市场满足 $Z_i(p)=0$,那么在第 n 个市场一定满足 $Z_i(p)=0$.

因此,在这些假设下,我们仅仅需要考虑 $n-1$ 个方程即可. 在应用中,我们经常利用这个法则,如:在经济中,我们如果假设一个均衡价格使得 $H-1$ 个消费者满足预算约束条件,那么第 H 个消费者一定满足预算约束条件. 因此,在公共经济学中,如果均衡价格使得所有的消费者满足预算约束条件,那么政府一定满足预算约束条件. 这在本书中会经常用到.

我们看到均衡时的价格水平是相对价格,因此,我们可以把价格水平正规化,使得所有的价格水平落入单纯型中,即满足 $\sum_{i=1}^{n} p_i = 1$,这样,就可以在单纯型中来考虑我们所讨论的问题. 证明均衡价格的存在性定理要用到不动点性质. 如在不考虑生产情形下,证明一般均衡的存在性定理利用的是 Brouwer 不动点定理. 我们这里作为例子给出证明,对于一般的带生产的经济,我们就不给出证明了.

在不考虑生产,即一个纯交换的经济中,我们只要在前面框架中假设 $\theta_i^h = 0$,这样,我们得到的均衡存在性定理为:

【定理 2.3.1】

在符合上面定义的经济中,存在价格 p 满足 $Z_i(p) \leqslant 0$.

证明 定义映射 g 如下:

$$g_i(p) = \frac{p_i + \max\{0, Z_i(p)\}}{1 + \sum_{j=1}^{k} \max\{0, Z_j(p)\}}$$

由函数 $Z_i(p)$ 的连续性,我们知道 g 为 $S^{k-1} \to S^{k-1}$ 的连续映射. 这个映射的构造可以解释为:如果在某市场存在超需求,即 $Z_i(p) \geqslant 0$,那么这种商品的相对价格是上升的. 由 Brouwer 不动点定理知道:存在价格 p^* 满足 $p^* = g(p^*)$,也就是,对于任意的 $i=1,2,\cdots,k$ 有

$$p_i^* = \frac{p_i^* + \max\{0, Z_i(p^*)\}}{1 + \sum_{j=1}^{k} \max\{0, Z_j(p^*)\}}$$

我们下面证明 p^* 就是一个均衡价格. 事实上,上面的方程可以等价地表示为

$$p_i^* \sum_{j=1}^{k} \max\{0, Z_j(p^*)\} = \max\{0, Z_i(p^*)\}$$

把上面的方程两边同时乘以 $Z_i(p^*)$,然后把这些等式相加得到

$$\sum_{i=1}^{k} Z_i(p^*) p_i^* \sum_{j=1}^{k} \max\{0, Z_j(p^*)\} = \sum_{i=1}^{k} Z_i(p^*) \max\{0, Z_i(p^*)\}$$

由 Warlas 法则，我们知道 $\sum_{i=1}^{k} Z_i(p^*) p_i^* = 0$，因此

$$\sum_{i=1}^{k} Z_i(p^*) \max\{0, Z_i(p^*)\} = 0$$

从而我们可以得到 $Z_i(p) \leqslant 0$，这就是所要证明的结论.

对于更一般的情形，我们有下面的均衡存在性定理：

【定理 2.3.2】

在下面的假设下，均衡价格是存在的.

1. 消费者的消费集合是下有界的、闭、凸集合；
2. 对消费者假设局部不满足性成立；
3. 对任意的消费者，偏好关系是连续的；
4. 每个消费者赋予的禀赋在消费者的消费集合的内部；
5. 对消费者而言，消费者的偏好关系是凸的；
6. 对于任意的厂商，不生产的计划是可行的，即 $0 \in Y_j$；
7. 厂商的生产可行集合是闭的、凸的；
8. $Y_j \cap (-Y_j) = \{0\}$；
9. $Y_j \supset (-R_+)$.

经济中的核

给定经济的资源配置 $\{x^1, \cdots, x^H\}$，联盟 S 叫做可以改进，如果存在 $\hat{x}^h$ 满足

1. $\sum_{h \in S} \hat{x}^h = \sum_{h \in S} \omega^h$；
2. 对任意的 $h \in S$，$\hat{x}^h$ 比 x^h 好；

条件 1 表示这个配置是可行的，条件 2 表示这个配置使得社会福利得到改善；**经济中的核**就是不能被任何联盟改进的配置. 关于核和均衡的关系，我们有：

【定理 2.3.3】

如果 $\{\hat{x}^h\}$ 是一个禀赋为 $\{\omega^h\}$ 的经济的均衡配置，$\hat{p}$ 是对应的均衡价格，则 $\{\hat{x}^h\}$ 一定在这个经济的核中.

证明　假设上面的结论不成立，则存在一个联盟 S 可以改进，即存在 $\hat{x}^h$ 满足

1. $\sum_{h \in S} \hat{x}^h = \sum_{h \in S} \omega^h$；

2. 对任意的 $h \in S, \hat{x}^h$ 比 x^h 好.

但是,因为 $\tilde{x}^h$ 是对应价格 $\tilde{p}$ 的最优选择,因此,从条件 2 知道 $\tilde{p}\hat{x}^h > \tilde{p}\omega^h$,把这个条件相加得到

$$\tilde{p}\sum_{h \in S}\hat{x}^h > \tilde{p}\sum_{h \in S}\omega^h$$

因为均衡价格严格为正,因此 $\sum_{h \in S}\hat{x}^h > \sum_{h \in S}\omega^h$,这和条件 1 矛盾.

【定理 2.3.4】

考虑一个纯交换的经济,经济中存在 m 类消费者,每类有 r 个消费者,假设每类消费者的偏好是严格凸的、连续和满足局部不满足的,而且消费者的禀赋严格为正,如果这配置在值为 r 的核中,那么它是一个竞争均衡的配置.

在我们前面给出的预算约束中没有涉及政府税收,如果把政府税收引入经济,在纯交换的经济中,税收只是对进行交易的禀赋收取税收,因此可能得到同一种商品作为交易品和作为消费者的禀赋直接消费的价格是不相同的. 如果考虑带生产的经济,情形会更复杂,厂商销售商品的价格和消费者提供或者购买这种产品的价格是不相同的. 为了简单起见,我们假设消费者只是面对厂商的交易,消费者不被赋予禀赋.

2.4 竞争均衡的福利性质

在经济中,我们考虑的是多个消费者、多个厂商的行为,因此,需要给出最优性的定义.

一个消费向量 $x^h \in X^h$ 叫做**可行的**,如果这个消费向量可以通过给定的禀赋和厂商的生产计划生产,也就是存在生产向量 $\{y^1, \cdots, y^m\}$,满足 $y^j \in Y^j$,满足

$$x \leqslant y + \omega$$

其中 $x = \sum_{h=1}^{H} x^h, y = \sum_{j=1}^{m} y^j$ 和 $\omega = \sum_{h=1}^{H} \omega^h$.

一个可行的消费组 $\{\hat{x}^h\} \in X^h$ 叫做 **Pareto 最优的**,如果不存在可行的消费组 $\{\overline{x}^h\} \in X^h$ 满足

$$u^h(\hat{x}^h) \geqslant u^h(\overline{x}^h), \quad h = 1, 2, \cdots, H$$

而且至少存在一个 h 满足

$$u^h(\hat{x}^h) > u^h(\overline{x}^h)$$

因此一个可行的消费组合叫做 Pareto 最优的,就是不存在可行的消费组合

使得所有的消费者的福利不被损害,而且至少存在一个消费者的福利得到改善.

竞争均衡和 Pareto 最优的关系极为密切,我们下面由福利经济学的第一定理和第二定理给出.我们首先回顾一下竞争均衡的定义:一个竞争均衡是一个三元组$[\tilde{p},\{\hat{x}^h\},\{\hat{y}^j\}]$满足下面的性质:

1. 可行性

(1) $\{\hat{x}^h\} \in X^h$, $\sum_{i=1}^{n} p_i x_i^h \leqslant \sum_{i=1}^{n} p_i \omega_i^h + \sum_{j=1}^{H} \theta_j^h \tilde{p} \tilde{y}^j$;

(2) $\{\hat{y}^h\} \in Y^j$.

2. 最优性

(1) $\{\hat{x}^h\} \in X^h$ 是消费者的效用极大化选择;即对于任意满足预算约束条件 $\sum_{i=1}^{n} p_i x_i^h \leqslant \sum_{i=1}^{n} p_i \omega_i^h + \sum_{j=1}^{H} \theta_j^h \tilde{p} \tilde{y}^j$ 的可行配置,有 $u^h(\hat{x}^h) \geqslant u^h(x^h)$.

(2) $\{\hat{y}^j\} \in Y^j$ 是厂商的利润极大化选择;即对于任意的 $y^j \in Y^j, \tilde{p}\hat{y}^j \geqslant \tilde{p}y^j$;

(3) $\hat{x} \leqslant \hat{y} + \omega$.

在证明福利经济学定理的时候会用到下面的引理,我们这里只给出引理的结论,关于它的证明,读者可以参考 Myles(1995).

【引理 2.4.1】

假设$\{\hat{x}^h\} \in X^h$ 为消费者 h 在价格 $\tilde{p}$ 下的局部不满足的选择,则

(1) 如果 $u^h(x^h) > u^h(\hat{x}^h)$,则 $\tilde{p}x^h > \tilde{p}\hat{x}^h$;

(2) 如果 $u^h(x^h) = u^h(\hat{x}^h)$,则 $\tilde{p}x^h \geqslant \tilde{p}\hat{x}^h$.

在前面讨论的基础上,我们考虑福利经济学的两个重要定理:

【定理 2.4.1】(福利经济学第一定理)

三元组$[\tilde{p},\{\hat{x}^h\},\{\hat{y}^j\}]$是一个竞争均衡,而且消费者都是满足局部不满足假设的,则$[\{\hat{x}^h\},\{\hat{y}^j\}]$是一个 Pareto 最优的配置.

证明 我们采用反证法来证明.假设$[\{\hat{x}^h\},\{\hat{y}^j\}]$不是一个 Pareto 最优的配置,因此,存在一个另外的配置$[\{\bar{x}^h\},\{\bar{y}^j\}] \in X^h \times Y^j$ 满足

(1) $\bar{x} \leqslant \bar{y} + \omega$;

(2) 对于任意的 $h, u^h(\bar{x}^h) \geqslant u^h(\hat{x}^h)$;

(3) 存在 h 满足 $u^h(\bar{x}^h) > u^h(\hat{x}^h)$.

由引理 2.4.1,我们知道 $\sum_{h=1}^{H} \tilde{p}\bar{x}^h > \sum_{h=1}^{H} \tilde{p}\hat{x}^h$.由局部不满足性,我们知道 $\hat{x} \leqslant \hat{y} + \omega$ 表明 $\tilde{p}\hat{x} = \tilde{p}\hat{y} + \tilde{p}\omega$,因此,我们得到 $\tilde{p}\bar{x} > \tilde{p}\hat{y} + \tilde{p}\omega$.竞争均衡的利润极

大化表明：对于任意的 $y^j \in Y^j$，$\tilde{p}\hat{y}^j \geq \tilde{p}y^j$，因此有 $\tilde{p}\hat{y} \geq \tilde{p}\bar{y}$。把这些等式相加，我们得到 $\tilde{p}\hat{y} \geq \tilde{p}\bar{y}$。这样，由方程 $\tilde{p}\bar{x} > \tilde{p}\hat{y} + \tilde{p}\omega$ 我们得到

$$\tilde{p}[\bar{x} - \bar{y} - \omega] > 0$$

这与条件 1 矛盾，从而我们得到定理的证明。

福利经济学的第一定理给出了竞争均衡一定是 Pareto 最优的配置。反过来，有下面的定理：

【定理 2.4.2】（福利经济学第二定理）

假设 $[\{\hat{x}^h\}, \{\hat{y}^j\}] \in X^h \times Y^j$ 是一个 Pareto 最优的配置，并且至少存在一个消费者是局部不满足的。在下面的假设下，存在价格 $\tilde{p} \neq 0$，使得 $[\tilde{p}, \{\hat{x}^h\}, \{\hat{y}^j\}]$ 是一个禀赋为 $\{\hat{x}^h\}$ 的竞争均衡。

（1）消费者的偏好是凸的；
（2）厂商的生产可行集是凸的；
（3）对于任意的消费者 $\{\hat{x}^h\}$ 在消费者的消费集合的内部；
（4）偏好关系是连续的。

证明 不妨假设第一个消费者是局部不满足的，定义集合

$$\bar{C}^h(\hat{x}^h) = \{x^h : u^h(x^h) > u^h(\hat{x}^h)\}$$
$$C^h(\hat{x}^h) = \{x^h : u^h(x^h) \geq u^h(\hat{x}^h)\}$$

因此，在假设 1 下，对于任意的 h，上面的两个集合是凸的，现在定义凸集合

$$Z = \bar{C}^1(\hat{x}^1) + \sum_{h=1}^{H} C^h(\hat{x}^h)$$

和集合

$$W = \{w : w = \omega + \sum_{j=1}^{m} y^j, y^j \in Y^j\}$$

显然，由生产可行集合的凸性，我们知道集合 W 也是凸的。因为 $\{\hat{x}^h\}$ 是一个 Pareto 最优的配置，因此不可能生产一个更好的消费组，因此集合 W 和 Z 不相交。

由凸集合的分离性质，我们知道存在价格 $\tilde{p} \neq 0$，对于任意的 $w \in W$ 和 $z \in Z$ 成立 $\tilde{p}z \geq \tilde{p}w$，我们下面证明这个价格就是均衡价格。因为对于任意的 $z \in Z$ 可以表示为 $z = \sum_{h=1}^{H} x^h, w \in W$ 可以表示为 $w = \omega + \sum_{j=1}^{m} y^j$。可行性表明 $\omega \geq \sum_{h=1}^{H} \hat{x}^h - \sum_{j=1}^{m} \hat{y}^j$，$\tilde{p}z \geq \tilde{p}w$ 等价于对于任意的 $x^1 \in \bar{C}^1(\hat{x}^1), x^h \in C^h(\hat{x}^h)$ 和 $y^j \in Y^j$ 有

$$\tilde{p}\left[\sum_{h=1}^{H} x^h - \sum_{h=1}^{H} \hat{x}^h\right] - \tilde{p}\left[\sum_{j=1}^{m} y^j - \sum_{j=1}^{m} \hat{y}^j\right] \geq 0$$

上面的不等式对于任意的满足 $u^1(x^1) \geqslant u^1(\hat{x}^1)$ 的 x^1 是成立的,同时因为效用函数的连续性,上面的不等式对于 $u^1(x^1) = u^1(\hat{x}^1)$ 也是成立的. 因此对于任意的 $x^h \in C^h(\hat{x}^h)$ 和 $y^j \in Y^j$ 上面的不等式是成立的. 在上面的不等式中,仅仅选择一个消费者和生产者 x^h, y^j 不等于 $\hat{x}^h, \hat{y}^j$,因此我们得到

对于任意的 $x^h \in C^h(\hat{x}^h), \tilde{p}x^h \geqslant \tilde{p}\hat{x}^h$;

对于任意的 $y^j \in Y^j, \tilde{p}y^j \geqslant \tilde{p}\hat{y}^j$.

因此对于任意的厂商,上面的价格是最优的. 下面证明这个价格系统同样支持效用极大化的特征. 我们证明 $\tilde{p}x^h \geqslant \tilde{p}\hat{x}^h$ 表明不存在 x^h 满足 $\tilde{p}x^h = \tilde{p}\hat{x}^h$,而且 $u^h(x^h) > u^h(\hat{x}^h)$. 假设存在 x^h 满足 $\tilde{p}x^h = \tilde{p}\hat{x}^h$,而且 $u^h(x^h) > u^h(\hat{x}^h)$,因此存在 $\tilde{x}^h$ 满足 $\tilde{p}\tilde{x}^h < \tilde{p}\hat{x}^h$,但是上面的不等式表明 $u^h(\tilde{x}^h) < u^h(\hat{x}^h)$. 取 $\tilde{x}^h$ 和 x^h 的凸组合,因此我们得到

$$u^h(t\tilde{x}^h + (1-t)x^h) > u^h(\hat{x}^h)$$

而且

$$\tilde{p}(t\tilde{x}^h + (1-t)x^h) < \tilde{p}\hat{x}^h$$

把 $\tilde{x}^h$ 趋近于 x^h,这样和 $\tilde{p}x^h \geqslant \tilde{p}\hat{x}^h$ 矛盾. 因此消费者必须极大化其效用.

2.5 社会福利函数

在福利经济学中经常要比较两个资源配置之间的好坏,现在的问题是这些消费者可能在两个不同的资源配置中获得不同的效用,综合到社会福利来看,如何来比较呢? 在一个经济中,如果两个资源配置对于经济的影响仅仅表现在两个消费者之间,我们很容易解决这个问题,我们只要比较这两个资源配置对于这两个消费者的福利损失,从而就可以得到对社会福利的影响,现在如果推广到多个消费者,如何来进行比较呢? 这个问题可追溯到古典的经济学家,如 Hicks, Arrow 等就开始关注,一般地要引入社会福利函数,具体有下面几种:

1. 序数和不可以比较(ONC)

此时这个函数 ϕ 是 H 个独立的、严格单调递增的变换. 此时不同资源对社会福利的影响是不可以比较的. 其中 $\phi = (\phi^1, \cdots, \phi^H) \in \Phi$,满足 $\phi^h(u^h)$ 是消费者 h 的等价效用函数.

2. 基数和不可以比较(CNC)

此时这个函数 ϕ 是 H 个独立的、严格单调递增的仿射变换构成. 即此时 $\phi^h(u^h) = a^h + b^h u^h, b^h > 0$. 不同资源对社会福利的影响是不可以比较的. 如果在不确定性下,上面的关系就是 Neumann-Morgenstern 效用函数.

3. 序数和水平可比较(OLC)

此时这个函数 ϕ 是 H 个恒等的、严格单调递增的变换。此时，每个消费者可以看到效用的多少，但是效用水平的改变大小不能通过消费者之间比较。

4. 基数单位水平可比较(CUC)

此时这个函数 ϕ 是 H 个独立的、严格单调递增的仿射变换，$\phi^h(u^h) = a^h + bu^h$。但是这些仿射变换仅仅常数出现差异。此时，虽然每个消费者之间不可以比较，但是可以看到效用水平的改变。

5. 基数完全可以比较(CFC)

此时这个函数 ϕ 是 H 个恒等的、严格单调递增的仿射变换，$\phi^h(u^h) = a + bu^h$，此时，消费者的效用水平和消费者的效用水平的改变都可以比较。

6. 基数常数比率(CRS)

此时这个函数 ϕ 是 H 个恒等的、严格单调递增的线性变换，$\phi^h(u^h) = bu^h$，此时，消费者的效用水平和消费者的效用水平的改变都可以比较。

7. Bergson-Samuelson 社会福利函数

Bergson-Samuelson 提出的社会福利函数是定义在消费者的效用的一个函数，这是一个最广的社会福利函数，可以表示为

$$W = W(u^1(x^1), \cdots, u^H(x^H))$$

这个函数满足下面的性质：如果对任意的 h，满足 $u^h(\hat{x}^h) \geq u^h(\tilde{x}^h)$，则有

$$W(u^1(\hat{x}^1), \cdots, u^H(\hat{x}^H)) \geq W(u^1(\tilde{x}^1), \cdots, u^H(\tilde{x}^H))$$

当社会福利函数是连续可微时，我们有

$$\frac{\partial W}{\partial u^h} \geq 0, \quad \frac{\partial^2 W}{\partial (u^h)^2} \leq 0$$

习题

1. 考虑消费者的效用极大化行为

$$v(p,m) = \max_{x \in B(p,m)} u(x)$$

和消费者的支出极小化问题

$$e(p,u) = \min_{u(x) \geq u} px$$

其中 $B(p,m) = \{x \in R^n \mid px \leq m\}$，$p$ 和 m 分别为正的价格向量和收入，u 为给定的效用水平。证明：

(1) $v(p,m)$ 是价格的单调递减的拟凹函数，消费者效用极大化的最优解 $x(p,m)$ 为价格和收入的零次齐次函数。

(2) 证明 $e(p,u)$ 是价格的单调递增的凸函数.

(3) 记消费者支出极小化问题的最优解为 $h(p,u)$，证明下面的等式：
$$h(p,v(p,m)) = m, \quad v(p,h(p,u)) = u$$

$$x_i(p,m) = -\frac{\partial v(p,m)/\partial p_i}{\partial v(p,m)/\partial m}$$

$$\frac{\partial x_i(p,m)}{\partial p_j} = \frac{\partial h_i(p,v(p,m))}{\partial p_j} - x_i(p,m)\frac{\partial x_j(p,m)}{\partial m}$$

2. 假设收入为 m 的消费者从消费品 x_1 和 x_2 中获得的间接效用函数为
$$v(p_1,p_2,m) = -\left[\frac{m}{p_2} + \frac{1}{b}\left(a\frac{p_1}{p_2} + \frac{a}{b} + c\right)\right]\exp\left(-\frac{bp_1}{p_2}\right)$$

(1) 求出 Marshallian 需求函数、Hicksian 需求函数和支出函数；

(2) 求出直接效用函数.

3. 消费者对于两种商品的需求函数分别为
$$x_1 = a + bp_1 + cp_2, \quad x_2 = e + fp_1 + gp_2$$

(1) 给出参数满足的条件；

(2) 求出货币度量的间接效用函数和消费者的直接效用函数.

4. 对具有成本函数
$$c(w_1,w_2,y) = y\left[\left(\frac{w_1}{a}\right)^\gamma + \left(\frac{w_2}{b}\right)^\gamma\right]^\beta$$

的厂商，其中 a,b 为正常数，y 为产出.

(1) 给出参数 γ 和 β 满足的条件，求出其条件需求函数和生产函数；

(2) 写出厂商的生产可行集、要素需求集.

5. 假设消费者的效用函数为 $u = \theta_1 \ln x_1 + \theta_2 \ln x_2 + \theta_3 \ln(1-l)$，其中 $0 < \theta_i < 1$，$\sum_{i=1}^{3}\theta_i = 1$，$l$ 为消费者的劳动供给，消费者总的时间禀赋为 1. 消费品 x_1,x_2 的价格分别为 p_1,p_2，劳动的工资率为 w，消费者的禀赋为 m.

(1) 写出消费者的效用极大化问题，并且求出消费者的需求函数、劳动力的供给函数和间接效用函数.

(2) 假设政府从 x_1,x_2 收取从量税 t_1 和 t_2，这样这两种消费品的价格变成 p_1+t_1,p_2+t_2. 重复上面的过程.

(3) 假设政府要得到的收益为给定的常数 R，因此在消费者的最优行为后，政府在自己的收益一定条件下，选择 t_1 和 t_2 使得社会福利极大（这里假设上面的消费者是一个代表性的消费者），写出政府的福利极大化问题. 求出最优的税率.

6. 回答下面的问题：

(1) 写出 Gorman 形式的间接效用函数和需求函数；

(2) 对于拟线性的效用函数(即效用函数为 $u(x)=v(\hat{x}_1)+x_1$,其中 $x=(x_1,x_2,\cdots,x_n), \hat{x}_1=(x_2,\cdots,x_n)$),证明它的间接效用函数为 Gorman 形式.

(3) 证明需求函数的 Gorman 形式是需求函数对于消费者总量可加的充要条件(以两个消费者的情形证明).

7. 假设消费者 A 和 B 的效用函数和禀赋如下：
$$u_A(x_{1A},x_{2A}) = a\ln x_{1A} + (1-a)\ln x_{2A}, \quad w_A = (0,1)$$
$$u_B(x_{1B},x_{2B}) = \min\{x_{1B},x_{2B}\}, \quad w_B = (1,0)$$
计算市场出清的价格和均衡配置.

8. 假设消费者的效用函数定义在消费 x 和休闲 $1-l$ 上面
$$U(x,l) = a\ln x + (1-a)\ln(1-l)$$
消费者赋予一个单位的劳动禀赋,假设生产函数为 $x=bl$,求出均衡的价格. 进一步, 当生产函数为 $x=\sqrt{l}$ 时,求出均衡的价格.

9. 考虑在一个经济中,有两种物品与一个代表性竞争消费者.(这个消费者代表大量对市场影响很小的消费者)这个消费者的初始禀赋是拥有 w_1 物品 1, $w_1 > 4\log 4$. 取物品 1 为币值标准. 消费者的效用函数为
$$4\log(1+x_2) + x_1$$
其中 $x_1 \geq 0$ 表示他对物品 1 的消费量, $x_2 \geq 0$ 表示对物品 2 的消费量.

消费者对物品 2 的初始拥有量为零. 在生产物品 2 的行业里, 每家厂商都有一个以物品 1 度量的固定成本 $\alpha > 0$ 与单位常数边际成本.

物品 1 的价格标准化为 1, 物品 2 的价格记为 p.

(1) 初步的问题：

a. 如何组织行业来达到 Pareto 最优?

b. 找出 Pareto 最优配置.

c. 推导出物品 2 的需求函数 $x_2(p)$ 及其反需求函数 $p(x_2)$.

(2) 垄断行业结构——假定只有一家厂商生产物品 2. 这家厂商像垄断者一样最大化其利润. 为了使模型更完整,我们假定利润都分配给消费者,而消费者把利润看做一个参数,即他不考虑他的行为与他所得到的利润之间的关系. 找出垄断者的均衡. 为什么这个配置不是最优的? 请推导出为了使垄断者的产量达到 Pareto 最优,每单位售出的物品 2 所需要的补贴 τ. 对于用补贴的方式来管理垄断者的政策,你有何想法? 模型中的哪些假设导出了这种管理方式?

(3) 寡头竞争行业——考虑一个由 n 家厂商组成的行业. 任一家厂商的成本是其产出量的函数,形式如下：

$$\begin{cases} C(y) = \alpha + y, & 若 y > 0 \\ C(y) = 0, & 若 y = 0 \end{cases}$$

其中 $a > 0$.

记 y^j 为厂商 j 的产量, 于是行业总产量为 $\sum_{j=1}^{n} y^j$, 如果 $p(\cdot)$ 是第(1)问得到的反需求函数, 那么物品 2 的市场价格为 $p(\sum_{j=1}^{n} y^j)$.

n 个生产厂商的 Cournot 均衡是一个 n 维向量 $y^{*1} > 0, \cdots, y^{*n} > 0$, 使得

(i) $p(\sum_{j=1}^{n} y^{*j}) y^{*i} - C(y^{*i}) \geq 0, i = 1, \cdots, n.$

(ii) 对 $i = 1, \cdots, n$ 和对于所有的 $y^i \geq 0$,

$$p(\sum_{j \neq i}^{n} y^{*j} + y^{*i}) y^{*i} - C(y^{*i}) \geq p(\sum_{j \neq i}^{n} y^{*j} + y^i)$$

(i) 要求各厂商的利润是非负的; (ii) 要求对于所有的厂商 i, 给定其他厂商的产量水平 $y^{*j}, j \neq i$, 产量 y^{*i} 是厂商 i 的最优策略.

n 家厂商的对称均衡是满足下面条件的 n 家厂商 Cournot 均衡: $y^{*1} = y^{*2} = \cdots = y^{*n} > 0$. 在整个问题中, 我们只对对称均衡感兴趣. 首先, 决定由 n 个厂商组成的寡头竞争行业的总产量. 我们考虑任一家厂商 i, 记 Y 为其他厂商的总产量. 导出厂商 i 的反应函数, 即针对 Y 的最优策略, $y(Y)$. 图 2-1 表示出了反应函数的形状.

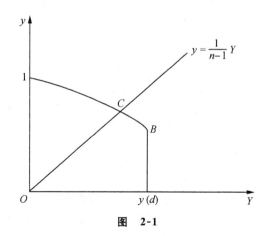

图 2-1

在图 2-1 中, 请解释 n 个厂商的对称 Cournot 均衡是如何在反应函数的 AB 段与直线 $y = \dfrac{1}{n-1} Y$ 的交叉点处得到的. 并请计算出临界值 n^*, 使得当厂

商数目 n 小于或等于 n^* 时 n 个厂商对称 Cournot 均衡存在. 考虑 $n=2$ 的情况,请找出对物品 2 的最优补贴,使得两寡头产量等于第(1)问中得出的 Pareto 最优的物品 2 产量. 问这种配置是否达到了 Pareto 最优?

(4) 可自由进入的寡头竞争行业——在上一问中厂商数目被看做外生的. 现在通过假定自由进入,厂商数目变为内生决定的. 自由进入的 Cournot 均衡是一个厂商数目 $\bar{n}$ 与 $\bar{n}$ 个产量 $y^{*1}>0,\cdots,y^{*\bar{n}}>0$,使得 $y^{*1},\cdots,y^{*\bar{n}}$ 为 $\bar{n}$ 个厂商的 Cournot 均衡,并且

(i) 对所有 $y>0$, $p(\sum_{j=1}^{\bar{n}} y^{*j}+y)y-C(y)<0$.

(ii) 意味着任何一个计划进入该行业的厂商,只要他预期当前行业中的厂商将继续保持他们现在的产出量 (y^{*j}),那么不管他如何选择产出水平,进入行业都会遭受损失.

a. 请推导出一个自由进入的 Cournot 均衡;

b. 当 α 趋向于零时,检查这个均衡的极限,并进行讨论.

10. 在一个经济系统中有三种物品. 物品 1 是电话的白天使用权,物品 2 是电话的夜晚使用权,物品 3 是所有其他物品的汇总,并被取为币值标准. 令

$$U(x_1,x_2,x_3)=\alpha\log x_1+\beta\log x_2+x_3,\quad \alpha>0,\beta>0$$

为一个典型消费者的效用函数,其中 x_1 为白天电话使用量,x_2 为夜晚电话使用量,x_3 为物品 3 的消费量. 存在一个消费者的连续统,它们的差别只在于其初始禀赋,即为收入 w. 令 $f(w)$ 为区间 $[\underline{w},\overline{w}]$ 上的均匀密度函数,刻画了收入的分布. 为标准化,我们选择 $\overline{w}-\underline{w}=1$.

假定消费者必须支付初始入网费 A,白天电话服务的单价为 p,夜晚为 q.

拥有收入 w 的消费者的优化问题为

$$\max \alpha\log x_1+\beta\log x_2+x_3$$

受约束于

$$px_1+qx_2+x_3=w-A$$

(1) 求出个体对电话使用量的需求函数,以及总需求函数 $X_1(p)$ 和 $X_2(q)$. 假定 $\underline{w}$ 充分大,以至于根本不会出现消费者对电话服务是否感兴趣的问题. 提供电话服务必须付出服务容量为 K 的投资,边际成本为常数 d. K 必须满足 $K \geqslant X_1, K \geqslant X_2$. 并且,白天和夜晚电话使用量的边际维修保养成本为 b. 假设提供电话服务的厂商受利润为零的约束.

(2) 解释为什么这个约束可以写成 $A+(p-b-d)X_1(p)+(q-b)X_2(q)=0$. 在此,我们假定白天是电话使用的高峰期.

(3) 写出收入为 w 的消费者的间接效用函数,$V(p,q,w-A)$. 在预算平衡

的约束下,求出追求效用最大化的计划者的最优定价方案(p^*, q^*, A^*).

(4) 现在把问题一般化,效用函数 $U(x_1, x_2, x_3)$ 为可微的凹函数. 令 $x_1(p, q, w-A)$ 与 $x_2(p, q, w-A)$ 为个体需求函数. 在这种一般化的情况下,写出在预算平衡的约束下追求效用最大化的计划者的优化问题,并写出它的一阶条件.

我们忽略掉总和的交叉替代效应: $E\dfrac{\partial x_1}{\partial q} + Ex_2 E\dfrac{\partial x_1}{\partial w}$ 与 $E\dfrac{\partial x_2}{\partial p} + Ex_1 E\dfrac{\partial x_2}{\partial w}$. 令 $e_1^C = \dfrac{-p}{Ex_1}\left\{E\dfrac{\partial x_1}{\partial p} + Ex_1 E\dfrac{\partial x_1}{\partial w}\right\}$ 为物品 1 需求对 p 的补偿弹性,其中 E 表示对均匀分布取的期望. 类似地,

$$e_1^C = \dfrac{-q}{Ex_2}\left\{E\dfrac{\partial x_2}{\partial q} + Ex_2 E\dfrac{\partial x_2}{\partial w}\right\}$$

利用罗伊恒等式,证明

$$\dfrac{\dfrac{(p-b-\beta)}{p}(-e_1^C)}{\dfrac{q-b}{q}(-e_2^C)} = \dfrac{\operatorname{Cov}\left(\dfrac{\partial V}{\partial w}, x_1\right)\Big/Ex_1}{\operatorname{Cov}\left(\dfrac{\partial v}{\partial w}, x_2\right)\Big/Ex_2}$$

讨论 如果物品都是正常品,并且富人消费物品 2 相对更多一些,那么会出现什么情况?

第 3 章 宏观经济学基础

宏观公共财政理论是在宏观模型的基础上引入政府的公共开支或者政府税收来讨论政府公共开支和政府税收对经济的影响,从而来讨论最优的政府公共开支结构、政府最优的税收等,因此要讨论宏观公共财政理论就必须对宏观经济学的基本模型有深入的了解,本章给出了宏观经济学的基本模型,包括 Solow 模型、Ramsey 模型、Sidrauski 模型和内生经济增长模型.

3.1 Solow 模型

3.1.1 模型

宏观经济学模型考虑的对象为:家庭(或代表性消费者)、厂商和市场.如果要考虑公共财政理论,就需要增加政府行为.一般地,人们采用下面的基本框架来研究:首先,考虑家庭行为.每个家庭拥有经济的资源,如每个家庭拥有资本和劳动力;它们通过自己的最优行为决定需要多少消费品、如何进行投资和提供多少时间来工作(供给多少劳动力)等.其次,厂商行为.厂商利用资本和劳动力等生产资源生产产品来满足家庭和其他公司的需要.同样,厂商通过自己的最优行为决定需要多少资源,采用何种生产技术和生产多少产品,也就是投入多少资本、投入多少劳动力、选择何种生产技术、生产多少产品.最后,通过市场调节,厂商把生产的产品提供给家庭和其他公司,家庭提供自己的资源(资本和劳动力等),通过市场调节达到每种商品的供给等于需求.

Solow 模型的主要假设如下:

假设 1 假设由资本 $K(t)$ 和劳动力 $L(t)$ 生产出产品 $Y(t)$,而且,这一过程可以由新古典的生产函数表示,即:

$$Y(t) = F(K(t), L(t))$$
$$= L(t) F\left(\frac{K(t)}{L(t)}, 1\right) \quad (\text{函数 } F \text{ 的线性齐次性})$$

$$= L(t)F(k(t),1) \quad (\text{定义资本}-\text{劳动力比率}: k=K/L)$$
$$= L(t)f(k(t)) \quad (\text{定义 } f(k)=F(k,1))$$

因此人均产出可以表示为

$$y = Y/L = f(k) \tag{3.1.1}$$

显然,在第 1 章中关于新古典生产函数 F 的假设 A1—A3, A4′ 和 A5 下,通过计算有

$$f'(k) > 0, \quad f''(k) < 0 \tag{3.1.2}$$

假设 2 劳动力的供给不带弹性.这样,可以假设人口增长与劳动力的供给增长是一致的.假设劳动力的增长率为常数 n,记 $L(0)$ 为初始时刻的劳动力,这样在 t 时刻的劳动力为

$$L(t) = L(0)e^{nt} \tag{3.1.3}$$

假设 3 跨时投资假设.假设消费者储蓄率为常数 $s, 0 < s < 1$.这样消费者总的储蓄 $S(t)$ 为收入的 s 倍.因此有

$$\frac{dK(t)}{dt} = I(t) = S(t) \quad (\text{投资} - \text{储蓄恒等式})$$
$$= sY(t) \quad (\text{常数储蓄率的假设})$$

其中初始资本存量 $K(0)$ 和劳动力 $L(0)$ 给定.

为简单起见,模型中没有考虑到资本的折旧和投资的调整成本.把上述等式两边同时除以 $L(t)$,并注意到假设 1 和假设 2.得到

$$\frac{dk(t)}{dt} = sf(k) - nk(t) \tag{3.1.4}$$

其中,初始资本存量 $k(0) = K(0)/L(0)$ 给定.

方程(3.1.4)就是我们所说的 Solow 方程,它表示人均储蓄用来增加人均资本存量和满足人口的增长.通过这个方程,在给定的生产函数下,可以得到人均资本存量积累的路径.但是,在多数情形下很难得到方程的显示解,只有借助于动力系统的结论来讨论在均衡点的局部性质.

为讨论的方便起见,定义函数

$$\phi(k) = sf(k) - nk(t) \tag{3.1.5}$$

同时,记 $\varphi(t;k(0))$ 为从初始值 $k(0)$ 出发的系统(3.1.4)的解.

定义 3.1.1

k^* 叫做系统(3.1.4)的均衡点(steady-state, equilibrium point)当且仅当 k^* 满足 $\phi(k^*) = 0$.

显然,均衡点 k^* 是函数 $\phi(k)$ 的零点.从图 3-1 可以看到,均衡点 k^* 也是

曲线 $sf(k)$ 与 $nk(t)$ 的交点. 在一般的情形下,均衡点可能存在,也可能不存在;也可能只有唯一的均衡点,也可能有多个均衡点. 如图 3-1 所示,对于生产函数 $f^1(k)$ 和 $f^4(k)$,不存在非零的均衡点;对于生产函数 $f^2(k)$,存在三个非零的均衡点 $1,3$ 和 4;生产函数 $f^3(k)$,仅存在唯一的非零均衡点 2.

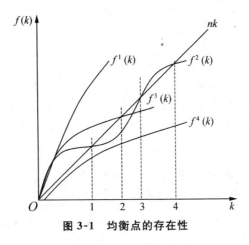

图 3-1 均衡点的存在性

因此,为了得到均衡点的存在性就必须对生产函数加以限制. 先考虑简单的情形:

性质 3.1.1

在生产函数的假设 A1—A3 和 A4′ 下,如果参数 n 和 s 满足:$0<\dfrac{n}{s}<f'(0)$,则存在唯一的 k^* 满足 $\phi(k^*)=0$,即系统(3.1.4)存在唯一的均衡点,它为 k^*.

定义 3.1.2

均衡点 k^* 叫做渐近稳定的,如果对任意的初始值 $k(0)$,系统(3.1.4)的轨道 $\varphi(t;k(0))$ 满足 $\lim\limits_{t\to\infty}\varphi(t,k(0))=k^*$;均衡点 k^* 叫做局部渐近稳定的,若存在一个区域 Ω,对任意的 $k(0)\in\Omega$,系统(3.1.4)的轨道 $\varphi(t;k(0))$ 满足 $\lim\limits_{t\to\infty}\varphi(t,k(0))=k^*$.

性质 3.1.2

在性质 3.1.1 的假设下,系统(3.1.4)的均衡点 k^* 是局部渐近稳定的. 即对任意给定的初值 $k(0)$,由系统(3.1.4)得到的解将收敛到均衡点 k^*.

证明 考虑对应在 k^* 处,系统(3.1.4)的线性化系统为

$$\frac{\mathrm{d}k(t)}{\mathrm{d}t}=(sf'(k^*)-n)(k-k^*)$$

上面线性系统的特征根为 $\lambda=(sf'(k^*)-n)$. 下面证明它是负的. 事实上, 因为 $f(0)=0$, 由中值定理知道存在 $0<\theta<1$ 满足

$$\frac{n}{s}k^* = f(k^*) - f(0) = k^* f'(\theta k^*)$$

由于函数 f' 的单调性, 知道 $f'(\theta k^*)>f'(k^*)$, 因此得到 $\frac{n}{s}k^*>k^* f'(k^*)$. 此即表明特征根为负. 因此 k^* 为系统(3.1.4)的渐近稳定的均衡点.

例 3.1.1 对 CES 类的生产函数

$$F(K,L) = [\alpha K^{-\beta} + (1-\alpha) L^{-\beta}]^{-1/\beta} \tag{3.1.6}$$

其中 $0<\alpha<1$ 和 $\beta\geqslant -1$ 为常数.

显然, 仅当 $\beta=0$ 时, 即 Cobb-Douglas 情形时上面的生产函数满足性质 3.1.1 的条件, 可以得到均衡点存在性、唯一性, 进一步由性质 3.1.2 知道均衡点是渐近稳定的. 当 $\beta>0$ 时, 由于 $f'(0)<\infty$, 违反了 Inada 条件 $\lim\limits_{k\to 0}f'(k)=\infty$, 不满足上面性质 3.1.1 和性质 3.1.2 的条件, 从而不一定存在非零的均衡点; 当 $\beta<0$ 时, 因为 $f(0)>0$, 违反了生产函数的假设 A1, 不满足性质 3.1.1 的条件, 因此均衡点也可能不存在.

均衡时的主要经济特性

对于一般的生产函数的 Solow 模型, 均衡时的各经济参数为:
(1) 投入—产出的关系
资本—劳动力比率: $K^*/L^* = k^* = f^{-1}(n/s)$
产出—劳动力比率: $Y^*/L^* = f(k^*) = n/sk^*$
产出—资本比率: $Y^*/K^* = f(k^*)/k^* = n/s$
(2) 分配关系
利率: $r = \partial F(K,L)/\partial K = f'(k^*)$
工资: $w = \partial F(K,L)/\partial L = f(k^*) - k^* f'(k^*)$
工资—利率比率: $w/r = f(k^*)/f'(k^*) - k^*$
工资占产出的份额: $wL/Y^* = 1 - k^* f'(k^*)/f(k^*)$
利率占工资的份额: $rk^*/Y^* = k^* f'(k^*)/f(k^*)$
储蓄—收入比率: $sY/Y = s$
(3) 比较静态分析
通过全微分知道:
① 在均衡点时, 经济增长率 $\dfrac{\mathrm{d}K/\mathrm{d}t}{K} = n = \dfrac{\mathrm{d}L/\mathrm{d}t}{L} = \dfrac{\mathrm{d}Y/\mathrm{d}t}{Y}$ 不受储蓄率的影响.

② 在均衡点时, 产出—资本比率 $\dfrac{Y}{K} = \dfrac{n}{s}$ 不受生产函数的形式的影响.

③ 随着储蓄率和劳动力的变化,其他刻画经济的特征的参数变化如表3-1所示:

表 3-1

相应变量的变化	储蓄率 s 增加	人口增长率 n 增加
1. 资本—劳动力比率:K/L	+	−
2. 产出—劳动力比率:Y/L	+	−
3. 产出—资本比率:Y/K	−	+
4. 利率:$r=\partial F(K,L)/\partial K$	−	+
5. 工资率:$w=\partial F(K,L)/\partial L$	+	−
6. 工资—利率比率:w/r	+	−
7a. 劳动力回报占产出的份额:wL/Y	− 若 $\sigma>1$ 0 若 $\sigma=1$ + 若 $\sigma<1$	+ 若 $\sigma>1$ 0 若 $\sigma=1$ − 若 $\sigma<1$
7b. 资本回报占产出的份额:rK/Y	+ 若 $\sigma>1$ 0 若 $\sigma=1$ − 若 $\sigma<1$	− 若 $\sigma>1$ 0 若 $\sigma=1$ + 若 $\sigma<1$

其中"+"代表增加,"−"代表减少;$\sigma=\dfrac{w/r}{K/L}\cdot\dfrac{\mathrm{d}(K/L)}{\mathrm{d}(w/r)}$ 为两种要素之间的替代弹性。从上面的表可以得到:

a. 注意到工资占产出的份额与利润占产出的份额之和为1。因此,工资占产出的份额增加当且仅当工资占产出的份额与利润占产出的份额之比增加。

b. 工资占产出的份额与利润占产出的份额的比率等于工资与利润比率除以资本劳动力比率。事实上,当工资与利润比率增加1%,资本劳动力比率增加σ%时,则工资占产出的份额与利润占产出的份额的比率增加

$$\frac{1+1\%}{1+\sigma\%}-1=\frac{(1-\sigma)\%}{(1+\sigma)\%}$$

c. 工资和工资占产出的份额的变化方向一致或相反取决于 $\sigma<1$ 或 $\sigma>1$。当 $\sigma=1$ 时工资占产出的份额与利润占产出的份额与 s 和 n 的变化无关。

d. 若两个国家拥有相同的生产函数和相同的储蓄率,尽管它们具有不同的劳动力增长率,我们仍然能得到这两个国家拥有相同的均衡时的 $K/L, Y/L, Y/K, w, r$ 和 w/r。

3.1.2 黄金律

对两个不同的国家,如果它们拥有相同的生产函数和相同的劳动力增长

率,即使它们拥有不同的储蓄率,根据上面的分析知道这两个国家将拥有相同的经济增长率.但是,它们的消费水平将不同.这是因为

$$c^*(s) = (1-s)f(k^*) = f(k^*(s)) - nk^*(s) \tag{3.1.7}$$

是随着储蓄率改变而变化的.因此在保证经济增长率不变的前提下,不同的国家可以选择不同的储蓄率来极大化它们在均衡时的消费水平.

选择储蓄率极大化(3.1.7)中给出的消费水平,得到的最优性条件为

$$\frac{\mathrm{d}c^*(s)}{\mathrm{d}s} = (f'(k^*(s)) - n)\frac{\mathrm{d}k^*(s)}{\mathrm{d}s} = 0$$

因为$\frac{\mathrm{d}k^*(s)}{\mathrm{d}s} > 0$,因此得到均衡时极大化消费水平的储蓄率满足

$$f'(k^*(s_{\text{gold}})) - n = 0$$

我们把满足上面方程的储蓄率水平叫做黄金律的储蓄率,相应的资本存量水平叫做满足黄金律的资本存量,它满足资本存量的边际生产率等于人口增长率.(如果考虑资本折旧,那么黄金律的资本存量满足边际生产率等于人口增长率与资本折旧率之和)

均衡时极大化消费水平的储蓄率也可以通过均衡条件得到

$$s = \frac{nk_{\text{gold}}}{f(k_{\text{gold}})} = \frac{k_{\text{gold}} f'(k_{\text{gold}})}{f(k_{\text{gold}})}$$

黄金律的资本存量可以通过图 3-2 来说明.在图中给出了消费水平与储蓄率的关系.我们给出了三个储蓄率水平 s_1, s_{gold} 和 s_2,它们满足 $s_1 < s_{\text{gold}} < s_2$,对应它们的均衡时资本存量水平分别为 $k_1 < k_{\text{gold}} < k_2$,它们是曲线 $sf(k)$ 和 nk 的交点.在图中消费水平为对应的生产函数曲线 $f(k)$ 与曲线 $sf(k)$ 在相应的资本存量水平的垂直距离.我们看到仅当储蓄水平为 s_{gold} 时,消费水平达到极大,此时对应的资本存量满足 $f'(k^*(s_{\text{gold}})) - n = 0$.正好为生产函数的与直线 nk 平行的切线.

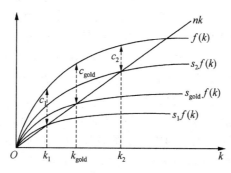

图 3-2　消费水平与储蓄率的关系

可以证明当且仅当 $s=s_{\text{gold}}$ 时,对应的均衡点的资本存量是 Pareto 最优的. 因此,在 Solow 模型中需要考虑两个状态,即均衡状态和黄金律的状态.

3.1.3 动态过渡

经济开始一般处于非均衡状态,由稳定性定理知道当时间充分长时,消费水平路径和储蓄水平路径会收敛到各自的均衡值. 下面考虑经济从初始的非均衡到达均衡点的过程.

把动态方程(3.1.4)两边同时除以人均资本存量,得到资本存量的增长率 γ_k,它可以表示为

$$\gamma_k = \frac{\mathrm{d}k/\mathrm{d}t}{k} = sf(k)/k - n$$

因此人均资本存量的增长率为 $sf(k)/k$ 与 n 之差. 如图 3-3 所示.

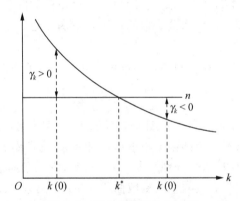

图 3-3 资本存量的动态过渡

图 3-3 表示当初始资本存量 $k(0)$ 位于均衡点 k^* 的左边时,$sf(k)/k$ 在 n 的上方,因此资本存量 k 的增长率为正. 这样随时间的增加,资本存量增加;而随着资本存量的增加,$sf(k)/k$ 下降,从而 k 的增长率会慢慢地减少直至等于 0,此时资本存量达到均衡点 k^*. 反之,当资本存量位于均衡点的右边时,$sf(k)/k$ 在 n 的下方,因此资本存量 k 的增长率为负. 这样随时间的增加,资本存量减少;而随着资本存量的减少,$sf(k)/k$ 上升,从而 k 的增长率会慢慢地上升直至等于 0,这样资本存量达到均衡点 k^*.

类似的方法可以讨论产出和消费水平的动态过渡特征. 这里不再重复.

通过前面的讨论,我们知道在一定的条件下,当时间充分长时,资本存量水平 $k(t)$,产出水平 $y(t)$ 和消费水平 $c(t)$ 等经济的主要参数都会收敛到各自的均衡值 k^*,y^* 和 c^*. 但是,对不同的经济,它们的差别在何处呢? 这里就要涉及一个收敛速度的问题. 也就是考虑经济从初始的不均衡到达均衡的时间问题.

我们可以用一个合适的参数来衡量经济由初始的非均衡到均衡的速度,这就是经济的收敛速度问题.为简单起见,借用一个例子来说明.

考虑 Cobb-Douglas 生产函数 $Y=AK^{\alpha}L^{1-\alpha}$,通过很简单的过程可以得到
$$\gamma_k = sAk^{-(1-\alpha)} - n$$
上式等价于
$$\gamma_k = d(\log k)/dt = sA e^{-(1-\alpha)\log k} - n$$
因此均衡点的资本存量满足
$$sA e^{-(1-\alpha)\log k^*} - n = 0$$
在均衡点附近通过对数线性化得到
$$d(\log k)/dt = -\beta \log(k/k^*)$$
其中 $\beta=(1-\alpha)n$.

这里 $\beta=(1-\alpha)n$ 表示特征根的大小,它的绝对值可以用来衡量收敛速度.知道它的绝对值越大,资本存量从 $k(0)$ 上升到 k^* 的速度越大.注意到这里储蓄率没有影响经济的收敛速度问题,这是对特殊的生产函数才有的结论.如果生产函数的形式改变,这个性质将不存在.事实上,储蓄率对收敛速度的影响是模糊的.出现上面的结论的原因为:储蓄率的改变对经济的影响体现在下面两个方面:第一,随着储蓄率的上升,投资增加,这样资本存量的收敛速度加快;第二,随着储蓄率的上升,均衡点的资本存量相应地增加,导致初始值与均衡值的距离增加,这样资本存量的收敛速度下降.综合上面的结果,哪种效果明显,就出现相应的那种影响.对于我们选定的生产函数,这两种效果正好抵消.因此,得到上面储蓄率不影响收敛速度的结论.

3.1.4 几个重要的推广

Solow 模型的出现使人们对经济增长理论有了全新的认识.之后有很多经济学家在它的基础上加以推广,这里只列出几种.

1. 技术进步

Solow 模型给出了当时间充分长时,资本存量水平 $k(t)$,产出水平 $y(t)$,和消费水平 $c(t)$ 等经济的主要参数都会收敛到各自的均衡值 k^*,y^* 和 c^*.然而,在实际中资本存量水平 $k(t)$,产出水平 $y(t)$ 和消费水平 $c(t)$ 等经济的主要参数都在持续增长,人们为解释这一现象,引入了技术进步.首先,两种要素的带技术进步的生产函数一般地可表示为
$$Y(t) = F(K, L, t)$$
其中 t 代表技术进步.函数 F 对前两个变量的关系和第 1 章中给出的 A1—A5 一致,关于技术进步,我们假设 $F_t > 0$,产出是技术进步的增函数.技术进步有下

面几大类：

(1) Harrod 中性定义为沿着给定的资本—产出比率，相对的要素的回报 KF_K/LF_L 是不变的。Uzawa(1961)证明了在 Harrod 中性下生产函数可以表述为

$$Y(t) = F(K, LA(t))$$

其中 $A(t)$ 代表技术指标。这种形式的技术进步也叫做劳动力扩展型的技术进步。

(2) Hicks 中性定义为沿着给定的资本—劳动力比率，相对的要素的回报 KF_K/LF_L 是不变的。可以证明在 Hicks 中性下生产函数可以表述为

$$Y(t) = F(T(t)K, T(t)L(t))$$

其中 $T(t)$ 代表技术指标。这种形式的技术进步也叫做资本和劳动同时扩展型的技术进步。

(3) Solow 中性定义为沿着给定的劳动力—产出比率，相对的要素的回报 KF_K/LF_L 是不变的。可以证明在 Solow 中性下生产函数可以表述为

$$Y(t) = F(B(t)K, L)$$

其中 $B(t)$ 代表技术指标。这种形式的技术进步也叫做资本扩展型的技术进步。

关于技术进步的具体讨论，可以见 Bemerster 和 Dobell(1993)。我们这里只给出下面的结论：

【定理 3.1.1】

对于存在技术进步的生产函数，仅当技术进步为 Harrod 中性时，才存在均衡点。

下面在 Harrod 中性的技术进步下考虑 Solow 模型的一些结论。首先记 $\hat{k} = \dfrac{K}{Le^{\chi t}}, \hat{y} = \dfrac{Y}{Le^{\chi t}} = F(\hat{k}, 1) = f(\hat{k}), \hat{c} = \dfrac{C}{Le^{\chi t}}$，这样可以把 Solow 模型写成

$$\frac{d\hat{k}}{dt} = sf(\hat{k})/\hat{k} - (\chi + n) \tag{3.1.8}$$

得到下面的结论：

① 在新古典生产函数的假设下，即第 1 章中 A1—A5 成立，均衡点是存在、唯一、而且是渐近稳定的。

② 和不带技术进步的生产技术相比较，均衡点时资本—劳动力比率：$K/L = k$；产出—劳动力比率：$Y/L = f(k)$；工资：$w = f(k) - kf'(k)$；工资—利率比率：$w/r = f(k)/f'(k) - k$ 的增长率不再为零，它们相等都等于 χ。

③ 和不带技术进步的生产技术相比较，均衡点时产出—资本比率 $Y/K = f(k)/k = n/s$；利率 $r = \partial F(K,L)/\partial K = f'(k)$；工资占产出的份额 $wL/Y = 1 -$

$kf'(k)/f(k)$；利率占工资的份额 $rk/Y=kf'(k)/f(k)$；储蓄—收入比率 $sY/Y=s$ 和原来一致.

通过上面的分析知道，由于带技术进步的生产技术的引进，使得资本存量的增长率不再为零. 这可以解释为什么在一些国家经济不收敛的情形.

2. 劳动力供给带常弹性

在前面的模型中总假设劳动力的供给是不带弹性的，但是事实上，劳动力的供给是随着工资的变化而变化的. 如果假设人口为 $P(t)=P(0)e^{nt}$，其中 $P(0)$ 为初始的人口. 参与劳动的人数为总人口的一部分，记劳动力的参与函数为 $p(w)$，满足：

$$p'(w)>0,\quad p''(w)<0$$

因此总的劳动力为 $L(t)=p(w)P(t)$，这样劳动力的增长率为

$$\frac{\mathrm{d}L}{L}=\frac{p'w'k'}{p}+n$$

同样可以得到此时的 Solow 模型

$$\frac{\mathrm{d}k}{\mathrm{d}t}=\frac{sf(k)-nk}{1+\varepsilon_p\varepsilon_w} \tag{3.1.9}$$

其中 $\varepsilon_p=\dfrac{p'w}{p}$ 和 $\varepsilon_w=\dfrac{w\dot{k}}{wk}$ 分别为劳动力的参与弹性和工资对资本存量的弹性，假设它们为常数.

主要结论：

（1）在新古典生产函数的假设下，存在唯一的均衡点，并且均衡点是渐近稳定的.

（2）和劳动力供给不带弹性的情形相比，资本—劳动力比率：$K/L=k$；产出—劳动力比率：$Y/L=f(k)$；工资：$w=\partial F(K,L)/\partial L=f(k)-kf'(k)$；工资—利率比率：$w/r=f(k)/f'(k)-k$ 都和原来的一致. 它们在均衡时的增长率都为 0.

（3）和劳动力供给不带弹性的情形相比，产出—资本比率：$Y/K=f(k)/k=n/s$；利率：$r=\partial F(K,L)/\partial K=f'(k)$；工资占产出的份额：$wL/Y=1-kf'(k)/f(k)$；利率占工资的份额：$rk/Y=kf'(k)/f(k)$；储蓄—收入比率：$sY/Y=s$ 也都保持不变.

（4）和劳动力供给不带弹性的情形相比，人均资本存量 $K/P=K/Lp(w)$，人均消费量 $C/P=C/Lp(w)$ 都下降，是原来的 $p(w)$ 倍，但是总量的资本存量和消费水平保持不变.

因此，从上面的分析知道，在劳动供给带弹性的前提下，得到的主要经济参

数和劳动供给不带弹性时保持一致,因此在今后的模型中我们都可以不考虑劳动力供给的弹性.

3. 储蓄函数的改变

在 Solow 模型的假设中有一个重要的假设,即储蓄率为常数.后来很多学者把这一方面进行了推广.

假设工资收入和资本收入的储蓄率不同,事实上,对一般的人来讲一般工资收入的储蓄率 s_w 比资本收入的储蓄率 s_r 低,$s_r \geqslant s_w$. 这样,总的储蓄为

$$S = (s_r - s_w)kf'(k) + s_w f(k)$$

因此,Solow 模型可以写成

$$\frac{\mathrm{d}k}{\mathrm{d}t} = (s_r - s_w)kf'(k) + s_w f(k) - nk \tag{3.1.10}$$

此时,我们知道,在生产函数的假设下,我们可以很容易得到均衡点的存在性,但是,均衡点的唯一性不一定能得到.如图 3-4 所示,出现了三个均衡点,可以证明均衡点 k_1, k_3 是鞍点稳定的均衡点,而 k_2 是发散的均衡点.

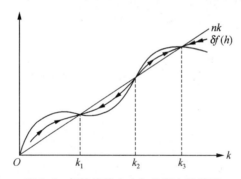

图 3-4 初始值的大小与均衡点的关系

这种情形的出现,在经济学中有重要的意义.多个均衡点的情形,可以从下面几点理解:① 可以解释为世界的多样性.不同的国家,由于其初始情况的不同(初始的资本存量不同)可以导致经济最终收敛到不同的均衡点.② 可以解释贫困陷阱的出现.从图 3-4 中我们可以看到,因为均衡点 k_1, k_3 是鞍点稳定的均衡点,而 k_2 是发散的均衡点.因此,我们知道,如果两个国家比较,虽然它们初始的资本存量相差很小,可能有一个国家因为初始的资本存量超过了 k_2,这样这个国家最终的资本存量将收敛到较高的均衡点 k_3;而另外一个国家,可能它初始的资本存量正好比 k_2 小一点,这样这个国家最终的资本存量将收敛到较低的均衡点 k_1. 因此,可能出现初始资本存量的微小差异导致均衡的资本存量的较大差异.我们把这种情形简称为"贫困陷阱".③ 正是由于贫困陷阱的出现,经济援助有时才出现"大推动"(big push)的情形.因为如果某个国家因为初始

的资本存量正好比 k_2 小一点,这样这个国家最终的资本存量将收敛到较低的均衡点 k_1. 此时,如果有一个国外的经济援助正好把该国家初始的资本存量提高到超过了 k_2,这样这个国家最终的资本存量将收敛到较高的均衡点 k_3. 这样,很小的援助可能收到很大的效果.

当然,最一般地我们可以假设储蓄函数和劳动力供给函数都为资本存量的函数,从而得到和上面类似的结论. 这里不再讨论.

3.2 Ramsey-Cass-Koopmans 模型

3.1 节讨论了最基本的增长理论模型,通过它已经可以解释一些经济现象. 但它的最大不足之处是 Solow 模型假设储蓄率是外生给定的常数,储蓄行为是外生给定的. 虽然,后面推广到储蓄是资本存量的函数,但是模型里的储蓄函数仍然需要外生给定,而不是由经济自身和消费者行为决定的. 同时,模型里也没有注意到消费者的理性行为,考虑的资本积累方程和消费积累行为都是先验的,考虑的黄金率的资本存量是极大化消费者均衡时消费水平得到的. 为克服这些困难,在本章我们把储蓄率内生化,它是由消费者的最优行为得到的. 这方面最早的贡献属于 Ramsey(1928),他首次采用变分法讨论消费者的最优储蓄和消费问题. 虽然他的方法出现得很早,但是人们一直没有认识到他所考虑问题的重要性和讨论方法的先进性,直到 1965 年才由经济学家 Cass 和 Koopmans 分别加以改进,变成我们通常讲的 Ramsey-Cass-Koopmans 模型.

和所有的经济增长模型一样,该模型的基本框架为:第一,家庭拥有经济的资源,家庭拥有资本、劳动力;人们通过自己的效用极大化决定自己的消费路径、资本积累路径,同时包括生养多少小孩和利用多少时间工作等等. 第二,厂商利用资源,厂商利用资本和劳动力来生产产品用于家庭和其他公司的消费. 厂商通过自己的理性行为决定雇佣多少资源,例如雇佣多少资本、多少劳动力,采用何种生产技术和生产多少产品. 最后,通过市场调节,公司把生产的产品卖给家庭和其他公司,家庭出卖自己的资源(资本和劳动力等),通过市场调节达到所有的供给等于需求.

3.2.1 家庭的问题

记 t 时刻家庭拥有的总资产为 $A(t)$. 这里 $A(t)$ 可以为正,也可以为负. 当 $A(t)$ 为正时表明此时家庭拥有正的资产;反之,表明家庭负债. 假设在完全竞争下,市场上的资本回报率(即利率)为 $r(t)$. 这样家庭所拥有的资产在 t 时刻可以带来的收益为 $rA(t)$(当 $A(t)$ 为负时,$rA(t)$ 表明此时家庭必须付的债务利息). 同时,假设家庭可以为社会提供劳动力,得到工资回报. 假设在 t 时刻的工资率为 $w(t)$,家庭提供的劳动力为 $L(t)$. 这样家庭通过劳动得到的收益为 $w(t)L(t)$. 因此,在 t 时刻家庭的总收入为 $r(t)A(t)+w(t)L(t)$. 除用来消费外,家庭其余资产用来储蓄以增加资产. 记 t 时刻家庭总的消费水平为 $C(t)$,这样家庭的预算约束可以表示为

$$\dot{A}(t) = w(t)L(t) + r(t)A(t) - C(t) \tag{3.2.1}$$

定义 $a(t)=A(t)/L(t)$ 为 t 时刻家庭拥有的人均资产, $c(t)=C(t)/L(t)$ 为 t 时刻家庭的人均消费,并且注意到劳动力的增长率为 n,这样方程(3.2.1)可以改写成

$$\dot{a}(t) = w(t) + r(t)a(t) - c(t) - na(t) \tag{3.2.2}$$

注意到为避免当 $A(t)$ 为负时债务水平过高,假设在债务市场上对借贷有约束,假设资产的贴现和为非负. 即

$$\lim_{t \to \infty} \left\{ a(t) \exp \left[-\int_0^t (r(v) - n) \mathrm{d}v \right] \right\} \geqslant 0 \tag{3.2.3}$$

约束(3.2.3)表明从长期来看家庭人均债务的增长率不能超过 $r(t)-n$,因此家庭长期的总债务的增长率就不会超过 $r(t)$.

假设消费者的瞬时效用函数 $u(c(t)):R_+ \to R_+$ 为非降的、边际效用递减的. 在效用函数为二阶连续可微下,上述假设可表述为

$$u'(\cdot) \geqslant 0, \quad u''(\cdot) \leqslant 0 \tag{3.2.4}$$

同时,假设 Inada 条件成立. 即

$$\lim_{c \to 0} u'(c) = \infty, \quad \lim_{c \to \infty} u'(c) = 0 \tag{3.2.5}$$

从条件(3.2.5)知道,当消费品充分多时,它的边际效用就会充分小;反之,当消费品很少时,它的边际效用就会充分大. 这个条件是为了保证消费函数的平滑性.

假设贴现率为给定的正常数, $0 < \rho < 1$. 这样,消费者所有效用的贴现和可以表示为

$$U = \int_0^\infty u(c(t)) \mathrm{e}^{nt} \mathrm{e}^{-\rho t} \mathrm{d}t \tag{3.2.6}$$

显然为保证(3.2.6)中的积分有意义,必须进一步地假设 $\rho > n$.

对于每个家庭来讲,它的问题就是在自己的预算约束下选择它的消费路径、资本存量路径和劳动力供给路径来极大化它的效用. 在人均化的模型中等价于选择人均消费路径 $c(t)$ 和人均资本积累路径 $k(t)$ 来极大化其效用. 即在给

定的初始人均资本存量 $k(0)=k_0$ 和预算约束(3.2.2)下,极大化目标函数(3.2.6).

利用 Hamilton 系统来求解上述优化问题,对应于上面的优化问题定义 Hamilton 方程

$$H = u(c)e^{(n-\rho)t} + \lambda[w+(r-n)a-c]$$

其中 λ 为 Hamilton 乘子,它表示财富的现值影子价格;代表从时刻 0 来看,在 t 时刻一个单位的资本存量的增加所带来的最优效用的增加量.

这样得到最优条件

$$\frac{\partial H}{\partial c} = u'(c)e^{(n-\rho)t} - \lambda = 0 \quad (3.2.7)$$

$$\dot{\lambda} = -\frac{\partial H}{\partial a} = -(r-n)\lambda \quad (3.2.8)$$

和横截性条件(TVC)

$$\lim_{t\to\infty}\lambda a(t) = 0 \quad (3.2.9)$$

方程(3.2.7)表明在最优时,消费的边际效用等于财富的边际值.方程(3.2.8)为 Euler 方程,表示了消费者跨时投资的无差异性.横截性条件(3.2.9)排除了发散的均衡点的情形.它表明在时间充分长时,财富的价值充分小.这是因为如果在充分长的时间里财富的边际值(均衡时它等于消费的边际效用)为正,则消费者的财富一定为零.否则,如果存在正的财富,消费者可以降低财富水平用来增加消费,从而提高总的效用;另一方面,如果在充分长的时间里消费者还存在正的财富,那么消费者消费的边际效用一定等于零.否则,同样的道理,消费者可以降低财富水平用来增加消费,从而提高总的效用.

借助于最优条件,我们可以考虑消费函数的性质.由预算约束条件(3.2.2)可以得到

$$a(T)e^{-(\bar{r}(T)-n)T} + \int_0^T c(t)e^{-(\bar{r}(t)-n)t}dt$$
$$= a(0) + \int_0^T w(t)e^{-(\bar{r}(t)-n)t}dt$$

其中 $\bar{r}(t) = (1/t)\int_0^t r(v)dv$ 表示平均利率水平.

在上式令 $T\to\infty$,注意到条件(3.2.3),得到

$$\int_0^\infty c(t)e^{-(\bar{r}(t)-n)t}dt = a(0) + \int_0^\infty w(t)e^{-(\bar{r}(t)-n)t}dt$$
$$= a(0) + \tilde{w}(0) \quad (3.2.10)$$

方程(3.2.10)表明了消费者预算约束方程的实际意义.它指出消费者的预算约束实际上表示,从时刻 0 来看,他的所有消费的贴现和等于消费者总的财

富(等于消费者初始的财富和所有的工资收入贴现和之和).

对于常瞬时替代弹性的效用函数,即 $\sigma(c) = \dfrac{u''(c)c}{u'(c)}$ 为常数,由 Euler 方程,可以得到消费路径

$$c(t) = c(0) \mathrm{e}^{\frac{1}{\sigma}(\overline{r}(t)-\rho)t}$$

把上式代入方程(3.2.10)得到

$$c(0) = \mu(0)[a(0) + \widetilde{w}(0)]$$

其中 $\mu(0)$ 为消费对财富的边际倾向,定义为

$$\frac{1}{\mu(0)} = \int_0^\infty \mathrm{e}^{[\overline{r}(t)(1-\sigma)/\sigma - \rho/\sigma + n]t} \mathrm{d}t$$

上式就是消费者的显示消费路径. 通过它可以考虑平均利率改变对消费的影响. 平均利率 $\overline{r}(t)$ 的增加对消费和储蓄的影响要考虑两方面的效果:第一:利率提高增加了消费者现在消费的成本,这样,最直接的效果是消费者把消费推后,因此可以使现在的消费下降. 另一方面,利率的提高使消费者总的收入提高. 这样由于收入的增加,为保持消费路径的平滑性,消费者会使每期的消费水平上升. 这种效果的作用会带来消费者消费的上升. 平均利率 $\overline{r}(t)$ 的增加到底如何影响消费取决于这两种效果谁占优. 分下面的情况讨论:

当 $\sigma<1$ 时,随 $\overline{r}(t)$ 的上升,$\mu(0)$ 下降,因而消费水平下降. 这是因为替代效果占优. 直观上来看,当 $\sigma<1$(很小)时,消费者对消费的平滑性注意得很少,因此替代效果占优. 反之,$\mu(0)$ 上升,消费水平上升. 这是因为替代效果相对较小. 当 $\sigma=1$ 时,随 $\overline{r}(t)$ 的上升,$\mu(0)$ 不变,因为这两种效果正好相抵消.

事实上,上面考虑的是很简单的情形,把工资收入看成了常数. 如果考虑随着 $\overline{r}(t)$ 的变化,工资收入也随着变化,情况会更复杂,可以同样考虑.

3.2.2 厂商行为

假设厂商的技术由二阶连续可微的、递增的、边际生产率递减的、一阶齐次的生产函数来表示,即

$$Y = F(K, L, t)$$

其中 K 和 L 分别为投入的总的资本存量和劳动力,t 代表技术进步. 特别地,假设技术进步是 Harrod 中性的,由第一章的结论知道,如果假设初始的技术进步为 1,则生产函数可以表示为

$$Y = F(K, L\mathrm{e}^{\chi t})$$

记 $\hat{L} = L\mathrm{e}^{\chi t}$,$\hat{y} = Y/(L\mathrm{e}^{\chi t})$ 和 $\hat{k} = K/(L\mathrm{e}^{\chi t})$,这样厂商的利润可表示为

$$F(K, \hat{L}) - (r+\delta)K - wL = \hat{L}[f(\hat{k}) - (r+\sigma)\hat{k} - w\mathrm{e}^{-\chi t}]$$

其中 δ 为资本的折旧率,r 为资本回报率,w 为工资.

厂商的行为就是选择投入多少资本和劳动力来极大化自己的利润,即
$$\max_{K,L} F(K,\hat{L}) - (r+\delta)K - wL$$
这样,得到最优性条件:
$$f'(\hat{k}) = r+\delta, \quad w = [f(\hat{k}) - \hat{k}f'(\hat{k})]e^{\chi t} \tag{3.2.11}$$

最优性条件(3.2.11)表明,资本的边际生产率等于市场上资本的回报率;工资率等于劳动力的边际生产率.而且,在第1章给出的生产函数的假设 A1—A5 下,厂商的极大化利润为零.因此,在考虑消费者的预算约束时,只考虑了消费者从厂商得到的资本回报,并没有考虑消费者从厂商得到的分红(红利),这是因为此时厂商的极大化利润等于零.如果考虑不完全市场,或者不是常数规模回报的技术,厂商的极大化利润不等于零,这样上面的过程就要更复杂.我们不予考虑.

3.2.3 宏观经济均衡

在均衡时,所有的需求等于供给,同时债务水平为零,即 $a=\hat{k}$.这样可以把方程(3.2.2)写成
$$\dot{\hat{k}} = f(\hat{k}) - \hat{c} - (\chi+n+\delta)\hat{k} \tag{3.2.12}$$
其中 $\hat{c}=C/\hat{L}=C/Le^{\chi t}$.

注意到方程(3.2.12),Euler 方程可以写为
$$\dot{\hat{c}}/\hat{c} = -\frac{u''}{u'\hat{c}}[f'(\hat{k}) - \rho - \delta - \sigma\chi] \tag{3.2.13}$$
同样,TVC 条件可以写成
$$\lim_{t\to\infty}\hat{k}\exp\left\{-\int_0^t (f'(\hat{k}) - \delta - \chi - n)\mathrm{d}v\right\} = 0$$

动态方程(3.2.12)和(3.2.13)给出了系统的动态特征.通过它们加上初始条件和横截性条件可以唯一决定消费者的消费路径、资本积累路径.但是在大多数情况下,不可能得到显示解.为此,为了得到经济的性质,下面讨论均衡时的特征.

均衡点达到当且仅当 $\dot{\hat{c}}=\dot{\hat{k}}=0$,即
$$f(\hat{k}) - \hat{c} - (\chi+n+\delta)\hat{k} = 0$$
$$f'(\hat{k}) - \rho - \delta - \sigma\chi = 0$$
由对生产函数和效用函数的假设,均衡点的存在性是显然的.因此通过上面的方程组可以得到唯一的均衡点 $(\hat{c}^*,\hat{k}^*)$.下面考虑由系统(3.2.12)和(3.2.13)

决定的路径的收敛性问题.

考虑动态方程

$$\dot{\hat{k}} = f(\hat{k}) - \hat{c} - (\chi + n + \delta)\hat{k}$$

$$\dot{\hat{c}}/\hat{c} = -\frac{u''}{u'\hat{c}}[f'(\hat{k}) - \rho - \delta - \sigma\chi]$$

为考虑稳定性,在均衡点$(\hat{c}^*,\hat{k}^*)$处线性展开,得到

$$\dot{\hat{k}} = [f'(\hat{k}^*) - (\chi + n + \delta)](\hat{k} - \hat{k}^*) - (\hat{c} - \hat{c}^*)$$

$$\dot{\hat{c}} = -\frac{u''}{u'}f''(\hat{k}^*)(\hat{k} - \hat{k}^*)$$

记上面的线性系统的两个特征根为μ_1和μ_2,由线性代数知识知道它们满足

$$\mu_1 + \mu_2 = f' - \chi - n - \delta > 0$$

$$\mu_1\mu_2 = -\frac{u''}{u'}f'' < 0$$

因此,特征根μ_1和μ_2中有一根为正,另一根为负.由预备知识中给出的稳定性理论知道均衡点$(\hat{c}^*,\hat{k}^*)$为系统的鞍点稳定均衡点.这样有下面的结论:

【定理 3.2.2】

在理性预期下,当时间充分长时,由系统(3.2.12)和(3.2.13)给出的消费路径和资本存量路径会收敛到各自的均衡水平$(\hat{c}^*,\hat{k}^*)$.

用相位图表示如下:在$(\hat{k},\hat{c})$平面中,方程$\dot{\hat{k}}=0$与$\dot{\hat{c}}=0$把第一象限分成四个部分.在(1)和(3)部分,资本存量$\hat{k}$小于均衡点的资本存量$\hat{k}^*$.而$\hat{k}=\hat{k}^*$对应于条件$\dot{\hat{c}}=0$,因此,当$\hat{k}<\hat{k}^*$时,$\dot{\hat{c}}>0$.这样,在(1)和(3)部分消费水平上升.相反地,在(2)和(4)部分消费水平下降.

在(1)和(2)部分,对应的消费水平$\hat{c}$大于均衡点的消费水平$\hat{c}^*$,曲线对应于条件$\dot{\hat{k}}=0$,当$\hat{c}>\hat{c}^*$时,$\dot{\hat{k}}<0$.因此,在(1)和(2)部分资本存量会下降,相反地,在(3)和(4)部分会上升.

因此,平面中粗线表示的就是鞍点路径,如图3-5所示.

3.2.4 均衡点的特征:黄金率与修正的黄金率

均衡点的消费由$\hat{c}^*=f(\hat{k}^*)-(\chi+n+\delta)\hat{k}^*$给出,黄金率就是极大化均衡的消费,因此得到在黄金率时的资本存量满足

$$f'(\hat{k}_{\text{gold}}) = \chi + n + \delta$$

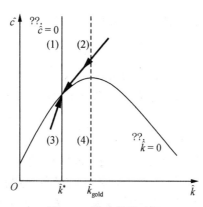

图 3-5 鞍点收敛路径

即在黄金率时,资本存量水平满足其净回报率 $f'(\hat{k}_{gold})-\delta$ 等于均衡时的产出的增长率 $\chi+n$. 而由 Ramsey-Cass-Koopmans 模型给出的均衡点时的资本存量满足

$$f'(\hat{k}^*) = \rho - \delta - \sigma\chi$$

把满足上式的资本存量叫做修正的黄金率的资本存量. 它表明均衡点的资本净回报率 $f'(\hat{k})-\delta$ 等于有效的贴现率 $\rho+\sigma\chi$. 由 TVC 条件有

$$\rho > n + (1-\sigma)\chi$$

又因为资本的边际生产率是递减的,因此,均衡点的资本存量比黄金率的资本存量低.

3.3 效用函数中的货币——Sidrauski 模型

前面一些章节讨论的模型都是实经济模型. 在经济中有一个相当重要的因素还未涉及,这就是货币. 讨论货币理论要涉及货币的存在性、货币的作用以及货币发行量的改变对经济的影响等重要问题. 本节给出了货币研究的一些经典模型,讨论货币对经济的影响. 在 Tobin 之后,有很多的货币模型出现,第一节给出的模型没有考虑到消费者的理性行为. 在人们对货币的研究中,主要问题是为什么货币要存在. 1965 年 Sidrauski 把货币直接放入效用函数中,认为货币能带来正的效用,这样货币的存在就是理所当然的了,下面介绍 Sidrauski 模型及一些改进.

3.3.1 Sidrauski 模型

1. 模型的框架

假设消费者的效用定义在人均消费和人均实际货币上,即效用函数为 $u(c,m)$. 假设和消费品一样,消费者从货币中获得正的,但是递减的边际效用. 即

$$u_1 > 0, \quad u_2 > 0, \quad u_{11} < 0, \quad u_{22} < 0$$

消费者现在持有的可以是货币也可以是资产,记 t 时刻家庭拥有的总资产为 $K(t)$. 假设在完全竞争下,市场上的资本回报率(即利率)为 $r(t)$. 这样家庭所拥有的资产在 t 时刻可以带来的收益为 $r(t)K(t)$. 同时,假设家庭可以为社会提供劳动力,得到工资回报. 假设在 t 时刻的工资率为 $w(t)$,家庭提供的劳动力为 $L(t)$. 这样,家庭通过劳动得到的收益为 $w(t)L(t)$. 这样,在 t 时刻家庭的总收入为 $r(t)K(t)+w(t)L(t)$. 家庭资产除用来消费外,其余用来增加资产或者增加货币的持有. 记 t 时刻家庭总的消费水平为 $C(t)$,这样家庭的预算约束可以表示为

$$\dot{K}(t) + \frac{\dot{M}}{p(t)} = w(t)L(t) + r(t)K(t) - C(t) + X \quad (3.3.1)$$

这里因为有货币的存在,要引入价格水平 $p(t)$,$\dot{M}/p(t)$ 表示货币增加的实际值. X 为政府对消费者的转移支付. 因为政府发行货币得到了大量的铸币收益,为简单起见,假设政府把铸币收益转移给消费者.

定义 $k(t) = K(t)/L(t)$ 为 t 时刻家庭拥有的人均资产,$c(t) = C(t)/L(t)$ 为 t 时刻家庭的人均消费,$m = M/(pL)$ 为家庭拥有的人均实际货币. 并且注意到劳动力的增长率为 n,通货膨胀率 $\dot{p}/p = \pi$,这样方程(3.3.2)可以改写成

$$\dot{k} + \dot{m} = w + rk - \pi m - nm + \chi - c - nk \quad (3.3.2)$$

其中 $\chi = X/L$ 为实际人均的政府转移支付.

消费者的行为就是在政府行为和自己的预算约束下,选择自己的消费路径、货币需求路径、资本积累路径来极大化他的贴现效用和. 即

$$\max \int_0^\infty u(c,m) e^{-\beta t} dt$$

受约束于

$$\dot{k} + \dot{m} = w + rk - \pi m - nm + \chi - c - nk$$

其中初始条件 $k(0) = k_0, m(0) = m_0$ 给定.

同样定义当前值的 Hamilton 方程,得到最优性条件

$$u_c(c,m) = \lambda \qquad (3.3.3)$$

$$u_m(c,m) = \lambda(\pi + r) \qquad (3.3.4)$$

$$\dot{\lambda} = \beta\lambda - \lambda(r - n) \qquad (3.3.5)$$

和横截性条件

$$\lim_{t \to \infty}(k + m)\lambda e^{-\beta t} = 0 \qquad (3.3.5)$$

其中 λ 为 Hamilton 乘子,表示财富的边际值,也可以叫做财富的影子价格.

方程(3.3.3)表示消费的边际效用等于财富的边际值;方程(3.3.4)表示货币的边际效用等于实际利率和通货膨胀率之和.从(3.3.3)和(3.3.4)得到

$$u_m(c,m) = u_c(c,m)(\pi + r) \qquad (3.3.6)$$

上式表明最优时刻,消费的边际效用与货币的边际效用之比(边际替代率)等于名义利率.同时可以解释为消费与货币的边际替代率等于市场上消费品与货币的边际转移率.

和 3.2 节中讨论的厂商行为一致,从厂商的最优行为得到

$$r = f'(k), \quad w = f(k) - f'(k)k$$

假设货币的增长率为 $\dfrac{\dot{M}}{M} = \sigma$ 为外生给定的.下面来导出消费水平、资本存量和货币需求的动态方程,由它们来研究经济均衡时的货币政策对经济的影响.

由最优性条件(3.3.3)和(3.3.4)得到短期的均衡

$$c = c(\lambda, k, \pi), \quad \pi = \pi(\lambda, k, m) \qquad (3.3.7)$$

并且通过比较静态分析得到财富的边际值、资本存量和货币需求变化对短期的消费水平和通货膨胀率的影响为

$$c_1 < 0, c_2 > 0, c_3 < 0 \quad 和 \quad \pi_1 < 0, \pi_2 > 0, \pi_3 < 0 \qquad (3.3.8)$$

由方程(3.3.8),知道随着财富的边际值增加,消费水平下降,通货膨胀率下降.这是因为随着财富的边际效用的上升,消费的成本和持有货币的成本会增加,这样会使消费者增加投资而减少消费和持有货币,从而货币的需求减少.货币需求的减少会导致货币发行量的减少,从而使通货膨胀率下降.同时,随着资本存量 k 的增加,由 $f_{kl} > 0$ 知道劳动力的边际回报率增加,即工资水平增加,这样消费者的收入增加,收入的增加使消费者增加消费水平和货币的持有量,从而货币的需求增加,这就使得货币的供给增加进而导致通货膨胀率上升;至于货币需求的增加对消费水平的影响是显然的,它的增加导致投资在资产上的财富减少,从而使收入下降,收入的下降使得消费水平下降,使得名义的货币需求下降,从而使通货膨胀率下降.

假设在均衡时,政府的实际转移支付等于它从发行货币中得到的铸币收

益,即
$$\chi = \frac{\mathrm{d}M/\mathrm{d}t}{PL} = \left(\frac{\dot{M}}{M}\right)\left(\frac{M}{PL}\right) = \sigma m$$

由简单的计算得到
$$\frac{\mathrm{d}M/\mathrm{d}t}{PL} = \dot{m} + \pi m + nm$$

因此,得到人均实际货币的积累方程
$$\dot{m} = (\sigma - \pi(\lambda,k,m) - n)m \tag{3.3.9}$$

在宏观均衡时,把(3.3.9)代入预算约束方程(3.3.2),得到资本存量的积累方程
$$\dot{k} = f(k) - nk - c(\lambda,k,\pi) \tag{3.3.10}$$

综合上面的讨论,得到动力系统为
$$\dot{k} = f(k) - nk - c(\lambda,k,\pi)$$
$$\dot{m} = (\sigma - \pi(\lambda,k,m) - n)m$$
$$\dot{\lambda} = \beta\lambda - \lambda(f'(k) - n)$$

上面的方程给出了经济的动态积累过程,通过它们可以得到资本存量、货币需求和财富的边际值的动态路径. 下面考虑它们在均衡时的特征.

2. 均衡点的特征

当且仅当 $\dot{\lambda} = \dot{k} = \dot{m} = 0$ 达到均衡点 (λ^*, k^*, m^*),它们的特征由下面的方程刻画:
$$f(k^*) - nk^* - c(\lambda^*, k^*, \pi(\lambda^*, k^*, m^*)) = 0 \tag{3.3.11}$$
$$(\sigma - \pi(\lambda^*, k^*, m^*) - n)m^* = 0 \tag{3.3.12}$$
$$\beta\lambda^* - \lambda^*(f'(k^*) - n) = 0 \tag{3.3.13}$$

(1) 均衡点的稳定性

首先考虑均衡点的稳定性,把系统在均衡点 (λ^*, k^*, m^*) 处线性展开,得到
$$\begin{bmatrix} \dot{\lambda}/\lambda \\ \dot{k} \\ \dot{m} \end{bmatrix} = \begin{bmatrix} 0 & -f'' & 0 \\ -c_1 - c_3\pi_1 & \delta & -c_3\pi_3 \\ -\pi_1 & -\pi_2 & -\pi_3 \end{bmatrix} \begin{bmatrix} \lambda - \lambda^* \\ k - k^* \\ m - m^* \end{bmatrix}$$

上面线性系统的三个特征根 μ_1, μ_2, μ_3 满足
$$\mu_1 + \mu_2 + \mu_3 = \delta - \pi_3 > 0$$

因此,三个特征根至少有一个为正. 同时
$$\mu_1\mu_2\mu_3 = f''(k)(\pi_3(c_1 + c_3\pi_1)) - \pi_1 c_3\pi_3 < 0$$

这样 μ_1, μ_2, μ_3 中至少有一个为负. 综合上面两种情况,知道 μ_1, μ_2, μ_3 中一根为负,另外两根为正. 由稳定性理论知道均衡点 (λ^*, k^*, m^*) 是鞍点稳定的.

(2) 货币政策对经济均衡点的影响

首先,由方程(3.3.13)得到均衡点的资本存量水平满足边际生产率等于人口增长率和时间偏好率之和,即

$$f'(k^*) = \beta + n$$

这就是在第 2 章得到的"修正的黄金率",和不考虑货币的经济得到的结论一致. 它给出了均衡时的资本—劳动力比率只由人口增长率和时间偏好率决定,而与货币的增长率无关,这就是著名的"货币超中性"理论. 它说明货币政策的改变将不影响均衡点的资本存量.

同时,从方程(3.3.11)中可以直接得到均衡时的消费水平

$$c^* = f(k^*) - nk^*$$

同样,得到均衡时的消费水平与货币无关. 它还是体现了在均衡时的总的收入等于总的消费水平.(因为这里没有考虑政府的花费问题)这一点也是"货币超中性"在消费上面的体现.

把均衡条件(3.3.12)代入方程(3.3.6)得到

$$u_m(c^*, m^*) = u_c(c^*, m^*)(\beta + \sigma)$$

通过全微分得到

$$\frac{\mathrm{d}m}{\mathrm{d}\sigma} = \frac{u_c}{u_{mm} - u_m/u_c u_{cm}} \quad (3.3.14)$$

从上面的方程得到货币供给增加对实际货币需求的影响. 如果货币和消费品都是正常品,那么得到 $\frac{\mathrm{d}m}{\mathrm{d}\sigma} < 0$. 因此,货币的增长率增加反而使得均衡时的实际货币需求减少.

(3) 最优货币量

从方程

$$u_m(c^*, m^*) = u_c(c^*, m^*)(\beta + \sigma)$$

知道:如果 $\beta + \sigma > 0$,则 $u_m(c^*, m^*) = u_c(c^*, m^*)(\beta + \sigma) > 0$,这样消费者从货币的持有中还可以得到正的边际效用,消费者可以通过增加货币的持有来提高效用. 因此,此时货币的持有量不是最优. 反之,如果 $\beta + \sigma < 0$,则 $u_m(c^*, m^*) = u_c(c^*, m^*)(\beta + \sigma) < 0$,消费者可以减少货币的持有来提高效用. 同样此时货币的持有量不是最优. 最优货币供给量达到当且仅当 $\beta + \sigma = 0$. 即最优的货币增长速度等于消费者的贴现率的相反数. 这是一个负数,事实上,在几十年以前,经济学家 Friedman 就得到了这一结论.

3.3.2 生产函数中的货币

Sidrauski 模型给出了货币的超中性,这和 Tobin(1965)给出的结论有较大的差异,也与实际经济有较大不同.这样,很多学者开始探讨在最优化的前提下来寻求货币的作用.事实上,只要在前面的模型中稍作改动,就可以改变货币的超中性的结论.下面采用 Tobin 的方式来得到.

在 Sidrauski 模型的框架下,不改变消费者行为的假设,把生产函数改变为

$$y = f(k,m) = [1-v(m)]f(k) \qquad (3.3.15)$$

其中函数 $v(m)$ 满足 $v'(\cdot)<0, v''(\cdot)>0, v(0)=1, \lim_{m\to\infty} v(m)=0$. 这样货币作为一个生产要素进入生产函数,而且,它对生产有正的、递减的边际生产率.

从厂商的利润极大化行为得到

$$r = (1-v(m))f'(k)$$

和

$$w = (1-v(m))(f(k)-f'(k)k)$$

把厂商行为和政府行为代入消费者的最优条件(3.3.3),(3.3.4)和(3.3.5),同时考虑到方程(3.3.9),同样可以得到此时的经济动态特征:

$$\dot{k} = (1-v(m))f(k) - nk - c(\lambda,k,m)$$
$$\dot{m} = (\sigma - \pi(\lambda,k,m) - n)m$$
$$\dot{\lambda} = \beta\lambda - \lambda((1-v(m))f'(k) - n)$$

当且仅当 $\dot{\lambda}=\dot{k}=\dot{m}=0$ 达到均衡点 (λ^*,k^*,m^*),它们的特征由下面的方程刻画:

$$(1-v(m^*))f(k^*) - nk^* - c(\lambda^*,k^*,m^*) = 0 \qquad (3.3.16)$$
$$(\sigma - \pi(\lambda^*,k^*,m^*) - n)m^* = 0 \qquad (3.3.17)$$
$$\beta\lambda^* - \lambda^*((1-v(m^*))f'(k^*) - n) = 0 \qquad (3.3.18)$$

同样的方法可以证明均衡点是鞍点稳定的.下面着重考虑货币政策对经济均衡点的影响.首先,由方程(3.3.18)得到均衡点的资本存量水平满足边际生产率等于人口增长率和时间偏好率之和,即

$$(1-v(m^*))f'(k^*) = \beta + n$$

此时货币进入"修正的黄金法则",因此"货币超中性"不再成立.同时,从方程(3.3.16)中可以直接得到均衡时的消费水平

$$c^* = (1-v(m^*))f(k^*) - nk^*$$

同样,货币会影响均衡时的消费水平."货币超中性"体现在消费方面也不再成立.

事实上,通过全微分可以得到

$$\frac{\mathrm{d}k^*}{\mathrm{d}\sigma} > 0$$

即货币供给量增加会提高均衡时的资本存量水平,这和 Tobin 得到的结论相吻合.

3.3.3 通货膨胀的福利影响

Lucas(1994)在 Sidrauski 模型中考虑了通货膨胀对社会福利的影响. 他选取的效用函数形式为

$$u(c,m) = \frac{1}{1-\theta}\{[c\varphi(m/c)]^{1-\theta} - 1\} \tag{3.3.19}$$

其中 θ 为正常数,表示跨时替代弹性. 函数 φ 满足 $\varphi'(\cdot) > 0, \varphi''(\cdot) < 0$.

由最优性条件知道货币的边际效用和消费的边际效用满足

$$u_m(c,m) = u_c(c,m)(\pi + r) \tag{3.3.20}$$

考虑到方程(3.3.19)给出的效用函数,由上面的方程得到

$$\frac{\varphi'(x)}{\varphi(x) - x\varphi'(x)} = \pi + r = I \tag{3.3.21}$$

其中 $x = m/c$.

假设均衡时的消费水平为 1,因为 $u(1,m)$ 在 $I=0$ 的时候取得极大值,这表明 $\varphi'(m) = 0$. Lucas 采用以下方式度量通货膨胀的成本,即保持名义利率 $\pi + r$ 和名义利率为零的社会福利无差异时要增加的均衡消费水平的数量. 如果记通货膨胀的成本为 $w(I)$,由定义它可以从下面方程求得

$$u(1+w(I), m(I)) = u(1, m^*) \tag{3.3.22}$$

其中 $m(I)$ 为方程(3.3.21)在均衡时的消费水平等于 1 时的解.

假设采用 Lucas 的函数形式,$\varphi(m) = (1 + Bm^{-1})^{-1}$,其中 B 为正常数. 这样,可以从方程(3.3.21)中求得

$$m(I) = B^{0.5} I^{-0.5}$$

因为 $\varphi'(m) = 0$ 要求均衡时的实际货币为 $m^* = \infty$,注意到 $\varphi(\infty) = 1$,$u(1,\infty) = 0$,因此方程(3.3.22)变成

$$u(1+w(I), B^{0.5}I^{-0.5}) = u(1,\infty) = 0$$

考虑到方程(3.3.9)给出的效用函数,从上式可以得到

$$w(I) = \sqrt{BI}$$

这就是所求的通货膨胀的成本.

采用美国 1900—1985 年的数据,Lucas 估计 $B=0.0018$,因此名义利率上

升 10% 所带来的成本为 $\sqrt{0.0018 \times 0.1/1.1} = 0.013$. 因此名义利率上升 10% 只相当于减少 1% 左右的实际消费. 对于美国的情形,例如 1987 年美国总的实际消费为 2 447.1 亿美元,因此名义利率上升 10% 所带来福利损失为 2 447.1 亿美元 × 1.3% = 32 亿美元,如果实际的资本的回报率为 2%,则贴现后得到的福利损失为 32(1.02)/0.02 = 1 632 亿美元,如果实际回报率为 4%,那么福利损失为 832 亿美元.

在 Sidrauski 模型之后,关于货币作用的讨论现在已经有很好的结论. Clower 引进 Cash-in-Advance(货币优先)约束,即消费者在期间的消费品必须用货币来购买,因此,货币的存在就理所当然了. 但是,他还不能解释货币的作用. 1981 年 Stockman 提出了不仅在期间的消费品要用货币支付,而且还要求投资品也要用货币来支付. 他用这一点解释了货币政策的改变对经济的影响. 事实上,Zou 应用 Kurz 1967 年的模型,把消费者的财富引入效用函数,这样货币作为消费者的财富存在就是理所当然的了. 此时,可以看到货币供给的增加对经济的影响是不一定的.

3.4 内生经济增长模型

3.4.1 Solow 模型中的内生经济增长

在 3.1 节给出的 Solow 模型中,如果要求均衡点存在,必须对生产函数作一定的假设. 假设生产函数对各个部门的边际生产率是正的、递减的,而且满足 Inada 条件. 如果生产函数不满足这些性质,就会出现另一经济现象. 现在着重研究这一现象.

在第 1 章的框架下,人均资本存量的积累方程可以表示为

$$\dot{k} = sf(k) - nk$$

其中初始资本存量水平 $k(0)$ 给定,s 和 n 分别为常数储蓄率和人口增长率. 这里不考虑资本存量的折旧.

如果生产函数的形式为

$$f(k) = Ak$$

其中 A 为正常数,它反映了技术进步,也可以表示资本的边际生产率. 因为 $f'(k) = A$ 为常数显然违背了 Inada 条件,因此在 3.1 节给出的结论不再适用. 需要重新考虑这个模型.

此时,人均资本存量的增长率很容易可以得到

$$\gamma_k = \frac{\dot{k}}{k} = sA - n$$

考虑到产出和消费水平可以表示为
$$y = f(k) = Ak, \quad c = (1-s)f(k)$$
因此,可以得到资本存量水平的增长率等于消费水平的增长率,也等于产出的增长率. 该增长率为
$$\gamma_k = \gamma_y = \gamma_c = sA - n$$

满足上面性质,即资本存量水平的增长率、消费水平的增长率、产出的增长率相等的路径为平衡增长路径. 这是内生经济增长的主要特征,在均衡时资本存量、消费水平和产出等的增长率为正常数. 现在着重于内生增长的条件. 对一般的生产函数而言,资本存量的增长率可以表示为
$$\gamma_k = \dot{k}/k = sf(k)/k - n$$
因此,有下面的性质:

性质 3.4.1

如果要出现均衡时资本存量的增长率为正的,那么要求生产函数满足
$$\lim_{k \to \infty} f(k)/k > n/s$$

证明 因为对内生经济增长,知道均衡时资本存量增长率为常数,并且为正的,显然可以得到证明.

如果生产函数是连续可微的,性质中给出的条件可以表示为
$$\lim_{k \to \infty} f'(k) > n/s$$
上面的条件表示资本存量的边际生产率要大于某一常数. 这个条件违反了 Inada 条件,它表明边际生产率是递减的,但是要出现内生经济增长,必须满足边际生产率始终超过一定的水平.

例 3.4.1 对于生产函数
$$f(k) = Ak + Bk^{\alpha}$$
其中 A, B 为正常数,$0 < \alpha < 1$ 为常数.

因为资本存量的边际生产率 $f'(k) = A + \alpha B k^{\alpha - 1}$ 满足
$$\lim_{k \to \infty} f'(k) = A + \alpha B k^{\alpha - 1} = A$$
因此在条件 $A > n/s$ 下,经济会出现内生增长. 此时均衡点的资本存量、消费水平和产出的增长率为
$$\gamma_k = \gamma_y = \gamma_c = sA - n$$

例 3.4.2 对于 CES 类的生产函数
$$F(K,L) = [\alpha K^{-\beta} + (1-\alpha)L^{-\beta}]^{-1/\beta}$$
其中 $0<\alpha<1, \beta \geqslant -1$ 为常数.

显然,仅当 $\beta=0$,即 Cobb-Douglas 情形时,可以得到均衡点是存在的、唯一的,进一步由性质 3.1.1 知道均衡点是鞍点稳定. 当 $\beta>0$ 时,有
$$y = f(k) = [\alpha k^{-\beta} + (1-\alpha)]^{-1/\beta}$$
且
$$f'(k) = \alpha k^{-\beta-1}[\alpha k^{-\beta} + (1-\alpha)]^{-1/\beta}$$
$f'(0)<\infty$,违反了 Inada 条件 $\lim_{k \to 0} f'(k) = \infty$. 而且 $\lim_{k \to \infty} f'(k) = \alpha^{-1/\beta}$,也违背了 Inada 条件. 因此如果满足条件
$$s\alpha^{-1/\beta} > n$$
可以得到均衡时资本存量、消费水平和产出的增长率相等,为下面的正常数:
$$\gamma_k = \gamma_y = \gamma_c = s\alpha^{-1/\beta} - n$$

3.4.2 Ramsey 模型中的内生增长

在 Ramsey 模型中,假设经济的基本框架和第 2 章一致,若生产函数满足 Inada 条件,资本存量和消费水平都会收敛到均衡点. 这里假设生产函数为 $f(k)=Ak$,此时因为 $f'(k)=A$ 为常数,显然违背了 Inada 条件,因此在第 2 章给出的结论不再适用. 这里重新研究生产函数不满足 Inada 条件时的 Ramsey 模型.

1. 家庭的问题

家庭的问题就是在其预算约束下,选择其消费路径和资本积累路径,来极大化其效用,即
$$\max U = \int_0^\infty u(c(t)) e^{nt} e^{-\rho t} dt$$
受约束于
$$\dot{a}(t) = w(t) + r(t)a(t) - c(t) - na(t)$$
给定的初始资本存量 $a(0)=a_0$,以及下面的为避免债务水平过高的条件
$$\lim_{t \to \infty} \left\{ a(t) \exp\left[-\int_0^t (r(v)-n)dv\right] \right\} \geqslant 0$$
利用 Hamilton 系统求解上述优化问题,得到
$$\gamma_c = \frac{\dot{c}}{c} = -\frac{u'(c)}{u''(c)c}(r-\rho)$$
和横截性条件

$$\lim_{t\to\infty}\left\{a(t)\exp\left[-\int_0^t (r(v)-n)\mathrm{d}v\right]\right\}=0$$

2. 厂商行为

和 3.2 节不同,这里假设生产函数 $f(k)=Ak$. 在上面的生产函数下,得到最优性条件为

$$r=A-\delta$$
$$w=0$$

这里因为劳动的边际生产率为零,因此工资为零.

3. 宏观均衡

在均衡时,所有的需求等于供给. 包括 $a=k$,有

$$\dot{k}=(A-n-\delta)k-c$$
$$\gamma_c=\frac{\dot{c}}{c}=-\frac{u'(c)}{u''(c)c}[A-\rho-\delta]$$

同时,TVC 条件可以写成

$$\lim_{t\to\infty}k\mathrm{e}^{-(A-n-\delta)t}=0$$

假设效用函数为

$$u(c)=\frac{c^{1-\theta}-1}{1-\theta}$$

其中 $\theta>0$ 为常数,表示消费之间的跨时替代弹性的大小.

由最优条件,很容易求出显示的消费路径

$$c(t)=c(0)\mathrm{e}^{1/\theta(A-\delta-\rho)t}$$

其中初始的消费 $c(0)$ 待定.

这样,为保证积分的收敛性和均衡时消费水平持续增长,必须假设

$$A>\rho+\delta>\frac{1-\theta}{\theta}(A-\delta-\rho)+n+\delta$$

前面的不等式保证消费水平的增长率为正,后面保证积分的有界性和横截性条件成立.

把显示的消费路径代入资本积累方程得到

$$\dot{k}(t)=(A-n-\delta)k(t)-c(0)\mathrm{e}^{1/\theta(A-\rho-\delta)t}$$

因此,得到资本积累路径

$$k(t)=(\text{constant})\mathrm{e}^{(A-n-\delta)t}+c(0)/\varphi\mathrm{e}^{1/\theta(A-\rho-\delta)t}$$

其中

$$\varphi=(A-\delta)(\theta-1)/\theta+\rho/\theta-n$$

由横截性条件有

$$\lim_{t\to\infty}\{\text{constant}+c(0)/\varphi e^{\varphi t}\}=0$$

因此,有 $c(0)=\varphi$. 进一步地,有

$$c(t)=\varphi k(t)$$

由此,知道

$$\gamma_k=\gamma_c=1/\theta(A-\delta-\rho)$$

同理,可以得到 $\gamma_y=\gamma_k=\gamma_c=1/\theta(A-\delta-\rho)$.

另外,可以得到总的储蓄率

$$s=1/A(\gamma_k+n+\delta)=\frac{A-\rho+\theta n+(\theta-1)\delta}{\theta A}$$

上面的结论对于一般的生产函数的 Ramsey 模型同样成立,上面的结论综合如下:

性质 3.4.2

对于一般的生产函数的 Ramsey 模型,如果资本存量的边际生产率趋近于常数 $A>0$,且假设 $A>\delta+\rho$. 则在均衡点资本积累率与消费增长率相等且为正. 这个公共的常数为

$$\gamma_y=\gamma_k=\gamma_c=1/\theta(A-\delta-\rho)$$

进一步地,均衡时的消费水平与资本存量之比为

$$\lim_{k\to\infty}c/k=\varphi$$

其中 φ 为常数,定义为 $\varphi=(A-\delta)(\theta-1)/\theta+\rho/\theta-n$.

上面性质给出了 Ramsey 模型中内生经济增长存在的充分条件. 同时,给出了均衡时的特征:消费水平、资本存量和产出的增长率为相等的正常数. 下面给出内生经济增长的动态过渡问题.

3.4.3 内生增长的动态过渡

在 3.4.2 小节讨论了均衡状态的存在性,和古典增长一致,我们也要考虑经济如何从初始的非均衡收敛到均衡点的过程. 这里同样考虑这种性质,因为经济初始一般是非均衡的,初始的经济增长率还没有收敛到均衡时的状态. 为简单起见,以下面一类生产函数来说明:

$$Y=F(K,L)=AK+\Omega(K,L)$$

其中 A 为正常数,生产函数 Ω 满足新古典的生产函数的性质.

由性质 3.4.2 知道,对于上面的生产函数类型,因为资本存量的边际生产率趋近于 A,因此内生经济增长在参数满足 $A>\delta+\rho$ 时是存在的,而且在给定的 CES 效用函数下,经济增长率等于 $\gamma_c^*=\frac{1}{\theta}(A-\delta-\rho)$.

为简单起见,下面通过一个例子来讨论动态过渡问题.假设生产函数为 Cobb-Douglas 形式

$$Y = F(K,L) = AK + BK^\alpha L^{1-\alpha}$$

其中 $A>0, B>0$,且 $0<\alpha<1$.

把生产函数代入最优性条件得到资本存量和消费水平的增长率分别为

$$\gamma_k = A + Bk^{\alpha-1} - c/k - (n+\delta)$$
$$\gamma_c = 1/\theta[A + B\alpha k^{\alpha-1} - \delta - \rho]$$

由性质 3.4.2 知道当 $A>\rho+\delta$ 时,内生经济增长存在,而且资本存量和消费水平的增长率会收敛到下面的公共常数.

下面着重考虑经济增长率如何收敛到均衡水平的问题.

从性质 3.4.2 知道,当时间充分长时,消费水平和资本存量的比率会收敛到一个常数.同时,收入水平和资本存量的比率也会收敛到一个常数.现在要作变换把无穷远的情况转换成有限的情况来讨论.因此,消费水平和资本存量比率可以作为一个变量,收入和资本存量的比率也可以作为一个变量.为此,定义新变量 $z = f(k)/k$ 和 $\chi = c/k$.通过计算得到新变量的动态方程为

$$\dot{z} = -(1-\alpha)(z-A)(z-\chi-n-\delta)$$
$$\dot{\chi} = \chi\left[(\chi-\varphi) - \frac{\theta-\alpha}{\theta}(z-A)\right]$$

其中 $\varphi = (A-\delta)(\theta-1)/\theta + \rho/\theta - n$.

均衡点 (z^*, χ^*) 在 $\dot{z} = \dot{\chi} = 0$ 时达到,它满足

$$z^* = A, \quad \chi^* = \varphi$$

用相位图来说明.在 (z,χ) 平面中,$\dot{\chi}=0$ 对应的曲线为 $\chi = \varphi + \frac{\theta-\alpha}{\theta}(z-A)$,可以计算它的斜率为 $\frac{\theta-\alpha}{\theta}$.因此如果 $\theta>\alpha$,斜率为严格小于 1 的正数;当 $\theta<\alpha$ 时,则斜率为负的,此时跨时替代弹性很小.这里不讨论.同理,$\dot{z}=0$ 对应的曲线为 $z=A$ 或者 $z=\chi+n+\delta$.它们分别为平面中的垂线和斜率为 1 的直线.因此,曲线 $\dot{z}=0$ 的斜率比曲线 $\dot{\chi}=0$ 的大.因此可以证明它们的交点,也就是均衡点 (z^*,χ^*) 为鞍点稳定的.

当初始的收入—资本存量值大于均衡时的收入—资本存量值时,按图 3-6 中所示的方向,消费者选择初始的消费水平—资本存量比值,使得 $(\chi(0), z(0))$ 正好位于鞍点路径,从而收入—资本存量和消费—资本存量比值都单调下降,直到达到各自的均衡值.

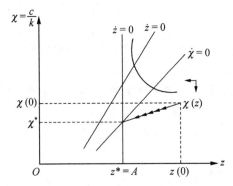

图 3-6 内生增长中的动态过渡

3.4.4 其他的内生增长模型

1. 具有两种资本的 Ramsey 模型

假设厂商投入物质资本 K 和人力资本 H 生产出产出

$$Y = F(K, H)$$

其中生产函数满足新古典生产函数的性质,只是把劳动力变成人力资本. 这样,由于生产函数的一阶齐次性,得到

$$Y = F(K, H) = Kf(H/K)$$

其中 $f'(\cdot) > 0$.

厂商雇佣人力资本与物质资本,假设人力资本与物质资本的回报率分别为 R_H 和 R_K. 这样厂商选择投入多少人力资本和物质资本来极大化它的利润. 即

$$\max_{K, H} F(K, H) - R_K K - R_H H$$

得到最优性条件为

$$R_K = \partial Y / \partial K = f(H/K) - H/K f'(H/K)$$

$$R_H = \partial Y / \partial H = f'(H/K)$$

上面的条件还是熟悉的人力资本和物质资本的回报率等于各自的边际生产率. 对这两种资本,它们的净回报率分别为 $R_H - \delta_H$ 和 $R_K - \delta_K$. 在无套利的完备资本市场,资本是完全可以替代的. 因此这两种资本的回报率必须相等. 这样得到

$$f(H/K) - (1 + H/K)f'(H/K) = \delta_K - \delta_H$$

由上面的方程可以唯一地决定人力资本—物质资本比率 H/K. 因此最优时, H/K 为常数. 这样厂商的生产函数可以写为

$$Y = F(K, H) = Kf(H/K) = (\text{constant})K$$

这样生产函数在完备市场和资本可以自由移动的情形下,等价于 AK 类型

的生产函数. 下面的讨论完全类似于前面,不再累述.

2. 具有技术进步的 Ramsey 模型

在宏观经济中,假设第 i 个厂商的生产函数为

$$Y_i = F(K_i, A_i L_i)$$

其中 A_i 为第 i 个厂商的技术指标,假设它的增长率为外生给定的;L_i 为第 i 个厂商的劳动力投入,假设总的劳动力为常数 L.

在"边干边学"假设下,同时知识是可以传播的,因此可以假设每个厂商的技术指标一致,它与当期的总的资本存量有关. 即假设 $A_i = K$.

厂商的利润可以表示为

$$L_i [f(k_i, K) - (r+\delta) k_i - w]$$

其中函数 $f(k_i, K) = F(K_i, KL_i)/L_i$, $r+\delta$ 为资本回报率,w 为工资.

假设厂商数量足够多,每个厂商的资本存量与总的社会资本存量比较足够小,因此对每个厂商来讲,总的资本存量是外生给定的. 因此,厂商选择自己的资本存量水平和劳动力来极大化它的利润. 这样,得到

$$\partial y_i / \partial k_i = f_1 = r + \delta$$

$$\partial Y_i / \partial L_i = f - k_i f_1 = w$$

在均衡时,每个厂商的资本存量一致. 因此,$k_i = k$ 和 $K = kL$,这样有

$$f(k_i, K)/k_i = \tilde{f}(K/k_i) = \tilde{f}(L)$$

且

$$f_1(k_i, K) = \tilde{f}(L) - L\tilde{f}'(L)$$

如果 $a = k$,可以把均衡的资本存量的动态积累方程写成

$$\dot{k} = \tilde{f}(L)k - c - \delta k$$

这正是我们熟知的 AK 模型.

均衡时的消费水平的增长率可以立即得到

$$\gamma_c = \frac{1}{\theta} [f_1(k_i, K) - \delta - \rho] = \frac{1}{\theta} [\tilde{f}(L) - L\tilde{f}'(L) - \delta - \rho]$$

在假设

$$\tilde{f}(L) - L\tilde{f}'(L) > \delta + \rho > \frac{(1-\theta)}{\theta} [\tilde{f}(L) - L\tilde{f}'(L) - \delta - \rho] + \delta$$

时,均衡时的资本存量、消费水平的增长率为正的,且相等,都等于公共的常数 $\frac{1}{\theta} [\tilde{f}(L) - L\tilde{f}'(L) - \delta - \rho]$.

上面的过程是在 Ramsey 模型中通过消费者、厂商和市场均衡得到的结果,一般地这种经济叫做分散的经济. 在分散的经济中,经济增长率为

$$\gamma_c = \frac{1}{\theta}\left[\tilde{f}(L) - L\tilde{f}\,'(L) - \rho - \delta\right]$$

此时,如果考虑中央计划者经济,即

$$\max U = \int_0^\infty u(c(t))e^{-\rho t}\,dt$$

受约束于

$$\dot{k} = \tilde{f}(L)k - c - \delta k$$

初始资本存量给定.

通过简单的计算得到均衡时的资本存量、消费水平的增长率相等,为公共的常数

$$\hat{\gamma}_c = \frac{1}{\theta}\left[\tilde{f}(L) - \rho - \delta\right]$$

从上面的讨论知道,在分散经济的内生经济增长的条件下,中央计划者经济的经济增长率为正常数. 而且,中央计划者经济的经济增长率比分散经济的经济增长率高. 此时,分散经济和中央计划者经济是不等价的. 这是因为在分散经济中,消费者根据自己的情况来决定最优行为,它的边际生产率为 $\tilde{f}(L) - L\tilde{f}\,'(L)$,而中央计划者考虑到知识的传播作用,它的边际生产率为 $\tilde{f}(L)$,比分散经济的高. 因此出现上面的结果. 此时,政府可以通过补贴等手段,使得即使在分散经济下,也可以获得和中央计划者经济一样的经济增长率.

3. 具有两种资本的单部门模型

仍然假设厂商投入物质资本 K 和人力资本 H 生产出产出,

$$Y = F(K, H)$$

其中生产函数满足新古典生产函数的性质,只是把劳动力变成人力资本.

假设在物质资本 K 和人力资本 H 上的投资分别为 I_K, I_H. 这样均衡时经济的资源约束可以表示为

$$Y = F(K, H) = C + I_K + I_H$$

即总的产出用来消费和投资,投资包括在物质资本上的投资和在人力资本上的投资.

假设两种资本的积累过程分别为

$$\dot{K} = I_K - \delta_K K$$

$$\dot{H} = I_H - \delta_H H$$

厂商雇佣人力资本与物质资本,假设其回报率分别为 R_H 和 R_K,由厂商的利润极大化,得到

$$R_K = \partial Y/\partial K = f(H/K) - H/K f'(H/K)$$

$$R_H = \partial Y/\partial H = f'(H/K)$$

对这两种资本,它们的净回报率分别为 $R_H - \delta_H$ 和 $R_K - \delta_K$. 在无套利的完备资本市场,这两种资本的回报率必须相等,因此,得到

$$f(H/K) - (1 + H/K)f'(H/K) = \delta_K - \delta_H$$

上面的方程可以唯一地决定 H/K. 因此 H/K 为常数,与系统无关. 这样厂商的生产函数可以写为

$$Y = F(K, H) = Kf(H/K) = (\text{constant})K$$

因此它也为 AK 模型的生产函数.

如果假设生产函数为 Cobb-Douglas 生产函数,而且 $\delta_H = \delta_K = \delta$,这样有

$$K/H = \alpha/1 - \alpha$$

这样均衡的资本回报率(人力资本和物质资本的回报率相等)为

$$r = A\alpha^\alpha (1-\alpha)^{1-\alpha} - \delta$$

此时,得到的消费水平、人力资本和物质资本的增长率相同,都等于

$$\gamma^* = 1/\theta [A\alpha^\alpha (1-\alpha)^{1-\alpha} - \rho - \delta]$$

这里得到在所有的物质资本 K 和人力资本 H 积累的路径上,始终要满足 $K/H = \alpha/1 - \alpha$,特别地对初始的时刻要满足上面的条件. 因为初始的条件是给定,因此这一条件不一定满足. 考虑下面的情况:

当 $K(0)/H(0) < \alpha/1 - \alpha$ 时,表明人力资本相对于物质资本的积累过度. 因此,必须选择人力资本的投资路径 $I_H = 0$,这样得到人力资本的路径为

$$H(t) = H(0)e^{-\delta t}$$

如果 $I_H = 0$,Hamilton 函数定义为

$$H = u(C) + v(F(K, H) - C - \delta K)$$

v 为对应的 Hamilton 乘子.

这和新古典的问题一致. 消费者在人力资本路径给定的情况下,选择消费水平和在物质资本上的投资来极大化消费者的效用. 与古典的差别是随着人力资本的下降和物质资本的上升,K/H 的水平上升直至达到 $K/H = \alpha/1 - \alpha$. 此时人力资本的边际回报率等于物质资本的边际回报率. 这样不再要求对人力资本投资的约束 $I_H = 0$. 这时两种资本的增长率和产出的增长率相同,都等于

$$\gamma^* = 1/\theta [A\alpha^\alpha (1-\alpha)^{1-\alpha} - \rho - \delta]$$

当 $K(0)/H(0) > \alpha/1 - \alpha$ 时,表明人力资本相对于物质资本的积累不足. 因此,必须选择物质资本的投资路径 $I_K = 0$,这样得到物质资本的路径为

$$K(t) = K(0)e^{-\delta t}$$

如果 $I_K = 0$,Hamilton 函数定义为

$$H = u(C) + v(F(K, H) - C - \delta K)$$

和前面的讨论一致. 消费者在物质资本路径给定的情况下, 选择消费水平和在人力资本上的投资来极大化消费者的效用. 与古典的差别是随着物质资本的下降和人力资本的上升, K/H 的水平下降直至达到 $K/H=\alpha/1-\alpha$. 此时人力资本的边际回报率等于物质资本的边际回报率. 这样对人力资本投资的约束 $I_K=0$ 不再要求. 这时两种资本的增长率和产出的增长率相同, 都等于
$$\gamma^* = 1/\theta[A\alpha^\alpha(1-\alpha)^{1-\alpha}-\rho-\delta]$$

4. 两个部门的内生增长模型: Uzawa-Lucas 模型

两个部门的内生增长最一般的模型由 Rebelo(1991) 给出, 他假设厂商的投入分为物质资本 K 和人力资本 H, 两种资本的积累过程分别由两种生产过程给出, 假设厂商投入物质资本 K 和人力资本 H 用来生产消费品的产出的份额分别为 v, u. 这样有下面的积累方程:
$$H = C + \dot{K} + \delta K = A(vK)^\alpha(uH)^{1-\alpha}$$
$$\dot{H} + \delta H = A((1-v)K)^\eta((1-u)H)^{1-\eta}$$

其中 Y 为商品的产出, A, B 为正参数. $0 \leq \alpha \leq 1, 0 \leq \eta \leq 1$ 为技术参数, 用来生产消费品的产出的两种资本的份额分别为 v, u.

对于消费者他的问题仍然是选择消费路径和两种资本积累路径来极大化他的效用和. 这样, 和前面类似, 有下面的 Hamilton 函数:
$$J = u(c)e^{-\beta t} + \nu[A(vK)^\alpha(uH)^{1-\alpha} - C - \delta K]$$
$$+ \mu[A((1-v)K)^\eta((1-u)H)^{1-\eta} - \delta H]$$

其中 ν 和 μ 分别为 K 和 H 的 Hamilton 乘子. 这样得到最优性条件
$$\dot{\nu} = -\frac{\partial J}{\partial K}, \quad \dot{\mu} = -\frac{\partial J}{\partial H}$$

从而得到消费水平的增长率为
$$\gamma_C = \frac{1}{\sigma}[A\alpha(vK/uH)^{-(1-\alpha)} - \delta - \beta]$$

其中 $A\alpha(vK/uH)^{-(1-\alpha)} - \delta$ 为物质资本在生产过程中的边际生产率.

在均衡时, 所有资本的边际生产率一定相等. 这样, 可以得到生产函数中各个系数的关系:
$$\frac{\eta}{1-\eta}\frac{v}{1-v} = \frac{\alpha}{1-\alpha}\frac{u}{1-u}$$

同时, 当 $u=1$ 时, $v=1$; $u=0$ 时, $v=0$.

记 $p=\mu/\nu$ 为两种资本边际效用的比, 或者为影子价格之比. 通过计算得到
$$p = \mu/\nu = A/B(\alpha/\eta)^\eta[(1-\alpha)/(1-\eta)]^{1-\eta}(vK/uH)^{\alpha-\eta}$$

可以通过另外的方式来看待问题, 定义总的生产函数

$$Q = Y + pB[(1-v)K]^{\eta}[(1-u)H]^{1-\eta}$$

这样,得到 $p=\mu/\nu$ 的增长率为

$$\gamma_p = A\phi^{\alpha/(\eta-\alpha)}[\alpha\phi^{1/(\alpha-\eta)}p^{(1-\alpha)/(\eta-\alpha)} - (1-\alpha)p^{\eta/(\alpha-\eta)}] \qquad (3.4.1)$$

其中记 $\phi = A/B(\alpha/\eta)^{\eta}[(1-\alpha)/(1-\eta)]^{1-\eta}$. 这里关键的是引入了 $p=\mu/\nu$,从而它的增长率仅与 $p=\mu/\nu$ 相关.

如果 $\alpha \neq \eta$,知道 $p=\mu/\nu$ 与 vK/uH 是一一对应的关系,因此 vK/uH 的增长率由(3.4.1)给出. 同时,很容易看到在均衡时,消费水平、物质资本和人力资本的增长率是相等的.

Uzawa 和 Lucas 讨论的是简单的情形,在前面的模型中取参数 $\eta=0$ 和 $v=1$. 这样,生产过程为

$$Y = C + \dot{K} + \delta K = AK^{\alpha}(uH)^{1-\alpha}$$

$$\dot{H} + \delta H = B(1-u)H$$

和一般的内生增长模型一样,引进变量 $\omega = K/H, \chi = C/K$. 这样,得到两种资本的增长率分别为

$$\gamma_K = Au^{1-\alpha}\omega^{-(1-\alpha)} - \chi - \delta \qquad (3.4.2)$$

$$\gamma_H = B(1-u) - \delta \qquad (3.4.3)$$

很容易通过上面两式得到

$$\gamma_{\omega} = Au^{1-\alpha}\omega^{-(1-\alpha)} - B(1-u) - \chi \qquad (3.4.4)$$

另外,由一阶条件,得到

$$\begin{aligned} &\partial J/\partial C = 0 \Rightarrow u'(C) = \nu e^{\beta t} \\ &\partial J/\partial u = 0 \Rightarrow \mu/\nu = A/B(1-\alpha)u^{-\alpha}\omega^{\alpha} \\ &\dot{\nu} = -\partial J/\partial K \Rightarrow \dot{\nu}/\nu = -A\alpha u^{1-\alpha}\omega^{-(1-\alpha)} + \delta \\ &\dot{\mu} = -\partial J/\partial H \Rightarrow \dot{\mu}/\mu = -B + \delta \end{aligned} \qquad (3.4.5)$$

这样消费水平的增长率

$$\gamma_C = \frac{1}{\sigma}(r-\beta) = \frac{1}{\sigma}[\alpha Au^{1-\alpha}\omega^{-(1-\alpha)} - \beta - \delta] \qquad (3.4.6)$$

因此,可以得到 $\chi = C/K$ 的增长率

$$\gamma_{\chi} = \frac{\alpha-\sigma}{\sigma}Au^{1-\alpha}\omega^{-(1-\alpha)} + \chi - \frac{1}{\sigma}[\delta(1-\sigma)+\beta] \qquad (3.4.7)$$

同时,由上面的一阶条件也可以求得

$$\gamma_u = B(1-\alpha)/\alpha + Bu - \chi \qquad (3.4.8)$$

这样系统的动态特征可以由(3.4.4),(3.4.6)和(3.4.8)给出.

均衡点分析

在均衡时有 $\dot{u} = \dot{\chi} = \dot{\omega} = 0$，这样得到均衡的参数水平为

$$\omega^* = (\alpha A/B)^{1/(1-\alpha)}[\varphi + (\sigma-1)/\sigma]$$

$$\chi^* = B(\varphi + 1/\alpha - 1/\sigma)$$

$$u^* = \varphi + (\sigma-1)/\sigma$$

在上面的均衡值给定条件下，两种资本的公共回报率为

$$r^* = B - \delta$$

从而得到经济增长的公共增长率为

$$\gamma^* = \frac{1}{\sigma}(B - \beta - \delta)$$

在均衡时横截性条件满足要求 $r^* > \gamma^*$，因此给出的均衡时的参数水平均为正数，而 $u^* < 1$ 保证 $\gamma^* = \frac{1}{\sigma}(B - \beta - \delta) > 0$.

我们可以考虑各参数的动态过渡性质，这里不再给出. Uzawa-Lucas 模型给出了在初始人力资本和物质资本存量不均衡时的资本存量和消费水平的动态调整过程. 和一个部门的模型的差别是，在一个部门的模型中，消费水平和资本存量的增长率不是单调的，当初始的物质资本—人力资本比率小于均衡时的物质资本—人力资本比率时，消费水平和产出增长率下降，而当初始的物质资本—人力资本比率大于均衡时的物质资本—人力资本比率时，消费水平和产出增长率下降. 在 Uzawa-Lucas 模型中，消费水平的增长率是单调下降到达均衡点的.

习题

1. （Harrod-Domar 模型）在 Solow 模型中如果生产函数的形式为

$$F(K, L) = \min\left\{\frac{K}{a}, \frac{L}{b}\right\}$$

其中 a, b 为正常数.

(1) 在给定的初值条件下，求出此时的资本存量的显示路径；

(2) 证明均衡点存在当且仅当 $\frac{n}{s} \leqslant \frac{1}{a}$；

(3) 如果存在均衡点，那么均衡点要么是完全稳定，即当时间充分长的时候，资本存量收敛到均衡点；要么失业成指数增长.

2. 如果消费在区间上是连续的，假设时间偏好率是跨时效用的函数. 假设

时间偏好率 $\Delta(s)$ 的定义为

$$\Delta(s) = \int_0^s \beta(u(t))\,\mathrm{d}t$$

显然 $\Delta(0)=0$. 进一步地,假设对任意 $u>0$ 有

$$\beta(u)>0, \quad \beta'(u)>0, \quad \beta''(u)>0, \quad \beta(u)-u\beta'(u)>0$$

对于家庭,其问题就是选择其消费路径和资本积累路径,来极大化其效用. 即在给定的初始资本存量 $k(0)=k_0$、预算约束

$$\dot{a}(t) = w(t) + r(t)a(t) - c(t) - na(t)$$

和消费者债务约束条件 $\lim\limits_{t\to\infty}\left\{a(t)\exp\left[-\int_0^t (r(v)-n)\,\mathrm{d}v\right]\right\} \geqslant 0$ 下极大化效用

$$U = \int_0^\infty u(c(t))\mathrm{e}^{-\Delta(t)}\,\mathrm{d}t$$

求出最优性条件和横截性条件,导出资本存量和消费水平的积累方程;并且证明上述条件是充分的,即满足最优条件和横截性条件的资本存量和消费水平是最优的.

3. (Kurz,1968)假设消费者的效用函数定义在消费者的消费水平和资本存量上,即 $u(c,k)$,假设消费者从资本和消费品中同样获得正的、递减的边际效用. 即

$$u_1 > 0, \quad u_2 > 0, \quad u_{11} < 0, \quad u_{22} < 0$$

同样还假设 Inada 条件成立.

中央计划者的模型选择消费水平和资本存量的积累路径使得社会的福利达到极大,即

$$\max \int_0^\infty u(c,k)\mathrm{e}^{-\beta t}\,\mathrm{d}t$$

受约束于

$$\dot{k} = f(k) - nk - c - \delta k$$

其中初始条件 $k(0)=k_0$ 给定.

讨论资本存量和消费水平的积累路径,给出多重均衡点存在的例子.

4. (Stockman)假设消费者的效用定义在他的消费和财富上,即效用函数为 $u(c)+\gamma v(w)$,参数 γ 度量对社会地位或财富的看重程度. 假设贴现率 $0<\rho<1$. 这样消费者的问题可以写为

$$\max \sum_{t=0}^\infty \rho^t(u(c_t) + \gamma v(w_t))$$

受约束于

$$c_t + k_{t+1} + \frac{M_{t+1}}{P_t} = f(k_t) + (1-\delta)k_t + \frac{M_t + \tau_t}{P_t} \tag{1}$$

$$c_t + \mu k_{t+1} - \mu(1-\delta)k_t \leqslant \frac{M_t + \tau_t}{P_t} \qquad (2)$$

以及初始资本存量和货币水平给定.

其中 $w_t = k_t + \dfrac{M_t + \tau_t}{P_t}$ 为 t 时刻的消费者的总的财富,它为 t 时刻的消费者的资本存量、实际货币持有量和政府实际转移支付之和. τ_t 为 t 时刻的政府转移给消费者的名义支付.

约束(1)为消费者的预算约束,表明 t 时刻的消费者的总的收入等于总的花费. 约束(2)为 Cash-in-Advance 约束,如果 $\mu=0$,它表明在 t 时刻的消费者的消费品由货币支付,如果 $\mu=1$,它表明在 t 时刻的消费者的消费品和厂商的投资品都必须由货币支付. 如果 $\gamma=0$,上述模型为 Stockman 的模型,再加上 $\mu=0$,则上述为带 Clower 约束的 Sidrauski 模型.

讨论货币政策对均衡时的资本存量和消费水平的影响,并且求出最优货币量满足的条件.

5. 在 Lucas 模型中考虑政府公共开支,假设政府公共开支是一个非负的随机过程 $\{g_t\}$ 满足 $g_t \leqslant y_t$. 这里 g_t 表示时刻 t 的人均政府公共开支. 假设 g_t 仅仅是纯粹的政府公共开支,对消费者的福利的改善没有任何影响. 政府的收入来源于它发行的一期债券,并且允许这种债券是状态偶发的,政府的另一个收入来源为政府的人均税收 $\{\tau_t\}$,假设它是一个随机过程,可以表示为 $x_t = \{y_t, g_t\}$ 和上期的债务的函数. 此时经济的状态是一个包含红利 y_t 和政府公共开支 g_t 的向量. 而且假设 $x_t = \{y_t, g_t\}$ 的转移密度函数为 $f(x_{t+1}, x_t)$,它定义为

$$\text{prob}\{y_{t+1} \leqslant y', g_{t+1} \leqslant g' \mid y_t = y, g_t = g\}$$
$$= \int_0^{y'} \int_0^{g'} f(\{z,w\}, \{y,g\}) \mathrm{d}w \mathrm{d}z$$

中央计划者的问题就是在预算约束 $c_t \leqslant y_t - g_t$ 下,极大化整个社会的期望效用. 即

$$\max E_0 \sum_{t=0}^{\infty} \beta^t u(c_t)$$

受约束于

$$c_t \leqslant y_t - g_t$$

证明下面的结论:

(1) 在最优时,约束条件一定是以等式形式成立.

(2) 求出均衡时的股票价格、利率和偶发状态价格.

(3) 证明 Ricardian 的等价性:均衡的消费路径和价格仅仅依赖于产出和政府公共开支,不依赖于政府税收政策.

6. 按照 Carroll(2000)的方法,假定消费者每一期的效用不是仅仅依赖于当期的消费,而且依赖于习惯资本的存量,取决于当期消费与习惯资本存量的相对大小.当期的习惯资本取决于过去的消费,而当期的消费将对未来的习惯资本造成影响.根据 Abel(1990),我们将消费者的瞬时效用定义为

$$U = \frac{\left(\frac{c}{h^\gamma}\right)^{1-\sigma} - 1}{1-\sigma}$$

其中,h 为习惯资本,c 为瞬时消费,σ 为消费者的相对风险规避系数,γ 表示习惯资本的重要程度.如果 $\gamma=0$,那么只有当期的消费决定效用,也就是说效用是时间可分的;如果 $\gamma=1$,那么当期消费和习惯资本存量的比例决定效用;如果 γ 在 0 和 1 之间,那么消费的绝对值和消费与习惯资本的比例共同决定效用.假定 $0 \leqslant \gamma < 1, \sigma > 1$.

习惯资本根据下式积累:

$$\dot{h} = \rho(c - h)$$

也就是说习惯资本为过去消费的加权平均,而 ρ 决定了不同时期的消费在习惯资本中所占的权重,ρ 越大,则近期的消费占习惯资本的权重就越大.假定 $0 \leqslant \rho \leqslant 1$.

生产函数采用内生经济增长中最简单的生产函数形式 $Y = f(k) = Ak$,其中 A 为技术系数,k 表示人均资本存量.

资本的积累方程为

$$\dot{k} = (A - \delta - n)k - c$$

其中,δ 为资本折旧率,n 表示人口增长率.有 $0 \leqslant \delta \leqslant 1$,并假定 $0 \leqslant n < 1$.

消费者的福利为无限期的效用流的折现值

$$W \equiv \int_0^\infty U(c,h) e^{-\beta t} dt$$

其中 β 表示时间偏好率,$0 < \beta < 1$.

消费者的目标可以表示为一个约束最大化问题:

$$\max W \equiv \int_0^\infty U(c,h) e^{-\beta t} dt$$

受约束于

$$\dot{k} = (A - \delta - n)k - c$$

$$\dot{h} = \rho(c - h)$$

以及初始的习惯资本存量和物质资本存量 h_0 和 k_0 给定.

(1) 求出平衡增长路径的经济增长率;

(2) 讨论习惯资本形成对经济增长的影响.

第二部分
微观公共财政理论

第 4 章　商品税的Ramsey法则

第 5 章　收入税模型

第 4 章　商品税的 Ramsey 法则

最早的关于商品税收的理论讨论的是下面的问题：在给定的政府公共开支水平的前提下，政府要通过商品税来平衡自己的预算，此时政府应该对商品如何征税才能使得成本最小或者使得社会福利极大呢？关于商品税最早的结论应该是 Ramsey(1927) 给出的，这一划时代的贡献直到 1951 年在 Samuelson 给政府的报告中才被发现，此后，人们把它作为税收理论最重要的结论写进教科书，由此被人们广泛知晓.

Ramsey 法则是最优税收理论中最古老的理论，也可能是税收理论中最为正式的结论. 它是在消费者的最优行为下，政府选择自己的最优税收的过程中得到的. Ramsey 法则最重要的结论是逆弹性法则，即商品的税收与价格的比率与该商品的需求弹性成反比，某种商品的需求弹性越大，那么对该商品的税收应该越低. 下面来推导 Ramsey 法则.

4.1　Ramsey 法则的导出和性质

Ramsey 法则的导出是一个次优的过程，首先考虑的是消费者行为，通过消费者行为得到消费者对商品的需求；然后，是政府行为，政府在消费者最优行为的前提下选择税收来极大化社会福利，从而得到最优税收. 因此，我们先考虑消费者行为.

4.1.1　消费者行为

我们考虑具有一个消费者的经济，假设市场上有 n 种商品，消费者对每种商品的需求为 $x_i, i=1,\cdots,n$，假设消费者的收入禀赋为 I，同时，消费者提供劳动 l，他的劳动收入为 wl，这里 w 为工资，因此消费者的总收入为 $wl+I$. 假设消费者总的劳动力禀赋为 1，因此消费者的休闲为 $1-l$. 假设消费者的效用定义在消费者的消费和休闲上，即 $u(x_1,\cdots,x_n,1-l)$，并且假设效用函数满足通常

的条件：消费者从商品的消费和休闲中获得正的效用，并且边际效用为正的、递减的．即

$$\frac{\partial u}{\partial x_i} > 0, \quad \frac{\partial u}{\partial l} < 0, \quad \frac{\partial^2 u}{\partial x_i^2} < 0, \quad \frac{\partial^2 u}{\partial l^2} < 0 \qquad (4.1.1)$$

在税收理论中，假设商品在收税前的价格为 p_i，商品的税收与价格比为 t_i，因此对第 i 种商品的税收为 $t_i p_i$，这样在市场上商品的价格为 $q_i = p_i + t_i p_i$，从而消费者的预算约束可以写为

$$\sum_{i=1}^n q_i x_i = wl + I \qquad (4.1.2)$$

通过很简单的变换，把上面的等式改写为

$$\sum_{i=1}^n q_i x_i + w(1-l) = w + I \qquad (4.1.3)$$

因此，我们可以把休闲看成一种消费品．

在政府行为给定的条件下，消费者选择他的消费水平和休闲极大化他的效用，即

$$\max_{x_1,\cdots,x_n,l} u(x_1,\cdots,x_n,1-l)$$

受约束于

$$\sum_{i=1}^n q_i x_i + w(1-l) = w + I$$

利用 Lagrange 方法可以得到最优性条件

$$\frac{\partial u}{\partial x_i} = \lambda q_i, \quad \frac{\partial u}{\partial (1-l)} = \lambda w \qquad (4.1.4)$$

其中 λ 为 Lagrange 乘子，表示收入的边际效用，即消费者的收入增加一个单位所带来的消费者的最优效用改变多少单位．

通过最优性条件(4.1.4)和等式(4.1.3)，我们可以得到消费者对商品和休闲的 Marshall 需求函数为

$$\begin{aligned} x_i &= x_i(q_1,\cdots,q_n,w,I) \\ 1-l &= l(q_1,\cdots,q_n,w,I) \end{aligned} \qquad (4.1.5)$$

把消费者的需求函数(4.1.5)代入效用函数，我们得到间接效用函数

$$\begin{aligned} V(q_1,\cdots,q_n,w,I) = u(&x_1(q_1,\cdots,q_n,w,I),\cdots, \\ &x_n(q_1,\cdots,q_n,w,I),l(q_1,\cdots,q_n,w,I)) \end{aligned} \qquad (4.1.6)$$

关于间接效用函数有很多重要的性质，我们不一一给出了．间接效用函数表示了消费者的效用，同时也代表了消费者的福利．在我们考虑的经济中如果只有一个消费者(或者所有消费者是同质的)，这个函数也可以刻画社会福利的大小．

4.1.2 政府行为

假设政府的支出需求为 R,政府的收入为从商品中取得的商品税收入,根据前面的假设,在政府预算约束平衡的条件下,政府的预算约束可以表示为

$$\sum_{i=1}^{n} t_i p_i x_i(q_1,\cdots,q_n,w,I) = R \tag{4.1.7}$$

其中 R 为给定的常数.

在消费者的最优行为下,政府的行为就是在其预算约束下选择税收水平使得整个社会福利极大,即

$$\max V(q_1,\cdots,q_n,w,I)$$

受约束于

$$\sum_{i=1}^{n} t_i p_i x_i(q_1,\cdots,q_n,w,I) = R$$

同样地,通过 Lagrange 方法可以立即得到

$$\frac{\partial V}{\partial q_k} p_k + \mu \left[x_k p_k + \sum_{i=1}^{n} t_i p_i \frac{\partial x_i}{\partial q_k} p_k \right] = 0 \tag{4.1.8}$$

其中 μ 为 Lagrange 乘子.

注意到

$$\frac{\partial V}{\partial t_k} = \frac{\partial V}{\partial q_k} p_k, \quad \frac{\partial x_i}{\partial t_k} = \frac{\partial x_i}{\partial q_k} p_k \tag{4.1.9}$$

由 Roy 恒等式我们得到

$$\frac{\partial V}{\partial q_k} = -\frac{\partial V}{\partial I} x_k = -\lambda x_k \tag{4.1.10}$$

这里 λ 表示收入的边际效用,它为常数.

把(4.1.9)和(4.1.10)代入方程(4.1.8),我们得到

$$\lambda x_k = \mu \left[x_k + \sum_{i=1}^{n} t_i p_i \frac{\partial x_i}{\partial q_k} \right] \tag{4.1.11}$$

即

$$\sum_{i=1}^{n} t_i p_i \frac{\partial x_i}{\partial q_k} = -\frac{\mu - \lambda}{\mu} x_k \tag{4.1.11'}$$

由 Slustky 方程,我们有

$$\frac{\partial x_i}{\partial q_k} = S_{ik} - x_k \frac{\partial x_i}{\partial I} \tag{4.1.12}$$

其中 $S_{ik} = \dfrac{\partial h_i(q,u)}{\partial q_k}$,$h_i(q,u)$ 为对商品 i 的 Hicks 需求函数.把方程(4.1.12)代入方程(4.1.11'),我们得到

$$\sum_{i=1}^{n} t_i p_i S_{ik} = -\theta x_k \qquad (4.1.13)$$

其中 $\theta = 1 - \lambda/\mu - \sum_{i=1}^{n} t_i p_i \dfrac{\partial x_i}{\partial I}$ 为常数.

如果我们记 $\varepsilon_{ki} = \dfrac{\partial h_i}{\partial q_k} \dfrac{q_k}{h_i}$ 为消费者对第 i 种商品的 Hicks 需求弹性,它反映了随着价格的变化,消费者对商品的需求改变程度. 这样,从方程(4.1.13)我们可以得到

$$\sum_{i=1}^{n} t_i \varepsilon_{ki} = -\theta \qquad (4.1.14)$$

这就是人们现在熟知的 Ramsey 法则,它表示最优的商品税满足该税收使得所有商品的补偿需求相对于收税前改变的程度一样. 税收的原则是在满足政府需要的同时,使得税收对经济的扭曲程度最小, Ramsey 法则就体现了这一原则.

在方程(4.1.14)中,如果满足 $\varepsilon_{ki} = 0, i \neq k$,我们得到

$$t_i = \dfrac{\theta}{\varepsilon_{ii}} \qquad (4.1.15)$$

此时 $\theta = \dfrac{\mu - \lambda}{\lambda}$.

这就是著名的 Ramsey 逆弹性法则. 它表示对某一商品的税收与价格比与这种商品的需求弹性成反比. 如果某种商品随着价格的改变,需求变化程度越大,那么对该商品的税收应该越低.

4.1.3 一致税收的条件

我们知道在理论中,每种商品的需求弹性是不同的,因此对每种商品的税收应该不同,如人们对苹果和荔枝的需求弹性不同,因此对它们的税收也应该不同. 但是,在实际应用中,很多情形下采用的是一致税收,即每种商品的税收与价格比都一致. 我们现在探讨这一理论的可行性,讨论在什么条件下可以采取一致税收. 为讨论一致税收的条件,本文首先回顾了 Ramsey 法则的导出过程和 Ramsey 法则的一些性质;然后,讨论一致税收的条件;最后,我们用具体例子加以说明. 下面我们讨论一致税收的条件. 一致税收实际上是 Ramsey 法则当消费者的效用函数满足一定条件时的特殊表现形式,我们下面的任务就是找到这个条件.

把休闲看成第 0 种消费品,因为花费函数是一次齐次的,考虑到花费函数与 Hick 需求函数的性质

$$\frac{\partial e(q_1,\cdots,q_n,w,u)}{\partial q_k}=h_k, \quad \frac{\partial^2 e(q_1,\cdots,q_n,w,u)}{\partial q_k \partial w}=S_{0k}$$

我们有

$$\sum_{i=1}^{n} q_i S_{ik} + w S_{0k} = 0 \tag{4.1.16}$$

特别地,如果假设工资为1,由方程(4.1.13)我们得到

$$S_{0k} = \theta x_k \tag{4.1.17}$$

即

$$\frac{\partial^2 e(q_1,\cdots,q_n,w,u)}{\partial q_k \partial w} = \theta \frac{\partial e(q_1,\cdots,q_n,w,u)}{\partial q_k} \tag{4.1.18}$$

如果是一致税收,即 $t_i = t$,我们从方程(4.1.18)得到

$$\frac{\partial^2 e((1+t)p_1,\cdots,(1+t)p_n,w,u)}{\partial q_k \partial w}$$

$$= \theta \frac{\partial e((1+t)p_1,\cdots,(1+t)_n,w,u)}{\partial q_k} \tag{4.1.19}$$

因为花费函数的齐次性,所以

$$\left(\frac{1}{1+t}\right) \cdot \frac{\partial^2 e\left(p_1,\cdots,p_n,\frac{w}{1+t},u\right)}{\partial q_k \partial w} = \theta \frac{\partial e\left(p_{1,\cdots,n},\frac{w}{1+t},u\right)}{\partial q_k} \tag{4.1.20}$$

即

$$\frac{\partial^2 e(p_1,\cdots,p_n,w',u)}{\partial q_k \partial w} = \theta' \frac{\partial e(p_{1,\cdots,n},w',u)}{\partial q_k} \tag{4.1.20'}$$

其中我们记 $w' = w/(1+t)$, $\theta' = \theta/(1+t)$.

因此如果是一致税收,由效用函数得到的花费函数必须满足条件 (4.1.20′).关于这一条件的进一步研究,Deaton(1979,1981)给出了如果花费函数满足下面的条件:

$$e(p_1,\cdots,p_n,w',u) = e(c(p_1,\cdots,p_n),w',u)$$

我们可以得到一致税收.但是上面的条件很难应用,如果把上面的条件转换成对效用函数的条件将更直接,更容易应用.一般地,我们可以证明如果效用函数满足

$$f(c(x_1,\cdots,x_n,x_0),x_0,u) = 1$$

则可以通过 Ramsey 法则得到一致税收.

特别地,如果效用函数可以表示为 $u = u\left(\varphi\left(\frac{x}{x_0}\right),x_0\right)$,那么就得到一致税收.下面通过例子来说明.

例 4.1.1 假设效用函数为 Cobb-Douglas 型:$u = \theta_1 \ln x_1 + \theta_2 \ln x_2 +$

$\theta_3\ln(1-l), 0<\theta_i<1, \sum_{i=1}\theta_i=1$. 我们来求解最优商品税的问题.

首先,消费者的问题可以写为
$$\max u = \theta_1\ln x_1 + \theta_2\ln x_2 + \theta_3\ln(1-l)$$

受约束于
$$p_1(1+t_1)x_1 + p_2(1+t_2)x_2 + w(1-l) = I + w$$

求解消费者的行为,得到消费者的需求函数为
$$x_1 = \frac{\theta_1(I+w)}{p_1(1+t_1)}, \quad x_2 = \frac{\theta_2(I+w)}{p_2(1+t_2)}, \quad l = 1 - \frac{\theta_3(I+w)}{w}$$

从而得到间接效用函数
$$V = \theta_1\ln\theta_1(I+w) + \theta_2\ln\theta_2(I+w) - \theta_1\ln p_1(1+t_1)$$
$$- \theta_2\ln p_2(1+t_2) + \theta_3\ln\theta_3(I+w) - \theta_3\ln w$$

政府的预算约束可以写成
$$t_1 p_1 \frac{\theta_1(I+w)}{p_1(1+t_1)} + t_2 p_2 \frac{\theta_1(I+w)}{p_2(1+t_2)} = R$$

通过政府的最优化,我们得到最优性条件
$$\frac{1}{1+t_1} = \mu \frac{1}{(1+t_1)^2}$$
$$\frac{1}{1+t_2} = \mu \frac{1}{(1+t_2)^2}$$

显然可以得到 $t_1 = t_2$,因此我们得到了一致税收.

因此,通过上面的分析,一致税收是 Ramsey 税收法则的特殊表现形式,在效用函数满足一定条件下我们通过 Ramsey 税收法则可以得到一致税收.

4.1.4 多个消费者的情形

上面考虑了一个消费者情形的 Ramsey 法则,下面把这个法则推广到多个消费者的情形.

1. 消费者行为

我们考虑具有 H 个消费者的经济,每个消费者用 h 表示,假设市场上有 n 种商品,消费者 h 对每种消费品的需求为 $x_i^h, i=1,\cdots,n$;假设消费者的收入禀赋为 I;同时,消费者提供劳动 l,他的劳动收入为 wl,这里 w 为工资,这样消费者的总收入为 $wl+I$. 假设消费者总的劳动力禀赋为 1,因此消费者的休闲为 $1-l$. 假设消费者的效用定义在消费者的消费和休闲上,即 $u^h(x_1^h,\cdots,x_n^h,1-l)$,并且我们假设效用函数满足前面给出的条件:消费者从商品的消费和休闲中获得正的效用,并且边际效用为正的、递减的.

假设商品在收税前的价格为 p_i，商品的税收与价格比为 t_i，因此对第 i 种商品的税收为 $t_i p_i$，这样在市场上商品的价格为 $q_i = p_i + t_i p_i$，这样消费者的预算约束可以写为在政府行为给定的条件下，消费者 h 选择他的消费水平和休闲极大化他的效用，可以得到消费者 h 对商品和休闲的 Marshall 需求函数为

$$x_i^h = x_i^h(q_1, \cdots, q_n, w, I)$$
$$1 - l = l(q_1, \cdots, q_n, w, I) \tag{4.1.21}$$

把消费者 h 的需求函数（4.1.21）代入效用函数，我们得到间接效用函数

$$V^h(q_1, \cdots, q_n, w, I^h) = u^h(x_1^h(q_1, \cdots, q_n, w, I), \cdots,$$
$$x_n^h(q_1, \cdots, q_n, w, I), l(q_1, \cdots, q_n, w, I)) \tag{4.1.22}$$

这个函数现在随消费者不同而不同。

2. 政府行为

假设政府的支出需求为 R，政府的收入为从商品中取得的商品税收入，根据前面的假设，在政府预算约束平衡的条件下，政府的预算约束可以表示为

$$\sum_{h=1}^{H} \sum_{i=1}^{n} t_i p_i x_i^h(q_1, \cdots, q_n, w, I^h) = R \tag{4.1.23}$$

其中 R 为给定的常数。

这里要考虑社会福利函数，我们假设社会福利函数定义在所有消费者的效用上，因此，可以表示为

$$W = W(V^1, \cdots, V^H)$$

下面为研究方便起见，我们可以简单地把社会福利函数表示为所有消费者效用的加权平均和，如果政府对第 h 个消费者的关注程度为 α_h，$0 < \alpha_h < 1$，$\sum_{h=1}^{H} \alpha_h = 1$。

在消费者的最优行为下，政府的行为就是在其预算约束下选择税收水平使得整个社会福利极大，即

$$\max W(V^1, \cdots, V^H)$$

受约束于

$$\sum_{h=1}^{H} \sum_{i=1}^{n} t_i p_i x_i^h(q_1, \cdots, q_n, w, I^h) = R$$

同样地，通过 Lagrange 方法可以立即得到

$$\sum_{h=1}^{H} \frac{\partial W}{\partial V^h} \frac{\partial V^h}{\partial t_k} p_i + \mu \left[\sum_{h=1}^{H} x_k^h p_i + \sum_{h=1}^{H} \sum_{i=1}^{n} t_i p_i \frac{\partial x_i}{\partial t_k} \right] = 0 \tag{4.1.24}$$

其中 μ 为 Lagrange 乘子。

注意到

$$\frac{\partial V^h}{\partial t_k} = \frac{\partial V^h}{\partial q_k} p_k, \quad \frac{\partial x_i^h}{\partial t_k} = \frac{\partial x_i^h}{\partial q_k} p_k \qquad (4.1.25)$$

由 Roy 恒等式我们得到

$$\frac{\partial V^h}{\partial q_k} = -\frac{\partial V^h}{\partial I^h} x_k^h = -\lambda^h x_k^h \qquad (4.1.26)$$

或者

$$\sum_{h=1}^{H} \frac{\partial W}{\partial V^h} \frac{\partial V^h}{\partial q_k} = -\sum_{h=1}^{H} \frac{\partial W}{\partial V^h} \lambda^h x_k^h$$

这里 λ^h 表示第 h 个消费者收入的边际效用，它为常数。同时，定义 $\beta^h = \frac{\partial W}{\partial V^h}\lambda^h$ 为第 h 个消费者收入的社会边际效用，即第 h 个消费者的收入提高一个单位，社会福利改善多少个单位。

我们可以把上面的方程写为

$$\sum_{h=1}^{H} \beta^h x_k^h = \mu \left[\sum_{h=1}^{H} x_k^h + \sum_{h=1}^{H} \sum_{i=1}^{n} t_i \frac{\partial x_i^h}{\partial q_k} \right]$$

由 Slustky 方程，我们有

$$\frac{\partial x_i^h}{\partial q_k} = S_{ik}^h - x_k^h \frac{\partial x_i^h}{\partial I^h} \qquad (4.1.27)$$

从而，我们得到

$$\frac{\sum_{h=1}^{H} \beta^h x_k^h}{\mu \sum_{h=1}^{H} x_k^h} - 1 + \frac{\sum_{h=1}^{H} \sum_{i=1}^{n} t_i \frac{\partial x_i^h}{\partial I^h} x_k^h}{\sum_{h=1}^{H} x_k^h} = \frac{\sum_{h=1}^{H} \sum_{i=1}^{n} t_i S_{ki}^h}{\sum_{h=1}^{H} x_k^h} \qquad (4.1.28)$$

如果记 $\sum_{h=1}^{H} x_k^h / H = \bar{x}_k$，那么，我们可以把上面的最优的税收法则改写为

$$\sum_{h=1}^{H} \sum_{i=1}^{n} t_i S_{ki}^h = -\left[H\bar{x}_k - \frac{\sum_{h=1}^{H} \beta^h x_k^h}{\mu} - \sum_{h=1}^{H} \sum_{i=1}^{n} t_i \frac{\partial x_i^h}{\partial I^h} x_k^h \right]$$

记 $b^h = \frac{\beta^h}{\mu} + \sum_{i=1}^{n} t_i \frac{\partial x_i^h}{\partial I^h}$，它可以解释为第 h 个消费者收入的净变动。在上面的变换下，我们得到

$$\frac{\sum_{h=1}^{H} \sum_{i=1}^{n} t_i S_{ki}^h}{\sum_{h=1}^{H} x_k^h} = -\left[1 - \sum_{h=1}^{H} \frac{b^h}{H} \frac{x_k^h}{\bar{x}_k} \right]$$

上面的法则同样表明在商品税收后，第 k 种商品的总的补偿需求的改变和 b^h 与

x_k^h 的关系相反.

特别地,如果对于所有的消费者 b^h 相等,我们得到

$$\frac{\sum_{h=1}^{H}\sum_{i=1}^{n}t_i S_{ki}^h}{\sum_{h=1}^{H}x_k^h}=-[1-b]$$

这就是逆弹性法则在多个消费者情形的体现.

上面的讨论还可以推广到具有生产的经济,我们这里不再讨论,给读者留作习题.

4.1.5 对逆弹性法则的进一步考虑

1. 税收的目标到底是社会福利极大还是政府收入极大

同样考虑一个消费者的经济,在政府行为给定的条件下,消费者选择他的消费水平和休闲极大化他的效用,得到消费者对商品和休闲的 Marshall 需求函数为

$$x_i = x_i(q_1,\cdots,q_n,w,I)$$
$$1-l = l(q_1,\cdots,q_n,w,I)$$

政府的收入为从商品中取得的商品税收入,即

$$\sum_{i=1}^{n}t_i p_i x_i(q_1,\cdots,q_n,w,I) = R \quad (4.1.29)$$

在消费者的最优行为下,政府选择税收水平使得自己的收益极大:

$$\max \sum_{i=1}^{n}t_i p_i x_i(q_1,\cdots,q_n,w,I)$$

立即得到

$$x_k p_i + \sum_{i=1}^{n}t_i p_i \frac{\partial x_i}{\partial t_k} = 0 \quad (4.1.30)$$

从而得到

$$\sum_{i=1}^{n}t_i p_i S_{ik} = -x_k \quad (4.1.31)$$

如果我们记 $\varepsilon_{ki}=\dfrac{\partial h_i}{\partial q_k}\dfrac{q_k}{h_i}$ 为消费者对第 i 种商品的 Hicks 需求弹性,它反映了随着价格的变化,消费者对商品的需求改变程度.这样,从方程(4.1.31)我们可以得到

$$\sum_{i=1}^{n}t_i \varepsilon_{ki} = -1 \quad (4.1.32)$$

这就是人们现在熟知的 Ramsey 法则,他表示最优的商品税满足该税收使得所有的商品的补偿需求相对于收税前改变的程度一样.税收的原则是在满足政府需要的同时,使得税收对经济的扭曲程度最小,Ramsey 法则就是体现了这一原则.

在方程(4.1.32)中,如果满足 $\varepsilon_{ki}=0, i\neq k$,这样,我们得到

$$t_i = \frac{1}{\varepsilon_{ii}} \tag{4.1.33}$$

这就是著名的 Ramsey 逆弹性法则.他表示对某一商品的税收与价格比与这种商品的需求弹性成反比.如果某种商品随着价格的改变,需求变化程度越大,那么对该商品的税收应该越低.

2. 考虑政府公共开支作用的逆弹性法则

在上面给出的法则中,我们没有考虑到政府公共开支的作用,因此,税收对社会福利肯定具有扭曲作用,如果选择政府的最优公共开支,那么一定会为零.如果在上面的模型中体现政府公共开支的作用,如果政府公共开支对消费者效用的改善有作用,这可以很容易理解.我们通过例 4.1.2 来考虑引入政府公共开支作用后的逆弹性法则,同时也考虑税收差异与社会福利的改善之间的关系.

例 4.1.2 假设消费者的效用函数都定义在消费者的消费和政府的公共开支上,我们记每个地区的消费者的消费水平分别为 $x_i, i=1,2$,政府的公共开支为 f,因此每个地区消费者的效用函数定义为 $u(x_1, x_2, f)$.对效用函数我们假设消费者从私人消费和政府公共开支中获得正的、递减的边际效用.因此

$$u_{x_i} > 0, \quad u_f > 0, \quad u_{x_i x_i} < 0, \quad u_{ff} < 0, \quad i=1,2$$

为了得到显示解,我们假设效用函数为 Cobb-Douglas 形式的效用函数,因此我们有

$$u(x_1, x_2, f) = \theta_1 \ln x_1 + \theta_2 \ln x_2 + \theta_3 \ln f \tag{4.1.34}$$

其中 $\theta_i (i=1,2,3)$ 为大于 0 小于 1 的正常数,它的大小表示政府的公共开支对消费者效用的贡献大小.

在税收理论中,假设消费品 x_i 的税前价格为 p_i,税收与消费品价格比为 t_i,这样在市场上消费品 x_i 的价格为 $q_i = p_i + t_i p_i$,对于该地区的消费者,他的预算约束可以写为

$$\sum_{i=1}^{2}(p_i+t_i p_i)x_i = y \tag{4.1.35}$$

对政府而言,其收入来源为对两个地区的税收,我们假设政府总是平衡预算.因此,政府的预算约束可以表示为

第 4 章
商品税的 Ramsey 法则

$$f = \sum_{i=1}^{2} t_i p_i x_i \tag{4.1.36}$$

消费者行为

在政府行为给定的条件下,消费者选择自己的消费水平来极大化自己的效用,即

$$\max_{x_1, x_2} \theta_1 \ln x_1 + \theta_2 \ln x_2 + \theta_3 \ln f$$

受约束于

$$\sum_{i=1}^{2} (p_i + t_i p_i) x_i = y$$

很容易,我们可以得到消费者的最优决策为

$$x_i = \frac{\theta_i y}{(p_i + t_i p_i)}, \quad i = 1, 2 \tag{4.1.37}$$

在消费者的最优行为(4.1.37)下,我们可以把政府的预算约束(4.1.36)改写为

$$f = \sum t_i p_i x_i = \frac{t_1 \theta_1 y}{1 + t_1} + \frac{t_2 \theta_2 y}{1 + t_2} \tag{4.1.38}$$

把消费者的最优行为(4.1.37)和政府的公共开支(4.1.38)代入该消费者的效用函数,我们得到该地区消费者的间接效用函数

$$v(p_1, p_2, t_1, t_2, y)$$
$$= -\theta_1 \ln(1 + t_1) - \theta_2 \ln(1 + t_2)$$
$$+ \theta_3 \ln\left(\frac{\theta_1 t_1}{1 + t_1} + \frac{\theta_2 t_2}{1 + t_2}\right) + \text{constant} \tag{4.1.39}$$

间接效用函数有很多性质,我们不再一一给出,我们可以用间接效用函数表示该地区消费者的社会福利.

政府行为

在消费者的最优行为下,政府选择税收水平来极大化整个社会的福利.即政府选择税收 t_1, t_2 来极大化整个社会的福利.事实上,上面优化问题等价于

$$\max_{t_1, t_2} -\theta_1 \ln(1 + t_1) - \theta_2 \ln(1 + t_2) + \theta_3 \ln\left(\frac{\theta_1 t_1}{1 + t_1} + \frac{\theta_2 t_2}{1 + t_2}\right) + \text{constant}$$

很容易,我们可以得到最优性条件为

$$-\frac{\theta_1}{1 + t_1} + \theta_3 \frac{\frac{\theta_1}{(1 + t_1)^2}}{\frac{t_1}{1 + t_1} + \frac{t_2}{1 + t_2}} = 0 \tag{4.1.40}$$

$$-\frac{\theta_2}{1+t_2}+\theta_3\frac{\frac{\theta_2}{(1+t_2)^2}}{\frac{t_1}{1+t_1}+\frac{t_2}{1+t_2}}=0 \qquad (4.1.41)$$

通过方程(4.1.40),(4.1.41)我们得到最优税收 $t_1=t_2=\theta_3/2$,这和前面的结论类似.

4.2 政府间转移支付的研究

在宏观公共财政理论中,政府间转移支付的决定和它们对社会福利影响的研究一直受到大量学者的关注,而且,也备受各国政府的重视.在发达国家中,美国从20世纪80年代初期就开始注重这方面的研究,之后,其他国家,如澳大利亚、加拿大、德国和日本等国家也纷纷加强了财政分权对经济影响的研究.从90年代开始,发展中国家和经济转型的国家也开始把中央政府对地方政府的转移支付的确定作为宏观财政政策的重点.为什么政府间转移支付的研究如此受到重视呢?这是因为:

1. 政府本身的多级结构决定了要讨论各级政府的最优行为不可避免地涉及政府间的转移支付.世界各国的政府结构,主要可以分为中央政府、省政府(州政府)和地方政府的类型以及中央政府和地方政府的类型,如中国、美国等国家政府结构就属于第一种类型;英国、德国等欧洲国家的政府结构就属于第二种类型.对于各级政府,它们有自己的收入来源,也有自己的开支,要具体地讨论它们的决定就必须要考虑各级政府间的转移支付.而且,一个合理的政府间转移支付政策确立后,在政府转移支付总量不改变的前提下,可以改进整个社会的福利和激励各级政府的积极性.

2. 对于各级政府的收入与公共开支而言,政府间的转移支付占有重要份额.如表4-1所示,以美国政府1950—1993年的数据为例,我们发现中央政府对地方政府的转移支付在中央政府总的开支中,以及中央政府对地方政府的转移支付在地方政府的开支中都占有相当的分量.因此,考虑政府间转移支付对宏观公共财政政策具有重要意义.

表 4-1 中央政府的转移支付与中央政府公共开支、地方政府公共开支的关系

财政年度	中央政府总的转移支付(按 1990 年美元折算)(亿美元)	中央政府对地方政府转移支付占中央政府总开支的百分比(%)	中央政府对地方政府转移支付占地方政府开支的百分比(%)
1950	12.7	5.3	10.4
1960	30.0	7.7	14.7
1970	75.7	12.3	20.0
1980	141.5	15.9	28.0
1985	125.6	11.2	23.0
1990	135.4	10.9	20.0
1993	176.7	14.0	22.0

数据来源：国际货币基金组织(IMF)的《政府财政统计》(GFS).

关于政府间转移支付的研究已经有几十年了,最重要的理论研究应该是 1983 年 Gordon 在财政分权框架下给出的政府间最优转移支付满足的条件.关于实证方面的研究主要有:1992 年 Agarwala 对我国中央政府对地方政府转移支付的实证研究,1992 年 Bird 和 Zou 对东欧国家的政府转移支付的研究,1992 年 Wallich 对俄罗斯经济的研究.但是,目前还很难有一个较为满意的解决方案. Gordon 虽然在 1983 年给出了最优转移支付的条件,但是他给出的是一阶条件和 Lagrange 乘子,很难从中得到明显的关系.本节引入地方政府和中央政府,而且把政府公共开支分成几种类型,在静态模型中考虑了政府公共开支与转移支付是如何决定的,给出了最优政府公共开支和转移支付的显示路径.本节的安排如下:首先回顾了政府转移支付的种类及其对社会福利影响的比较;然后,给出了讨论的政府公共开支与转移支付的模型;最后,我们给出了总结和将来研究的方向.

4.2.1 政府转移支付的种类及其对社会福利影响的比较

政府间的转移支付主要有条件性转移支付和非条件性转移支付.一般地,条件性转移支付占政府总的转移支付的 90% 以上.因此,本节着重于条件性转移支付的研究.条件性转移支付主要包括对应性转移支付和一揽子转移支付(非对应性转移支付).对应性转移支付就是对应于地方政府在某项目上的投资,中央政府要给予地方政府相应比例的转移支付.如:地方政府在教育方面投资 100 元人民币,中央政府如果采用对应性转移支付,假设转移支付率为 50%,那么中央政府必须给予地方政府的转移支付为 50 元人民币.非对应性转移支付也叫一揽子转移支付.中央政府如果采用这种转移支付政策,它就不管地方政府的公共开支如何,一次性地转移给地方政府一笔开支.我们下面来比较这

两种转移支付对社会福利的影响.

以某一地方政府为例：假设该地方消费者的效用函数定义在地方政府的公共开支 G 和私人消费 c 上，用数学表示为 $u(c,G)$. 在图 4-1 中横坐标代表该地方政府的公共开支 G，纵坐标代表该地居民的私人消费 c. 为简单起见，不妨假设公共开支 G 和私人消费 c 的价格均为 1. 假设地方政府的税收收入为 T，居民的收入为 y. 如果不考虑储蓄问题，这样消费者私人消费 c 就是税后收入 $y-T$. 在平衡预算约束下，政府预算约束为 $G=T$. 这样，该地方政府选择公共开支 G 和私人消费 c 来极大化社会福利，即

$$\max u(c,G) \text{ 满足预算约束：} c=y-T, G=T$$

很容易可以把此问题改写成

$$\max u(c,G) \text{ 满足预算约束：} c+G=y$$

我们用图 4-1 来说明最优解. 在图中该地方政府的最优选择为无差异曲线 S_1 与预算约束线 $c+G=y$ 的切点 E_1. 对应的最优的公共开支为 G_1，私人消费为 c_1.

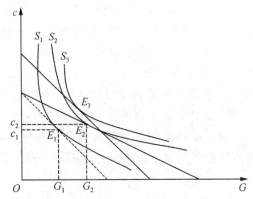

图 4-1 政府对应性转移支付和一揽子转移支付对社会福利影响的比较

假设中央政府给予该地方政府的公共开支 G 一个对应性转移支付，设对应性转移支付率为 g（即对应该地方政府 1 元人民币的公共开支，中央政府将给予 g 元人民币的转移支付）. 这样，在中央政府的转移支付后该地方政府的问题变成

$$\max u(c,G) \text{ 满足预算约束：} c+(1-g)G=y$$

在图 4-1 中，政府转移支付后的预算约束 $c+(1-g)G=y$ 的斜率比转移支付之前小. 因此，得到该地方政府的最优选择为无差异曲线 S_2 与预算约束线的切点 E_2. 对应的公共开支为 G_2，私人消费为 c_2. 通过比较我们知道：不仅公共开支 G_2 比转移支付前的水平 G_1 高，而且私人消费 c_2 也比支付前的水平 c_1 高. 同时，因为无差异曲线 S_2 比无差异曲线 S_1 向外，我们知道社会福利也得到

提高.

如果中央政府采取一揽子转移支付政策,上面的对应性转移支付相当于中央政府对地方政府的一揽子转移支付为 gG_2 的转移支付政策.假设中央政府直接给予该地方政府一个一揽子转移支付 gG_2,此时消费者的预算约束条件变成
$$c + G = y + gG_2$$
同样在图 4-1 中,这条预算约束线和政府转移支付之前比较斜率不改变,但是一定经过点 (c_2, G_2).同样地,无差异曲线 S_3 与预算约束线的切点 E_3 就是该地方的最优私人消费水平和政府公共开支水平.显然,在 E_3 的无差异曲线比在 E_2 的无差异曲线表示的社会福利水平高.因此,在中央政府最终的转移支付不改变的前提下(上面两种转移支付政策中,中央政府的最终转移支付都是 gG_2),中央政府可以通过改变转移支付方式来使得社会福利得到改善.

上面的讨论比较了这两种转移支付对社会福利的影响.下面采用模型来讨论如何选择最优的政府转移支付政策.

4.2.2 模型

这里的模型中包括两个地方政府和一个中央政府(为简单起见,这里只考虑两个地方政府的情形,可以很容易地把讨论的结论推广到多个地方政府的情形),记这两个地方政府分别为 1 和 2.同时,把每个地方政府的公共开支分成三类:第一类是具有最低限约束的地方政府公共开支,记为 s_1^i.如中央政府对义务教育开支的规定、对最低生活保障开支的规定等都是具有最低约束限制的公共开支,我们记这个最低限为 $\underline{s}_1^i$,如此这类地方政府的开支必须满足 $s_1^i \geqslant \underline{s}_1^i$;第二类为地方政府可以自由选择的公共开支,记为 s_2^i;第三类为具有外部性影响的公共开支,我们记为 s_3^i.这里的外部性的影响既可以是正的,也可以是负的.如一个地方政府修建的公路和公园,两个地方的人们都可以从中获益,这种外部性影响是正的;而环境污染的外部性影响显然是负的.实际上第二类开支与第三类开支很难区别,任何消费品都具有外部性影响,但是,为了得到在这两类公共产品上的转移支付的区别,我们把它们区分开.

假设社会福利函数是连续可微的.它定义在中央政府的公共开支 f,该地方政府的三种公共开支 s_1^i, s_2^i 和 s_3^i,以及另一地方政府公共开支对该政府的外部性影响 s_3^{-i} 上(其中,记 $-i = \{1,2\} \setminus \{i\}$).为得到显示解,本节采用 Cobb-Douglas 形式的效用函数,即

$$\begin{aligned}u^i(f, s_1^i, s_2^i, s_3^i, s_3^{-i}) =\ & \theta_0^i \ln f + \theta_1^i \ln s_1^i + \theta_2^i \ln s_2^i \\ & + \theta_3^i \ln s_3^i + \theta_3^{-i} \ln s_3^{-i},\end{aligned}$$
$$i = 1, 2 \tag{4.2.1}$$

其中 $\theta_0^i, \theta_1^i, \theta_2^i$ 和 θ_3^i 为正参数，而 θ_3^{-i} 可以为正，也可以为负。当它为正时，表示另一个地方政府的公共开支对这个地方的福利具有正的外部性影响；反之，就表示另一个地方政府的公共开支对这个地方的福利具有负的外部性影响。

注意到这里把政府的公共开支直接引入了消费者的效用函数，这是由 Arrow 和 Kurz(1970)，Barro(1990)等引入的。一般把这种类型的效用函数叫做 Arrow-Kurz-Barro 型的效用函数。现在，这种形式的效用函数在公共财政理论的研究中已经被广泛采用。

假设每个地方政府的税收收入是给定的，记为 T^i。对应于地方政府的每一类公共开支，中央政府都采用对应性转移支付政策，记对应性转移支付率分别为 g_1^i, g_2^i 和 g_3^i，而且假设 $0 \leqslant g_1^i, g_2^i, g_3^i \leqslant 1$。除此之外，假设中央政府还给予每一个地方政府一个非对应性转移支付(一揽子转移支付)G^i(这里上角标代表两个地区。在这里 $i=1,2$)。每一个地方政府的收入就是它的税收收入和中央政府的转移支付之和。这样，地方政府的预算约束方程可以表示为

$$T^i + \sum_{h=1}^{3} g_h^i s_h^i + G^i = \sum_{h=1}^{3} s_h^i \tag{4.2.2}$$

中央政府的税收收入为 T，它的开支为自身的公共开支 f 和对两个地方政府的转移支付。因此，中央政府的预算约束方程可以写成

$$T = f + \sum_{i=1}^{2} \left(\sum_{h=1}^{3} g_h^i s_h^i + G^i \right) \tag{4.2.3}$$

注意到这里着重考虑政府行为，没有考虑消费者行为。实际上，如果不考虑储蓄行为，消费者把所有的税后收入全部用来消费，这样，消费者的最优行为可以简单地表示为 $c = y - T^i - T$，把它代入效用函数就得到间接效用函数，在上面的讨论中我们可以认为效用函数(4.2.1)实际上是间接效用函数。

1. 地方政府的行为

对每个地方政府来讲，在其他地方政府和中央政府的最优行为给定下，地方政府在自己的预算约束下选择自己的公共开支 s_1^i, s_2^i 和 s_3^i 来极大化该地方的社会福利，这样，对第 i 个地方政府来讲，它的问题就是

$$\max_{s_1^i, s_2^i, s_3^i} u^i(f, s_1^i, s_2^i, s_3^i, s_3^{-i})$$

受约束于预算约束条件(4.2.2)。

为求解上面的问题，定义 Lagrange 函数

$$L = u^i(f, s_1^i, s_2^i, s_3^i, s_3^{-i}) + \lambda^i \left(T^i + \sum_{h=1}^{3} g_h^i s_h^i + G^i - \sum_{h=1}^{3} s_h^i \right)$$
$$+ \mu^i (s_1^i - \underline{s}_1^i)$$

其中 λ^i 为对应预算约束(4.2.2)的 Lagrange 乘子，它表示该地方政府收入的边

际效用,也就是该地方政府的收入提高一个单位所带来的社会福利改变是多少. μ^i 为约束条件 $s_1^i \geq \underline{s_1}$ 的 Lagrange 乘子.

求解上面的问题,得到地方政府的最优行为:

(1) 当 $s_1^i \geq \underline{s_1^i}$ 时,即地方政府在第一类公共产品上的开支超过了该产品的最低限制.这样,地方政府的第一类公共产品和第二类公共产品的地位一样,这种情形可以不加讨论,实际上,各级政府一般不会采取这种方案,如果出现这种情况的话,中央政府就不用对第一类公共产品的投入加以限制了.

(2) 当 $s_1^i = \underline{s_1^i}$ 时,即地方政府在第一类公共产品上的开支刚好达到中央政府的限制.这种情形是最常见的.此时,两个地方政府的最优决策分别为

$$\lambda^i = \frac{\theta_2^i + \theta_3^i}{T^i + G^i + (g_1 - 1)\underline{s_1^i}}, \quad i = 1, 2 \quad (4.2.4)$$

$$\mu^i = \frac{(1 - g_1)\underline{s_1^i}(\theta_1^i + \theta_2^i + \theta_3^i) - \theta_1^i(T^i + G^i)}{(T^i + G^i + (g_1 - 1)\underline{s_1^i})\underline{s_1^i}}, \quad i = 1, 2 \quad (4.2.5)$$

$$s_2^i = \theta_2^i \frac{(T^i + G^i + (g_1 - 1)\underline{s_1^i})}{(1 - g_2^i)(\theta_2^i + \theta_3^i)}, \quad i = 1, 2 \quad (4.2.6)$$

$$s_3^i = \theta_3^i \frac{(T^i + G^i + (g_1 - 1)\underline{s_1^i})}{(1 - g_3^i)(\theta_2^i + \theta_3^i)}, \quad i = 1, 2 \quad (4.2.7)$$

$$s_1^i = \underline{s_1^i}, \quad i = 1, 2 \quad (4.2.8)$$

而且,政府选择第一种公共开支水平正好是最小政府公共开支限制水平的条件是 $\mu^i > 0$,即当 $\lambda^i > \theta_1^i / (1 - g_1^i)\underline{s_1^i}$ 时,地方政府选择 $s_1^i = \underline{s_1^i}$,也就是如果第一种公共产品的实际边际效用 $\theta_1^i / (1 - g_1^i)\underline{s_1^i}$ 比其他公共产品的边际效用低时,地方政府不会在第一种公共产品上投入更多的开支,从而,地方政府选择第一种公共开支水平正好是最低政府公共开支限制水平.

2. 中央政府的最优行为

中央政府关心的是全社会的福利,本节采用两个地方社会福利的加权平均和来表示整个社会的福利,即

$$\sum_{i=1}^{2} \chi_i u^i(c, f, s_1^i, s_2^i, s_3^i, s_3^{-i}) \quad (4.2.9)$$

其中 $0 < \chi_i < 1$ 为给定常数,满足 $\chi_1 + \chi_2 = 1$.这里 χ_i 的大小度量了中央政府对地方政府的关心程度,如果 χ_i 越大,则表示中央政府对这个地方的关心程度越高.

中央政府的最优行为就是在两个地方政府的最优行为和自身的预算约束下选择自身的公共开支水平和对两个地方政府的转移支付来极大化整个社会的福利,也就是在约束条件(4.2.3)和(4.2.4)—(4.2.8)下,选择 f, G^i, g_1^i, g_2^i

和 g_3^i 来极大化目标函数(4.2.9).

两个地方政府的最优行为给定条件下,中央政府在自己的预算约束下选择自己的公共开支水平和对两个地方政府的转移支付来极大化整个社会的福利.在地方政府的最优行为下,中央政府的目标函数可以改写为

$$\sum_{i=1}^{2}\chi_i u^i(c,f,s_1^i,s_2^i,s_3^i,s_3^{-i})$$
$$=(\chi_1\theta_0^1+\chi_2\theta_0^2)\ln f-(\chi_1\theta_1^1+\chi_2\theta_1^2)\ln(1-g_1)$$
$$-(\chi_1\theta_2^1+\chi_2\theta_2^2)\ln(1-g_2)$$
$$-(\chi_1\theta_3^{-1}+\chi_2\theta_3^2)\ln(1-g_3^2)-(\chi_1\theta_3^1+\chi_2\theta_3^{-2})\ln(1-g_3^1)$$
$$+(\chi_1\theta_3^{-1}+\chi_2\theta_3^2+\chi_2\theta_2^2+\chi_2\theta_1^2)\ln(T^2+G^2)$$
$$+(\chi_2\theta_3^{-2}+\chi_1\theta_3^1+\chi_{21}\theta_2^1+\chi_1\theta_1^1)\ln(T^1+G^1)+余项$$

预算约束可以写成

$$T=f-T^1-T^2+\left(\frac{1}{1-g_1}\theta_1^1+\frac{1}{1-g_2}\theta_2^1+\frac{1}{1-g_3^1}\theta_3^1\right)\frac{T^1+G^1}{\theta_1^1+\theta_2^1+\theta_3^1}$$
$$+\left(\frac{1}{1-g_1}\theta_1^2+\frac{1}{1-g_2}\theta_2^2+\frac{1}{1-g_3^2}\theta_3^2\right)\frac{T^2+G^2}{\theta_1^2+\theta_2^2+\theta_3^2}$$

利用 Lagrange 乘子来求解上面的问题,得到中央政府对地方政府的最优的转移支付政策分别为

$$g_2^1=g_2^2=0, \quad 0\leqslant g_1^i<1 \tag{4.2.10}$$

$$g_3^1=\frac{\chi_2\theta_3^{-2}}{\chi_1\theta_3^1+\chi_2\theta_3^{-2}}, \quad g_3^2=\frac{\chi_1\theta_3^{-1}}{\chi_2\theta_3^2+\chi_2\theta_3^{-1}} \tag{4.2.11}$$

$$G^1=\chi_1(\theta_2^1+\theta_3^1)\frac{(T+T^1+T^2-\underline{s_1^1}-\underline{s_1^2})}{B_0+B_1+B_2}-T^1+(1-g_1)\underline{s_1^1} \tag{4.2.12}$$

$$G^2=\chi_2(\theta_2^2+\theta_3^2)\frac{(T+T^1+T^2-\underline{s_1^1}-\underline{s_1^2})}{B_0+B_1+B_2}-T^2+(1-g_1)\underline{s_1^2} \tag{4.2.13}$$

政府的最优公共开支政策为

$$s_1^1=s_1^2=\underline{s_1^1} \tag{4.2.14}$$

$$s_2^1=\chi_1\theta_2^1\frac{(T+T^1+T^2-s_1^1-s_1^2)}{B_0+B_1+B_2} \tag{4.2.15}$$

$$s_2^2=\chi_2\theta_2^2\frac{(T+T^1+T^2-s_1^1-s_1^2)}{B_0+B_1+B_2} \tag{4.2.16}$$

$$s_3^1=(\chi_1\theta_3^1+\chi_2\theta_3^{-2})\frac{(T+T^1+T^2-s_1^1-s_1^2)}{B_0+B_1+B_2} \tag{4.2.17}$$

$$s_3^2 = (\chi_2 \theta_3^2 + \chi_2 \theta_3^{-1}) \frac{(T + T^1 + T^2 - s_1^1 - s_1^2)}{B_0 + B_1 + B_2} \qquad (4.2.18)$$

其中 $B_0 = \chi_1 \theta_0^1 + \chi_2 \theta_0^2$,$B_1 = \chi_1 \theta_3^1 + \chi_2 \theta_3^{-2} + \chi_1 \theta_2^1$,$B_2 = \chi_1 \theta_3^2 + \chi_2 \theta_3^{-2} + \chi_2 \theta_2^2$ 为给定常数.

从上面的给出的最优政府公共开支和政府间的转移支付政策知道:

① 对于地方政府自由支配的公共开支,即第二类公共开支,中央政府不采取对应性的转移支付.对于带有下限约束的地方政府公共开支,中央政府可以给予对应性转移支付,也可以不予以对应性转移支付补贴(此时 $g_1^i = 0$),但是,中央政府不能对这种公共开支全部补贴(因为计算的结果为 $g_1^i < 1$).因此,对于这类公共开支,地方政府可以投入一定的数量的开支.对于具有外部性的地方政府公共开支,中央政府必须给予对应性转移支付,转移支付量正好等于该地方的这种公共开支为其他地方社会福利带来的外部影响.关于这一点也可以从另一方面来说明:如果该地方政府的开支对另一个地方的社会福利影响是负的时,中央政府会向该地方政府收取相应的罚款;如果该地方政府的公共开支对另一个地方的社会福利带来正的影响,中央政府会采用对应性转移支付来进行相应的补贴.

② 与对应性转移支付比较,中央政府对地方政府采取一揽子转移支付更好.从对地方政府的自由开支中央政府不采取对应性转移支付,而总是要采用一揽子的转移支付政策可以看到这一点.这也和前面的福利分析得到的一揽子转移支付对社会福利的改善更好一些的结论是一致的.这一结论已经被很多国家的政府所采用.但是,因为地方政府的公共开支往往具有外部性,所以中央政府也会采用对应性转移支付政策.

③ 比较地方政府的公共开支政策,如果假设两个地方政府具有相同的社会福利函数,中央政府对这两个地方福利的关心程度也是相同的,但是,这两个地方的税收收入不同.从方程(4.2.14)—(4.2.18)看到,这两个地方政府的最终公共开支水平是一样的.因此,中央政府的转移支付在减小社会差异方面具有重要的意义.

④ 从政府的最优转移支付公式(4.2.10)—(4.2.13)和政府的最优公共开支公式(4.2.14)—(4.2.18)中,我们看到政府的最优行为是各级地方政府把税收统一上缴,然后由中央政府统一安排,此时,整个社会的福利可以获得极大化.这是一种理想的情形,而且是在特殊的假设下得到的,如果考虑地方政府的税收具有不确定性,这个结论就不再成立.关于这些问题我们将用动态模型加以讨论.

⑤ 从中央政府对地方政府的最优转移支付公式看到,中央政府对地方政府

的一揽子转移就是地方政府总的开支减去它自身的收入(税收)和中央政府的对应性转移支付,它可能是正的,也可能是负的.如果一个地方政府的税收收入很高,中央政府就会从地方政府那儿转移一部分税收收入来满足自身和其他地方政府的公共开支.

⑥ 我们可以考虑两个地方政府的初始条件发生改变对政府的最优行为的影响.如选取中央政府对两个地方政府的关心程度 $\chi_1=0.5$ 和 $\chi_2=0.5$;两个地区的偏好参数为 $\theta_0^1=0.1, \theta_1^1=0.1, \theta_2^1=0.5, \theta_3^1=0.2, \theta_3^{-1}=0.1; \theta_0^2=0.1, \theta_1^2=0.1, \theta_2^2=0.5, \theta_3^2=0.2, \theta_3^{-2}=0.1$;中央政府和地方政府的收入分别为 $T=2$,$T_1=0.3$ 和 $T_2=0.3$;地方政府最小的公共开支限制 $\underline{s}_1^1=\underline{s}_1^2=0.01$.下面给出了当两个地区间存在初始禀赋差异、政府对各地区关心程度不同时政府转移支付和政府公共开支的决定.

首先,我们考虑中央政府对地方政府关心程度改变对政府最优行为的影响.从表4-2可以看到,随着中央政府对地方政府关心程度的提高,中央政府对地方政府的转移支付增加.这个理由是显然的.

表 4-2　政府公共开支和转移支付与政府对两个地区的关心程度的关系

χ_1	f	s_1^1	s_2^1	s_3^1	s_1^2	s_2^2	s_3^2	g_3^1	g_3^2	G_1	G_2
0.1	0.26	0.043	0.217	0.303	0.217	1.083	0.477	0.143	0.455	0.047	1.433
0.2	0.26	0.098	0.488	0.358	0.163	0.813	0.423	0.273	0.385	0.480	1.000
0.4	0.26	0.151	0.758	0.411	0.108	0.541	0.369	0.368	0.294	0.913	0.567
0.5	0.26	0.167	0.836	0.428	0.093	0.464	0.391	0.391	0.263	1.037	0.443

其次,我们考虑政府税收改变对政府最优行为的影响,由表4-3,我们知道随着中央政府的收入增加,中央政府对两个地方政府的转移支付增加.从表4-4看到,随着地方政府的税收增加,中央政府对该地区的转移支付减少,而且进一步地,如果中央政府的收入很少或者地方政府的税收收入较多时,可能出现地方政府的转移支付为负的情形,但是这种转移支付一定是以一揽子转移支付的形式出现的.这也说明了一揽子转移支付对社会福利的改善比对应性转移支付好.

表 4-3　政府公共开支和转移支付与中央政府税收收入的关系

T	f	s_1^1	s_2^1	s_3^1	s_1^2	s_2^2	s_3^2	g_3^1	g_3^2	G_1	G_2
0.1	0.07	0.035	0.175	0.105	0.035	0.175	0.105	0.333	0.333	-0.02	-0.02
1.0	0.16	0.080	0.400	0.240	0.080	0.400	0.240	0.333	0.333	0.34	0.34
2.0	0.26	0.130	0.650	0.390	0.130	0.650	0.390	0.333	0.333	0.74	0.74
2.5	0.31	0.155	0.775	0.465	0.155	0.775	0.465	0.333	0.333	0.94	0.94

表 4-4 政府公共开支和转移支付与地方政府税收收入的关系

T_1	f	s_1^1	s_2^1	s_3^1	s_1^2	s_2^2	s_3^2	g_3^1	g_3^2	G_1	G_2
0.1	0.24	0.120	0.600	0.360	0.120	0.600	0.360	0.333	0.333	0.86	0.66
0.3	0.26	0.130	0.650	0.390	0.130	0.650	0.390	0.333	0.333	0.74	0.74
1.0	0.33	0.165	0.825	0.495	0.165	0.825	0.495	0.333	0.333	0.32	1.02
2.0	0.43	0.215	1.075	0.645	0.215	1.075	0.645	0.333	0.333	−0.28	1.42

本节采用一个静态模型给出了中央政府对地方政府的转移支付以及各级政府公共开支的确定. 同时比较了对应性转移支付和一揽子转移支付对社会福利的影响. 我们发现一揽子转移支付对社会福利的改善具有更重要的意义, 而对应性转移支付对具有外部性的政府公共开支具有重要意义. 下面进一步的工作可以把上面的框架推广到具有税收竞争的情形, 考虑具有劳动和资本自由移动的情况, 这样这个模型对于解释目前我国劳动力和资本的移动具有重要的现实意义. 同时, 上面的模型是一个静态模型, 下面进一步的讨论可以将其推广到动态的框架, 关于动态的框架就涉及宏观公共财政方面的内容, 我们将在第 7 章讨论.

习题

1. 继续例 4.1.2, 考虑税收差异与社会福利的改善. 考虑两个地区, 分别记为 $i=1,2$, 假设每个地区消费者的收入是固定的, 分别为 $y_i, i=1,2$. 假设每个地区的消费者的效用函数都定义在消费者的消费和政府的公共开支上, 我们记每个地区的消费者的消费水平分别为 $c_i, i=1,2$, 政府的公共开支为 f, 因此每个地区消费者的效用函数定义为 $u_i(c_i, f), i=1,2$. 对效用函数我们假设: 消费者从私人消费和公共开支中获得正的、递减的边际效用. 因此我们有

$$u_{c_i} > 0, \quad u_f > 0, \quad u_{c_i c_i} < 0, \quad u_{ff} < 0, \quad i=1,2$$

为了得到显示解, 我们假设效用函数为 Cobb-Douglas 形式的效用函数

$$u_i(c_i, f) = \ln c_i + \theta_i \ln f, \quad i=1,2 \tag{1}$$

其中 $\theta_i(i=1,2)$ 为大于 0 小于 1 的正常数, 它的大小表示政府的公共开支对消费者效用的贡献大小, $\theta_i(i=1,2)$ 越大, 表示对该地区来讲, 政府的公共开支对该地区的福利改善作用越大. 反之, 作用就越小. 一般地, 我们假设对于不同地区, 政府公共开支的作用不同, 即 $\theta_i(i=1,2)$ 不相等.

中央政府考虑的是整个社会的福利问题, 我们采用两个地区效用的加权和来表示这个社会的福利函数, 即我们假设中央政府对两个地区福利的关心程度分别为 χ_1, χ_2, 我们定义社会总福利函数为

$$\sum_{i=1}^{2}\chi_{i}u(c_{i},f) \tag{2}$$

其中 $0<\chi_1,\chi_2<1$ 为正常数，满足 $\chi_1+\chi_2=1$. 它们的大小表示政府对两个地方福利的相对关心程度. 如果 χ_1 增大，相对地，因为 $\chi_1+\chi_2=1$，我们知道 χ_2 减少. 因此政府对第一个地区福利的关心程度增加，相对而言，对第二个地区福利的关心程度下降. 政府对某一个地区福利关心程度的改变也应该影响税收的大小. 这一点在我们下面的结论中得到体现.

在税收理论中，假设在第 i 个地区，消费品的税前价格为 p_i，税收与消费品价格比为 t_i，假设该地区的消费者的消费水平为 c_i，因此政府对该商品的税收为 $t_ip_ic_i$，这样在市场上消费品的价格为 $q_i=p_i+t_ip_i$，对于该地区的消费者，他的预算约束可以写为

$$(p_i+t_ip_i)c_i=y_i, \quad i=1,2 \tag{3}$$

对政府而言，其收入来源为对两个地区的税收，我们假设政府总是平衡预算的. 因此，政府的预算约束可以表示为

$$f=\sum_{i=1}^{2}t_ip_ic_i \tag{4}$$

（1）通过消费者的最优性行为求出消费者的需求函数.

（2）我们考虑地区税收不平衡，即中央政府选择税收 t_1,t_2 来极大化整个社会的福利. 求出最优税收.

（3）如果政府考虑一致税收，即每个地方的税收一致，求出最优税收.

（4）比较（2）和（3）给出的税收条件下的社会福利大小.

2. 考虑具有生产过程的 Ramsey 法则.

3. 消费者的效用取决于他对物品 x 的消费，效用函数为 $u(x)=\log x$. 消费者的收入 R 取决于他的才智 n（这是一个不可观测的变量）和受教育程度 e，其关系为 $R=ne$.

假设消费者获得教育 e 的成本（以消费品的单位度量）是

$$g(e)=\frac{e^{1+\lambda}}{1+\lambda}, \quad \lambda>0$$

在没有收入税的情况下，拥有才智 n 与受教育程度为 e 的消费者的消费行为如下：

$$c(n,e)=ne-g(e)$$

在此问题中，我们假定存在大量消费者，每个消费者都选择一个最优的受教育程度，他们的才智可以用一个连续分布表示：

$$f(n)=\delta \underline{n}^{\delta}\frac{1}{n^{1+\delta}}, \quad \delta>1, \quad \underline{n}>0, \quad n>\underline{n}, \quad \lambda\delta-\lambda-1>0$$

第 4 章
商品税的 Ramsey 法则

(1) 出于对公平的考虑,政府想重新分配收入. 假定政府采用 Rawls 标准(最大化最小),并且变量 n 可以观测,那么最优的收入税是什么? 请把它表示成 n 的函数,记为 $I(n)$.

(2) 现在认识到,从信息方面来看以才智为基础来决定收入税是不可能的. 考虑基于收入 $R=ne$ 的最优的(按 Rawls 标准)线性税收,即
$$I(R) = -\alpha + (1-\beta)R$$
请求出 α 与 β,以及拥有才智 n 的消费者的实际消费水平. 按 Rawls 标准,请由此推导出由于不能用 n 直接决定税收而导致的社会损失.

(3) 当 $\lambda=1$,并且受教育程度可以观测的时候,分析激励相容的税收等级. 为达到这个目的,我们可以先设计机制 $[e(n), I(n)]$,使得显示真实特征成为占优战略. 按 Rawls 标准,我们得到最佳显示机制,把它看做是对教育的税收,并把它与完全信息情况下的收入税、不完全信息情况下的最优线性税收相比较.

4. 考虑一个垄断者,他面对的是一个在区间 $[0,1]$ 上的消费者连续统. 每个消费者都由一个三次连续可微的效用函数 $u(q,\theta)+x$ 来刻画,其中 x 是物品 1(取为币值标准)的消费量,q 是物品 2 的消费量,物品 2 由垄断者生产. 参数 $\theta \in [\underline{\theta}, \bar{\theta}]$ 代表消费者对物品 2 的品味(只有他自己知道). 假定 $\partial^2 u/\partial q^2 < 0$ 与 $\partial u/\partial \theta > 0$.

品味的分布服从在区间 $[\underline{\theta}, \bar{\theta}]$ 上的均匀分布,且我们假定 $\bar{\theta} - \underline{\theta} = 1$. 消费者拥有相当大数量的物品 1,$\bar{x}$,这使得他们的行为总是可以用他们的一阶条件来刻画. 垄断者的成本函数是线性的,即 $C(q)=cq$. 进一步,我们假定下面的条件成立:

$$\frac{\partial^2 u}{\partial q \partial \theta} > 0 \qquad (\text{CS}+)$$

$$\frac{\partial^3 u}{\partial \theta \partial q^2} \geqslant 0 \qquad (\text{S})$$

$$\frac{\partial^3 u}{\partial \theta^2 \partial q} \leqslant 0 \qquad (\text{NB})$$

(1) 记 $q^*(\theta), \theta \in [\underline{\theta}, \bar{\theta}]$ 为对应于一个内点 Pareto 最优配置的消费组合. 证明 q^* 是其自变量的增函数.

(2) 令 $(q(\theta), t(\theta))$ 为一个诱导消费者 θ 显示他真实特征的可微的显示机制. 具体地说,如果他声明 θ,他将获得 $q(\theta)$ 单位物品 2,并且必须付出 $t(\theta)$ 单位物品 1. 进一步假定垄断者必须保证每个消费者都得到一个正的效用增量:

$$u(q(\theta), \theta) - t(\theta) \geqslant 0, \quad \theta \in [\underline{\theta}, \bar{\theta}] \qquad (\text{I})$$

请在约束(I)下,刻画出这个显示机制(一阶与二阶条件).

(3) 垄断者追求期望利润的最大化,并且被要求向所有消费者提供他的产品,请写出垄断者的优化问题. 证明垄断者的最优组合 $\bar{q}(\theta)$ 是一个增函数. 把最优的显示机制看做一个非线性定价方案.

(4) 政府尝试着通过对物品 2 的消费量设置线性税收来管理垄断者. 请推导出当税收为 τ 时垄断者的最优组合 $q(\theta,\tau)$. 假定政府最大化消费者效用的一个加权平均值(权重为 1)、垄断者利润(权重为 δ)和税收(权重为 λ),其中 $\delta \geqslant \lambda$. 请找出最优税收 τ^*,假定是一个内点最大值. 讨论这些结果(特别是当 $\lambda = \delta = 1$ 时的结果). 提示:对处理这种一般化结构有困难的读者,可以先解决特殊情况,其中 $u(q,\theta) = \theta q - \frac{1}{2}q^2$.

附录 资源的有效配置和相应的税收体系

联邦制国家总是由数个相对独立的地方政府组成,这些地方政府在联邦制的统一下形成一个统一的国家,拥护同一个中央政府,但同时又是相对独立的政府机构,不但是各个地方政府之间保持着较高的相对独立性,地方政府和中央政府之间也不总是统一的. 因此,地方政府总是优先考虑自己的独特利益的,因而在经济学上就可以假定这些地方政府主观上都是为着所在地区的,犹如市场上的理性经济人. 美国政府就是一个典型的模式,也是经济学中常用于讨论的例子. 因为州与州之间人员和资金等经济资源都是可以自由流动的,各州为了最大化自己的利益,就存在一个资源配置的问题,这与一个统一的中央集权国家不同. Dietmar Wellisch 在他的《联邦国家的公共财政理论》(*Theory of Public Finance in a Federal State*)一书中就明确地指出,"在一个联邦制国家中,资源配置效率的主要问题就是资源配置的模式"[①]. 所以,他的文章主要就是要在产品、资金、企业和个人都可以自由流动的基础上推导出一个有效的州际资源配置. 当然,在一个联邦制国家中,要实现资源的优化配置,还必须实现公共产品和公共生产要素的有效供应,这部分的内容同统一的中央集权国家就比较接近了(只有在地方政府不得不为非本地常住人口提供某些公共产品的时候才会有所区别). 为了实现有效配置,就必须把地方政府的这些溢出效用内化.

接下来应该考虑的问题就是仅仅依靠企业和个人的分散决策,能否实现资

---

① Dietmar Wellisch, *Theory of Public Finance in a Federal State*, Cambridge University Press, 1999.

源的有效配置,政府能够在资源的有效配置中发挥什么样的作用.在联邦制国家中,各个地方政府除了中央制定的各种共同的法律外,自己是具有单独制定地方性法律法规的权力的,并且能够单独收取地方性的税收,制定地方的税收政策和税收法规.因此,在地方政府为了自己独特的利益而对地方的各经济主体们进行调节控制的时候,地方性税收就成为一个重要的财政杠杆.它能够影响企业对那些流动性生产要素如劳动力、资金等的使用,甚至会影响企业对自己的企业所在地的选择.另外,地方政府对于自己的常住居民的征税也会影响居民对自己居住地的选择.因此,地方政府对自己的一整套税收体系有着较高的要求,既要能够实现资源的有效配置,又要能够提供充足的税收收入以支付地方政府提供地方性公共产品和公共服务的必要财政支出.这样"完美"的税收体系应该是什么样的.这无疑是地方政府非常关心的,也正是在这里试图解释的重点.不过,由于篇幅非常有限,在此,我们只能将联邦制下地方政府的有效资源配置模式和税收体系作一个简化处理,以各种假设简化很多与本讨论没有直接关系,但也许在实际生活中有着重要影响的因素和条件.例如,在我们讨论中就不再考虑在何种政治安排下地方政府才会有足够的激励机制来实现资源的优化配置;地方政府的动机是否正确,或者换句话说就是地方政府的动机是否为了地方的全体,而不是为了政府机构自身的特殊利益;等等问题.

总的来说,一个好的税收体系虽然不是一个地方政府实现本地区资源优化配置的充分条件,但却是必要条件.所以,它成为我们这里考察的主要内容.

关于这样既能够实现资源有效配置,又不至于扭曲个人的地方模式的税收体系,很多学者有着很多从不同角度、不同范围进行的研究.比如 Wildasin(1986,1987)、Richter 和 Wellisch(1996)、Wellisch 和 Hulshorst(1999)等人的文章,都对劳动力、资本、土地等资源对地方政府税收体系的影响进行了推论.

有关资源配置的有效性问题,我们将按照以下步骤进行讨论:(1)有效配置的模式假设和推论,就是推导出在一个联邦制的国家中,什么样的资源配置能够达到合理有效,同时分析为了保证资源配置的有效性,各种经济资源能够在各州之间自由流动是否必要;(2)有效的税收体系(在这里,土地税是作为地方政府公共开支的一个固定收入来源)保证了资源在地区之间有效地流动.

1. 有效配置模式

(1) 模型的假设

首先,我们假定一个由 I 个地方政府(州或者省、市)组成的联邦政府,在这个国家中居住着 N 个可以自由搬迁到自己想住的地方的居民,因此,我们用 N_i 表示第 i 个地区的居民数量($i=1,2,\cdots,I$).我们用个人效用函数 U 来定义这个国家中个人生活的满足程度,为 $U^i=U(x_i,z_i)$,在这个公式中,x_i 表示 i 地区典型个人消费个人消费品的数量,Z_i 表示该居民的居住地地方政府为居民提供的地方公共产品. 一个地区居住的不仅有具有劳动能力的年轻人,也有不具备劳动能力的老年人,他们或者为地区的经济发展提供劳动力,或者以自己毕生的劳动积蓄为地方经济提供资本,无论年轻年老都有其特定的贡献,所以缺一不可. 但是,老年人的个人消费与年轻人不同,在这里我们将二者分开,区别对待. 也就是说,我们以 $U_1^i=U_1(x_1^i,Z_i)$ 表示年轻人的效用函数,其中下标 1 表示年轻人,相应地,用下标 2 表示老年人,所以,老年人的效用函数应为 $U_2^i=U_2(x_2^i,Z_i)$. 我们还假定地方公共产品 Z_i 的提供没有外部的溢出效应,每一个年轻人有一单位的劳动力,每一个老年人有一单位的储蓄作为生产的初始资本,它们在该地区都是无弹性供给的,也就是说,不具有可替代性. 提供地方公共产品的花费用 $C^i=(z_i,N_i)$ 表示,这些花费以私人消费品的单位表示,随着公共产品的消费水平和使用者数目的变化而变化,Z_i 的提供有一个递增的回报,使用者的数目也有这样的变化,即:$C_z^i \equiv \partial C^i/\partial z_i < C^i/z_i, C_N^i \equiv \partial C^i/\partial z_i < C^i/z_i$. 如果不存在公共产品的拥挤,那么这样的地方公共产品我们称为纯粹的公共产品,$C_N^i=0$. 由于年轻人也会变老,丧失劳动能力,因此,年轻人在年轻的时候需要储蓄,在这个模型中,我们暂时把储蓄率当成一个外生给定的,用 s 表示,但如果转化为代际模型,s 应该随着时间的变化而变化,因为不同时期利率不一样.

在这个联邦制国家中还有 M 个均质的可流动的企业,也就是说这些企业是完全一样的. M 是外生给定的,包括新产生的企业. 这是因为,我们的模型仅仅考虑企业对所在地的选择而不考虑市场准入问题. 我们用 M_i 表示在地区 i 的可流动企业的数量,这些企业使用同样的生产技术,都需要劳动力和资金作为初始生产资本,可用生产函数 $F^i \equiv F(l_i,n_1^i,n_2^i,g_i)$ 表示. 其中,l_i 表示不可流动的土地资源;n_1^i 表示该企业的劳动力因素,n_2^i 表示资金因素,二者都是具有流动性的;g_i 表示公共的生产要素. 因此,在第 i 个地区,人口的数量 N_i 就等于 $N_i=M_i(n_1^i+n_2^i)$.

每个地区都有一定数量的土地 L_i,我们假定在使用公共生产要素时没有溢出效应,那么,提供公共生产要素的成本为 $H^i=(g_i,M_i)$. 这些支出也是以私人消费品的单位表示,由公共投入的水平和该地区企业的数目所决定的,包括纯粹公共投入的特殊情况,即:$H_M^i=\partial H^i/\partial M_i=0$. 为了简化模型,我们把 N_i 和 M_i 当做真实的数目,这意味着家庭成员和企业都和其市场没有太多的联系.

以前的研究并没有明确地假定企业的流动性,生产函数只是用线性齐次方程来表示,如果公共投入只是用于准私人物品,也就是说,平均花费 H^i/M_i 对

g_i 是线性的,在 M_i 上是连续的. 只有这些假设成立的时候,企业的配置模式才能是一种有效率的配置,因此,在私人水平上对企业进行区分是没有任何意义的. 毫无疑问,这些我们为了简化而设定的假设在地区竞争的其他问题上是非常有用的,不过鉴于地区间的问题不是我们这里想要分析讨论的范围,我们就选择了一个相对一般性的模型,把该地区企业的数目看成是一个重要的内生变量.

U, F, H^i 和 C^i 都是二次可微的,满足于标准假设. 我们用在字母下面添加的下标表示对什么因素进行微分,第一偏导用常用的符号表示. F 对于 l_i 和 n_i 是严格凹性的,对于 l_i, n_i 和 g_i 都是线性齐次的.

以上就是模型中各个符号表示的假设定义,在这些定义的前提下,我们开始进行有关的分析.

为了实现资源有效配置,对于一个地方政府而言,就是要最大化本地区居民的效用,由于存在着老年人和年轻人的区别,地方政府应该同时最大化这两方的利益. 因此,地方政府应该做到

$$\max n_2 U_2(x_2^i, z^i) + n_1 U_1(x_1^i, z^i) \tag{4A.1}$$

其中向量为 $x_1^i, x_2^i, z^i, g_i, l_i, M_i, n_1^i, n_2^i; n_1$ 和 n_2 以数量作为不同效用的权重.

以下为公式(4A.1)的约束条件:

$$n_2 U_2(x_2^1, z^1) = n_2 U_2(x_2^i, z^i), \quad i = 1, \cdots, I \tag{4A.2}$$

$$n_1 U_1(x_1^1, z^1) = n_1 U_1(x_1^i, z^i), \quad i = 1, \cdots, I \tag{4A.3}$$

$$N_i = M_i(n_1^i + n_2^i), \quad i = 1, \cdots, I \tag{4A.4}$$

$$L_i = M_i l_i, \quad i = 1, \cdots, I \tag{4A.5}$$

$$N - \sum_i N_i = N - \sum_i M_i n_1^i - \sum_i M_i n_2^i = 0 \tag{4A.6}$$

$$M - \sum_i M_i = 0 \tag{4A.7}$$

$$\sum_i [M_i F(l_i, n_1^i, n_2^i, g_i) - M_i(n_1^i x_1^i + n_2^i x_2^i) - M_i n_1^i s$$

$$- C^i(z^i, M_i(n_1^i + n_2^i)) - H^i(g_i, M_i)] = 0 \tag{4A.8}$$

在上述的这些条件中,γ、μ 和 λ 是 Lagrange 乘子. 公式(4A.1)说明地方政府应该最大化本地区居民的效用,包括老年人和年轻人,所以,需要在二者的效用之前加上一个权重,即 n_1 和 n_2,否则,居民就会流动到别的地区去. 条件(4A.2)和(4A.3)说明了只有在各个地方消费者的效用都一样的情况下,人口才会相对稳定,不再流动,资源才算达到合理配置;当然,这也包含着一个假设前提,就是居民在各州之间进行迁移是不需要费用的,也就是说居民可以无条件地自由选择自己的居住地. 当然,如果中央政府可以通过某种手段直接控制

人口的迁移，那么情况可能会和我们现在进行的推论有很大的不同．条件(4A.4)说明本地区的劳动力在各个企业中是平均分配的，刚好足够本地区使用，不存在失业问题．条件(4A.5)说明各个企业拥有的土地数量是一样的，而且总和正好是本地区土地的总量，不存在闲置的土地．条件(4A.6)和(4A.7)表示居民和企业可以在联邦制国家内部的任何地方自由流动，但不能超出国家领土的范围．条件(4A.8)则是一个全面的约束条件，表示本地区企业的全部生产成果必须能够满足年轻人和老年人的个人消费、年轻人的储蓄以及提供公共产品和公共生产要素的花费．

(2) 一阶条件

对应于上面的问题，定义 Lagrange 方程

$$L = [n_2 U_2(x_2^i, z^i) + n_1 U_1(x_1^i, z^i)]$$
$$+ \gamma(N - \sum_i M_i n_1^i - \sum_i M_i n_2^i) + \mu(M - \sum_i M_i)$$
$$+ \lambda \sum_i [M_i F(l_i, n_1^i, n_2^i, g_i) - M_i(n_1^i x_1^i + n_2^i x_2^i)$$
$$- M_i n_1^i s - C^i(z^i, M_i(n_1^i + n_2^i)) - H^i(g_i, M_i)]$$

这样，我们得到一阶条件

$$\frac{\partial L}{\partial z^i} = n_2 U_{z^i}^2 + n_1 U_{z^i}^1 - \lambda C_{z^i}^i = 0 \tag{4A.9a}$$

$$\frac{\partial L}{\partial x_2^i} = n_2 U_{x_2}^i - \lambda n_2^i M_i = 0 \tag{4A.9b}$$

$$\frac{\partial L}{\partial x_1^i} = n_1 U_{x_1}^i - \lambda n_1^i M_i = 0 \tag{4A.9c}$$

$$\frac{\partial L}{\partial n_1} = U_1(x_1^i, z^i) - \gamma M_i + \lambda(M_i F_{n_1} - M_i x_1^i - M_i s - MC_{n_1}^i) = 0 \tag{4A.9d}$$

$$\frac{\partial L}{\partial n_2} = U_2(x_2^i, z^i) - \gamma M_i + \lambda(M_i F_{n_2} - M_i x_2^i - MC_{n_1}^i) = 0 \tag{4A.9e}$$

$$\frac{\partial L}{\partial M_i} = -\gamma(\sum_i (n_1^i + n_2^i)) - \mu + \lambda[F^i - l_i F_l^i$$
$$- n_1^i F_{n_1} - n_2^i F_{n_2} - H_M^i] = 0 \tag{4A.9f}$$

$$\frac{\partial L}{\partial g_i} = \lambda(M_i F_{g_i}^i - H_{g_i}^i) = 0 \tag{4A.9g}$$

由方程(4A.9b)和(4A.9c)得到

$$n_2 U_{x_2}^i + n_1 U_{x_1}^i = \lambda M_i(n_1^i + n_2^i)$$

从而

$$C_z^i = \frac{n_2 U_{z^i}^2 + n_1 U_{z^i}^1}{n_2 U_{x_2}^2 + n_1 U_{x_1}^1}(n_1^i + n_2^i) M_i \qquad (4\text{A}.9)$$

由方程(4A.9d)得到

$$F_{n_1} - x_1^i - s - C_{n_1}^i = \frac{\gamma - U_1(x_1^i, z^i)}{\lambda} \qquad (4\text{A}.10)$$

由方程(4A.9e)得到

$$F_{n_2} - x_2^i - C_{n_2}^i = \frac{\gamma - U_2(x_2^i, z^i)}{\lambda} \qquad (4\text{A}.11)$$

由方程(4A.9f)得到

$$F^i - l_i F_l^i - n_1^i F_{n_1} - n_2^i F_{n_2} - H_M^i = \frac{\gamma N + \mu}{\lambda} \qquad (4\text{A}.12)$$

由方程(4A.9g)得到

$$M_i F_{g_i}^i = H_{g_i}^i \qquad (4\text{A}.13)$$

条件(4A.9)就是地方公共产品有效提供的萨缪尔森条件,要实现有效提供,就必须使居民支付的意愿同花费的边际成本相同.因为老年人和年轻人都消费相同的公共产品,不同的只是人口的数量,所以在公式中要考虑不同类型的人口在总效用中所占的权重问题.条件(4A.13)是对应的公共生产要素的有效提供所需的 Samuelson 条件,它要求等于该地方公共生产要素的边际产量和边际成本,边际产量是通过集合本地区所有企业的产出而得到的.条件(4A.10),(4A.11),(4A.12)表示的是居民和企业实现有效配置的模式.方程(4A.10)说明每额外增加一个具有劳动能力的个人的净社会收益在各个地方都应该是相等的,边际个人的收益是他在企业中劳动的边际产出 $F_{n_1}^i$,而他的花费则由以下几个方面组成:他用于个人消费品的花费 x_1^i,为了消费地方公共产品而支出的花费 $C_{n_1}^i$ 以及为以后不具有劳动能力的老年时期而做的储蓄 s.方程(4A.11)则表示增加一个没有劳动能力,但拥有可作为资本的资金的老年人的净社会收益在各个地方也应该是相等的,否则老年人就会往净社会收益较高的地方流动,而对于本地政府来说,就是损失了生产的资金来源.老年人的收益就是他把毕生的积蓄投资于企业生产而产生的边际资本收益,他的花费则包括用于个人消费品的 x_2^i 和为了消费地方公共产品而支出的花费 $C_{n_2}^i$.

方程(4A.12)反映的是企业实现资源优化配置的模式,它同样要求各个地方的企业社会净收益要相等,否则受到利益的驱动,企业就会迁移到净收益大的地区.企业的社会净收益是用它的纯利润来衡量的,就是由企业的产出 F^i,扣除企业为了自己所占用的土地而支付的地租 $l_i F_l^i$,支付给工人的工资 $n_1^i F_{n_1}$,支付给投资者(老年人)的资本收益(利息或者股份分红的形式) $n_2^i F_{n_2}$,最后再扣除享受了公共生产要素而支付的费用 H_M^i.

如果地方公共生产要素是准私人性质的,而且 F 对于 l_i, n_1^i, n_2^i 和 g_i 来说,是线性齐次的,那么,可流动的企业的有效配置方式就变成不确定的,应该强调(4A.9)—(4A.13)这几个必要条件,也许在实际的资源配置过程中,由于某些外在的原因,这几个条件并不一定需要一一具备,但是,在这里,这样的情况将被忽略,我们着重讨论的是符合这几个必要条件的资源配置方式.

(3) 有效的地区间资源分配

在惯有的研究中,人们都很关心,为了维持资源配置的效率,保持资源在各个地区可以自由流动是否是必要的。Myers(1990b)、Hercowitz 和 Pines(1991)及 Krelove(1992),以及其他很多人,都在这方面作出了特殊的贡献——发现为了维持市场的均衡,地租必须能够在地区间流动.因此他们断言,如果地区的产出 M_iF^i 同产品的地区效用相等(产品的地区效用 $y_i \equiv M_in_1^i x_1^i + M_in_2^i x_2^i + C^i + H^i$),这就会同效率的原则相违背.我们将通过以下的内容来证明这一点.

首先,我们可以通过方程(4A.10)和(4A.11)解出 x_1^i, x_2^i,通过方程(4A.12)解出 F^i,然后,代入方程

$$M_iF^i = y_i = M_in_1^i x_1^i + M_in_2^i x_2^i + C^i + H^i$$

由方程(4A.10)可以得到

$$x_1^i = F_{n_1}^i - C_{n_1}^i - s - \frac{\gamma - U_1(x_1^i, z^i)}{\lambda}$$

由方程(4A.11)得到

$$x_2^i = F_{n_2}^i - C_{n_2}^i - \frac{\gamma - U_2(x_2^i, z^i)}{\lambda}$$

由方程(4A.12)得到

$$F^i = l_i F_l^i + n_1^i F_{n_1}^i + n_2^i F_{n_2}^i + H_M^i + \frac{\gamma N + \mu}{\lambda}$$

将上述三个变量值代入 $M_iF^i = y_i = M_in_1^i x_1^i + M_in_2^i x_2^i + C^i + H^i$ 中,整理后可以得到

$$M_i l_i F_l^i - (H^i - M_i H_M^i) - (C^i - M_i n_1^i C_{n_1}^i - M_i n_2^i C_{n_2}^i) + M_i \frac{\gamma N + \mu}{\lambda}$$

$$= -M_i \left[n_1^i \frac{\gamma - U_1(x_1^i, z^i)}{\lambda} + n_2^i \frac{\gamma - U_2(x_2^i, z^i)}{\lambda} \right] \quad (4A.14)$$

$$\frac{R}{M_i} = -\left[n_1^i \frac{\gamma - U_1(x_1^i, z^i)}{\lambda} + n_2^i \frac{\gamma - U_2(x_2^i, z^i)}{\lambda} \right]$$

其中

$$R = M_i l_i F_l^i - (H^i - M_i H_M^i)$$
$$- (C^i - M_i n_1^i C_{n_1}^i - M_i n_2^i C_{n_2}^i) + M_i \frac{\gamma N + \mu}{\lambda}$$

R 代表该地区的净地租,它由该地区的土地地租加上地方企业的社会边际收益,然后再扣除提供公共产品和公共生产要素的非拥挤性成本. 等式(4A.14)说明如果是实现了资源的有效配置,而且又不允许资源在地区之间自由流动的话,各个地方的人均地租收入就必须相等. 当然,这是不可能实现的. 等式(4A.2)—(4A.13)包含了 $8I+2$ 个条件,对应的就有 $8I+2$ 个变量,要使得所有这些变量都符合等式(4A.14)显然是不太现实的. 由此,我们可以得出的一个结论就是:如果公民是可以自由流动的,且政府无法利用某些手段直接控制人口的流动的话,那么,要实现资源的有效配置,就必须保证资源能够在地区之间自由流动,这样才可能通过市场的调节达到优化配置.

2. 支持资源有效配置的税收体系

在现代社会,税收是政府控制经济的最重要手段之一,政府要对资源的配置进行有效的调控,就必须有一个能够支持资源有效配置的税收体系. 那么,到底什么样的税收体系才能够支持资源的有效配置呢? 为了获得这样一个税收体系,我们首先来看看税收是如何影响个人和企业的行为的. 通过对税收体系作用的分析,我们才能够发现,一个税收体系能否在不违反它的本质目的——为地方政府提供地方公共服务的有效水平提供保障——的情况下支持自由的有效配置.

(1) 个人行为、企业行为和政府行为

① 个人行为

在我们的这个模型假设中,每一个具有劳动能力的个人(年轻人)都被赋予一单位的劳动力,而且,这份劳动力在他的居住地都是无弹性供给的,也就是说他的这份劳动力无可替代. 所以,作为一个年轻人,他的收入的第一个因素就是工资收入 w_i,除此之外,他还有一份不依赖于其居住地点的非劳动收入 Y,这部分收入由企业利润分成和地租组成. 另外,每一个地方政府都会对个人收入征收一个直接的税收(多为个人所得税)τ^i,年轻人为了以后无劳动能力的老年阶段考虑,也会有一定的储蓄 s[①],这是不能用于个人现阶段消费的部分. 因此,年轻人用于现阶段个人消费的全部净收入就是

$$x_1^i = w_i + Y - s - \tau^i \tag{4A.15}$$

相对地,老年人虽然已经丧失了劳动能力,但是,他年轻时的积蓄(在这个模型中可以给定一个初始资本 k_0)就可以在这个时候投资于企业,通过企业给予的资本回报来维持生活,所以,对于老年人来说,他收入的第一个因素是资本

[①] 在这儿假定储蓄率是外生给定的,是为了方便计算,减少考虑的维度,但是实际上,储蓄率会随着市场利率的变化而变化的,年轻人会根据储蓄折现后是否划算来决定储蓄多少. 同时,这个模型也可以转化为代际模型,因为可以有两代人的更替.

收益 r^i，除此之外，他也有一份同年轻人一样的非劳动收入 Y。另外，资本收益在老年人那儿也体现为个人收入，所以政府同样地要对他征收一个直接的税收 τ^i，假定老年人不再储蓄，他的积蓄和利用积蓄获得的资本收益全部用于他晚年的生活而没有剩余，那么，老年人用于个人消费的全部净收入就是

$$x_2^i = k_0 + r^i + Y - \tau^i \tag{4A.16}$$

个人只有一个问题需要选择，就是选择一个对自己最有利的居住地。所以，要使人们不再流动，实现迁移的平衡，同时实现资源有效配置，就应该让各个地方的个人效用相等：

$$U_1(x_1^i, z^i) = U_1(x_1^j, z^j) \quad \forall i,j, \; i \neq j \tag{4A.17}$$

$$U_2(x_2^i, z^i) = U_2(x_2^j, z^j) \quad \forall i,j, \; i \neq j \tag{4A.18}$$

② 企业行为

个人只需要作出一个选择，而企业必须作出两个选择，选择自己企业的所在地并对生产作出选择。尽管在实际过程中，这两个决定不一定是截然分开的，我们这里还是把它们剥离开来看待。首先，我们来看一下企业所在地的选择。作为企业来说，它的根本目的就是获得利润，哪儿的利润高就会吸引着企业往哪个方向流动。我们用 π^i 来表示 i 地区企业的税后利润，企业选择所在地无非是为了实现 π^i 的最大化。如果要实现地区平衡，就必须使企业在任何地区的税后利润一样，也就是说

$$\pi^i = \pi^j \quad \forall i,j, \; i \neq j \tag{4A.19}$$

在平衡状态下，M_i 个企业选择了 i 这个地区作为自己的企业所在地，i 地区典型企业的税后利润为

$$\pi^i = F^i(l_i, x_1^i, x_2^i, g_i) - \rho_i l_i - w_i n_1^i - r_i n_2^i - \tau_i^M \tag{4A.20}$$

在这个式子中，ρ_i 表示这个地区普遍的土地价格，w_i 则表示劳动力价格，r_i 表示的则是普遍的资本价格，τ_i^M 则表示地方政府对企业征收的税率，这个税率由各个地方政府自主决定。如果进一步假设企业是价格的接受者，它只能依靠选择 l_i, n_1^i, n_2^i 来最大化自己利润。通过偏导，我们可以知道，私人生产要素的使用遵循下面的几条原则：

$$F_l^i = \rho_i \tag{4A.21}$$

$$F_{n_1}^i = w_i \tag{4A.22}$$

$$F_{n_2}^i = r_i \tag{4A.23}$$

而且，平衡就要求地方土地市场没有剩余的土地资源，即

$$L_i = M_i l_i \tag{4A.24}$$

所有的可流动劳动力也必须都进入企业工作，劳动力市场出清：

$$N_1^i = M_i n_1^i \tag{4A.25}$$

第 4 章
商品税的 Ramsey 法则

所有的老年人手中的资金也必须投资于地方企业,该地区内不存在闲散资金:

$$N_2^i = M_i n_2^i \tag{4A.26}$$

③ 政府行为

现在我们来看看政府这一块. 地方政府必须以自己的税收收入来支付提供公共服务的支出,除了对可自由流动的个人和企业征收税收以外,地方政府还可以对本地区的地租收入征税,税率为 t_i. 这样,地方政府的预算约束就是

$$\tau^i M_i(n_1^i + n_2^i) + \tau_i^M M_i + t_i \rho_i L_i$$
$$= C^i(z^i, M_i(n_1^i + n_2^i)) + H^i(g_i, M_i) \tag{4A.27}$$

最后,整个联邦制国家的物资平衡就需要各个地区的居民非劳动收入均衡、企业利润总和均衡以及地租均衡. N 表示全国的总人口数量,M 表示全国总的企业数量,I 表示全国的地区数量,那么

$$NY = \sum_{j=1}^{I} M_j \pi_j + \sum_{j=1}^{I} (1-t_j) \rho_j L_j \tag{4A.28}$$

(2) 有效的税收

一个税收体系是否能够支持资源的有效配置,主要取决于地方公共服务的提供是否存在拥挤成本的问题以及企业和个人如何影响这些成本. 为了证实人口的自由流动是否对实现资源的有效配置模式有益,我们首先来研究一下个人的预算约束.

对于第一个地区的个人,$x_1^i = w_i + Y - s - \tau^i$,$F_{n_1}^i = w_i$,因此 $F_{n_1}^i - x_1^i - s - \tau^i = -Y$.

对于第二个地区的个人,$x_2^i = k_0 + r^i + Y$,$F_{n_2}^i = r_i$,因此 $F_{n_2}^i + k_0 - \tau^i - x_2^i = -Y$.

因为要实现资源优化配置,人口不再流动的状态(能够流动,但平衡的一瞬间可以认为是人口和资源都不再流动)就要使人口无论在什么地方都会获得同样的非劳动收入,即

$$F_{n_1}^i - x_1^i - s - \tau^i = -Y = F_{n_1}^j - x_1^j - s - \tau^j \tag{4A.29}$$
$$F_{n_2}^i + k_0 - \tau^i - x_2^i = -Y = F_{n_2}^j + k_0 - \tau^j - x_2^j \tag{4A.30}$$

将(4A.29),(4A.30)同第一部分的(4A.10),(4A.11)作比较,我们就会发现,对于具有流动性的个人来说,有效税率就是

$$\tau^i - C_{n_1}^i = \tau^j - C_{n_1}^j \quad \forall i,j,\ i \neq j \tag{4A.31}$$
$$\tau^i - C_{n_2}^i = \tau^j - C_{n_2}^j \quad \forall i,j,\ i \neq j \tag{4A.32}$$

这就是说,为了避免出现财政的外部性,就应该使对个人征收的税率等于用于个人身上的公共服务的边际成本. 只有在二者相等的情况下才能够实现人

口资源的有效配置.而且,如果把年轻人的劳动收入和老年人的资本收入都当成个人的所得征收相同的税率,那么公共产品对于增加一个老年人或者一个年轻人的边际成本应该是一样的.但是,如果对于劳动所得和资本所得征收不同的税率,那么二者享受的公共产品的边际成本应该分别对应于二者的税率.

然后,我们再来看看可流动的企业的有效税率.如果我们把(4A.7),(4A.8),(4A.9)代入等式(4A.6),就会得到

$$\pi^i = F^i - l_i F_l^i - n_1^i F_{n_1}^i - n_2^i F_{n_2}^i - \tau^i \qquad (4A.33)$$

又因为 $\pi^i = \pi^j$,所以,我们可以得到下面的式子:

$$F^i - l_i F_l^i - n_1^i F_{n_1}^i - n_2^i F_{n_2}^i - \tau^i = F^j - l_j F_l^j - n_1^j F_{n_1}^j - n_2^j F_{n_2}^j - \tau^j$$

$$(4A.34)$$

把(4A.34)同(4A.12)相比较,我们就会发现,对于企业而言,有效税率的必要条件是

$$\tau_i^M - H_M^i = \tau_j^M - H_M^j \quad \forall i,j, i \neq j \qquad (4A.35)$$

也就是说,对企业征收的税率应该等于企业所享受的公共生产要素的边际成本.

但是,如果使用的是边际成本定价,而且提供地方公共产品和公共生产要素的平均成本超出了边际成本,基于资源配置基础上对个人和企业征收的税收收入就不足以满足地方政府的预算.用公式表达就是,如果

$$C^i(z_i, M_i(n_1^i + n_2^i)) + H^i(g_i, M_i)$$
$$> M_i n_1^i C_{n_1}^i + M_i n_2^i C_{n_2}^i + M_i H_M^i = N_i \tau^i + M_i \tau^M$$

税收收入就不足以支付政府公共开支了.即使政府提高对个人和企业征税的幅度,只要税收仍旧只是基于资源配置的基础上,就依然不足以满足政府的财政需求.因此,为了多增加税源且不会影响个人和企业的决策,政府必须对土地额外征收一个土地税来满足提供公共服务的财政支出.在第一部分我们就证明了,为了实现资源的有效配置,就必须让资源能够在地区之间自由流动.因为在所有的地区,土地归私人所有,选择一个合适的地租税率相当于直接对资源在地区间的流动采取举措.当然,如果一个地区根本没有土地税可收,那么就需要一个资源可以在地区间直接流动的体系来实现资源的有效配置.

总的来说,我们推论到现在,可以把结果总结为:如果个人和企业能够在地区间自由流动,并且会在本地区引起拥挤成本,那么,唯一的资源有效配置方案就可以通过一个能够对它进行有效支持的税收体系实现.这个税收体系是由两部分组成的:一部分是建立在资源配置基础上的对个人和企业征收的直接税,另一部分则是一个不会扭曲资源配置,相反却能够实现资源在地区间有效流动的土地税收.

第 5 章　收入税模型

收入税作为大多数发达国家政府的主要收入来源备受人们关注.同时,从另一方面来看,收入税作为消费者收入的重新分配,可以使社会收入分配更公平.我们要关注的是最优税收和税收对收入的影响.关于收入税的重要工作,也是关于收入税的突破来自于 Mirrlees(1971),在他之前,在这一方面还没有具体的收入税的公式,我们这章的任务是介绍 Mirrlees 的工作.这里需要强调的是在 Mirrlees 的突破性工作之前,著名经济学家 Vickey 研究了收入税的基本理论,给出了最优收入税的基本理论框架,但是,他没有能够从中得到结论,是 Mirrlees 在 Vickey 工作的基础上,采用变分法给出了最优税收的公式,基于其开创性的工作,他们两人于 1997 年同时被授予诺贝尔经济学奖.下面来介绍 Mirrlees 的工作,需要说明的是,Mirrlees 的文章比较难懂,下面是比较易于理解的框架.

5.1　最优收入税——Mirrlees 模型

5.1.1　Mirrlees 经济

我们首先介绍 Mirrlees 最优收入税模型的基本框架.在 Mirrlees 经济中存在两种商品:一种为消费品,另一种为劳动服务.记消费品为 x,劳动服务为 l.假设 $x>0$ 和 $0\leqslant l\leqslant 1$.家庭由指标 s 区分.指标 s 表示家庭的技术水平,这样它也表示了家庭提供的劳动服务的边际生产率.s 越高代表家庭提供的劳动服务的边际生产率越高.因此,如果一个能力指标为 s 的家庭提供的劳动服务为 l,相当于它提供的有效劳动服务为 sl.若假设消费者有效的劳动服务的边际生产率为常数,这样如果把消费品的价格正规化为 1,我们知道 sl 也代表能力为 s 的家庭的税前收入.我们记 $z(s)=sl(s)$.记税收函数为 $T(z)$,消费函数为 $c(z)$,这样能力为 s 的家庭的预算约束方程可以写为

$$x(s) \leqslant c(z(s)) = z(s) - T(z(s)) \qquad (5.1.1)$$

这里引入了参数 s 来表示家庭的能力,假设它为支撑集为 S 的连续分布,这里 S 可以为有界区间 $S=[S_1,S_2]$,也可以为无限区间 $S=[0,\infty]$. 我们在这里采用有限区间,至于无限区间,结论是很容易以类似方法得到的. 我们假设 s 的分布函数为 $\Gamma(s)$,因此,对能力小于或等于 s 的人有 $\Gamma(s)$ 个. 我们假设 s 的密度函数为 $\gamma(s)$.

假设每个家庭消费消费品和休闲获得的效用可以表示为效用函数[①]

$$U=U(x,l)$$

同时假设消费者从消费品和休闲中获得正的、递减的边际效用. 在效用函数的连续可微性假设下,有

$$U_x>0, \quad U_l<0, \quad U_{xx}<0, \quad U_{ll}>0, \quad U_{xx}U_{ll}-U_{xl}^2>0$$

并且,我们假设当 $l\to 1$ 时,$U_l(x,l)\to-\infty$. 作这一假设是为了排除 $l=1$ 是最优的情形.

这里效用函数和一般的效用函数不同,它依赖于消费者的能力,我们下面就来考虑它的性质和特征. 首先,因为 $z=sl$,所以可以把效用函数改写为

$$U=U(x,l)=U\left(x,\frac{z}{s}\right)=u(x,z,s) \tag{5.1.2}$$

因此我们可以在 (z,x) 平面,也可以在 (l,x) 平面表示出无差异曲线. 在 (l,x) 平面,无差异曲线由图 5-1(a)给出. 在 (z,x) 平面,无差异曲线依赖于消费者的能力 s,消费者的无差异曲线如图 5-1(b)所示.

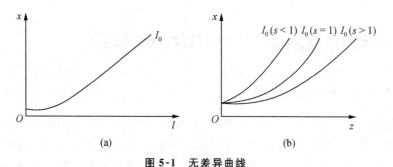

图 5-1 无差异曲线

对于效用函数,我们下面进一步假设:

假设 1(代表者单调性) 即 $-\dfrac{u_z}{u_x}$ 为能力 s 的单调递减函数,效用函数称为满足代表者单调性的.

[①] l 表示消费者的劳动,$1-l$ 就表示消费者的休闲.

代表者单调性的假设等价于在不考虑税收的前提下,随着工资水平的上升,消费水平也将上升. 这是因为 $\Phi = -\dfrac{u_z}{u_x}$ 表示消费者消费水平与税前收入的边际替代率,所以代表者单调性的假设等价于 $\Phi_s < 0$.

另一方面,代表者单调性假设等价性的定义是 $-lU_l/U_x$ 为 l 的增函数. 这是因为

$$-\frac{u_z}{u_x} = -\frac{U_l(x, z/s)}{sU_x(x, z/s)} \qquad (5.1.3)$$

而且 $\Phi_s = -\dfrac{1}{s^2} \dfrac{\partial(-lU_l/U_x)}{\partial l}$,从而可以得到结论.

由上面的分析,代表者单调性假设的充分条件就是消费品不是次品. 即随着收入的增加,消费水平不减少. 我们可以用图 5-2 来表示这个假设的特点.

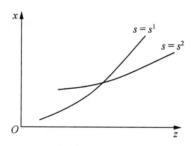

图 5-2　代表者单调性假设的意义

下面来考虑消费者行为. 消费者在自己的预算约束下,选择自己的消费需求和劳动力的供给来极大化自己的效用,即

$$\max_{x, l} U(x, l)$$

受约束于

$$x(s) \leqslant c(sl(s))$$

定义 $u(s) = U(x(s), l(s))$ 为效用的极大化水平. 消费者的预算约束和税后预算约束由图 5-3 给出.

通过消费者的最优性问题,可以得到一阶条件和二阶条件分别为

$$U_l + U_x sc'(sl) = 0 \qquad (5.1.4)$$

$$\frac{\partial \left[zc'(z) + l \dfrac{U_l}{U_x} \right]}{\partial z} \leqslant 0 \qquad (5.1.5)$$

分析条件(5.1.4)和(5.1.5),我们可以得到下面的结论:

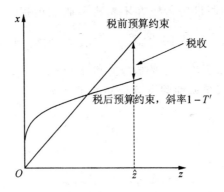

图 5-3 消费者税后预算约束

【定理 5.1.1】

在代表者单调性假设下,消费者效用极大的充分条件是 $z(s)$ 为 s 的增函数.

证明 由消费者的最优性条件(5.1.4)和前面的定义 $z=sl$,我们得到

$$zc'(z) + l\frac{U_l}{U_x} = 0$$

把上面的等式对消费者的能力 s 进行全微分,得到

$$\frac{\partial\left[zc'(z) + l\dfrac{U_l}{U_x}\right]}{\partial z}z'(s) - \frac{\partial\left[l\dfrac{U_l}{U_x}\right]}{\partial l}\frac{z}{s^2} = 0$$

由代表者单调性的假设,我们知道 $\dfrac{\partial\left[l\dfrac{U_l}{U_x}\right]}{\partial l}<0$,同时考虑二阶条件(5.1.5),我们得到 $z'(s)>0$.

证明完成

事实上,我们可以进一步证明在代表者单调性的假设下,二阶条件与 $z'(s) \geqslant 0$ 是等价的. 这里不再考虑,消费者可以自己证明.

对消费者的行为,我们进一步假设:

消费者自我选择假设 如果对于任意的能力参数 s 和 s'

$$u(x(s),z(s),s) \geqslant u(x(s'),z(s'),s) \tag{5.1.6}$$

成立,则消费者自我选择假设成立.

消费者自我选择假设表明,能力参数是 s 的消费者,选择自己类型的消费水平和休闲水平时获得最大的效用. 这一假设是激励理论和收入税收理论的最

本质的假设，Laffont 在 Mirrlees 的基础上发展了激励理论. 下面来仔细分析这一假设，我们有下面的结论：

性质 5.1.1

在代表者单调性的假设下，消费者自我选择假设等价于 $z'(s) \geqslant 0$.

证明 根据假设条件 (5.1.6)，我们知道对任意的 s 和 s' 有
$$\begin{aligned} 0 &= u(x(s), z(s), s) - u(x(s), z(s), s) \\ &\leqslant u(x(s'), z(s'), s') - u(x(s), z(s), s') \end{aligned}$$

定义函数 $u(s) = u(x(s), z(s), s)$，因为上面的不等式对任意的 s 和 s' 成立，所以 $s' = s$ 极大化函数 $u(s') - u(x(s), z(s), s')$. 这样，我们得到消费者自我选择假设的最优性条件

$$u'(s) = u_s(x(s), u(s), s) \tag{5.1.7}$$

和二阶条件

$$u''(s) - u_{ss}(x(s), u(s), s) \geqslant 0 \tag{5.1.8}$$

由定义，我们知道最优性条件 (5.1.7) 等价于

$$u_x x'(s) + u_z z'(s) = 0 \tag{5.1.9}$$

同时，二阶条件 (5.1.8) 等价于

$$u_{sx} x'(s) + u_{sz} z'(s) \geqslant 0 \tag{5.1.10}$$

考虑最优性条件 (5.1.8)，我们可以把条件 (5.1.10) 写为

$$\left[u_{sz} - u_{sx} \frac{u_z}{u_x} \right] z'(s) = -\frac{\Phi_s}{u_x} z'(s) \geqslant 0$$

因为代表者单调性的假设和效用函数的性质，我们有 $z'(s) \geqslant 0$.

证明完毕

我们已经分析完消费者行为，通过消费者行为可以得到消费者对商品的需求和劳动力的供给，在此基础上，我们来考虑最优税收的问题.

5.1.2 最优税收

最优税收的决定是政府在满足自己的预算约束条件下通过选择向每个消费者征收的收入税来使得社会福利极大化. 把消费者个体的需求和供给相加，就可以得到整个社会的总需求和总供给，即

$$Z = \int_0^\infty z(s) \gamma(s) \mathrm{d}s$$

和

$$X = \int_0^\infty x(s) \gamma(s) \mathrm{d}s$$

这里我们记 Z 和 X 分别为社会的总需求和总供给.

最优税收选择的目标就是选择需求和供给来极大化社会福利.我们采用的社会福利函数为

$$\int_0^\infty W(u(s))\gamma(s)\mathrm{d}s$$

其中函数 W 是单调上升且连续可微的凹函数,即 $W'>0, W''\leqslant 0$.

假设产出由消费者的劳动投入生产[①],假设生产函数的形式为 $F(Z)$. 这样,社会资源的约束方程为 $X\leqslant F(Z)$. 当然,我们可以假设政府公共开支 z^G 表示为劳动力或资源,这样上面的约束条件表示为 $X\leqslant \hat{F}(Z-z^G)=F(Z)$. 政府收入的来源为向消费者收取的税收收入,政府的预算约束平衡要求 $R=z^G$,因此,我们得到

$$R\geqslant \int_0^\infty (z(s)-x(s))\gamma(s)\mathrm{d}s$$

另外,政府的行为必须基于消费者的自我选择条件.

1. 线性税收

我们首先采用 Sheshinski(1971)的框架来讨论收入税中的特殊情形——线性税收函数的模型,他采用了线性形式的税收函数,即税收函数中的边际税收是常数,加上一揽子税收或者补贴.这样税收由两个参数——边际税收与一揽子税收决定.记边际税收为 t,一揽子税收为 τ,这样我们的税收函数为

$$T(sl)=-\tau+tsl \qquad (5.1.10)$$

这里 τ 可以为正的,也可以为负的.当它为正时,表示一揽子补贴,为负时,表示一揽子税收.下面记 $\xi=1-t$.在税收函数的假设下,消费函数为

$$x=\tau+\xi sl \qquad (5.1.11)$$

和前面讨论的消费者行为一致,消费者在预算约束条件(5.1.11)下,选择消费和劳动力的供给来极大化效用,即

$$\max_{x,l} U(x,l)$$

受约束于约束条件(5.1.11).

这样,一阶条件为

$$-\frac{U_l(x,l)}{U_x(x,l)}=\xi s \qquad (5.1.12)$$

由方程(5.1.11)和方程(5.1.12)可以决定消费者的消费函数和劳动力的供给函数.注意到约束条件(5.1.11)的特殊性,我们可以把消费者的消费函数

---

① 事实上,我们这里作这样的假设是为了简单起见,我们可以假设生产函数定义在劳动力和资本存量上,如果假设资本存量是常数,我们就可以作出上面的假设了.

和劳动力供给函数(这两个函数也可以被认为是消费者的 Marshall 需求函数)简单地表示为

$$l = l(\xi s,\tau), \quad x = \tau + \xi sl(\xi s,\tau) \tag{5.1.13}$$

把消费者的需求函数代入效用函数,得到间接效用函数

$$V(\xi,\tau,s) = U(\tau + \xi sl(\xi s,\tau), l(\xi s,\tau)) \tag{5.1.14}$$

通过微分,我们可以得到下面的关系:①

$$\frac{\partial V}{\partial \tau} = U_x, \quad \frac{\partial V}{\partial \xi} = U_x sl \tag{5.1.15}$$

因此,消费的边际效用实际上等于 $\frac{\partial V}{\partial \tau}$.

这样政府的最优化问题就是在满足自己的税收等于常数 R 的前提下,选择税收变量(包括边际税收和一揽子税收)来极大化整个社会的福利. 这里,我们用社会福利函数 $W(V)$ 来表示社会福利. 因此,政府的最优化问题可以表示为

$$\max_{\xi,\tau} \int_0^\infty W(V(\xi,\tau,s))\gamma(s)\mathrm{d}s$$

受约束于

$$\int_0^\infty [-\tau + (1-\xi)sl(\xi,\tau,s)]\gamma(s)\mathrm{d}s = R \tag{5.1.16}$$

注意到这里的政府收入 R 没有带来社会福利的改善,只是起一个转移作用,因此 $R=0$. 在后面的进一步分析中,我们可以假设政府公共开支进入消费者的效用函数或者生产函数,此时,考虑的最优税收问题会比较复杂. 下面,我们首先讨论上面比较简单的情形.

我们用 Lagrange 方法来求解上述的问题. 定义

$$L = \int_0^\infty W(V(\xi,\tau,s))\gamma(s)\mathrm{d}s$$
$$+ \lambda\left[\int_0^\infty [-\tau + (1-\xi)sl(\xi,\tau,s)]\gamma(s)\mathrm{d}s - R\right]$$

其中 λ 为 Lagrange 乘子,它代表了政府收入的边际效用,也就是政府收入增加一个单位使社会最优福利变化多少.

根据 Kuhn-Tucker 定理,我们得到最优性条件

---

① 事实上,我们可以通过包络引理得到下面的结论,因为
$$V(\xi,\tau,s) = \max U(x,l) \quad \text{受约束于} \quad x = \tau + \xi sl$$
也就是
$$V(\xi,\tau,s) = \max U(\tau + \xi sl, l)$$
因此
$$\frac{\partial V}{\partial \tau} = U_x, \quad \frac{\partial V}{\partial \xi} = U_x sl.$$

$$\int_0^\infty W' \frac{\partial V(\xi,\tau,s)}{\partial \tau} \gamma(s) ds = \lambda \left[\int_0^\infty \left[1 - (1-\xi) \frac{\partial z}{\partial \tau} \right] \gamma(s) ds \right] \quad (5.1.17)$$

$$\int_0^\infty W' \frac{\partial V(\xi,\tau,s)}{\partial \xi} \gamma(s) ds = \lambda \left[\int_0^\infty \left[z - (1-\xi) \frac{\partial z}{\partial \xi} \right] \gamma(s) ds \right] \quad (5.1.18)$$

为简单起见，记 $H = \int_0^\infty \gamma(s) ds, \beta = W' \frac{\partial V(\xi,\tau,s)}{\partial \tau}$，它们分别表示社会总人口和消费者收入的社会边际效用．

在上面的定义下，同时考虑方程(5.1.15)，我们可以把最优性条件(5.1.17)和(5.1.18)改写为

$$\int_0^\infty \beta \gamma(s) ds = H - \lambda \int_0^\infty (1-\xi) \frac{\partial z}{\partial \tau} \gamma(s) ds \quad (5.1.17')$$

$$\int_0^\infty \beta z \gamma(s) ds = \lambda \left[\int_0^\infty \left[z - (1-\xi) \frac{\partial z}{\partial \xi} \right] \gamma(s) ds \right] \quad (5.1.18')$$

这样，我们可以得到

$$\frac{\int_0^\infty \beta z \gamma(s) ds}{\int_0^\infty \beta \gamma(s) ds} = \frac{\bar{z} - \int_0^\infty (1-\xi) \overline{\frac{\partial z}{\partial \xi}} \gamma(s) ds}{1 - \int_0^\infty (1-\xi) \overline{\frac{\partial z}{\partial \tau}} \gamma(s) ds} \quad (5.1.19)$$

记方程(5.1.19)的左边为 $z(\beta)$，它可以解释为用福利权重平均的劳动力供给．

对方程(5.1.16)全微分得到

$$\left. \frac{d\tau}{d\xi} \right|_{R=\text{constant}} = \frac{\bar{z} - \int_0^\infty (1-\xi) \overline{\frac{\partial z}{\partial \xi}} \gamma(s) ds}{1 - \int_0^\infty (1-\xi) \overline{\frac{\partial z}{\partial \tau}} \gamma(s) ds}$$

因此，方程(5.1.19)可以表示为

$$\left. \frac{d\tau}{d\xi} \right|_{R=\text{constant}} = z(\beta) \quad (5.1.20)$$

由定义，我们得到

$$\left. \frac{d\bar{z}}{d\xi} \right|_{R=\text{constant}} = \frac{d\bar{z}}{d\xi} + \frac{d\bar{z}}{d\tau} \left. \frac{d\tau}{d\xi} \right|_{R=\text{constant}} = \frac{d\bar{z}}{d\xi} + \frac{d\bar{z}}{d\tau} z(\beta) \quad (5.1.21)$$

因此，我们可以把方程(5.1.19)改写为

$$z(\beta) - \bar{z} = (1-\xi) \left[\frac{d\bar{z}}{d\tau} z(\beta) - \frac{d\bar{z}}{d\xi} \right] = -t \frac{d\bar{z}}{d\xi}$$

即

$$t = \frac{\bar{z} - z(\beta)}{-\left. \frac{d\bar{z}}{dt} \right|_{R=\text{constant}}} \quad (5.1.22)$$

这样，我们有下面的结论：

【定理 5.1.2】

如果 $\frac{\partial z}{\partial \tau} < 0, \frac{\partial z}{\partial \xi} \geq 0, R = 0$,则有 $t > 0$ 和 $\tau < 0$.

证明 显然,由方程(5.1.17)和(5.1.18),我们知道 $\lambda > 0$ 和 $\xi > 0$. 如果 $\xi > 1$,这样,由方程(5.1.18)得到

$$\int_0^\infty (\beta - \lambda) \gamma(s) \mathrm{d}s \leq 0$$

因为 z 为单调函数,所以 $\beta - \lambda$ 为减函数. 这样

$$\int_0^\infty (\beta - \lambda) \gamma(s) \mathrm{d}s < 0$$

如果 $\xi > 1$,上面的不等式不成立,因此 $\xi < 1$,也就是 $t > 0$. 因为政府收入 $R = 0$,所以 $\tau < 0$ 是显然的.

证明完成

事实上,在进一步的假设下,我们还有进一步的结论. 为此,假设 $\frac{\partial l}{\partial \tau} \leq 0, \frac{\partial l}{\partial \xi} \geq 0$,记 ε 为劳动力供给弹性的下确界 $\frac{\beta}{l} \frac{\partial l}{\partial \beta} \geq \varepsilon$,我们有

性质 5.1.2

如果 $\frac{\partial z}{\partial \tau} < 0, \frac{\partial z}{\partial \xi} \geq 0, R = 0$,则有 $\frac{\varepsilon}{\varepsilon + 1} < \xi < 1$ 和 $\tau < 0$.

证明 我们不妨假设 W 为常数函数,这样,优化问题可以写为

$$\max_{\xi, \tau} \int_0^\infty U(x, l) \gamma(s) \mathrm{d}s$$

受约束于

$$\int_0^\infty [-\tau + (1 - \xi) s l(\xi, \tau, s)] \gamma(s) \mathrm{d}s = 0 \qquad (5.1.23)$$

这样,最优性条件为

$$\int_0^\infty (U_x - \lambda) \gamma(s) \mathrm{d}s + \lambda (1 - \xi) \int_0^\infty s \frac{\partial l}{\partial \tau} \gamma(s) \mathrm{d}s = 0 \qquad (5.1.24)$$

$$\int_0^\infty (U_x - \lambda) s l \gamma(s) \mathrm{d}s + \lambda (1 - \xi) \int_0^\infty s \frac{\partial l}{\partial \xi} \gamma(s) \mathrm{d}s = 0 \qquad (5.1.25)$$

首先证明 $\lambda > 0$. 因为 $\lambda = 0$ 对于上面两式都是不可能的. 如果 $\lambda < 0$,在(5.1.24)中,第一项为正,因此 $\xi > 1$. 在假设 1 下,通过方程(5.1.25)我们知道 $\lambda < 0$ 和 $\xi > 1$ 是不可能同时成立的. 这样,我们得到 $\lambda > 0$.

下面证明 $0 < \xi < 1$. $\xi > 0$ 是显然的. 现在假设 $\xi \geq 1$. 这样由方程(5.1.24)得到

$$\int_0^\infty (U_x - \lambda)\gamma(s)\mathrm{d}s \leqslant 0$$

我们要证明

$$\int_0^\infty (U_x - \lambda)sl\gamma(s)\mathrm{d}s < 0$$

由假设,我们知道

$$\frac{\partial U_x}{\partial s} = U_{xx}\frac{\partial x}{\partial s} + U_{xl}\frac{\partial l}{\partial s} = U_{xx}\xi l + \left(U_{xl} - \frac{U_l}{U_x}U_{xx}\right)\frac{\partial l}{\partial s} < 0$$

因为收入是人的能力的增函数,因而消费的边际效用是能力的减函数. 这样如果 $U_x - \lambda \leqslant 0$, $\int_0^\infty (U_x - \lambda)sl\gamma(s)\mathrm{d}s < 0$ 是显然的. 一般情形,一定存在 s_0, 对任意的 $0 \leqslant s < s_0$ 满足 $U_x - \lambda > 0$; 对任意的 $s \geqslant s_0$, $U_x - \lambda \leqslant 0$. 令 $l(s_0) = l_0$. 这样对任意的 s, 有

$$(U_x - \lambda)sl < (U_x - \lambda)s_0 l_0$$

从而

$$\int_0^\infty (U_x - \lambda)sl\gamma(s)\mathrm{d}s < \int_0^\infty (U_x - \lambda)s_0 l_0 \gamma(s)\mathrm{d}s \leqslant 0$$

得到矛盾. 这样,我们证明了 $\xi < 1$.

下面来证明进一步的估计,把最优性条件(5.1.26)改写为

$$\int_0^\infty U_x sl\gamma(s)\mathrm{d}s + \lambda\int_0^\infty \left(\frac{1-\xi}{\xi}\frac{\xi}{l}\frac{\partial l}{\partial \xi} - 1\right)sl\gamma(s)\mathrm{d}s = 0$$

因为上面方程的第一部分为正,所以

$$\int_0^\infty \left(\frac{1-\xi}{\xi}\frac{\xi}{l}\frac{\partial l}{\partial \xi} - 1\right)sl\gamma(s)\mathrm{d}s < 0$$

因此

$$\left(1 - \frac{1-\xi}{\xi}\varepsilon\right)\int_0^\infty sl\gamma(s)\mathrm{d}s \geqslant \int_0^\infty \left(1 - \frac{1-\xi}{\xi}\frac{\xi}{l}\frac{\partial l}{\partial \xi}\right)sl\gamma(s)\mathrm{d}s > 0$$

这样,我们得到 $\frac{1-\xi}{\xi}\varepsilon < 1$, 也就是 $\varepsilon > \frac{\xi}{1-\xi}$. 这样完成定理的证明.

我们用下面的例题来进一步说明.

例 5.1.1 如果效用函数 $U(x, l) = x(\bar{l} - l)$, 其中 $\bar{l}$ 为极大的可行劳动力供给, 即 $0 \leqslant l \leqslant \bar{l}$. 这样由一阶条件和预算约束,我们得到最优的劳动力供给为

$$l(\xi, \tau) = \begin{cases} 0 & s \leqslant s_0 \\ \frac{1}{2}\left(\bar{l} - \frac{\tau}{\xi s}\right) & s > s_0 \end{cases}$$

其中,我们记 $s_0 = \frac{\tau}{\xi \bar{l}}$. 因此,条件 $\frac{\partial l}{\partial \tau} < 0$ 和 $\frac{\partial l}{\partial \xi} > 0$ 是满足的.

通过计算,可以得到劳动力供给弹性 $\frac{\xi}{l}\frac{\partial l}{\partial \xi}=\frac{\tau}{\xi s l-\tau}$,它为 s 的单调递减函数. 记 $\bar{s}$ 为最高的满足 $\gamma(s)>0$ 的 s. 因此

$$\frac{\xi}{l}\frac{\partial l}{\partial \xi} \geq \frac{\tau}{\xi \bar{s} l-\tau}=\varepsilon$$

由性质 5.1.2,我们得到边际税率满足的税收条件为 $\xi > \frac{\tau}{\xi \bar{s} l}$,即 $\xi > \sqrt{\frac{\tau}{\bar{s} l}}$.

2. 非线性税收模型

在上面一部分我们考虑了线性收入税,但是它实际上是一种平滑税,它给出的边际税率是常数的. 下面来考虑非线性的税收模型,在前面给出的框架下,假设消费者的能力分布在区间 $[s_1, s_2]$ 中,为严格正的. 我们假设政府知道消费者的能力分布与效用函数. 虽然它观察不到个人的能力,但是它可以观察到消费者总的收入,$z(s)$. 政府的税收函数 $T: R \to R$ 为非线性函数. 这样政府的收益可以表示为

$$R(s) = \int_{s_1}^{s}(z(s)-x(s))\gamma(s)\mathrm{d}s$$

同样地,假设政府的税收只是用来作为转移收入. 因此 $R(s_2)=0$. 通过微分,可以把上面的条件表示为下面的微分方程形式

$$\frac{\mathrm{d}R(s)}{\mathrm{d}s}=(z(s)-x(s))\gamma(s) \tag{5.1.26}$$

$$R(s_2)=R(s_1)=0 \tag{5.1.27}$$

政府行为就是在自己的预算约束条件和消费者的最优性条件下,选择税收函数来极大化社会的福利[①],即

$$\max \int_{s_1}^{s_2} u(s)\gamma(s)\mathrm{d}s$$

受约束于

$$\frac{\mathrm{d}R(s)}{\mathrm{d}s}=(z(s)-x(s))\gamma(s) \tag{5.1.28}$$

$$R(s_2)=R(s_1)=0 \tag{5.1.29}$$

$$\frac{\mathrm{d}u}{\mathrm{d}s}=u_s(x(s),z(s),s) \tag{5.1.30}$$

$$\frac{\mathrm{d}z}{\mathrm{d}s}=\eta(s) \tag{5.1.31}$$

---

① 这里有几个问题,第一个问题是在政府的预算约束,即(5.1.28)和(5.1.29)以及消费者的自我选择约束假设下选择税收极大化社会福利;第二个问题是把第一个问题中的消费者的自我选择约束条件变换成他的一阶条件(5.1.30),其余和第一个问题一致;第三个问题是在第二个问题的基础上加上消费者自我选择约束的二阶条件,这也是我们这里考虑的问题.

$$\theta(\eta(s)) \geqslant 0 \qquad (5.1.32)$$

其中函数 θ 为严格单调增函数,且满足 $\theta(0)=0$.

约束条件(5.1.28),(5.1.29)是政府收益约束.(5.1.30)—(5.1.32)是消费者的自我选择约束.这里为了避免线性控制问题,我们对二阶条件 $\frac{\mathrm{d}z}{\mathrm{d}s}=\eta(s)\geqslant 0$ 采取了另外的方法来处理.我们引进函数 $\theta(\eta(s))\geqslant 0$.但是,我们可以证明最优解与函数 θ 的选取是无关的.

因为 $u(s)=u(x(s),z(s),s)$,并且效用函数是消费的增函数,因此存在函数满足

$$x(s) = h(z(s), u(s), s)$$

这样,在上面的控制问题中,控制变量仅为 $\eta(s)$,状态变量为 $x(s),z(s)$ 和 $u(s)$.我们采用 Hamilton 系统来求解上面的问题.

定义

$$H = u(s)\gamma(s) + \lambda(s)[z(s)-x(s)]\gamma(s) \\ + \mu(s)u_s(x(s),z(s),s) + \nu(s)\eta(s) + \kappa(s)\theta(\eta(s))$$

其中 $\lambda(s),\mu(s)$ 和 $\nu(s)$ 为相应于约束条件(5.1.28),(5.1.30)和(5.1.31)的乘子,$\kappa(s)$ 为约束条件(5.1.32)的乘子.

由 Pontryagin 极大值原理,我们得到最优性条件

$$\frac{\partial H}{\partial \eta} = \nu + \kappa\theta'(\eta) = 0 \qquad (5.1.33)$$

$$\nu' = -\frac{\partial H}{\partial z} = -\lambda\frac{\partial[(z(s)-x(s))\gamma(s)]}{\partial z} \\ -\mu\frac{\partial u_s(x(s),z(s),s)}{\partial z} \qquad (5.1.34)$$

$$\mu' = -\frac{\partial H}{\partial u} \\ = -\gamma(s) - \lambda\frac{\partial[(z(s)-x(s))\gamma(s)]}{\partial u} \\ -\mu\frac{\partial u_s(x(s),z(s),s)}{\partial u} \qquad (5.1.35)$$

$$\lambda' = -\frac{\partial H}{\partial R} = 0 \qquad (5.1.36)$$

$$\kappa\frac{\mathrm{d}z}{\mathrm{d}s} = 0, \quad \kappa \geqslant 0, \quad \frac{\mathrm{d}z}{\mathrm{d}s} \geqslant 0 \qquad (5.1.37)$$

和横截性条件

$$\mu(s_1) = \mu(s_2) = 0$$

$$\nu(\underline{s}_1) = \nu(\bar{s}_2) = 0$$

为了得到比较方便的可以应用的条件,我们把上面的条件化简.首先,考虑到 $u(s)=u(x(s),z(s),s)$,因此,我们有 $\dfrac{\partial x}{\partial z}=-\dfrac{u_z}{u_x}=\Phi$ 和 $\dfrac{\partial x}{\partial u}=\dfrac{1}{u_x}$,同时,我们有

$$\frac{\partial u_s(x(s),z(s),s)}{\partial z} = u_{sx}\frac{\partial x}{\partial z} + u_{sz} = -u_x\Phi_s$$

和

$$\frac{\partial u_s(x(s),z(s),s)}{\partial u} = u_{sx}\frac{\partial x}{\partial u} = \frac{u_{sx}}{u_x}$$

这样,如果我们记 $\phi=\kappa(s)\theta'(\eta(s))$,条件 (5.1.33)—(5.1.37) 和横截性条件可以改写为

$$-\mu u_x \Phi_s + \lambda(1-\Phi)\gamma - \underline{\phi'(s)} = 0 \tag{5.1.38}$$

$$\mu'(s) + \mu(s)\frac{u_{sx}}{u_x} + \left[1 - \frac{\lambda}{u_x}\right]\gamma = 0 \tag{5.1.39}$$

$$\mu(\underline{s}_1) = \mu(\bar{s}_2) = 0 \tag{5.1.40}$$

$$\phi \geqslant 0 \tag{5.1.41}$$

$$\phi(s) > 0 \Rightarrow \frac{\mathrm{d}z(s)}{\mathrm{d}s} = 0 \tag{5.1.42}$$

$$\frac{\mathrm{d}z(s)}{\mathrm{d}s} > 0 \Rightarrow \phi(s) = 0 \tag{5.1.43}$$

$$\phi(\underline{s}_1) = \phi(\bar{s}_2) = 0 \tag{5.1.44}$$

上面的条件有很好的解释.这里最重要的变量为 $\phi(s)$.如果 $\phi(s)=0$,方程 (5.1.38) 中的画线部分将不存在,同时,(5.1.41)—(5.1.44) 将不必要.对任何情形,$1-\Phi(s)$ 都起很重要的作用.因为它代表了边际税收.通过它可以讨论我们的最优税收政策.

如果对区间 $s\in(\underline{s},\bar{s})$,$\phi(s)>0$,并且 $\phi(\underline{s})=\phi(\bar{s})=0$,这样二阶条件等式成立.因此,由方程 (5.1.42) 知道,对于能力 $s\in(\underline{s},\bar{s})$,我们有 $\phi(s)>0 \Rightarrow \dfrac{\mathrm{d}z(s)}{\mathrm{d}s}=0$,因此,消费者的收入 $z(s)$ 都相等,且等于 $z(\bar{s})$.同时,因为 $\dfrac{\mathrm{d}z(s)}{\mathrm{d}s}=0$ 等价于 $\dfrac{\mathrm{d}x(s)}{\mathrm{d}s}=0$,这样我们知道对于能力在 $s\in(\underline{s},\bar{s})$,他们的净收入 $x(s)$ 都相等,且等于 $x(\bar{s})$.在这种情形下,对于不同能力的消费者,他们的最优抉择是相同的,均为 $(x(\bar{s}),z(\bar{s}))$.这样,政府就不能很好地区分消费者.如果政府的最优税收对于不同能力的人不同,这种税收政策显然使得福利遭受损失.

通过上面的最优性条件,我们可以得到下面的结论:

【定理 5.1.3】

如果存在能力水平 $s_0 \in S$ 满足 $l(s_0)=0$,则对任意的 $s<s_0$ 有 $l(s)=0$.

证明 假设 $l(s_0)=0$,而且存在 s 满足 $s<s_0$,但是 $l(s)>0$. 这样

$$u(c(sl(s)),l(s)) < u\left(c\left(s_0\frac{s}{s_0}l(s)\right),\frac{s}{s_0}l(s)\right) \tag{5.1.45}$$

同时,又因为 $l(s_0)$ 对能力为 s_0 的效用极大化. 因此,我们有

$$u\left(c\left(s_0\frac{s}{s_0}l(s)\right),\frac{s}{s_0}l(s)\right) < u(c(s_0l(s_0)),l(s_0))$$

这样

$$u(s) < u(s_0)$$

但是如果 $l(s)=0$,显然我们有 $u(s)=u(s_0)$. 这样 $l(s)>0$ 就不是效用极大化.

证明完毕.

定理 5.1.3 告诉我们,对任意的税收函数,最优税收将产生失业,而且能力较低的人将选择不工作.

Mirrlees(1971)同时给出了下面关于最优税收方面的主要结论.

【定理 5.1.4】

消费函数为收入的增函数,即 $c'(z)>0$.

证明 由消费者的自我选择约束,我们知道 $u_x x' + u_z z' = 0$,而且 $z' \geq 0$,从而有 $x' \geq 0$. 由定义 $x(s)=c(z(s))$,我们知道 $x'=c'z'$,这样,我们得到 $c' \geq 0$.

因为 $c(z)=z-T(z)$,这样 $c'=1-T'(z)$. 因此由定理 5.1.4,我们知道

$$c'(z) \geq 0 \Leftrightarrow T'(z) \leq 1$$

定理 5.1.4 告诉我们边际税收不能超过 100%. 事实上,我们可以直观地得到上面定理的结论. 如果消费函数为减函数,这样边际税收超过 100%. 如图 5-4 所示.

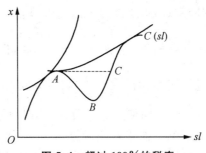

图 5-4 超过 100% 的税率

图 5-4 中的消费函数在 AB 段是单调递减的. 因为 A 和 C 在同一条无差异曲线上,因此,消费函数可以用水平线连接 A 和 C. 消费者在这两点拥有相同的

抉择. 这样消费者从消费的递减中得不到任何好处.

下面我们将给出税收函数的另外一个性质. 如果不存在聚集现象, 即 $\phi' = 0$, 则最优条件可以写为

$$1 - \Phi = \frac{\mu u_x \Phi_s}{\lambda \gamma} \tag{5.1.46}$$

因此, 对于能力为 s 的消费者, 他面临的边际税收为 $1-\Phi$, 税前相对收入的消费的价格为 1. Φ 为税后的消费的相对价格.

【定理 5.1.5】

在代表单调性假设下, 如果休闲不是次品并且 $u_{xx} \geqslant 0$, 则边际税收为正的.

证明 因为

$$\frac{\mathrm{d}u_x}{\mathrm{d}s} = u_{xx}x' + u_{xz}z' + u_{xs} = x'\left[u_{xx} - \frac{u_x u_{xz}}{u_z}\right] + u_{xs}$$

同时, 因为休闲不是次品, $u_{xx} \geqslant 0$, 这样 $\frac{\mathrm{d}u_x}{\mathrm{d}s} < 0$. 因此, u_x 是消费者能力的减函数. 由最优性条件, 我们有

$$\mu(s) = \int_s^{s_2} \left(1 - \frac{\lambda}{u_x}\right) \gamma(s') \exp\left[\int_s^{s'} \frac{u_{sx}}{u_x} \mathrm{d}s''\right] \mathrm{d}s'$$

同时, 考虑横截性条件 $\mu(s_1) = \mu(s_2) = 0$ 和 $u_x > 0$, 我们得到 $\lambda > 0$. 又因为 λ 为常数. 这样 $1 - \frac{\lambda}{u_x}$ 不可能总是正的或者总是负的. 事实上, 对于能力较低的消费者, 它总是负的, 对于能力较高的消费者它是正的. 这样, 我们知道对于 $s < \bar{s}, \mu(s)$ 是一个减函数; 对于 $s > \bar{s}, \mu(s)$ 是一个增函数. 因为 $\mu(0) = 0$, 这样 $\mu(s)$ 始终非正. 因此由方程(5.1.46), 我们知道 $\Phi < 1$.

下面的结论给出了税收是累进的性质.

【定理 5.1.6】

如果能力的上确界 s_2 有限, 则对于能力为 s_2 的人, 他们的边际税收为 0.

证明 我们在图 5-5 中表示出我们的结论.

在图 5-5 中, ABC 为消费函数 $c(z) = z - T(z)$, HBE 为能力为 s_2 的人的无差异曲线. 如果对 ABC 我们假设 $T' > 0$, 则 $c' < 1$, 也就是 HBE 的梯度小于 1. 如果我们定义另一个税收

$$T_1(z) = \begin{cases} T(z) & z \leqslant z(s_2, T) \\ T(z(s_2, T)) & z \geqslant z(s_2, T) \end{cases}$$

这样, 在新定义的税收下, 对于高于收入水平 $z(s_2, T)$ 的消费者, 税收为常数. 新的消费函数为 $c_1(z) = z - T_1(z)$, 在图 5-5 中我们用 ABD 表示, 其中 BD 段边

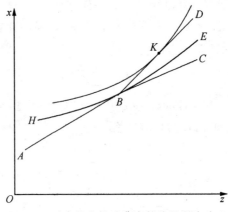

图 5-5 对高能力的消费者的边际税率为 0

际税收为零. 这样对于能力为 s_2 的家庭将移向 K 点. 而政府的收益没有改变. 因此, $T'(s_2) > 0$ 不是最优的.

对于能力为 s_2 的人, 我们有 $\gamma(s_2) > 0$. 同时, 横截性条件表明 $\mu(s_2) = 0$, 因此 $1 - \Phi = \dfrac{\phi'}{\lambda \gamma}$, 但是 $\phi'(s_2) \leqslant 0$, 因此 $1 - \Phi \leqslant 0$, 从而 $1 - \Phi(s_2) = 0$. 这样定理得证.

【定理 5.1.7】

如果对低收入的人不存在聚集现象, 则对于能力最低的家庭的边际税收为零.

证明由横截性条件和 $1 - \Phi = \dfrac{\phi'}{\lambda \gamma}$ 可以立即得到.

【定理 5.1.8】

如果对低收入的人存在聚集现象, 则在聚集点的终点时, 边际税收严格为正.

证明 因为在 $s = s_1$ 处, 有

$$\lambda(1 - \Phi(s_1))\gamma(s_1) = \mu(s_1)u_x \Phi_s + \phi'(s_1) = 0$$

在某区间 $x(s)$ 和 $z(s)$ 为常数, 因而, 在这些区间有

$$\frac{d(1 - \Phi(s))}{ds} = -\Phi_x x' - \Phi_z z' - \Phi_s < 0$$

这样 $1 - \Phi(s)$ 在这个区间的终点为正.

【定理 5.1.9】

对于收入最高的人不存在聚集现象.

对于我们得到的最优性条件,事实上 Mirrlees 当年给出的模型和上面的并不相同.他们没有在模型中引入二阶条件.因此,他得到的解可能比现在多.我们可以用下面的例子来说明.

例 5.1.2 假设消费者的效用函数 $u(x,z,s)=v(x)-z/s$,其中 $v(x)$ 是单调递增、二阶连续可微的凹函数,为得到问题的显示解,定义

$$\Gamma(s)=\int_{\underline{m}}^{s}\gamma(m)\mathrm{d}m$$

$$G(s)=\int_{\underline{m}}^{s}\frac{\gamma(m)}{m}\mathrm{d}m$$

和

$$\delta(s)=s\gamma(s)+\Gamma(s)-G(s)/G(\bar{s})$$

这样,我们可以得到最优解为

$$x(s)=v'^{-1}(\gamma(s)/\delta(s))$$

$$u(s)=\frac{1}{s}\left(K+\int_{\underline{s}}^{s}v(x(m))\mathrm{d}m\right)$$

$$z(s)=s(v(x(s))-u(s))$$

$$\mu(s)=s(G(\bar{s})\Gamma(s)-G(s))$$

$$\lambda=G(\bar{s})$$

其中

$$K=\int_{\underline{s}}^{\bar{s}}\{[s\gamma(s)-a+\Gamma(s)]v(x(s))-x(s)\gamma(s)\}\mathrm{d}s$$

假设密度函数的支撑集合为 $[\underline{s},\bar{s}]=[1,2]$,函数形式为

$$\gamma(s)=\begin{cases} 5\frac{1}{2}-4s & 1\leqslant s\leqslant 1\frac{1}{4} \\ -1\frac{1}{6}+1\frac{1}{3} & 1\frac{1}{4}\leqslant s\leqslant 2 \end{cases}$$

这样可以得到分布函数

$$\Gamma(s)=\begin{cases} 5\frac{1}{2}s-2s^2-3\frac{1}{2} & 1\leqslant s\leqslant 1\frac{1}{4} \\ -1\frac{1}{6}s+\frac{2}{3}s^2+\frac{2}{3} & 1\frac{1}{4}\leqslant s\leqslant 2 \end{cases}$$

和

$$G(s)=\begin{cases} 5\frac{1}{2}\ln s-4s+4 & 1\leqslant s\leqslant 1\frac{1}{4} \\ -1\frac{1}{6}\ln s+1\frac{1}{3}s-1.179 & 1\frac{1}{4}\leqslant s\leqslant 2 \end{cases}$$

同时,可以很容易求出 $\delta(s)$ 和 $x(s),z(s)$ 和 $u(s)$.

本节给出的 Mirrlees 的基本框架在经济中有大量的应用,如他给出的自我选择约束条件已经被 Laffont 和 Tirale(1986)应用在激励理论,现在这一理论已经得到广泛应用. 同时,Mirrlees 研究的经济是在微观个体的前提下,对于如何把他的框架推广到客观框架成为现代公共财政理论的重要研究方向,目前已取得了较大突破,读者可以参考 Kocherlakota、Golosov 和 Tsyvinski (2003)的工作.

5.2 累进税的公平原则

在发达国家,个人所得税收占政府税收的 50% 以上,在我国,随着税收体制的改革,个人所得税在政府总的税收收入中的比例也大大提高. 因此,收入税作为大多数发达国家政府的主要收入来源备受各国政府的关注,采取何种收入税税收政策才能使得社会福利达到最大? 同时,注意到税收的另外一种功能,政府如何利用收入税的手段来使得社会财富重新分配而保证社会公平原则的实现,这也要求各国政府必须制定良好的收入税税收法则. 关于收入税税收理论的突破来自于 Mirrlees(1971)的工作,在他之前,在这一方面还没有具体的收入税的公式. Mirrlees 考虑的经济中存在两种商品:一种为消费品,另一种为劳动服务. 我们记消费品为 x,劳动服务为 l. 同时,假设 $x>0$ 和 $0\leqslant l\leqslant 1$. 为了区分每个家庭的特征,我们令每个家庭由指标 s 来区分. 指标 s 表示家庭的技术水平,这样它也表示了该家庭提供的劳动服务的边际生产率. s 越高代表该家庭的劳动的边际生产率越高. 我们这里引入了 s 来表示家庭的能力,同时,假设它为支撑集为 S 的连续分布,这里 S 可以为有界区间 $S=[S_1,S_2]$,也可以为无限区间 $S=[0,\infty]$. 我们假设 s 的分布函数为 $\Gamma(s)$,因此对能力小于或等于 s 的人有 $\Gamma(s)$. 我们假设 s 的密度函数为 $\gamma(s)$. 例如,我们假设每个家庭的能力分布是正态分布函数,因此,社会上能力较高的家庭和能力较低的家庭数量都是较少数,大多数家庭的能力在中等水平.

Mirrlees 通过分析,得到了关于家庭收入税税收函数的结论:

1. 如果假设消费品和休闲都是正常品,则收入税的边际税率为正的.

2. 如果家庭的能力的上确界 s_2 有限. 则对于能力为 s_2 的家庭的收入税的边际税率为 0.

3. 对低收入家庭的收入税的边际税率为 0.

Mirrlees 采用数值例子来说明上述结论. 他选取效用函数

$$U = \log x + \log(1-l)$$

社会福利函数为

$$W = \begin{cases} \int_0^\infty \dfrac{e^{-vU}}{v} dv & v > 0 \\ \int_0^\infty U\gamma(s) ds & v = 0 \end{cases}$$

收入的分布函数是对数正态分布

$$\gamma(s) = \frac{1}{s}\exp\left(-\frac{(\log(s+1))^2}{2}\right)$$

他得到收入和平均税率及边际税率的关系如表 5-1 和表 5-2 所示.

表 5-1 最优税收

收入	消费水平	平均税率(%)	边际税率(%)
0.00	0.03	—	23
0.05	0.07	−34	26
0.10	0.10	−5	24
0.20	0.18	9	21
0.30	0.26	13	19
0.40	0.34	14	18
0.50	0.43	15	16

表 5-2 最优税收($\text{Atkinson}, W = \min\{U\}$)

收入	消费水平	平均税率(%)	边际税率(%)
0.00	0.10	—	50
0.10	0.15	−50	58
0.25	0.20	20	60
0.50	0.30	40	59
1.00	0.52	48	57
1.50	0.73	51	54
2.00	0.97	51	52
3.00	1.47	51	49

上面的结论揭示了最优收入税的本质,为了鼓励能力高的家庭多劳动,为社会多创造财富,对他们的所得的边际税率应该较低. 这是因为,对于能力较高的家庭来讲,收入税税收的弹性很大,如果边际税率过高,它们的工作时间就会减少,从而社会总的财富就会减少. 对于能力较低的家庭,只有在边际税率较低时才会激发它们的积极性,从而社会财富增加,社会福利得到改善. 对于中等收入的家庭来讲,税收对于劳动供给的弹性相对较小,因此,可以对它们收取具有

较高边际税率的收入税,这样政府可以获得收入来满足自己的公共开支.

按照 Mirrlees 的分析,消费者收入税收函数的形式应该如图 5-6 所示.

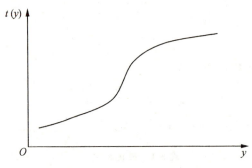

图 5-6　Mirrlees 的税收函数

Mirrlees 的分析从根本上解决了最优收入税的问题,但是在实际应用中,这种税收政策却几乎不可能实施,首先,家庭的能力如何估算;其次,对于每个家庭设置不同的税收函数成本过高. 在实际中,人们的税收函数尽量按照 Mirrlees 的分析来设置. 从 Mirrlees 的分析中,我们知道收入税税收是累进的,也就是家庭的平均税率是递增的,这也是人们期望收入税税收改善社会收入分配不平等的原因. 同时,社会公平原则也是收入税设置的一个基本原则. 下面我们分别来分析累进税收和公平税收,同时讨论这两种税收的关系,考虑是否存在一种符合社会公平原则的累进税收.

5.2.1　累进税收函数

从 Mirrlees 的结论我们知道收入税应该是累进的,下面我们严格来定义累进税收的概念. 假设消费者的收入为 x,税收函数为 $t(x)$,因此,消费者税后收入函数为 $x-t(x)$,我们记为 $f(x)$,累进税收函数的前提假设是:

1. $f(0)=0$,而且对任意的 $x>0$ 有 $0<f(x)<x$;
2. 对任意的 $x\geqslant 0, 0<f'(x)<1$,其中 $f'(x)$ 表示函数 $f(x)$ 的导数;
3. 函数 $f(x)/x$ 是收入 x 的递减函数.

这里假设 1 表示没有收入的消费者不用交税,而且消费者所交的税收不超过消费者所有的收入. 假设 2 是税收理论中一个标准的假设,$0<f'(x)<1$ 等价于 $0<t'(x)<1$,它表示了税收是消费者收入的增函数,同时消费者的收入税的边际税率小于 1. 假设 3 等价于平均税率 $t(x)/x$ 是收入 x 的递增函数.

例 5.2.1　1991 年美国联邦个人所得税收的函数为

$$t(x) = \begin{cases} 0.15x, & 0 \leqslant x < 20250 \\ 0.28x - 2632.5, & 20250 \leqslant x < 49300 \\ 0.31x - 4111.5, & 49300 \leqslant x \end{cases}$$

因此,我们得到函数

$$t(x)/x = \begin{cases} 0.15, & 0 \leqslant x < 20250 \\ 0.28 - 2632.5/x, & 20250 \leqslant x < 49300 \\ 0.31 - 4111.5/x, & 49300 \leqslant x \end{cases}$$

如图 5-7 所示.

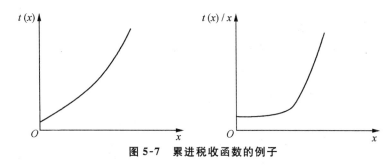

图 5-7 累进税收函数的例子

5.2.2 公平原则税收

一个公平的税收应该是至少对于一个凹的、严格递增的效用函数和对于任意的收入水平 $x>0$,满足

$$u(x) - u(f(x)) = c$$

其中 c 为正常数,它可以由政府决定.

注意到这里的税收函数是对于特定的效用函数给出的,如果给出了消费者的效用函数,就可以得到税收函数的显示形式,如果效用函数是形式为 CES 型的效用函数

$$u(x) = \frac{x^{1-\sigma} - 1}{1 - \sigma}$$

其中 $0 < \sigma$ 为正常数.

由公平税收函数的公式可以得到

$$f(x) = (c(1-\sigma) + 2 - x^{1-\sigma})^{\frac{1}{1-\sigma}}$$

从而我们得到收入税税收函数为

$$t(x) = x - f(x) = x - (c(1-\sigma) + 2 - x^{1-\sigma})^{\frac{1}{1-\sigma}}$$

显然这个函数是不具有累进性的.

考虑前面给出的美国联邦个人收入税函数,我们通过后面的证明发现它不

是一个符合公平原则的函数.因此,我们得到符合公平原则的税收不一定是累进的,而累进税收不一定是符合公平原则的,下面我们来讨论二者的关系.

我们可以证明下面的结论：

性质 5.2.1

如果存在 $x_0 > y > 0$ 满足 $y \geqslant f(x_0)$ 和 $f'(x_0) f'(f(x_0)) > f'(y)$,则不存在严格递增的凹函数满足

$$u(x) - u(f(x)) = c$$

性质 5.2.2

对于满足下面条件的函数

$$\forall x > 0, \quad \forall y \in [f(x), x], \quad f'(x) \leqslant f'(y)$$

则税收函数一定是符合公平原则的函数.

例 5.2.2 对任意的 $\alpha \in (0,1)$

$$f(x,\alpha) = \begin{cases} 0.9x, & 0 \leqslant x < 80 \\ \alpha x + (72 - 80\alpha), & 80 \leqslant x < 90 \\ 0.7x + (10\alpha + 9), & 90 \leqslant x \end{cases}$$

因此

$$t(x,\alpha) = \begin{cases} 0.1x, & 0 \leqslant x < 80 \\ (1-\alpha)x - (72 - 80\alpha), & 80 \leqslant x < 90 \\ 0.3x - (10\alpha + 9), & 90 \leqslant x \end{cases}$$

因此,对于任意的 $\alpha \in (0, 0.9)$,$t(x,\alpha)$ 是一个累进税收函数,我们证明,对于任意的 $\alpha \in (0, 0.63)$,$t(x,\alpha)$ 是一个符合公平原则的税收函数,因此对于 $\alpha \in (0, 0.63)$,$t(x,\alpha)$ 是一个符合公平原则的累进税收函数.

一般地,如果 $\alpha_1 > \alpha_2 > \alpha_3$,函数

$$f(x,\alpha) = \begin{cases} \alpha_1 x, & 0 \leqslant x < b_1 \\ \alpha_2 x + \theta_1, & b_1 \leqslant x < b_2 \\ \alpha_3 x + \theta_2, & b_2 \leqslant x \end{cases}$$

都是符合公平原则的累进税收函数.

习题

1. 验证 $x(s), z(s)$ 和 $u(s)$ 为例 5.1.2 中的解,并且讨论此时的最优税收.
2. 假设效用函数 $u(x,l) = \ln x + \theta \ln(1-l)$,求出线性税收情形下的税收

估计.

3. 证明性质 5.2.1.

4. 证明性质 5.2.2.

5. 验证例 5.2.2 给出的函数是符合公平原则的累进函数.

6. 证明如果 $\alpha_1 > \alpha_2 > \alpha_3$，函数

$$f(x,\alpha) = \begin{cases} \alpha_1 x, & 0 \leqslant x < b_1 \\ \alpha_2 x + \theta_1, & b_1 \leqslant x < b_2 \\ \alpha_3 x + \theta_2, & b_2 \leqslant x \end{cases}$$

是符合公平原则的累进税收函数，其中 $b_1, b_2, \theta_1, \theta_2$ 为常数.

7. (Atkinson 和 Stiglitz, 1976) 把 Mirrlees 考虑的收入税与商品税结合考虑. 假设存在 n 种商品，我们把劳动记为第一种商品，这样，消费者的预算约束方程为

$$\sum_{i=2}^{n} q_i x_i = s w x_1 - T(s w x_1)$$

其中 s 为消费者的能力，它和 Mirrlees 给出的假设一致，w 为工资，$T(\cdot)$ 为收入税函数. 在线性生产技术的假设下，我们有

$$\sum_{i=2}^{n} \int_0^\infty x_i(s) \gamma(s) \mathrm{d}s \leqslant \int_0^\infty s w x_1(s) \gamma(s) \mathrm{d}s - Z^G$$

其中 Z^G 为政府公共开支. 假设消费者的效用函数 $u(s) = U(x_1, \cdots, x_n)$.

(1) 写出消费者的自我选择约束；

(2) 写出最优税收的问题；

(3) 导出最优税收满足的条件.

8. 收入税与公共产品的筹资. 考虑一个经济有消费品(物品 1)、劳动(物品 2)和公共产品(物品 3)三种物品，以及 I 个消费者. 消费者 i 的效用函数为

$$U^i(x_1^i, x_2^i, x_3) = \log x_1^i + \log(\alpha^i - x_2^i) + \log x_3$$

其中 $\alpha^i > 2$；$\sum_{i=1}^{I} \alpha^i = 3I$，$i = 1, \cdots, I$，$x_2^i$ 是他所提供的劳动量(小于 α^i)，x_1^i 是物品 1 的消费量，x_3 是公共产品的消费量.

投入劳动生产物品 1 的技术为 $y_1^1 = y_2^1, y_1^1 \geqslant 0, y_2^1 \geqslant 0$；

投入劳动生产公共产品的技术为 $y_3^2 = y_2^2, y_3^2 \geqslant 0, y_2^2 \geqslant 0$.

(1) 请找出相当于最大化效用标准的 Pareto 最优配置.

(2) 标准化物品 1 的价格为 1，令 s 为工资率，即物品 2 的价格. 在竞争均衡中，对应于均衡最优的公共产品时，对每个消费者收取的私人一揽子税收是多少？并与 Lindahl 均衡比较.

(3) 假定我们不能观察 α^i,且决定以比率 β 对劳动收入征税来为公共产品筹资. 请问在政府采用效用标准的情况下,β 的最优值是多少? 并对所得结果进行讨论. 对 β 进行多数投票的结果将会是什么? 为什么?

(4) 请将以上结果与采用统一的一次性税收为公共产品筹资的情况(特别地,分析 $I=2$ 的情况)比较.

第三部分
宏观公共财政理论

第 6 章　政府政策改变的福利分析

第 7 章　最优税收理论

第 8 章　多级政府框架下的最优税收和政府间转移支付

第 9 章　内生经济模型框架下的最优税收

第 10 章　政府公共开支与经济增长

第 11 章　随机增长模型中的政府税收

第 12 章　离散的最优税收理论

第三部分 宏观公共财政理论

作为本书的重点,我们在第三部分较为系统地介绍宏观公共财政理论方面的重要内容和主要进展,主要包括两方面的内容:一是讨论政府政策(包括政府公共开支、政府税收以及货币供应等)对经济的影响(包括对经济的长期影响与短期影响),这方面的工作主要是 Turnovsky(1995),Judd(1982),Chamley(1981)和 Lucas(2000)的贡献,我们分别在古典增长的框架和内生增长的框架下如何分析政府政策改变对经济影响的方法. 本部分另一方面的内容是讨论政府最优政策问题,最优税收理论发展至今日臻丰富,但是其分析框架不外乎有三种:最优(first-best)分析框架;次优(second-best)分析框架和第三优(third-best)分析框架. 我们着重关注了次优的分析框架. 首先介绍了最优税收方面重要的工作,Chamley(1986)、Lucas(1990)、Rebelo(1991)等,给出了一级政府框架下的最优税收问题;然后,我们把这个框架推广到多级政府的框架,讨论多级政府框架的最优税收问题,这方面主要介绍了 Gong 和 Zou(2002,2001)一系列的工作. 我们的分析分确定性情形下的税收和不确定性情形下的税收,离散时间和连续时间的税收,以及古典增长框架下的税收与内生经济增长框架下的税收.

一、政府政策对经济的影响

财政政策和货币政策是政府调控经济的重要手段,如何来评价它们对经济的影响(包括对经济的长期影响和短期影响,以及对社会福利的影响等)有至关重要的意义. 早在 20 世纪 70 年代,Arrow 和 Kurz(1970)就在其著作中进行了系统的讨论,但是他们关注的是对于经济均衡状态的影响. 这在实际应用中是不够的,Lucas(2000)就曾指出,我们在考虑政策改变对经济的影响的时候,不仅要简单考虑它的改变对于长期经济变量的影响,更重要的是要仔细地分析这个政策改变引起的包括社会福利在内的一系列变化. 而传统的方法在这方面存在不足,主要体现在以下两个方面:

第一,已有的比较静态分析方法关注的是政策改变(可以看成政府财政政策和货币政策)对均衡经济的影响. 但是,当一种经济政策改变后,经济不会很快达到新的均衡状态,需要经过很长一段时间(如 50 年),这样,如果仅仅考虑政策改变对于经济的长期影响就显得不是很有意义了. 首先,政策制定者不可能关心自己的一项政策改变对几十年后的经济的影响,他更可能关心的是今天的政策改变对于明天经济的影响,如政府增加公共开支以后对于下一时期的投资水平、消费水平以及就业水平等的影响.这是原来的比较静态分析方法所不能给出的.其次,在政策改变中经常需要考虑暂时的政策改变的问题,如考虑政府公共开支改变对经济的影响的时候,政府可能通过增加和减少政府公共开支来刺激经济.这样,一种政策的改变有时是永久的,有时是暂时的,我们在考虑政策改变的影响的时候就要区分这两类政策改变的差异,这在原来的比较静态分析中是不可能做到的.如我们考虑$[0,T]$时期内的政府公共开支的暂时改变(如战争时期或者非常时期),假设政府公共开支在$[0,T]$时期内从原来的水平g改变到水平g_1,到时间T以后,政府公共开支水平回到原来的水平g.对于这种政府公共开支的改变,如果仅仅考虑政府公共开支改变对经济的长期影响,我们会发现它的改变对长期的经济是没有影响的(因为政府公共开支水平回到原来的水平,均衡点不会改变),这显然是不符合实际的.

第二,已有的比较静态分析关注较多的是政府政策改变对宏观经济变量的影响,如资本存量、消费水平、产出水平和经济增长.这在经济增长和社会福利是一致的时候是有意义的.但是,经济增长和社会福利不一定总是一致的.根据现有的一些研究,在我国和一些特定的经济中,社会福利极大和经济增长极大是不一致的.特别对于我国发展中的经济,从改革开放至今,经济增长每年以8%—9%的速度增长,但是财富的增长却没有如此高速.Dasgupta(2000)也指出:发达国家的人均财富的增长速度和 GDP 的增长速度吻合得很好;而对于像印度以及中国这样的发展中国家来说,虽然经济增长速度很高,但是人均财富的增长速度很低,甚至为负值(见表 1).

表 1 财富增长与 GNP 的增长

	1965—1996 年 人口平均 增长率(%)	1970—1993 年 人均财富 增长率(%)	1965—1996 年 人均 GNP 增长率(%)
孟加拉国	2.3	−2.4	1.0
印度	2.1	−0.5	2.3
尼泊尔	2.4	−2.6	1.0
巴基斯坦	2.9	−1.7	2.7
撒哈拉沙漠以南的非洲国家	2.7	−2.0	−0.2
中国	1.7	1.09	6.7

因此,在考虑经济政策改变的时候不仅要关注它对经济增长的影响,也要关注它的改变对社会财富的影响,进而关注它的改变对社会福利的影响.这是原来的比较静态分析方法做不到的.根据 Lucas(2003)的总结,在已有的关于福利分析方法的文献中,比较著名的有 Turnovsky(1990,2000)给出的福利分析方法,Judd(1982)给出的福利分析方法和 Chamley(1981)给出的福利分析方法.本部分关注的重点是这个问题.第 6 章系统介绍了这三种方法及其在经济学分析中的应用,同时在第 11 章介绍了在不确定性经济下的政府政策对经济的影响.

二、政府最优税收

1. 最优税收研究的基本框架

研究政府税收的框架最重要的有最优和次优的方法.现在比较常用的是次优的框架.次优的框架就是在 Stackelberg 博弈的框架下来研究政府最优政策的制定,其基本观点是把经济中的私人部门看做博弈的追随者而把政府看做领导者,政府在制定政策时必须考虑到私人部门在消费、投资和劳动力供给等方面的决策.这一研究方法最早可追溯至 Ramsey(1927)的工作,Ramsey 假定政府的目标是在满足所面临的约束条件的前提下通过最优的税收政策来最大化社会福利.政府面临的约束分为两类:一类是政府的预算约束;政府面临的第二类约束是它必须考虑到厂商和消费者对它所选择税收政策的可能的反应.这是因为不管政府采用什么样的税收体系,经济中的私人部门即消费者和厂商都会根据自身的利益通过一系列假定为完全竞争的市场作出消费、劳动投入、生产等方面的决策以求得效用最大化和利润最大化.因此,今天在税收理论中常常提到的 Ramsey 问题就是基本的次优框架.应用这一框架很多文献研究了最优税收问题.如:Atkinson 和 Sandmo(1980),Chamley (1985,1986),Judd(1985,1990),Stiglitz(1985,1987),Barro(1990),King (1990),Lucas(1990),Yuen(1990),Chari、Christiano 和 Kehoe(1994),Zhu (1992),Bull(1992),以及 Jones、Manuelli,和 Rossi(1993,1997).在这些工作中,Atkinson 和 Sandmo(1980),Chamley(1985,1986),Judd(1985,1990),Stiglitz(1985,1987)采用的是古典增长的框架,而 Barro(1990),King(1990),Lucas(1990)等采用的是内生增长的框架.这些文献的基本内容本书第 7 章和第 9 章进行了详细介绍.

近来,经济学家也考虑了最优的框架,这个框架下的最优税收就是找到政策工具(包括政府财政政策、货币政策等)使得分散经济可以复制中央计划者经济.这方面的工作有 Turnovsky(1996)和 Abel(2003).

2. 分权多级政府(联邦制)下的最优税理论

前面我们提到的税收理论都有一个共同的假定,那就是经济中只存在一个政府,所有的公共决策都是由这个政府作出的.但是在现实世界中,每一个具有一定人口数量的国家都划分为多个地区,每个地区都有各自的公共决策部门也就是地方政府,例如州政府、省政府;之下还可能有市政府、县政府等.在大部分发达国家,地方政府相对于中央政府(联邦政府)有很大的独立性,能够行使很多地方公共决策权.以税收为例,在欧洲,地方政府和中央政府联合收取本地消费税(商品税);在美国,州政府和联邦政府联合收取各州收入税,消费税则全部由地方(州、县)政府收取.决策权的分散最明显的好处就是居民能够在各个地区间进行选择,通过可能的迁移(即所谓的用脚投票)督促各地方政府改进工作以吸引私人资本、劳动力并获得更大的税基,这就是人们常说的税收竞争.此外,公共决策者与公众更加贴近,从而能够制定更能反映他们偏好的政策.正因为如此,很多发展中国家都在考虑改变过去中央政府大包大揽的做法而将制定政策的权力下放,但这样做同时也会面临外部性带来的地方政府决策的无效率、恶意税收竞争造成资源在某些方面的浪费等新问题.与此相反的例子是欧盟(EU).由于推进经济一体化,它需要建立一个类似联邦制的经济联合体,从而要求成员国放弃一些政策的独立决策权以便在整个联合体内部实行统一的经济政策.无论讨论决策权的下放还是集中,对财政分权的理论研究都是十分必要的.

在财政分权框架下研究最优税收理论的一个较早的贡献由 Gordon(1983)作出.他使用了一个静态模型来考虑在分散决策模式下地方政府应如何设置地方税,包括税基的选取和税率的确定;联邦政府则扮演一个消除分散决策带来的外部性的角色,使用的手段包括联邦转移支付、收入共享以及对地方税基进行控制等.之后,Persson 和 Tabellini(1996a,1996b)沿着 Gordon 的思路在模型中引入风险因素,从而在不同的地方政府之间建立起风险共享和收入再分配的关系.最近,Gong 和 Zou(2001a)从多重博弈的角度重新考虑了一个包含联邦政府、多个地方政府和代表性消费者的经济.他们假定联邦政府收取收入税,地方政府收取消费税和财产税,联邦政府和地方政府之间存在对应性转移支付.在此基础上通过一个显示的例子他们导出了最优的税率和转移支付率.这方面的工作在本部分第 8 章和第 9 章进行了详细介绍.

3. 不确定情形下的政府税收

经济决策中常常会遇到大量的不确定性的因素,如生产可能存在冲击、政府公共支出等也可能是随机的.因此,最直接的要讨论的问题就是在不确定性条件下的政府税收问题,关于这方面的讨论,在离散情形下,我们主要是按照

Zhu(1992)的框架给出的,在连续情形下,我们按照 Turnovsky(1995)的讨论给出了政府税收对经济增长的影响,同时给出了连续情形的最优税收的决定.

4. 不完备市场的税收问题

上面讨论的问题是在市场完备的情形下,因为受到信息等限制,现实经济常常是不完备的. 为此,Aiyagari(1994)在一个存在着借贷约束的不完全资本市场中,从一般均衡角度考虑经济个体的行为和福利影响. 他认为,在经济个体存在着持续的劳动能力冲击时,为了应付将来可能的劳动收入低水平带来的借贷限制问题,消费者需要增加储蓄,即所谓的预防性储蓄,这种预防性储蓄造成了资本的过度积累. Aiyagari(1995)则进一步证明,在这种经济中,最优的资本收入税为正. 这种资本收入税会减少资本过度积累并使税前的资本回报率等于时间偏好率. 这种结论在世代交迭模型中同样成立,如 Conesa et al.(2008). 他们假定经济个体最多可以生存 J 期,在出生后的每期经济个体都有死亡的可能性,但他们无法事先感觉到. 经济个体的劳动能力分为三种:一种为初始劳动能力类型,一种为年龄类型,另一种为随机类型. 政府能够征收消费税、资本收入税、劳动收入税和社会保障税. 他们认为,经济个体收入由于在劳动方面存在波动而产生持续的波动,当资本市场不完备时,最优的资本收入税不为零,显著为正. 他们通过美国的数据进行模拟,得出最优的资本收入税为 36%,这一水平为 Lucas(1990)所采用的美国资本收入税数据!

Cremer et al.(2003)在一个世代交迭的模型中发展了 Atkinson 和 Stiglitz(1976),他们考虑的遗产继承具有不可观察性,劳动能力为私人信息,在这种情况下,最优的资本收入税将有可能为负数,但是,在更加严格的条件下,最优的资本收入税将为正. Golosov et al.(2003)在一个劳动能力具有私人信息的中央计划者经济中考虑最优的资本收入税. 在这样的不完全市场中,为了使劳动者将自己劳动能力的私人信息真实显露出来需要激励参与约束(incentive-compatible). 他们认为,当消费者效用函数采用消费和休闲弱可分的形式时,最优的资本收入税将不为零. 其原因为私人信息带来的成本.

Golosov 和 Tsyvinski(2006)则进一步考虑消费者拿到中央计划者分配的消费后可以进行再交易时,交易能不能被观测到时的最优税收情况. 文中以 Golosov et al.(2003)建立的社会计划者决策的次优框架作为样本框架,考虑能否通过竞争经济达到这种效率标准. 他们认为,当交易可以被观测到时,竞争经济可以达到效率,无需扭曲性税收. 但是,当交易不能够被观测到时,效用函数采用消费和休闲弱可分的形式时,如果劳动能力独立同分布或低效劳动被吸收,竞争经济结果无效,最优的资本收入税为正,不过此时往往需要其他财政政策的配合. 因为此时的资本收入税在扭曲了公司的投资决策带来无谓损失的同时降低了交易市场上储蓄的回报率.有趣的是,由于整个市场存在着信息不对称,经济个体在故意错报其能力类型时,往往对未来自己能力的分布有更多的信息.当这种效应非常大时,最优的资本收入税反而为负,即政府需要对资本进行补贴.文章还以美国经济为例,分析了劳动能力独立同分布时,交易不可观测相比交易可观测的福利损失为 0.2%,而相比完全没有私人信息,其福利损失为 1.2%.

关于不完备市场的税收,我们将在另外的著作中体现.

第6章 政府政策改变的福利分析

在前面一章,我们讨论了政府公共开支和税收对经济的影响,这个影响是政府财政政策对经济的长期影响.我们知道政府公共开支水平和货币供给也不可能是永久地增加或减少的,往往在政府公共开支和货币供给改变、经济还没有到达新的均衡点时,政府的财政政策和货币政策已经改变.这样采用静态的模型就不能很好地反映这种过程.要讨论这种影响,我们就要在动态模型中考虑政府公共开支和政府税收.这也就是我们下面要考虑的福利分析方法.关于福利分析的方法,按照 Lucas 的说法,目前对于古典模型的福利分析方法有 Turnovsky、Chamley 和 Judd 给出的方法;关于内生增长模型的福利分析还是要追溯到 Lucas 给出的方法.下面来具体给出他们的讨论.

6.1 效用函数中的休闲和政府公共开支

在 Ramsey-Cass-Koopmans 模型中加入政府行为,考虑政府公共开支对经济的影响.这样,模型中包含消费者、厂商和政府,下面来讨论这个框架.

6.1.1 模型的框架

1. 消费者行为

消费者在预算约束下,选择消费路径 c、劳动力的供给 l 和资本积累路径 a 来极大化他的效用:即

$$\max \int_0^\infty u(c,l,g)e^{-\beta t}dt$$

受约束于

$$\dot{a} = ra + wl - c - T$$

其中 g 为政府公共开支,T 代表政府税收.

按照 Arrow 和 Kurz 的方法,把政府公共开支引入效用函数,这样消费者的效用函数定义在私人消费、休闲和政府公共开支上,而且,假设和消费品一

样,消费者从休闲和政府公共开支中获得递增,但是边际效用递减的效用.即

$$u_c > 0, \quad u_{cc} < 0, \quad u_l < 0, \quad u_{ll} < 0, \quad u_g > 0, \quad u_{gg} < 0$$

2. 厂商行为

对于厂商,假设它的产品由新古典的生产函数生产,即 $y = f(k,l)$,而且满足

$$f_k > 0, \quad f_l > 0, \quad f_{kk} < 0, \quad f_{ll} < 0$$

在生产函数是一次齐次的假设下,通过初等计算有 $f_{kl} > 0$,因此资本存量的增加可以使得劳动力的边际生产率增加,劳动力的增加可以使得资本的边际生产率增加.

厂商选择资本存量和劳动力来极大化其利润

$$\max_{k,l} f(k,l) - rk - wl$$

得到最优性条件

$$r = f_k, \quad w = f_l$$

考虑在宏观经济均衡时,消费者的资产等于他拥有的资本和政府债券之和,即 $a = k + b$.把厂商行为代入消费者的预算约束方程,得到均衡经济问题:(有时把这种问题叫做中央计划者问题)

$$\max \int_0^\infty u(c,l,g) e^{-\beta t} dt$$

受约束于

$$\dot{b} + \dot{k} = f(k,l) + rb - c - T$$

其中 $k(0) = k_0$ 和 $b(0) = b_0$ 给定.

定义 Hamilton 函数

$$H = u(c,l,g) + \lambda [f(k,l) + rb - c - T]$$

其中 λ 为 Hamilton 乘子,它表示收入的现值影子价格,表示从时刻 0 来看,在 t 时刻一个单位的资本存量的增加所带来的最优效用的增加量.

得到最优性条件为

$$u_c(c,l,g) = \lambda \tag{6.1.1}$$

$$u_l(c,l,g) = -\lambda f_l(k,l) \tag{6.1.2}$$

$$\dot{\lambda} = \lambda \beta - \lambda f_k(k,l) = \lambda \beta - \lambda r \tag{6.1.3}$$

和横截性条件 $\lim_{t \to \infty} \lambda k e^{-\beta t} = \lim_{t \to \infty} \lambda b e^{-\beta t} = 0$.

第一个方程表示财富的边际值等于消费的边际效用;第二个方程表示休闲的边际效用等于劳动力的实际工资.它表示在最优时,消费者减少一个单位的劳动时间损失的工资,和增加一个单位的休闲获得的效用的改善是相等的.第

第 6 章
政府政策改变的福利分析

三个方程是 Euler 方程,它的解释和第 2 章一致,这里不再重复.

3. 政府行为

现在考虑政府行为,政府的收入来自于税收收入和债券的发行,而它的公共开支包括支付债券的利息和实际公共开支.因此它的预算约束方程可以表示为

$$\dot{b} = g + rb - T$$

最后,在均衡时市场要求所有产品市场要均衡,在一个封闭的经济中,产品市场必须满足

$$f(k,l) = c + \dot{k} + g \tag{6.1.4}$$

上式实际上是一个均衡条件.考虑消费者的预算约束、政府的预算约束和厂商的最优性条件,可以得到上式.

由方程(6.1.1)和(6.1.2),可以把消费水平和劳动力水平表示为资本存量、政府公共开支和 Hamilton 乘子的函数:

$$c = c(\lambda, k, g) \tag{6.1.5}$$

$$l = l(\lambda, k, g) \tag{6.1.6}$$

一般地把上面的路径叫短期均衡路径.通过它们可以反映当变量变化时,短期内引起消费水平和劳动力水平如何改变.通过全微分有下面的结论(见表 6-1):

表 6-1 随着 λ, k, g 的变化消费水平和劳动力水平的变化

	短期消费路径 c	短期劳动力供给 l
λ	$\dfrac{(u_{ll} + \lambda f_{ll}) + u_{cl} f_l}{D} < 0$	$\dfrac{-(u_{cc} f_l + u_{cl})}{D} > 0$
k	$\dfrac{u_{cl} \lambda f_{kl}}{D}?$	$\dfrac{-u_{cc} \lambda f_{kl}}{D} > 0$
g	$\dfrac{-u_{cg}(u_{ll} + \lambda f_{ll}) + u_{cl} u_{gl}}{D}$	$\dfrac{u_{cl} u_{cg} - u_{cc} u_{gl}}{D}$

注:其中 $D = u_{cc}(u_{ll} + \lambda f_{ll}) - u_{cl}^2 > 0$.

由上可见,随着财富的边际效用 λ 的上升,短期消费水平会下降,而短期劳动力供给增加.这是因为随着财富的边际效用的上升,消费的成本会增加,从而使消费者增加劳动力供给而减少消费.随着资本存量 k 的增加,由 $f_{kl} > 0$ 知道劳动力的边际回报率增加,即工资水平增加,这样消费者会增加劳动力的供给,从而短期的劳动力供给增加.至于对消费水平的影响,则将取决于当劳动力供给增加时消费的边际效用是增加还是减少.

6.1.2 动态系统的分析

把短期均衡(6.1.5)和(6.1.6)代入资本存量和 Euler 方程,得到资本存量和财富的边际值的动态方程

$$\dot{k} = f(k,l(\lambda,k,g)) - c(\lambda,k,g) - g \qquad (6.1.7)$$

$$\dot{\lambda} = \lambda\beta - \lambda f_k(k,l(\lambda,k,g)) \qquad (6.1.8)$$

和第 2 章的讨论一样,均衡点 $(\tilde{k},\tilde{\lambda})$ 在 $\dot{k}=\dot{\lambda}=0$ 时达到,它的特征可以表示为

$$f(\tilde{k},l(\tilde{\lambda},\tilde{k},g)) = c(\tilde{\lambda},\tilde{k},g) + g \qquad (6.1.9)$$

$$f_k(\tilde{k},l(\tilde{\lambda},\tilde{k},g)) = \beta \qquad (6.1.10)$$

方程(6.1.9)表明在均衡时投资等于零,生产的产出满足消费(包括私人消费和政府公共开支).方程(6.1.10)表明长期资本的边际生产率等于时间偏好率.上面两式决定了均衡的 $(\tilde{k},\tilde{\lambda})$,随后通过短期均衡可以得到均衡的消费水平和资本存量水平.

很容易可以证明均衡点是鞍点稳定的,为得到在均衡时政府行为改变如何从长期和短期影响经济,需要在均衡点附近的路径.把动力系统(6.1.7)和(6.1.8)在均衡点附近线性展开,得到

$$\begin{pmatrix} \dot{k} \\ \dot{\lambda} \end{pmatrix} = \begin{pmatrix} \omega_{11} & \omega_{12} \\ -\tilde{\lambda}\omega_{21} & -\tilde{\lambda}\omega_{22} \end{pmatrix} \begin{pmatrix} k-\tilde{k} \\ \lambda-\tilde{\lambda} \end{pmatrix}$$

其中

$$\omega_{11} = f_k + f_l l_k - c_k > 0, \quad \omega_{12} = f_l l_\lambda - c_\lambda > 0$$

$$\omega_{21} = f_{kk} + f_{kl} l_k < 0, \quad \omega_{22} = f_{kl} l_\lambda > 0$$

上述线性系统的两个特征根满足 $\mu_1\mu_2 = -\tilde{\lambda}(\omega_{11}\omega_{22}-\omega_{12}\omega_{21})<0$. 因此两个特征根中有一根为正,另一根为负,这实际上已经证明了均衡点是鞍点稳定的. 不妨记 $\mu_1<0,\mu_2>0$,显然它们满足 $\mu_2>|\mu_1|$. 进一步可以得到上述线性系统的解为

$$k(t) = \tilde{k} + A_1 e^{\mu_1 t} + A_2 e^{\mu_2 t}$$

$$\lambda(t) = \tilde{\lambda} - \frac{\tilde{\lambda}\omega_{21}}{\tilde{\lambda}\omega_{22}+\mu_1} A_1 e^{\mu_1 t} - \frac{\tilde{\lambda}\omega_{21}}{\tilde{\lambda}\omega_{22}+\mu_2} A_2 e^{\mu_2 t}$$

其中 A_1,A_2 为待定常数.

考虑到横截性条件和初始点的资本存量 $k(0)=k_0$,可以得到资本存量和财富的边际值的显示路径

$$k(t) = \tilde{k} + (k_0 - \tilde{k})e^{\mu_1 t} \qquad (6.1.11)$$

$$\lambda(t) = \tilde{\lambda} - \frac{\tilde{\lambda}\omega_{21}}{\tilde{\lambda}\omega_{22} + \mu_1}(k_0 - \tilde{k})e^{\mu_1 t} \qquad (6.1.12)$$

同时,可以得到均衡点附近的最优路径和发散路径,在图 6-1 中给出了最优路径和发散路径.

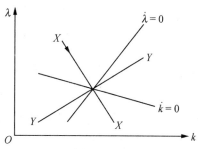

图 6-1 收敛路径和发散路径

在图 6-1 中,记收敛路径为 XX,YY 为发散路径. 由上面给出的显示解得到 XX 的方程为

$$\lambda(t) - \tilde{\lambda} = -\frac{\tilde{\lambda}\omega_{21}}{\tilde{\lambda}\omega_{22} + \mu_1}(k - \tilde{k}) = -\frac{\mu_1 - \omega_{11}}{\omega_{12}}(k - \tilde{k}) \qquad (6.1.13)$$

YY 的方程为

$$\lambda(t) - \tilde{\lambda} = -\frac{\tilde{\lambda}\omega_{21}}{\tilde{\lambda}\omega_{22} + \mu_2}(k - \tilde{k}) = -\frac{\mu_2 - \omega_{11}}{\omega_{12}}(k - \tilde{k}) \qquad (6.1.14)$$

如果初始经济处于收敛路径上,那么经济沿着收敛路径收敛到均衡点;如果初始经济位于发散路径,那么经济沿着发散路径发散. 这条收敛路径 XX 就是在第 2 章要找的最优路径.

6.1.3 均衡点时的比较静态分析

1. 永久的政府行为的影响

对均衡条件(6.1.9)和(6.1.10)求全微分,得到政府公共开支水平改变对均衡时的资本存量和财富的边际值的影响为

$$\frac{d\tilde{k}}{dg} = \frac{\omega_{22}}{\Delta} - \frac{u_c f_l^2 f_{kl}}{D\Delta} \frac{d}{dg}\left[\frac{u_c}{u_g}\right] \qquad (6.1.15)$$

$$\frac{d\tilde{\lambda}}{dg} = -\frac{\omega_{21}}{\Delta} + \frac{\tilde{y}/\tilde{l} f_{kk}(u_{cl} u_{cg} - u_{cc} u_{gl})}{D\Delta} + \frac{f_{kk}(u_{ll} u_{cg} - u_{cl} u_{gl})}{D\Delta} \qquad (6.1.16)$$

其中 $\Delta = \omega_{11}\omega_{22} - \omega_{12}\omega_{21} > 0$,$D = u_{cc}(u_{ll} + \tilde{\lambda} f_{ll}) - u_{cl}^2 > 0$.

上面把政府公共开支的影响分成两部分:第一部分叫做财富效应,第二部

分为当政府公共开支变化时对私人消费和劳动力供给的影响.

财富效应对均衡点的资本存量和财富的边际效用都是正的. 这是因为虽然政府公共开支不直接影响生产,也不直接影响资本存量和财富的边际效用. 但是,因为政府公共开支增加,相应地政府会提高税收水平,这就降低了私人财富和消费. 这样,财富的边际效用上升,消费者会增加其劳动力的供给,劳动力供给的增加会提高资本的边际效用,从而鼓励消费者积累资本,因此,提高了均衡点的资本存量. 但由于生产函数的齐次性,知道它并不影响均衡点的资本—劳动力比率.

政府公共开支的影响对私人消费和劳动力供给的影响是模糊的. 对特殊的效用函数可以得到确定的结果. 如果假设效用函数对于政府公共开支和私人消费是可分的,即: $u(c,l,g)=u(c,l)+v(g)$. 这时,从方程(6.1.15)和(6.1.16)得到的第二部分影响为0,只存在财富效应,因此,政府公共开支的增加对均衡点的资本存量和财富的边际值的影响是确定的,它会提高均衡点的资本存量和边际效用. 考虑短期均衡,知道对均衡时的私人消费的影响是负的,即使私人消费水平下降;而使劳动力的供给增加.

如果假设政府公共开支和私人公共开支是可替代的,即效用函数的形式为: $u(c,l,g)=u(c+\alpha g,l)$, $0<\alpha<1$. 这样,由方程(6.1.15)和(6.1.16)得到政府公共开支改变对均衡时经济的影响为

$$\frac{d\tilde{k}}{dg}=\frac{(1-\alpha)\omega_{22}}{\Delta}, \quad \frac{d\tilde{\lambda}}{dg}=-\frac{(1-\alpha)\omega_{21}}{\Delta}$$

因此,随着政府公共开支的增加,均衡时资本存量水平和财富的边际值均增加. 而且知道随着 α 的增加,公共开支对私人消费的替代性越强,可以使财富的边际值上升的水平越低. 当 $\alpha=1$ 时,此时表明公共开支与私人公共开支完全可以替代,在这种情况下,政府公共开支水平的改变对均衡时的资本存量和财富的边际值不产生影响. 这是因为在这种情形时,公共开支和私人公共开支是完全等价的. 同时由短期均衡得到政府公共开支改变对均衡时消费水平和劳动力水平的影响为

$$\frac{1}{\tilde{l}}\frac{d\tilde{l}}{dg}=\frac{1}{\tilde{y}}\frac{d\tilde{y}}{dg}=\frac{1}{\tilde{k}}\frac{d\tilde{k}}{dg}$$

$$\frac{d\tilde{c}}{dg}=-\frac{f_{kk}}{D\Delta}\left\{(u_{ll}+f_l u_{cl})-\frac{\tilde{y}}{\tilde{l}}u_c f_l^2\frac{d}{dg}\left(\frac{u_c}{u_l}\right)\right\}$$

因此,政府公共开支对均衡时的劳动力水平和产出的影响与对均衡时的资本存量的影响是一致的. 这主要是因为生产函数是一次齐次的,而且均衡时的资本存量—劳动力比率是与政府公共开支水平无关的. 而对于消费水平的影响

同样分成财富效应和替代效应. 前面的效应是负的, 因为政府公共开支"挤掉"了私人的消费水平; 后面的一项是负的, 如果政府公共开支水平增加降低私人消费与休闲的边际替代率.

下面考虑随着政府公共开支的增加均衡点如何从原来的均衡点移到新的均衡点. 用相位图来分析.

在图 6-2 中, 政府公共开支改变前均衡点为前面给出的路径 XX 与 YY 的交点, 记为 P. 政府公共开支改变后, 新均衡点对应地为路径 $X'X'$ 与 $Y'Y'$ 的交点 Q. 下面讨论均衡点如何从 P 移动到 Q 点. 要考虑如何移动的问题. 首先必须考虑当政府公共开支增加时, 初始的消费水平 $c(0)$, 边际效用 $\lambda(0)$, 劳动力的供给 $l(0)$, 以及资本存量 $k(0)$ 是如何变化的. 因考虑到资本存量是状态变量, 不能跳跃, 因此初始的资本存量 $k(0)$ 是不变的. 由短期均衡 (6.1.5) 和 (6.1.7) 有

$$\frac{dc(0)}{dg} = \frac{\partial c}{\partial \lambda}\frac{\partial \lambda(0)}{\partial g} + \frac{\partial c}{\partial g}$$

$$\frac{dl(0)}{dg} = \frac{\partial l}{\partial \lambda}\frac{\partial \lambda(0)}{\partial g} + \frac{\partial l}{\partial g}$$

而初始的财富边际效用 $\lambda(0)$ 的变化由收敛路径 (6.1.13) 得到

$$\frac{\partial \lambda(0)}{\partial g} = \frac{d\tilde{\lambda}}{dg} + \frac{\tilde{\lambda}\omega_{21}}{\tilde{\lambda}\omega_{22} + \mu_1}\frac{d\tilde{k}}{dg} > 0$$

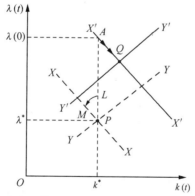

图 6-2 政府公共开支改变对经济的长期影响和短期影响

因此有 $\frac{dc(0)}{dg} < 0, \frac{dc(0)}{dg} > 0$. 这样, 随着政府公共开支水平的增加, 初始的财富的边际值和初始的劳动力水平增加, 而初始的消费水平降低.

因此当政府公共开支增加时, 资本存量初始水平不改变, 财富的边际效用首先从 $\lambda^*(0)$ 上升到 $\lambda(0)$, 然后沿新的收敛路径 $X'X'$ 收敛到新的均衡点 Q, 和原来的均衡点相比, 新均衡点的资本存量水平和财富的边际效用都增加.

2. 政府公共开支的变化对社会福利的影响

为简单起见,采用一些简单的记号,记 $u(c(t),l(t),g)=Z(t)$,这样,要求的福利为

$$W = \int_0^\infty u(c,l,g)e^{-\beta t}dt = \int_0^\infty Z(t)e^{-\beta t}dt$$

在均衡点附近线性展开,然后代入均衡路径,就可以得到结果.

$$\frac{dZ(t)}{dg} = u_c\frac{dc(t)}{dg} + u_l\frac{dl(t)}{dg} + u_g$$

$$= u_c\left[\frac{dc(t)}{dg} - f_l\frac{dl(t)}{dg}\right] + u_g$$

对市场均衡条件(6.1.4)求全微分得到

$$f_k\frac{dk}{dg} + f_l\frac{dl}{dg} = \frac{dc}{dg} + \frac{d\dot{k}}{dg} + 1 \tag{6.1.17}$$

把上式代入 $\frac{dZ(t)}{dg}$ 的表达式得到

$$\frac{dZ(t)}{dg} = u_g(c,l,g) - u_c(c,l,g) + u_c\left[\frac{dk(t)}{dg} - \frac{d\dot{k}(t)}{dg}\right]$$

把资本积累路径(6.1.11)的显示路径代入上式得到

$$\frac{dZ(t)}{dg} = u_g(c,l,g) - u_c(c,l,g)$$

$$+ u_c\left[f_k(1-e^{\mu_1 t}) + \mu_1 e^{\mu_1 t}\right]\frac{d\tilde{k}}{dg}$$

在上式中,第一部分叫做直接效用,政府公共开支增加首先挤掉了私人消费,因此它表示政府增加公共开支给消费者带来的效用与损失的效用之差;第二部分叫做跨时资本积累效果.它体现在政府公共开支增加导致消费者的资本存量的增加,从而带来的消费者福利的增加.

这样得到政府公共开支改变对初始的效用和均衡点的效用的影响

$$\frac{dZ(0)}{dg} = u_g(c,l,g) - u_c(c,l,g) + u_c\mu_1\frac{d\tilde{k}}{dg}$$

$$\frac{d\tilde{Z}}{dg} = u_g(c,l,g) - u_c(c,l,g) + u_cf_k\frac{d\tilde{k}}{dg}$$

把效用函数 Tayler 展开,得到

$$Z(t) = \tilde{Z} + (Z(0) - \tilde{Z})e^{\mu_1 t}①$$

---

① 这是因为由效用的表达式,我们有 $\frac{dZ}{dt} = \text{const}\frac{dk}{dt}$,通过积分得到 $Z(t) = \text{const} + \text{const1}e^{\mu_1 t}$,令 $t\to\infty$ 和 $t\to 0$,得到常数 const 和 const1 如文中所述.

这样得到
$$W = \frac{\widetilde{Z}}{\beta} + \frac{(Z(0) - \widetilde{Z})}{\beta - \mu_1}$$
因此
$$\frac{dW}{dg} = \frac{1}{\beta}\left[u_g - u_c\left(1 - f_k \frac{d\tilde{k}}{dg}\right)\right] - u_c \frac{\mu_1 - f_k}{\mu_1 - \beta} \frac{d\tilde{k}}{dg}$$
因为在均衡点满足 $f_k = \beta$,因此上式变为
$$\frac{dW}{dg} = \frac{1}{\beta}[u_g - u_c]$$

因此,通过上面的计算,得到永久的政府公共开支增加对社会福利的影响可以很简单地表示为政府行为的挤出效果.

特别地,如果政府公共开支的边际效用和私人公共开支的边际效用相等,即政府公共开支和私人公共开支是完全可以替代的,得到
$$\frac{dW}{dg} = 0$$
即政府财政政策的改变不影响消费者的社会福利. 此时,消费者的效用可以逼近为图 6-3.

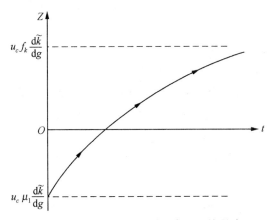

图 6-3　政府公共开支对社会福利的影响

3. 暂时的政府行为的影响

在这一小节,考虑的政府行为是暂时的,即假设在时刻 $t=0$ 时,经济已经处于均衡点,此时把政府的公共开支水平提高,直至时刻 T 后,政府公共开支水平重新回到初始的水平. 这样政府公共开支可以表示为
$$g = \begin{cases} g_2, & t \leqslant T \\ g_1, & t > T \end{cases}$$

此时,求出资本存量和边际效用的变化路径.为简单起见,仅对效用函数为 $u(c,g)$ 的情形加以讨论.此时的线性系统简化为

$$\begin{bmatrix} \dot{k} \\ \dot{\lambda} \end{bmatrix} = \begin{bmatrix} f_k & -1/u_{cc} \\ -\tilde{\lambda} f_{kk} & 0 \end{bmatrix} \begin{pmatrix} k - \tilde{k} \\ \lambda - \tilde{\lambda} \end{pmatrix}$$

记初始的均衡点为 $(\tilde{k}_0, \tilde{\lambda}_0)$,对应的当政府公共开支为高水平时的均衡点为 $(\tilde{k}_1, \tilde{\lambda}_1)$,最优路径分为两部分:① 当政府公共开支处于高水平时的路径;② 到达时刻 T 时,政府公共开支回到原来的水平时的路径.所有的这一切都假设消费者是完全理性预期的.即消费者知道政府的公共开支路径.

系统的解由常微分方程理论可以得到:

当 $0 \leqslant t \leqslant T$ 时

$$k(t) = \tilde{k}_1 + A_1 e^{\mu_1 t} + A_2 e^{\mu_2 t}$$
$$\lambda(t) = \tilde{\lambda}_1 + u_{cc} \mu_2 A_1 e^{\mu_1 t} + u_{cc} \mu_1 A_2 e^{\mu_2 t}$$

当 $t > T$ 时

$$k(t) = \tilde{k}_0 + A_1' e^{\mu_1 t} + A_2' e^{\mu_2 t}$$
$$\lambda(t) = \tilde{\lambda}_0 + u_{cc} \mu_2 A_1' e^{\mu_1 t} + u_{cc} \mu_1 A_2' e^{\mu_2 t}$$

其中 μ_1, μ_2 为特征根,A_1, A_2, A_1', A_2' 为待定的常数.以下通过路径的连续性、光滑性和初始条件确定.

首先,由横截性条件有 $A_2' = 0$;

其次,由初始条件有 $k_0 = \tilde{k}_1 + A_1 + A_2$;

最后,在时刻 T 资本存量和财富的边际值路径是连续的,即

$$\tilde{k}_1 + A_1 e^{\mu_1 T} + A_2 e^{\mu_2 T} = \tilde{k}_0 + A_1' e^{\mu_1 T}$$
$$\tilde{\lambda}_1 + u_{cc} \mu_2 A_1 e^{\mu_1 T} + u_{cc} \mu_1 A_2 e^{\mu_2 T} = \tilde{\lambda}_0 + u_{cc} \mu_2 A_1' e^{\mu_1 T}$$

通过上述的条件,决定常数 A_1, A_2, A_1', A_2'.这样得到路径:

当 $0 \leqslant t \leqslant T$ 时

$$k(t) = k_0 + \frac{e^{-\mu_2 T}[e^{\mu_2 t} - e^{\mu_1 t}](\tilde{\lambda}_1 - \tilde{\lambda}_0)}{u_{cc}(\mu_2 - \mu_1)}$$

$$\lambda(t) = \tilde{\lambda}_1 + \frac{e^{-\mu_2 T}[\mu_1 e^{\mu_2 t} - \mu_2 e^{\mu_1 t}](\tilde{\lambda}_1 - \tilde{\lambda}_0)}{(\mu_2 - \mu_1)}$$

当 $t > T$ 时

$$k(t) = k_0 + \frac{[e^{-\mu_1 T} - e^{-\mu_2 T}] e^{\mu_1 t}(\tilde{\lambda}_1 - \tilde{\lambda}_0)}{u_{cc}(\mu_2 - \mu_1)}$$

$$\lambda(t) = \tilde{\lambda}_0 + \frac{\mu_2 [e^{-\mu_1 T} - e^{-\mu_2 T}] e^{\mu_1 t}(\tilde{\lambda}_1 - \tilde{\lambda}_0)}{(\mu_2 - \mu_1)}$$

因此,当政府公共开支上升时,初始的资本存量和财富的边际值分别为

$k(0)=k_0$, $\lambda(0)=\tilde{\lambda}_1-\mathrm{e}^{-\mu_2 T}(\tilde{\lambda}_1-\tilde{\lambda}_0)$. 注意到此时,随着政府公共开支的增加,财富的边际值上升,但比永久政府公共开支增加时上升的水平 $\lambda(0)=\tilde{\lambda}_1-\dfrac{\tilde{\lambda}\omega_{21}}{\tilde{\lambda}\omega_{22}+\mu_1}(k(0)-\tilde{k})$ 小. 因此此时经济由 P 点上升到 L, 然后沿上述路径到达原来的均衡点.

同样,也可以考虑此时的政府公共开支改变对社会福利的影响. 把效用在均衡点附近展开,有

当 $0 \leqslant t \leqslant T$ 时

$$Z = u(c(\tilde{\lambda}_1, g_2), g_2) + \dfrac{u_c[\mu_1 \mathrm{e}^{\mu_2 t} - \mu_2 \mathrm{e}^{\mu_1 t}](\tilde{\lambda}_1 - \tilde{\lambda}_0)}{u_{cc}}$$

当 $t > T$ 时

$$Z = u(c(\tilde{\lambda}_0, g_1), g_1) + \dfrac{u_c[\mu_1 \mathrm{e}^{-\mu_2 T} - \mu_2 \mathrm{e}^{-\mu_1 T}](\tilde{\lambda}_1 - \tilde{\lambda}_0)}{u_{cc}}$$

这样,社会福利表示为

$$\begin{aligned} W &= \int_0^T Z(t)\mathrm{e}^{-\beta t}\mathrm{d}t + \int_T^\infty Z(t)\mathrm{e}^{-\beta t}\mathrm{d}t \\ &= \dfrac{u(c(\tilde{\lambda}_1, g_2), g_2)(1-\mathrm{e}^{-\beta T})}{\beta} + \dfrac{u(c(\tilde{\lambda}_0, g_1), g_1)\mathrm{e}^{-\beta T}}{\beta} \end{aligned}$$

因此,得到

$$\dfrac{\mathrm{d}W}{\mathrm{d}g} = -\dfrac{(u_g - u_c)(1-\mathrm{e}^{-\beta T})}{\beta}$$

当时间 $T \to \infty$ 时,上面的情形变成和永久的政府公共开支改变的影响一致. 因此暂时的政府公共开支水平增加对社会福利的影响取决于私人消费的边际效用与政府公共开支的边际效用的大小.

6.2 Judd 的方法考虑的政府公共开支的影响

在跨时最优增长模型中,政府公共开支的作用仅仅是降低消费者的消费水平,对长期的国内资本存量无影响;这显然与实际不相符合,我们知道政府通常会通过财政政策的改变来刺激经济增长. 显然人们认为政府公共开支的改变是可以刺激经济的. 为得到政府公共开支改变对经济的影响,人们常常在生产函数中引进政府公共开支. 如:Turnovsky 的大量工作在生产函数和效用函数中引进政府公共开支,从而考虑了政府公共开支对经济均衡时的资本存量和劳动

力需求的影响. 另一方面, 以前人们考虑的是政府公共开支的永久改变对经济的影响, 这也是不符合实际的. 因为我们知道政府经常会通过财政政策来刺激经济. 这样政府公共开支的改变不可能是永久的. 因此讨论暂时性的政府公共开支的改变对经济的影响, 以及政府公共开支改变对初始经济变量的影响显得更重要. 这就要涉及短期经济分析的问题. 我们在本节着重于这方面的分析, 讨论永久性和暂时性政府公共开支改变给经济带来的影响.

这里与以前工作的不同在于: 首先, 我们仍然采用最简单的最优经济增长模型和我们通常的效用函数, 讨论政府公共开支对经济的影响; 其次, 我们采用 Uzawa(1968), Obstfeld(1981, 1982, 1990), Lucas 和 Stokey(1984), 以及 Becker 和 Mulligan(1997)等方法, 引进内生的时间偏好; 再次, 我们的模型不仅涉及政府公共开支, 同时也考虑到了消费者的债务水平问题; 最后, 我们借助于 Judd(1985, 1987)的方法考虑了政府公共开支对国内经济的短期影响. 我们发现永久地提高政府公共开支可以增加国内的资本存量和债务水平, 但是会降低消费者的消费水平.

本节的安排如下: 第一小节给出了我们的模型; 第二小节给出了政府公共开支对国内经济的长期影响; 第三小节讨论了政府公共开支对经济的短期影响.

6.2.1 内生时间偏好率模型

假设消费者的瞬时效用函数 $u(c(t)): R_+ \to R_+$ 为非降的、边际效用递减的二阶连续可微函数. 即

$$u'(\cdot) > 0, \quad u''(\cdot) < 0 \qquad (6.2.1)$$

同时, 假设 Inada 条件成立. 即

$$\lim_{c \to 0} u'(c) = \infty, \quad \lim_{c \to \infty} u'(c) = 0 \qquad (6.2.2)$$

我们采用 Uzawa(1965)的内生时间偏好理论. 如果消费在区间上是连续的, 假设时间偏好率 $\Delta(s)$ 是跨时效用的函数. 即

$$\Delta(s) = \int_0^s \beta(u(c(t))) \mathrm{d}t$$

显然, $\Delta(0)=0$. 进一步地, 我们假设对任意 $u>0$ 有

$$\beta(u) > 0, \quad \beta'(u) > 0, \quad \beta''(u) > 0 \qquad (6.2.3)$$

$$\beta(u) - u\beta'(u) > 0 \qquad (6.2.4)$$

条件(6.2.3)中最后的条件表明对两个消费路径来讲, 消费者偏向于更高的效用的路径. 条件(6.2.3)中前面两个条件表明随着消费水平(因为效用函数为单调函数, 消费水平的上升与效用的上升是一致的)的上升, 折现率就会随之上升, 这样, 消费者将把消费提前. 条件(6.2.4)是为保证消费函数的连续性.

这样，消费者的效用贴现和可以表示为

$$\max \int_0^\infty u(c) e^{-\Delta_t} dt$$

厂商的技术由连续可微的、递增的、边际效用递减的、一阶齐次的生产函数来表示：

$$y = f(k)$$

沿用 Bardhan（1967）和 Pitchford（1989）的假设，假设债务水平 b 的利息 $h(b)$ 为债务水平的单调上升的凹函数。即 $h'(b) > 0, h''(b) < 0$。债券的收益递增、边际收益递减。

设政府税收为 T，为给定的常数；这样消费者的预算约束方程可以写成

$$\dot{k} + \dot{b} = f(k) - c + h(b) - T \qquad (6.2.5)$$

定义消费者总的财富为

$$w = k + b \qquad (6.2.6)$$

这样预算约束方程(6.2.5)可以改写为

$$\dot{w} = f(k) - c + h(b) - T \qquad (6.2.7)$$

消费者的效用极大问题就是在其预算约束下选择他的消费路径、资本积累路径和债务水平路径来极大化他的效用，即

$$\max \int_0^\infty u(c) e^{-\Delta_t} dt$$

满足预算约束(6.2.6),(6.2.7)和初始条件 $k(0) = k_0, b(0) = b_0$ 给定。

考虑到 $d\Delta(s) = \beta(u(c(s)))ds$，我们对优化问题作变换，得到

$$\max U = \int_0^\infty \frac{u(c(t))}{\beta(u(c(t)))} e^{-\Delta(t)} d\Delta$$

满足约束条件(6.2.6)、初始条件 $k(0) = k_0, b(0) = b_0$ 和

$$\frac{dw}{d\Delta} = \frac{f(k) - c + h(b) - T}{\beta(u(c(t)))}$$

利用 Hamilton 系统来求解上述优化问题。定义 Hamilton 方程

$$H = \frac{u(c)}{\beta(u(c(t)))} + \lambda \frac{f(k) - c + h(b) - T}{\beta(u(c(t)))} + \mu(k + b - w)$$

其中 λ 为 Hamilton 乘子，它表示财富的边际效用，也表示收入的现值影子价格。μ 为对应的财富约束的乘子。

我们得到最优性条件

$$u'(c) - \frac{u + \lambda\{f(k) - c + h(b) - T\}}{\beta} \beta' u' = \lambda \qquad (6.2.8)$$

$$\frac{d\lambda}{d\Delta} = \lambda - \frac{\partial H}{\partial w} = \lambda + \mu \qquad (6.2.9)$$

$$\lambda \frac{f'(k)}{\beta(u(c(t)))} + \mu = 0 \qquad (6.2.10)$$

$$\lambda \frac{h'(b)}{\beta(u(c(t)))} + \mu = 0 \qquad (6.2.11)$$

和横截性条件(TVC)

$$\lim_{\Delta \to \infty} \lambda w(t) = 0 \qquad (6.2.12)$$

为解释方程(6.2.8),我们可以把它重新写成

$$u'(c) = \frac{u + \lambda\{f(k) - c + h(b) - T\}}{\beta} \beta' u' + \lambda \qquad (6.2.13)$$

上式的左边为边际效用,右边为财富的边际效用和由时间偏好率的降低所带来的现值的边际收入的增加之和. 上式表明在均衡时,这两个值相等.

从方程(6.2.10)和(6.2.11)我们得到

$$f'(k) = h'(b) \qquad (6.2.14)$$

上式表明在均衡时,资本的边际生产率等于债券的边际回报率. 方程(6.2.9)为 Euler 方程,考虑到方程(6.2.10)和(6.2.11)我们得到

$$\dot{\lambda} = \lambda(\beta - f'(k)) \qquad (6.2.15)$$

如果政府是平衡支出的,考虑政府的预算约束,我们有

$$\dot{b} = h(b) + g - T$$

6.2.2　政府公共开支改变对国内经济的长期影响

由方程(6.2.13)和(6.2.14)我们可以得到

$$b = b(k) \qquad (6.2.16)$$

其中 $b_k = \dfrac{f''}{h''(b)} > 0$.

因此,我们有

$$\dot{b} = b_k \dot{k}$$

同时考虑政府的预算约束,得到

$$\dot{k} = f(k) - c - g$$

代入最优性条件(6.2.8),得到

$$\lambda = \lambda(b, c, k)$$

这里函数 $\lambda = \lambda(b, c, k)$ 为下面形式的函数:

$$\lambda = \frac{(\beta - \beta'u)u_c}{\beta + \beta'u_c(f(k) - c - g)\dfrac{h'' + f''}{h''}}$$

因此，由方程(6.2.5), (6.2.15)和(6.2.1)，我们得到资本存量和消费水平的动态系统为

$$\dot{k} = f(k) - c - g \quad (6.2.17)$$

$$\dot{c} = \frac{\lambda}{\lambda_c}(\beta - f'(k)) + \frac{\lambda_k}{\lambda_c}(f(k) - c - g) \quad (6.2.18)$$

均衡点当 $\dot{k} = \dot{c} = 0$ 时达到，由下面方程刻画：

$$f(k^*) - c^* - g = 0 \quad (6.2.19)$$

$$\beta(u(c^*)) = f'(k^*) \quad (6.2.20)$$

而且，在均衡时

$$\lambda^* = \frac{(\beta - \beta'u)u_c}{\beta} > 0$$

$$\lambda_c^* = \frac{(\beta - \beta'u)u'' - \beta''u_c^2 u}{\beta} < 0$$

$$\lambda_k^* = \frac{(\beta - \beta'u)u_c^2 \beta' f'(k)}{\beta^2} \frac{h'' + f''}{h''} > 0$$

很容易我们可以证明均衡点是存在的，并且是鞍点稳定的. 并且通过比较静态分析我们立即有：

性质 6.2.1

政府公共开支的增加将增加均衡点的资本存量，提高均衡点的债务水平，降低均衡点的消费水平. 具体地有

$$\frac{\mathrm{d}k^*}{\mathrm{d}g} = \frac{-\beta'u_c}{f'' - \beta'u_c f'} > 0 \quad (6.2.21)$$

$$\frac{\mathrm{d}c^*}{\mathrm{d}g} = -\frac{f''}{f'' - \beta'u_c f'} < 0 \quad (6.2.22)$$

$$\frac{\mathrm{d}b^*}{\mathrm{d}g} = -\frac{b_k \beta' u_c}{f'' - \beta'u_c f'} > 0 \quad (6.2.23)$$

证明仅需对均衡条件(6.2.19)和(6.2.20)求全微分就可以得到.

从性质6.2.1我们知道政府公共开支的长期增加使均衡点的资本存量水平和债务水平上升. 这是因为长期的政府公共开支的增加，由于受到政府的预算约束限制，人们预期到政府一定会通过税收政策来平衡政府开支，这样消费者的财富减少. 因此，当政府公共开支增加时，为了保证消费路径的平滑性，消费者一定会降低现在的消费、增加储蓄，或者购买债券以备将来的消费. 储蓄水平的提高带来投资水平的增长，从而均衡时的资本存量上升. 因此，长期的政府公共开支的增加，会使消费者降低其消费水平，增加债务的持有和提高均衡点的资本存量.

6.2.3 短期政府公共开支对国内经济的影响

我们知道政府政策不是一成不变的,政府会通过灵活的财政政策来刺激经济增长.因此不可能有永久的政府公共开支的增加和降低.这样,分析短期政府公共开支改变对经济的影响意义更大.在下面我们将进行短期的分析,讨论短期的政府公共开支的作用和政府政策改变对初始经济的影响.这借助于 Judd(1981)所提出的短期福利分析的方法.我们假设当政府公共开支水平处于 g^* 时,经济初始处于均衡状态.即消费水平 c^* 和资本存量水平 k^* 满足均衡条件(6.2.19)和(6.2.20).此时,假设政府公共开支水平发生如下变化:

$$g = g^* + \varepsilon z(t) \quad (6.2.24)$$

其中 ε 为参数,函数 $z(t)$ 表示一个暂时的变化.在本节中,$z(t)$ 为一个阶梯函数,这样,对 $t \in [0,T]$ 时暂时的政府公共开支改变,我们可以表示为 $z(t)=1, t \in [0,T]; z(t)=0$,其他.参数 ε 的大小表示变化的大小.

把新的政府公共开支水平(6.2.24)代入动态方程(6.2.17)和(6.2.18)我们得到

$$\dot{k} = f(k) - c - g^* - \varepsilon z(t) \quad (6.2.25)$$

$$\dot{c} = \frac{\lambda}{\lambda_c}(\beta - f'(k)) + \frac{\lambda_k}{\lambda_c}(f(k) - c - g^* - \varepsilon z(t)) \quad (6.2.26)$$

这样系统(6.2.25)和(6.2.26)的解将依赖于参数 ε,我们记为 $(c(t,\varepsilon), k(t,\varepsilon))$.在系统(6.2.25)和(6.2.26)中对 ε 求全微分,我们得到

$$\begin{pmatrix} \dfrac{dk_\varepsilon(t)}{dt} \\ \dfrac{dc_\varepsilon(t)}{dt} \end{pmatrix} = \begin{pmatrix} \phi_{11} & \phi_{12} \\ \phi_{21} & \phi_{22} \end{pmatrix} \begin{pmatrix} k_\varepsilon \\ c_\varepsilon \end{pmatrix} + \begin{pmatrix} -z(t) \\ -\dfrac{\lambda_k}{\lambda_c}z(t) \end{pmatrix} \quad (6.2.27)$$

其中

$$\phi_{11} = f' > 0; \quad \phi_{12} = -1 < 0;$$

$$\phi_{21} = -\frac{\lambda^*}{\lambda_c^*}f'' + \frac{\lambda_k^*}{\lambda_c^*}f' < 0;$$

$$\phi_{22} = \frac{1}{\lambda_c^*}\frac{1}{\beta}(\beta - \beta'u)u_c^2\beta'\frac{f''}{h''} < 0$$

这里为简单起见,我们记

$$c_\varepsilon(t) = \frac{\partial c}{\partial \varepsilon}(t,0), \quad \frac{dc_\varepsilon(t)}{dt} = \frac{\partial}{\partial t}\left(\frac{\partial c}{\partial \varepsilon}(t,0)\right)$$

注意到当 $\varepsilon = 0$ 时,经济已经处于均衡状态,我们用到均衡条件(6.2.19)和(6.2.20).

对方程(6.2.27)取 Laplace 变换,用相应的大写字母来表示该变量的

Laplace变换. 我们有

$$s\begin{Bmatrix} K_\varepsilon(s) \\ C_\varepsilon(s) \end{Bmatrix} = \begin{pmatrix} \phi_{11} & \phi_{12} \\ \phi_{21} & \phi_{22} \end{pmatrix}\begin{Bmatrix} K_\varepsilon(s) \\ C_\varepsilon(s) \end{Bmatrix} + \begin{pmatrix} -Z(s)+k_\varepsilon(0) \\ -\dfrac{\lambda_k}{\lambda_c}Z(s)+c_\varepsilon(0) \end{pmatrix} \quad (6.2.28)$$

因为资本存量为状态变量,它的路径具有连续性,当政府公共开支变化时,它不可能产生跳跃,这样我们有 $k_\varepsilon(0)=0$. 现在我们要求 $c_\varepsilon(0)$. 考虑到均衡点为鞍点稳定的,因此 $K_\varepsilon(s),C_\varepsilon(s)$ 当 $s=\mu$(正的特征根)时均为有界量. 因此我们有

$$\begin{pmatrix} -Z(\mu) & \phi_{12} \\ -\dfrac{\lambda_b}{\lambda_c}Z(\mu)+c_\varepsilon(0) & \mu-\phi_{22} \end{pmatrix}, \quad \begin{pmatrix} \mu-\phi_{11} & -Z(\mu) \\ \phi_{21} & -\dfrac{\lambda_b}{\lambda_c}Z(\mu)+c_\varepsilon(0) \end{pmatrix}$$

的行列式均为零. 这样我们得到

$$c_\varepsilon(0) = \left(\dfrac{\lambda_k}{\lambda_c} + \dfrac{\mu-\phi_{22}}{\phi_{12}}\right)Z(\mu) \quad (6.2.29)$$

返回到系统(6.2.27),我们得到

$$\begin{pmatrix} \dfrac{dk_\varepsilon(0)}{dt} \\ \dfrac{dc_\varepsilon(0)}{dt} \end{pmatrix} = \begin{pmatrix} \phi_{11} & \phi_{12} \\ \phi_{21} & \phi_{22} \end{pmatrix}\begin{pmatrix} 0 \\ c_\varepsilon(0) \end{pmatrix} + \begin{pmatrix} -z(0) \\ -\dfrac{\lambda_b}{\lambda_c}z(0) \end{pmatrix} \quad (6.2.30)$$

从而有结论:

性质 6.2.2

刚开始提高政府公共开支水平时,初始的投资率下降.

证明 由方程(6.2.30),我们有

$$\dfrac{dk_\varepsilon(0)}{dt} = \phi_{12}c_\varepsilon(0) - z(0) = -(1+c_\varepsilon(0)) < 0$$

$$\dfrac{db_\varepsilon(0)}{dt} = \dfrac{dk_\varepsilon(0)}{dt}b_k < 0$$

因此,性质 6.2.2 成立.

这是因为当政府公共开支增加时,政府通过发行债券来平衡自己的预算约束. 因此政府的债务水平上升,这样使消费者的储蓄水平降低,从而初始的投资率下降. 初始的债务水平持有率上升.

假设政府公共开支是短期的,即我们假设

$$z(t) = \begin{cases} 1 & t \in [0,T] \\ 0 & \text{其他} \end{cases}$$

这样,我们得到

$$Z(\mu) = \dfrac{1-e^{-\mu T}}{\mu}$$

性质 6.2.3

短期政府公共开支增加将降低初始的消费水平,同时也降低初始的投资率和债务持有率水平.

证明是显然的. 事实上,考虑到

$$c_\varepsilon(0) = \left(\frac{\lambda_k}{\lambda_c} + \frac{\mu - \phi_{22}}{\phi_{12}}\right)Z(\mu) < 0$$

而且

$$\frac{\mathrm{d}k_\varepsilon(0)}{\mathrm{d}t} = \phi_{12} c_\varepsilon(0) - z(0) = -(1 + c_\varepsilon(0)) < 0$$

$$\frac{\mathrm{d}b_\varepsilon(0)}{\mathrm{d}t} = \frac{\mathrm{d}k_\varepsilon(0)}{\mathrm{d}t} b_k < 0$$

此即我们要求的结论.

性质 6.2.3 表明暂时的政府公共开支的增加导致消费者将来收入的减少,因此消费者为平滑消费路径,会降低消费水平、增加储蓄或增加债券的持有. 如果时间是无穷限的,这两者的结论一致.

因此,在内生的时间偏好模型中,我们发现永久地增加政府公共开支使国内的资本存量水平上升,消费水平下降和债务持有量上升. 同时,短期经济分析表明:政府公共开支的增加可以使得初始的投资下降,债务持有率上升;另一方面,短期的政府公共开支可以使消费水平下降,投资率水平和债券的持有率上升.

6.3 资本收入税的福利影响——Chamley 的福利分析方法

与 Turnovsky 和 Judd 的方法类似,Chamley(1981)分析了资本收入税的福利影响,他的方法和前面两者的比较,有自己的优点,如他可以讨论非完全预期下的税收改变对经济的影响. 这是 Turnovsky 和 Judd 的方法不能讨论的,但是他的方法推广到高维情形也具有一定的困难.

6.3.1 最优路径的特征

Chamley(1981)分析了资本收入税的福利影响. 考虑具有一种商品的经济,这种商品可以用来生产或者消费,假设人均产出 y 由生产函数 $f(k)$ 生产,这里 k 为人均资本存量,假设人口的增长率为 n,消费者的效用函数定义在消费者的

消费水平上，$u(c)$，假设贴现因子为 β，因此消费者的贴现效用和为

$$\int_0^\infty u(c) e^{-\beta t} e^{nt} dt \qquad (6.3.1)$$

消费者的问题就是选择消费水平和资本存量的积累来极大化自己的效用，因此，消费者的行为可以表示为

$$\max \int_0^\infty u(c) e^{-\beta t} e^{nt} dt$$

受约束于

$$\dot{a} = ra - c + wl$$

其中 $a(0) = a_0$ 给定.

类似的过程，我们得到资本存量和消费水平的动态路径分别为

$$\dot{c} = \frac{c}{\sigma}(r - \beta) \qquad (6.3.2)$$

$$\dot{k} = f(k) - nk - c \qquad (6.3.3)$$

因此，我们得到均衡时的资本存量和消费水平分别满足

$$r^* = f'(k^*) = \beta \qquad (6.3.4)$$

$$c^* = f(k^*) - nk^* \qquad (6.3.5)$$

最优路径就是消费水平表示为资本存量的函数 $c(k)$，在图 6-4 中的虚线箭头就是所要求的鞍点路径，也就是最优路径. 同时，对于初始给定的资本存量水平 k，最优的函数值，也就是最优的效用为它的函数，我们记为 $V(k)$，它也就是我们通常所说的值函数.

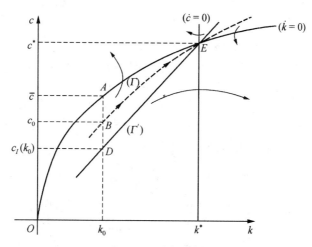

图 6-4　鞍点路径

下面考虑税收对社会福利的影响,首先我们来考虑最优路径的特征.消费函数在均衡点 k^* 处的斜率 $c'(k^*)$ 可以通过代数的方法得到.它实际上是方程(6.3.2)和(6.3.3)的比的极限值,也就是下面方程的正的特征根:

$$x^2 - \lambda x - \gamma = 0 \tag{6.3.6}$$

其中 $\lambda = \beta - n, \gamma = -(c(k^*)f''(k^*))/\sigma = (1/\sigma\varepsilon)(c(k)(r^* + \delta)w^*/\{k^*(f(k) + \delta k)\})$,其中 ε 为资本和劳动的替代弹性(资本劳动比率为 k^*).

考虑方程(6.3.3)在 k^* 处的一阶逼近,我们得到

$$(k - k^*) = -a(k - k^*) \tag{6.3.7}$$

其中 $a = c'(k^*) - \lambda$,$-a$ 就是方程(6.3.6)的负的根.

对每个依赖于资本劳动比率的内生变量 z 进行类似的逼近

$$(z - z^*) = -a(z - z^*) \tag{6.3.8}$$

其中 a 和方程(6.3.7)一致.

6.3.2 资本收入税的超额负担

下面假设对资本收入收取收入税,假设税率为 θ,因此资本的实际回报等于

$$r = (1 - \theta)f'(k) \tag{6.3.9}$$

同样地,均衡点的条件

$$r^* = (1 - \theta)f'(k^*) = \beta \tag{6.3.4a}$$

$$c^* = (1 - \theta)f(k^*) - nk^* \tag{6.3.5a}$$

是成立的.

假设经济在初始时处于均衡状态,也就是图 6-4 中的 A 点.在时刻 0,资本税废去,这样资本的回报突然增加,消费水平从 $\bar{c}$ 下降到 c_0,在时刻 0 后,因为储蓄的增加,资本存量增加,经济移动到新的均衡点 E.

这种税收改变的福利所得 ΔU 就是在路径 BE 的效用和均衡点 A 的效用的差.

$$\Delta U = V(\bar{k}) - \frac{u(\bar{c})}{\beta - n}$$

通过 Taylor 展开来得到上面公式的逼近

$$\Delta U = V(k^*) + V'(k^*)(\bar{k} - k^*) + \frac{V''(k^*)}{2}(\bar{k} - k^*)^2$$

$$- \frac{u(c^*)}{\beta - n} - \frac{u'(c^*)}{\beta - n}\frac{d\bar{c}}{d\bar{k}}(\bar{k} - k^*) - \frac{u''(c^*)}{2(\beta - n)}\frac{d^2\bar{c}}{d\bar{k}^2}(\bar{k} - k^*)^2$$

而通过方程(6.3.5a),我们可以得到

$$\frac{d\bar{c}}{d\bar{k}} = f'(k^*) - n = \beta - n$$

进一步地,由最优控制的包络引理得到 $V'(k^*)=u'(c^*)$,因此我们可以把 ΔU 表示为

$$\Delta U = \left[\frac{V''(k^*)}{2} - \frac{u''(c^*)}{2(\beta-n)}\frac{\mathrm{d}^2\bar{c}}{\mathrm{d}\bar{k}^2}\right]\left(\frac{\mathrm{d}\bar{k}}{\mathrm{d}\theta}\right)^2\theta^2 \qquad (6.3.10)$$

因此税收的福利损失是税率的二次函数.下面的任务就是要给出财富等价的测度.通过计算我们得到

$$\Delta M = L\frac{c^*}{r^*-n}\theta^2 \qquad (6.3.11)$$

其中

$$L_P = \frac{1}{2\sigma}\left(\frac{r^*a}{\gamma}\right)^2 \qquad (6.3.12)$$

其中方程(6.3.11)可以解释为资本收入税的福利损失等价于在平衡增长路径上消费永久地减少 $L\theta^2$,其中 L 依赖于生产技术、效用函数和经济增长率.下面来讨论它的具体性质.

我们可以得到

$$L = L_P\left(\frac{r^*-n}{\gamma}a\right)^2 \qquad (6.3.13)$$

其中

$$L_P = \frac{1}{2\sigma}\left(\frac{r^*}{r^*-n}\right)^2 \qquad (6.3.14)$$

对于给定的参数 a 和 γ,从方程(6.3.14),我们得到 $L<L_P$,$\frac{\partial L}{\partial \varepsilon}>0$,$\frac{\partial L}{\partial \sigma}<0$,并且

$$\lim_{\varepsilon\to\infty}L = L_P, \quad \lim_{\varepsilon\to 0}L = 0$$

因此税收的超额负担是资本和劳动的替代弹性的增函数,当 $\varepsilon=0$ 时,资本劳动比率固定,因为劳动的供给固定,这样税收不存在扭曲性,福利损失就为零.当 $\varepsilon=\infty$ 时,价格固定,$L=L_P$,这样可以看成是具有外生价格的部分均衡问题,而且还存在一个上界.因为 $1/\sigma$ 表示跨时消费的替代弹性,因此超额负担是 σ 的减函数就一点也不奇怪了.

我们下面给出数值例子来说明随着 ε 和 σ 的改变,变量 L 和经济趋向均衡状态的年收敛率 a.其余经济参数的选取以美国作为基准,在美国经济中 $n=0$,$\mu=0.02$,总量资本收入的份额为 0.33,资本存量的折旧率 $\delta=0.05$,长期的净利率等于 0.04,对于另外不知道的参数 β 和 σ,因为没有它们的具体数值,我们对应每一个 σ 的选取来决定 $\beta=\beta^*-\mu\sigma$.

在下面表 6-2 中最后一列就是部分均衡.因此对真实的 ε,超额负担相对较小.对于给定的 σ 的值,L 可以表示为 ε 的函数.我们发现它基本上是 ε 的线性

函数.同样 L 也依赖于 r^* 和 $n+\mu$. 我们不能得到它们的一般规律,当弹性 ε 较大时,L 随着 r^* 增加而下降,而随 $n+\mu$ 的增加 L 上升. 当 ε 较小,小于 2 时,L 是它们的增函数.

表 6-2 收入税的超额负担

σ	ε							
	0.2	0.4	0.6	0.8	1.0	1.6	2.0	∞
0.5	1.24	2.41	3.56	4.67	5.76	8.91	10.93	400.0
1.0	1.21	2.33	3.41	4.45	5.46	8.33	10.14	200.0
1.5	1.19	2.28	3.31	4.30	5.25	7.92	9.58	133.33
2.0	1.17	2.23	3.22	4.17	5.07	7.59	9.13	100.0

表 6-3 收敛到均衡状态的年收敛率

σ	ε						
	0.2	0.4	0.6	0.8	1.0	1.6	2.0
0.5	33.98	23.74	19.21	16.51	14.67	11.40	10.10
1.0	23.71	16.51	13.31	11.40	10.10	7.80	6.88
1.5	19.21	13.31	10.70	9.14	8.08	6.21	5.46
2.0	16.51	11.40	9.14	7.80	6.88	5.26	4.62

6.3.3 较大税收改变的超额负担

在上面讨论的税收的超额负担中,我们考虑的是税收的改变较小的情形,下面考虑当税收的改变较大时税收的超额负担.

方程(6.3.11)和(6.3.12)仅仅是充分小的税收改变的超额负担. 在税收改变较大时,即 θ 较大时,我们来讨论这个税收改变的超额负担.

在时间 0,经济仍然处于均衡状态,也就是在图 6-4 中的 A 点,这样初始的消费水平和资本存量水平由方程(6.3.4a)和(6.3.5a)决定. 在税收改变后,经济由方程(6.3.2)和(6.3.3)变化为离散的情形,这需要用最优控制的梯度算法. 在税收改变后的效用的消费等价 c_1 可以由稳定水平的获得和税收改变后的动态路径的效用一致来定义:

$$u(c_1)/(\beta^* - n - \mu) = V(\bar{k})$$

表 6-4 给出了当 $\sigma = \varepsilon = 1$ 时,$\dfrac{c_1 - \bar{c}}{c\theta^2}$ 随 θ 的改变情况.

表 6-4　较大税收改变时的超额负担

$\dfrac{c_1-\bar{c}}{\bar{c}\theta^2}$	θ						
	0.	0.05	0.1	0.2	0.3	0.4	0.5
	5.46	5.82	6.25	7.27	8.58	10.33	12.77

第一列给出的估计和税收改变较小时的一致,但是,我们看到,如果对于较大的税收改变,方程(6.3.12)就不再有效了.下面来考虑这种情形:假设在收税的时候,均衡的消费水平标准化为 1.当 θ 为 50% 时,总的收益等于 12.34%.转移到一揽子税时相当于增加消费水平 3.19% 的福利水平,同时增加长期的消费水平 8.38%.资本收入税的福利损失等价于 26% 的税收收益.当 θ 为 30% 时,税收收益等价于 6.73%,转移到一揽子税将增加长期消费水平 3.3%,税收的福利损失等价于 77% 的消费水平或者 11% 的税收收益.

6.3.4　不具有完全预期的情形

前面考虑的问题是在经济沿着最优路径收敛到新的均衡点的过程中得到的税收的超额负担.但是在没有完备的市场信息的情形下,消费者不一定具有完全预期.下面来考虑这种情形下的福利损失.

对于消费者,他的储蓄决策取决于对将来的工资和利率的预期.由假设,预期具有下面的性质,在时刻 t,将来的价格依赖于在该时刻的资本存量的值和其他的一些参数,因此消费路径可以表示为 $c_I(k)$.

我们假设期望和均衡点一致,但不影响稳定性.经济的收敛速度依赖于考虑的期望类型.和前面的讨论一样,假设经济开始处于均衡状态.在 0 时刻,假设税收减少,经济沿路径 $\Gamma'(B'E)$ 收敛到均衡点 E,同样,福利损失度量为

$$\Delta U = \bar{V}(\bar{k}) - \frac{u(\bar{c})}{r^* - n - \mu} \tag{6.3.15}$$

其中 $\bar{V}(\bar{k})$ 表示沿着路径 $B'E$ 的(6.3.1)的积分.

下面来讨论上面度量的二阶逼近,$\bar{V}(\bar{k})$,它仅仅依赖于均衡点附近的动态路径的斜率,$c_I'(k^*)$,或者调整的趋近于均衡点的速率 a_I,因为 $a_I = c_I'(k^*) - (r^* - n - \mu)$

$$\bar{V}(\bar{k}) = F(a_I, \bar{k}) \tag{6.3.16}$$

这个效用小于在最优路径的效用

$$F(a_I, \bar{k}) \leqslant F(a, \bar{k}) = V(\bar{k}) \tag{6.3.17}$$

福利所得的减少等价于永久增加消费水平 $L_I\theta^2$,其中 L_I 定义为

$$L_I = Q(a_I)/Q(a)L \tag{6.3.18}$$

其中

$$Q(a_I) = \frac{a_I}{\lambda + 2a_I}\left(\frac{a_I}{ac'(k^*)} - \frac{2}{\lambda}\right) \qquad (6.3.19)$$

其中 L 和前面定义的一致.

从方程(6.3.18)和(6.3.19)中 a 的性质和 $c'(k^*)$,我们知道 L_I/L 始终小于 1. 当私人价格不影响完全预期情形下的将来价格时,资本收入税的福利损失下降.

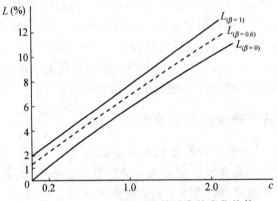

图 6-5 L_I/L 随着 a_I/a 的改变的变化趋势

L_I/L 随着 a_I/a 的改变的变化趋势如图 6-5 所示,不同的 r^* 对应不同的曲线,其中 $n+\mu$ 等于 2%,$\varepsilon\sigma=1$.

同样,如果从资本收入税转移到一揽子税始终降低福利所得,它接近于 a_I/a 的变化值的变化的最大值. 当这个值从 1/3 变化为 3,L_I 等价于至少 86% 的 L.

我们以一个近似的预期来考虑,消费函数是下面的形式:

$$c_s(k) = \left(1 + \frac{1}{\sigma}\frac{\beta^* - r}{r - n - \mu}\right)(f(k) - nk - \mu k)$$

通过方程(6.3.18)和(6.3.19),我们得到

$$L_I/L = \frac{1}{2}\left(1 + \frac{\lambda}{\lambda^2 + 2\gamma}\sqrt{\lambda^2 + 4\gamma}\right) \qquad (6.3.20)$$

其中 $\lambda = r^* - n - \mu$,γ 由方程(6.3.7)给定. 方程(6.3.20)的一个很好的逼近为

$$L_I/L = \frac{1}{2}\left(1 + \frac{\lambda}{\lambda + a}\right) \qquad (6.3.21)$$

其中 a 为表 6-3 给出的估计.

在具有近似的预期下,税收改变的福利改变始终大于完备信息下的 50%.

6.4 货币、通货膨胀与社会福利损失

关于通货膨胀的福利影响已经有很多人作了研究,最具有影响的应该是 Lucas 在 2000 年给出的一个总结,在那里他回顾了 2000 年前的关于通货膨胀对福利影响的研究,同时,基于 1900—1994 年的美国经济,研究了通货膨胀对美国经济的影响,他的研究表明:在美国,10% 的年通货膨胀率等价于消费者的收入损失是 1%,即如果要保证年通货膨胀 10% 和年通货膨胀为 0 时消费者的福利相等,必须使消费者的收入增加 1% 才能达到. 在此之后,Simonsen 和 Cysne 最近的文章(2001)扩展了 Lucas 的分析,从理论上给出了通货膨胀的福利损失的上下界. 事实上,Dotsey 和 Ireland 于 1996 年在一个一般均衡的货币模型中讨论了这个问题,对于美国经济,他得出的结论是年通货膨胀率 4% 等价于消费者 0.41% 的收入损失. 从上面的分析和 Lucas 他们看来,通货膨胀的福利损失相对是较小的. 另一方面,这种较小通货膨胀的福利损失和一些政策制定者的想法是较一致的,从近二十年的经济来看,经济政策制定者常常被通货膨胀所困扰,至少是近十年来,他们为了避免通货膨胀,采取紧缩的货币政策,制定通货膨胀目标,采取不同的步骤来达到这个目标,进而通货膨胀降到了很低的水平,达到 2.5% 左右,接近于过去三十年的最低水平. 同时,实际的通货膨胀水平在很多国家都比预期的水平低,如美国、英国和日本等发达国家. 虽然这样,人们始终相信通货膨胀是政府刺激经济的重要手段,关键在于通货膨胀对社会福利的影响如何? 这就是人们研究这个问题的原因.

Wu 和 Zhang(1998,2000)在一个内生经济增长模型中考虑了货币、通货膨胀和经济增长、社会福利的关系,并利用美国经济 1900—1994 年的数据指出当通货膨胀从 0.5% 变化到 5% 时,社会福利损失会超过 5%. 他们的结论给出了通货膨胀对福利的较显著的影响.

关于中国经济,从 1978 年改革开放开始,我国的通货膨胀和经济增长出现了较明显的周期性,图 6-6 给出的通货膨胀和经济增长的关系说明了这一点. Zhu(2000)已经发表文章来分析了 1981 年到 1993 年中国出现的通货膨胀现象,同时指出,货币政策也是调节经济的重要的手段. 特别从 1996 年来出现了持续的通货膨胀率降低,甚至出现通货紧缩现象,这些都是我国货币政策调整的结果. 这种结果对社会福利的影响如何,现在还没有多少文献来讨论. 本节给出了讨论通货膨胀的福利损失的一般模型,并且应用这个模型来分别分析美国经济和我国经济的通货膨胀福利损失的估计.

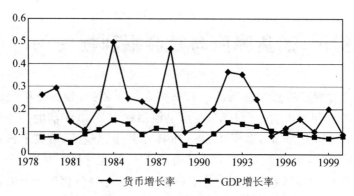

图 6-6 1978—2000 年中国货币增长与经济增长

要讨论通货膨胀的福利损失,首先就必须在模型中引入货币.首次在跨时最优模型中引入货币的是经济学家 Sidrauski,在其 1967 年的研究中,他给出了货币的超中性,即货币供应量的改变不会影响长期的消费水平和资本存量.为了引入货币,同时考虑货币的作用,Clower 引入 Cash-in-Advance(货币优先)约束,即消费者在期间的消费品必须用货币来购买.这样,货币的存在就理所当然了.但是,此时的货币仍然具有超中性.为此,1981 年 Stockman 提出了不仅在期间消费品要用货币支付,而且还要求投资品也要用货币来支付.他用这个模型讨论了货币政策的改变对经济的影响.2001 年 Gong 和 Zou 推广 Stockman 的模型,应用 Kurz(1967)和 Zou(1994,1995)的思想,把消费者的财富引入了效用函数,这样货币作为消费者的财富,它的存在就理所当然了.在文中,他们给出了货币供应的改变对经济的长期影响,他们给出的货币供给增加对经济的影响是不确定的.本节采用 Gong 和 Zou(2001)的框架,利用内生经济增长来分析货币的作用,同时,基于美国 1900—1994 年的经济和我国 1978—2000 年的经济,我们分别给出了通货膨胀对美国经济和我国经济的福利损失的估计,最后我们对二者进行了比较.

6.4.1 模型

沿用 Gong 和 Zou (2001)的框架,假设消费者的效用函数定义在他的消费水平 c、休闲 $1-l$(我们假设消费者总的时间禀赋为 1,假设消费者的劳动供给为 l)和他的总财富 w 上,即 $u(c,1-l)+\gamma v(w)$.其中参数 γ 度量了消费者对社会地位或财富的看重程度,它越大表示消费者对社会地位越看重;反之,就表示越不看重.如果 $\gamma=0$ 就是通常的效用函数.同时,假设消费、休闲和财富的边际效用是正的和递减的.

这里把消费者的财富水平引入消费者的效用函数,最早是 Kurz 1967 年这

第 6 章
政府政策改变的福利分析

样做的,实际上,可以追溯到 Weber (1958). Zou(1994,1995)应用它来解释了大量的经济增长过程中出现的现象:为什么对具有相同的文化、相同的地理环境等外部条件的国家或地区会出现不同的增长特征呢? 为什么发达国家和发展中国家之间的相对收入差距越来越大,而不是越来越小呢? 我们这里引入财富主要是为了解释货币的作用.

假设贴现率 $0<\beta<1$. 消费者的问题就是在他的预算约束条件下,选择自己的消费路径、劳动力的供给路径、资本存量积累和实际货币的持有量来极大化他的效用的贴现和,即

$$\max \sum_{t=0}^{\infty} \beta^t (u(c_t, 1-l_t) + \gamma v(w_t)) \tag{6.4.1}$$

受约束于给定的初始资本存量水平 k_0、货币水平 m_0 和下面的预算约束条件:

$$c_t + k_{t+1} + \frac{m_{t+1}}{p_t} = f(k_t, l_t) + (1-\delta)k_t + \frac{m_t + \tau_t}{p_t} \tag{6.4.2}$$

$$c_t + \mu k_{t+1} - \mu(1-\delta)k_t \leqslant \frac{m_t + \tau_t}{p_t} \tag{6.4.3}$$

其中 p_t 为 t 时刻的价格水平,$w_t = k_t + \frac{m_t + \tau_t}{p_t}$ 为 t 时刻消费者的总财富,它为 t 时刻消费者的资本存量、实际货币持有量和政府实际转移支付之和. τ_t 为 t 时刻政府对消费者的名义转移支付. $f(k,l)$ 是厂商的生产函数,我们假设它是新古典的生产函数,资本存量和劳动的边际生产率是正的、递减的.

方程(6.4.2)为消费者的预算约束,它表明 t 时刻的消费者的总收入等于总公共开支. 方程(6.4.3)为 Cash-in-Advance 约束,如果 $\mu=0$,它表明 t 时刻的消费者的消费品必须由货币支付,如果 $\mu=1$,它表明在 t 时刻的消费者的消费品和厂商的投资品都必须由货币支付.

采用 Bellman 原理来求解问题(6.4.1)—(6.4.3),定义值函数

$$V(m_0, k_0, p_0) = \max \sum_{t=0}^{\infty} \beta^t \left(u(c_t, 1-l_t) + \gamma v\left(k_t + \frac{m_t + \tau_t}{p_t}\right) \right)$$

受约束于预算约束条件(6.4.2)、CIA 约束条件(6.4.3)和初始条件.

由 Bellman 原理得到递归方程

$$V(m_t, k_t, p_t) = \max_{c_t, M_{t+1}, k_{t+1}} \left\{ u(c_t, 1-l_t) + \gamma v\left(k_t + \frac{m_t + \tau_t}{p_t}\right) \right.$$
$$\left. + \beta V(m_{t+1}, k_{t+1}, p_{t+1}) \right\}$$

受约束于方程(6.4.2),(6.4.3)和初始条件 k_t, m_t.

采用 Lagrange 方法来求解上面的问题. 定义 Lagrange 函数为

$$L = u(c_t, 1-l_t) + \gamma v\left(k_t + \frac{m_t + \tau_t}{p_t}\right) + \beta V(m_{t+1}, k_{t+1}, p_{t+1})$$
$$+ \lambda_t \left\{ f(k_t, l_t) + (1-\delta)k_t + \frac{m_t + \tau_t}{p_t} - c_t - k_{t+1} - \frac{m_{t+1}}{p_t} \right\}$$
$$+ \eta_t \left(\frac{m_t + \tau_t}{p_t} - c_t - \mu k_{t+1} + \mu(1-\delta)k_t \right)$$

其中 λ_t 为约束条件(6.4.2)的 Lagrange 乘子,它表示消费者财富的边际值,也表示消费者的财富增加一个单位所带来的消费者的最优效用会增加多少个单位。η_t 为对应约束条件(6.4.3)的 Lagrange 乘子。

这样,我们得到问题(6.4.1)—(6.4.3)的最优性条件为

$$u_1(c_t, l_t) = \lambda_t + \eta_t \tag{6.4.4}$$

$$u_2(c_t, 1-l_t) = \lambda f_2(k_t, l_t) \tag{6.4.5}$$

$$\beta \lambda_{t+1}(f_1(k_{t+1}, l_{t+1}) + (1-\delta)) + \beta \gamma v'\left(k_{t+1} + \frac{m_{t+1} + \tau_{t+1}}{p_{t+1}}\right)$$
$$+ \beta \mu(1-\delta)\eta_{t+1} = \lambda_t + \mu \eta_t \tag{6.4.6}$$

$$\frac{\beta \gamma}{p_{t+1}} v'\left(k_{t+1} + \frac{m_{t+1} + \tau_{t+1}}{p_{t+1}}\right) + \frac{\beta}{p_{t+1}}(\lambda_{t+1} + \eta_{t+1}) = \frac{\lambda_t}{p_t} \tag{6.4.7}$$

松弛条件为

$$\eta_t\left(\frac{m_t + \tau_t}{p_t} - c_t - \mu k_{t+1} + \mu(1-\delta)k_t\right) = 0, \quad \eta_t \geq 0 \tag{6.4.8}$$

方程(6.4.4)为人们熟悉的条件,它表示消费的边际效用等于财富的边际值。方程(6.4.5)表示了休闲的边际效用等于用效用度量的劳动力的边际生产率。方程(6.4.6)表明增加一个单位财富的效用(边际效用)下一期生产出的产出 $\lambda_{t+1}(f_1(k_{t+1}, l_{t+1}) + (1-\delta))$,下一期剩下的资本 $(1-\delta)\eta_{t+1}$,以及拥有财富所带来的效用

$$\gamma v'\left(k_{t+1} + \frac{m_{t+1} + \tau_{t+1}}{p_{t+1}}\right)$$

之和的贴现值,等于增加一个单位的资本的成本(边际成本)。方程(6.4.7)也是类似的意义。

为考虑宏观均衡,需要引入政府行为,假设货币供应的增加率为 g,即

$$m_{t+1} = m_t(1 + g_t) \tag{6.4.9}$$

同时,在政府预算约束平衡下,政府的转移支付等于政府发行货币获得的收入,即

$$m_{t+1} - m_t = \tau_t \tag{6.4.10}$$

把政府的预算约束条件(6.4.9)和(6.4.10)代入消费者的预算约束条件,

我们得到市场出清的条件

$$c_t + k_{t+1} = f(k_t, l_t) + (1-\delta)k_t \tag{6.4.11}$$

因此，消费者所有的收入用来满足消费、投资和补偿资本存量的折旧。方程 (6.4.4)—(6.4.8)和(6.4.9)—(6.4.11)构成了整个经济的宏观均衡条件，下面借助这些条件讨论均衡时的经济特征。

6.4.2 平衡增长路径

在平衡增长路径上，经济的内生变量：消费水平 c_t，资本存量 k_t，产出水平 y_t，实际货币 m_t/p_t，Lagrange 乘子 λ_t 和 η_t，劳动力 l_t 的增长率为常数，而且实际消费水平 c_t，实际资本存量 k_t，实际产出 y_t 和实际货币 m_t/p_t 的增长率为相等的正常数，我们记为 ϕ，即

$$\frac{c_{t+1}}{c_t} = \frac{k_{t+1}}{k_t} = \frac{y_{t+1}}{y_t} = \frac{m_{t+1}/p_{t+1}}{m_t/p_t} = 1 + \phi \tag{6.4.12}$$

同时，沿着平衡增长路径，消费水平—资本存量比率 c_t/k_t，实际货币持有量—资本存量比率 $\frac{m_t/p_t}{k_t}$，通货膨胀率 $\pi_t = p_{t+1}/p_t - 1$，货币增长率 g_t，以及劳动力的供给 l_t 是常数。

为了得到显示的经济增长率和各种参数的关系，我们选取下面的对数效用函数和 Cobb-Douglas 生产函数：

$$u(c, 1-l) + \gamma v(w) = \ln c + \omega(1-l) + \gamma \ln w$$
$$f(k, l, \bar{k}) = Ak^\alpha l^{1-\alpha} \bar{k}^{1-\alpha}$$

其中 α, A 和 ω 为正常数，$\bar{k}$ 是资本存量的平均水平，对于每个消费者来讲，它是外生给定的，在均衡时 $\bar{k} = k_t$.

通过计算，我们得到下面的方程：

$$\frac{c}{k} = Al^{1-\alpha} - (\phi + \delta) \tag{6.4.13}$$

$$\frac{m/p}{k} = \frac{Al^{1-\alpha} + (\mu-1)(\phi+\delta)}{1+g} \tag{6.4.14}$$

$$(1+\phi)(1+\pi) = (1+g) \tag{6.4.15}$$

$$\beta\gamma\frac{Al^{1-\alpha} - (\phi+\delta)}{1 + Al^{1-\alpha} + (\mu-1)(\phi+\delta)}$$
$$+ \beta - (1+g)\omega\frac{Al^{1-\alpha} - (\phi+\delta)}{Al^{-\alpha}(1-\alpha)} = 0 \tag{6.4.16}$$

$$(1+g)\omega\frac{Al^{1-\alpha} - (\phi+\delta)}{Al^{-\alpha}(1-\alpha)} - \beta$$

$$+ \beta\omega \frac{Al^{1-\alpha}-(\phi+\delta)}{Al^{-\alpha}(1-\alpha)}(\alpha Al^{1-\alpha}+(1-\delta))$$

$$-(1+\phi)\omega \frac{Al^{1-\alpha}-(\phi+\delta)}{Al^{-\alpha}(1-\alpha)}$$

$$+\beta\left(1-\omega\frac{Al^{1-\alpha}-(\phi+\delta)}{Al^{-\alpha}(1-\alpha)}\right)\mu(1-\delta)$$

$$-(1+\phi)\left(1-\omega\frac{Al^{1-\alpha}-(\phi+\delta)}{Al^{-\alpha}(1-\alpha)}\right)\mu=0 \qquad (6.4.17)$$

通过上面给出的方程,我们可以求出均衡的消费水平—资本存量比率 c/k,实际货币持有量—资本存量比率 $\frac{m/p}{k}$,通货膨胀率 π,货币增长率 g,以及劳动力的供给 l。

上面的方程组(6.4.13)—(6.4.17)很复杂,为了对它们有一个较好的认识,我们给出数值的例子. 对于美国经济,如果取 $\omega=2.85, \beta=0.99, \delta=0.03, \gamma=0.9, \alpha=0.36, \mu=0.5$,通过分析美国 1900—1994 年的数据,它的季度平均经济增长率 $\phi=0.3542\%$,对应的季度货币增长率为 $g=0.014\%$,通过上面的模型,我们可以求得适合美国经济的参数 $A=0.090002$. 如果不考虑财富对效用的影响,即 $\gamma=0$,而保持其他的参数不变,此时符合美国经济的参数 $A=0.26048$.

对于美国经济,如果 $\gamma=0.9$,而货币供应 $g=0.024$(年增长率为 10%),通过模型求出的对应的均衡的消费水平—资本存量比率 $c/k=0.025477$,实际货币持有量—资本存量比率 $\frac{m/p}{k}=0.040943$,通货膨胀率 $\pi=0.02104$,劳动力的供给 $l=0.508387$,经济增长率 $\phi=0.0028967$. 如果不考虑财富的影响,即 $\gamma=0$,考虑同样的货币供应增长率 $g=0.024$,通过方程(6.4.13)—(6.4.17)求出的均衡时的消费水平—资本存量比率 $c/k=0.0875313$,实际货币持有量—资本存量比率 $\frac{m/p}{k}=0.101241$,通货膨胀率 $\pi=0.02167$,劳动力的供给 $l=0.297169$.

因此,我们可以看到随着人们对自己社会地位的关注度越高,经济增长率越高,通货膨胀率越低. 这个结论和 Gong 和 Zou(2001)得到的结论一致.

对于我国经济而言,同样选取 $\omega=2.85, \beta=0.99, \delta=0.03, \gamma=0.9, \alpha=0.36, \mu=0.5$,我们选取 1978—2000 年的数据,通过分析,我国的平均季度经济增长率 $\phi=2.2247\%$,对应的季度货币增长率为 $g=4.669\%$,通过上面的模型,我们可以求得适合美国经济的参数 $A=0.132187$. 如果 $\gamma=0$,此时参数 $A=0.386232$.

6.4.3 通货膨胀的福利影响

在本节,我们给出通货膨胀的福利分析,并且给出数值结果. 首先,我们知道社会福利被定义为消费者所有效用的贴现和,即

$$V(m_0, k_0; \varepsilon, 1+g) = \max \sum_{t=0}^{\infty} \beta^t \left[u(c_t + \varepsilon y_t, 1 - l_t) \right.$$
$$\left. + \gamma v \left(k_t + \frac{m_t + \tau_t}{p_t} \right) \right] \qquad (6.4.18)$$

其中 ε 是货币增长率为 $1+g$ 的收入等价量. 和 Lucas 一样,这里采用要保持在货币增长率下 $1+g$ 的福利和没有 CIA 约束条件的货币供应增长率时的福利无差异,必须要增加多少均衡时的收入来度量通货膨胀的成本.(当然,我们可以采用消费水平的等价量来度量)没有 CIA 约束时的货币供应增长率是 Pareto 最优的,我们用上标 a 来表示在货币增长率为 $1+g$ 时的变量. 这样,我们可以通过下面的等式来计算 ε:

$$V(m_0, k_0; \varepsilon, 1+g) = V(m_0, k_0; 0, 1+g^*) \qquad (6.4.19)$$

其中 * 表示最优时的变量值,此时,货币增长率为 $g = 1 - \dfrac{1}{\beta}$,它和 Friedman 给出的最优的货币供给率一致. 由上面的等式,我们有

$$\sum_{t=0}^{\infty} \beta^t \left(u(c_t + \varepsilon y_t, 1 - l_t) + \gamma v \left(k_t + \frac{m_t + \tau_t}{p_t} \right) \right)$$
$$= \sum_{t=0}^{\infty} \beta^t \left(u(c_t, 1 - l_t) + \gamma v \left(k_t + \frac{m_t + \tau_t}{p_t} \right) \right) \qquad (6.4.20)$$

因为,在平衡增长路径上 $k_t = k_0(1+\phi)^t$,而且消费水平—资本存量比率 c_t/k_t,实际货币持有量—资本存量比率 $\dfrac{m_t/p_t}{k_t}$,通货膨胀率 π_t,以及劳动力的供给 l_t 都是常数,因此有

$$\frac{\beta(1+\gamma)\ln(1+\phi^a)}{(1-\beta)^2} + \frac{\ln(c^a/k^a + \varepsilon y^a/k^a) + \omega(1-l^a)}{1-\beta}$$
$$+ \gamma \frac{\ln\left(1 + (1+g^a)\dfrac{m^a/p^a}{k^a}\right)}{1-\beta}$$
$$= \frac{\beta(1+\gamma)\ln(1+\phi^*)}{(1-\beta)^2} + \frac{\ln(c^*/k^*) + \omega(1-l^*)}{1-\beta}$$
$$+ \gamma \frac{\ln\left(1 + (1+g^*)\dfrac{m^*/p^*}{k^*}\right)}{1-\beta} \qquad (6.4.21)$$

从上面的方程得到 ε 的显示解.为了对它有一个较好的认识,我们下面通过数值计算给出美国经济和我国经济的具体的福利损失结果.

基于美国 1900—1994 年的数据,经济增长的季度增长率 $\phi=0.3542\%$,对应的季度货币增长率为 $g=0.014\%$,表 6-5 给出了三种情形下的通货膨胀的福利影响.第一种情形是人们具有较强的追求社会地位的愿望(对应 $\gamma=0.9$),同时对消费品和投资品都具有 CIA 约束;第二种情形是具有较弱的追求社会地位的愿望(对应 $\gamma=0$),对消费品和投资品都具有 CIA 约束;第三种情形是具有较强的追求社会地位的愿望(对应 $\gamma=0.9$),但仅对消费品具有 CIA 约束.通过比较,第二种情形下通货膨胀对社会福利的影响最大,当货币供应从 0 变化到 10% 时,用收入度量的福利损失从 3.919% 变化到 51.367%,这个结论与 Wu 和 Zhang(1998,2000)给出的结论类似,通货膨胀的福利损失是较明显的;但是,对于第三种情形,当货币供应从 0 变化到 10% 时,用收入度量的福利损失从 0.2% 变化到 2.4%,这一结论和 Lucas、Dotsey 和 Ireland 给出的通货膨胀的影响较不明显的结论类似.对于第二种情形,福利损失介于上面两种情形之间.因此,我们看到在模型中引入社会地位可以更好地反映通货膨胀的影响.同时,我们可以看到人们追求社会地位的愿望越强烈,通货膨胀的福利损失越小.

同时,考虑人们追求社会地位的愿望越强烈对经济增长的影响,我们比较情形 1 和情形 2,显然得到人们追求社会地位的愿望越强烈,经济增长率越大.这和很多经典的结论是类似的,也很容易解释.

基于我国经济 1978—2000 年的数据,通过分析,我国的平均季度经济增长率 $\phi=2.2247\%$,对应的季度货币增长率为 $g=4.659\%$,表 6-6 给出了三种情形下中国经济的通货膨胀的福利影响.同样得到第二种情形下通货膨胀对社会福利的影响最大,当货币供应从 0 变化到 10% 时,用收入度量的福利损失从 5.8% 变化到 87.7%,这个结论与 Wu 和 Zhang 给出的结论类似.对于第三种情形,当货币供应从 0 变化到 10% 时,用收入度量的福利损失从 0.3% 变化到 3.078%,这一结论与 Lucas、Dotsey 和 Ireland 的结论类似.对于第二种情形,福利损失介于上面两种情形之间,用收入度量的福利损失从 2.82% 变化到 39.9%.同样可以看到人们追求社会地位的愿望越强烈,通货膨胀的福利损失越小.同时,也可以得到人们追求社会地位的愿望越强烈对经济增长的正影响.

表 6-5

变量的均衡值 \ 季度货币增长率	最优	0	0.024	0.05	0.1
情形 1：					
劳动力 l	0.52836	0.52229	0.50839	0.49408	0.46875
消费水平—资本存量比率 c/k	0.02600	0.025844	0.02548	0.025095	0.0244
实际货币持有量—资本存量比率	0.04335	0.042617	0.04094	0.039244	0.036276
通货膨胀率 π	−0.01388	−0.00353	0.02104	0.047672	0.09890
经济增长率 ϕ	0.00383	0.00355	0.002897	0.002222	0.001003
收入度量的福利损失 ε	0	0.01865	0.06512	0.11911	0.23393
消费度量的福利损失 ε	0	0.04285	0.1492	0.27204	0.53113
情形 2：					
劳动力 l	0.31096	0.30676	0.29717	0.28736	0.27004
消费水平—资本存量比率 c/k	0.08908	0.08861	0.08753	0.086402	0.08434
实际货币持有量—资本存量比率	0.10729	0.10544	0.10124	0.09698	0.08956
通货膨胀率 π	−0.014301	−0.00365	0.02167	0.049095	0.10182
经济增长率 ϕ	0.004261	0.00366	0.00228	0.000863	0
收入度量的福利损失 ε	0	0.03919	0.13861	0.2656	0.51367
消费度量的福利损失 ε	0	0.05408	0.18972	0.34821	0.58632
情形 3：					
劳动力 l	0.52662	0.52332	0.51574	0.5079	0.49399
消费水平—资本存量比率 c/k	0.02597	0.02576	0.025283	0.02478	0.02388
实际货币持有量—资本存量比率	0.02624	0.02576	0.02469	0.02360	0.02171
通货膨胀率 π	−0.01363	−0.00353	0.02046	0.04644	0.09640
经济增长率 ϕ	0.003574	0.003543	0.00347	0.00340	0.00328
收入度量的福利损失 ε	0	0.002	0.00665	0.01151	0.0204
消费度量的福利损失 ε	0	0.0046	0.01545	0.02702	0.04881

注：通货膨胀和社会福利，其中情形 1 选取的参数为：$\omega=2.85, \beta=0.99, \delta=0.03, \gamma=0.9, \alpha=0.36, \mu=0.5, A=0.090002$；情形 2 选取的参数为：$\omega=2.85, \beta=0.99, \delta=0.03, \gamma=0, \alpha=0.36, \mu=0.5, A=0.26048$；情形 3 选取的参数为：$\omega=2.85, \beta=0.99, \delta=0.03, \gamma=0.9, \alpha=0.36, \mu=0, A=0.08976$。

比较通货膨胀对两个国家经济的影响，我们发现通货膨胀对中国经济的影响比对美国经济的影响显著．从第一种情形到第三种情形，如季度货币增长率为 0.024（年增长率为 10％）时，美国经济在第一种情形下的福利损失是 6.512％，中国经济的福利损失是 10.15％；对于第二种情形，美国经济对应的福利损失是 13.86％，中国经济的福利损失是 21.35％；第三种情形也得到类似的结论，美国经济和中国经济的福利损失分别是 0.665％和 1.02％．因此，货币政策对中国经济的福利影响更大.

表 6-6

变量的均衡值 \ 季度货币增长率	最优	0	0.024	0.05	0.1
情形1:					
劳动力 l	0.56845	0.56208	0.54747	0.53245	0.50565
消费水平—资本存量比率 c/k	0.037536	0.03730	0.03676	0.03619	0.03517
实际货币持有量—资本存量比率	0.065472	0.06436	0.06184	0.05929	0.05482
通货膨胀率 π	−0.03382	−0.02356	0.00084	0.02728	0.07815
经济增长率 ϕ	0.02455	0.02412	0.02314	0.02212	0.02027
收入度量的福利损失 ε	0	0.02824	0.10155	0.19152	0.39889
消费度量的福利损失 ε	0	0.06921	0.24834	0.46729	0.96906
情形2:					
劳动力 l	0.32298	0.31869	0.30888	0.29885	0.28112
消费水平—资本存量比率 c/k	0.13029	0.1296	0.127995	0.12632	0.12326
实际货币持有量—资本存量比率	0.16046	0.15769	0.15141	0.14505	0.13396
通货膨胀率 π	−0.03621	−0.0551	−0.0001	0.027423	0.08035
经济增长率 ϕ	0.02709	0.02618	0.024105	0.021975	0.01819
收入度量的福利损失 ε	0	0.058452	0.21355	0.40937	0.87704
消费度量的福利损失 ε	0	0.083789	0.30382	0.57781	1.21991
情形3:					
劳动力 l	0.56443	0.56100	0.553138	0.545004	0.53058
消费水平—资本存量比率 c/k	0.036562	0.036263	0.035574	0.03486	0.03356
实际货币持有量—资本存量比率	0.03694	0.036263	0.03474	0.033197	0.03051
通货膨胀率 π	−0.03188	−0.02196	0.00162	0.027163	0.07628
经济增长率 ϕ	0.022499	0.02245	0.022343	0.02223	0.02204
收入度量的福利损失 ε	0	0.00307	0.0102	0.01753	0.030798
消费度量的福利损失 ε	0	0.00752	0.02512	0.0438	0.07856

注:通货膨胀和社会福利,其中情形1选取的参数为:$\omega=2.85, \beta=0.99, \delta=0.03, \gamma=0.9, \alpha=0.36, \mu=0.5, A=0.132187$;情形2选取的参数为:$\omega=2.85, \beta=0.99, \delta=0.03, \gamma=0, \alpha=0.36, \mu=0.5, A=0.386232$;情形3选取的参数为:$\omega=2.85, \beta=0.99, \delta=0.03, \gamma=0.9, \alpha=0.36, \mu=0, A=0.128427$.

在本节中,我们采用Gong和Zou的框架,利用内生经济增长的框架来分析了货币的作用,特别地,我们给出了对通货膨胀的福利损失的估计,并且同Lucas、Dotsey和Ireland,以及Wu和Zhang等给出的结论作了比较,同时还比较了通货膨胀对美国经济和我国经济的影响.

通过研究通货膨胀的福利影响,我们可以清楚政府采取货币政策对经济的福利影响,同时,通过分析财政政策的福利影响,可以比较两者对福利的影响,从而决定政府采用何种政策来刺激经济和满足自己的预算约束.

习题

1. 在 Uzawa 的内生时间偏好模型中讨论政府公共开支改变对实际利率的影响.

2. (经济援助的作用)在完全竞争的条件下,考虑一个代表性的消费者和政府跨时宏观模型,模型的框架为:

假设消费者的效用函数定义在消费者的私人消费和政府的公共消费上,即 $u(c,g)$. 假设消费者从私人消费和政府的公共消费中获得正的、边际效用递减的效用,即

$$u_c(c,g) > 0, \quad u_g(c,g) > 0, \quad u_{cc}(c,g) < 0, \quad u_{gg}(c,g) > 0 \qquad (1)$$

假设生产函数为 Arrow-Kurz-Barro 型的新古典生产函数,把政府的公共消费引进生产函数 $y = f(k,g)$,其中 y 表示产出. 同时假设生产函数 $f(k,g)$ 是严格单调递增的、严格凹的和二阶连续可微的函数,即

$$\frac{\partial f(k,g)}{\partial k} > 0, \quad \frac{\partial f(k,g)}{\partial g} > 0, \quad \frac{\partial^2 f(k,g)}{\partial k^2} < 0, \quad \frac{\partial^2 f(k,g)}{\partial g^2} < 0 \qquad (2)$$

我们把国外经济援助分成两类:一类是直接对私人的经济援助,记为 a_1;另一类为对政府的经济援助,记为 a_2. 假设政府的收入税税率为 τ. 这样,消费者的预算约束条件可以表示为

$$\frac{dk}{dt} = (1-\tau)f(k,g) - c + a_1 \qquad (3)$$

这里我们假设私人资本存量没有折旧.

在政府行为给定的前提下,消费者在其预算约束条件(3)下选择自己的消费路径和资本存量积累路径来极大化自己的贴现的效用和,即

$$\max_{c,k} \int_0^\infty u(c) e^{-\beta t} dt$$

受约束于预算约束约束条件(3)和初始资本存量 $k(0) = k_0$. 其中 $\beta \in (0,1)$ 为贴现因子,是外生给定的常数.

政府从收入税 $\tau f(k,g)$ 和国外直接对它的援助 a_2 中获得收入来满足公共消费,因此,政府的预算约束方程可以表示为

$$g = \tau f(k,g) + a_2 \qquad (4)$$

(1) 在税收固定的情况下,考虑对私人的经济援助和对政府的经济援助对

均衡时的资本存量和私人消费水平的影响.

(2) 在政府选择税收的宏观均衡时,分别讨论对私人的经济援助和对政府的经济援助对均衡时的私人资本存量、政府公共消费水平、私人消费水平、产出和收入税税率的影响. 为简单起见,可以选取生产函数和效用函数为 $f(k,g)=Ak^\phi g^{1-\phi}$,$u(c,g)=\ln c+\ln g$ 来讨论.

(3) 在上面考虑的模型中增加货币,假设消费者的效用函数和生产函数分别是

$$u(c,m,g) = \ln c + \ln m + \ln g, \quad f(k) = Ak^\phi \tag{5}$$

其中 A 和 ϕ 为正常数. 分别讨论对私人的经济援助与对政府的经济援助对财政政策和货币政策的影响.

3. 在 Uzawa-Lucas 模型中引入消费税和收入税,用 Lucas 的度量得到收入税和消费税对社会福利的影响.

$$\max U = \int_0^\infty \frac{c^{1-\sigma}}{1-\sigma} e^{-\rho t} dt$$

受约束于

$$Y = (1+\tau_c)C + \dot{K} + \delta K = (1-\tau_y)AK^\alpha (uH)^{1-\alpha}$$

$$\dot{H} + \delta H = B(1-u)H$$

其中参数满足第三章给出的条件.

4. 政府公共开支改变对实际利率的影响. 把消费者的私人消费分成两部分:一部分是非耐用的一般性消费品,这种消费品不具有时间的延续性,如食品等,我们记为 c;另一类消费品为耐用消费品,这种消费品不是一下子就消耗的,它可以作为消费者财富的象征,如房子、土地、汽车等等. 这些耐用消费品本身就可以作为消费者的财富,而且,发展中国家发展的重要标志就是耐用品消费的日益增加. 我们记这种消费品为 D,它可以作为消费者的财富. 这样消费者的效用函数定义在非耐用消费品和耐用消费品上,即 $u(c,D)$. 假设消费者从这两种消费品中都获得正的、递增的效用和递减的边际效用. 因此

$$u_1 > 0, \quad u_2 > 0, \quad u_{11} < 0, \quad u_{22} < 0, \quad u_{12} > 0$$

消费者的问题就是选择它的消费品的消费路径(耐用品和非耐用品),资本积累路径来极大化他的效用,即

$$\max \int_0^\infty u(c,D)e^{-\beta t} dt$$

受约束于

$$\dot{k} + \dot{D} = F(k) - c - g - \delta k - \delta D$$

初始的资本存量和耐用品数量给定.

其中 g 为政府公共开支水平，δ 为资本存量和耐用品之和的折旧率．$0<\beta<1$ 为贴现率．注意到这里为简单起见，把资本存量和耐用品看成是同质的．因此它们的折旧率是相等的．如果考虑更复杂的模型，把耐用品和资本存量看成不同质的．这样它们的折旧率不相同，二者也不能直接相加，从而得到两个部门的模型，也可以得到类似的结果，这里不讨论．k 为资本存量，生产函数 $F(k)$ 满足新古典生产函数的假设．即边际生产率为正的、递减的，而且满足 Inada 条件．

讨论政府公共开支改变（政府公共开支的永久改变和暂时改变）对实际利率的长期影响和短期影响，同时与古典的 IS-LM 模型的结论比较．

5. 税收改变对经济的长期影响与短期影响．假设消费者的瞬时效用函数 $u(c(t))$：$R_+ \to R_+$ 定义在消费者的消费水平上，假设消费者从消费中获得正的、递减的边际效用，在效用函数的二阶连续可微性假设下，这个条件可以表示为

$$u'(\cdot) > 0, \quad u''(\cdot) < 0 \tag{1}$$

同时，假设 Inada 条件成立．即

$$\lim_{c \to 0} u'(c) = \infty, \quad \lim_{c \to \infty} u'(c) = 0 \tag{2}$$

厂商的技术由连续可微的、递增的、边际效用递减的、一阶齐次的生产函数来表示，即 $y = f(k)$．

政府从消费者处收取收入税和消费税，假设收入税税率为 τ，消费税税率为 τ_c，这样，消费者的预算约束就是所有的税后收入用来消费和增加资本存量，即

$$\dot{k} = (1-\tau)f(k) - (1+\tau_c)c \tag{3}$$

消费者的效用极大问题就是在预算约束(3)下，选择他的消费路径和资本存量的积累路径来极大化他的效用，即

$$\max \int_0^\infty u(c) e^{-\beta t} dt$$

满足预算约束(3)和初始条件 $k(0) = k_0$ 给定．其中 $0 < \beta < 1$ 为贴现因子．

讨论政府税收改变（永久改变和暂时改变）对经济的影响（包括对资本存量、消费水平和社会福利的长期影响和短期影响）．

6. Summers(1981)在一个两期模型中，假设消费者的消费水平分别为 c_1 和 c_2，假设消费者在第一期的劳动收入为 W_1，市场利率为 r，这样消费者的预算约束方程为

$$c_1 + \frac{c_2}{1+r} = W_1$$

假设模型推广到多期，每期的消费水平为 c_t，每期的劳动收入为 W_t，在相同的市场利率的假设下，消费者的预算约束可以表示为

$$\int_0^T c_t e^{-rt} dt = \int_0^T W_t e^{-rt} dt$$

假设贴现因子为 β，效用函数为 $u(c_t)$，这样消费者的效用极大化问题可以表示为

$$\max \int_0^T u(c_t) e^{-\beta t} dt$$

受约束于

$$\int_0^T c_t e^{-rt} dt = \int_0^{T'} W_t e^{-rt} dt$$

(1) 给出上面优化问题的最优解，对于 $u(c) = \begin{cases} \dfrac{c^\gamma}{\gamma} & \gamma \neq 0 \\ \log c & \gamma = 0 \end{cases}$，给出显示的消费路径；在均衡时，总的储蓄等于总的产出减去总的消费，因此

$$S = wL + rK - C = (n+g)K$$

这样，我们可以得到

$$S/WL = \frac{(n+g)\left(\dfrac{c}{WL} - 1\right)}{r - n - g}$$

在上面给出的消费函数下，给出显示的储蓄—劳动收入比率。在 $n = 0.015$，$g = 0.02$，$T' = 50$，$T = 40$ 和 $\beta = 0.03$ 的情形下，分别对于 $\gamma = 0.5, 0, -0.5, -1, -2, -5$ 给出储蓄率和储蓄的利率弹性。

(2) 分别引入劳动收入税和消费税，而且假设政府税收仅仅是转移支付的功能，因此预算约束分别为

$$\int_0^T c_t e^{-rt} dt = \int_0^{T'} (1 - \tau_l) W_t e^{-rt} dt$$

$$\int_0^T \frac{c_t}{1 - \tau_c} e^{-rt} dt = \int_0^{T'} W_t e^{-rt} dt$$

从而，消费者的储蓄分别为

$$S = W + rA - \frac{c}{1 - \tau_c}$$

$$S = (1 - \tau_l)W + rA - c$$

(3) 假设政府通过两种税收得到相同的收入，这样我们得到

$$\int_0^{T'} e^{-rs} W(1 - \tau_l) ds = G$$

$$\int_0^T e^{-rs} \frac{c}{1 - \tau_c} ds = G$$

在前面给出的最优消费路径下，我们知道社会福利可以表示为

$$V = \int_0^T c^\gamma e^{-\beta t} dt$$

给出 V 的显示表达式.

（4）假设由资本收入税代替劳动收入税，即资本的净回报 $r_N = r(1-\tau_r)$，重复计算 V，为考虑福利损失，我们通过下面的方式定义

$$V(H^1(1+L), r_N^1) = V(H^2, r_N^2)$$

这里 L 度量了从一个均衡状态到另外一个均衡状态需要补偿的部分，求出它的表达式.

附录 部分均衡中税收的超额负担

由 Harberger-Hicks-Hotelling 公式，我们知道

$$\Delta M = \frac{1}{2}\int_0^\infty \int_0^\infty \Delta p_t \Delta p_{t'} \left(\frac{\partial c_t}{\partial p_{t'}}\right)^U e^{rt} dt dt'$$

其中 $p_t = e^{-r^*(1-\theta)t}$，$\Delta p_t = r^*\theta t e^{-r^*t}$，$\left(\frac{\partial c_t}{\partial p_{t'}}\right)^U$ 是消费水平 c_t 对价格 $p_{t'}$ 的补偿改变.

由 Slutsky 方程，我们可以得到

$$\Delta M = \frac{1}{2}\int_0^\infty e^{rt} \Delta p_t \int_0^\infty \Delta p_{t'} \frac{\partial c_t}{\partial p_{t'}} dt' dt$$
$$+ \frac{1}{2}\int_0^\infty e^{rt} \Delta p_t \frac{c}{M}\left(\frac{M}{c}\frac{\partial c}{\partial M}\right)\int_0^\infty e^{rt'} \Delta p_{t'} c_{t'} dt' dt$$

因为效用函数的齐次性，消费的收入弹性等于 1，因此

$$\Delta M = \frac{1}{2}\int_0^\infty e^{rt} \Delta p_t \Delta c_t dt + \frac{1}{2M}\left(\int_0^\infty e^{rt} \Delta p_t c\, dt\right)^2$$

由方程（6.3.2）和预算约束方程，需求函数 c_t 可以表示为 $c_t = vMe^{\alpha t}$，其中 $v = r^* - n - \theta r^*(1-1/\sigma)$，$\alpha = -r^*/\sigma$. 因此当 θ 充分小时，我们得到

$$\Delta c = -Mr^*\left[(1-1/\sigma) + (r^*-n)t/\sigma\right]$$

这样，我们得到方程 $\Delta M = -L_P \dfrac{c^*}{r^*-n}\theta^2$，其中 $L_P = \dfrac{1}{2\sigma}\left(\dfrac{r^*}{r^*-n}\right)^2$.

1. 一般均衡中税收的超额负担

由前述的定义，我们知道 $\Delta U = V(\bar{k}) - \dfrac{u(\bar{c})}{\lambda}$，其中 $\lambda = \beta^* - n - \mu$.

我们先来考虑 $V(\bar{k})$，因为

$$V(\bar{k}) = \int_0^\infty e^{-\lambda t} u(c_t) dt$$

其中消费水平 c_t 在图 6-4 中路径 BE 上。把上面的积分分成两部分，得到
$$V(\bar{k}) = u(c_t)\Delta t + \int_{\Delta t}^{\infty} e^{-\lambda t} u(c_t) dt$$
其中 Δt 为较小的时间区间，它是一个无穷小量，我们证明 $V(\bar{k})$ 满足下面的关系：
$$0 = u(c) - \lambda V + V'(k) k$$
或者通过方程(6.3.3)得到
$$0 = u(c(k)) - \lambda V(k) + V'(k)(f(k) - (n+\mu)k - c(k))$$
把上面的表示式微分两次，得到
$$V'(k^*) = u'(c^*), \quad V''(k^*) = \frac{u'' c'^2 + f'' u'}{\lambda + 2a}$$
其中 $u'=u'(c^*), u''=u''(c^*), c'=dc(k^*)/dk, c''=d^2 c(k^*)/dk^2$。

因此，我们得到 $V(\bar{k})$ 的二阶逼近
$$V(\bar{k}) = \frac{u}{\lambda} + u'(\bar{k} - k^*) + \frac{1}{2(\lambda + 2a)} (u'' c'^2 + f'' u')(\bar{k} - k^*)^2$$

考虑最优消费函数的特征，我们可以把上面的二阶项的系数重新表示为
$$\frac{1}{2(\lambda + 2a)} (u'' c'^2 + f'' u') = \frac{u''}{2(\lambda + 2a)} (c'^2 - cf''/\sigma)$$
$$= \frac{u''}{2(\lambda + 2a)} (c'^2 + ca)$$
$$= \frac{u'' c'}{2(\lambda + 2a)} (c' + \sigma a)$$
$$= \frac{u'' c'}{2}$$

因此
$$V(\bar{k}) = \frac{u}{\lambda} + u'(\bar{k} - k^*) + \frac{1}{2} u'' c' (\bar{k} - k^*)^2$$

下面来考虑 $u(\bar{c})/\lambda$，我们把它二阶逼近
$$u(\bar{c})/\lambda = u/\lambda + u'(\bar{k} - k^*) + \frac{1}{2\lambda}(u' f'' + u'' \lambda^2)(\bar{k} - k^*)^2$$

因此，我们可以得到
$$\Delta U = V(\bar{k}) - \frac{u(\bar{c})}{\lambda} = -\frac{u''}{2} \frac{a^2}{\lambda} (\bar{k} - k^*)^2$$
其中 a 的定义如前所述。

因为 $f'(\bar{k}) = \beta^*/(1-\theta)$ 和 $(\bar{k} - k^*) f'' \approx \beta^* \theta$，因此，我们得到
$$\Delta U = \frac{u'}{2\sigma} \frac{c}{\lambda} \left(\frac{\beta^*}{\lambda}\right)^2 \left(\frac{\sigma \lambda a}{cf''}\right)^2 \theta^2 = u' \frac{c}{r^* - n - \mu} \theta^2 L$$

其中 $L_p = \frac{1}{2\sigma}\left(\frac{\beta^*}{\lambda}\right)^2, L = L_p\left(\frac{\lambda a}{\gamma}\right)^2.$

2. 不完备预期的情形

当消费者不具有完备信息时，$c'(k^*)$ 不再是方程 $x^2 - \lambda x - \gamma = 0$，税收减少的福利改变的估算方法和前面一样，但是考虑到它们的差异，我们得到

$$\Delta U = u'\left(\frac{\bar{k} - k^*}{2}\right)\left(f''\left(\frac{1}{\lambda + 2a_I} - \frac{1}{\lambda}\right) + \frac{\sigma}{c}\left(\lambda - \frac{c_I'^2}{\lambda + 2a_I}\right)\right)$$

其中 c_I 和 a_I 分别为对应的消费函数和其在非完全预期下收敛到均衡点的收敛速度。

考虑到 $a_I = c_I' - \lambda$ 和完全预期情形下的 c_I 和 a_I，我们得到

$$\Delta U = u'(c^*)f''(k^*)\left(\frac{\bar{k} - k^*}{2}\right)^2 Q(a_I)$$

其中

$$Q(a_I) = \frac{a_I}{\lambda + 2a_I}\left(\frac{a_I}{ac'(k^*)} - \frac{2}{\lambda}\right)$$

和

$$L_I = Q(a_I)/Q(a)L$$

第 7 章 最优税收理论

最优税收理论是公共财政理论的基础,宏观公共财政理论也不例外,最优税收理论需要决定的是政府应该向消费者收取的税收种类以及各种税收的税率.我们从最简单的工作开始介绍.和微观公共财政理论一样,我们研究最优税收也要采用次优的方法,一般地我们把这种方法得到最优税收的问题叫做 Ramsey 问题.因此一个最优税收的问题就是求解 Ramsey 问题的过程,实际上,次优的过程在决定很多政府行为时经常被采用,不仅税收是如此,政府的货币政策的决定过程也可以如此.因此,我们这里不仅给出最优的税收决定过程也会涉及最优货币政策的决定过程.

关于次优的税收决定过程,Chamley(1986)在他的著名的文章中首次在宏观经济模型中涉及,因此本章采用他的框架,他采用的是连续时间的模型,而且研究的是确定性情形下的问题,至于离散和不确定性下的税收问题,我们将在后面仔细地讨论.本章包括 Chamley 的最优税收理论、Lucas 的最优货币政策理论及其最新的进展.

7.1 一级政府框架下的最优税收

为了比较起见,我们回顾一下静态模型的最优税收理论.

7.1.1 静态模型

对于具有代表性消费者的标准的最优税收.我们假设市场上有 N 种消费品.消费者的效用定义在私人消费 x,劳动力的供给 l,以及政府的公共开支 g 上.即 $u(x,l,g)$.我们假设消费者从消费品、休闲和政府公共开支中得到正的、递减的边际效用.即我们假设

$$u_x > 0, \quad u_l < 0, \quad u_g > 0, \quad u_{xx} < 0, \quad u_{ll} > 0, \quad u_{gg} < 0$$

这样,我们可以写出消费者的预算约束

第 7 章 最优税收理论

$$\sum_{i=1}^{n} q_i x_i + g = wl + \pi$$

其中 w 为固定的工资率，π 为纯利润。这些项是内生给定的。对于政府的行为，我们假设政府收取商品税和劳动收入税。我们记 q_i 为消费品的净价格，$\overline{w}$ 为净工资率。

标准的过程为：第一过程，在政府行为给定的条件下，即 q_i 为消费品的净价格，$\overline{w}$ 为净工资率给定下，消费者选择消费品的数量 x_i 和劳动力的供给 l，来极大化自己的效用，即

$$\max u(x, l, g)$$

受约束于

$$\sum_{i=1}^{n} q_i x_i + g = \overline{w} l + \pi$$

定义 Lagrange 函数，我们得到最优性条件

$$\frac{\partial u}{\partial x_i} = \lambda q_i \tag{7.1.1}$$

$$\frac{\partial u}{\partial l} = -\lambda \overline{w} \tag{7.1.2}$$

和

$$\sum_{i=1}^{n} q_i x_i + g = \overline{w} l + \pi \tag{7.1.3}$$

其中 λ 为 Lagrange 乘子，它表示收入的边际效用。方程(7.1.1)和(7.1.2)是我们通常的边际条件，表示在最优时，消费和劳动力的边际效用等于它们的价格。同时，由它们我们可以得到

$$x = x(q, \overline{w}, \lambda, g) \tag{7.1.4}$$

$$l = l(q, \overline{w}, \lambda, g) \tag{7.1.5}$$

上面的函数叫 Marshall 需求函数，显然我们有如下的比较静态的结论：

$$\frac{\partial x}{\partial q} < 0, \quad \frac{\partial x}{\partial \lambda} < 0, \quad \frac{\partial l}{\partial w} > 0$$

同时，我们知道消费者的间接效用函数可以表示为

$$w(q, \overline{w}, \lambda, g) = u(x(q, \overline{w}, \lambda, g), l(q, \overline{w}, \lambda, g), g)$$

假设政府是要极大化整个社会的福利，这样，政府在消费者行为给定下，选择税收和公共开支极大化社会福利，这样优化问题可以表示为

$$\max_{q_i, \overline{w}, \lambda, g} v(q, \overline{w}, \lambda, g) = u(x(q, \overline{w}, \lambda, g), l(q, \overline{w}, \lambda, g), g)$$

受约束于

$$\sum_{i=1}^{n} q_i x_i + g = \overline{w} l + \pi$$

和

$$\tau + (w - \overline{w})l + \sum_{i=1}^{M} (q_i - 1)x_i - g = 0$$

其中 x_i 和 l 分别为消费者效用极大化的需求函数和劳动供给函数.

在上面的预算约束中, τ 代表一揽子税收, $w - \overline{w}$ 为劳动收入税. 在政府的最优化问题中, 变量 $q_i, \overline{w}, \lambda$ 和政府公共开支 g 都是内生的. 事实上, 政府只要宣布自己的税收政策 $q_i, \overline{w}$, 消费者就可以通过选择 x_i 和 l 来极大化他们的效用, 因为在政府的问题中已经考虑到了消费者的最优行为, 这样通过政府行为就可以把优化问题的解全部得到.

下面着重于求解上面的优化的问题, 为此, 定义 Lagrange 函数

$$L(q, \overline{w}, \lambda, g, \alpha, \beta, \pi, \tau)$$
$$= v(q, \overline{w}, \lambda, g) - \alpha \Big(\sum_{i=1}^{n} q_i x_i + g - \overline{w} l - \pi \Big)$$
$$+ \beta \Big(\tau + (w - \overline{w})l + \sum_{i=1}^{M} (q_i - 1)x_i - g \Big)$$

其中 α 为影子价格. 同样地, 如果假设一揽子税收上升 $d\tau$, 而保持政府支出不改变, 这样扭曲的税收将下降相同的数量, 从而整个社会的福利将提高 $\beta d\tau$. 因此, β 表示扭曲税收的边际成本.

求解上面的优化问题, 得到最优性条件如下:

$$\frac{\partial v}{\partial g} = \alpha + \beta$$

$$\frac{\partial L}{\partial \overline{w}} = \frac{\partial L}{\partial \alpha} = \frac{\partial L}{\partial \beta} = \frac{\partial L}{\partial q_i} = \frac{\partial L}{\partial \lambda} = 0$$

上面的条件指出: 在最优时, 政府公共开支的边际效用等于资源的社会边际值与扭曲税收的边际成本的和. 我们上面的过程就是次优的过程.

7.1.2 一般的动态框架

假设消费者具有无限生存期限, 对任意的 $t \geqslant 1$, 他的效用函数可以递归地定义为

$$J(_t X) = U(x_t, J(_{t+1} X)) \qquad (7.1.6)$$

其中 x_t 是消费者的消费和休闲, $_t X$ 表示 t 时刻以后所有的消费组合 $(x_t, \cdots, x_{t+k}, \cdots)$.

不失一般性, 向量 x_t 可以表示为消费者的消费水平 c_t、劳动力的供给 l_t 和

政府的公共开支 g_t 的函数,即

$$x_t = (c_t, l_t, g_t) \qquad (7.1.7)$$

产品 y_t 可以由厂商投入资本存量 k_t 和劳动 l_t 来生产,即

$$y_t = f(k_t, l_t) \qquad (7.1.8)$$

社会资源约束方程可以表示为

$$k_{t+1} = k_t + f(k_t, l_t) - c_t - g_t \qquad (7.1.9)$$

方程(7.1.9)表示生产的产出用来满足私人消费和政府的公共开支,以及增加投资. 我们可以从分散经济的角度来考虑上面的条件,假设消费者的财富是消费者持有的资本和政府债券之和,即 $a_t = k_t + b_t$,消费者从持有的资产和劳动中获得收入来满足消费和储蓄,即

$$a_{t+1} = a_t + \bar{r}_t a_t + \bar{w}_t l_t - c_t$$

这里 $\bar{r}_t$ 和 $\bar{w}_t$ 分别为资产和劳动的税后回报,如果 r_t 和 w_t 分别为资产和劳动的回报,那么政府从消费者那里收取的资本收入税和劳动收入税分别为 $r_t - \bar{r}_t$ 和 $w_t - \bar{w}_t$. 一般地,我们假设税率不能太大,因此假设存在一个下界,使得资产的税后回报率大于某一常数,不失一般性可以选取这个常数为 0,因此

$$\bar{r}_t \geqslant 0 \qquad (7.1.10)$$

假设政府的债券为 b_t,政府从发行债券和税收中获得收入,用来满足自己的公共开支和支付上一期债券的利息,即

$$b_{t+1} = (1 + \bar{r}_t) b_t + \bar{r}_t k_t + \bar{w}_t l_t - f(k_t, l_t) + g_t \qquad (7.1.11)$$

如果考虑 $b_t = 0$,那么政府在每一期都是预算约束平衡的. 这是下面讨论的特例.

消费者的最优行为就是选择消费水平和休闲来极大化他的贴现效用和,求解他的行为,我们可以立即得到最优性条件

$$\bar{w}_t \frac{\partial U(c_t, l_t, g_t, J_{t+1})}{\partial c_t} + \frac{\partial U(c_t, l_t, g_t, J_{t+1})}{\partial l_t} = 0 \qquad (7.1.12)$$

$$\frac{\partial U(c_t, l_t, g_t, J_{t+1})}{\partial c_t} = (1 + \bar{r}_{t+1}) \frac{\partial U(c_t, l_t, g_t, J_{t+1})}{\partial J_{t+1}} \times$$

$$\frac{\partial U(c_{t+1}, l_{t+1}, g_{t+1}, J_{t+2})}{\partial c_{t+1}} \qquad (7.1.13)$$

和下面的方程

$$J_t - U(c_t, l_t, g_t, J_{t+1}) = 0 \qquad (7.1.14)$$

在消费者的最优行为和政府的预算约束下,政府选择消费者的消费路径、资本存量路径、休闲路径、政府公共开支路径、政府债券路径和税收来极大化社会福利,也就是在方程(7.1.9)—(7.1.14)下极大化 $U(_1X)$.

Chamley(1986)给出了下面的结论:

【定理 7.1.1】

如果消费者的效用函数满足方程(7.1.6),则通过次优过程得到的动态路径收敛到均衡点,而且对于资本收入税收在均衡时为 0.

证明 假设对应于方程(7.1.9)和(7.1.15)的 Lagrange 乘子分别为 $\tilde{\lambda}_t$ 和 $\tilde{\mu}_t$,定义 Lagrange 函数为

$$L = U(_1 X) + \sum \tilde{\lambda}_t(-k_{t+1} + k_t + f(k_t, l_t) - c_t - g_t)$$
$$+ \sum \tilde{\mu}_t(-b_{t+1} + (1+\bar{r}_t)b_t + \bar{r}_t k_t$$
$$+ \bar{w}_t l_t - f(k_t, l_t) + g_t) + A \qquad (7.1.15)$$

其中 A 为不包含 k_t 的项.

我们记不含 $\sim$ 的项为当前值的乘子,即对于 $t \geq 2, \tilde{z}_t = \prod_{i=1}^{t-1} \frac{\partial U(x_i, J_{i+1})}{\partial J} z_t$. 这样最优性条件为

$$\lambda_t = \frac{\partial U(x_t, J_{t+1})}{\partial J}[\lambda_{t+1}(1+r_{t+1}) + \mu_{t+1}(\bar{r}_{t+1} - r_{t+1})] \qquad (7.1.16)$$

这里 $\frac{\partial U(x_t, J_{t+1})}{\partial J}$ 为贴现因子,我们记为 δ_t. 当时间收敛到无穷大时,我们得到

$$\lambda = \delta[\lambda(1+r) + \mu(\bar{r}-r)] \qquad (7.1.17)$$

而由消费者的最优性条件(7.1.13),我们知道

$$1 = \delta(1+\bar{r}) \qquad (7.1.18)$$

从方程(7.1.17)和(7.1.18),我们得到

$$(\lambda - \mu)(\bar{r} - r) = 0 \qquad (7.1.19)$$

这里变量 μ 表示公共债券的社会边际值,λ 表示私人资本存量的社会边际值,因此 $\lambda - \mu$ 为正,因此在均衡时 $(\bar{r}-r) = 0$.

证明完毕

上面定理中给出的效用函数形式是递归形式,实际上,对于一般的经济学中常见的效用函数形式,上面的结论仍然成立,这留给读者做习题.

7.1.3 Chamley 给出的例子

Chamley(1986)给出了决定均衡时税收水平的例子,他假设消费者选择消费路径 c,劳动力的供给 l,和他的资本积累路径 a,来极大化他的效用:

$$\max \int_0^\infty u(c, l, g) e^{-\beta t} dt$$

受约束于

$$\dot{a} = \bar{r}a + \bar{w}l - c - T \qquad (7.1.20)$$

其中,g 为政府公共开支;T 代表政府税收.为简单起见,他假设消费者的效用函数为

$$u(c,l,g) = \frac{c^{1-\sigma}}{1-\sigma} + L(1-l) \tag{7.1.21}$$

其中 L 为正常数.这里他没有考虑政府的公共开支水平.

假设厂商的生产函数是新古典的生产函数,即 $y=f(k,l)$,而且满足

$$f_k > 0, \quad f_l > 0, \quad f_{kk} < 0, \quad f_{ll} < 0$$

厂商选择资本和劳动来极大化其利润:

$$\max f(k,l) - rk - wl$$

这样得到

$$r = f_k, \quad w = f_l \tag{7.1.22}$$

因此,最优时的资本存量的边际生产率等于市场利率,劳动的边际生产率等于工资率.

为求解消费者行为,定义 Hamilton 方程

$$H = u(c,l,g) + q[\bar{r}a + \bar{w}l - c - T]$$

其中 q 为对应方程(7.1.12)的 Hamilton 乘子,它表示消费者财富的边际值.也就是消费者的财富增加一个单位所带来消费者的最优效用增加多少单位.

我们得到最优性条件

$$u_c(c,l,g) = q \tag{7.1.23}$$

$$u_l(c,l,g) = -q\bar{w} \tag{7.1.24}$$

$$\dot{q} = q(\beta - \bar{r}) \tag{7.1.25}$$

和横截性条件

$$\lim_{t \to \infty} qa e^{-\beta t} = 0 \tag{7.1.26}$$

上面条件的解释和一般的宏观经济学模型一致,这里不再重复.

在消费者的最优性条件和政府预算约束下,政府选择消费、资本存量和税收来极大化整个社会的福利.先考虑政府的预算约束,政府通过发行债券和向消费者收取税收来作为自己的收入,它的支出包括支付的债券利息和自己的公共开支,因此,可以把它的预算约束方程写为

$$\dot{b} = g + rb - (r - \bar{r})a - (w - \bar{w})l \tag{7.1.27}$$

消费者的财富为持有的资本和政府债券之和,记 $a = k + b$,考虑消费者的预算约束和厂商的最优性条件以及政府的预算约束方程,我们可以得到

$$\dot{k} = f(k,l) - c - g \tag{7.1.28}$$

$$\dot{b} = \bar{r}b + \bar{r}k + \bar{w}l - f(k,l) + g \tag{7.1.29}$$

上面两个条件包含了政府的预算约束方程、厂商的最优性条件和消费者的预算约束方程。

由消费者的最优性条件(7.1.23)和(7.1.24),可以得到短期均衡路径
$$c = c(\overline{w}, q), \quad l = l(\overline{w}, q)$$
这样消费者的瞬时间接效用函数可以表示为
$$v(\overline{w}, q) = u(c(\overline{w}, q), l(\overline{w}, q)) \tag{7.1.30}$$

政府在消费者最优行为、厂商最优行为以及它自己的预算约束下选择消费路径、资本存量积累路径和税收路径来极大化整个社会的福利,即
$$\max \int_0^\infty v(\overline{w}, q) e^{-\beta t} dt$$
受约束于
$$\dot{k} = f(k, l) - c - g$$
$$\dot{b} = \overline{r} b + \overline{r} k + \overline{w} l - f(k, l) + g$$
$$\dot{q} = q(\beta - \overline{r})$$
其中 $k(0) = k_0$ 和 $b(0) = b_0$ 给定。

在上面的问题中,因为资本收入税一般要求不可能大于 1,因此,我们一般还要求 $\overline{r} > 0$。

为求解上面的问题,定义 Hamilton 函数
$$\begin{aligned} H(\overline{w}, q, g, \xi, \lambda, \mu, k, b) \\ = v(\overline{w}, q) + \xi(q(\beta - r)) + \lambda(f(k, l) - c - g) \\ + \mu(\overline{r} b + \overline{r} k + \overline{w} l - f(k, l) + g) + \nu \overline{r} \end{aligned}$$

其中 ξ, λ 和 μ 分别为消费者的 Euler 方程(7.1.25)、方程(7.1.28)和(7.1.29)的 Hamilton 乘子,而且 λ 也是消费者财富的边际值,但是它可以解释为财富的社会边际效用。

我们得到最优性条件
$$\dot{\xi} = \beta \xi - \frac{\partial H}{\partial q} \tag{7.1.31}$$
$$\dot{\lambda} = \beta \lambda - \frac{\partial H}{\partial k} \tag{7.1.32}$$
$$\dot{\mu} = \beta \mu - \mu \overline{r} \tag{7.1.33}$$
和
$$\frac{\partial H}{\partial \overline{w}} = 0 \tag{7.1.33}$$
$$\frac{\partial H}{\partial \overline{r}} = -\xi q + \mu a + \nu = 0 \tag{7.1.34}$$

以及对应于税收限制的松弛条件
$$\nu \geqslant 0, \quad \bar{r} \geqslant 0, \quad \nu\bar{r} = 0 \tag{7.1.35}$$

因为对 q_0 没有限制[①],我们还有 TVC 条件
$$\lim_{t\to\infty} k\lambda \mathrm{e}^{-(\rho-n)t} = 0, \quad \lim_{t\to\infty} b\mu \mathrm{e}^{-(\rho-n)t} = 0, \quad \xi_0 = 0 \tag{7.1.36}$$

关于最优税收,首先有下面的结论:

性质 7.1.2

在上面的效用函数形式假设下,如果财政政策是有效的,则存在时刻 τ,使得对于任意的 $t<\tau$,$\bar{r} \geqslant 0$ 以不等式形式成立;对任意的 $t>\tau$,资本收入不收税,即 $r = \bar{r}$.

证明 我们要证明上面的结论,就是要证明对于 $t<\tau$ 时,$\nu>0$,这样 $\bar{r} \geqslant 0$ 以等式形式成立. 为此,对方程(7.1.34)微分,同时利用条件(7.1.31),(7.1.25)和(7.1.33),以及消费者的预算约束方程(7.1.20),我们得到

$$\dot{\nu} = \beta\nu + G \tag{7.1.37}$$

其中 $G = -qv_q - \lambda(wql_q - qc_q) + \mu(w - \bar{w})ql_q + \mu(c - \bar{w}l)$.

因为效用函数的特殊形式,我们知道 l 仅仅依赖于 $\bar{w}q$,而且 $\bar{w}l_w = ql_q$. 同时考虑到条件 $\frac{\partial H}{\partial w} = 0$,我们可以把 G 表示为

$$G = \frac{c}{\sigma}(q - \lambda + \sigma\mu) \tag{7.1.38}$$

这样方程(7.1.37)等价于

$$\dot{\nu} = \beta\nu + \frac{c}{\sigma}Z \tag{7.1.39}$$

其中 $Z = q - \lambda + \sigma\mu$.

从方程(7.1.25),(7.1.32)和(7.1.33),我们知道
$$\dot{Z} = Z(\beta - \bar{r}) + (\lambda - \mu)(r - \bar{r}) \tag{7.1.40}$$

在 $\bar{r} \geqslant 0$ 不以等式形式成立的区间,我们知道 $\nu = 0$,因此从方程(7.1.39),我们知道 $Z = 0$,这样从方程(7.1.40)得到 $r = \bar{r}$.

因此 $\bar{r} \geqslant 0$ 不以等式形式成立的结论不能总是成立(这是因为消费的边际值将趋于无穷大). 记 τ 为最大的满足 $\bar{r} \geqslant 0$ 不以等式形式成立的时间. 下面仅

---

① 这里虽然对 q_0 没有限制,但是因为对于消费者行为的**最优性条件** $\lim_{t\to\infty} qae^{-\beta t} = 0$ 中有横截性条件的存在,因此实际上对于 q 是存在边界限制的. 因此,这里就出现了是用 $q_0 = 0$ 这个条件还是用上面的横截性条件的选择,Xie(1997)给出了例子说明在使用 $q_0 = 0$ 的情形下,不会出现动态不一致的问题,但是他说明这个条件仅仅是一个充分性条件,而不是必要性条件. 我们把这个问题留给读者做练习.

需要证明对于任意的 $t > \tau$，资本收入不收税，即 $r = \bar{r}$。

假设存在区间 (t_1, t_2) 使得 $\bar{r} \geq 0$ 不以等式形式成立，而且 t_1 是最小的大于 τ 的发生上面情况的时间。在 t_1，我们得到 $\nu = 0$ 和 $\dot{\nu} > 0$。在方程 (7.1.39) 中，上面的关系表明 Z 是严格大于零的，这是不可能的。（这是因为 Z 在 t_1 前是时间的连续函数，而且 $Z = 0$）。

证明完成

上面的性质给出了资本收入税的两个区间，最优税收是要么尽可能地收税，要么不收税。税收有两个效果，首先对于已经存在的资本增加了收入税，但是它影响了将来的储蓄。在 $t < \tau$ 时，税收的一揽子扭曲性较小，在另外的区间，收入税对储蓄的扭曲性变成主要因素，因此，不再存在收入税。

税收的持续区间依赖于这些税收的超额负担。当税收的超额负担增加时，收入税的持续期增加，为了减少在第二个时间区间产生的利润的贴现值，政府税收的持续期增加。

在次优过程的超额负担的边际值等于影子价格 μ。它可以简单地表示为单位私人消费的价值 μ/q。比较消费者的最优性条件 (7.1.25) 和政府的约束条件 (7.1.33)，我们可以证明它们是相等的，而且用私人消费度量的边际超额负担是常数，即

$$\mu/q = \phi$$

ϕ 的决定取决于公共债务的初始值。如果政府拥有的初始资本等于将来公共开支的现值，它就不必要向消费者收取扭曲性的税收，这样边际超额负担等于 0。在标准的情形下，公共财富的初始值小于政府的公共开支，因此扭曲性的税收是必要的，这样 ϕ 是负常数。在下面的结论中给出了边际超额负担和政府公共债券的关系：

【定理 7.1.3】

记边际超额负担为 ϕ，资本存量在 τ 的边际值为 k_τ，而且至少下面的条件之一成立：ϕ 的绝对值较小或者 L 的三阶导数为正。则如果 k_τ 充分接近资本存量的均衡值 k_τ^*，则存在唯一时刻 τ 的公共债务 b_τ 满足次优的动态路径收敛到均衡点。

当函数 L 是常弹性时，定理 7.1.3 的第二个条件是满足的，下面通过决定动态系统在均衡点处的特征根的符号来证明这个定理。

证明 首先，通过下面的方程可以把工资表示为 l 和 q 的隐式函数

$$L'(1-l) = \overline{qw} \tag{7.1.41}$$

因为函数 L 的凹性，我们知道 $\overline{w}_l > 0$，而且我们知道 $\mu = \phi q$ 和 $\lambda = q + \sigma \mu$。

此时,对应的 Hamilton 函数定义为
$$\begin{aligned}&H(\overline{w},q,g,\xi,\lambda,\mu,k,b)\\&=u(c,l)+\xi(q(\beta-r))+\lambda(f(k,l)-c-g)\\&\quad+\mu(\overline{r}b+(r-\overline{r})k+(w-\overline{w})l-g)\end{aligned} \quad (7.1.42)$$

其中 $\overline{r}=r, c$ 是 q 的函数,$\overline{w}$ 是 l 和 q 的函数.

这样,我们得到最优性条件
$$\dot{k}=f(k,l)-c-g$$
$$\dot{b}=rb+(w-\overline{w})l-g$$
$$\dot{q}=q(\beta-\overline{r})$$
$$\frac{\partial H}{\partial l}=0$$
$$w-\overline{w}+\phi(\overline{w}-(1-\sigma)w)+\phi l w_l=0$$

其中 $\overline{w}$ 为 l 和 q 的函数,w 是 k 和 l 的函数,上面函数隐式决定形式,因此由最后一个方程有
$$B(l,k,q)=0 \quad (7.1.43)$$

从而隐式决定了 l 是状态变量 k 和 q 的函数.对函数 B 的偏导数得到
$$B_l=w_l(1-\phi(1-\sigma))+\overline{w}_l(2\phi-1)+\phi l w_{ll}$$
$$B_k=w_k(1-\phi(1-\sigma))$$
$$B_q=\overline{w}_q(-1+\phi)-\phi l\frac{\overline{w}_l}{q}$$

由方程(7.1.43)给出的隐式定义,我们得到
$$\overline{w}_q=-\frac{\overline{w}}{q},\quad \overline{w}_l=-\frac{L''}{q}>0,\quad \overline{w}_{ll}=-\frac{L'''}{q}$$

这里 w_l 是负的,它取决于生产函数.

由次优结果的存在性,条件 $B_l<0$ 是成立的.

把上面的动态系统在均衡点附近线性化得到
$$\begin{pmatrix}\dot{k}\\\dot{q}\\\dot{b}\end{pmatrix}=M\begin{pmatrix}k-k^*\\q-q^*\\b-b^*\end{pmatrix}$$

其中
$$M=\begin{pmatrix}r+wl_k & wl_q-c_q & 0\\-qr_k-qr_ll_k & -qr_ll_q & 0\\ * & * & p\end{pmatrix}$$

其中 * 表示非零项. 由方程(7.1.43)得到

$$l_k = -B_k/B_l, \quad l_q = -B_q/B_l$$

矩阵 M 的一个特征根等于 ρ, 它显然为正. 下面证明另外两个特征根具有相反的符号, 首先考虑 M 的第一个二阶主子式 Δ,

$$\Delta = -(r+wl_k)qr_ll_q + q(r_k+r_ll_k)(wl_q-c_q)$$

因为 $qc_q = -c/\sigma, r_l = -k/lr_k$, 而且 $y = rk+wl$, 因此

$$\Delta = \frac{cr_k}{\sigma}\left(1 + \frac{\sigma y}{c}\frac{ql_q}{l} - \frac{kl_k}{l}\right)$$

这样, 我们得到

$$\Delta = \frac{cr_k}{\sigma}\frac{S}{B_l}$$

其中 $S = \phi l \overline{w}_u + \overline{w}_l\left(-1+\left(2+\frac{\sigma y}{c}\right)\phi\right) - \frac{\sigma y}{c}\overline{w}_q(-1+\phi)$.

因此在定理 7.1.3 中给出的任何两个条件之一都可以保证行列式是负的. 这样线性化系统的系数矩阵 M 有两个正的特征根和一个负的特征根. 因此, 对于给定的常数 ϕ, 对于在均衡点附近的资本存量水平, 存在唯一的 q 和 b 使得动态系统收敛到均衡值.

注意定理给出的条件仅仅是充分性条件.

下面给出资本收入税的持续时间 τ, 由最优性条件(7.1.32), 我们知道

$$\dot{\lambda} = \beta\lambda - r\lambda - \mu(r-\bar{r})$$

考虑方程(7.1.33), 因此在区间 $(0,\tau)$,

$$\dot{\lambda} - \dot{\mu} = (\beta-r)(\lambda-\mu)$$

如果 $r = \beta$, 则我们知道 $\lambda-\mu$ 为常数, 由方程(7.1.39), 我们知道对于 $t \geq \tau$ 时, $\nu = Z = 0$, 因此当 $\sigma = 1$ 时 $\lambda-\mu = q$. 这样, 对于任意的 $t \in (0,\tau)$

$$\lambda_t - \mu_t = \lambda_\tau - \mu_\tau = q_\tau$$

在区间 $(0,\tau)$, $\bar{r} = 0$, 由方程(7.1.25)可知 $\dot{q} = \beta q$, 而且

$$q_t = q_\tau e^{\beta(t-\tau)}$$

把 $\lambda-\mu$ 和 q 代入方程(7.1.40), 这样方程(7.1.39)等价于对于任意的 $t \in (0,\tau)$

$$\dot{\nu} = \beta\nu + 1 - e^{\beta(\tau-t)}$$

因为 $\nu_0 = -\mu a_0$ 和 $\nu_\tau = 0$, 我们可以通过上面的方程得到 τ, 它满足

$$e^{\beta\tau} + e^{-\beta\tau} - 2 = -2\mu\beta a_0$$

我们可以得到上面的一个很好的逼近 $\tau = \frac{1}{\beta}\sqrt{-2\phi\frac{a_0}{c_\tau}}$.

通过上面的讨论, 我们得到了次优过程下政府税收的主要结论, 我们可以

得到资本收入税持续一段时间后,将不再出现税收. 如果没有政府的债券存在或者政府的债券发行受到一定的限制后上面的结论如何? 这个问题留做读者讨论.

7.2 一级政府下的最优税收路径

上一节中,我们求出了均衡时消费税税率和收入税税率的最优值,但我们并不知道在达到均衡之前税率是怎样随时间变动的,或者说最优税率的路径是怎样的. 文献中涉及路径常见的做法是在均衡点附近作线性逼近以(基本上是)定性的分析路径的稳定性和达到均衡的唯一性[①],对某一经济变量整条路径严格的解析解则很少给出. 原因主要是数学上的:求解路径最终归结为解联立的微分方程组和代数方程组,而求解均衡时的最优值只需解代数方程组,前者明显要困难得多. 但是了解最优税率随时间变动的全过程显然比单纯了解它(们)在长期的一个值更有意义. 谢丹阳(1997)从证明 Chamley(1986)在政府优化问题中给出的边界条件可能导致时间不相容性(time inconsistency)的角度利用特殊的效用函数和生产函数求得了收入税的显示路径. 本章的主要任务就是推广他的结论,通过具体的例子同时给出消费税、收入税还有资本积累和财富积累的显示路径.

为简单起见,我们回到一级政府,并且政府的公共开支不引入到效用函数和生产函数中去. 此时,经济中只有一个私人部门,由代表性消费者和代表性厂商构成,政府和私人部门之间进行 Stackelberg 博弈,政府为领导者,私人部门为追随者. 仍然考虑三种税:消费税、劳动收入税和资本收入税(当存在政府债券时为财富收入税),不考虑政府间转移支付. 符号方面,除改用 g 表示政府公共开支外,其余各量仍沿用上一节的符号,只是去掉了下标 i. 比如用 c 表示私人消费,b 表示政府债券(如果存在的话),w 表示实际工资率,τ_r 表示资本收入税(或者财富收入税)税率等.

7.2.1 存在政府债券时的路径

实际上,税收路径就是根据方程(7.1.25),(7.1.28),(7.1.29)和(7.1.31)—(7.1.36)求出消费路径、资本存量积累路径,以及两种税收路径和其他的内生

---

① 可参见罗默(Romer, 1996)在《高级宏观经济学》(Advanced Macroeconomics)一书中对这一方法较为系统的叙述.

变量.我们知道在一般的情形下是不可能得到显示解的,为此,和 Xie(1997) 一致,选取效用函数和生产函数如下:

$$u(c,l) = \ln(c-l) \tag{7.2.1}$$

$$y(k,l) = Ak^\alpha l^{1-\alpha} \tag{7.2.2}$$

从方程(7.2.1)给出的效用函数中,我们知道私人消费 c 和私人劳动投入 l 之间的转换率 σ 为 $1.A$ 仍为常数.

以 $a=k+b$ 表示私人财富.私人部门中代表性消费者的问题是选择最优的消费路径 $c(t)$,劳动投入路径 $l(t)$ 和财富路径 $a(t)$ 以最大化他在无限期的折现效用,即

$$\max_{c,l,a} \int_0^\infty e^{-\rho t} \ln(c-l) dt$$

ρ 为折现率.同时受约束于消费者的预算

$$\dot{a} = ra + wl - \tau_r ra - \tau_w wl - \tau_c c - c \tag{7.2.3}$$

方程(7.2.3)中 ra 和 wl 分别为其财富收入和工资收入;$\tau_r ra$,$\tau_w wl$ 和 $\tau_c c$ 分别为其支付的财富收入税,劳动收入税和消费税;$\dfrac{da}{dt}$ 表示财富的净增加.同样我们不考虑资本折旧.

由方程(7.2.2),代表性厂商的利润最大化问题给出均衡的利率和工资率分别为

$$r = \alpha A k^{\alpha-1} l^{1-\alpha} \tag{7.2.4}$$

$$w = (1-\alpha) A k^\alpha l^{-\alpha} \tag{7.2.5}$$

类似上一节的推导,我们易得

$$w = \frac{1+\tau_c}{1-\tau_w} \tag{7.2.6}$$

$$c = \frac{a\rho}{1+\tau_c} + l \tag{7.2.7}$$

$$l = \left[\frac{(1-\alpha)A(1-\tau_w)}{1+\tau_c}\right]^{\frac{1}{\alpha}} k \tag{7.2.8}$$

$$r = \alpha A \left[\frac{(1-\alpha)A(1-\tau_w)}{1+\tau_c}\right]^{\frac{1-\alpha}{\alpha}} \tag{7.2.9}$$

$$\dot{a} = [r(1-\tau_r) - \rho]a \tag{7.2.10}$$

方程(7.2.6)—(7.2.10)描述了达到竞争均衡时私人部门的最优选择.

在随后政府的优化问题中,能够用 τ_c,τ_w,τ_r,a 和 k 表示出的 w,c,l 和 r 不再作为选择变量,(7.2.6)—(7.2.9)也不再作为约束条件出现.

私人部门作出最优选择后,政府解一个典型的 Ramsey 问题,选择变量为诸

税率路径 $\tau_r(t),\tau_w(t)$ 和 $\tau_c(t)$,私人资本存量路径 $k(t)$,以及政府债券存量路径 $b(t)$,目标函数为社会福利即代表性消费者的折现效用,受约束于(7.2.10)和自身的预算:

$$\dot{b} = rb + g - \tau_r ra - \tau_w wl - \tau_c c \qquad (7.2.11)$$

(7.2.11)式右边前两项是政府公共开支,依次为债券利息支出和公共开支;后三项为税收收入,其差额由政府债券存量的变动 $\dot{b}$ 来弥补.

由(7.2.3),(7.2.11)以及关系式 $a=k+b$ 我们得到可行性条件

$$\dot{k} = rk + wl - g - c \qquad (7.2.12)$$

同样,在政府的约束条件中我们可以用(7.2.12)代替(7.2.11);在政府选择变量中我们相应地用私人财富路径 $a(t)$ 代替政府债券存量路径 $b(t)$. 再利用(7.2.1)和(7.2.7)改写效用函数的形式,则政府的优化问题可写成

$$\max_{\tau_r \leqslant 1, \tau_w, \tau_c, a, k} \int_0^\infty e^{-\rho t} [\ln a - \ln(1+\tau_c)] dt$$

满足约束(7.2.10)和(7.2.12).

注意这里有两点与第 2 章不同:(1) 我们明确限定财富收入税(当不存在政府债券时为资本收入税)税率不应大于 1,即加上代数约束条件 $\tau_r \leqslant 1$[①];(2) 政府的公共开支路径 $g(t)$ 在我们现在的模型中视为外生给定的常数 g 而不再作为选择变量. 以下我们又分两种情形:

1. 不存在税率的非负约束

此时可能出现负税收,即政府对私人部门进行补贴的情况. 以 λ 和 μ 分别表示与(7.2.10)和(7.2.12)相联系的 Hamilton 乘子,ν 表示与约束 $\tau_r \leqslant 1$ 相联系的 Lagrange 乘子. 则一阶条件为

$$\frac{\partial H}{\partial \tau_r} = -\lambda ra - \nu = 0 \qquad (7.2.13)$$

$$\nu(1-\tau_r) = 0, \quad \nu \geqslant 0, \quad \tau_r \leqslant 1 \qquad (7.2.14)$$

$$\frac{\partial H}{\partial \tau_w} = \mu w \frac{\partial l}{\partial \tau_w} + [\lambda(1-\tau_r)a + \mu k]\frac{\partial r}{\partial \tau_w} + \mu l \frac{\partial w}{\partial \tau_w} - \mu \frac{\partial c}{\partial \tau_w} = 0 \qquad (7.2.15)$$

$$\frac{\partial H}{\partial \tau_c} = -\frac{1}{1+\tau_c} + \mu w \frac{\partial l}{\partial \tau_c} + [\lambda(1-\tau_r)a + \mu k]\frac{\partial r}{\partial \tau_c}$$

$$+ \mu l \frac{\partial w}{\partial \tau_c} - \mu \frac{\partial c}{\partial \tau_c} = 0 \qquad (7.2.16)$$

---

① 一般认为,对财富收入征收高于 100% 的税率会完全抑制住经济中的投资. 但是对消费税税率则没有类似的约束.

$$\frac{\partial H}{\partial a} = \frac{1}{a} + \lambda[r(1-\tau_r) - \rho] - \mu\frac{\partial c}{\partial a} = \rho\lambda - \frac{d\lambda}{dt} \qquad (7.2.17)$$

$$\frac{\partial H}{\partial k} = \mu r + \mu w\frac{\partial l}{\partial k} - \mu\frac{\partial c}{\partial k} = \rho\mu - \frac{d\mu}{dt} \qquad (7.2.18)$$

再加上(7.2.10),(7.2.12)和横截性条件

$$\lim_{t\to\infty} a\lambda e^{-\rho t} = 0 \qquad (7.2.19)$$

$$\lim_{t\to\infty} k\mu e^{-\rho t} = 0 \qquad (7.2.20)$$

利用关系式(7.2.6)—(7.2.9)分别求解出(7.2.15)—(7.2.18)中的偏导数,可将这些条件依次改写为

$$(1-\alpha)\mu(rk+wl) + \lambda(1-\tau_r)(1-\alpha)ra = \mu l \qquad (7.2.21)$$

$$(1-\alpha)\mu(rk+wl) + \lambda(1-\tau_r)ra = \mu l + \mu\rho a\frac{\alpha}{1+\tau_c} - \alpha \qquad (7.2.22)$$

$$\dot{\lambda} - 2\rho\lambda - \mu\rho\frac{1}{1+\tau_c} + \frac{1}{a} + \lambda r(1-\tau_r) = 0 \qquad (7.2.23)$$

$$\dot{\mu} + \mu\left[r - \rho + \frac{l}{k}(w-1)\right] = 0 \qquad (7.2.24)$$

由(7.2.21)和(7.2.22)

$$a\mu = \frac{1+\tau_c}{\rho} \qquad (7.2.25)$$

在本章末的附录 A 中,我们得到最优的财富路径、资本存量路径、消费税路径、财富收入税路径和劳动收入税路径如下:

$$a(t) = \begin{cases} a(0)e^{-\rho t} & (t \leqslant T) \\ a(0)e^{r(t-T)-\rho t} & (t > T) \end{cases} \qquad (7.2.26)$$

$$k(t) = \begin{cases} e^{rt}\left[k(0) - \frac{g}{r}(1-e^{-rt})\right. \\ \left. - \frac{1-e^{-\rho t}}{1-e^{-\rho T}}\left(k(0) - \frac{g}{r} - a(0)e^{-(r+\rho)T}\right)\right] & (t \leqslant T) \\ \frac{g}{r} + a(0)e^{(r-\rho)t}e^{-rT} & (t > T) \end{cases}$$

$$(7.2.27)$$

$$\tau_c = \begin{cases} [1+\tau_c(0)]e^{-rt} - 1 & (t \leqslant T) \\ 0 & (t > T) \end{cases} \qquad (7.2.28)$$

$$\tau_r = \begin{cases} 1 & (t \leqslant T) \\ 0 & (t > T) \end{cases} \qquad (7.2.29)$$

$$\tau_w(t) = -\tau_c(t) \quad (t \geqslant 0) \qquad (7.2.30)$$

其中 t 和 T 均表示时间. T 由下式隐式确定:

$$\frac{a(0)}{1+\tau_c(0)}(1-e^{-\rho T}) = k(0) - \frac{g}{r} - a(0)e^{-(r+\rho)T} \tag{7.2.31}$$

利率路径 $r(t)$ 为一个常数,满足

$$r(t) = r = \alpha A\left[(1-\alpha)A\right]^{\frac{1-\alpha}{\alpha}} \tag{7.2.32}$$

$\tau_c(0)$ 为消费税税率的初始值,具体值不确定.

由(7.2.28),在 T 时刻前,$\tau_c(t)$ 是一个随时间的减函数;在 T 时刻时,其值会跳变到 0. 由(7.2.30),劳动收入税税率和消费税税率始终保持相反数的关系:征收正的消费税意味着对劳动收入的补贴,反之亦然,除非二者同为 0. 由(7.2.26)和(7.2.27),当 $t>T$ 时,$b(t) = a(t) - k(t) = -\frac{g}{r} < 0$,说明 T 时刻后政府作为债券的净债权人,向消费者收取恒定的利息 $r|b| = g$. 再与(7.2.28)—(7.2.30)相联系,经济含义就更为明显:刚开始的时候政府收取 100% 的财富收入税①以迫使消费者向自己借款. T 时刻以后,政府已经拥有足够多的资产(也就是 b 负得足够厉害),此时政府可以设定所有的税率均为 0,而仅仅通过债券利息收入为自己给定的公共开支融资 g. 由(7.2.31),政府可以通过设定不同的初始消费税税率 $\tau_c(0)$ 来改变 100% 财富收入税延续的时间长短也即改变 T 的大小②.

2. 存在税率的非负约束

由上一小节(7.2.30)式知,除非同为 0,否则 τ_w, τ_c 中必有一个为负值. 现实世界中负税收的情况比较罕见,所以我们考虑对税率加上非负约束,即限定 $\tau_c, \tau_w, \tau_r \geqslant 0$,其他假定均与 3.1.1 相同.

作为处理上的技巧,首先我们只考虑约束 $\tau_c, \tau_w \geqslant 0$,在结果中我们将看到 $\tau_r \geqslant 0$ 自动满足. 此时(7.2.13),(7.2.14),(7.2.23),(7.2.24)保持不变,而(7.2.15)和(7.2.16)则分别改写为

$$(1-\alpha)\mu(rk+wl) + \lambda(1-\tau_r)(1-\alpha)ra = \mu l + \chi\alpha(1-\tau_w) \tag{7.2.33}$$

$$\chi\tau_w = 0, \quad \chi \geqslant 0, \quad \tau_w \geqslant 0 \tag{7.2.34}$$

$$(1-\alpha)\mu(rk+wl) + \lambda(1-\tau_r)(1-\alpha)ra$$

---

① 在一个正的时间区间上收取 100% 财富收入税的结论最早由 Xie(1997)得到. 很多经济学家对这一结果表示怀疑,因为从经济学直观来看这种政策会在一段时间内完全抑制住私人投资因而似乎不应当成为政府的最优选择. 由于谢文未考虑消费税,他们猜测当加入消费税后可能会推翻这一结论. 现在看来,同时考虑收入税和消费税时 100% 财富收入税仍然严格存在,说明 T 时刻前因税率过高造成私人资本存量的减少给社会福利造成的损失至少能够为 T 时刻后政府取消全部三种税给社会福利带来的促进作用所抵消,因而对政府的跨期选择而言,这样收税仍然可能是最优的.

② 由于 $\tau_c(0)$ 的不确定,这里最优的 T 也存在不确定性. Xie(1997)未考虑消费税,因而他那里最优的 T 是唯一确定的.

$$= \mu l + \mu a \rho \alpha \frac{1}{1+\tau_c} - \alpha + \eta(1+\tau_c)\alpha \qquad (7.2.35)$$

$$\eta \tau_c = 0, \quad \eta \geqslant 0, \quad \tau_c \geqslant 0 \qquad (7.2.36)$$

其中 χ 和 η 分别为与 $\tau_c \geqslant 0$ 和 $\tau_w \geqslant 0$ 相联系的拉格朗日乘子.

在本章末的附录 B 中,同样我们可以得到最优的财富路径、资本存量路径、收入税路径和消费税路径如下:

$$a(t) = \begin{cases} a(0)e^{-\rho t} & (t \leqslant T) \\ a(0)e^{r(t-T)-\rho t} & (t > T) \end{cases} \qquad (7.2.26)$$

$$k(t) = \begin{cases} e^{rT}\left[k(0) - \frac{g}{r}(1-e^{-rT}) - a(0)\frac{\rho}{\rho+r}(1-\rho e^{(\rho+r)t})\right] & (t \leqslant T) \\ e^{rt}\left[k(0) - \frac{g}{r}(1-e^{-rT}) - a(0)\frac{\rho}{\rho+r}(1-\rho e^{(\rho+r)T}) \\ -\frac{g}{r}(e^{-rT}-e^{-rt}) - a(0)e^{-rT}(e^{-\rho T}-e^{-\rho t})\right] & (t > T) \end{cases}$$

$$(7.2.37)$$

$$\tau_r(t) = \begin{cases} 1 & (t \leqslant T) \\ 0 & (t > T) \end{cases} \qquad (7.2.29)$$

$$\tau_w(t) = 0 \quad (t \geqslant 0) \qquad (7.2.38)$$

当 $a(0) \leqslant \dfrac{1}{\rho\mu(0)}$ 时

$$\tau_c(t) = 0 \quad (t \geqslant 0) \qquad (7.2.39)$$

当 $a(0) > \dfrac{1}{\rho\mu(0)}$ 时

$$\tau_c(t) \begin{cases} > 0 & (t \leqslant \min(T, T^*)) \\ = 0 & (t > \min(T, T^*)) \end{cases} \qquad (7.2.40)$$

其中

$$T = \frac{1}{\rho+r}\ln\frac{a(0)\dfrac{r}{\rho+r}}{k(0)-a(0)\dfrac{\rho}{\rho+r}-\dfrac{g}{r}} \qquad (7.2.41)$$

$$T^* = \frac{1}{r}\ln[\rho a(0)\mu(0)] \qquad (7.2.42)$$

$\mu(0)$ 为与预算约束(7.2.12)相联系的 Hamilton 乘子 $\mu(t)$ 的初始值,其值为正但不确定. r 仍然由(7.2.32)给出.

(7.2.41)很直观:政府公共开支 g 越高,T 越大即 100% 财富收入税延续的时间就越长;政府在初始时刻发行的债券 $b(0)$ 越大,也就是初始资本存量

$k(0)$ 给定的前提下消费者的财富总量 $a(0)$ 越大,100％财富收入税延续的时间也越长. T^* 是在初始财富总量 $a(0)$ 较大时,具体来说就是当满足 $a(0) > \dfrac{1}{\rho\mu(0)}$ 时必须引入的时间参数,由(7.2.40),它与 T 中的较小者决定征收正的消费税延续时间的长短.与前面第一点结论类似,T 时刻后消费税和收入税均为 0,政府的公共开支由向消费者征收的债券利息来融资.

3. 不存在政府债券时的情形

我们再来考虑其他假定均与前面第一点相同(包括对税率不加非负约束)只是政府不发行债券而实行平衡预算的情况下,是否也能够导出诸税收路径的形式解.此时消费者的私人财富 a 等同于私人资本存量 k.私人部门的一阶条件除方程(7.2.7)和(7.2.10)需改写为

$$c = \frac{k\rho}{1+\tau_c} + l \tag{7.2.43}$$

$$\dot{k} = [r(1-\tau_r) - \rho]k \tag{7.2.44}$$

外,其余的保持不变.

政府的优化问题为

$$\max_{\tau_r \leqslant 1, \tau_w, \tau_c, k} \int_0^\infty \mathrm{e}^{-\rho t}[\ln k - \ln(1+\tau_c)]\mathrm{d}t$$

受约束于(7.2.44)和它的平衡预算约束

$$\tau_r rk + \tau_w wl + \tau_c c = g \tag{7.2.45}$$

以 $\mu(t)$ 表示与(7.2.45)相联系的 Hamilton 乘子.对这个问题我们可以类似地定义 T,并由一阶条件得到如下的代数方程与微分方程的混合方程组:

当 $0 \leqslant t \leqslant T$ 时

$$k\mu = \frac{1+\tau_c}{\rho} \tag{7.2.46}$$

$$(\mu g - \tau_c)(1-\alpha) = \mu\alpha l \tag{7.2.47}$$

$$\dot{\lambda} - 2\rho\lambda + \frac{\mu}{k}g + \frac{1}{k} = 0 \tag{7.2.48}$$

再加上(7.2.6)和(7.2.45).

其中资本存量路径 $k(t)$ 为

$$k(t) = k(0)\mathrm{e}^{-\rho t} \tag{7.2.49}$$

当 $t > T$ 时

$$(\mu g - \tau_c)(1-\alpha) + (1-\tau_r)(1-\alpha)\mu rk = \mu\alpha l \tag{7.2.50}$$

$$\dot{\mu} + \mu[r(1-\tau_r) - 2\rho] + \frac{\mu}{k}g + \frac{1}{k} = 0 \tag{7.2.51}$$

再加上(7.2.6)和(7.2.44)—(7.2.46).

虽然以上各式原则上确定了诸税率路径 $\tau_r(t)$、$\tau_w(t)$ 和 $\tau_c(t)$，但要将它们解析表出是不可能的。有兴趣的读者可以考虑对路径进行计算机模拟[①]。这里我们只给出均衡($t\to\infty$)时资本存量、利息率、工资率以及三种税率的值如下：

$$k = \frac{\mu g + 1}{\mu \rho} \tag{7.2.52}$$

$$r = \rho \tag{7.2.53}$$

$$w = 1 \tag{7.2.54}$$

$$\tau_r = 0 \tag{7.2.55}$$

$$\tau_w = -\mu g \tag{7.2.56}$$

$$\tau_c = \mu g \tag{7.2.57}$$

此外还必须满足参数条件

$$A(1-\alpha) = \left[\frac{\rho(1-\alpha)}{\alpha}\right]^\alpha \tag{7.2.58}$$

其中 μ 为 Hamilton 乘子在均衡时的值，满足 $\mu > 0$。

由(7.2.55)—(7.2.57)知，均衡时政府不征收扭曲性较大的资本收入税和劳动收入税并且对后者进行补贴；政府的劳动补贴以及自身的公共开支由征收扭曲性较小的消费税来融资。政府的公共开支 g 越大，均衡的消费税税率 τ_c 和劳动补贴率 $-\tau_w$ 也越大。需要注意的是，当(7.2.58)不满足时均衡是不存在的。

本节主要讨论了有关公共财政的两个理论性问题。一是在财政分权以及多重 Stackelberg 博弈的框架下利用一个存在私人资本积累的完全动态的模型研究经济达到均衡时中央政府收入税、地方消费税、中央政府转移支付以及其他重要经济变量的最优值。对这一模型我们分成两种情况考虑：存在中央政府债券和不存在中央政府债券。值得注意的是，当公共开支引入到生产函数中去的时候，至少对我们特殊的效用函数和生产函数而言，不论是否存在财政分权，Chamley(1986)关于均衡资本收入税（或者财富收入税）为零的结论将不再成立。这一正的资本收入税税率恰好是中央政府公共开支和地方公共开支边际生产率之和，实际上代表两种公共开支作为生产函数中的投入要素所要求的边际回报。当中央政府实行平衡预算政策的时候，地方消费税是达到社会福利最大化必不可少的政策工具。但是当中央政府能够发行债券以调剂财政余缺时，消费税就成了一种多余的政策工具，因而可以简单地设定其税率为零。此时中央政府的最优选择是对均衡时的资本收入税和劳动收入税收取相同的税率。

从选取相同的参数基准值对解析解进行数值模拟得到的结果来看，存在中央政府债券与否对最优的财税政策影响甚大。当中央政府实行平衡预算的时

[①] 有关对税率路径的计算机模拟可参看 Jones、Manuelli 和 Rossi(1993)。

候,它对消费者的劳动投入收取负税收即给予劳动补贴,同时"强迫"地方政府对其进行一揽子转移支付以为自己的公共开支、对地方政府对应性的转移支付以及支出的劳动补贴融资.这在现实世界中是不常见的.Gong 和 Zou(2001a)在他们的静态模型中也得到过类似的结论.按照他们的解释,这是因为理论上很多好的政策理论建议由于传统的、文化的、政治的等多方面因素没有被决策当局采纳而已.但是随后当我们稍稍改变模型,允许中央政府发行债券(地方政府仍然不允许发行债券)时,结论就会有很大的不同:中央政府对地方政府进行正的一揽子转移支付和对应性转移支付,通过相同税率的劳动收入税和资本收入税来为其公共开支和转移支付融资,这正是现实世界中联邦制国家如美国、德国一般采用的政策,因而从理论上来说也是最优的.存在中央政府债券时另一个显著的特点是均衡时债券总量为负,意味着中央政府为债券净的债权人并且从两个地区的代表性消费者那里收取债券利息.

我们考虑的第二个问题是最优税的路径.为能得到显示解,我们只考虑了一级政府.即便是在我们极其特殊的生产函数和效用函数下,只有在存在政府债券时才能给出税率的显示路径.具体来说,存在一个 T,最优税率的取值以 T 为界分为两段:在 T 时刻前政府征收 100% 的财富收入税以便积累起足够多的负的政府债券,T 时刻以后政府则不需要征收任何税,仅仅依靠向消费者收取的债券利息为自己的公共开支融资.当允许负税收(补贴)存在时,消费税税率和劳动收入税税率在整条路径上均保持相反数的关系,前者随时间按指数关系减小,后者则相应地随时间按指数关系增加,直到 T 时刻二者随财富收入税税率一起跳变到 0.当加上税率的非负约束时,劳动收入税始终为 0.当初始财富较少时,消费税也始终为 0;当初始财富较多时,消费税开始的时候有一个取正值的区间.注意这里的 T 也是通过最优选择确定的,其值与政府公共开支、私人财富和私人资本存量的初始值有关,当不存在税率的非负约束时还与初始消费税税率有关.若去掉政府债券,我们又会重新面临解微分方程和代数方程联立方程组的困难.对这种情况下的均衡分析表明政府征收正的消费税、负的劳动收入税和零资本收入税.

有关财政分权的模型还有如下两个方面值得进一步探讨:(1)我们总是先验地假定地方政府只能收消费税,联邦政府(中央政府)只能收收入税,但在现实世界中这两种税常常是由两级政府联合收取的.进一步的研究可以考虑去掉这种假定.(2)我们的模型集中于研究不同级政府间纵向的博弈关系而基本上没有涉及地方政府间横向的税收竞争、资源竞争、地方公共决策给相互间带来的外部性等问题.这些都可以在后续工作中得到补充.

7.3 Ramsey 问题中的货币政策

我们可以在 7.1 节讨论的模型中采用次优的方式来研究最优的货币政策，如 Lucas 和 Stokey(1983)，Chari(1996)发现 Friedman 法则实际上是次优过程中的最优行为，Rebelo 和 Xie(1999)证明了 Friedman 法则是许多法则中唯一的可以得到 Pareto 最优的结果考虑最优的货币政策，我们采用 Lucas 的框架。

7.3.1 模型

1. 消费者行为

在一个标准的确定性的经济中，假设消费者的效用函数定义在消费者的消费水平 c、休闲 x 上，即 $u(c,x)$，而且假设消费者从消费和休闲中获得正的、递减的边际效用。

假设消费者持有的资产包括货币持有量 m、资本存量 k 和政府债券 b，记消费者的财富为 a，它被定义为消费者的资本存量和债券之和(注意，我们这里没有考虑消费者持有的货币)因为不存在不确定性，因此消费者从持有的债券中获得确定性的回报，同时假设消费者拥有的人力资本存量为 h，他可以通过消费者投入时间来得到积累，假设消费者投入的积累人力资本的时间为 v，那么，我们假设消费者的人力资本的积累公式为

$$\dot{h} = hH(v(t)) \tag{7.3.1}$$

其中函数 $H(\cdot)$ 为二阶连续可微的、严格单调递增的凹函数，$0 \leqslant v \leqslant 1$。

假设消费者投入的劳动时间为 u，如果假设消费者的总的时间禀赋为 1，则我们有

$$x + u + v = 1 \tag{7.3.2}$$

同时，假设资产的回报率为 r，有效劳动的工资率为 w，政府收取的资本收入税为 τ_k，劳动收入税为 τ_l，这样，消费者资产的税后回报率 $\tilde{r} = (1-\tau_k)r$，有效劳动的实际工资率为 $\tilde{w} = (1-\tau_l)w$，这样，消费者的预算约束方程可以写为

$$\dot{k} + \dot{b} + \dot{m} = \tilde{r}a + \tilde{w}uh - c - \pi m \tag{7.3.3}$$

注意到，我们在模型中引入了货币的持有，为了在宏观模型中引入货币，我们可以按照 Sidrauski 的方式，把消费者的货币持有量直接引入消费者的效用函数，这样在模型中引入货币就是理所当然了，还有另外一种方式就是用 CIA

的约束方式来约束消费者的消费行为或者投资行为,要求消费的消费品必须用货币来支付或者投资品必须用货币来支付,这样货币也就自然进入模型了. 我们这里采用 CIA 的约束方式,假设消费者的消费品必须要用货币来支付,

$$\phi c \leqslant m \tag{7.3.4}$$

其中 $0<\phi\leqslant 1$ 刻画了货币的流动性限制. 如果 $\phi=1$ 就回到了我们原来的纯粹的 CIA 约束.

假设 $\rho>0$ 为贴现因子,这样消费者的贴现效用和为

$$\int_0^\infty u(c,x)e^{-\rho t}dt \tag{7.3.5}$$

消费者的行为就是在政府的行为给定下,在自己的预算约束条件下选择消费路径、休闲路径、资本存量的积累路径、债券和货币的持有量来极大化消费者的贴现效用和,即

$$\max \int_0^\infty u(c,x)e^{-\rho t}dt$$

受约束于

$$\dot{k}+\dot{b}=\tilde{r}a+\tilde{w}uh-c-q \tag{7.3.3}$$

$$\phi c \leqslant m \tag{7.3.4}$$

$$x+u+v=1 \tag{7.3.2}$$

$$\dot{h}=hH(v(t)) \tag{7.3.1}$$

$$\dot{m}=q-\pi m \tag{7.3.6}$$

和给定的初始资本存量水平 $k(0)=k_0$、债券 $b(0)=b_0$ 和货币持有量 $m(0)=m_0$.

2. 厂商行为

假设产出由厂商投入资本存量和有效劳动来得到,假设生产函数为 $F(k,uh)$,假设生产函数满足新古典的假设,它是连续可微的、严格单调递增的凹函数,同时满足 Inada 条件.

厂商的利润极大化可以得到

$$r=F_k(k,uh) \tag{7.3.7}$$

$$w=F_l(k,uh) \tag{7.3.8}$$

上面的条件是标准的利润极大化条件,它表明最优时刻的资本存量和有效劳动满足资本存量的边际生产率等于利率,有效劳动的边际生产率等于工资.

因为生产函数是二阶连续可微的,因此

$$F_{kk}(k,uh)k=-F_{lk}(k,uh)uh$$

$$F_{kl}(k,uh)k=-F_{ll}(k,uh)uh$$

3. 政府行为

厂商生产出的产品可以用来消费（私人消费和政府公共开支 G）和投资，政府的收入包括从消费者收取的税收（资本收入税和劳动收入税）、发行的债券收入和发行货币得到的铸币收入，政府的花费包括要支付的债券利息和自己的公共开支。

假设政府发行货币的速度为 μ，记 $\dot{M}/M = \mu$，其中 M 为政府发行的名义货币量，因此，在假设价格水平为 P 的前提下，实际货币 $m = M/P$，假设价格水平的增长率（也就是通货膨胀率）为 π，我们得到

$$\dot{m}/m = \mu - \pi \tag{7.3.9}$$

同时，政府的预算约束方程可以表示为

$$G + \tilde{r}b = \dot{b} + \mu m + \tau_k rk + \tau_l wuh \tag{7.3.10}$$

定义 7.3.1

给定 $k(0) = k_0, h(0) = h_0, b(0) = b_0$ 和 $M(0) = M_0$，一个竞争均衡就是一列配置序列 $\{c, k, h, m, u, x, v\}$，价格 $\{r, w\}$ 和政府的政策变量 $\{\tau_k, \tau_l, \mu, b, G\}$ 满足：

(1) 给定政府行为下，$\{c, k, h, m, u, x, v\}$ 极大化消费者的效用；

(2) 序列 $\{c, k, h, m, u, x, v\}, \{r, w\}, \{\tau_k, \tau_l, \mu, b, G\}$ 满足厂商的利润极大化和政府的预算约束条件(7.3.7)—(7.3.10)；

(3) 满足市场出清的条件

$$c + \dot{k} + G = F(k, uh) \tag{7.3.11}$$

4. 次优的框架

下面采用 Ramsey 的框架来讨论上面得到的最优税收的步骤为：首先求解消费者的最优行为，此时政府行为和厂商行为是给定的，我们可以通过 Hamilton 系统得到下面的最优行为：

$$u_c = \lambda_1 + \phi\lambda_2 \tag{7.3.12a}$$

$$u_x = \lambda_3 \tag{7.3.12b}$$

$$\lambda_1 \tilde{w} h = \lambda_3 \tag{7.3.12c}$$

$$hH'(v)\lambda_4 = \lambda_3 \tag{7.3.12d}$$

$$\lambda_1 = \lambda_3 \tag{7.3.12e}$$

$$\dot{\lambda}_1 = \lambda_1(\rho - \tilde{r}) \tag{7.3.12f}$$

$$\dot{\lambda}_4 = \lambda_4(\rho - H(v)) - \lambda_1 \tilde{w} u \tag{7.3.12g}$$

$$\dot{\lambda}_5 = \rho\lambda_5 + \lambda_1\pi - \lambda_2 \tag{7.3.12h}$$

$$\lambda_2(m - \phi c) = 0, \quad \lambda_2 \geqslant 0 \qquad (7.3.12i)$$

其中 $\lambda_1, \lambda_2, \lambda_3, \lambda_4$ 和 λ_5 分别为对应的方程(7.3.4)、(7.3.2)、(7.3.3)、(7.3.1)和(7.3.6)的 Hamilton 乘子,它们分别表示了资本存量的边际值、CIA 约束的影子价格、时间约束的影子价格、人力资本和货币持有量的影子价格。

由方程(7.3.12e)—(7.3.12h),我们得到

$$\lambda_2 = \lambda_1 R \qquad (7.3.13)$$

其中 $R = \pi + \tilde{r}$ 为税后的净利率。

从方程(7.3.13),我们知道如果 $R > 0$,则 $\lambda_2 > 0$(因为资本存量的影子价格 λ_1 严格大于 0),因此从方程(7.3.12i)得到 $m - \phi c = 0$。因此,CIA 约束条件以等式形式成立。另外,如果 $R = 0$,则 $\lambda_2 = 0$,CIA 约束条件也是成立的,因此,我们始终有

$$m - \phi c = 0$$

假设效用函数对于消费水平和休闲是可分的,把方程(7.3.13)代入方程(7.3.12a)—(7.3.12c),我们可以把消费水平和休闲表示为利率水平、通货膨胀、价格、影子价格和人力资本存量的函数

$$c = \varphi(R(\pi, \tilde{r}), \tilde{w}, \lambda_1, h) \qquad (7.3.14a)$$

$$x = x(R(\pi, \tilde{r}), \tilde{w}, \lambda_1, h) \qquad (7.3.14b)$$

把方程(7.3.14)代入消费者的效用函数,我们得到间接效用函数

$$u(c, x) = V(R(\pi, \tilde{r}), \tilde{w}, \lambda_1, h) \qquad (7.3.15)$$

把方程(7.3.14a)全微分,得到

$$\dot{c} = \varphi_R \dot{\pi} + \varphi_R \dot{\tilde{r}} + \varphi_w \dot{\tilde{w}} + \varphi_\lambda \dot{\lambda}_1 + \varphi_h \dot{h} \qquad (7.3.16)$$

显然,中央计划者的问题就是在市场出清和消费者的最优条件、政府的预算约束条件下极大化社会福利。

从方程(7.3.10),(7.3.11)和(7.3.16),我们知道可以把消费者的最优行为代入政府的预算约束和市场出清条件,从而,政府选择的是通货膨胀、资本的实际回报率和实际工资率。注意这里同样会出现另外的一个问题,就是时间的相容性问题,为了保证税收有意义,我们假设 $\tau_k(0)$ 是给定的,这样就可以避免出现对初始资本收取过高的收入税,而在充分长的时间的税收有意义。同时,为了简单起见,我们假设 $v = 0$,从而我们可以不考虑方程(7.3.12d)和(7.3.12g)。在上面的假设下,政府的最优问题(Ramsey 问题)可以表示为

$$\max \int_0^\infty V(R(\pi, \tilde{r}), \tilde{w}, \lambda_1, h) e^{-\rho t} dt$$

受约束于

$$\varphi + \dot{k} + G = F(k, uh) \qquad (7.3.17)$$

$$G + \tilde{r}b = \dot{b} + \dot{c} + \pi\varphi + (r - \tilde{r})k + (w - \tilde{w})uh \qquad (7.3.18)$$

$$u = 1 - x \qquad (7.3.19)$$

和方程(7.3.12f),其中 $\dot{c}$ 由方程(7.3.16)给出.

方程(7.3.18)是在我们把方程(7.3.14)代入方程(7.3.11)得到的. 结果,方程(7.3.18)是在把厂商的最优性条件(7.3.7)、货币供应的公式(7.3.9)和我们对税收的定义代入方程(7.3.11)后得到的.

定义 7.3.2

一个 Ramsey 均衡就是一个序列 $\tau = \{\dot{\tilde{r}}, \dot{\tilde{w}}, \dot{\tilde{\pi}}\}$ 和最优配置 $\{c, k, b, h, m, u, x\}$ 以及价格 $\{r, w, R, \lambda_1\}$ 满足

(1) $\tau = \{\dot{\tilde{r}}, \dot{\tilde{w}}, \dot{\tilde{\pi}}\}$ 为上面的政府的最优化问题的解;

(2) 对于任意的 τ',对应的最优配置 $\{c, k, b, h, m, u, x\}$ 和价格 $\{r, w, R, \lambda_1\}$ 组成一个竞争均衡.

因此,要求解一个 Ramsey 问题,首先是求解政府的最优化问题,在计算政府的最优化问题后,政府宣布这个最优的税收、最优的通货膨胀,然后消费者和厂商选择消费水平、积累路径、价格水平来极大化各自的效用和利润.

我们现在假设存在一个唯一的鞍点稳定的均衡点满足政府的最优化问题. 令 $\gamma_1, \gamma_2, \gamma_3, \gamma_4, \gamma_5$ 和 γ_6 分别为(7.3.17),(7.3.18),$\pi, \tilde{r}, \tilde{w}$ 的动态方程和方程(7.3.12f),我们得到最优性条件

$$\dot{\gamma}_1 = (\rho - r)\gamma_1 + \gamma_2(\tilde{r} - r) \qquad (7.3.19a)$$

$$\dot{\gamma}_2 = (\rho - r)\gamma_2 \qquad (7.3.19b)$$

$$\dot{\gamma}_3 = (\rho + \pi)\gamma_3 - (u_c - \gamma_1)\varphi_R - \Gamma\chi_R - \gamma_2\varphi \qquad (7.3.19c)$$

$$\dot{\gamma}_4 = (\rho + \pi)\gamma_4 - (u_c - \gamma_1)\varphi_R - \Gamma\chi_R$$
$$+ \gamma_2(b + k + \varphi_\lambda \lambda_1) + \gamma_6\lambda_1 \qquad (7.3.19d)$$

$$\dot{\gamma}_5 = (\rho + \pi)\gamma_5 - (u_c - \gamma_1)\varphi_w - \Gamma\chi_w + \gamma_2(1 - \chi)h \qquad (7.3.19e)$$

$$\dot{\gamma}_6 = \rho\gamma_6 - (u_c - \gamma_1)\varphi_\lambda - \Gamma\chi_\lambda - \gamma_2\pi\varphi_\lambda - (\gamma_2\varphi_\lambda + \gamma_6)(\rho - \tilde{r}) \qquad (7.3.19f)$$

其中 $\Gamma = u_x - \gamma_1 wh - \gamma_2(w - \tilde{w})h$.

因为 $\gamma_1 > 0$ 表示私人资本存量的社会边际值,在通常的情形下,它不一定和资本存量的边际值 λ_1 一致. 同样 $\gamma_2 \geq 0$,它表示公共债券的社会边际值. 按照 Chamley 的解释,它也可以解释为税收的边际超负担. $\gamma_2 = 0$ 表示最优的经济,

$\gamma_2 \geqslant 0$ 表示中央计划者依赖税收来平衡自己的预算.

下面来考虑最优的货币政策. 从方程(7.3.11)我们知道,采用这样的政策表明政府的预算是不平衡的,为了补偿损失的利润,政府可以采用一揽子税收,也可以采用扭曲性的税收在给定对初始资本存量税收的限制下,政府可以通过内生地增加初始的债券水平来提高自己的一揽子税收收入. 此时,如果政府可以自如地控制初始债券,政府和私人资产之间的一揽子转移就可能发生. 此时,这种政府可以得到额外收入的方式对决定政府的最优货币政策是至关重要的. 下面的性质给出了主要的结论.

性质 7.3.1

假设政府的最优问题存在唯一的路径,而且此路径收敛到均衡点则下面的性质成立:

1. 如果仅仅存在一揽子税收来平衡政府的预算约束,从而 $\gamma_2=0$,则唯一的最优的货币政策满足 Friedman 法则 $R=0$;

2. 如果存在扭曲性的税收来满足政府的预算约束,从而 $\gamma_2>0$,则最优的货币政策是使得 R 不确定.

证明 考虑均衡点的情形,把最优性条件(7.3.19c)和(7.3.19d)结合,同时注意到事实上 $\gamma_3=\gamma_4$,我们得到

$$\gamma_2(\varphi+b+k+\varphi_\lambda \lambda_1) + \gamma_6 \lambda_1 = 0 \tag{7.3.20}$$

把方程(7.3.19c),(7.3.19e)和(7.3.19f)分别乘上 $1+R, \tilde{w}$ 和 λ_1 得到

$$0 = (1+R)(\rho+\pi)\gamma_3 - (1+R)(u_c-\gamma_1)\varphi_R$$
$$- \Gamma(1+R)\chi_R - \gamma_2 \varphi(1+R) \tag{7.3.21}$$

$$\tilde{w}((\rho+\pi)\gamma_5 - (u_c-\gamma_1)\varphi_w - \Gamma\chi_w + \gamma_2(1-\chi)h) = 0 \tag{7.3.22}$$

$$\lambda_1(\rho\gamma_6 - (u_c-\gamma_1)\varphi_\lambda - \Gamma\chi_\lambda - \gamma_2 \pi\varphi_\lambda - (\gamma_2\varphi_\lambda+\gamma_6)(\rho-\tilde{r})) = 0 \tag{7.3.23}$$

由方程(7.3.14),我们得到

$$(1+R)\varphi_R + \tilde{w}\varphi_w - \lambda_1 \varphi_\lambda = 0 \tag{7.3.24a}$$

$$(1+R)\chi_R + \tilde{w}\chi_w - \lambda_1 \chi_\lambda = 0 \tag{7.3.24b}$$

假设仅仅存在一揽子税,$\gamma_2=0$,从方程(7.3.20)得到 $\gamma_6=0$. 把方程(7.3.21)—(7.3.23)代入方程(7.3.24b)得到

$$-(u_c-\gamma_1)((1+R)\varphi_R + \tilde{w}\varphi_w - \lambda_1 \varphi_\lambda)$$
$$+ (\rho+\pi)(\gamma_3(1+R) + \gamma_5 \tilde{w}) = 0$$

因此,我们得到

$$R\lambda_1 \varphi_\lambda = 0 \tag{7.3.25}$$

这样 $R=0$，从而最优货币政策时的 Friedman 法则成立。

下面来证明 $\gamma_2>0$ 时，结论 2 是成立的。从方程(7.3.17)和(7.3.18)可以得到
$$\widetilde{w}(1-\chi)h = (1+\pi)\varphi - \rho(k+b) \qquad (7.3.26)$$
下面把方程(7.3.20)—(7.3.23)和(7.3.26)代入方程(7.3.24b)，得到下面的条件
$$((1+R)\varphi_R + \widetilde{w}\varphi_w - \lambda_1\varphi_\lambda)(\gamma_2+\lambda_1)R = 0 \qquad (7.3.27)$$
这个性质对于方程(7.3.24a)是成立的。因此，对于任意的 R 都满足这些方程。

上面的性质是 Rebelo 和 Xie（1999）给出性质的推广。在没有显示求出 Ramsey 问题的解的前提下，这里证明了一个常数、非负的名义利率是最优的，使得用货币来度量的消费品的价格等于竞争均衡的实际价格。即使限制在均衡点，Friedman 法则 $R=0$ 也仅仅是众多最优货币政策中的一个。

7.3.2 最优的货币政策

下面来考虑经济沿着最优货币政策发展时的平衡增长路径的特征。第一步是定义一个特定的效用函数和生产函数，假设效用函数为
$$u(c,x) = \frac{(c^\psi x^{1-\psi})^{1-\sigma}-1}{1-\sigma} \qquad (7.3.28)$$
其中 $\sigma>0, 0<\psi\leqslant 1$ 为常数，当 $\sigma=1$ 时，
$$u(c,x) = \psi\log c + (1-\psi)\log x$$
生产函数 F 是 Cobb-Douglas 函数
$$F = Ak^\alpha(uh)^{1-\alpha}$$
其中 $0<\alpha<1, A>0$ 为常数。

此时，假设
$$H(v) = Bv^\eta$$
其中 $0\leqslant\eta\leqslant 1$ 为常数。

沿着平衡增长路径，资本存量、消费水平、政府债券、货币持有量和人力资本存量的增长率相等，而且收敛到常数，我们假设这个常数为 g，因此
$$\dot{c}/c = \dot{m}/m = \dot{k}/k = \dot{h}/h = \dot{b}/b = g$$
而且 $\dot{u}/u = \dot{x}/x = \dot{v}/v = 0$。

如果 $g=0$，我们考虑的情形是古典增长的情形。我们可以定义 $z=k/h$ 和 c/h，我们知道在均衡时，均衡点满足
$$g = \frac{1}{\phi}\left(1+\phi(\mu+\widetilde{r}) - \frac{\phi\widetilde{r}wx}{(1-\psi)(c/h)}\right) \qquad (7.3.29a)$$

$$c/h + G/h = Az^\alpha u^{1-\alpha} - gz \qquad (7.3.29\text{b})$$

$$g(\psi(1-\sigma)-1) = \rho - \tilde{r} \qquad (7.3.29\text{c})$$

$$g = B(1-u-x)^\eta \qquad (7.3.29\text{d})$$

$$g\left(\psi(1-\sigma) + \frac{\eta u}{1-u-x}\right) = \rho \qquad (7.3.29\text{e})$$

和最优性条件(7.3.6).

下面来计算最优的货币政策 μ,我们把 Fisher 方程 $R=\pi+\tilde{r}$ 和方程(7.3.10),(7.3.29c)结合得到

$$\mu = R - \rho + \psi(1-\sigma)g \qquad (7.3.30)$$

因此,ψ 可以由 R 唯一决定,对于古典增长的情形,我们就可以得到 $\mu=R-\rho$. 为简单起见,古典增长情形中的(7.3.29a)—(7.3.29e),对于给定的 τ_k 和 c/h,方程(7.3.29b),(7.3.29c)和条件(7.3.6)决定均衡的 z,u 和 x. 另外一方面,τ_l 和 μ 满足方程(7.3.29a)可以得到 c/h. 由 Ramsey 问题,这样的政策组合必须满足政府的预算约束条件(7.3.11),因此最优的货币政策是不定的,从而最优的名义利率也是不定的. 如果没有扭曲性的税收,这样由 $\tau_l=0$ 和方程(7.3.29a)得到

$$(1-\psi R)(1-\psi)(c/h) = \psi w x$$

因为对应于均衡点,不存在货币的均衡点为

$$(1-\psi)(c/h) = \psi w x$$

因此,最优的货币供应量为 $R=0$. 对于内生经济增长,我们同样也可以得到这个结果. 下面来采用最优货币供应政策的福利估计.

假设对于存在的税收政策 $\tau=(\tau_k,\tau_l,\nu)$ 和给定的初始资本存量,政府债券和人力资本存量 $k(0),b(0)$ 和 $h(0)$,在时刻0,中央计划者对应于最优的政策 $\hat{\mu}$,宣布名义利率 $\hat{R}$,这样经济会收敛到对应的平衡增长路径 $(c(\hat{\mu}),x(\hat{\mu}))$. 按照 Lucas 的定义,假设 ξ 为使得消费者和最优的政府政策下生活得一样好而需要补偿的消费水平,即

$$\int_0^\infty u((1+\xi)c(\tau),x(\tau))e^{-\rho t}dt = \int_0^\infty u(c(\hat{\mu}),x(\hat{\mu}))e^{-\rho t}dt$$

采用最优的货币政策 $\hat{\mu}$,政府的预算约束不平衡,为了保证政府平衡预算,我们把福利估计分两步:第一步,假设采用政策 $\hat{\mu}$ 损失的收入用一揽子税代替;第二步,我们假设损失由更大的劳动收入税代替. 在两种情形下都需要增加的税收使得政府预算约束平衡,方程(7.3.11)成立.

我们采用 Lucas 的数据,假设 $\alpha=0.36,\eta=0.8,\sigma=1.5,\psi=0.43,\mu=0.067,\tau_k=0.43,\tau_l=0.25,G/h=0.21,A=1.1155$(古典增长)$,A=1.3885$(内生增长)$;B=0.1093,\rho=0.035,\phi=0.15$,这样,我们得到下面的结果:

$$k/h = 5.863, \quad c/h = 0.790, \quad u = 0.312,$$

$$x = 0.688, \quad g = 0$$
$$k/h = 3.339, \quad c/h = 0.718, \quad u = 0.304,$$
$$x = 0.564, \quad v = 0.132, \quad g = 0.0216$$

我们得到均衡的转移分别为 $T/h=0.110$ 和 $T/h=0.112$.

在给出结果之前,有一些需要说明的.首先是前面提到的采用最优的货币政策 $\hat{\mu}$,政府的预算约束不平衡.如果仅仅存在扭曲性的税收,我们需要寻找 τ_l 来保证政府平衡预算,我们把福利估计分两步,首先假设采用政策 $\hat{\mu}$,猜测一个 τ_l,计算对应的政府收入,实际上对应于 τ_l,方程(7.3.11)定义了一个新的一揽子转移支付 T/h,同时计算相应的政府公共开支,下面计算两者是否相等,如果不相等,需要调整 τ_l 直到两者一致.

在下面给出的例子中,我们发现存在唯一的负的特征根,因此至少存在一个参数空间使得上面给出的系统存在唯一的鞍点稳定的路径.

在表 7-1 和表 7-2 中,我们给出了古典增长情形下采用最优货币政策的社会福利改善.表 7-1 给出的政府是以一揽子税收来补偿政府的收入损失的.其中第一列表示名义利率,第二列表示由方程(7.3.30)给出的最优的货币政策.在第三列给出了采用这种货币政策获得的福利改善.因此,如果采用 Friedman 法则,社会福利的改善相当于获得 23% 的消费水平所带来的社会福利.

表 7-2 表示古典增长情形下,政府采用扭曲性的税收来补偿因为采用货币政策带来的社会福利损失.同样,第一列表示名义利率,第二列表示由方程(7.3.30)给出的最优的货币政策.第三列给出要采用扭曲性税收补贴所必须增加的收入税,在第四列给出了采用这种货币政策获得的福利改变.我们发现采用 Friedman 法则时,如果采用扭曲性的税收加以补偿,需要增加的税收为 26.8%,对社会福利造成的损失是 23.4%.

表 7-1 一揽子税收

$\hat{R}$	$\hat{\mu}$	ξ
0	-35	0.233

表 7-2 扭曲性税收

$\hat{R}$	$\hat{\mu}$	τ_l	ξ
8.0	4.5	25.0	-0.001
6.0	2.5	25.4	-0.058
4.0	0.5	25.9	-0.115
3.5	0.0	26.0	-0.130
2.0	-15	26.3	-0.174
0.0	-35	26.8	-0.234

在表 7-3 和表 7-4 中,我们给出了内生增长情形下采用最优货币政策的社会福利改善. 表 7-3 给出的政府是以一揽子税收来补偿政府的收入损失的. 其中第一列表示名义利率, 第二列表示由方程(7.3.30)给出的最优的货币政策. 在第三列给出了采用这种货币政策获得的福利改善, 第四列是经济增长率. 因此, 如果采用 Friedman 法则, 社会福利的改善相当于获得 22.4% 的消费水平所带来的社会福利.

表 7-4 表示内生增长情形下, 政府采用扭曲性的税收来补偿因为采用货币政策带来的社会福利损失. 同样, 第一列表示名义利率, 第二列表示由方程(7.3.30)给出的最优的货币政策. 第三列给出要采用扭曲性税收补贴所必须增加的收入税, 在第四列给出了采用这种货币政策获得的福利改变, 第五列表示对应的经济增长率. 我们发现采用 Friedman 法则时, 如果采用扭曲性的税收加以补偿, 需要增加的税收为 26.9%, 对社会福利造成的损失是 14.8%.

表 7-3 一揽子税收

$\hat{R}$	$\hat{\mu}$	ξ	g
0	−399	0.224	2.199

表 7-4 扭曲性税收

$\hat{R}$	$\hat{\mu}$	τ_l	ξ	g
8.0	4.01	25.5	−0036	2.152
6.1	2.16	25.8	−0061	2.148
6.0	2.01	25.8	−0063	2.148
4.0	0.01	26.2	−0091	2.143
2.0	−199	26.6	−0119	2.139
0.0	−399	26.9	−0148	2.134

习题

1. 假设消费者的效用函数为 $u(c, 1-l, g)$, 按照 7.1 节给出的过程, 证明定理 7.1.1 是成立的.

2. 在 Chamley 模型中, 如果政府不发行债券, 问性质 7.1.2 是否成立? 给出这种情形下的均衡最优税收.

3. 假设消费者的效用函数 $u(c, l, g) = \ln c + \ln g$, 生产函数 $f(k) = Ak$, 假设政府的资本收入税税率为 τ, 回答下面的问题:

(1) 求出消费者的最优性条件, 并且证明 $\beta k = 1/q$;

(2) 在 $\beta k = 1/q$ 下,通过次优求出最优税收;

(3) 如果不知道 $\beta k = 1/q$, 求出最优税收,并且和(2)给出的结论比较.

4. 在 7.3 节给出的模型中,如果采用 Sidrauski 的方式引入货币,去掉 CIA 约束,此时最优货币政策如何改变?用 Lucas 的效用函数,即

$$u(c,m,x) = \frac{(c\phi(m/c)\varphi(x))^{1-\sigma} - 1}{1-\sigma},$$

$$\phi(x) = (1 + 1/(km))^{-1}, \quad \varphi(x) = x^\beta$$

其中 k, β 和 σ 为正常数.

讨论古典情形下的扭曲性税收补偿和一揽子税收补偿对社会福利的改变.

5. 假设这里效用函数定义在消费、休闲和政府的公共开支上,而且,我们假设对休闲和政府公共开支,消费者都同样获得递增,但边际效用递减的效用.即

$$u_c > 0, \quad u_l < 0, \quad u_g > 0, \quad u_{cc} < 0, \quad u_{ll} < 0, \quad u_{gg} < 0$$

消费者选择消费路径 c,劳动力的供给 l 和他的资本积累路径 a 来极大化他的效用

$$\max \int_0^\infty u(c,l,g) e^{-\beta t} dt$$

受约束于

$$\dot{a} = ra + wl - c - T$$

其中 g 为政府公共开支, T 代表政府税收.

厂商的生产函数为新古典的生产函数, $y = f(k,l)$.

均衡时 $a = k + b$,即消费者的资产等于拥有的资本和政府债券之和.我们利用厂商行为,可以把上面的问题变为

$$\max \int_0^\infty u(c,l,g) e^{-\beta t} dt$$

受约束于

$$\dot{k} + \dot{b} = f(k,l) + rb - c - T$$

其中 $k(0) = k_0$ 和 $b(0) = b_0$ 给定.

假设政府在每一时刻选择自己的花费、税收和债券的发行量来满足

$$\dot{b} = g + rb - T$$

政府的税收收入来自于消费者的劳动收入税 $T = (w - \overline{w})l$.

(1) 导出消费者的最优性条件,讨论随着资本存量和政府公共开支改变消费路径和劳动力供给路径如何改变?

(2) 写出政府决定税收的问题,给出最优性条件,同时证明均衡点的存在性和稳定性.

附录 A

在本附录中,我们导出(7.2.26)—(7.2.32).

首先从政府的目标函数看,在任何时刻 $a=0$ 都不会是最优选择,这样我们始终有 $a\neq 0$. 其次注意到不可能始终有 $\tau_r=1$,则可考虑解的结构如下:存在定义 $T(T\geqslant 0)$,当 $t>T$ 时,始终有 $\tau_r<1$;当 $0\leqslant t\leqslant T$ 时,$\tau_r=1$.

则当 $t>T$ 时,由(7.2.13),(7.2.14)

$$\nu=\lambda=0 \tag{7A.1}$$

(7A.1)代入到(7.2.21)得

$$(1-\alpha)(wl+rk)=l \tag{7A.2}$$

由(7.2.4),(7.2.5)

$$(1-\alpha)(wl+rk)=wl \tag{7A.3}$$

比较(7A.2)和(7A.3)得到

$$w=1 \tag{7A.4}$$

(7A.4)代入(7.2.6)得到(7.2.30). 我们取

$$\tau_c=0 \quad (t>T) \tag{7A.5}$$

由(7.2.24),(7.2.25),(7A.4),(7A.5)

$$\dot{\mu}+\mu(r-\rho)=0 \tag{7A.6}$$

$$\dot{a}=a(r-\rho) \quad (t>T) \tag{7A.7}$$

由(7.2.10),(7.2.30),(7A.5)和(7A.7)得

$$\tau_w=\tau_r=0 \quad (t>T) \tag{7A.8}$$

(7A.5)和(7A.8)代入(7.2.9)得(7.2.32)式.

将(7.2.7),(7.2.25),(7A.21)代入(7.2.12)

$$\dot{k}=rk-a\rho-g \quad (t>T) \tag{7A.9}$$

联立(7A.7),(7A.9)可解得

$$a(t)=a(T)e^{(r-\rho)(t-T)} \quad (t>T) \tag{7A.10}$$

$$k(t)=e^{r(t-T)}\left[k(T)-\frac{g}{r}(1-e^{-r(t-T)})\right.$$
$$\left.-a(T)e^{\rho T}(e^{-\rho T}-e^{-\rho t})\right] \quad (t>T) \tag{7A.11}$$

当 $0\leqslant t\leqslant T$ 时,由 T 的定义知 $\tau_r=1$. 则由(7.2.6),(7.2.9),(7.2.21),(7.2.24)和(7A.3)亦可以得到(7A.4),(7A.27),(7A.30)和(7.2.32).

将 $\tau_r=1$ 代入(7.2.11)得
$$a(t)=a(0)\mathrm{e}^{-\rho t} \quad (t\leqslant T) \tag{7A.12}$$
将(7.2.10)和(7A.4)代入(7.2.13)
$$\dot{k}=rk-g-\frac{1}{\mu} \quad (t\leqslant T) \tag{7A.13}$$
联立(7A.6),(7A.13)可解得
$$\mu(t)=\mu(0)\mathrm{e}^{(\rho-r)t} \quad (t\leqslant T) \tag{7A.14}$$
$$k(t)=\mathrm{e}^{rt}\left[k(0)-\frac{g}{r}(1-\mathrm{e}^{-rt})-\frac{1}{\mu(0)}\frac{1}{\rho}(1-\mathrm{e}^{-\rho t})\right] \quad (t\leqslant T) \tag{7A.15}$$
由(7.2.25),(7A.12)和(7A.14)
$$\tau_c(t)=[1+\tau_c(0)]\mathrm{e}^{-rt}-1 \quad (t\leqslant T) \tag{7A.16}$$
由(7A.12),(7A.15)分别得到 $a(T)$ 和 $k(T)$ 的值,代入(7A.11)得
$$k(t)=\mathrm{e}^{rt}\left[k(0)-\frac{g}{r}(1-\mathrm{e}^{-rt})-\frac{1}{\mu(0)}\frac{1}{\rho}(1-\mathrm{e}^{-\rho T})\right.$$
$$\left.-a(0)\mathrm{e}^{-rT}(\mathrm{e}^{-\rho T}-\mathrm{e}^{-\rho t})\right] \quad (t>T) \tag{7A.17}$$
(7A.14),(7A.17)代入(7.2.20)
$$\mu(0)\left[k(0)-\frac{g}{r}-\frac{1}{\mu(0)}\frac{1}{\rho}(1-\mathrm{e}^{-\rho T})-a(0)\mathrm{e}^{-(\rho+r)T}\right]=0 \tag{7A.18}$$

由(7.2.25)和(7A.14)知 $\mu(0)\neq 0$。这样由(7.2.25)和(7A.18)我们可以得到(7.2.31)。综合(7A.5),(7A.10)—(7A.12),(7A.16),(7A.17)可以得到(7.2.26)—(7.2.28)。

附录 B

本附录中,我们将导出(7.2.37)—(7.2.42).
由(7.2.33)—(7.2.36)
$$\mu a\rho\frac{1}{1+\tau_c}=1+\chi-\eta \tag{7B.1}$$
类似地可以定义 T.
当 $t>T$ 时,$\tau_r<1$。此时将(7A.1)分别代入(7.2.23),(7.2.33)并分别与(7A.3)和(7B.1)比较得
$$\chi=\eta \tag{7B.2}$$

第 7 章 最优税收理论

$$w = 1 + \frac{\chi\alpha}{\mu l} \qquad (7B.3)$$

若 $\tau_w > 0$，由(7.2.34)和(7B.3)知 $w=1$。此时由(7.2.6)知 $\tau_c = -\tau_w < 0$，与(7.2.36)矛盾！这样我们必有

$$\tau_w = 0 \quad (t > T) \qquad (7B.4)$$

由(7.2.6)，(7B.3)，(7B.4)得

$$\tau_c = \frac{\chi\alpha}{\mu l} \quad (t > T) \qquad (7B.5)$$

若 $\tau_c > 0$，由(7.2.36)知 $\eta = 0$。这样由(7B.2)，(7B.5)又得到 $\tau_c = 0$，矛盾！所以必有

$$\tau_c = 0 \quad (t > T) \qquad (7B.6)$$

(7B.5)，(7B.6)代入(7.2.6)得(7A.4)。这样我们很容易得到(7A.9)—(7A.16)。

当 $0 \leqslant t \leqslant T$ 时，$\tau_r = 1$。由(7.2.33)，(7.2.34)类似地我们可以得到(7B.2)—(7B.6)。设定 $\tau_c = 0$①，则由(7B.5)有

$$\chi = \tau_c = 0 \qquad (7B.7)$$

这样我们可以很容易得到(7A.4)，(7A.5)，(7A.12)，(7A.14)和(7.2.30)。

(7B.7)代入(7B.1)

$$a\rho = \frac{1-\eta}{\mu} \qquad (7B.8)$$

(7A.12)，(7A.14)代入(7B.8)

$$\eta = 1 - \rho a(0)\mu(0)e^{-rt} \qquad (7B.9)$$

(7.2.7)，(7A.9)，(7B.7)，(7B.8)代入(7.2.12)

$$\dot{k} = rk - g - \rho a(0)e^{-\rho t} \quad (t \leqslant T) \qquad (7B.10)$$

求解(7B.10)得

$$k(t) = e^{rt}\left[k(0) - \frac{g}{r}(1-e^{-rt}) - a(0)\frac{\rho}{\rho+r}(1-\rho e^{(\rho+r)t})\right]$$
$$(t \leqslant T) \qquad (7B.11)$$

由(7B.11)得到 $k(T)$，代入(7A.11)得

$$k(t) = e^{rt}\left[k(0) - \frac{g}{r}(1-e^{-rT}) - a(0)\frac{\rho}{\rho+r}(1-\rho e^{(\rho+r)T})\right.$$

---

① 我们随后可以看到在一定条件下所有的一阶条件都得到满足，则在这些条件下，我们选择消费税税率为 0 仍然是可以成立的。

$$-\frac{g}{r}(e^{-rT}-e^{-rt})-a(0)e^{-rT}(e^{-\rho T}-e^{-\rho t})\Big]$$
$$(t>T) \tag{7B.12}$$

将(7A.14),(7B.12)代入(7.2.20)
$$\mu(0)\Big[k(0)-a(0)\frac{\rho}{\rho+r}-a(0)\frac{r}{\rho+r}e^{-(\rho+r)T}-\frac{g}{r}\Big]=0 \tag{7B.13}$$

由(7A.14),(7A.16)知 $\mu(0)\neq 0$. 则由(7B.13)可解出(7.2.41).

由于 μ 是与预算约束(7.2.12)相联系的 Hamilton 乘子,代表私人资本存量的增加对社会福利的边际值,所以 $\mu(0)$ 必为正. 则由(7B.9)

若 $a(0)\leqslant\dfrac{1}{\rho\mu(0)}$, $\eta\geqslant 0$ 对所有的 $t\geqslant 0$ 成立.

当 $a(0)>\dfrac{1}{\rho\mu(0)}$ 时,可由(7.2.42)定义 T^*. 当 $t>T^*$ 时,由(7B.9)和(7.2.42)知 $\eta\geqslant 0$ 得到满足;但是当 $0\leqslant t\leqslant T^*$ 时,我们有 $\eta<0$,与(7.2.39)矛盾,从而我们开始的假定 $\tau_c=0$ 不再成立. 此时由(7.2.39)我们必有 $\tau_c>0$(但不能用显示形式表示出来),且 $\eta=0$. 由(7B.6)和上面的分析可以得到(7.2.39),(7.2.40). 综合(7B.11),(7B.12)可得到(7.2.37).

第8章 多级政府框架下的最优税收和政府间转移支付

公共财政理论主要是讨论各种政府税收政策、政府公共开支的确定,以及它们对经济增长和社会福利的影响等等. 从 Pigou、Gordon 和 Diamond 开始,到 20 世纪 70 年代的 Mirrlees 完善了收入税理论,微观税收理论已经较为完善. 关于宏观税收理论的研究,在 20 世纪 70 年代,Arrow 采用两部门的增长模型进行了大量的探讨,之后,Chamley、Tunovsky 等在 80 年代的工作给出了均衡资本收入税和劳动收入税为零的结论;Lucas(1990)重新考虑了宏观税收问题,他提出了关于宏观税收理论的许多猜想,这引起了人们研究宏观税收理论的热潮. Jones、Menuelli 和 Rossi 以及 Rebelo 分别研究了动态税收理论,他们得到的最优税收是:初始税收可以充分大,但是均衡税收等于零. 他们还采用数值例子进行了说明. 1990 年 Barro 首次在内生经济增长模型中引入政府公共开支,得到了经济增长和社会福利与各种税收的关系,然后,根据经济增长极大化得到了政府最优税收政策. 随后,很多经济学家把 Barro 的分析框架推广到各种问题:如 Easterly 和 Rebelo (1993)考虑的政府公共开支结构对经济增长的影响;Devarajan、Swaroop 和 Zou (1996)讨论了政府在教育、交通、国防和社会福利方面的公共开支对经济增长的影响;Devarajan、Xie 和 Zou (1997)也对政府公共开支结构与经济增长的关系进行了很好的研究,得到了大量的结果. 当然,此时也出现了大量的计量经济学的研究,如 Aschauer (1989).

在前面提及的诸多工作中,无论是用 Arrow、Chamley 和 Lucas 等的方法讨论的动态税收理论,还是用 Barro (1990)的内生经济增长模型考虑的政府公共开支,它们都是把政府的公共开支、政府税收作为一个整体来考虑的. 这样的模型研究政府公共财政理论虽然很简单,但是因为没有考虑到政府自身的结构特点,也没有考虑对政府公共开支中重要的部分——政府之间的转移支付的研究,因此它们存在较大的局限性. 为此,在近年的宏观公共财政理论的研究中,人们引入了财政分权的框架. 例如:Gordon (1983)在一个静态模型中考虑了中央政府与地方政府的最优行为,从而决定各级政府的最优税收和最优的公共开支(包括地方政府税收、中央政府税收和中央政府对地方政府的转移支付);最近,Persson 和 Tabellini (1996a, 1996b)在财政分权体制下通过考虑了地方政府的风险分担和收入再分配问题.为什么要引入财政分权的框架呢?这主要是因为:

1. 政府本身的多级结构决定的,世界各国的政府结构一般地分为中央政府、州政府(省政府)和地方政府的类型,以及中央政府和地方政府的类型.例如:中国、美国等就属于第一种类型的国家;英国、德国等欧洲国家属于第二种类型的国家.对于各级政府,它们有自己的收入来源,也有自己的开支,因此要具体讨论它们的决定就必须考虑各级政府的具体特征,由各级政府自己的最优化问题来决定.因此,政府的结构决定了研究政府公共财政理论必须考虑到政府自身的结构.

2. 对于各级政府的收入与公共开支而言,政府间的转移支付占有重要份额.我们以美国 1950 年到 1993 年的数据为例来说明,我们发现中央政府对地方政府的转移支付占中央政府的总的花费和中央政府对地方政府转移支付占地方政府政府的花费都有相当的分量.如表 8-1 所示,从 1950 年到 1993 年中央政府总的转移支付占中央政府的总的开支的份额有较高的水平.同时,中央政府对地方政府的转移支付在地方政府公共开支中也有着相当重要的作用.因此,要研究政府公共开支和政府收入就不可避免地要考虑政府间转移支付,而要考虑政府间转移支付就必须区分中央政府的开支和地方政府的开支,因此必须在财政分权的框架下来讨论.

目前,利用财政分权的框架研究宏观公共财政理论的主要有两个方向,一个是按照 Barro 的内生增长的框架,如 Gong 和 Zou(2001)的研究;另一个方向是按照 Chamley 和 Turnovsky 等的方法的古典框架,如 Zou(1994,1996)的研究.

表 8-1　美国中央政府的转移支付与中央政府开支、地方政府开支的关系

财政年度	中央政府总的转移支付(按 1990 年美元折算)(亿美元)	中央政府对地方政府的转移支付占中央政府总的开支的百分比(%)	中央政府对地方政府的转移支付占地方政府开支的百分比(%)
1950	12.7	5.3	10.4
1960	30.0	7.7	14.7
1970	75.7	12.3	20.0
1980	141.5	15.9	28.0
1985	125.6	11.2	23.0
1990	135.4	10.9	20.0
1993	176.7	14.0	22.0

数据来源:国际货币基金组织(IMF)的《政府财政统计》(GFS).

第 8 章
多级政府框架下的最优税收和政府间转移支付

本章在 Gordon(1983),Persson 和 Tabellini(1996a,1996b)的工作基础上,在一个动态模型中分析了中央政府税收、中央政府对地方政府的转移支付和地方政府税收的最优选择.[①]假设中央政府和地方政府在一个 Stackelberg 博弈模型的框架下决定税收和政府间转移支付.同时,假设地方政府在它与消费者的博弈中是领导者. 在类似的框架下,Gong 和 Zou(1997)考虑了一个较为简单的框架:一个消费者、一个地方政府和中央政府的模型,我们现在给出的模型推广到多个消费者、多级地方政府,由这种推广可以看出不同质的消费者和不同的地方政府之间的税收选择的不同以及中央政府对不同地方政府的不同的转移支付. 为简单起见,这里考虑的税收种类是根据已经存在的税收框架得到的,考虑了中央政府收入税、地方政府财产税、地方政府消费税和中央政府对地方政府的对应性的转移支付.

我们考虑的框架在已经存在的最优税收理论的研究的基础上前进了一步.在已有的文献[②]中,通常是假设只有一级政府,同时没有考虑政府间的转移支付的问题.在实际经济中,在欧洲收入税基本上由中央政府收取,但是在美国是由中央政府和地方政府共同收取的;财产税和商品税也是由中央政府和地方政府共同收取的,但是在美国基本上是由地方政府收取的.在很多发达国家,每级政府一般有权力决定税率和税基.而且政府间的转移支付在各级政府公共开支中占有重要比例,因此把最优税收的讨论框架推广到多级政府是很自然的.

我们给出的动态模型的框架也具有局限性:首先,我们考虑的是在已经存在的税收框架下决定最优税率,没有涉及最优的税收结构问题;其次,我们没有引入劳动,从而不能区分劳动收入税和资本收入税.

8.1 一个简单的模型

推广 Gordon(1983)以及 Persson 和 Tabellini(1996a,1996b)的框架,考虑财政分权系统的框架:一个中央政府和多个地方政府(为简单起见,我们假设只有两个地方政府).在模型中,假设有两个消费者(分别记为消费者 1 和消费者 2)、两个地方政府(分别记为地区 1 和地区 2)和中央政府. 消费者 1 生活在地区

[①] 参考 Zou(1994,1996),Brueckner(1996),Devarajan、Swaroop 和 Zou(1996),Davoodi 和 Zou(1997),以及 Zhang 和 Zou(1997)讨论的多级政府公共开支、政府转移支付、中央政府税收和地方政府税收的实证研究.

[②] 如经典的文献 Ramsey(1927),Mirrlees(1971),Diamond 和 Mirrlees(1971),Atkinson 和 Stiglitz(1972,1976),以及 Samuelson(1986). 比较综合性的文献在 Atkinson 和 Stiglitz(1980),以及 Myles(1995)已经给出.

1，消费者 2 生活在地区 2．中央政府向两个地区的消费者收取收入税，假设收入税税率为 τ_f，两个地方政府分别向该地区的消费者收取消费税和财产税，假设消费税税率和财产税税率分别为 τ_c 和 τ_k．假设两个地方政府的公共开支分别为 s_1 和 s_2；中央政府的公共开支为中央政府自身的公共开支 f 和对两个地方政府的转移支付，假设对应性的转移支付率为 g，则中央政府对两个地方政府的对应性转移支付分别为 gs_1 和 gs_2．下面来叙述模型的框架．

8.1.1 消费者 $i, i=1,2$

采用 Arrow 和 Kurz (1970)，Barro (1990)，以及 Turnovsky (1995) 所用的效用函数，把政府的公共开支(包括中央政府的公共开支和地方政府的公共开支)和私人消费引进效用函数和生产函数．记中央政府公共开支为 f，两个地方政府的公共开支分别为 s_i，私人消费为 c_i．这样消费者的效用函数为 $u_i(c_i, f, s_i)$．假设和私人消费一样，消费者从中央政府公共开支 f 和地方政府公共开支 s_i 中获得正的、递增的边际效用，即

$$u_{c_i} > 0, \quad u_f > 0, \quad u_{s_i} > 0, \quad u_{c_i c_i} < 0, \quad u_{ff} < 0, \quad u_{s_i s_i} < 0$$

同时，假设 Inada 条件成立．

假设贴现因子 $0 < \rho < 1$，这样消费者的贴现效用和为 $\int_0^\infty u_i(c_i, f, s_i) e^{-\rho t} dt$．

同样地，推广 Arrow-Kurz-Barro 型的新古典生产函数．假设产出由生产函数

$$y_i = y_i(k_i, f, s_i)$$

给出，其中 y_i 表示产出，k_i 为私人的资本存量．

注意到这里把政府的公共开支引入了生产函数和效用函数．这是首先由 Arrow 和 Kurz (1970)引进的，之后，Barro (1990)把这种生产函数引进内生增长模型．因此，一般地把这种效用函数或者生产函数叫做 Arrow-Kurz-Barro 型的效用函数或者生产函数．这种 Arrow-Kurz-Barro 型的效用函数和生产函数在公共财政理论的研究中已经有相当多的应用，如 Brueckner (1996)，Davoodi 和 Zou (1997)，以及 Zhang 和 Zou (1997)等的工作．同时，假设中央政府公共开支、地方政府公共开支和私人资本存量一样，它们的边际生产率非负，而且是递减的，即生产函数具有以下性质：

$$y_{k_i} > 0, \quad y_f > 0, \quad y_{s_i} > 0, \quad y_{k_i k_i} < 0, \quad y_{ff} < 0, \quad y_{s_i s_i} < 0$$

中央政府从两个地区的消费者收入税中获得收入 $\tau_f y_1$ 和 $\tau_f y_2$，用来满足中央政府自身的公共开支 f 以及对两个地方政府的转移支付 gs_1 和 gs_2；地方政府从该地区的消费者中获得消费税 $\tau_c^i c_i$ 和财产税 $\tau_k^i k_i$，同时，从中央政府得到

转移支付 gs_i 作为它的收入用来满足该地方政府的公共开支 s_i. 因此,中央政府和两个地方政府的预算约束分别为

$$f + gs_1 + gs_2 = \tau_f(y_1 + y_2) \tag{8.1.1}$$

$$s_i - gs_i = \tau_{c_i}^i c_i + \tau_{k_i}^i k_i \tag{8.1.2}$$

这样,第 i 个地区的消费者在中央政府和地方政府行为给定的基础上,在自己的预算约束下,选择自己的消费路径 c_i 和资本积累路径 k_i 来极大化其贴现效用和:

$$\max \int_0^\infty u_i(c_i, f, s_i) e^{-\rho t} dt$$

受约束于

$$\dot{k}_i = (1-\tau_f) y_i(k_i, f, s_i) - (1+\tau_{c_i}^i) c_i - (\delta + \tau_{k_i}^i) k_i \tag{8.1.3}$$

和给定的初始私人资本存量 $k_i(0) = k_{i0}$.

其中方程(8.1.3)为消费者的预算约束方程,它表示消费者的税后收入用来满足自己的消费和资本存量的积累.

求解消费者行为,得到消费者的最优性条件

$$\dot{\lambda}_i = -\lambda_i \left[(1-\tau_f) \frac{\partial y_i}{\partial k_i} - \delta - \tau_{k_i}^i - \rho \right] \tag{8.1.4}$$

$$u_{c_i} = (1+\tau_{c_i}^i) \lambda_i \tag{8.1.5}$$

其中 λ_i 为 Hamilton 乘子,它表示私人资本存量的边际值.

在方程(8.1.3)和(8.1.4)中令 $\dot{k}_i = \dot{\lambda}_i = 0$,得到均衡时的消费者最优性条件

$$(1-\tau_f) y_i(k_i, f, s_i) - (1+\tau_{c_i}^i) c_i - (\delta + \tau_{k_i}^i) k_i = 0 \tag{8.1.6}$$

$$(1-\tau_f) \frac{\partial y_i}{\partial k_i} - \delta - \tau_{k_i}^i - \rho = 0 \tag{8.1.7}$$

方程(8.1.5)表示最优时的消费的边际效用等于私人资本存量的边际值;均衡条件(8.1.6)表示所有的税后产出用来满足私人消费和补偿资本折旧. 均衡方程(8.1.7)是修正的黄金法则,它表示税后的私人资本存量的边际生产率等于资本存量的折旧和贴现率之和.

8.1.2 地方政府行为,$i=1,2$

在每个地区,地方政府和消费者之间采取 Stackelberg 博弈. 在博弈中,消费者是跟随者,地方政府是领导者. 为简单起见,我们采用 Turnovsky 和 Brock (1980),Chamley(1985,1986),以及 Lucas(1990)等给出的讨论框架. 在中央政府的行为给定的条件下,地方政府在消费者的均衡最优性条件和地方政府自

己的预算约束条件下选择最优的私人消费水平,私人资本存量和私人资本存量的边际值,以及地方政府的消费税税率、财产税税率和地方政府的公共开支水平来极大化消费者的福利,即

$$\max u_i(c_i, f, s_i)$$

受约束于消费者的均衡最优性条件(8.1.5),(8.1.6),(8.1.7)和地方政府的预算约束条件(8.1.1)。

通过 Lagrange 方法得到最优性条件

$$\frac{\partial L_i}{\partial c_i} = \frac{\partial u_i(c_i, f, s_i)}{\partial c_i} - \theta_1^i(1 + \tau_{c_i}^i) + \theta_4^i \tau_{c_i}^i + \theta_3^i u_{c_i c_i} = 0 \quad (8.1.8)$$

$$\frac{\partial L_i}{\partial s_i} = \frac{\partial u_i(c_i, f, s_i)}{\partial s_i} + \theta_1^i(1 - \tau_f)\frac{\partial y_i}{\partial s_i}$$

$$+ \theta_2^i(1 - \tau_f)\frac{\partial^2 y_i}{\partial k_i \partial s_i} + \theta_4^i(g - 1) = 0 \quad (8.1.9)$$

$$\frac{\partial L_i}{\partial \lambda_i} = -\theta_3^i \lambda_i(1 + \tau_{c_i}^i) = 0 \quad (8.1.10)$$

$$\frac{\partial L_i}{\partial k_i} = \theta_1^i\left[(1 - \tau_f)\frac{\partial y_i}{\partial s_i} - \delta - \tau_{k_i}^i\right]$$

$$+ \theta_2^i(1 - \tau_f)\frac{\partial^2 y_i}{\partial k_i^2} + \theta_4^i \tau_{k_i}^i = 0 \quad (8.1.11)$$

$$\frac{\partial L_i}{\partial \tau_{c_i}^i} = -\theta_1^i c_i - \theta_3^i \lambda_i + \theta_4^i c_i + \theta_6^i = 0 \quad (8.1.12)$$

$$\tau_{c_i}^i \theta_6^i = 0, \quad \theta_6^i \geqslant 0 \quad (8.1.13)$$

$$\frac{\partial L_i}{\partial \tau_{k_i}^i} = -\theta_1^i k_i - \theta_2^i + \theta_4^i k_i + \theta_5^i = 0 \quad (8.1.14)$$

$$\tau_{k_i}^i \theta_5^i = 0, \quad \theta_5^i \geqslant 0 \quad (8.1.15)$$

其中 θ_1^i, θ_2^i 和 θ_3^i 分别为对应约束条件(8.1.6),(8.1.7)和(8.1.5)的 Lagrange 乘子,θ_4^i 是地方政府预算约束条件(8.1.1)的 Lagrange 乘子,θ_5^i 是对应财产税非负约束条件的 Lagrange 乘子,θ_6^i 是对应消费税非负约束条件的 Lagrange 乘子。

通过讨论,我们有下面的结论:

性质 8.1.1

如果在模型中强加财产税非负的约束,那么最优的均衡财产税一定为零。

证明 假设 $\tau_{k_i}^i > 0$,这样从方程(8.1.15),(8.1.12)和(8.1.14)中,我们得到

$$\text{sgn}(\theta_2^i) = \text{sgn}(-\theta_1^i + \theta_4^i) = -\text{sgn}(\theta_6^i) \leqslant 0$$

同时，从方程(8.1.6)和(8.1.11)，我们有

$$\theta_1^i \rho + \theta_2^i (1-\tau_f) \frac{\partial^2 y_i}{\partial k_i^2} + \theta_4^i \tau_{k_i}^i = 0$$

因为 $\theta_1^i \rho \geqslant 0, \theta_2^i (1-\tau_f) \frac{\partial^2 y_i}{\partial k_i^2} \geqslant 0, \theta_4^i \tau_{k_i}^i \geqslant 0$，所以

$$\theta_1^i \rho = 0, \quad \theta_2^i (1-\tau_f) \frac{\partial^2 y_i}{\partial k_i^2} = 0, \quad \theta_4^i \tau_{k_i}^i = 0$$

从而 $\theta_1^i = \theta_2^i = \theta_3^i = \theta_4^i = \theta_5^i = 0$. 这样，我们有 $u_{s_i} = 0$，这和我们对效用函数的假设矛盾. 由此，我们得到 $\tau_{k_i}^i = 0$.

性质 8.1.1 给出的结论是直观的. 这是因为对地方政府来讲，消费税比财产税对私人生产和私人资本积累的扭曲程度来得小. 如果没有财产税的非负约束，我们可以得到最优的财产税是负的，这个结论留给读者完成.

8.1.3 中央政府

在地方政府和消费者的最优行为以及中央政府自身的预算约束下，中央政府选择所有地方政府和消费者的行为、中央政府自身的公共开支和它对两个地方政府的转移支付来极大化整个社会的福利，即

$$\max \chi_1 u_1(c_1, f, s_1) + \chi_2 u_2(c_2, f, s_2)$$

受约束于两个地区消费者的最优性条件(8.1.5)—(8.1.7)、两个地方政府的最优性条件(8.1.8)—(8.1.15)和中央政府的预算约束条件(8.1.2).

其中 χ_i 分别为中央政府对两个地区社会福利的关心程度，它们满足 $\chi_1 + \chi_2 = 1$. 我们可以同样利用 Lagrange 方法来求解上面的问题，得到：

性质 8.1.2

如果地方政府消费税严格为正，则政府对应性转移支付可能为正也可能为负.

这个性质的证明是很简单的，这里不再给出. 这个性质直观上也是显然的，因为地方政府的对生产和消费扭曲程度较小的消费税的存在，由于消费者和地方政府、地方政府和中央政府的 Stackelberg 博弈框架，中央政府可以收取一个较小的具有较大扭曲性的收入税. 同时，中央政府可以迫使地方政府向它转移一部分收入来满足自己的预算约束. 因此，可能出现对应性的转移支付为负的情形.

性质 8.1.3

如果地方政府消费税严格为正，则中央政府收入税可能为正也可能为负.

这个性质的证明也很简单,读者可以自己给出.性质 8.1.3 给出的结论和一级政府的情形有很大的不同.在仅具有一级政府的情形中,出现的结论是仅仅存在消费税,而收入税和财产税都为零[①].

8.1.4 显示解的例子

为了进一步直观地理解上面给出的研究最优税收的结论,下面采用特殊的效用函数和生产函数来给出最优税收的显示例子.假设生产函数

$$y_i = A_i k_i^\alpha f^\beta s_i^\gamma$$

其中 α, β 和 γ 为正常数,满足 $\alpha+\beta+\gamma<1$(这个假设是合理的,这主要是因为如果在生产函数中引入劳动 l_i,这样生产函数变成 $y_i = A_i k_i^\alpha f^\beta s_i^\gamma l_i^\varepsilon$,其中 $\alpha, \beta, \varepsilon$ 和 γ 为正常数,满足 $\alpha+\beta+\gamma+\varepsilon=1$,如果选取 $l_i=1$,就会得到上面的结果),它们的大小分别表示了私人资本存量、中央政府公共开支和地方政府公共开支的边际生产率,A_i 为正常数.

假设两个地区消费者的效用函数分别为

$$u(c_i, f, s_i) = \ln c_i + \omega_1^i \ln f + \omega_2^i \ln s_i, \quad i = 1, 2$$

其中 ω_1^i 和 ω_2^i 为正常数,它们分别表示了中央政府和地方政府公共开支的边际效用.

从消费者的最优行为中得到私人资本存量、私人产出和私人消费水平分别为

$$k_i = \left(\frac{\rho + \delta + \tau_{k_i}^i}{\alpha(1-\tau_f)}\right)^{1/(\alpha-1)} f^{\beta/(1-\alpha)} s_i^{\gamma/(1-\alpha)}, \quad i=1,2 \qquad (8.1.16)$$

$$y_i = \left(\frac{\rho + \delta + \tau_{k_i}^i}{\alpha(1-\tau_f)}\right)^{\alpha/(\alpha-1)} f^{\beta/(1-\alpha)} s_i^{\gamma/(1-\alpha)}, \quad i=1,2 \qquad (8.1.17)$$

$$c_i = \frac{\rho + (1-\alpha)(\delta + \tau_{k_i}^i)}{\alpha(1+\tau_{c_i}^i)} \left(\frac{\rho + \delta + \tau_{k_i}^i}{\alpha(1-\tau_f)}\right)^{1/(\alpha-1)} f^{\beta/(1-\alpha)} s_i^{\gamma/(1-\alpha)},$$

$$i = 1, 2 \qquad (8.1.18)$$

在消费者的最优行为给定下,地方政府的最优行为

$$\max u(c_i, f, s_i) = \ln c_i + \omega_1^i \ln f + \omega_2^i \ln s_i$$

---

① 在一级政府的框架下,假设消费者的效用函数定义在私人消费 c 和政府公共开支 G 上,数学表示为 $u(c, G)$.产出的生产函数由 $y(k, G)$ 给出,假设政府向消费者收取消费税、收入税和财产税,假设消费税税率、收入税税率和财产税税率分别为 τ_c, τ_y 和 τ_k.因此消费者和政府的预算约束分别为

$$\frac{dk}{dt} = (1-\tau_y)y(k, G) - (1+\tau_c)c - (\delta + \tau_k)k$$

$$\tau_y y + \tau_c c + \tau_k k = G$$

消费者和政府同样在 Stackelberg 博弈框架中.我们可以得到结论:如果强加消费税、收入税和财产税的非负约束,则最优的均衡财产税税率和收入税税率为零,均衡消费税税率不为零.

受约束于方程(8.1.1)和(8.1.16)—(8.1.18).

类似地,在消费者行为和地方政府的最优性条件下,中央政府的问题为
$$\max \chi_1(\ln c_1 + \omega_1^1 \ln f + \omega_2^1 \ln s_1) + \chi_2(\ln c_2 + \omega_1^2 \ln f + \omega_2^2 \ln s_2)$$

通过计算,我们得到最优税收为

性质 8.1.4

中央政府最优收入税税率,地方政府消费税税率、财产税税率,以及中央政府对地方政府的最优转移支付率分别为

$$\tau_{c_i}^i = \frac{\omega_2^i(1-\alpha) + \gamma}{1-\alpha-\gamma}, \quad \tau_{k_i}^i = 0,$$

$$g = 1 - \frac{(K - K_2 + K_1)(A_1^{1-\alpha} + A_2^{1-\alpha})}{K_1 \left[(A_1^{1-\alpha} + A_2^{1-\alpha}) - \frac{\rho}{\alpha}(A_1^\gamma + A_2^\gamma) \right]},$$

$$\tau_f = 1 - \frac{(K - K_2 + K_1) \frac{\rho}{\alpha}(A_1^\gamma + A_2^\gamma)}{K_2 \left[(A_1^{1-\alpha} + A_2^{1-\alpha}) - \frac{\rho}{\alpha}(A_1^\gamma + A_2^\gamma) \right]}$$

其中

$$K = (\chi_1 C_1 + \chi_2 C_2) \frac{1-\alpha-\gamma}{1-\alpha-\beta-\gamma},$$

$$K_1 = \chi_1 \frac{(1-\alpha)\theta_2^1 - \gamma}{1-\alpha-\gamma} + \chi_2 \frac{(1-\alpha)\theta_2^2 - \gamma}{1-\alpha-\gamma}$$

$$+ (\chi_1 C_1 + \chi_2 C_2) \frac{\gamma}{1-\alpha-\beta-\gamma},$$

$$K_2 = \chi_1 \frac{1-\theta_2^1}{1-\alpha-\gamma} + \chi_2 \frac{1+\theta_2^2}{1-\alpha-\gamma} + (\chi_1 C_1 + \chi_2 C_2) \frac{\gamma}{1-\alpha-\beta-\gamma},$$

$$C_i = \left(\frac{\gamma}{1-\alpha} + \theta_2^i \right) \frac{\beta}{1-\alpha-\gamma} + \frac{\gamma}{1-\alpha} + \theta_2^i, \quad i=1,2 \text{ 为常数}.$$

在给定的效用函数和生产函数下,上面性质给出了中央政府最优收入税税率,地方政府消费税税率、财产税税率,以及中央政府对地方政府的最优转移支付率. 我们发现中央政府的收入税和转移支付依赖于两个地区的生产和偏好. 为了很好地理解性质给出的最优税收的特点,我们在表 8-2 中给出了数值例子.

表 8-2　最优税收与地方政府公共开支的边际生产率的关系

γ	0.0	0.05	0.1	0.15	0.20	0.25	0.30
$\tau_{c_1}^1$	0.12	0.206	0.30667	0.4255	0.568	0.742	0.96
$\tau_{c_2}^2$	0.1	0.1846	0.28333	0.4	0.54	0.711	0.925
τ_f	0.244	0.2314	0.216711	0.1993	0.1785	0.153	0.121
g	−0.7538	−0.4205	−0.3299	−0.3003	−0.2981	−0.3137	−0.3448

基于选取的参数 $\alpha=0.3, \beta=0.2, \omega_1^1=0.2, \omega_1^2=0.12, \omega_2^1=0.2, \omega_2^2=0.1$, $\rho=0.05, \chi_1=0.6$ 和 $\chi_2=0.4$，表 8-2 给出了当地方政府公共开支改变时，政府对应的最优税收与转移支付的关系. 当 $\gamma=0$ 时，地方政府公共开支对私人生产没有帮助，因为 $\beta=0.2$，这样，最优的结果是地方政府尽可能把通过消费税和财产税得到的收入通过政府转移支付转移给中央政府消费. 随着地方政府的公共开支的边际生产率增加，地方政府的消费税税率增加. 因为地区 1 的地方政府公共开支的边际效用比地区 2 的地方政府公共开支的边际效用来得高 ($\omega_2^1=0.2, \omega_2^2=0.1$)，因此，地区 1 的最优的消费税税率始终比地区 2 最优的消费税税率高，即 $\tau_{c_1}^1 > \tau_{c_2}^2$. 因为中央政府的收入税比地方政府的消费税对生产和消费者福利的扭曲程度来得大，因此，中央政府的收入税下降. 同时，中央政府的转移支付始终为负，因此地方政府的消费税用来转移给中央政府. 这种"逆"转移支付在有地方政府消费税的情形下始终可能出现.

同样可能出现中央政府收入税也为负的情形，此时，中央政府迫使地方政府收取消费税来转移给自己，从而满足中央政府的预算约束条件. 因此，扭曲程度较小的消费税可以用来满足政府的公共开支和补贴私人生产. 这种情形，我们在表 8-2 中给出.

表 8-3　最优税收与私人资本存量边际生产率的关系

α	0.10	0.20	0.30	0.40	0.50
$\tau_{c_1}^1$	0.26	0.28	0.3067	0.344	0.4
$\tau_{c_2}^2$	0.237	0.257	0.2833	0.32	0.375
τ_f	0.1539	0.118	0.0773	0.0276	−0.0372
g	−0.0232	−0.2007	−0.4375	−0.769	−1.268

在参数分别为 $\beta=0.1, \gamma=0.1, \omega_1^1=0.1, \omega_1^2=0.12, \omega_2^1=0.1, \omega_2^2=0.1, \rho=0.05, \chi_1=0.6$ 和 $\chi_2=0.4$ 的前提下，表 8-3 给出了最优税收与私人资本存量边际生产率的关系. 当私人资本的边际生产率从 10% 上升到 50% 时，中央政府的收入税从 15% 下降到 −3.7%，中央政府的转移支付率从 −2.3% 变化到

−126.8%.

在实际经济中,我们一般要求中央政府的转移支付是非负的,因此,我们在前面的模型中强加转移支付的非负约束,从而得到:

性质 8.1.5

在模型中如果限制 $g \geq 0$,这样中央政府最优收入税税率,地方政府消费税税率、财产税税率,以及中央政府对地方政府的最优转移支付率分别为

$$\tau_{c_i}^i = \frac{\omega_2^i(1-\alpha)+\gamma}{1-\alpha-\gamma}, \quad \tau_{k_i}^i = 0, \quad g = 0,$$

$$\tau_f = 1 - \frac{K_1}{K_2}\frac{\rho}{\alpha}\frac{A_1^\gamma + A_2^\gamma}{A_1^{1-\alpha} + A_2^{1-\alpha}}$$

由此,上面的模型始终得到中央政府的转移支付为零的结论. 因此,中央政府为了平衡约束,必须收取收入税,所以,最优的收入税一定大于零. 同样,我们在表 8-4 中给出了数值计算的结果.

表 8-4 最优税收与中央政府公共开支的边际生产率的关系

β	0.01	0.05	0.1	0.15	0.20	0.25	0.30
$\tau_{c_1}^1$	0.3067	0.3067	0.3067	0.3067	0.3067	0.3067	0.3067
$\tau_{c_2}^2$	0.2833	0.2833	0.2833	0.2833	0.2833	0.2833	0.2833
τ_f	0.3398	0.3548	0.3736	0.3923	0.4111	0.4298	0.4485

在选取的参数分别为 $\alpha=0.3, \gamma=0.1, \omega_1^1=0.2, \omega_1^2=0.12, \omega_2^1=0.2, \omega_2^2=0.1, \rho=0.05, \chi_1=0.6$ 和 $\chi_2=0.4$ 的前提下,表 8-4 给出了最优税收与中央政府公共开支的边际生产率的关系. 当中央政府的边际生产率 β 从 1% 上升到 30% 时,中央政府的收入税税率从 34% 上升到 44.9%. 因为这里选取了特殊效用函数和生产函数,两个地方政府的消费税税率保持不变.

考虑到在很多发达国家,地方政府的财产税一般是正的,为了得到这个结果,我们在前面给出的模型中令消费税税率等于零,这样得到政府的最优行为为

性质 8.1.6

在消费税等于零时,最优的地方政府财产税以及中央政府的收入税税率和转移支付分别为

$$\tau_{k_i}^i = \frac{\sqrt{(4\alpha(\gamma+(1-\alpha)\omega_2^i)(1-\alpha)(1+\omega_2^i)\rho^2 + (\alpha^2(1+\omega_2^i)+\gamma+\omega_2^i-(3\omega_2^i+2)\alpha)^2\rho^2}}{2\alpha(1-\alpha)(1+\omega_2^i)}$$

$$+ \frac{(\alpha^2(1+\omega_2^i)+\gamma+\omega_2^i-(3\omega_2^i+2)\alpha)\rho}{2\alpha(1-\alpha)(1+\omega_2^i)}, \quad i=1,2$$

$$g = 1 - \frac{(K - K_2 + K_1)(B_1^{1-\alpha} + B_2^{1-\alpha})}{K_1 \left[(B_1^{1-\alpha} + B_2^{1-\alpha}) - \dfrac{\rho}{\alpha}(B_1^{\gamma} + B_2^{\gamma}) \right]}$$

$$\tau_f = 1 - \frac{(K - K_2 + K_1)\dfrac{\rho}{\alpha}(B_1^{\gamma} + B_2^{\gamma})}{K_2 \left[(B_1^{1-\alpha} + B_2^{1-\alpha}) - \dfrac{\rho}{\alpha}(B_1^{\gamma} + B_2^{\gamma}) \right]}$$

其中 $B_i = (\tau_{k_i}^i)^{1/(1-\alpha-\gamma)}$ 为给定常数.

在上面的模型中,我们知道如果令消费税为零,得到了地方政府的财产税不为零,为了更直观地看到它们之间的关系,下面同样给出了数值解.

表 8-5 不考虑消费税时,最优税收与私人资本存量边际生产率的关系

α	0.20	0.25	0.30	0.35	0.40
$\tau_{k_1}^1$	0.0549	0.0357	0.02649	0.02103	0.01743
$\tau_{k_2}^2$	0.0446	0.0305	0.02324	0.01876	0.01574
τ_f	0.2786	0.293	0.2923	0.2863	0.2776
g	0.0162	0.1715	0.2288	0.2488	0.2497

当不考虑消费税时,基于参数 $\beta=0.2, \gamma=0.1, \omega_1^1=0.2, \omega_1^2=0.12, \omega_2^1=0.1$, $\omega_2^2=0.1, \rho=0.05, \chi_1=0.6$ 和 $\chi_2=0.4$,表 8-5 给出了最优税收与私人资本存量边际生产率的关系. 当私人资本的边际生产率从 20% 上升到 40% 时,地方政府最优的财产税随之下降. 同时,中央政府对地方政府的转移支付增加. 增加的转移支付是从中央政府的收入税中得到的,因此中央政府的收入税上升,但是,我们也看到,随着私人资本存量的边际生产率上升,中央政府的收入税和它的关系是标准的 Laffer 曲线的关系,这个结论与 Gong 和 Zou 通过内生增长模型得到的结论类似.

本节给出了财政分权框架下研究政府最优税收的动态模型. 在一般的模型中,我们指出:如果要求地方政府的财产税非负,那么地方政府的最优的财产税一定为零;如果假设政府的转移支付非负,则一定有中央政府的转移支付为零;同时,在存在地方政府的消费税的基础上,中央政府的收入税可能为正,也可能为负;中央政府对地方政府的转移支付可能为正的也可能为负的,这样可能出现地方政府向中央政府转移部分消费税收入的情形,甚至,极端的情况是中央政府最优的收入税为负的情形. 此时,地方政府的消费税用来补贴私人生产以及满足中央政府和地方政府的公共开支. 最后,在一个不考虑消费税的模型中,我们得到了地方政府的财产税不为零和中央政府的转移支付为正的情形,这一情形可以用来说明可能出现财产税为正的情形.

同时,通过数值例子给出了比较静态的结果:当地方政府公共开支的边际生产率上升时,地方政府的消费税税率上升;当中央政府公共开支的边际生产率上升时,中央政府的收入税税率上升;当私人资本存量的边际生产率上升时,中央政府收入税税率下降,地方政府对中央政府的转移支付增加.

这里的模型采用的是 Turnovsky 和 Brock 的均衡分析框架,进一步的工作可以推广到完全动态的框架,此时地方政府的最优性行为所受的约束是消费者的动态约束方程和地方政府的预算约束,中央政府的最优行为是在消费者和地方政府的动态最优性条件以及中央政府的预算约束下得到的,此时模型更加广泛,当然结论会更复杂;同时,在这里我们没有考虑休闲,如果把休闲引入消费者的效用函数、把劳动引入私人的生产函数,就可以区分资本收入税和劳动收入税,这样模型的框架更加一般,结论会更丰富,这是我们进一步要做的工作.

8.2 财政分权下的最优税收和最优中央政府转移支付

上一节讨论了简单框架下的多级政府的最优税收问题,但是,它不是完全动态的模型,而且也没有区分资本收入税和劳动收入税,本节讨论的模型在前一节的基础上,考虑一般框架下的多级政府和多重 Stackelberg 博弈问题.与以往这方面的研究相比,本节有两个显著的特点:(1)本节考虑的是一个完全动态化的模型.不仅私人部门中的消费者而且各级政府都进行跨期最优选择;(2)本节考虑的是分散均衡模型,因而可以给出税率、转移支付、公共开支、私人消费、私人劳动投入、私人资本存量、工资率、利息率等几乎所有重要经济变量在均衡时的最优值.下面给出模型的基本框架和主要结论.

8.2.1 模型

与 Gordon (1983),Persson 和 Tabellini (1996)保持一致,我们考虑一个两级联邦体系:一个中央政府和多个地方政府.不失一般性,只需考虑两个地方政府的情形就足够了.每一个地方政府的所在地区包含一个代表性消费者和一个代表性厂商,共同构成该地区的私人部门.用下角标 $i(i=1,2)$ 对这两个地区进行区分.第 i 个地方政府对本地区代表性消费者征收消费税[①],税率为 $\tau^i_{c_i}$;从中

[①] 最近,King 和 Rebelo (1990),Rebelo (1991),Jones、Menuelli 和 Rossi (1993),Stokey 和 Rebelo (1995)在一级政府的增长模型中对消费税进行了研究.

央政府那里得到的转移支付,假定有两类:一揽子转移支付 G_i 和与其公共开支成正比的对应性转移支付 $g_i s_i$(其中 g_i 为中央政府对应性转移支付率,s_i 为第 i 个地方政府的公共开支).中央政府的公共开支为 f,对两个地区的代表性消费者征收劳动收入税和资本收入税,税率分别为 τ_w 和 τ_r.注意每一种中央政府收入税税率在两个地区都是相同的.

1. 代表性消费者 $i(i=1,2)$

与 Arrow 和 Kurz (1970),Barro (1990),Turnovsky 和 Fischer (1995),以及 Gong 和 Zou(2001a)相一致,我们将政府的公共开支引入到代表性消费者的效用函数中,并且我们考虑有弹性的劳动供给和劳动投入同时进入效用函数.用 f,s_i,l_i,c_i 分别表示中央政府公共开支、第 $i(i=1,2)$ 个地区的地方政府公共开支、私人劳动投入和私人消费,则效用函数可用 $u_i(c_i,l_i,f,s_i)$ 表示.假定它二次可微且满足

$$u_{c_i}>0, \quad u_{l_i}<0, \quad u_f>0, \quad u_{s_i}>0, \quad u_{c_i c_i}<0,$$
$$u_{l_i l_i}<0, \quad u_{ff}<0, \quad u_{s_i s_i}<0$$

上面的条件说明除劳动投入外,私人消费和政府公共开支的增加均能够提高代表性消费者的效用水平,而且效用函数是严格凹的.

作为一个动态选择模型,我们假定代表性消费者 $i(i=1,2)$ 居住在无限期,按照一个固定的正的时间折现因子 ρ 对其效用进行折现,则其无限期折现的效用函数 U_i 由下式给出:

$$U_i = \int_0^\infty u_i(c_i,l_i,f,s_i) e^{-\rho t} dt \qquad (8.2.1)$$

代表性消费者 i 的收入分为两部分:资本收入 $r_i k_i$ 和工资收入 $w_i l_i$,其中 k_i,r_i 和 w_i 分别为第 i 个地区的私人资本存量、实际利息率[①]和实际工资率.他需要支付三种形式的税:中央政府征收的资本收入税 $\tau_r r_i k_i$ 和劳动收入税 $\tau_w w_i l_i$ 以及所在地区的地方政府征收的消费税 $\tau_{c_i}^i c$,其中 τ_r,τ_w 和 $\tau_{c_i}^i$ 分别为相应的平滑税税率.他的税后净收入一部分用于私人消费 c_i,另一部分用于私人资本 k_i 的积累.若不考虑资本折旧,则他的预算约束可以写成

$$\dot{k}_i = r_i k_i + w_i l_i - \tau_r r_i k_i - \tau_w w_i l_i - \tau_{c_i}^i c_i - c_i \qquad (8.2.2)$$

其中初始资本存量 $k_i(0)$ 给定.

代表性消费者 $i(i=1,2)$ 的问题就是在满足其预算约束(8.2.2)的前提下选择最优的私人消费路径 $c_i(t)$、私人劳动投入路径 $l_i(t)$ 以及私人资本存量路

[①] 这里我们将第 i 个地区资本的实际利息率(回报率)写成 r_i 而非 r,是因为我们假定资本存量在两个地区间不能自由移动,因而当经济达到稳衡态时不同地区间允许有套利机会存在.实际上在下一节的的显示例子中,我们会看到结果中 $r_i = r(i=1,2)$ 是自动满足的.

径 $k_i(t)$ 以最大化他在无限期的折现效用,也即

$$\max_{c_i,l_i,k_i} \int_0^\infty u_i(c_i,l_i,f,s_i) e^{-\rho t} dt$$

这是一个典型的动态优化问题,可定义 Hamilton 函数 H_i 如下:

$$H_i = u_i(c_i,l_i,f,s_i) + \lambda_i(r_i k_i + w_i l_i - \tau_r r_i k_i - \tau_w w_i l_i - \tau_{c_i}^i c_i - c_i)$$

其中 $\lambda_i(t)$ 是第 i 个消费者的预算约束的 Hamilton 乘子,它表示 t 时刻私人资本的边际效用.

一阶条件为

$$\dot{\lambda}_i = -\lambda_i[(1-\tau_r)r_i - \rho] \qquad (8.2.3)$$

$$u_{l_i} = -(1-\tau_w)\lambda_i w_i \qquad (8.2.4)$$

$$u_{c_i} = (1+\tau_{c_i}^i)\lambda_i \qquad (8.2.5)$$

方程(8.2.3)是我们熟知的 Euler 方程.(8.2.4)说明劳动投入的边际效用为负(也即休闲的边际效用为正),其绝对值等于税后实际工资率与私人资本边际效用的乘积,(8.2.5)有类似的含义.

2. 代表性厂商 $i(i=1,2)$

同样按照 Arrow 和 Kurz (1970),Barro (1990),以及 Turnovsky 和 Fischer (1995)的做法,我们将政府的公共开支引入到生产函数中去,再加上新古典生产函数中原有的资本和劳动,对第 $i(i=1,2)$ 个地区的厂商而言,现在有四种生产投入要素:私人资本存量 k_i、私人劳动投入 l_i、中央政府公共开支 f 和地方公共开支 s_i.用 $y_i = y_i(k_i,l_i,f,s_i)$ 表示代表性厂商 i 的生产函数,假定它二次可微,而且满足要素的边际生产率为正的和递减的,即

$$y_{k_i} > 0, \quad y_f > 0, \quad y_{s_i} > 0, \quad y_{l_i} > 0, \quad y_{k_i k_i} < 0,$$
$$y_{ff} < 0, \quad y_{s_i s_i} < 0, \quad y_{l_i l_i} < 0$$

厂商 i 对雇佣的私人资本 k_i 和私人劳动 l_i 分别支付要素价格 r_i 和 w_i,则他的净利润为 $p_i y_i(k_i,l_i,f,s_i) - r_i k_i - w_i l_i$,其中 p_i 为第 i 个地区的产品价格.不失一般性,可令 $p_i = 1(i=1,2)$.厂商选择资本和劳动投入的雇佣量来最大化他的净利润,从而得到最优性条件

$$r_i = \frac{\partial y_i(k_i,l_i,f,s_i)}{\partial k_i} \qquad (8.2.6)$$

$$w_i = \frac{\partial y_i(k_i,l_i,f,s_i)}{\partial l_i} \qquad (8.2.7)$$

方程(8.2.2)—(8.2.7)刻画出第 $i(i=1,2)$ 个地区私人部门的竞争均衡.

3. 第 $i(i=1,2)$ 个地方政府

在每一个地区,地方政府和私人部门之间进行 Stackelberg 博弈,其中地方

政府为领导者,私人部门中代表性消费者和代表性厂商为追随者.同样在中央政府和两个地区之间也在进行 Stackelberg 博弈,中央政府是领导者而两个地区的地方政府和私人部门均为追随者.这样,给定中央政府收入税税率、中央政府转移支付和中央政府公共开支,地方政府的问题就是在考虑前面两小节中导出的私人部门的全部一阶条件和它自身预算约束的前提下最大化所在地区的福利也即最大化所在地区代表性消费者的折现效用.

具体来说,第 $i(i=1,2)$ 个地方政府有三部分收入来源:对代表性消费者 i 征收的本地消费税 $\tau_{c_i}^i c_i$,中央政府的对应性转移支付 $g_i s_i$ 和一揽子转移支付 G_i,其中 $\tau_{c_i}^i, g_i$ 和 s_i 分别为第 i 个地区的消费税税率、中央政府对应性转移支付率和地方政府公共开支.假定地方政府实行平衡预算,则其预算方程为

$$s_i = \tau_{c_i}^i c_i + g_i s_i + G_i \qquad (8.2.8)$$

在满足上述预算约束和私人部门全部一阶条件(8.2.2)—(8.2.7)的前提下,第 $i(i=1,2)$ 个地方政府选择最优的消费税税率 $\tau_{c_i}^i$、自己的公共开支 s_i,以及私人消费水平 c_i、私人劳动投入 l_i、私人资本存量 k_i 和私人资本的边际值 λ_i 以最大化第 i 个地区的福利,也就是

$$\max_{\tau_{c_i}^i, s_i, c_i, l_i, k_i, \lambda_i} \int_0^\infty u_i(c_i, l_i, f, s_i) e^{-\rho t} dt$$

定义这个最优化问题的 Hamilton 函数如下:

$$\begin{aligned}H_i = &u_i(c_i, l_i, f, s_i) + \theta_1^i \Big[(1-\tau_r)\frac{\partial y_i(k_i, l_i, f, s_i)}{\partial k_i} k_i \\&+ (1-\tau_w)\frac{\partial y_i(k_i, l_i, f, s_i)}{\partial l_i} l_i - (1+\tau_{c_i}^i) c_i\Big] \\&+ \theta_2^i \Big\{-\lambda_i \Big[(1-\tau_r)\frac{\partial y_i(k_i, l_i, f, s_i)}{\partial k_i} - \rho\Big]\Big\} \\&+ \theta_3^i [u_{c_i} - (1+\tau_{c_i}^i)\lambda_i] \\&+ \theta_4^i \Big[u_{l_i} + (1-\tau_w)\lambda_i \frac{\partial y_i(k_i, l_i, f, s_i)}{\partial l_i}\Big] \\&+ \theta_5^i (\tau_{c_i}^i c_i + g_i s_i + G_i - s_i)\end{aligned}$$

由此得到第 $i(i=1,2)$ 个地方政府的一阶条件

$$\begin{aligned}\dot{\theta}_1^i = &\rho\theta_1^i - \theta_1^i\Big[(1-\tau_r)\frac{\partial y_i(k_i, l_i, f, s_i)}{\partial k_i} \\&+ (1-\tau_r)\frac{\partial y_i^2(k_i, l_i, f, s_i)}{\partial k_i^2} k_i + (1-\tau_w)\Big] \\&\times \frac{\partial y_i^2(k_i, l_i, f, s_i)}{\partial k_i \partial l_i} l_i + \theta_2^i \lambda_i (1-\tau_r)\frac{\partial y_i^2(k_i, l_i, f, s_i)}{\partial k_i^2}\end{aligned}$$

$$-\theta_4^i(1-\tau_w)\lambda_i \frac{\partial y_i^2(k_i,l_i,f,s_i)}{\partial k_i \partial l_i} \qquad (8.2.9)$$

$$\dot{\theta}_2^i = \rho\theta_2^i + \theta_2^i\left[(1-\tau_r)\frac{\partial y_i(k_i,l_i,f,s_i)}{\partial k_i} - \rho\right] + \theta_3^i(1+\tau_{c_i}^i)$$
$$-\theta_4^i(1-\tau_w)\frac{\partial y_i(k_i,l_i,f,s_i)}{\partial l_i} \qquad (8.2.10)$$

$$\frac{\partial u_i(c_i,l_i,f,s_i)}{\partial l_i} + \theta_1^i\left[(1-\tau_r)\frac{\partial y_i^2(k_i,l_i,f,s_i)}{\partial k_i \partial l_i}k_i\right.$$
$$+ (1-\tau_w)\frac{\partial y_i^2(k_i,l_i,f,s_i)}{\partial l_i^2}l_i + (1-\tau_w)\frac{\partial y_i(k_i,l_i,f,s_i)}{\partial l_i}$$
$$\left.-\theta_2^i\lambda_i(1-\tau_r)\frac{\partial y_i^2(k_i,l_i,f,s_i)}{\partial k_i \partial l_i}\right] + \theta_3^i u_{c_i l_i}$$
$$+\theta_4^i\left[u_{l_i l_i} + (1-\tau_w)\frac{\partial y_i^2(k_i,l_i,f,s_i)}{\partial l_i^2}\right] = 0 \qquad (8.2.11)$$

$$\frac{\partial u_i(c_i,l_i,f,s_i)}{\partial c_i} - \theta_1^i(1+\tau_{c_i}^i) + \theta_3^i u_{c_i c_i} + \theta_5^i \tau_{c_i}^i = 0 \qquad (8.2.12)$$

$$\frac{\partial u_i(c_i,l_i,f,s_i)}{\partial s_i} + \theta_1^i\left[(1-\tau_r)\frac{\partial y_i^2(k_i,l_i,f,s_i)}{\partial k_i \partial s_i}k_i\right.$$
$$+ (1-\tau_w)\frac{\partial y_i^2(k_i,l_i,f,s_i)}{\partial l_i \partial s_i}l_i\right] - \theta_2^i\lambda_i(1-\tau_r)\frac{\partial y_i^2(k_i,l_i,f,s_i)}{\partial k_i \partial s_i}$$
$$+\theta_3^i u_{c_i s_i} + \theta_4^i\left[u_{l_i s_i} + (1-\tau_w)\frac{\partial y_i^2(k_i,l_i,f,s_i)}{\partial l_i \partial s_i}\right]$$
$$+\theta_5^i(-1+g_i) = 0 \qquad (8.2.13)$$

$$-\theta_1^i c_i - \theta_3^i \lambda_i + \theta_5^i c_i = 0 \qquad (8.2.14)$$

以及方程(8.2.2)—(8.2.8).

其中 $\theta_1^i, \theta_2^i, \theta_3^i, \theta_4^i$ 和 θ_5^i 分别为与私人部门的一阶条件(8.2.2)—(8.2.7)和地方政府的预算约束(8.2.8)相联系的 Hamilton 乘子.

方程(8.2.2)—(8.2.14)刻画出当经济达到均衡时第 $i(i=1,2)$ 个地区的最优选择.

4. 中央政府

在中央政府和两个地区之间的 Stackelberg 博弈中,当作为追随者的地方政府和私人部门作出最优选择之后,作为领导者的中央政府选择最优的资本收入税税率 τ_r、工资收入税税率 τ_w、中央政府公共开支 f、对地方政府的对应性转移支付率 g_i 和一揽子转移支付 G_i 以及 $s_i, \tau_{c_i}^i, \theta_1^i \sim \theta_5^i, c_i, l_i, k_i$ 和 $\lambda_i (i=1,2)$ 去最大化整个社会的福利 U. 我们将社会福利表示成两个地区的加权福利并以 $\xi_i(i=1,2)$ 表示赋予第 i 个地区的权重,满足 $\xi_1+\xi_2=1$. 这样 U 可以写成

$$U = \sum_{i=1}^{2}\xi_i\int_0^\infty u_i(c_i,l_i,f,s_i)\mathrm{e}^{-\rho t} = \int_0^\infty \sum_{i=1}^{2}\xi_i u_i(c_i,l_i,f,s_i)\mathrm{e}^{-\rho t}\mathrm{d}t$$

中央政府有两部分税收收入：劳动收入税 $\tau_w\sum_{i=1}^{2}w_i l_i$ 和资本收入税 $\tau_r\sum_{i=1}^{2}r_i k_i$，其中 τ_r 和 τ_w 分别为相应的中央政府税率. 它同时有三部分支出：自身的公共开支 f、对地方政府的一揽子转移支付 $\sum_{i=1}^{2}G_i$ 和对应性转移支付 $\sum_{i=1}^{2}g_i s_i$. 这样它的平衡预算约束可以写成

$$f + \sum_{i=1}^{2}(g_i s_i + G_i) = \tau_r\sum_{i=1}^{2}r_i k_i + \tau_w\sum_{i=1}^{2}w_i l_i \qquad (8.2.15)$$

中央政府的问题就是在满足自身的预算约束(8.2.15)和两个地区所有一阶条件(8.2.2)—(8.2.14)的前提下选择中央政府税率、地方税率、中央政府转移支付、各级政府的公共开支、私人消费、私人劳动投入、私人资本存量以及两个 Hamilton 乘子的最优路径来最大化社会福利 U. 类似地，我们可以定义与中央政府优化问题相联系的 Hamilton 方程并且导出所有的一阶条件. 但是可以预期这些条件会非常地复杂，而且很难给出一些直观的经济学解释，因此我们在此不再罗列. 在下一节，我们将演示在这个一般性的框架下如何通过特殊形式的效用函数和生产函数导出最优的税率、中央政府转移支付以及其他重要的经济变量在均衡时的解析解.

8.2.2　显示解的例子

在这一节中，我们选择 Cobb-Douglas 效用函数和生产函数来导出当均衡时最优的私人资本存量、消费水平、劳动投入、政府公共开支以及最优的税率和政府间的转移支付的显示解. 假定第 $i(i=1,2)$ 个地区代表性消费者的效用函数和代表性厂商的生产函数分别为

$$u_i(c_i,l_i,f,s_i) = \theta_1^i\ln(c_i - \sigma_i l_i) + \theta_2^i\ln f + \theta_3^i\ln s_i \qquad (8.2.16)$$

$$y_i(k_i,l_i,f,s_i) = A_i k_i^\alpha l_i^\beta f^\delta s_i^\varepsilon \qquad (8.2.17)$$

其中(i) $0<\theta_1^i<1, 0<\theta_2^i<1, 0<\theta_3^i<1, \sigma_i>0, \alpha>0, \beta>0, \delta>0, \varepsilon>0, A_i>0$ 为常数，(ii) $\alpha+\beta+\delta+\varepsilon=1$.

(8.2.16)是对 Xie(1997)给出的效用函数的一个推广，其中 σ_i 可以看做是第 $i(i=1,2)$ 个地区私人消费和私人劳动投入之间的转换率；(8.2.17)是对新古典生产函数的推广，同时也意味着两个地区有相同的生产技术. 假设(i)限定诸参数的取值范围，其中 $\alpha,\beta,\delta,\varepsilon$ 分别代表两个地区私人资本存量、私人劳动投

入、中央政府公共开支和地方政府公共开支的边际生产率;假设(ii)说明生产函数是一次齐次函数,描述的是一种可以简单扩大再生产的技术. 容易看出,在假设(i)和(ii)下,8.2.1 节对效用函数和生产函数所作的一切假定都得到满足. 以下的分析脉络也同 8.2.1 节.

1. 第 $i(i=1,2)$ 个地区的私人部门

在地区 i,代表性消费者选择他的消费路径 $c_i(t)$、劳动投入路径 $l_i(t)$ 和私人资本积累路径 $k_i(t)$ 去最大化他的贴现效用,即

$$\max_{c_i,l_i,k_i}\int_0^\infty [\theta_1^i \ln(c_i - \sigma_i l_i) + \theta_2^i \ln f + \theta_3^i \ln s_i]e^{-\rho t} dt$$

受约束于下面的预算约束方程和给定的初始资本存量 $k_i(0)$.

$$\dot{k}_i = r_i k_i + w_i l_i - \tau_r r_i k_i - \tau_w w_i l_i - \tau_{c_i}^i c_i - c_i \tag{8.2.2}$$

由(8.2.3)—(8.2.5)和(8.2.16)可得到一阶条件

$$w_i = \sigma_i \frac{1 + \tau_{c_i}^i}{1 - \tau_w} \tag{8.2.18}$$

$$c_i = \frac{\theta_1^i}{\lambda_i(1+\tau_{c_i}^i)} + \sigma_i l_i \tag{8.2.19}$$

$$\dot{\lambda}_i = [\rho - r_i(1-\tau_r)]\lambda_i \tag{8.2.20}$$

再加上(8.2.2)和横截性条件

$$\lim_{t\to\infty}\lambda_i k_i e^{-\rho t} = 0 \tag{8.2.21}$$

其中 λ_i 是与私人资本存量 k_i 相联系的 Hamilton 乘子.

把方程(8.2.18)和(8.2.19)代入(8.2.2)得

$$\dot{k}_i = r_i k_i(1-\tau_r) - \frac{\theta_1^i}{\lambda_i} \tag{8.2.22}$$

由(8.2.20)和(8.2.22)有

$$\frac{d(\lambda_i k_i)}{dt} = \rho(\lambda_i k_i) - \theta_1^i \tag{8.2.23}$$

求解这个常微分方程并考虑(8.2.21)得到

$$\lambda_i k_i = \frac{\theta_1^i}{\rho} \tag{8.2.24}$$

对代表性厂商,由(8.2.6),(8.2.7)和(8.2.17)得到最优的实际利息率和实际工资率分别为

$$r_i = A_i \alpha k_i^{\alpha-1} l_i^\beta f^\delta s_i^\varepsilon \tag{8.2.25}$$

$$w_i = A_i \beta k_i^\alpha l_i^{\beta-1} f^\delta s_i^\varepsilon \tag{8.2.26}$$

综合(8.2.18),(8.2.19),(8.2.22),(8.2.24)—(8.2.26),我们可以将 c_i,

l_i, r_i, w_i 和 λ_i 分别表示成

$$c_i = \frac{k_i \rho}{1+\tau_{c_i}^i} + \sigma_i l_i \qquad (8.2.27)$$

$$l_i = \left(\frac{A_i \beta}{\sigma_i} k_i^\alpha f^\delta s_i^\varepsilon \frac{1-\tau_w}{1+\tau_{c_i}^i}\right)^{\frac{1}{1-\beta}} \qquad (8.2.28)$$

$$r_i = \alpha \left(\frac{\beta}{\sigma_i} \frac{1-\tau_w}{1+\tau_{c_i}^i}\right)^{\frac{\beta}{1-\beta}} k_i^{\frac{\alpha}{1-\beta}-1} (A_i f^\delta s_i^\varepsilon)^{\frac{1}{1-\beta}} \qquad (8.2.29)$$

$$w_i = \sigma_i \frac{1+\tau_{c_i}^i}{1-\tau_w} \qquad (8.2.18)$$

$$\lambda_i = \theta_1^i / (\rho k_i) \qquad (8.2.30)$$

将(8.2.27)代入(8.2.16)可将第 i 个地区代表性消费者的效用函数变形为

$$u_i(c_i, l_i, f, s_i) = u_i(k_i, \tau_{c_i}^i, f, s_i)$$
$$= \theta_1^i [\ln k_i - \ln(1+\tau_{c_i}^i)]$$
$$+ \theta_2^i \ln f + \theta_3^i \ln s_i \qquad (8.2.31)$$

将(8.2.24)代入(8.2.22)可将消费者的预算约束(8.2.2)等价地写成

$$\dot{k}_i = [r_i(1-\tau_r) - \rho] k_i \qquad (8.2.32)$$

(8.2.18),(8.2.27)—(8.2.30)和(8.2.32)刻画出第 $i(i=1,2)$ 个地区私人部门的最优选择。注意到由(8.2.18),(8.2.27)—(8.2.30)我们可以用各种税率 $\tau_{c_i}^i, \tau_w, \tau_r$,各级政府的公共开支 f, s_i 以及私人资本存量 k_i 分别表示出实际工资率 w_i、私人消费水平 c_i、私人劳动投入 l_i、实际利息率 r_i 以及 Hamilton 乘子 $\lambda_i (i=1,2)$。这样在以后各级政府的优化问题中,只需考虑 $\tau_{c_i}^i, \tau_w, \tau_r, f, s_i$, k_i 以及其他经济变量的优化,之后由上述方程直接得到最优的 w_i, c_i, l_i, r_i 和 λ_i;相应地,方程(8.2.18),(8.2.27)—(8.2.30)在以后政府的优化问题中也不再作为约束条件出现。[①]

2. 地方政府的优化问题

给定第 $i(i=1,2)$ 个地区代表性消费者和代表性厂商的最优选择,第 i 个地方政府选择它的公共开支 s_i、地方消费税税率 $\tau_{c_i}^i$ 以及私人资本存量 k_i 来最大化地区福利也就是所在地区代表性消费者的折现效用,由(8.2.31)可写成

$$\max_{s_i, k_i, \tau_{c_i}^i} \int_0^\infty \{\theta_1^i [\ln k_i - \ln(1+\tau_{c_i}^i)] + \theta_2^i \ln f + \theta_3^i \ln s_i\} e^{-\rho t} dt$$

受约束于它的平衡预算

[①] 可参见 Lucas 和 Stokey (1983),Lucas (1990),以及 Jones、Menuelli 和 Rossi (1993,1997)文中对价格和税率的类似处理方法.

$$s_i = \tau_{c_i}^i c_i + g_i s_i + G_i \qquad (8.2.8)$$

以及代表性消费者的等价预算约束

$$\dot{k}_i = [r_i(1-\tau_r) - \rho]k_i \qquad (8.2.32)$$

用 η_i 和 χ_i 分别表示与预算约束 (8.2.8) 和 (8.2.32) 相联系的 Hamilton 乘子,由此得到第 $i(i=1,2)$ 个地区地方政府的全部一阶条件为

$$\frac{\theta_3^i}{s_i} + \eta_i(1-g_i) - \eta_i \tau_{c_i}^i \frac{\partial c_i}{\partial s_i} + \chi_i k_i (1-\tau_r) \frac{\partial r_i}{\partial s_i} = 0 \qquad (8.2.33)$$

$$\frac{\theta_1^i}{k_i} + \chi_i [r_i(1-\tau_r) - \rho] - \eta_i \tau_{c_i}^i \frac{\partial c_i}{\partial k_i} + \chi_i k_i (1-\tau_r) \frac{\partial r_i}{\partial k_i} = \rho \chi_i - \dot{\chi}_i$$

$$(8.2.34)$$

$$-\frac{\theta_1^i}{1+\tau_{c_i}^i} - \eta_i c_i - \eta_i \tau_{c_i}^i \frac{\partial c_i}{\partial \tau_{c_i}^i} + \chi_i k_i (1-\tau_r) \frac{\partial r_i}{\partial \tau_{c_i}^i} = 0 \qquad (8.2.35)$$

以及方程 (8.2.8), (8.2.32) 和横截性条件

$$\lim_{t\to\infty} \chi_i k_i \mathrm{e}^{-\rho t} = 0 \qquad (8.2.36)$$

其中 $\frac{\partial c_i}{\partial x}, \frac{\partial l_i}{\partial x}, \frac{\partial r_i}{\partial x}, \frac{\partial w_i}{\partial x}$ $(x = s_i, k_i, \tau_{c_i}^i)$ 分别表示对 (8.2.27)—(8.2.29) 和 (8.2.18) 式中左边出现的变量 x 求偏导. 注意我们可以利用这些方程中幂函数的形式对偏导数的结果简化表示, 比如由 (8.2.29) 有

$$\frac{\partial r_i}{\partial \tau_{c_i}^i} = -\frac{\beta}{1-\beta} \frac{r}{1+\tau_{c_i}^i}$$

由 (8.2.27) 和 (8.2.28) 有

$$\frac{\partial c_i}{\partial k_i} = \frac{\rho}{1+\tau_{c_i}^i} + \sigma_i \frac{\partial l_i}{\partial k_i} = \frac{\rho}{1+\tau_{c_i}^i} + \sigma_i \frac{\alpha}{1-\beta} \frac{l_i}{k_i}$$

其余类推. 这样做的好处是可以大大简化以后的具体计算过程.

将 (8.2.27), (8.2.29) 分别代入 (8.2.33)—(8.2.35), 我们可以将这些一阶条件依次改写为

$$\dot{\chi}_1 = \left[2\rho - r_i(1-\tau_r)\frac{\alpha}{1-\beta}\right]\chi_i - \frac{\theta_1^i}{k_i} + \eta_i \tau_{c_i}^i \left(\frac{\rho}{1+\tau_{c_i}^i} + \frac{\alpha}{1-\beta}\frac{\sigma_i l_i}{k_i}\right)$$

$$(8.2.37)$$

$$\theta_3^i + \eta_i(1-g_i)s_i + \frac{\varepsilon}{1-\beta}[\chi_i r_i k_i (1-\tau_r) - \eta_i \tau_{c_i}^i \sigma_i l_i] = 0 \qquad (8.2.38)$$

$$-\theta_1^i - \frac{\eta_i k_i \rho}{1+\tau_{c_i}^i} + \eta_i \sigma_i l_i \left(\frac{\beta}{1-\beta}\tau_{c_i}^i - 1\right) - \chi_i k_i (1-\tau_r) \frac{\beta}{1-\beta} r = 0$$

$$(8.2.39)$$

方程 (8.2.8), (8.2.32), (8.2.37)—(8.2.39), 再加上 (8.2.18), (8.2.27)—

(8.2.30)概括了第 $i(i=1,2)$ 个地区地方政府和私人部门的最优选择.

3. 中央政府的优化问题

给定两个地区私人部门和地方政府的最优选择,中央政府选择中央政府工资收入税税率 τ_w,中央政府利息收入税税率 τ_r,消费税税率 $\tau_{c_i}^i$,一揽子转移支付 G_i,对应性中央政府转移支付率 g_i,地方公共开支 s_i,中央政府公共开支 f,私人资本存量 k_i,以及 Hamilton 乘子 η_i 和 χ_i 以最大化整个社会福利,也就是

$$\max_{\tau_r,\tau_w,\tau_{c_i}^i,f,g_i,G_i,k_i,s_i,\eta_i,\chi_i} \int_0^\infty \sum_{i=1}^2 \xi_i \{\theta_1^i[\ln k_i - \ln(1+\tau_{c_i}^i)] + \theta_2^i \ln f + \theta_3^i \ln s_i\} e^{-\rho t} dt$$

其中 ξ_i 为赋予第 $i(i=1,2)$ 个地区的福利权重,满足 $\sum_{i=1}^2 \xi_i = 1$.

约束条件为两个地区除(8.2.18)和(8.2.27)—(8.2.30)外的全部一阶条件①

$$\dot{k}_i = [r_i(1-\tau_r) - \rho] k_i \qquad (8.2.32)$$

$$\dot{\chi}_i = \left[2\rho - r_i(1-\tau_r)\frac{\theta}{1-\beta}\right]\chi_i - \frac{\theta_1^i}{k_i}$$

$$+ \eta_i \tau_{c_i}^i \left(\frac{\rho}{1+\tau_{c_i}^i} + \frac{\alpha}{1-\beta}\frac{\sigma_i l_i}{k_i}\right) \qquad (8.2.37)$$

$$\theta_3^i + \eta_i(1-g_i)s_i + \frac{\varepsilon}{1-\beta}[\chi_i r_i k_i(1-\tau_r) - \eta_i \tau_{c_i}^i \sigma_i l_i] = 0 \quad (8.2.38)$$

$$-\theta_1^i - \frac{\eta_i k_i \rho}{1+\tau_{c_i}^i} + \eta_i \sigma_i l_i \left(\frac{\beta}{1-\beta}\tau_{c_i}^i - 1\right) - \chi_i k_i(1-\tau_r)\frac{\beta}{1-\beta}r = 0$$

$$(8.2.39)$$

$$s_i = \tau_{c_i}^i c_i + g_i s_i + G_i \qquad (8.2.8)$$

以及自身的平衡预算约束

$$f + \sum_{i=1}^2 (g_i s_i + G_i) = \tau_r \sum_{i=1}^2 r_i k_i + \tau_w \sum_{i=1}^2 w_i l_i \qquad (8.2.15)$$

定义中央政府的 Hamilton 方程如下:

$$H = \int_0^\infty \sum_{i=1}^2 \xi_i \{\theta_1^i[\ln k_i - \ln(1+\tau_{c_i}^i)] + \theta_2^i \ln f + \theta_3^i \ln s_i\}$$

---

① 求解中央政府的优化问题时我们实际上没有考虑地方政府的横截性条件(8.2.36).对这一问题经济学家们有不同的看法,比如 Chamley(1985,1986)认为如果能够假定经济收敛到稳衡态,横截性条件就是多余的.大多数涉及 Ramsey 问题的文献著名的如 Lucas(1990)在研究政府的优化问题时都没有考虑消费者的横截性条件.虽然从数学上来说这是不严格的,但主要是为了方便以后的数学处理,所以这里我们仍沿用这一习惯做法.

$$+ \sum_{i=1}^{2} q_1^i [r_i(1-\tau_r) - \rho] k_i$$

$$+ \sum_{i=1}^{2} q_2^i \left\{ \left[2\rho - r_i(1-\tau_r) \frac{\alpha}{1-\beta} \right] \chi_i \right.$$

$$\left. - \frac{\theta_1^i}{k_i} + \eta_i \tau_{c_i}^i \left(\frac{\rho}{1+\tau_{c_i}^i} + \frac{\alpha}{1-\beta} \frac{\sigma_i l_i}{k_i} \right) \right\}$$

$$+ \sum_{i=1}^{2} q_3^i \left\{ \theta_3^i + \eta_i (1-g_i) s_i \right.$$

$$\left. + \frac{\varepsilon}{1-\beta} [\chi_i r_i k_i (1-\tau_r) - \eta_i \tau_{c_i}^i \sigma_i l_i] \right\}$$

$$+ \sum_{i=1}^{2} q_4^i \left\{ -\theta_1^i - \frac{\eta_i k_i \rho}{1+\tau_{c_i}^i} + \eta_i \sigma_i l_i \left(\frac{\beta}{1-\beta} \tau_{c_i}^i - 1 \right) \right.$$

$$\left. - \chi_i k_i r_i (1-\tau_r) \frac{\beta}{1-\beta} \right\}$$

$$+ \sum_{i=1}^{2} q_5^i [(1-g_i)s_i - G_i - \tau_{c_i}^i c_i]$$

$$+ q_6 \left[\sum_{i=1}^{2} (\tau_r r_i k_i + \tau_w w_i l_i - g_i s_i - G_i) - f \right]$$

其中 $q_1^i \sim q_5^i, q_6$ 分别为方程(8.2.32),(8.2.37)—(8.2.39),(8.2.8)和(8.2.15)对应的 Hamilton 乘子.

一阶条件如下:

$$\sum_{i=1}^{2} q_1^i r_i k_i + \sum_{i=1}^{2} q_2^i \chi_i r_i \frac{\alpha}{1-\beta} - \sum_{i=1}^{2} q_3^i \frac{\varepsilon}{1-\beta} \chi_i r_i k_i$$

$$+ \sum_{i=1}^{2} q_4^i \chi_i k_i r \frac{\beta}{1-\beta} + q_6 \sum_{i=1}^{2} r_i k_i = 0 \qquad (8.2.40)$$

$$q_6 \sum_{i=1}^{2} w_i l_i + \sum_{i=1}^{2} \left[q_2^i \eta_i \tau_{c_i}^i \frac{\alpha}{1-\beta} \frac{\sigma_i}{k_i} - q_3^i \frac{\varepsilon}{1-\beta} \eta_i \tau_{c_i}^i \sigma_i \right.$$

$$\left. + q_4^i \eta_i \sigma_i \left(\frac{\beta}{1-\beta} \tau_{c_i}^i - 1 \right) + q_6 \tau_w w_i \right] \frac{\partial l_i}{\partial \tau_w}$$

$$- \sum_{i=1}^{2} q_5^i \tau_{c_i}^i \frac{\partial c_i}{\partial \tau_w} + \sum_{i=1}^{2} \left[q_1^i k_i (1-\tau_r) - q_2^i \chi_i (1-\tau_r) \frac{\alpha}{1-\beta} \right.$$

$$+ q_3^i \frac{\varepsilon}{1-\beta}\chi_i k_i(1-\tau_r) - q_4^i \chi_i k_i(1-\tau_r)\frac{\beta}{1-\beta} + q_6 \tau_r k_i\Big]\frac{\partial r_i}{\partial \tau_w}$$

$$+ q_6 \tau_w \sum_{i=1}^{2} l_i \frac{\partial w_i}{\partial \tau_w} = 0 \qquad (8.2.41)$$

$$- \frac{\xi_i \theta_1^i}{1+\tau_{c_i}^i} + q_2^i \eta_i \Big[\frac{\rho}{(1+\tau_{c_i}^i)^2} + \frac{\alpha}{1-\beta}\frac{\sigma_i l_i}{k_i} - q_3^i \eta_i \sigma_i l_i$$

$$+ q_4^i \Big[\frac{\eta_i k_i \rho}{(1+\tau_{c_i}^i)^2} + \eta_i \sigma_i l_i \frac{\beta}{1-\beta}\Big]$$

$$- q_5^i c_i + \Big[q_2^i \eta_i \tau_{c_i}^i \frac{\alpha}{1-\beta}\frac{\sigma_i}{k_i} - q_3^i \frac{\varepsilon}{1-\beta}\eta_i \tau_{c_i}^i \sigma_i$$

$$+ q_4^i \eta_i \sigma_i \Big(\frac{\beta}{1-\beta}\tau_{c_i}^i - 1\Big) + q_6 \tau_w w_i\Big]\frac{\partial l_i}{\partial \tau_{c_i}^i}$$

$$- q_5^i \tau_{c_i}^i \frac{\partial c_i}{\partial \tau_{c_i}^i} + \Big[q_1^i k_i(1-\tau_r) - q_2^i \chi_i(1-\tau_r)\frac{\alpha}{1-\beta}$$

$$+ q_3^i \frac{\varepsilon}{1-\beta}\chi_i k_i(1-\tau_r) - q_4^i \chi_i k_i(1-\tau_r)\frac{\beta}{1-\beta} + q_6 \tau_r k_i\Big]\frac{\partial r_i}{\partial \tau_{c_i}^i}$$

$$+ q_6 \tau_w l_i \frac{\partial w_i}{\partial \tau_{c_i}^i} = 0 \qquad (8.2.42)$$

$$\sum_{i=1}^{2}\xi_i \theta_2^i/f - q_6 + \sum_{i=1}^{2}\Big[q_2^i \eta_i \tau_{c_i}^i \frac{\alpha}{1-\beta}\frac{\sigma_i}{k_i} - q_3^i \frac{\varepsilon}{1-\beta}\eta_i \tau_{c_i}^i \sigma_i$$

$$+ q_4^i \eta_i \sigma_i \Big(\frac{\beta}{1-\beta}\tau_{c_i}^i - 1\Big) + q_6 \tau_w w_i\Big]\frac{\partial l_i}{\partial f}$$

$$- \sum_{i=1}^{2}q_5^i \tau_{c_i}^i \frac{\partial c_i}{\partial f} + \sum_{i=1}^{2}\Big[q_1^i k_i(1-\tau_r)$$

$$- q_2^i \chi_i(1-\tau_r)\frac{\alpha}{1-\beta} + q_3^i \frac{\varepsilon}{1-\beta}\chi_i k_i(1-\tau_r)$$

$$- q_4^i \chi_i k_i(1-\tau_r)\frac{\beta}{1-\beta} + q_6 \tau_r k_i\Big]\frac{\partial r_i}{\partial f} = 0 \qquad (8.2.43)$$

$$\frac{\xi_i \theta_3^i}{s_i} + q_3^i \eta_i(1-g_i) + q_5^i(1-g_i) - q_6 g_i$$

$$+ \Big[q_2^i \eta_i \tau_{c_i}^i \frac{\alpha}{1-\beta}\frac{\sigma_i}{k_i} - q_3^i \frac{\varepsilon}{1-\beta}\eta_i \tau_{c_i}^i \sigma_i$$

$$+ q_4^i \eta_i \sigma_i \Big(\frac{\beta}{1-\beta}\tau_{c_i}^i - 1\Big) + q_6 \tau_w w_i\Big]\frac{\partial l_i}{\partial s_i} - q_5^i \tau_{c_i}^i \frac{\partial c_i}{\partial s_i}$$

$$+ \left[q_1^i k_i (1-\tau_r) - q_2^i \chi_i (1-\tau_r) \frac{\alpha}{1-\beta} \right.$$

$$+ q_3^i \frac{\varepsilon}{1-\beta} \chi_i k_i (1-\tau_r) - q_4^i \chi_i k_i (1-\tau_r) \frac{\beta}{1-\beta}$$

$$+ q_6^i \tau_r k_i \right] \frac{\partial r_i}{\partial s_i} = 0 \qquad (8.2.44)$$

$$\rho q_1^i - \dot{q}_1^i = \frac{\xi_i \theta_1^i}{k_i} + q_1^i [r_i (1-\tau_r) - \rho]$$

$$+ q_2^i \left(\theta_1^i - \eta_i \tau_{c_i}^i \frac{\alpha}{1-\beta} \sigma_i l_i \right) \frac{1}{k_i^2} + q_3^i \frac{\varepsilon}{1-\beta} \chi_i r_i (1-\tau_r)$$

$$+ q_4^i \left[\frac{\eta_i \rho}{1+\tau_{c_i}^i} + \chi_i r_i (1-\tau_r) \frac{\beta}{1-\beta} \right] + q_6^i \tau_r r_i$$

$$+ \left[q_2^i \eta_i \tau_{c_i}^i \frac{\alpha}{1-\beta} \frac{\sigma_i}{k_i} - q_3^i \frac{\varepsilon}{1-\beta} \eta_i \tau_{c_i}^i \sigma_i \right.$$

$$+ q_4^i \eta_i \sigma_i \left(\frac{\beta}{1-\beta} \tau_{c_i}^i - 1 \right) + q_6^i \tau_w w_i \right] \frac{\partial l_i}{\partial k_i} - q_5^i \tau_{c_i}^i \frac{\partial c_i}{\partial s_i}$$

$$+ \left[q_1^i k_i (1-\tau_r) - q_2^i \chi_i (1-\tau_r) \frac{\alpha}{1-\beta} \right.$$

$$+ q_3^i \frac{\varepsilon}{1-\beta} \chi_i k_i (1-\tau_r)$$

$$- q_4^i \chi_i k_i (1-\tau_r) \frac{\beta}{1-\beta} + q_6^i \tau_r k_i \right] \frac{\partial r_i}{\partial k_i} \qquad (8.2.45)$$

$$- q_3^i \eta_i s_i - q_5^i s_i - q_6^i s_i = 0 \qquad (8.2.46)$$

$$q_5^i - q_6^i = 0 \qquad (8.2.47)$$

$$q_2^i \tau_{c_i}^i \left(\frac{\rho}{1+\tau_{c_i}^i} + \frac{\alpha}{1-\beta} \frac{\sigma_i l_i}{k_i} \right) + q_3^i \left[(1-g_i) s_i - \frac{\varepsilon}{1-\beta} \tau_{c_i}^i \sigma_i l_i \right]$$

$$+ q_4^i \left[-\frac{k_i \rho}{1+\tau_{c_i}^i} + \sigma_i l_i \left(\frac{\beta}{1-\beta} \tau_{c_i}^i - 1 \right) \right] = 0 \qquad (8.2.48)$$

$$q_2^i \left[2\rho - r_i (1-\tau_r) \frac{\alpha}{1-\beta} \right] + q_3^i \frac{\varepsilon}{1-\beta} k_i r_i (1-\tau_r)$$

$$- q_4^i k_i r_i (1-\tau_r) \frac{\beta}{1-\beta} = \rho q_2^i - \dot{q}_2^i \qquad (8.2.49)$$

再加上(8.2.8),(8.2.32),(8.2.37)—(8.2.39)和两个横截性条件

$$\lim_{t \to \infty} q_1^i k_i e^{-\rho t} = 0 \qquad (8.2.50)$$

$$\lim_{t \to \infty} q_2^i \chi_i e^{-\rho t} = 0 \qquad (8.2.51)$$

其中 c_i, l_i, r_i 和 w_i 分别由(8.2.27)—(8.2.29),(8.2.18)给出.

在本章最后的附录中，我们得到当经济达到均衡时的最优的中央政府收入税税率、实际工资率、实际利息率、私人劳动投入、私人消费、中央政府公共开支和私人资本存量的显示解分别为

$$\tau_w = 1 - (\alpha+\beta)\sum_{i=1}^{2}\xi_i(\theta_1^i+\theta_2^i+\theta_3^i)\bigg/\sum_{i=1}^{2}\xi_i\theta_1^i \qquad (8.2.52)$$

$$\tau_r = 1 - (\alpha+\beta) = \delta + \varepsilon \qquad (8.2.53)$$

$$w_i = \sigma_i\frac{1+\tau_{c_i}^i}{1-\tau_w} \qquad (8.2.18)$$

$$r_i = r = \frac{\rho}{\alpha+\beta} \qquad (8.2.54)$$

$$l_i = \frac{\beta}{\alpha(\alpha+\beta)}\frac{\rho}{\sigma_i}\frac{1-\tau_w}{1+\tau_{c_i}^i}k_i \qquad (8.2.55)$$

$$c_i = \rho k_i\left(\frac{1-\tau_w}{1+\tau_{c_i}^i}\frac{\beta}{\alpha(\alpha+\beta)} + \frac{1}{1+\tau_{c_i}^i}\right) \qquad (8.2.56)$$

$$f = \frac{1}{q_6}\left[\sum_{i=1}^{2}\xi_i\theta_2^i + \frac{\delta}{\alpha}\sum_{i=1}^{2}\xi_i(\theta_1^i+\theta_2^i+\theta_3^i)\right] \qquad (8.2.57)$$

$$k_i = B_i/\rho q_6 \qquad (8.2.58)$$

其中 $B_i(i=1,2)$ 由下面两式给出：

$$\sum_{i=1}^{2}B_i = \sum_{i=1}^{2}\xi_i(\theta_1^i+\theta_2^i+\theta_3^i) \qquad (8.2.59)$$

$$\frac{B_i}{\rho} = \left[\frac{\alpha(\alpha+\beta)}{\rho}\right]^{\frac{1-\beta}{\delta+\varepsilon}}\left(\frac{\beta}{\sigma_i}\frac{1-\tau_w}{1+\tau_{c_i}^i}\right)^{\frac{\beta}{\delta+\varepsilon}}\bigg\{A_i\bigg[\sum_{i=1}^{2}\xi_i\theta_1^i$$
$$+ \frac{\delta}{\alpha}\sum_{i=1}^{2}\xi_i(\theta_1^i+\theta_2^i+\theta_3^i)\bigg]^{\delta}\left(\frac{s_i}{q_6}\right)^{\varepsilon}\bigg\}^{\frac{1}{\delta+\varepsilon}} \qquad (8.2.60)$$

同时我们还可以利用偏好参数 $\theta_1^i,\theta_2^i,\theta_3^i,\sigma_i$，生产参数 $\alpha,\beta,\delta,\varepsilon$，折现因子 ρ，权重因子 $\xi_i(i=1,2)$ 以及 Hamilton 乘子 q_6 将最优的地方政府公共开支、消费税税率、中央政府对应性转移支付率和中央政府一揽子转移支付隐式的表出如下：

$$s_i = s_i(\theta_1^i,\theta_2^i,\theta_3^i,\sigma_i,\alpha,\beta,\delta,\varepsilon,\rho,\xi_i,B_i,q_6) \qquad (8.2.61)$$

$$\tau_{c_i}^i = \tau_{c_i}^i(\theta_1^i,\theta_2^i,\theta_3^i,\sigma_i,\alpha,\beta,\delta,\varepsilon,\rho,\xi_i,B_i) \qquad (8.2.62)$$

$$g_i = g_i(\theta_1^i,\theta_2^i,\theta_3^i,\sigma_i,\alpha,\beta,\delta,\varepsilon,\rho,\xi_i,B_i) \qquad (8.2.63)$$

$$G_i = G_i(\theta_1^i,\theta_2^i,\theta_3^i,\sigma_i,\alpha,\beta,\delta,\varepsilon,\rho,\xi_i,B_i,q_6) \qquad (8.2.64)$$

由(8.2.53)知均衡时中央政府资本收入税税率 τ_r 为正并且等于地方公共开支和中央政府公共开支的边际生产率之和，据此可认为 τ_r 的经济含义是公共

开支作为生产函数中的投入要素所要求的边际回报,这与 Jones、Menuelli 和 Rossi(1993)利用动态规划解一级政府的优化问题得出的结论很类似. 如果公共开支不引入到生产函数中去,显然由我们这个特殊例子得出的结果与 Chamley(1986)关于资本收入税税率在长期(均衡时)趋于零的一般结论相一致. 另外由(8.2.62)知地方消费税税率唯一确定,这说明在我们的模型中消费税是实现整个社会福利最大化所必不可少的政策工具.①

8.2.3 数值解

在前面 8.2.2 节通过一个具体的例子我们给出了当经济达到均衡时包括税率、中央政府转移支付在内的诸经济变量的解析解. 但是有的显示解形式如中央政府工资收入税税率 τ_w 比较复杂,另有一些重要的变量比如消费税税率 $\tau_{c_i}^i$、中央政府对应性转移率支付 g_i 和一揽子转移支付 G_i 均只能隐式地表出. 为了更好地看出得到的解析解(尤其是隐式解)所代表的经济学意义,在这一小节中我们将对结果进行数值模拟,给出数值解. 我们选取各种参数的基准值如下: $\alpha=0.25, \beta=0.5, \delta=0.15, \varepsilon=0.1, \sigma_1=\sigma_2=1, \theta_1^1=\theta_1^2=0.8, \theta_2^1=\theta_2^2=0.2, \theta_3^1=\theta_3^2=0.1, \xi_1=\xi_2=0.5, \rho=0.05$. 注意到在基准值下,两个地区的生产函数和效用函数均相同,政府对两个地区的福利权重也一样,从而不存在地区间的差异;另外我们在 8.2.2 节中的假设 $\alpha+\beta+\delta+\varepsilon=1$ 也得到满足. 下面我们集中考察各种参数值的变动对最优税和最优中央政府转移支付的影响.

1. 边际生产率参数

在表 8-6 中,两个地区的消费税税率 $\tau_{c_i}^i$,中央政府的对应性转移支付率 g_i,以及以同一地区私人消费为单位的中央政府的一揽子转移支付 $G_i/c_i(i=1,2)$ 始终保持相等,这是由我们选取的参数基准值决定的. 可以看到中央政府对地方政府的一揽子转移支付为负,这表明实际上是地方政府对中央政府进行"逆"转移. 当私人资本存量的边际生产率逐渐增加,也就是当 α 逐渐由 0.15 上升到 0.35 时,各种最优税率均保持不变;中央政府对应性转移支付率 g_i 由大约 1% 增加到大约 6%,而反向的从地方政府到中央政府的一揽子转移支付(以相应地区的私人消费为单位)由 0.216 降至 0.186.

---

① 当假定经济中只存在一级政府再重解上面的例子时,这一结论更为明显. 此时政府的公共开支仍用 f 表示,它征收全部的三种税,因而所面临的平衡预算约束为 $f=\tau_r rk+\tau_w wl+\tau_c c$. 采用类似 Cobb-Douglas 的效用函数和生产函数 $u(c,l,f)=\theta_1\ln(c-\sigma l)+\theta_2\ln f$ 和 $y(k,l,f)Ak^\alpha l^\beta f^\delta$,假设 $\alpha+\beta+\delta=1$. 求解这个标准的 Ramsey 问题,我们得到唯一确定的均衡最优收入税和消费税税率为 $\tau_r=1-\alpha-\beta=\delta>0$, $\tau_w=1-(\alpha+\beta)\frac{\theta_1+\theta_2}{\theta_1}, \tau_c=\frac{\theta_2}{\theta_1}>0$,即政府为达到社会福利最大化必须征收正的消费税.

表 8-6 私人资本存量的边际生产率 α 变动的影响

α	0.15	0.2	0.25	0.3	0.35
τ_r	0.25	0.25	0.25	0.25	0.25
τ_w	-0.03125	-0.03125	-0.03125	-0.03125	-0.03125
$\tau_{c_1}^1$	0.375	0.375	0.375	0.375	0.375
$\tau_{c_2}^2$	0.375	0.375	0.375	0.375	0.375
g_1	0.0088	0.01851	0.030556	0.044688	0.06069
g_2	0.0088	0.01851	0.030556	0.044688	0.06069
G_1/c_1	-0.21615	-0.20821	-0.2005	-0.19304	-0.18583
G_2/c_2	-0.21615	-0.20821	-0.2005	-0.19304	-0.18583

从表 8-6 还可以看出,地方的消费税税率为正而中央政府劳动收入税税率为负,这表明中央政府的最优选择是给予私人部门以劳动补贴,同时"强迫"地方政府将征收到的本地消费税中的一部分以一揽子转移支付的形式上交,为其支出的劳动补贴(还可能包括中央政府自身的公共开支)融资. 这是因为中央政府收入税的扭曲性较地方消费税的大,政府的最优选择应当是征收扭曲性较小的税收,补贴扭曲性较大的税收,并用前者的收入为后者的支出融资. 同样的情形在表 8-7 中再次出现. 注意到表 8-7 中当中央政府公共开支的边际生产率 δ 增大到一定程度,具体地说也就是当 $\delta=0.2, 0.25$ 的时候,除一揽子转移支付仍为负以外,对应性的中央政府转移支付也变成负值,这表明当中央政府公共开支在生产中所起的作用足够大时,中央政府可以加强对地方政府的财政"掠夺",以便为增加的中央政府公共开支融资.

2. 偏好参数

我们再来看一看各种偏好参数的变动对最优税和最优中央政府转移支付的影响. 在下面的表 8-8、表 8-9 和表 8-10 中,我们均保持地区 1 的代表性消费者的偏好不变而分别改变地区 2 的代表性消费者对私人消费(扣除私人劳动投入)、中央政府公共开支和地方公共开支的偏好,也就是保持 $\theta_1^1=0.8, \theta_2^1=0.2$,$\theta_3^1=0.1$ 而分别变动 θ_1^2, θ_2^2 和 θ_3^2. 与 8.2.2 节相比,这可以让我们看到当两个地区出现不对称性时,均衡时的最优税率和最优中央政府转移支付在两个地区分别应如何选择.

表 8-7　中央政府公共开支的边际生产率 δ 变动的影响

δ	0.05	0.1	0.15	0.2	0.25
τ_r	0.25	0.25	0.25	0.25	0.25
τ_w	-0.03125	-0.03125	-0.03125	-0.03125	-0.03125
$\tau_{c_1}^1$	0.375	0.375	0.375	0.375	0.375
$\tau_{c_2}^2$	0.375	0.375	0.375	0.375	0.375
g_1	0.061735	0.050658	0.030556	-0.01719	-0.275
g_2	0.061735	0.050658	0.030556	-0.01719	-0.275
G_1/c_1	-0.0685	-0.1345	-0.2005	-0.2665	-0.3325
G_2/c_2	-0.0685	-0.1345	-0.2005	-0.2665	-0.3325

表 8-8　地区 2 私人消费偏好参数 θ_1^2 变动的影响

θ_1^2	0.6	0.7	0.8	0.9	1
τ_r	0.25	0.25	0.25	0.25	0.25
τ_w	-0.07143	-0.05	-0.03125	-0.01471	0
$\tau_{c_1}^1$	0.40379	0.388351	0.375	0.363352	0.353111
$\tau_{c_2}^2$	0.454368	0.411874	0.375	0.34271	0.314204
g_1	0.035778	0.033178	0.030556	0.02795	0.025387
g_2	-0.01433	0.008829	0.030556	0.050738	0.069414
G_1/c_1	-0.2277	-0.21312	-0.2005	-0.18949	-0.17981
G_2/c_2	-0.26413	-0.22981	-0.2005	-0.17496	-0.1525

在表 8-8 中,当地区 2 的代表性消费者越来越看重私人消费(实际上是按 $1:\sigma_i$ 的比例扣除劳动投入后的净消费)时,也就是当 θ_1^2 由 0.6 逐渐增加到 1 时,该地区的消费税税率由 45% 逐渐降到 31%,这说明地方政府是在鼓励消费者进行更多的消费. 作个比较,当 θ_1^2 小于地区 1 的私人消费偏好参数 θ_1^1 的基准值 0.8 时,地区 2 的消费税税率比地区 1 的高. 与此同时,中央政府会给予地区 1 的地方政府以更多的对应性转移支付 ($g_1 > g_2$),并且向其索取更少的一揽子转移支付 $\left(\left|\dfrac{G_1}{c_1}\right| < \left|\dfrac{G_2}{c_2}\right|\right)$ 以弥补其消费税征收的不足. 当 θ_1^2 大于 0.8 时,情况正好反过来.

表 8-9　地区 2 中央政府公共开支偏好参数 θ_2^2 变动的影响

θ_2^2	0	0.1	0.2	0.3	0.4
τ_r	0.25	0.25	0.25	0.25	0.25
τ_w	0.0625	0.015625	−0.03125	−0.07813	−0.125
$\tau_{c_1}^1$	0.25	0.3125	0.375	0.4375	0.5
$\tau_{c_2}^2$	0.25	0.3125	0.375	0.4375	0.5
g_1	0.06	0.045433	0.030556	0.015402	0
g_2	0.06	0.045433	0.030556	0.015402	0
G_1/c_1	−0.08214	−0.14134	−0.2005	−0.25964	−0.31875
G_2/c_2	−0.08214	−0.14134	−0.2005	−0.25964	−0.31875

表 8-10　地区 2 地方公共开支偏好参数 θ_3^2 变动的影响

θ_3^2	0	0.05	0.1	0.15	0.2
τ_r	0.25	0.25	0.25	0.25	0.25
τ_w	0.015625	−0.00781	−0.03125	−0.05469	−0.07812
$\tau_{c_1}^1$	0.323544	0.348889	0.375	0.401671	0.428775
$\tau_{c_2}^2$	0.300129	0.338341	0.375	0.410634	0.445544
g_1	0.036988	0.034139	0.030556	0.026419	0.021845
g_2	0.1561	0.080294	0.030556	−0.00033	−0.0166
G_1/c_1	−0.15181	−0.17579	−0.2005	−0.22573	−0.25137
G_2/c_2	−0.17873	−0.18867	−0.2005	−0.21457	−0.23107

在表 8-10 中，当地区 2 的代表性消费者越来越看重所在地区地方政府的公共开支，也就是当 θ_3^2 由 0 逐渐增加到 0.2 时，两个地区的消费税税率均有增加，只是增幅不同. 具体来说，当 θ_3^2 小于地区 1 对本地公共开支的偏好参数 θ_3^1 的基准值 0.1 时，地区 2 的最优消费税税率始终比地区 1 的要低，增幅也要小一些；反之当 $\theta_3^2>0.1$ 时，地区 2 的最优消费税税率较高，增幅也较大. 与表 8-8 相比，中央政府转移支付的变化有所不同：一方面中央政府对征收消费税较少（更确切地说是消费税税率较低）的地方政府补偿以较多的对应性转移支付，另一方面它又会向该地方政府索取更多的一揽子转移支付.

表 8-9 与表 8-8 和表 8-10 均有不同. 当地区 2 的代表性消费者越来越看重中央政府公共开支，也就是当 θ_2^2 逐渐增加时，两个地区的最优消费税税率、最优对应性中央政府转移支付率以及反向的一揽子转移支付的绝对值均同等程度地增加，因而始终保持相等，这说明一个地区对中央政府公共开支偏好的改变对另外一个地区具有完全的外部性.

3. 其他参数

除生产和偏好参数外，我们主要想看一看当中央政府对两个地区区别对待，也就是赋予两个地区社会福利函数的权重 $\xi_i(i=1,2)$ 不再同为 0.5（但保持二者之和为 1）时，对两个地区的最优税和最优中央政府转移支付有何影响.

表 8-11 权重因子 $\xi_i(i=1,2)$ 变动的影响

ξ_1	0.1	0.3	0.5	0.7	0.9
ξ_2	0.9	0.7	0.5	0.3	0.1
τ_r	0.25	0.25	0.25	0.25	0.25
τ_w	−0.03125	−0.03125	−0.03125	−0.03125	−0.03125
$\tau_{c_1}^1$	0.529796	0.444222	0.375	0.317914	0.270504
$\tau_{c_2}^2$	0.270504	0.317914	0.375	0.444222	0.529796
g_1	−0.09487	−0.02317	0.030556	0.072267	0.105265
g_2	0.105265	0.072267	0.030556	−0.02317	−0.09487
G_1/c_1	−0.34725	−0.26612	−0.2005	−0.14638	−0.10144
G_2/c_2	−0.10144	−0.14638	−0.2005	−0.26612	−0.34725

从表 8-11 可以清楚地看到，当中央政府比较看重某个地区即赋予该地区的福利权重较大时，就会向该地区提供更多的对应性转移支付，索取更少的一揽子转移支付. 其结果是该地区的地方政府在接受了较多的净中央政府转移支付的情况下会降低本地区的消费税税率. 比如当 $\xi_1>0.5>\xi_2$ 时，我们有：$g_1>g_2$，$\left|\dfrac{G_1}{c_1}\right|<\left|\dfrac{G_2}{c_2}\right|$，$\tau_{c_1}^1<\tau_{c_2}^2$. 这一效应直接体现了中央政府对地方财政政策的影响.

8.2.4 存在中央政府债券的情形

在前面 8.2.1、8.2.2 和 8.2.3 中，我们有一个共同的假定：中央政府和地方政府每时每刻都必须保持预算平衡，既不允许出现赤字，也不能有任何的财政盈余，显然这一要求过于苛刻. 现实世界中几乎所有的国家不仅中央政府（联邦政府），甚至地方政府（州政府）都会发行政府债券并且通过债券总量的变动对财政年度收支调剂余缺，因此最优的政府债券存量和最优的税率、中央政府转移支付应当是同时确定的. 本小节我们就来讨论这个问题.

1. 模型

为简单起见，我们假定只有中央政府能够发行（联邦）债券，地方政府仍需保持其收支平衡. 以 $b_i(t)$ 和 $r_i(t)$ 分别表示 t 时刻中央政府在第 $i(i=1,2)$ 个地区发行的债券总量和债券回报率（利息率）. 由于一般债券的流动性都很好，所

以均衡时它的回报率在两个地区必相同,即 $r_i=r(i=1,2)$. 对于生活在第 $i(i=1,2)$ 个地区的代表性消费者而言,现在他有两种形式的资产:私人资本存量 k_i 和在第 i 个地区发行的中央政府债券 b_i. 假定消费者能够无成本地在两种资产之间进行转换,则当经济达到均衡时这两种资产的回报率(利息率)必相等,否则会有套利机会出现.这意味着两个地区私人资本的利息率也同为 r.

与不存在中央政府债券时的情形比较,中央政府多了一项支出即向两个地区代表性消费者支付的中央政府债券利息 $r\sum_{i=1}^{2}b_i$,以及一项收入即同时向消费者征收的债券利息税 $\tau_r\sum_{i=1}^{2}rb_i$ ①. 当中央政府支出大于中央政府收入时财政会出现赤字,这时中央政府就会增发债券以弥补赤字;反之当支出小于收入时,中央政府就会用财政盈余清偿一部分债券,中央政府债券总量就会减少.因此现在的中央政府预算约束为

$$\sum_{i=1}^{2}\dot{b}_i = r\sum_{i=1}^{2}b_i + f + \sum_{i=1}^{2}(g_i s_i + G_i)$$
$$- \tau_r\sum_{i=1}^{2}(rk_i + rb_i) - \tau_w\sum_{i=1}^{2}w_i l_i \qquad (8.2.65)$$

相应地,第 $i(i=1,2)$ 个地区代表性消费者现在多了一项中央政府债券利息收入 rb_i,同时也必须多支付一项利息税 $\tau_r rb_i$. 税后净收入一部分用于消费,另一部分则用于增加私人资本存量 k_i 和持有的中央政府债券存量 b_i. 这样,他现在的预算约束变为

$$\dot{b}_i + \dot{k}_i = rk_i + rb_i + w_i l_i - \tau_r(rk_i + rb_i) - \tau_w w_i l_i - \tau_{c_i}^i c_i - c_i \qquad (8.2.66)$$

定义 $a_i=k_i+b_i$ 表示第 i 个地区代表性消费者总的私人财富,我们可以将上式简写成

$$\dot{a}_i = (1-\tau_r)ra_i + (1-\tau_w)w_i l_i - \tau_{c_i}^i c_i - c_i \qquad (8.2.67)$$

对第 $i(i=1,2)$ 个地方政府而言,它的预算约束不变,仍为

$$s_i = \tau_{c_i}^i c_i + g_i s_i + G_i \qquad (8.2.8)$$

由(8.2.8),(8.2.65)和(8.2.66)我们得到

$$\sum_{i=1}^{2}\dot{k}_i = \sum_{i=1}^{2}(rk_i + w_i l_i - s_i - c_i) - f \qquad (8.2.68)$$

---

① 我们假定中央政府对代表性消费者的债券利息收入和资本利息收入收取相同的税率,则由后面的定义,这里的 τ_r 表示中央政府财富收入税税率.

第 8 章
多级政府框架下的最优税收和政府间转移支付

方程(8.2.68)实际上是一种可行性条件,即整个经济的总收入 $\sum_{i=1}^{2}(rk_i + w_i l_i)$ 必须等于整个经济的总支出 $\sum_{i=1}^{2}(\dot{k}_i + c_i + s_i) + f$(在不考虑折旧的前提下,$\sum_{i=1}^{2}\dot{k}_i$ 就是总的投资支出). 在数学上我们可以用(8.2.68)等价地代替中央政府的预算约束(8.2.59)以简化计算.

模型的所有其他假定和结构均与 8.2.1 节相同.

2. 解析解

为了便于比较,采用与 8.2.2 节相同的 Cobb-Douglas 效用函数(8.2.16)和生产函数(8.2.17),并按照完全相同的优化顺序. 第 $i(i=1,2)$ 个地区中的私人部门首先进行最优选择,其中代表性厂商求解利润最大化问题得到均衡的利息率 r 和工资率 w_i 分别由(8.2.25),(8.2.26)表出;代表性消费者在满足预算约束(8.2.67)的前提下选择最优的私人财富路径 $a_i(t)$,消费路径 $c_i(t)$,以及劳动投入路径 $l_i(t)$ 以最大化贴现效用,即

$$\max_{c_i, l_i, a_i} \int_0^\infty [\theta_1^i \ln(c_i - \sigma_i l_i) + \theta_2^i \ln f + \theta_3^i \ln s_i] e^{-\rho t} dt$$

由此导出私人部门在均衡时的最优选择为

$$\dot{a}_i = [r(1-\tau_r) - \rho] a_i \qquad (8.2.69)$$

$$c_i = \frac{a_i \rho}{1+\tau_{c_i}^i} + \sigma_i l_i \qquad (8.2.70)$$

以及方程(8.2.18),(8.2.28)和(8.2.29). 同样地,w_i, c_i, l_i, r_i 作为选择变量,方程(8.2.18),(8.2.69),(8.2.28),(8.2.29)作为约束条件在以后政府的优化问题中不再出现.

随后第 i 个地区的地方政府在给定中央政府选择的前提下解一个典型的 Ramsey 问题:最大化本地区代表性消费者的折现效用,同时受约束于自身的预算约束(8.2.8)和本地区私人部门(代表性消费者和厂商)的一阶条件(8.2.70),选择变量为地方公共开支 s_i,地方消费税税率 $\tau_{c_i}^i$ 以及私人财富存量 a_i. 可得到类似于(8.2.37)—(8.2.39)的一阶条件为

$$\dot{\chi}_i = [2\rho - r(1-\tau_r)] \chi_i - \frac{\theta_1^i}{a_i} + \rho \eta_i \frac{\tau_{c_i}^i}{1+\tau_{c_i}^i} \qquad (8.2.71)$$

$$\theta_3^i + \eta_i(1-g_i) s_i + \frac{\varepsilon}{1-\beta}[\chi_i r a_i (1-\tau_r) - \eta_i \tau_{c_i}^i \sigma_i l_i] = 0 \qquad (8.2.72)$$

$$-\theta_1^i - \frac{\eta_i a_i \rho}{1+\tau_{c_i}^i} + \eta_i \sigma_i l_i \left(\frac{\beta}{1-\beta} \tau_{c_i}^i - 1\right) - \chi_i a_i (1-\tau_r) \frac{\beta}{1-\beta} r = 0$$

$$(8.2.73)$$

再加上(8.2.8)和(8.2.70)以及横截性条件

$$\lim_{t\to\infty}\chi_i a_i e^{-\rho t} = 0 \qquad (8.2.74)$$

最后中央政府在考虑两个地区除(8.2.18),(8.2.69),(8.2.28),(8.2.29)外所有的一阶条件(8.2.8),(8.2.70)—(8.2.73)以及自身的预算约束(8.2.65)(或者用(8.2.68)代替)的前提下选择最优的中央政府公共开支 f,地方公共开支 s_i,中央政府收入税税率 τ_r 和 τ_w,中央政府转移支付 g_i 和 G_i,地方消费税税率 $\tau_{c_i}^i$,私人财富存量 a_i,私人中央政府债券存量 b_i(或者用私人资本存量 k_i 代替),以及 Hamilton 乘子 $\chi_i,\eta_i(i=1,2)$ 以最大化加权社会福利,即

$$\max_{\tau_r,\tau_w,\tau_{c_i}^i,f,s_i,a_i,k_i,g_i,G_i,\eta_i,\chi_i} \int_0^\infty \sum_{i=1}^2 \xi_i \{\theta_1^i[\ln a_i - \ln(1+\tau_{c_i}^i)] + \theta_2^i \ln f + \theta_3^i \ln s_i\} e^{-\rho t} dt$$

类似可以导出(具体推导过程不再赘述,可参考本章末的附录)均衡时最优的中央政府收入税、消费税、政府间的转移支付、利息率、工资率、私人劳动投入、私人财富、私人消费、各级政府的公共开支以及私人资本存量的解析解(全部显示表出)如下:

$$\tau_r = 1-(\alpha+\beta) = \delta+\varepsilon \qquad (8.2.53)$$

$$\frac{1-\tau_w}{1+\tau_{c_i}^i} = \alpha+\beta \qquad (8.2.75)$$

$$g_i = 1-\left[\frac{\theta_3^i}{\theta_1^i} + (1+\tau_{c_i}^i)\left(\varepsilon-\frac{\theta_3^i}{\theta_1^i}\beta\right)\right]\left(\frac{\xi_i\theta_1^i}{q_6} + \frac{\beta}{\alpha}\rho k_i\right) \Big/ \left(\frac{\xi_i\theta_1^i}{q_6} + \frac{\varepsilon}{\alpha}\rho k_i\right) \qquad (8.2.76)$$

$$G_i = \left(\frac{\xi_i\theta_1^i}{q_6} + \frac{\beta}{\alpha}\rho k_i\right)\left[\frac{\theta_3^i}{\theta_1^i} + (1+\tau_{c_i}^i)\left(\varepsilon-\frac{\theta_3^i}{\theta_1^i}\beta\right) - \tau_{c_i}^i\right] \qquad (8.2.77)$$

$$r = \frac{\rho}{\alpha+\beta} \qquad (8.2.54)$$

$$w_i = \sigma_i \frac{1+\tau_{c_i}^i}{1-\tau_w} \qquad (8.2.18)$$

$$l_i = \frac{\beta}{\alpha}\frac{1}{\sigma_i}\rho k_i \qquad (8.2.78)$$

$$a_i = k_i + b_i = (1+\tau_{c_i}^i)\frac{\xi_i\theta_1^i}{\rho q_6} \qquad (8.2.79)$$

$$c_i = \frac{\xi_i\theta_1^i}{q_6} + \frac{\beta}{\alpha}\rho k_i \qquad (8.2.80)$$

$$s_i = \xi_i\theta_3^i/q_6 + \frac{\varepsilon}{\alpha}\rho k_i \qquad (8.2.81)$$

$$f = \frac{1}{q_6}\left[\sum_{i=1}^{2}\xi_i\theta_2^i + \frac{\delta}{\alpha}\sum_{i=1}^{2}\xi_i(\theta_1^i+\theta_2^i+\theta_3^i)\right] \quad (8.2.57)$$

$$k_i = B_i/q_6 \quad (8.2.82)$$

其中 $B_i(i=1,2)$ 由下面的方程表出：

$$\sum_{i=1}^{3}B_i = \frac{1}{\rho}\sum_{i=1}^{2}\xi_i(\theta_1^i+\theta_2^i+\theta_3^i) \quad (8.2.83)$$

$$B_i = \left[\frac{\alpha(\alpha+\beta)}{\rho}\right]^{\frac{1-\beta}{\delta+\varepsilon}}\left[\frac{\beta}{\sigma_i}(\alpha+\beta)\right]^{\frac{\beta}{\delta+\varepsilon}}\left\{A_i\left[\sum_{i=1}^{2}\xi_i\theta_2^i\right.\right.$$
$$\left.\left.+\frac{\delta}{\alpha}\sum_{i=1}^{2}\xi_i(\theta_1^i+\theta_2^i+\theta_3^i)\right]^{\delta}\left(\frac{\xi_i\theta_3^i}{\rho}+\frac{\varepsilon}{\alpha}\rho B_i\right)^{\varepsilon}\right\}^{\frac{1}{\delta+\varepsilon}} \quad (8.2.84)$$

其中 q_6 是与可行性条件(8.2.68)相联系的 Hamilton 乘子.

由(8.2.75), 均衡时两个地区最优的消费税税率相等但具体值不确定. 正因为如此, 我们可以简单地设定 $\tau_{c_i} = \tau_c = 0$. 与 8.2.2 节的结果比较, 当中央政府能够发行债券也就是说增加了一种政策变量可供选择时, 地方政府的消费税对最大化社会福利而言就变成了一种多余的政策工具[①]. 此时由(8.2.53)和(8.2.88), 均衡时中央政府的最优选择是对两种收入税设定相等的税率, 均等于地方公共开支和中央政府公共开支的边际生产率之和, 即 $\tau_r = \tau_w = \delta + \varepsilon$.

3. 数值模拟

为了更好地得到经济学的直观解释并且与 8.2.3 节得到的数值解作对照, 同样我们需要对存在中央政府债券情形下的解析解作数值模拟. 我们选取与 2.3 节相同的参数基准值即: $\alpha=0.25, \beta=0.5, \delta=0.15, \varepsilon=0.1, \theta_1^1=\theta_1^2=0.8, \theta_2^1=\theta_2^2=0.2, \theta_3^1=\theta_3^2=0.1, \sigma_1=\sigma_2=1, \xi_1=\xi_2=0.5, \rho=0.05$. 以下通过比较静态分析, 我们来看一看诸税率, 中央政府对应性转移支付率以及以私人消费为单位的中央政府一揽子转移支付和中央政府债券存量在均衡时的最优值是如何随生产参数 α 和 δ, 偏好参数 θ_1^2 和 θ_3^2, 以及社会福利权重 $\xi_i(i=1,2)$ 的改变而改变的. 注意 $\tau_{c_i}^i = \tau_c = 0$ 在表中省略.

[①] 可参看 Turnovsky(1996)有关消费税在促进经济增长和社会福利中的地位的更详细的讨论. 此外还可以参看 Jones、Manuelli 和 Rossi(1997)关于税收工具的多余性(redundancy)以及如何进行选取的讨论.

表 8-12　私人资本存量的边际生产率 α 变动的影响

α	0.15	0.2	0.25	0.3	0.35
τ_r	0.25	0.25	0.25	0.25	0.25
τ_w	0.25	0.25	0.25	0.25	0.25
g_1	0.064	0.080529	0.097222	0.114063	0.131034
g_2	0.064	0.080529	0.097222	0.114063	0.131034
G_1/c_1	0.15	0.15625	0.1625	0.16875	0.175
G_2/c_2	0.15	0.15625	0.1625	0.16875	0.175
b_1/c_1	-1.15385	-1.56863	-2	-2.44898	-2.91667
b_2/c_2	-1.15385	-1.56863	-2	-2.44898	-2.91667

表 8-13　中央政府公共开支的边际生产率 δ 变动的影响

δ	0.05	0.1	0.15	0.2	0.25
τ_r	0.25	0.25	0.25	0.25	0.25
τ_w	0.25	0.25	0.25	0.25	0.25
g_1	0.196429	0.161184	0.097222	-0.05469	-0.875
g_2	0.196429	0.161184	0.097222	-0.05469	-0.875
G_1/c_1	0.2625	0.2125	0.1625	0.1125	0.0625
G_2/c_2	0.2625	0.2125	0.1625	0.1125	0.0625
b_1/c_1	-2	-2	-2	-2	-2
b_2/c_2	-2	-2	-2	-2	-2

表 8-14　第 2 个地区私人消费偏好参数 θ_1^2 变动的影响

θ_1^2	0.6	0.7	0.8	0.9	1
τ_r	0.25	0.25	0.25	0.25	0.25
τ_w	0.25	0.25	0.25	0.25	0.25
g_1	0.09	0.09375	0.097222	0.100446	0.103448
g_2	0.046667	0.076923	0.097222	0.111111	0.12069
G_1/c_1	0.1625	0.1625	0.1625	0.1625	0.1625
G_2/c_2	0.183333	0.171429	0.1625	0.155556	0.15
b_1/c_1	-1.42857	-1.72414	-2	-2.25806	-2.5
b_2/c_2	-3.07692	-2.5	-2	-1.5625	-1.17647

表 8-15　第 2 个地区地方公共开支偏好参数 θ_3^2 变动的影响

θ_3^2	0	0.05	0.1	0.15	0.2
τ_r	0.25	0.25	0.25	0.25	0.25
τ_w	0.25	0.25	0.25	0.25	0.25
g_1	0.118749	0.103477	0.097222	0.09324	0.090426
g_2	0.153561	0.175794	0.097222	0.015941	-0.06231
G_1/c_1	0.1625	0.1625	0.1625	0.1625	0.1625
G_2/c_2	0.1	0.13125	0.1625	0.19375	0.225
b_1/c_1	-3.75878	-2.50234	-2	-1.68382	-1.46205
b_2/c_2	2.278689	-1.10781	-2	-2.53281	-2.91831

表 8-16　权重因子 $\xi_i(i=1,2)$ 变动的影响

ξ_1	0.1	0.3	0.5	0.7	0.9
ξ_2	0.9	0.7	0.5	0.3	0.1
τ_r	0.25	0.25	0.25	0.25	0.25
τ_w	0.25	0.25	0.25	0.25	0.25
g_1	0.155791	0.120301	0.097222	0.081641	0.07391
g_2	0.07391	0.081641	0.097222	0.120301	0.155791
G_1/c_1	0.1625	0.1625	0.1625	0.1625	0.1625
G_2/c_2	0.1625	0.1625	0.1625	0.1625	0.1625
b_1/c_1	-6.99516	-3.88887	-2	-0.77845	-0.18757
b_2/c_2	-0.18757	-0.77845	-2	-3.88887	-6.99516

比较表 8-6 至表 8-11 和表 8-12 至表 8-16 知,在引入中央政府债券后得到的数值解与现实世界中的财政政策明显要符合得好:一方面,中央政府转移支付(包括一揽子转移支付和对应性转移支付)始终为正而不再出现自地方政府向中央政府的"逆"转移支付的情况;另一方面,中央政府收取税率相等且同为正的中央政府劳动收入税和中央政府财富收入税,负税收(补贴)的情况不再出现,消费税也不再出现.这在很大程度上正是对现实世界的描述:中央政府不能区分收入的来源而对劳动收入和财富收入课以相同的税率;中央政府征收收入税为自己的公共开支和向地方政府两种形式的转移支付融资;由于消费支出额难以确定,地方政府不征收消费税而依赖中央政府转移支付为自己的地方公共开支融资.另外我们还可以看到最优的中央政府债券存量为负,即 $\dfrac{b_i}{c_i}<0(i=$

$1,2)$,这说明当经济达到均衡时,中央政府扮演的是中央政府债券的债权人而非债务人(发行人)的角色,两个地区的代表性消费者均须向中央政府支付债券

利息.这种负中央政府债券意味着在初始时刻中央政府向消费者征收了一个较大数量的一揽子税,使得消费者不得不向中央政府借款而最终成为中央政府债券的净债务人.[①]

习题

因为本章涉及大量未解决的问题,因此不便给出习题,但是我们可以给出下面的思考题,供大家参考.

1. 最优的税收结构问题.上面讨论的问题是在给定的框架下(即中央政府收取收入税,地方政府收取消费税和财产税)讨论各种税率的决定问题,实际上最优税收应该包括两个方面的问题:税率的决定和税收结构的决定问题,因此我们如果不假定中央政府和地方政府有各自的税收收入来源,假设在中央政府和地方政府都可以收取收入税、消费税和财产税的情形下,考虑哪些税收等于零,这样这项税收就不应该收取.这样,不仅要决定应该收哪些税,而且要决定最优的税率.读者可以考虑在本书给出的两个模型中来讨论这个问题.

2. 在上面模型中加入货币行为.和第 7 章讨论的情形一致,假设中央政府的收入来源为收取的税收、发行的货币和发行的债券,这样我们可以在多级政府的框架下讨论最优的货币政策问题.讨论 Friedman 法则是否仍然成立.讨论此时货币政策的福利损失.

3. 引入政府公共开支的外部性问题.在第一节讨论的模型中,我们发现政府的对应性转移支付的作用不是很大.而且在一定的条件下它是不存在的,因为它比一揽子的转移支付来得差.但是对应性转移支付仍然是政府采用的一个主要的转移支付手段,因此我们把地方政府的公共开支分成三类:地方政府的自由开支、地方政府的具有外部性的公共开支和地方政府的具有下限的公共开支.这样,对应于这三种政府的公共开支,中央政府采用不同的转移支付手段可以证明现实经济中对应性转移支付的存在性.

4. 引入政府的公共资本积累.在第 6 章 Arrow 和 Kurz 给出的讨论中不仅考虑了政府的公共开支也考虑了政府的公共资本积累.我们在多级政府的框架下同样可以讨论政府公共资本积累,假设中央政府具有中央政府的公共开支和中央政府的公共资本积累,地方政府具有自己的公共开支和自己的公共资本的积累.此时可以把中央政府对地方政府的对应性转移支付划分为中央政府对地

[①] 这是在文献中常常遇到的结论,例如 Chamley(1986),Turnovsky(1996),Xie(1997)等.

方政府公共开支的转移支付和中央政府对地方政府投资的对应性转移支付.此时,可以把我们在本章给出的模型予以改进.

5. 引入地方政府债券问题.在上面的模型中,我们讨论了中央政府发行债券时的最优税收问题,实际上在经济中很多地方政府也是可以发行债券的,因此我们在8.2节的模型中可以引入地方政府的债券,这样地方政府的收入来源为它自己的税收收入、中央政府的转移支付以及地方政府发行债券带来的收入.考虑在这种框架下的政府最优税收问题.

6. 劳动的自由流动问题.在上面的模型中,因为技术性的困难,我们没有假设劳动可以自由流动,这在实际经济中是不太合理的,因此如果把劳动的自由流动引入上面的模型,最优税收的框架仍然保持不变.考虑最优税收问题.

附录

在本附录中,我们导出(8.2.52)—(8.2.64).
将(8.2.47)代入到(8.2.46)得到

$$q_3^i \eta_i = 0 \tag{8A.1}$$

由经济达到均衡时的定义:$\dot{k}_i = \dot{\chi}_i = \dot{q}_1^i = \dot{q}_2^i = 0$,均衡点由(8.2.32)得到

$$r_i = r = \frac{\rho}{1-\tau_r} \quad (i=1,2) \tag{8A.2}$$

若 $\eta_i = 0$,由(8.2.38)和(8.2.39)得到

$$\frac{\theta_3^i}{\theta_1^i} = \frac{\varepsilon}{\beta} \tag{8A.3}$$

因为参数 $\beta, \varepsilon, \theta_3^i, \theta_1^i (i=1,2)$ 独立取值,方程(8A.3)一般不可能满足,因此 $\eta_i \neq 0$.这样由(8A.1)有

$$q_3^i = 0 \tag{8A.4}$$

均衡时将方程(8A.2)和(8A.4)代入到(8.2.49)得到

$$q_2^i = \frac{\beta}{1-\alpha-\beta} q_4^i k_i \tag{8A.5}$$

将方程(8A.4)和(8A.5)代入到(8.2.48)有

$$q_4^i \left(\frac{\beta}{1-\alpha-\beta} \tau_{c_i}^i - 1 \right) = 0 \tag{8A.6}$$

选取

$$q_4^i = 0 \tag{8A.7}①$$

将(8A.7)代入(8A.5)得到

$$q_2^i = 0 \tag{8A.8}$$

将(8A.2),(8A.4),(8A.7),(8A.8)代入(8.2.40)得到

$$\sum_{i=1}^{2} q_1^i k_i = q_6 \sum_{i=1}^{2} k_i \tag{8A.9}$$

将方程(8.2.47),(8A.2),(8A.4),(8A.7)—(8A.9)分别代入方程(8.2.41),(8.2.42),(8.2.44)和(8.2.45)并利用均衡时的定义以及(8.2.18),(8.2.27)—(8.2.29)给出的关系式简化表出并求解 w_i, c_i, l_i 和 r_i 对 $\tau_w, \tau_{c_i}^i, s_i$ 和 k_i 的偏导数,最后整理可以得到下列方程组:

$$\beta\left(r\sum_{i=1}^{2}k_i + \sum_{i=1}^{2}w_i l_i\right) = (1-\tau_w)\sum_{i=1}^{2}w_i l_i - \sum_{i=1}^{2}\tau_{c_i}^i \sigma_i l_i \tag{8A.10}$$

$$-\frac{\xi_i \theta_3^i}{q_6} + \frac{1}{1+\tau_{c_i}^i}\rho k_i + \frac{\beta}{\alpha}\frac{1}{1-\beta}\left(\frac{1-\tau_w}{1+\tau_{c_i}^i} - \alpha - \beta\right)r_i k_i$$

$$+ \frac{\beta}{1-\beta}\left(\frac{q_1^i}{q_6} - 1\right)\tau_r r_i k_i = 0 \tag{8A.11}$$

$$s_i = \frac{\xi_i \theta_3^i}{q_6} + \frac{\varepsilon}{1-\beta}\left[\left(1 - \frac{1-\tau_w}{1+\tau_{c_i}^i}\right)\frac{\beta}{\alpha} + 1\right]rk_i + \frac{\varepsilon}{1-\beta}\rho k_i\left(\frac{q_1^i}{q_6} - 1\right) \tag{8A.12}$$

$$q_6 \frac{\alpha}{1-\beta}\left[\left(1 - \frac{1-\tau_w}{1+\tau_{c_i}^i}\right)\frac{\beta}{\alpha} + 1\right]r + \rho q_6\left(\frac{\tau_{c_i}^i}{1+\tau_{c_i}^i} - \frac{\alpha}{1-\beta}\right)$$

$$+ \rho q_1^i \left(\frac{\alpha}{1-\beta} - 2\right) + \frac{\xi_i \theta_1^i}{k_i} = 0 \tag{8A.13}$$

由(8.2.25)和(8.2.26)易得关系式

$$r_i k_i = \frac{\alpha}{\beta} w_i l_i \tag{8A.14}$$

将(8.2.18)代入(8A.10)并利用(8A.14)得到

$$\sum_{i=1}^{2} \frac{1-\tau_w}{1+\tau_{c_i}^i} w_i l_i = (\alpha + \beta)\sum_{i=1}^{2} w_i l_i \tag{8A.15}$$

将(8A.9),(8A.15)分别代入到(8A.12)和(8A.13)中得到

$$\sum_{i=1}^{2} \frac{1}{1+\tau_{c_i}^i} k_i = \frac{1}{\rho q_6}\sum_{i=1}^{2} \xi_i \theta_1^i \tag{8A.16}$$

---

① 随后我们可以看到在我们的选择下所有的一阶条件都得到满足,因而我们的这种选择是可以成立的.

$$\sum_{i=1}^{2}\left[2-\frac{\tau_{c_i}^i}{1+\tau_{c_i}^i}-\frac{r}{\rho}(\alpha+\beta)\right]k_i = \sum_{i=1}^{2}\xi_i\theta_1^i/q_6 \qquad (8A.17)$$

由(8A.16),(8A.17)我们得到(8.2.54)。由(8A.2)和(8.2.54)我们又可以得到(8.2.53)。

将(8.2.47),(8A.2),(8A.4),(8A.7)—(8A.9),(8A.15)代入(8.2.43),利用关系式(8A.14),并利用(8.2.27)—(8.2.29)分别求解 c_i, l_i 和 r_i 对 f 的偏导数,最后我们可以得到

$$f = \sum_{i=1}^{2}\xi_i\theta_2^i/q_6 + \frac{\delta}{\alpha}\rho\sum_{i=1}^{2}k_i \qquad (8A.18)$$

将(8A.9)和(8A.14)代入(8A.12)得到

$$\sum_{i=1}^{2}s_i = \sum_{i=1}^{2}\xi_i\theta_3^i/q_6 + \frac{\varepsilon}{\alpha}\rho\sum_{i=1}^{2}k_i \qquad (8A.19)$$

将(8A.15),(8A.16)代入到(8.2.27)得到

$$\sum_{i=1}^{2}c_i = \sum_{i=1}^{2}\xi_i\theta_1^i/q_6 + \frac{\beta}{\alpha}\rho\sum_{i=1}^{2}k_i \qquad (8A.20)$$

将(8.2.8),(8.2.27),(8A.2),(8A.9),(8A.15),(8A.16),(8A.18)—(8A.20)代入到(8.2.15)且利用关系式(8A.14)以及我们的假定 $\alpha+\beta+\delta+\varepsilon=1$,整理后可以得到

$$\sum_{i=1}^{2}k_i = \sum_{i=1}^{2}\xi_i(\theta_1^i+\theta_2^i+\theta_3^i)/\rho q_6 \qquad (8A.21)$$

将(8A.21)代入到(8A.18),我们得到(8.2.57)。

将(8A.16),(8A.21)代入(8A.15)并利用(8A.14),我们得到(8.2.52)。

将 k_i 表示成(8.2.58)的形式并将(8.2.58)代入(8A.21),我们得到(8.2.59)。

将(8A.2),(8.2.57),(8.2.59)代入到(8.2.29)并利用假定 $\alpha+\beta+\delta+\varepsilon=1$,可以得到(8.2.60)。

由(8.2.18),(8.2.27),(8.2.54)并利用(8A.14),我们可以分别得到(8.2.55)和(8.2.56)。

利用(8.2.52),(8.2.54),(8.2.58),(8A.11)—(8A.13),我们可将 s_i 和 $\tau_{c_i}^i$ 表示成(8.2.61)和(8.2.62)的形式。

利用(8.2.8),(8.2.37)—(8.2.39),(8.2.61),(8.2.62)以及均衡时的定义,我们又可将 g_i 和 G_i 表示成(8.2.63)和(8.2.64)的形式。

第9章 内生经济模型框架下的最优税收

Barro(1990)用内生经济增长模型考虑了政府公共开支对经济增长的影响.其后,很多经济学家把 Barro 的分析方法推广到考虑政府公共开支的构成对经济增长的影响,如 Easterly 和 Rebelo(1993);Devarajan、Swaroop 和 Zou(1996)讨论了政府在教育、交通、国防和社会福利方面的花费对经济增长的影响;Glomm 和 Ravikumar(1994),Hulten(1994),Devarajan、Xie 和 Zou(1997)等其他许多学者也对结构与经济增长的关系进行了很好的研究,得到了大量的结果.另外一方面,在财政分权中,人们认识到多级政府的公共开支和各级政府税收对经济增长有很重要的作用,如 Oates(1972,1993).事实上,从财政分权和经济增长的作用来看,把 Barro 的讨论框架推广到多级政府下是理所当然的,这就是本章的主要目的.

本章分以下几部分:9.1 节回顾了 Barro(1990)的模型.9.2 节给出了具有政府公共开支的多级政府模型,从以下几个方面推广了 Barro 模型:(1) 把一级政府公共开支推广到包括中央政府和地方政府的公共开支;(2) 讨论了中央政府和地方政府的多种税收;(3) 讨论了中央政府对地方政府的转移支付问题.在 9.3 给出了具有政府公共开支和政府公共资本积累的多级政府模型.在 9.4 节,我们给出了具有货币的多级政府的模型.

我们现在的模型和 Zou(1994,1996)给出的关于多级政府公共开支与经济增长的模型有很大的差别.首先,我们这里的着重点是讨论经济增长率与政府公共开支的关系,而不是讨论长期均衡点资本存量和消费水平与税收间的关系.这里讨论的是增长率极大化和社会福利极大化;其次,这里政府公共开支都进入了效用函数和生产函数;最后,讨论了中央政府税收、中央政府转移支付和中央政府公共开支.

第 9 章
内生经济模型框架下的最优税收

9.1 一级政府的行为

讨论的框架和前面给出的宏观模型的框架一致,在宏观模型的框架中增加政府行为.

9.1.1 消费者行为

消费者的问题就是在政府行为给定的条件下,选择其消费路径、资本积累路径来极大化其贴现效用,即

$$\max U = \int_0^\infty u(c(t)) e^{nt} e^{-\rho t} dt$$

受约束于

$$\dot{a}(t) = w(t) + r(t)a(t) - c(t) - na(t)$$

和给定的初始资本存量 $a(0)=a_0$.

同样地,强加条件 $\lim_{t \to \infty} \left\{ a(t) \exp\left[-\int_0^t (r(v) - n) dv \right] \right\} \geqslant 0.$

利用 Hamilton 系统来求解上述优化问题,得到消费水平的增长率为

$$\gamma_c = \frac{\dot{c}}{c} = -\frac{u'(c)}{u''(c)c}(r - \rho)$$

9.1.2 厂商行为

和前面一些章节的假设一致,假设厂商的生产函数定义在资本存量、劳动力供给和政府公共开支水平上,即

$$Y = F(K, L, G)$$

其中 G 为政府公共开支.

假设生产函数是 Cobb-Douglas 形式的,同时定义人均产出 $y=Y/L$,人均资本存量 $k=K/L$,人均政府公共开支 $g=G/L$,可以把生产函数变为

$$y = f(k, g) = Ak^\alpha g^{1-\alpha}$$

其中 α 是常数.这样厂商的利润可以写成

$$L[(1-\tau)y - w - (r+\delta)k]$$

其中 τ 为政府的税收,δ 为资本折旧率,r 和 w 分别为资本回报率和工资率.

由厂商的利润极大化得到

$$r + \delta = (1-\tau)\partial y/\partial k = (1-\tau)\alpha A k^{-(1-\alpha)} g^{1-\alpha}$$

假设政府是预算平衡的,因此政府通过税收来满足它的花费,即

因此 $g=\tau y=(\tau AL)^{1/\alpha}k$. 代入厂商的利润极大化条件得到
$$g = \tau y$$
$$r+\delta = (1-\tau)\alpha A^{1/\alpha}(L\tau)^{(1-\alpha)/\alpha}$$

假设效用函数形式为 CES 的函数，$u(c)=\dfrac{c^{1-\theta}-1}{1-\theta}$，其中 θ 为正常数，通过上面的讨论可以得到均衡时的经济增长率为
$$\gamma = 1/\theta\left[(1-\tau)\alpha A^{1/\alpha}(L\tau)^{(1-\alpha)/\alpha}-\delta-\rho\right]$$

9.1.3　政府的福利极大化

政府选择税收来极大化经济增长率，很简单得到
$$\tau = 1-\alpha$$
这就是所求的最优的税收.

在这里把政府行为简单地归结为极大化经济增长率. 实际上，政府极大化经济增长率就是极大化整个社会的福利. 这是因为由消费者均衡时的消费路径
$$c(t) = c(0)e^{\gamma t}$$
从而在 CES 效用函数的假设下，社会福利可以计算得到
$$U = \frac{1}{1-\theta}\left\{\frac{[c(0)]^{1-\theta}}{\rho-\gamma(1-\theta)}-1/\rho\right\}$$
这里利用了条件 $\rho-\gamma(1-\theta)>0$，这一条件可以由横截性条件得到. 因此，社会福利是 $c(0)$ 和 γ 的增函数. 现在考虑 $c(0)$ 和 γ 的关系，因为
$$C(0) = Y(0)-G(0)-I(0)$$
其中 $I=\dot{K}+\delta K$.

注意到 $G(0)=\tau Y(0)$，$I(0)=(\delta+r)K(0)$ 和 $Y(0)=A^{1/\alpha}(L\tau)^{(1-\alpha)/\alpha}K(0)$，得到
$$c(0) = [A^{1/\alpha}(L\tau)^{(1-\alpha)/\alpha}(1-\tau)-\gamma-\delta]$$

把上面的关系代入福利函数可以知道社会福利函数是增长率的单调函数. 这样社会福利极大化和增长率的极大化是一致的. 因此，上面给出的经济增长率极大化的税收也就是社会福利极大化的税收. 当然，这里得到社会福利极大化和经济增长率极大化的一致性的结论是取决于效用函数的特殊形式的，对于一般的效用函数形式，这个结论就不一定成立了. 但是在实际经济中，社会福利比较难于观察，通常政府控制的是经济增长率，因此，即使在社会福利极大化和经济增长率极大化不一致的时候，我们通常也是考虑将使得经济增长率最大化的税收作为最优税收. 在下面的讨论中会经常用到这一点.

9.2 多级政府框架下的政府公共开支与税收

在9.1节给出了 Barro (1990) 讨论政府最优税收的经典性的工作,后来 Gong 和 Zou (2000, 2001, 2002, 2003) 把 Barro (1990) 的工作进行了推广,推广到具有多级政府的框架.关于为什么要推广到多级政府的框架,我们在前面已经进行了比较详细的论述,而且已经在古典增长的框架下讨论了次优过程决定的最优税收.下面就来介绍这方面的工作. Gong 和 Zou (2000) 的工作主要把 Barro (1990) 的工作推广到具有中央政府公共开支和地方政府公共开支的模型.下面先介绍他们的工作.

9.2.1 模型

考虑具有两级政府(中央政府和地方政府)和一个消费者的模型.采用 Arrow 和 Kurz (1970),Barro (1990),以及 Turnovsky (1995) 所用的效用函数.把政府的花费即中央政府的花费和地方政府的花费和私人花费引入效用函数和生产函数.记中央政府公共开支为 f,地方政府公共开支为 s,私人消费为 c.这样消费者的效用函数为 $u(c,f,s)$.假设和私人消费一样,消费者从中央政府公共开支为 f,地方政府公共开支为 s 中获得正的、递增的边际效用.即

$$u_c > 0, \quad u_f > 0, \quad u_s > 0, \quad u_{cc} < 0, \quad u_{ff} < 0, \quad u_{ss} < 0$$

为了得到显示的内生经济增长率,取特殊的效用函数

$$u(c,f,s) = \frac{c^{1-\sigma}-1}{1-\sigma} + \frac{f^{1-\sigma}-1}{1-\sigma} + \frac{s^{1-\sigma}-1}{1-\sigma} \tag{9.2.1}$$

其中 σ 为边际替代率.这里采用的是推广了的 CES 效用函数形式.

消费者就是在政府行为给定和自己的预算约束下决定它的消费路径来极大化它的贴现效用,即

$$\max \int_0^\infty u(c,f,s) e^{-\beta t} dt$$

其中 β 为贴现率.

推广 Arrow、Kurz 和 Barro 的古典生产函数.假设产出由下面的生产函数给出

$$y = y(k,f,s)$$

其中 y 表示产出,k 为私人的资本存量.假设生产函数满足如下性质:

$$y_k > 0, \quad y_f > 0, \quad y_s > 0, \quad y_{kk} < 0, \quad y_{ff} < 0, \quad y_{ss} < 0$$

在本节中，为了得到简单形式的结果，我们选取 CES 形式的生产函数

$$y = (\omega_1 k^\theta + \omega_2 f^\theta + \omega_3 s^\theta)^{1/\theta} \tag{9.2.2}$$

其中 $0 < \omega_1, \omega_2, \omega_3 < 1, \theta > 0$ 为常数，满足 $\omega_1 + \omega_2 + \omega_3 = 1$。

对中央政府，它的收入的来源为向消费者收取的收入税，记收入税税率为 τ_f。地方政府的收入来源有三方面：地方收入税，记税率为 τ_s；地方政府消费税，我们记税率为 τ_c；地方政府财产税，我们记税率为 τ_k。同时地方政府还从中央政府那里得到转移支付，为简单起见，只考虑对应性的转移支付的情形，记相应的转移支付率为 g。假设政府每期都是收支平衡的，因此，

$$f = \tau_f y - gs$$
$$s = \tau_s y + \tau_c c + \tau_k k + gs$$

即中央政府的花费等于它的所有收入税减掉政府向地方政府的转移，注意这里如果对转移支付率为 g 不进行约束，可能得到转移支付率 g 为负，此时是地方政府向中央政府转移。这种情形是存在的，如非常时期。对地方政府来讲它的花费等于它的收入税、消费税、财产税和中央政府的转移支付之和。

在政府的预算约束之下，消费者的预算约束就是所有税后收入都用来消费和积累，即

$$\dot{k} = (1 - \tau_f - \tau_s) y(k, f, s) - (1 + \tau_c) c - (\delta + \tau_k) k \tag{9.2.3}$$

消费者的行为就是在政府行为给定和自己的预算约束(9.2.3)下，极大化它的效用。即

$$\max \int_0^\infty u(c, f, s) e^{-\beta t} dt$$

受约束于

$$\dot{k} = (1 - \tau_f - \tau_s) y(k, f, s) - (1 + \tau_c) c - (\delta + \tau_k) k$$

和给定的初始的资本存量 $k(0) = k_0$。

求解消费者问题，得到最优性条件

$$u_c(c, f, s) = \lambda$$
$$\dot{\lambda} = \beta \lambda - \lambda \left[(1 - \tau_f - \tau_s) \frac{\partial y(k, f, s)}{\partial k} - (\delta + \tau_k) \right]$$

和横截性条件 $\lim\limits_{t \to \infty} \lambda k e^{-\beta t} = 0$。

其中 λ 为 Hamilton 乘子，它表示财富的边际效用，也就是消费者的财富增加一个单位，消费者的最优效用增加多少个单位。

对由方程(9.2.1)和(9.2.2)给出的效用函数和生产函数，可把上面的条件改写为

$$c^{-\sigma} = \lambda \tag{9.2.4}$$

第 9 章
内生经济模型框架下的最优税收

$$\frac{\dot{c}}{c} = \frac{1}{\sigma}\big[(1-\tau_f-\tau_s)\omega_1 k^{\theta-1}(\omega_1 k^\theta + \omega_2 f^\theta + \omega_3 s^\theta)^{1/\theta-1}$$
$$- (\beta+\delta+\tau_k)\big] \tag{9.2.5}$$

假设经济处于平衡增长路径，这样私人消费水平的增长率、私人资本的增长率、中央政府公共开支的增长率和地方政府公共开支的增长率相等，而且等于产出的增长率，记这个公共的增长率为 γ，即

$$\frac{\dot{c}}{c} = \frac{\dot{k}}{k} = \frac{\dot{y}}{y} = \frac{\dot{f}}{f} = \frac{\dot{s}}{s} = \gamma$$

下面的任务是给出增长率 γ 的显示形式. 由消费者的最优性条件(9.2.4)，(9.2.5)和消费者的预算约束方程(9.2.3)得到

$$\frac{\dot{c}}{c} = \frac{1}{\sigma}\bigg[(1-\tau_f-\tau_s)\omega_1\bigg(\omega_1 + \omega_2\bigg(\frac{f}{k}\bigg)^\theta + \omega_3\bigg(\frac{s}{k}\bigg)^\theta\bigg)^{1/\theta-1}$$
$$- (\beta+\delta+\tau_k)\bigg]$$

和

$$\frac{\dot{k}}{k} = \bigg[(1-\tau_f-\tau_s)\bigg(\omega_1 + \omega_2\bigg(\frac{f}{k}\bigg)^\theta + \omega_3\bigg(\frac{s}{k}\bigg)^\theta\bigg)^{1/\theta}$$
$$- (\delta+\tau_k) - (1+\tau_c)\frac{c}{k}\bigg]$$

因此

$$\omega_1 + \omega_2\bigg(\frac{f}{k}\bigg)^\theta + \omega_3\bigg(\frac{s}{k}\bigg)^\theta = \bigg(\frac{\sigma\gamma+\beta+\delta+\tau_k}{(1-\tau_f-\tau_s)\omega_1}\bigg)^{\frac{\theta}{1-\theta}}$$

$$\frac{c}{k} = \frac{1}{(1+\tau_c)}\bigg[(1-\tau_f-\tau_s)\bigg(\frac{\sigma\gamma+\beta+\delta+\tau_k}{(1-\tau_f-\tau_s)\omega_1}\bigg)^{\frac{1}{1-\theta}} - (\gamma+\delta+\tau_k)\bigg]$$

由政府的预算约束条件，得到

$$\frac{s}{k} = \frac{\tau_s}{(1-g)}\bigg(\omega_1 + \omega_2\bigg(\frac{f}{k}\bigg)^\theta + \omega_3\bigg(\frac{s}{k}\bigg)^\theta\bigg)^{1/\theta} + \frac{\tau_c c}{(1-g)k} + \frac{\tau_k}{(1-g)}$$

$$\frac{f}{k} = \bigg(\tau_f - \frac{g\tau_s}{(1-g)}\bigg)\bigg(\omega_1 + \omega_2\bigg(\frac{f}{k}\bigg)^\theta + \omega_3\bigg(\frac{s}{k}\bigg)^\theta\bigg)^{1/\theta}$$
$$- \frac{g\tau_c c}{(1-g)k} - \frac{g\tau_k}{(1-g)}$$

这样

$$\frac{s}{k} = \frac{\tau_s}{(1-g)}\bigg(\frac{\sigma\gamma+\beta+\delta+\tau_k}{(1-\tau_f-\tau_s)\omega_1}\bigg)^{\frac{1}{1-\theta}} + \frac{\tau_k}{(1-g)}$$
$$+ \frac{\tau_c}{(1-g)}\frac{(1-\tau_f-\tau_s)}{(1+\tau_c)}\bigg(\frac{\sigma\gamma+\beta+\delta+\tau_k}{(1-\tau_f-\tau_s)\omega_1}\bigg)^{\frac{1}{1-\theta}}$$

$$-\frac{\tau_c}{(1-g)}\frac{1}{(1+\tau_c)}(\gamma+\delta+\tau_k)$$

和

$$\frac{f}{k} = \left(\tau_f - \frac{g\tau_s}{(1-g)}\right)\left(\frac{\sigma\gamma+\beta+\delta+\tau_k}{(1-\tau_f-\tau_s)\omega_1}\right)^{\frac{1}{1-\theta}} - \frac{g\tau_k}{(1-g)}$$

$$-\frac{g\tau_c}{(1-g)}\frac{(1-\tau_f-\tau_s)}{(1+\tau_c)}\left(\frac{\sigma\gamma+\beta+\delta+\tau_k}{(1-\tau_f-\tau_s)\omega_1}\right)^{\frac{1}{1-\theta}}$$

$$+\frac{g\tau_c}{(1-g)}\frac{1}{(1+\tau_c)}(\gamma+\delta+\tau_k)$$

从而

$$\omega_2\left(\frac{f}{k}\right)^\theta + \omega_3\left(\frac{s}{k}\right)^\theta$$

$$= \omega_2\left\{\left(\tau_f - \frac{g\tau_s}{(1-g)}\right)\left(\frac{\sigma\gamma+\beta+\delta+\tau_k}{(1-\tau_f-\tau_s)\omega_1}\right)^{\frac{1}{1-\theta}} - \frac{g\tau_k}{(1-g)}\right.$$

$$-\frac{g\tau_c}{(1-g)}\frac{(1-\tau_f-\tau_s)}{(1+\tau_c)}\left(\frac{\sigma\gamma+\beta+\delta+\tau_k}{(1-\tau_f-\tau_s)\omega_1}\right)^{\frac{1}{1-\theta}}$$

$$\left.+\frac{g\tau_c}{(1-g)}\frac{1}{(1+\tau_c)}(\gamma+\delta+\tau_k)\right\}^\theta$$

$$+\omega_3\left\{\frac{\tau_s}{(1-g)}\left(\frac{\sigma\gamma+\beta+\delta+\tau_k}{(1-\tau_f-\tau_s)\omega_1}\right)^{\frac{1}{1-\theta}}\right.$$

$$+\frac{\tau_k}{(1-g)}+\frac{\tau_c}{(1-g)}\frac{(1-\tau_f-\tau_s)}{(1+\tau_c)}\left(\frac{\sigma\gamma+\beta+\delta+\tau_k}{(1-\tau_f-\tau_s)\omega_1}\right)^{\frac{1}{1-\theta}}$$

$$\left.-\frac{\tau_c}{(1-g)}\frac{1}{(1+\tau_c)}(\gamma+\delta+\tau_k)\right\}^\theta$$

$$\equiv \psi(\omega_1,\omega_2,\omega_3,\tau_f,\tau_s,\tau_c,\tau_k,\gamma,\beta,\delta,g,\theta)$$

这样,我们可以得到经济增长率与各种参数的隐式关系

$$\frac{\sigma\gamma+\beta+\delta+\tau_k}{(1-\tau_f-\tau_s)\omega_1}$$

$$= (\omega_1+\psi(\omega_1,\omega_2,\omega_3,\tau_f,\tau_s,\tau_c,\tau_k,\gamma,\beta,\delta,g,\theta))^{1/\theta}$$

由上面的方程可以得到经济增长率与各个参数的关系.注意到不能显示地得到经济增长的关系,可以通过数值分析得到它与各个参数的关系.

特别地,如果取 Cobb-Douglas 形式的生产函数,而且不考虑财产税,这样得到显示的结果,只要在结论中令 $\theta \to 0$ 和 $\tau_k=\tau_c=0$,有

$$\gamma = \frac{1}{\sigma}\left\{(1-\tau_f-\tau_s)\omega_1\left\{\left(\tau_f - \frac{g\tau_s}{(1-g)}\right)\right\}^{\frac{\omega_2}{\omega_1}}\left\{\frac{\tau_s}{(1-g)}\right\}^{\frac{\omega_3}{\omega_1}} - \beta - \delta\right\}$$

此时,经济的各个变量的运行路径可以表示为

$$k(t) = k(0)e^{\gamma t}, \quad y(t) = y(0)e^{\gamma t}, \quad f(t) = f(0)e^{\gamma t},$$
$$s(t) = s(0)e^{\gamma t}, \quad c(t) = c(0)e^{\gamma t}$$

政府选择各种税收水平来极大化其效用,此时政府的效用可以表示为

$$U = \int_0^\infty \left(\frac{c^{1-\sigma}-1}{1-\sigma} + \frac{f^{1-\sigma}-1}{1-\sigma} + \frac{s^{1-\sigma}-1}{1-\sigma}\right)e^{-\beta t}\,dt$$
$$= \left(\frac{c(0)^{1-\sigma}}{1-\sigma} + \frac{f(0)^{1-\sigma}}{1-\sigma} + \frac{s(0)^{1-\sigma}}{1-\sigma}\right)\frac{1}{\beta-\gamma} - \frac{3}{1-\sigma}\frac{1}{\beta}$$

这样,效用为经济增长率的递增函数. 因此,极大化效用和极大化经济增长率是一致的. 但是对一般的 CES 生产函数,得到的是经济增长率的一个隐式函数,因此,无法对其求极大值. 但是,通过上面的表示式,可以通过数值计算,得到各种税收变量与经济增长率的关系. 对特殊的生产函数形式,如 Cobb-Douglas 生产函数,得到了显示的经济增长率,因此可以求得最优的税收政策和政府间的转移政策. 事实上,对经济增长率求偏导数,立即得到

$$-\frac{1}{\sigma}\left\{\omega_1\left\{\left(\tau_f - \frac{g\tau_s}{(1-g)}\right)\right\}^{\frac{\omega_2}{\omega_1}}\left\{\frac{\tau_s}{(1-g)}\right\}^{\frac{\omega_3}{\omega_1}}\right.$$
$$+\frac{1}{\sigma}(1-\tau_f-\tau_s)\omega_2\left(\tau_f - \frac{g\tau_s}{(1-g)}\right)\right\}^{\frac{\omega_2}{\omega_1}-1} = 0$$
$$-\frac{1}{\sigma}\omega_1\left\{\left(\tau_f - \frac{g\tau_s}{(1-g)}\right)\right\}^{\frac{\omega_2}{\omega_1}}\left\{\frac{\tau_s}{(1-g)}\right\}^{\frac{\omega_3}{\omega_1}}$$
$$-\frac{1}{\sigma}\frac{g}{(1-g)}(1-\tau_f-\tau_s)$$
$$\cdot\omega_2\left\{\left(\tau_f - \frac{g\tau_s}{(1-g)}\right)\right\}^{\frac{\omega_2}{\omega_1}-1}\left\{\frac{\tau_s}{(1-g)}\right\}^{\frac{\omega_3}{\omega_1}}$$
$$+\frac{1}{\sigma}\frac{1}{(1-g)}(1-\tau_f-\tau_s)$$
$$\cdot\omega_3\left\{\left(\tau_f - \frac{g\tau_s}{(1-g)}\right)\right\}^{\frac{\omega_2}{\omega_1}}\left\{\frac{\tau_s}{(1-g)}\right\}^{\frac{\omega_3}{\omega_1}-1} = 0$$

因此,得到

$$\tau_f = \omega_2 + g\omega_3, \quad \tau_s = \omega_3 - g\omega_3$$

这样得到了中央政府与地方政府的最优税收. 注意到最优税收与政府间的转移有关,一旦政府间的相应转移率确定,中央政府与地方政府的税收分别为它们的边际生产率与中央对地方政府的转移之和与差. 注意到中央政府与地方

政府的总的税收之和刚好等于它们的边际生产率之和.这正好是 Barro(1980)的文章中的结论.

$$\tau_f + \tau_s = \omega_2 + \omega_3$$

下面着手来讨论一般情形下的税收与经济增长率的关系.通过计算,取特殊的参数:技术参数 $\omega_1=0.60,\omega_2=0.20,\omega_3=0.20,\theta=0.50$;偏好参数: $\beta=0.05,\sigma=2$;资本的折旧率为: $\delta=0.08$.

在图 9-1 中,考虑经济增长率与中央政府的收入税的关系,此时,选取的参数为:地方政府的收入税 $\tau_s=0.10$,地方政府的消费税 $\tau_c=0.05$,地方政府的财产税 $\tau_k=0.02$.中央政府对地方政府的相应转移率为 $g=0.30$.图 9-1 给出了经济增长率与中央政府的收入税的关系为 Laffer 曲线.当中央政府的税收低于 20%时,收入税增加,经济增长率将增加;当政府的税收高于 20%时,收入税增加,经济增长率反而下降.事实上,当收入税从 0 增加到 10%时,经济增长率从 0 上升到 8%,进一步提高收入税,经济增长率的变化不明显.当达到 20%时,收入税增加,经济增长率反而下降.

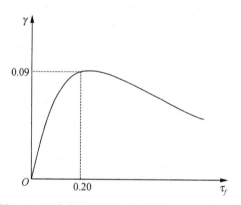

图 9-1　经济增长率与中央政府的收入税的关系

出现上面的结果的原因可以解释为:第一,收入税增加降低了私人资本的回报率,从而直接效果是降低经济增长率;第二,因为政府税收的增加,政府的收入增加,中央政府的花费增加,从而增加私人的边际效用和边际生产率,边际生产率的增加提高经济增长率.第三,同时,政府的收入增加,中央政府对地方政府的转移增加,地方政府的收入也随之增加,从而增加了它的花费,这当然会增加私人的边际效用和边际生产率,边际生产率的增加提高经济增长率.当中央政府的收入税很低时,第二和第三种影响占优,因此经济增长率总体上升;当收入税过高时,第一种影响占优,因此经济增长率下降.

图 9-2 显示了类似图 9-1 的性质,表示了经济增长率 γ 与地方的收入税 τ_s

的关系,其中选取的其他参数为:中央政府的收入税 $\tau_f=0.20$,地方政府的消费税 $\tau_c=0.05$,地方政府的财产税 $\tau_k=0.02$.中央政府对地方政府的相应转移率为 $g=0.30$.

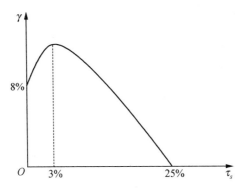

图 9-2　经济增长率与地方政府的收入税的关系

从图 9-2,我们看到地方政府收入税与经济增长率的关系表现为 Laffer 曲线.因为中央政府的收入税已经达到 20%,所以经济增长率在地方政府的收入税小于 3% 时上升,当地方政府的收入税大于 3% 时经济增长率将下降,直至地方收入税达到 25%,经济增长率大于零.注意到当地方政府的收入税为零时,经济增长率仍然是正的,这是因为即使没有地方政府的收入税,地方政府还能从消费税和财产税,以及中央政府的转移中得到收入满足自己的花费.

基于选取的参数为:中央政府的收入税 $\tau_f=0.20$,地方政府的收入税 $\tau_s=0.10$,地方政府的财产税 $\tau_k=0.02$,中央政府对地方政府的相应转移率为 $g=0.30$,图 9-3 给出了经济增长率 γ 与地方的消费税 τ_c 的关系.发现消费税与经济增长率有正的关系,当消费税从 0 上升到 15% 时,从图 9-3 中知道经济增长率从 7.4% 上升到 8.4%.这是因为消费税的增加,增加了消费的成本,使消费

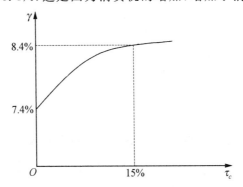

图 9-3　经济增长率与地方政府消费税的关系

者减少消费,增加储蓄,储蓄的增加增加了资本积累,从而增加经济增长率.注意消费税对经济增长率的影响是基于选取的参数.

图 9-4 显示了经济增长率与财产税的负关系.这条曲线是基于中央政府的收入税 $\tau_f=0.20$,地方政府的收入税 $\tau_s=0.10$,地方政府的消费税 $\tau_c=0.05$,中央政府对地方政府的相应转移率为 $g=0.30$.在给定的中央政府和地方政府的收入税下,当财产税从 0 上升到 10% 时,经济增长率从 9% 下降到 0.和中央政府和地方政府的收入税的扭曲程度相比,财产税的扭曲程度最大.

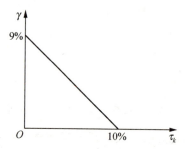

图 9-4 经济增长率与地方政府财产税的关系

图 9-5 给出了中央政府对地方政府转移率对经济增长率的影响,这里取的其他税收变量为中央政府的收入税 $\tau_f=0.20$,地方政府的收入税 $\tau_s=0.10$,地方政府的消费税 $\tau_c=0.05$ 和地方政府的财产税 $\tau_k=0.02$.从图 9-5 中,看到当转移率从 0 上升到 20% 时,经济增长率下降,但速度很慢.这是因为地方政府的收入税、消费税和财产税得到收入,此时从中央政府向地方政府的转移对经济的刺激不大,当假设地方政府的消费税和财产税等于零时,用 Cobb-Douglas 生产函数,可以给出转移率的正的作用.

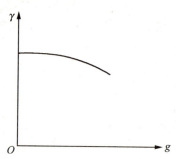

图 9-5 经济增长率与中央政府对地方政府的对应性转移支付率的关系

9.3 多级政府的公共资本积累与经济增长

在 9.2 节,给出了多级政府公共开支的内生增长模型,注意到没有考虑各级政府的资本积累.因此内生增长的另一个推广是借助于 Arrow 和 Kurz (1970)早期的工作.在他们的工作中引入多级政府,如:Glomm 和 Ravikumar (1994);Hulten (1994);Devarajan、Xie 和 Zou (1997).

本节的模型在以下方面推广了 Arrow、Kurz 和 Barro 的工作:(1) 在中央政府和地方政府中均引入公共消费和公共资本积累;(2) 考虑每期政府各自的预算平衡;(3) 把政府间的转移分成投资转移和花费转移;(4) 在给定的生产函数与效用函数下,讨论平衡增长路径时的经济增长率与政策变量的关系;(5) 通过数值计算,讨论经济增长率与收入税、消费税、财产税和转移率的关系.

9.3.1 模型

考虑有两级政府即中央政府和地方政府,以及一个消费者的模型. 采用 Arrow 和 Kurz (1970),Barro (1990),以及 Turnovsky (1995)所用的效用函数,把政府的花费(中央政府的花费和地方政府的花费)、私人花费和政府的资本积累引进效用函数和生产函数. 记中央政府公共开支和资本积累分别为 f, k_f,地方政府公共开支和资本积累分别为 s 和 k_s,私人消费为 c. 这样消费者的效用函数为 $u(c, f, k_f, s, k_s)$. 假设和私人消费一样,消费者从中央政府公共开支和资本积累,以及地方政府公共开支和资本积累中获得正的、递减的边际效用. 即

$$u_c > 0, \quad u_f > 0, \quad u_s > 0, \quad u_{cc} < 0, \quad u_{ff} < 0, \quad u_{ss} < 0$$

$$u_{k_f} > 0, \quad u_{k_s} > 0, \quad u_{k_f k_f} < 0, \quad u_{k_s k_s} < 0$$

为了得到显示的内生经济增长率,取特殊的效用函数

$$u(c, f, k_f, s, k_s) = \theta_0 \ln c + \theta_1 \ln f + \theta_2 \ln k_f + \theta_3 \ln s + \theta_4 \ln k_s$$

其中 $\theta_0, \theta_1, \theta_2, \theta_3, \theta_4$ 为正常数,满足 $\theta_0 + \theta_1 + \theta_2 + \theta_3 + \theta_4 = 1$. 此即为 Cobb-Douglas 效用函数形式.

同 9.2 节一样,推广 Arrow、Kurz 和 Barro 的古典生产函数. 假设产出由生产函数 $y = y(k_p, k_f, k_s)$ 给出,其中 y 表示产出,k_p 为私人的资本存量,k_f 和 k_s 分别为中央政府和地方政府的资本存量. 假设生产函数满足如下性质:

$$y_{k_p} > 0, \quad y_{k_f} > 0, \quad y_{k_s} > 0, \quad y_{k_p k_p} < 0, \quad y_{k_f k_f} < 0, \quad y_{k_s k_s} < 0$$

为得到较好的结果,本节取 Cobb-Douglas 形式的生产函数 $y = k_p^{\omega_1} k_f^{\omega_2} k_s^{\omega_3}$,其中 $0 < \omega_1, \omega_2, \omega_3 < 1$ 为常数,满足 $\omega_1 + \omega_2 + \omega_3 = 1$.

1. 消费者的问题

消费者的预算约束为税后的收入等于消费和投资之和，即

$$\dot{k} = (1-\tau_f-\tau_s)y(k_p,k_f,k_s) - (1+\tau_{cf}+\tau_{cs})c - (\delta+\tau_k)k$$

其中记中央政府收入税税率为 τ_f，中央政府消费税税率 τ_{cf}，地方政府的收入税税率为 τ_s，消费税税率为 τ_{cs}，财产税税率为 τ_k。

在中央政府和地方政府行为给定下，消费者在预算约束下极大化他的总的贴现效用，即

$$\max \int_0^\infty u(c,f,k_f,s,k_s)e^{-\beta t}dt$$

受约束于

$$\dot{k}_p = (1-\tau_f-\tau_s)y(k_p,k_f,k_s) - (1+\tau_{cf}+\tau_{cs})c - (\delta+\tau_k)k$$

其中初始的私人资本存量 $k_p(0)=k_p$ 给定。

2. 地方政府的问题

地方政府从收入税 $\tau_s y$，消费税 $\tau_{cs} c$，财产税 $\tau_k k$ 和政府的转移 $\alpha \dot{k}_s + \xi s$ 中得到收入。因此，地方政府的预算约束可以表示为

$$\dot{k}_s = \tau_s y + \tau_{cs} c + \tau_k k + \alpha \dot{k}_s + \xi s - s$$

在私人的行为和中央政府的行为给定下，地方政府选择自己的消费路径和资本积累路径来极大化它的效用，即

$$\max \int_0^\infty u(c,f,k_f,s,k_s)e^{-\beta t}dt$$

受约束于

$$\dot{k}_s = \tau_s y + \tau_{cs} c + \tau_k k + \alpha \dot{k}_s + \xi s - s$$

和给定的初始的私人资本存量 $k_s(0)=k_s$。

3. 中央政府的问题

对中央政府，它的收入的来源为向消费者收取的收入税 $\tau_f y$ 和消费税 $\tau_{cf} c$。它的花费为本身政府的花费 f 和对地方政府的转移 $\alpha \dot{k}_s + \xi s$。因此，中央政府的预算约束可以写为

$$\dot{k}_f = \tau_f y + \tau_{cf} c - \alpha \dot{k}_s - \xi s - f$$

在私人的行为和地方政府的行为给定下，中央政府选择自己的消费路径和资本积累路径来极大化它的效用，即

$$\max \int_0^\infty u(c,f,k_f,s,k_s)e^{-\beta t}dt$$

受约束于

$$\dot{k}_f = \tau_f y + \tau_{cf} c - \alpha \dot{k}_s - \xi s - f$$

和给定的初始的私人资本存量 $k_f(0) = k_f$。

4. 平衡增长路径

首先考虑消费者的最优问题,得到最优性条件

$$u_c(c, f, k_f, s, k_s) = \lambda$$

$$\dot{\lambda} = \beta\lambda - \lambda\left[(1 - \tau_f - \tau_s)\frac{\partial y(k_p, k_f, k_s)}{\partial k} - (\delta + \tau_k)\right]$$

和横截性条件 $\lim\limits_{t \to \infty} \lambda k e^{-\beta t} = 0$。

这样,得到消费水平和私人资本的增长率为

$$\frac{\dot{c}}{c} = (1 - \tau_f - \tau_s)\omega_1 \left(\frac{k_f}{k_p}\right)^{\omega_2} \left(\frac{k_s}{k_p}\right)^{\omega_3} - (\beta + \delta + \tau_k)$$

$$\frac{\dot{k}_p}{k_p} = (1 - \tau_f - \tau_s)\left(\frac{k_f}{k_p}\right)^{\omega_2}\left(\frac{k_s}{k_p}\right)^{\omega_3} - (\delta + \tau_k) - (1 + \tau_{cf} + \tau_{cs})\frac{c}{k_p}$$

同理,由中央政府的最优性条件,有

$$\frac{\dot{f}}{f} = \tau_f \omega_2 \left(\frac{k_f}{k_p}\right)^{\omega_2}\left(\frac{k_s}{k_p}\right)^{\omega_3}\frac{k_p}{k_f} - (\beta + \delta) + \frac{\theta_2}{\theta_1}\frac{f}{k_f}$$

$$\frac{\dot{k}_f}{k_f} = \tau_f \left(\frac{k_f}{k_p}\right)^{\omega_2}\left(\frac{k_s}{k_p}\right)^{\omega_3}\frac{k_p}{k_f} - \delta - \frac{f}{k_f} + \tau_{cf}\frac{c}{k_p}\frac{k_p}{k_f}$$

$$- \alpha \frac{\mathrm{d}k_s/\mathrm{d}t}{k_s}\frac{k_s}{k_p}\frac{k_p}{k_f} - \xi\frac{s}{k_p}\frac{k_p}{k_f}$$

由地方政府的最优性条件,同样有

$$\frac{\dot{s}}{s} = \frac{\tau_s}{1-\alpha}\omega_3\left(\frac{k_f}{k_p}\right)^{\omega_2}\left(\frac{k_s}{k_p}\right)^{\omega_3}\frac{k_p}{k_s} - (\beta + \delta) + \frac{\theta_4}{\theta_3}\frac{1-\xi}{1-\alpha}\frac{s}{k_s}$$

$$\frac{\dot{k}_s}{k_s} = \frac{\tau_s}{1-\alpha}\omega_3\left(\frac{k_f}{k_p}\right)^{\omega_2}\left(\frac{k_s}{k_p}\right)^{\omega_3}\frac{k_p}{k_s} - \frac{\delta}{1-\alpha}$$

$$+ \frac{\tau_k}{1-\alpha}\frac{k_p}{k_s} + \frac{\tau_{cs}}{1-\alpha}\frac{c}{k_s} - \frac{1-\xi}{1-\alpha}\frac{s}{k_s}$$

在平衡增长路径,$\frac{\dot{c}}{c} = \frac{\dot{k}_p}{k_p} = \frac{\dot{y}}{y} = \frac{\dot{f}}{f} = \frac{\dot{s}}{s} = \frac{\dot{k}_s}{k_s} = \frac{\dot{k}_f}{k_f} = \gamma$。这样,可以得到经济增长率与各种经济参数的关系为

$$\frac{\gamma + \beta + \delta + \tau_k}{(1 - \tau_f - \tau_s)\omega_1}$$

$$= \psi(\omega_1, \omega_2, \omega_3, \tau_f, \tau_s, \tau_{cf}, \tau_{cs}, \tau_k, \gamma, \beta, \delta, \alpha, \xi, \theta_0, \theta_1, \theta_2, \theta_3, \theta_4)$$

其中函数 $\psi(\omega_1, \omega_2, \omega_3, \tau_f, \tau_s, \tau_{cf}, \tau_{cs}, \tau_k, \gamma, \beta, \delta, \alpha, \xi, \theta_0, \theta_1, \theta_2, \theta_3, \theta_4)$ 由下面给出:

$$\psi(\omega_1,\omega_2,\omega_3,\tau_f,\tau_s,\tau_{cf},\tau_{cs},\tau_k,\gamma,\beta,\delta,\alpha,\xi,\theta_0,\theta_1,\theta_2,\theta_3,\theta_4)$$

$$=\left[\dfrac{\dfrac{\tau_s}{1-\alpha}\omega_3\dfrac{\gamma+\beta+\delta+\tau_k}{(1-\tau_f-\tau_s)\omega_1}+\dfrac{\tau_k}{1-\alpha}+\dfrac{\tau_{cs}}{1-\alpha}\dfrac{(1-\omega_1)(\gamma+\delta+\tau_k)+\beta}{\omega_1(1+\tau_{cf}+\tau_{cs})}+\dfrac{\tau_s}{1-\alpha}\omega_3\dfrac{\gamma+\beta+\delta+\tau_k}{(1-\tau_f-\tau_s)\omega_1}\dfrac{\theta_3}{\theta_4}}{\gamma+(\gamma+\beta+\delta)\dfrac{\theta_3}{\theta_4}+\dfrac{\delta}{1-\alpha}}\right]^{\omega_3}$$

$$\left\{\dfrac{1}{\gamma+\delta+(\gamma+\beta+\delta)\dfrac{\theta_1}{\theta_2}}\left\{\tau_{cf}\dfrac{(1-\omega_1)(\gamma+\delta+\tau_k)+\beta}{\omega_1(1+\tau_{cf}+\tau_{cs})}\right.\right.$$

$$+\tau_f\left(1+\dfrac{\theta_1}{\theta_2}\omega_2\right)\dfrac{\gamma+\beta+\delta+\tau_k}{(1-\tau_f-\tau_s)\omega_1}$$

$$-\alpha\gamma\dfrac{\dfrac{\tau_s}{1-\alpha}\omega_3\dfrac{\gamma+\beta+\delta+\tau_k}{(1-\tau_f-\tau_s)\omega_1}+\dfrac{\tau_k}{1-\alpha}+\dfrac{\tau_{cs}}{1-\alpha}\dfrac{(1-\omega_1)(\gamma+\delta+\tau_k)+\beta}{\omega_1(1+\tau_{cf}+\tau_{cs})}+\dfrac{\tau_s}{1-\alpha}\omega_3\dfrac{\gamma+\beta+\delta+\tau_k}{(1-\tau_f-\tau_s)\omega_1}\dfrac{\theta_3}{\theta_4}}{\gamma+(\gamma+\beta+\delta)\dfrac{\theta_3}{\theta_4}+\dfrac{\delta}{1-\alpha}}$$

$$+\xi\dfrac{\theta_3}{\theta_4}\dfrac{1-\xi}{1-\alpha}\left\{\dfrac{\tau_s}{1-\alpha}\omega_3\dfrac{\gamma+\beta+\delta+\tau_k}{(1-\tau_f-\tau_s)\omega_1}-(\gamma+\beta+\delta)\right.$$

$$\left.\left.\cdot\dfrac{\dfrac{\tau_s}{1-\alpha}\omega_3\dfrac{\gamma+\beta+\delta+\tau_k}{(1-\tau_f-\tau_s)\omega_1}+\dfrac{\tau_k}{1-\alpha}+\dfrac{\tau_{cs}}{1-\alpha}\dfrac{(1-\omega_1)(\gamma+\delta+\tau_k)+\beta}{\omega_1(1+\tau_{cf}+\tau_{cs})}+\dfrac{\tau_s}{1-\alpha}\omega_3\dfrac{\gamma+\beta+\delta+\tau_k}{(1-\tau_f-\tau_s)\omega_1}\dfrac{\theta_3}{\theta_4}}{\gamma+(\gamma+\beta+\delta)\dfrac{\theta_3}{\theta_4}+\dfrac{\delta}{1-\alpha}}\right\}\right\}^{\omega_2}$$

上式虽然很复杂,但可以从中通过数值计算得到税收与增长率的关系.

5. 经济增长率与税收和转移的关系

上面的方程给出的是经济增长率与各参数之间是一个隐式关系.因此,无法对其求极大值.但是,通过数值计算,从上面的表示式可以得到各种税收变量与经济增长率的关系.下面着手来讨论一般情形下的税收参数和政府间转移支付与经济增长率的关系.这里选取的参数为:技术参数 $\theta_0=0.5,\theta_1=0.1,\theta_2=0.1,\theta_3=0.1,\theta_4=0.1,\omega_1=0.50,\omega_2=0.25$ 和 $\omega_3=0.25$;偏好参数 $\beta=0.08$,资本的折旧率为 $\delta=0.08$.

图 9-6 考虑经济增长率与中央政府的收入税的关系.此时,选取的参数为:地方政府的收入税税率 $\tau_s=0.10$,地方政府的消费税税率 $\tau_{cs}=0.05$,地方政府的财产税税率 $\tau_k=0.02$.中央政府对地方政府的相应转移支付率为:$\alpha=0.30$,$\beta=0.30$.从图 9-6 知道经济增长率与中央政府的收入税的关系为 Laffer 曲线.当中央政府的税收低于 20% 时,随着收入税的增加,经济增长率将增加;当中央政府的税收高于 30% 时,随着收入税的增加,经济增长率反而下降.事实上,当收入税从 0 增加到 10% 时,经济增长率从 -7% 上升到 3%,进一步提高收入税,经济增长率的变化不明显.当收入税高于 30% 时收入税增加,经济增长率反而下降.当收入税达到 70% 时,经济增长率为 0.

出现上面结果的原因可以解释为:第一,收入税增加降低了私人资本的回报率,从而直接效果是降低经济增长率;第二,因为政府税收的增加,政府的收

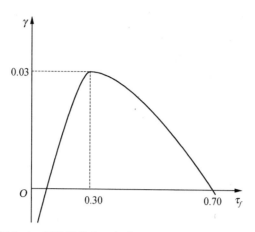

图 9-6　经济增长率 γ 与中央政府的收入税的关系

入增加,中央政府的花费增加,从而增加私人的边际效用和边际生产率,边际生产率的增加提高经济增长率. 第三,同时,政府的收入增加,增加中央政府对地方政府的转移支付,增加地方政府的收入,从而增加了它的花费,这当然会增加私人的边际效用和边际生产率,边际生产率的增加提高经济增长率. 当中央政府的收入税很低时,第二和第三种影响占优,因此经济增长率总体上升;当收入税过高时,第一种影响占优,因此经济增长率下降.

图 9-7 显示了类似图 9-6 的性质,表示了经济增长率 γ 与地方的收入税 τ_s 的关系,其中选取的其他参数为:中央政府的收入税税率 $\tau_f=0.20$,中央政府消费税税率 $\tau_{cf}=0.01$,地方政府的消费税税率 $\tau_{cs}=0.05$,地方政府的财产税税率 $\tau_k=0.02$. 中央政府对地方政府的相应转移支付率为: $\alpha=0.30, \xi=0.30$. 我们看到此时的关系也是 Laffer 曲线. 因为中央政府的收入税已经达到 20%,所以经济增长率在地方政府的收入税小于 18% 时上升,当地方政府的收入税大于

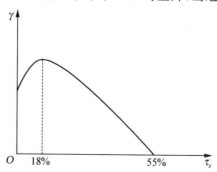

图 9-7　经济增长率 γ 与地方的收入税 τ_s 的关系

18%时经济增长率将下降,直至地方收入税税率达到55%,经济增长率等于零. 注意到当地方政府的收入税为零时,经济增长率仍然是正的,这是因为即使没有地方政府的收入税,地方政府还能从消费税、财产税和中央政府的转移支付中得到收入满足自己的花费.

基于选取的参数为:中央政府的收入税税率$\tau_f=0.20$,地方政府的收入税税率$\tau_s=0.10$,地方政府的消费税税率$\tau_{cs}=0.05$,中央政府对地方政府的相应转移支付率为:$\alpha=0.30, \xi=0.30$. 图 9-8 给出了经济增长率 γ 与中央政府的消费税 τ_{cf} 的关系. 发现消费税与经济增长率有正的关系,当消费税税率从 0 上升到 50% 时,从图 9-8 中知道经济增长率从 5% 上升到 8.5%. 这是因为消费税的增加增加了消费的成本. 这样消费者会减少消费,增加储蓄;储蓄的增加会带来资本积累的增加,从而经济增长率上升. 但是当消费税过高时,它对经济增长的作用就不明显了. 注意消费税对经济增长率的影响是基于选取的参数.

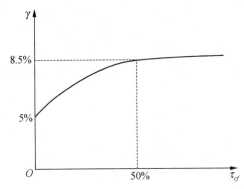

图 9-8 经济增长率 γ 与中央政府的消费税 τ_{cf} 的关系

基于选取的参数为:中央政府的收入税税率$\tau_f=0.20$,地方政府的收入税税率$\tau_s=0.10$,中央政府对地方政府的相应转移支付率为:$\alpha=0.30, \xi=0.30$. 图 9-9 给出了经济增长率 γ 与地方的消费税 τ_{cs} 的关系. 发现消费税与经济增长率有正的关系,当消费税税率从 0 上升到 50% 时,从图 9-8 中知道经济增长率从 4.5% 上升到 7%. 这是因为消费税的增加增加了消费的成本. 这样消费者会减少消费,增加储蓄;储蓄的增加会带来资本积累的增加,从而经济增长率上升. 但是当消费税过高时,它对经济增长的作用就不明显了. 注意消费税对经济增长率的影响是基于选取的参数.

图 9-10 显示了经济增长率 γ 与财产税的负关系. 这条曲线是基于中央政府的收入税税率 $\tau_f=0.20$,地方政府的收入税税率 $\tau_s=0.10$,地方政府的消费税税率 $\tau_{cs}=0.05$,中央政府对地方政府的相应转移支付率为:$\alpha=0.30, \xi=0.30$. 在给定的中央政府和地方政府的收入税下,当财产税税率从 0 上升到

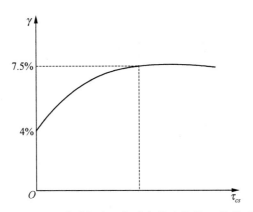

图 9-9　经济增长率 γ 与地方的消费税 τ_{cf} 的关系

10%时,经济增长率从 9% 下降到 0. 与中央政府和地方政府的收入税的扭曲程度相比,财产税的扭曲程度最大.

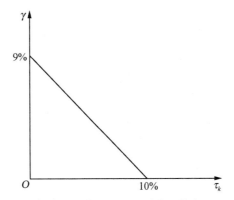

图 9-10　经济增长率 γ 与财产税的负关系

本节给出了一个分析多级政府之间的税收、政府公共开支和政府转移支付对经济增长影响的实证模型. 数值分析给出了财产税对经济增长有很大的负作用,消费税对经济增长总是有正作用. 这和 Rebelo(1991)给出的消费税对经济增长没有作用有很大的不同. 上面的分析同样表明如果地方政府已经有足够的收益,政府的转移支付会降低经济增长. 同样,这里的模型也可以很好地用来进行福利分析.

9.4 多级政府中的货币和税收

对货币政策的讨论,也要追溯到 Lucas 的开创性工作,他的模型中给出了货币政策对经济的影响,最近 Anton(2001)把 Lucas 的模型推广到内生增长的框架的基础上来考虑.目前,还没有一个模型在财政分权框架下考虑货币的作用.本节就是进行这方面的研究.在财政分权的框架下,通过扩展了的 CIA(cash-in-advance)约束引入了货币来讨论货币政策和财政政策对经济增长的影响.在本节,我们不仅假设消费者需要持有货币,而且假设地方政府和中央政府的消费也需要持有部分货币.本节考虑了中央政府的收入税和消费税,地方政府的收入税、消费税和财产税,同时还考虑了中央政府对地方政府的转移支付.与 Barro(1990)比较,我们的模型在下面几个方面作了推广:第一,我们把一级政府推广到具有地方政府和中央政府的经济;第二,我们考虑了政府的公共开支和政府的公共资本积累;第三,我们在模型中引入了货币;第四,我们的模型不仅可以考虑给定税收框架下的最优税率,而且可以考虑最优的税收结构,即到底哪些税收应该由中央政府征收,哪些应该由地方政府征收.

通过本节的分析,我们得到了和 Barro(1990),Lucas(1990)具有很大不同的结论.首先是货币政策的超中性问题,我们的模型中给出的货币供应量的增加将对经济具有正的作用,这和 Tobin 给出的结论类似.其次,消费税在我们的模型中对经济具有正的作用,这和已经存在的文献,如 Rebelo 和 Barro 给出的消费税对经济增长没有影响的结论不同,这个结论可以解释为什么我们可以对经济中的商品收取很高的消费税,如对香烟和酒的税收可能超过 100%.更重要的是,我们的模型考虑了政府公共开支中占中央政府开支 30% 左右的政府间转移支付对经济的影响,这是以前的模型所无法涉及的.

本节的安排如下:首先,在第一部分我们给出了具有消费者、地方政府和中央政府的财政分权的模型,给出了平衡增长路径的经济增长率与各种税收和政府间转移支付的隐式关系,而且通过数值模拟得到了经济增长与政府税收、政府间转移支付以及货币供应量的关系.在第二部分我们把第一部分的模型推广到具有一个中央政府和多个地方政府的经济.在最后我们总结了本文的结论,而且给出了进一步讨论的方向.

9.4.1 模型

在一个封闭的经济中,考虑具有代表性的消费者、中央政府和地方政府的模型. 假设消费者的效用函数定义在消费者的私人消费水平 c, 政府的公共开支(包括中央政府的公共开支 f 和地方政府的公共开支 s)和政府公共资本积累(包括中央政府的公共资本积累 k_f 和地方政府的公共资本积累 k_s)上,即 $U(c,f,k_f,s,k_s)$,同时,假设消费者从私人消费水平、中央政府公共开支和中央政府公共资本积累、地方政府公共开支和地方政府公共资本积累中获得正的、递减的边际效用,为了得到经济增长率的较简单形式,本节采取 Cobb-Douglas 形式的效用函数:

$$U(c,f,k_f,s,k_s) = \theta_0 \ln c + \theta_1 \ln f + \theta_2 \ln k_f + \theta_3 \ln s + \theta_4 \ln k_s \quad (9.4.1)$$

其中 $\theta_0,\theta_1,\theta_2,\theta_3,\theta_4$ 是正常数,满足 $\theta_0+\theta_1+\theta_2+\theta_3+\theta_4=1$.

本节推广新古典的生产函数,把政府的公共资本积累引入到生产函数中,假设生产函数的形式为 $y(t)=y(k(t),k_f(t),k_s(t))$. 同时,假设私人资本存量 k,中央政府公共资本存量 k_f 和地方政府公共资本存量 k_s 的边际生产率都是正的,而且是递减的. 同样地,为了得到较简单的形式,我们选取 Cobb-Douglas 形式的生产函数:

$$y = k^{\omega_1} k_f^{\omega_2} k_s^{\omega_3} \quad (9.4.2)$$

其中 $\omega_1,\omega_2,\omega_3$ 为正常数,满足 $\omega_1+\omega_2+\omega_3=1$.

在上面的假设中,我们把政府的公共开支和公共资本的积累引进效用函数,把政府的公共资本的积累引入生产函数,首先采用这种形式的效用函数和生产函数是 Arrow 和 Kurz(1970),它的广泛应用是在 Barro(1990)在内生增长模型中采用这种形式的生产函数来考虑政府最优税收问题之后. 目前,它已经被经济学家所广泛采用,例如 Turnovsky(1995),Brueckner(1996),Davoodi 和 Zou(1997),Zhang 和 Zou(1997),Gong 和 Zou(2001,2002,2003)等. 一般地,我们把这种类型的函数叫做 Arrow-Kurz-Barro 型的函数. 我们作这样的假设主要是因为,首先,政府的公共开支本身就可以为消费者带来福利改善,如政府建设的高速公路、桥梁、公园、学校等,这些都便利了公共生活,提高了人民的效用水平. 另一方面,政府投资在军事防御、技术研究、公共安全等领域的公共资产间接或直接地提高了边际生产率. 还有更重要的是政府的某些公共资本是私人资本所无法代替的,如政府的军事资本的积累.

在对生产函数和效用函数作了上面的假设后,我们来给出财政分权框架下考虑政府财政政策和货币政策的基本框架.

1. 消费者的问题

消费者通过选择自己的消费水平 c,资本存量积累路径 k 和货币持有量 m 来最大化贴现的总效用:

$$\max \int_0^\infty e^{-\beta t} U(c,f,k_f,s,k_s) dt \quad (9.4.3)$$

其中 $\beta>0$ 为贴现因子.

消费者的预算约束是

$$\dot{k}+q=(1-\tau_f-\tau_s)y-(1+\tau_{cf}+\tau_{cs})c-(\delta+\tau_k)k \quad (9.4.4)$$

其中

$$q=\dot{m}_1+\pi m_1 \quad (9.4.5)$$

q 表示对实际货币的毛投资. π 是通货膨胀率, δ 是资产的折旧率, 中央政府收入税税率为 τ_f, 中央政府消费税税率为 τ_{cf}, 地方政府的收入税税率为 τ_s, 地方政府消费税税率为 τ_{cs}, 地方政府财产税税率为 τ_k, $(1-\tau_f-\tau_s)y$ 是消费者的税后收入. (9.4.4)式可以解释为: 资本的净投资和货币的毛投资等于税后收入和消费之差.

经济中, 需要货币来购买消费品, 我们通过一种推广了的标准 CIA 约束来引进货币. 假设消费者还面临着流动程度的约束, 即消费者面临着购买限制, 消费者没有足够的现金购买大的项目, 也无法间接地得到资助来购买. 而且, 在现实中还有很多例子, 即在某个价位上, 没有足够多的买者和卖者, 使得投资者无法无限制地进行交易, 所以这个流动程度的约束是合理的. 我们假设一部分的消费品必须用货币购得, 消费者的这个比例用 φ_1 表示, 有 $0<\varphi_1\leqslant 1$. 因此我们得到消费者的 CIA 约束

$$\varphi_1 c=m_1 \quad (9.4.6)$$

消费者的最优化问题就是在预算约束(9.4.4)、实际货币的毛投资(9.4.5)、CIA 约束(9.4.6)和给定的初始条件 $k(0)=k_0, m_1(0)=m_{1,0}$ 下极大化由方程(9.4.3)给出的效用.

为求解这个问题, 我们定义 Hamilton 方程

$$H=U+\lambda_1[(1-\tau_f-\tau_s)y-(1+\tau_{cf}+\tau_{cs})c\\-(\delta+\tau_k)k-q]+\lambda_2(q-\pi m_1)+\lambda_3(m_1+\varphi_1 c)$$

其中 λ_1, λ_2 为对应方程(9.4.4)和(9.4.5)的 Hamilton 乘子, 分别表示消费者财富的边际效用和货币财富的边际值; λ_3 为对应 CIA 约束的 Lagrange 乘子.

由 Pontrayagin 最大值原理, 我们得到一阶条件

$$\frac{\theta_0}{c}=\lambda_1(1+\tau_{cf}+\tau_{cs})+\lambda_3\varphi_1 \quad (9.4.7\text{a})$$

$$\lambda_1=\lambda_2 \quad (9.4.7\text{b})$$

$$\dot{\lambda}_1=\beta\lambda_1-\lambda_1[(1-\tau_f-\tau_s)\omega_1 Q-(\delta+\tau_k)] \quad (9.4.7\text{c})$$

$$\dot{\lambda}_2=\beta\lambda_2+\pi\lambda_2-\lambda_3 \quad (9.4.7\text{d})$$

和横截性条件 $\lim\limits_{t\to\infty}\lambda_1 k\mathrm{e}^{-\beta t}=\lim\limits_{t\to\infty}\lambda_2 m_1\mathrm{e}^{-\beta t}=0.$

这里为简单起见，我们记：$Q = \left(\dfrac{k_f}{k}\right)^{w_2} \left(\dfrac{k_s}{k}\right)^{w_3}$. 方程(9.4.7a)—(9.4.7d)刻画了消费者的最优行为，方程(9.4.7a)表示消费的边际效用等于财富的边际值，方程(9.4.7b)表示财富的边际值等于持有货币财富的边际值．方程(9.4.7c)和(9.4.7d)为我们熟知的 Euler 方程．

2. 地方政府的问题

用传统的方法看，决策者的目标函数就是社会福利函数．当经济中有同质无限期生存的个体时，社会福利函数很自然地是和这些个体的效用函数相同的．由于经济中只有一个代表性个体，地方政府的目标函数和这个消费者是相同的，即

$$\max \int_0^\infty e^{-\beta t} u(c, f, k_f, s, k_s) \mathrm{d}t \tag{9.4.3}$$

地方政府从收入税 $\tau_s y$、消费税 $\tau_{cs} c$、财产税 $\tau_k k$ 和中央政府的转移支付中获得收入来满足政府的公共开支 s 和积累地方政府的财富，其是地方政府公共资本和货币之和，因此可以把它的预算约束表示为

$$\dot{k}_s + \dot{m}_2 = \tau_s y + \tau_{cs} c + \tau_k k + \xi s - s - \delta k_s - \pi m_2 \tag{9.4.8}$$

类似地，我们假设地方政府的一部分公共产品必须用货币来购买．而且，它的货币不仅来源于货币积累，还来源于中央政府对它的转移：

$$\varphi_2 s = m_2 + \xi s \tag{9.4.9}$$

地方政府的最优化问题就是通过选择自己的公共开支 s，公共资本积累 k_s 和货币持有量 m_2 极大化社会福利，即在约束(9.4.8)，(9.4.9)和初始条件下，来极大化由方程(9.4.3)给出的社会福利．

由方程(9.4.9)，我们得到

$$m_2 = (\varphi_2 - \xi)s, \quad \dot{m}_2 = (\varphi_2 - \xi)\dot{s} \tag{9.4.10}$$

令 $a = k_s + (\varphi_2 - \xi)s$，代入方程(9.4.8)，得到

$$\dot{a} = \tau_s y + \tau_{cs} c + \tau_k k + \xi s - s - \delta k_s - \pi(\varphi_2 - \xi)s \tag{9.4.11}$$

这里 s 为控制变量，a 为状态变量，而且 $k_s = a - (\varphi_2 - \xi)s$．

定义对应的 Hamilton 方程

$$H = U + \kappa[\tau_s y + \tau_{cs} c + \tau_k k + \xi s - s - \delta k_s - \pi(\varphi_2 - \xi)s]$$

由一阶条件，得到

$$-(\varphi_2 - \xi)\dfrac{\theta_4}{k_s} + \kappa\Big[\tau_s w_3 Q \dfrac{k}{k_s}(-1)(\varphi_2 - \xi)$$

$$+ \xi - 1 + (\delta - \pi)(\varphi_2 - \xi)\Big] = 0 \tag{9.4.12}$$

$$\dot{\kappa} = \beta\kappa - \frac{\partial H}{\partial a} = \beta\kappa - \frac{\theta_4}{k_s} - \kappa\left[\tau_s w_3 Q \frac{k}{k_s} - \delta\right] \tag{9.4.13}$$

从现在起，我们记方程(9.4.12)中方括号里的项为 G。

3. 中央政府的问题

中央政府通过发行货币和征收收入税、消费税获得收入，它的开支为中央政府的公共开支和中央政府的公共资本。即 $M(t)$ 为名义货币量，这样 $\theta = \dot{M}/M$ 为货币供应增加率。当名义价格水平 $P(t)$ 不断调整使得实际货币供给等于实际货币需求：$m = M/P$ 时，货币市场达到均衡。因此，

$$\frac{\dot{m}}{m} = \theta - \pi \tag{9.4.14}$$

相应地，t 时刻政府通过发行货币得到的铸币收益为 $\dfrac{\dot{M}}{P} = \theta m$。因此，中央政府的预算约束必须满足

$$\dot{k}_f = \tau_f y + \tau_{cf} c - \xi - f + \theta m - \delta k_f \tag{9.4.15}$$

同样地，部分的政府公共开支需要通过货币购买，这个比例为 φ_3。消费者的货币需要、地方政府的货币需要和中央政府的货币需要加起来等于总的货币需求。则政府的 CIA 约束和货币市场出清条件为 $m_1 + m_2 + \varphi_3 f = m$，即

$$\varphi_1 c + \varphi_2 s + \varphi_3 f = m \tag{9.4.16}$$

中央政府的行为就是在约束条件(9.4.15)和(9.4.16)下，选择公共开支 f，公共资本积累 k_f 和货币量 m 来最大化社会福利：

$$\max \int_0^\infty e^{-\beta t} U(c, f, k_f, s, k_s) dt \tag{9.4.3}$$

把方程(9.4.16)代入方程(9.4.15)，得到

$$\dot{k}_f = \tau_f y + (\tau_{cf} + \varphi_1 \theta)c + (\varphi_2 \theta - \xi)s + (\varphi_3 \theta - 1)f - \delta k_f \tag{9.4.15'}$$

定义 Hamilton 方程

$$H = U + \chi[\tau_f y + (\tau_{cf} + \varphi_1 \theta)c + (\varphi_2 \theta - \xi)s \\ + (\varphi_3 \theta - 1)f - \delta k_f]$$

其中 χ 为 Hamilton 乘子。

同样，我们得到一阶条件

$$\frac{\theta_1}{f} = (1 - \varphi_3 \theta)\chi \tag{9.4.17}$$

$$\dot{\chi} = \chi\left(\beta - \tau_f \omega_2 \frac{k}{k_f} Q + \delta\right) - \frac{\theta_2}{k_f} \tag{9.4.18}$$

和横截性条件。

4. 平衡增长路径

下面通过消费者的最优性条件、地方政府的最优性行为和中央政府的最优性行为得到平衡增长路径的经济增长率.

首先,由方程(9.4.7b),(9.4.7c)和(9.4.7d),得到

$$\lambda_3 = [\pi + (1-\tau_f-\tau_s)\omega_1 Q - (\delta+\tau_k)]\lambda_1$$

用上面给出的 λ_3 替换方程(9.4.7a)中的 λ_3,得到

$$\frac{\theta_0}{c} = \lambda_1\{(1+\tau_{cf}+\tau_{cs}) + \varphi_1[\pi+(1-\tau_f-\tau_s)\omega_1 Q-(\delta+\tau_k)]\}$$

(9.4.19)

把方程(9.4.19)对时间 t 求微分:

$$\frac{\dot{c}}{c} = -\frac{\dot{\lambda}}{\lambda} - \frac{\varphi_1\omega_1(1-\tau_f-\tau_s)\dot{Q}}{(1+\tau_{cf}+\tau_{cs})+\varphi_1[\pi+(1-\tau_f-\tau_s)\omega_1 Q-(\delta+\tau_k)]}$$

(9.4.20)

假设经济处于平衡增长路径,则有私人消费水平的增长率、私人资本的增长率、中央政府和地方政府的花费增长率、中央政府和地方政府的资产增长率都相等,记公共增长率为 γ. 即 $\frac{\dot{c}}{c} = \frac{\dot{k}}{k} = \frac{\dot{s}}{s} = \frac{\dot{k_s}}{k_s} = \frac{\dot{f}}{f} = \frac{\dot{k_f}}{k_f} = \gamma$. 在平衡增长路径,有 $\dot{Q}|_{\text{balance}} = 0$,则方程(9.4.20)变为

$$\frac{\dot{c}}{c} = -\frac{\dot{\lambda}}{\lambda} = (1-\tau_f-\tau_s)\omega_1 Q - (\delta+\tau_k) - \beta = \gamma \quad (9.4.21)$$

得

$$Q = \frac{\gamma+\beta+\delta+\tau_k}{\omega_1(1-\tau_f-\tau_s)} \quad (9.4.22)$$

由方程(9.4.4)和方程(9.4.6),得到

$$\frac{\dot{k}}{k} = (1-\tau_f-\tau_s)Q - (1+\tau_{cf}+\tau_{cs})\frac{c}{k} - (\delta+\tau_k)$$

$$-\varphi_1\frac{\dot{c}}{c}\frac{c}{k} - \pi\varphi_1\frac{c}{k} = \gamma \quad (9.4.23)$$

$$\frac{c}{k} = \frac{(1-\tau_f-\tau_s)Q-\gamma-(\delta+\tau_k)}{(1+\tau_{cf}+\tau_{cs})+\varphi_1(\gamma+\pi)} \quad (9.4.24)$$

考虑地方政府的最优行为,把方程(9.4.12)的两边对时间求导,而且注意到在平衡增长路径上 $Q|_{\text{balance}}=0$,则有

$$-\frac{\theta_3}{s^2}\dot{s} + (\varphi_2-\xi)\frac{\theta_4}{k_s^2}\dot{k}_s = \kappa\dot{G} \quad (9.4.25)$$

考虑到 $\dfrac{\dot{k}_s}{k_s} = \dfrac{\dot{s}}{s} = \gamma$，方程(9.4.25)变为

$$-\left(\dfrac{\theta_3}{s} + (\varphi_2 - \xi)\dfrac{\theta_4}{k_s}\right)\gamma = \dot{\kappa}G \qquad (9.4.26)$$

比较方程(9.4.26)和方程(9.4.13)，我们得到

$$\dfrac{\dot{\kappa}}{\kappa} = -\gamma \qquad (9.4.27)$$

代入方程(9.4.13)，得到

$$-\gamma = \beta + \delta - \tau_s \omega_3 Q \dfrac{k}{k_s} - \dfrac{\theta_4}{k_s \kappa}$$

或写成

$$\dfrac{\theta_4}{k_s \kappa} = \beta + \delta + \gamma - \tau_s \omega_3 Q \dfrac{k}{k_s} \qquad (9.4.28)$$

我们将方程(9.4.12)写成

$$(\varphi_2 - \xi)\dfrac{\theta_4}{k_s \kappa} - \dfrac{\theta_3}{s\kappa} = G$$

把方程(9.4.28)代入上面的方程，得到

$$(\varphi_2 - \xi)\left(\beta + \delta + \gamma - \tau_s w_3 Q \dfrac{k}{k_s}\right) - \dfrac{\theta_3}{s\kappa} = G$$

将 G 代入，得到

$$\dfrac{\theta_3}{s\kappa} = (\varphi_2 - \xi)(\beta + \gamma + \pi) + (1 - \xi) \qquad (9.4.29)$$

由 $\dfrac{k_s}{s} = \dfrac{k_s \kappa}{s\kappa}$，同时结合方程(9.4.28)和(9.4.29)，我们得到

$$\theta_4[(\varphi_2 - \xi)(\beta + \pi + \gamma) + (1 - \xi)]\dfrac{s}{k_s} + \theta_3 \tau_3 \omega_3 Q \dfrac{k}{k_s}$$
$$= \theta_3(\gamma + \beta + \delta) \qquad (9.4.30)$$

另一方面，由方程(9.4.8)，而且注意到 $\dfrac{\dot{s}}{s} = \gamma$，因此

$$\gamma + (\varphi_2 - \xi)\lambda \dfrac{s}{k_s} = \tau_s Q \dfrac{k}{k_s} + \tau_{cs}\dfrac{c}{k_s}\dfrac{k}{k_s} + \tau_k \dfrac{k}{k_s}$$
$$+ [\xi - 1 - \pi(\varphi_2 - \xi)]\dfrac{s}{k_s} - \delta$$

或者写为

$$-[(\varphi_2 - \xi)(\gamma + \pi) + (1 - \xi)]\dfrac{s}{k_s}$$

$$+ \left(\tau_s Q + \tau_{cs}\frac{c}{k} + \tau_k\right)\frac{k}{k_s} = \gamma + \delta \qquad (9.4.31)$$

由方程(9.4.30)和方程(9.4.31),我们可以解出$\frac{k}{k_s}$和$\frac{s}{k_s}$,为简单起见,记

$$D = \begin{pmatrix} \theta_4[(\varphi_2-\xi)(\beta+\pi+\gamma)+(1-\xi)] & \theta_3\tau_s\omega_3 Q \\ -[(\varphi_2-\xi)(\gamma+\pi)+(1-\xi)] & \tau_s Q + \tau_{cs}\frac{c}{k}+\tau_k \end{pmatrix}$$

$$D_1 = \begin{pmatrix} \theta_3(\gamma+\beta+\delta) & \theta_3\tau_s\omega_3 Q \\ \gamma+\delta & \tau_s Q + \tau_{cs}\frac{c}{k}+\tau_k \end{pmatrix}$$

$$D_2 = \begin{pmatrix} \theta_4[(\varphi_2-\xi)(\beta+\pi+\gamma)+(1-\xi)] & \theta_3(\gamma+\beta+\delta) \\ -[(\varphi_2-\xi)(\gamma+\pi)+(1-\xi)] & \gamma+\delta \end{pmatrix}$$

这样,我们得到

$$\frac{k}{k_s} = \frac{\det D_2}{\det D}, \quad \frac{s}{k_s} = \frac{\det D_1}{\det D} \qquad (9.4.32)$$

考虑中央政府的行为,首先,由方程(9.4.14),我们知道在平衡增长路径上,$\pi = \theta - \frac{\dot{m}}{m} = \theta - \gamma$。由中央政府的一阶条件,我们可以得到

$$\frac{\dot{f}}{f} = \frac{\theta_2(1-\varphi_3\theta)}{\theta_1}\frac{f}{k_f} + \tau_f\omega_2 Q\frac{k}{k_f} - (\beta+\delta) = \gamma \qquad (9.4.33)$$

用k_f去除方程(9.4.15′)的两边,得到

$$\frac{\dot{k}_f}{k_f} = \tau_f Q\frac{k}{k_f} + (\tau_{cf}+\theta\varphi_1)\frac{c}{k}\frac{k}{k_f} + (\varphi_2\theta-\xi)\frac{s}{k_f}\frac{k_s}{k}\frac{k}{k_f}$$

$$- (1-\varphi_3\theta)\frac{f}{k_f} - \delta = \gamma \qquad (9.4.34)$$

由(9.4.33),(9.4.34),我们可以计算

$$\frac{k_f}{k} = \frac{\begin{vmatrix} \tau_f\omega_2 Q & \frac{\theta_2}{\theta_1}(1-\varphi_3\theta) \\ \tau_f Q + (\tau_{cf}+\theta\varphi_1)\frac{c}{k} - \alpha\gamma\frac{k_s}{k} + (\varphi_2\theta-\xi)\frac{s}{k}\frac{k_s}{k} & 1-\varphi_3\theta \end{vmatrix}}{\begin{vmatrix} \gamma+\beta+\delta & \frac{\theta_2(1-\varphi_3\theta)}{\theta_1} \\ \gamma+\delta & -1 \end{vmatrix}}$$

$$(9.4.35)$$

结合方程(9.4.22),方程(9.4.32)和方程(9.4.35),我们可以得到平衡增长路径上,增长率和各种参数变量之间的隐函数关系.

$$\frac{\gamma+\beta+\delta+\tau_k}{\omega_1(1-\tau_f-\tau_s)}=\Psi(w_1,w_2,w_3,\theta_0,\theta_1,\theta_2,\theta_3,\theta_4,\beta,\xi,\delta,$$
$$\tau_f,\tau_{cf},\tau_s,\tau_{cs},\tau_k,\gamma,\varphi_1,\varphi_2,\varphi_3,\theta)$$

其中函数 Ψ 的函数形式非常复杂,但是是可以表示出来的. 本节为了简便起见,在这里不表示出来,在后面的数值计算中,我们要用到这个具体函数.

5. 内生增长率和各变量之间的关系

函数 Ψ 给出的是一个隐式关系,无法求其极大值,但是可以通过数值模拟得到内生增长率和货币发行变量、流通程度指数、政府税收和转移之间的关系.

按照 Lucas(1990),Gong 和 Zou(2001,2002,2003)的做法,我们选取参数的值为: $\theta_0=0.6, \theta_1=0.1, \theta_2=0.1, \theta_3=0.1, \theta_4=0.1, \omega_1=0.5, \omega_2=0.25, \omega_3=0.25, \beta=0.08, \delta=0.08$. 下面分别考虑经济增长率与货币发行变量、流通程度指数、政府税收和转移之间的关系.

图 9-11(a)给出了经济增长率和中央政府的收入税的关系. 此时,我们对其他的参数赋值: $\xi=0.3, \tau_s=0.1, \tau_{cf}=0.01, \tau_{cs}=0.05, \tau_k=0.02, \theta=0.067, \varphi_1=\varphi_2=\varphi_3=0.15$. 由图 9-11(a),我们发现经济增长率与中央政府的收入税的关系表现为 Laffer 曲线. 当中央政府的收入税低于 28% 时,经济增长率随着收入税的增加而增加. 但是当中央政府的收入税高于 28% 时,经济增长率随着收入税的增加而减小. 事实上,在经济增长率的上升过程中,当税收较小时,增长率上升得较快. 当中央政府的收入税为 28% 时,内生经济增长率达到最大,大约为 4.8%. 这个数据和美国的数据很接近. 在最近几年里,美国的经济增长率呈上升趋势见表 9-1:

表 9-1 1996—2000 年美国的经济增长率

1996	1997	1998	1999	2000 第一季度*	2000 第二季度*
3.6%	4.4%	4.4%	4.2%	4.8%	5.6%

数据来源:BLS. * 表示系季度数据.

在图 9-11(b)中,两条曲线都是经济增长率和地方政府收入税的关系,只是在不同的中央政府收入税下,一个是最优税收水平 28%,一个是 20%. 其他的参数值为: $\xi=0.3, \tau_{cf}=0.01, \tau_{cs}=0.05, \tau_k=0.02, \theta=0.067, \varphi_1=\varphi_2=\varphi_3=0.15$. 相同地,这两条曲线也是 Laffer 曲线. 当中央收入税为 20% 时,当地方收入税小于某一固定值时,经济增长率随着地方收入税的增加而增加,当地方收入税大于这一固定值时,经济增长率又开始随其增加而减小. 当地方收入税为 20% 时,经济增长率达到最大值 5.2%. 当中央收入税为 28% 时,曲线表现出相同的趋势. 而且,这条曲线的一部分是前一条曲线的上移,在一个比较大的地方收入税值(现实中不会选取)上,和前一条曲线交叉. 这个现象与我们在图

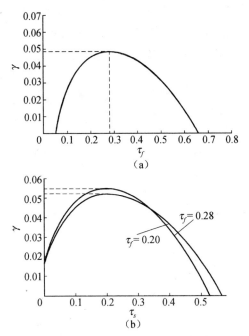

图 9-11 经济增长率与中央政府收入税与地方政府收入税的关系

9-11(a)中讨论的结果是相符合的. 注意到, 当地方政府的收入税为 0 时, 经济增长率仍然是正的, 这是因为即使没有地方政府的税收, 地方政府还能从消费税、财产税和中央政府的转移支付中得到收入满足自己的花费. 综合上面的讨论, 我们得到:

性质 9.4.1

经济增长率和中央政府的收入税的关系表现为 Laffer 曲线, 在某一固定的税率前, 随着收入税的增加, 经济增长率增加, 而在这个值之后, 随着收入税的增加, 经济增长率会下降. 同样地, 经济增长率和地方政府的收入税的关系也表现为 Laffer 曲线.

图 9-12(a)中的曲线表明了经济增长率和货币发行量之间有正的关系. 我们的分析是基于下列的参数值: $\xi=0.3, \tau_f=0.2, \tau_s=0.1, \tau_{cf}=0.01, \tau_{cs}=0.05, \tau_k=0.02, \varphi_1=\varphi_2=\varphi_3=0.15$. 经济增长率随着政府发行更多的货币而增长, 这个现象可以解释为: 首先, 更多的货币增加了中央政府的收入, 也增加了中央政府的公共开支, 从而提高了个体的边际效用和边际产出, 最终更高的边际生产率可以提高经济增长率. 其次, 比较间接地, 政府的收入增加, 增加了对地方政府的转移支付, 从而增加了地方政府的花费, 接着就增加了私人的边际效用和

边际生产率,从而最终提高经济增长率.然而,由于通货膨胀率的原因,经济增长率不会增长太多.货币发行对经济增长的作用很大程度上被货币发行带来的相应的通货膨胀所抵消.由图 9-12(a)来看,当货币发行率从 0 增加到 50% 时,经济增长率只是从 4.46% 提高到 4.8%,这种增长是非常少的.回忆前面的 $\pi = \theta - \gamma$,可知货币发行率的大幅度增长会引起经济增长率的轻微增长和通货膨胀率的大幅增长.因此我们可以下结论:

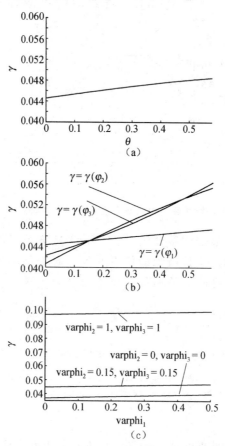

图 9-12 经济增长率与货币增长和货币流通程度的关系

性质 9.4.2

货币发行可以引起经济的正增长,但是中央政府无法完全依赖发行货币来刺激经济发展,因为这样做的结果会是经济增长率只有轻微的提高,而通货膨胀率却以可怕的速度增长.

图 9-12(b)描绘了经济增长率和货币流通程度之间的关系.我们的分析基

第 9 章
内生经济模型框架下的最优税收

于以下参数值: $\xi=0.3, \tau_f=0.2, \tau_s=0.1, \tau_{cf}=0.01, \tau_{cs}=0.05, \tau_k=0.02, \theta=0.067$,而且当我们讨论 $\gamma(\varphi_1)$ 时,φ_2,φ_3 都固定在 0.15,同样地,当讨论 $\gamma(\varphi_2)$,$\gamma(\varphi_3)$ 时,φ_1 也固定在 0.15. 值得注意的是,消费者和政府并不能自己选择流通程度的指数,但是该指数是刻画经济的重要参量. 由图 9-12(b),我们发现可以用货币购买的消费品比例越高,经济增长率越高. 当消费者的比例、地方政府的比例和中央政府的比例都为 0.15 时,它们所导致的经济增长率都是 4.6%. 当三个比例都小于 0.15 时,消费者的流通程度指数对经济的增长贡献最大,其次是中央政府的指数,最后才是地方政府的指数. 即当经济中流通程度较低时,可以主要通过提高消费者的流通程度来刺激经济发展. 当三个比例处于 0.15 和 0.5 之间时,对经济增长作用最大的依次为: 地方政府指数、中央政府指数和消费者指数. 当三个比例都大于 0.5 时,中央政府的指数作用最大,其次是地方政府指数,最后才是消费者指数.

图 9-12(c)描绘了当中央政府指数和地方政府指数分别为 (0,0)、(0.15,0.15) 和 (1,1) 时,经济增长率随消费者指数的变化情况. 很多考虑 CIA 的论文都忽视了流通约束,即假设流通程度指数都为 1,所有的消费品都能自由地用货币买到. 当所有比例都为 1 时,我们可以得到一个比较高的经济增长率,近似 10%. 当中央政府指数和地方政府指数都为 0 时,即政府不能用货币随意购买,流通程度极低,整个经济增长率都下降了,从图上看,大约为 3.5%. 总的来看,当政府的指数升高时,经济增长率和消费者的指数关系就会向上平移.

性质 9.4.3

流通指数越高,经济增长率越高.

图 9-13(a)描绘了经济增长率和中央政府消费税之间的正关系. 我们的分析基于以下参数值: $\xi=0.3, \tau_f=0.2, \tau_s=0.1, \tau_{cs}=0.05, \tau_k=0.02, \theta=0.067, \varphi=0.15$. 当中央消费税由 0 增加到 50% 时,经济增长率由 4% 增加到 6.8%. 因为中央消费税提高了消费的成本,消费者会缩减消费、扩大储蓄,这样就提高了私人资本积累,也就提高了经济增长率. 然而,当中央政府的收入税太高时,经济增长率的增加就不明显了.

图 9-13(b)描绘了经济增长率和地方政府消费税之间的正关系. 我们的分析基于以下参数值: $\xi=0.3, \tau_f=0.2, \tau_s=0.1, \tau_{cf}=0.01, \tau_k=0.02, \theta=0.067$, $\varphi=0.15$. 当地方消费税由 0 增加到 50% 时,经济增长率由 4% 增加到 7.4%. 因为地方消费税提高了消费的成本,消费者会缩减消费、扩大储蓄,这样就提高了私人资本积累,也就提高了经济增长率. 然而,当地方政府的收入税太高时,经济增长率的增加就不明显了.

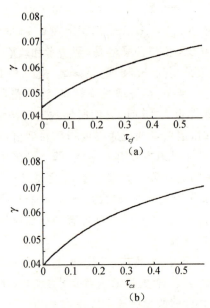

图 9-13　经济增长率与中央政府和地方政府消费税的关系

性质 9.4.4

经济增长率随着中央政府的消费税的增加而增加,也随着地方政府的消费税的增加而增加.

在图 9-14(a)中,经济增长率随着地方财产税的增加而降低.我们的分析基于以下参数值: $\xi=0.3, \tau_f=0.2, \tau_s=0.1, \tau_{cf}=0.01, \tau_{cs}=0.05, \theta=0.067, \varphi=0.15$. 当地方财产税由 0 上升到 2% 时,经济增长率由 4.6% 下降到 4.5%. 当地方财产税由 2% 上升到 4% 时,经济增长率下降了 0.2%. 当地方财产税由 4% 上升到 5.5% 时,经济增长率下降了 0.3%. 在更高的财产税下,经济增长率的下降速度更快. 同政府的收入税和消费税相比较,地方财产税对经济的扭曲程度最大.

性质 9.4.5

地方财产税对经济的扭曲程度最大. 地方财产税的上升会导致经济增长率的下降.

在图 9-14(b)中,我们的分析基于参数 $\tau_f=0.2, \tau_s=0.1, \tau_{cs}=0.05, \tau_{cf}=0.01, \tau_k=0.02, \theta=0.067, \varphi=0.15$. 曲线显示了经济增长率和中央政府转移率之间的负关系. 注意我们得到这种结果是基于特殊的模型,在 Gong 和 Zou(2002)中,他们给出了中央政府对地方政府的转移支付对经济增长的影响可以为正的也可以为负的,这取决于中央政府公共资本和地方政府的公共资本对于生产的贡献大小,也就是中央政府公共资本的边际生产率和地方政府公共资本的边际生产率的大小.

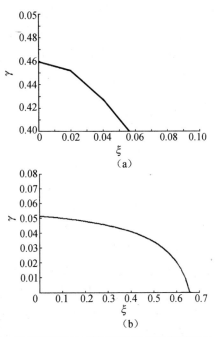

图 9-14 经济增长率与财产税和政府间转移支付的关系

9.4.2 模型的推广:两个地方政府的模型

上面给出的模型中考虑的虽然是财政分权的框架,但是在这个模型中,我们只考虑了一个地方政府,这种经济在现实中是很少的,但是,这个模型给出了讨论财政分权下的财政政策和货币政策的一个基本框架,在此基础上很容易把它推广到多个地方政府的模型. 这里我们就来考虑具有两个地方政府的模型.

按照 Gordon (1983), Persson 和 Tabellini (1996a,b),以及 Gong 和 Zou (2002)曾经讨论过的,我们来分析有着多个地方政府的系统. 为简单起见,我们只要考虑具有两个地方政府的经济就足够了. 假设代表性消费者 1 生活在第一个地区,代表性消费者 2 生活在第二个地区. 中央政府对两个地区征收一样的收入税 τ_f 和消费税 τ_{cf}. 在第 i 个地区的地方政府对消费者征收收入税 τ_a^i、消费税 τ_{ca}^i 和财产税 τ_k^i. 中央政府的公共开支是 f,第 i 个地区的地方政府的公共开支是 $s_i(i=1,2)$,对应这个开支,地方政府也得到对应性的转移支付 $\xi_i s_i$,ξ_i 是中央政府对第 i 个地区政府公共开支的对应性转移支付率. 同样地,中央政府通过发行货币来获得收入,它的铸币收益是 θm. 我们考虑个体和地方政府都需要货币. 二者都满足 CIA 约束,即部分消费必须用货币购买,它们的比例(即流通程度指数)分别为: $\varphi_1^i(i=1,2)$, $\varphi_2^i(i=1,2)$, φ_3.

同样地,中央政府和地方政府的公共消费、公共资产都进入代表性个体的效用函数. 消费者从私人消费、中央政府的消费和资产、地方政府的消费和资产中获得正的、递减的边际效用. 令 f, s_i 和 c_i 表示中央政府、地方政府和消费者的消费,k_f, k_s^i, k_i 分别表示中央政府公共资本、地方政府公共资本和消费者资本.

同样假设两个地方的效用函数和生产函数的形式都是 Cobb-Douglas 形式:

$$U(c, f, k_f, s, k_s) = \theta_0 \ln c_i + \theta_1 \ln f + \theta_2 \ln k_f + \theta_3 \ln s_i + \theta_4 \ln k_s^i,$$
$$y = k_i^{\omega_1} k_f^{\omega_2} k_s^{\omega_3}$$

其中 $\theta_0, \theta_1, \theta_2, \theta_3, \theta_4, \omega_1, \omega_2, \omega_3$ 为正常数,且满足 $\theta_0 + \theta_1 + \theta_2 + \theta_3 + \theta_4 = 1$ 和 $\omega_1 + \omega_2 + \omega_3 = 1$.

对于两个地区的消费者而言,他们各自的行为就是通过选择 c_i, k_i, m_1^i 来最大化折现的效用. 在每个地区里,地方政府 i 要选择最优的 s_i, k_s^i, m_2^i 来最大化社会福利. 中央政府发行货币来填补赤字和满足市场中的纸币需求. 它还要用货币来购买部分消费品,中央政府在预算约束和 CIA 约束下,选择 f, k_f, m 来最大化两个地区消费者福利的权重和,权重为 $\psi_i(i=1;2)$, 它的大小表示了中央政府对两个地区福利的关心程度:

$$\max \int_0^\infty e^{-\beta t} [\psi_1 U_1(c_1, f, k_f, s_1, k_s^1) + \psi_2 U_2(c_2, f, k_f, s_2, k_s^2)] dt$$

通过均衡,我们得到类似的经济增长率和各种经济参数的关系,此时的关系更为复杂,但是我们可以采用数值模拟的方法讨论经济参数与经济增长率的关系,这些关系和前面给出的关系比较类似,我们不再给出. 给读者留作习题.

本节把 Gong 和 Zou (2002) 的模型推广到具有货币的内生经济增长框架,在 Nash 均衡的框架下,给出了平衡增长路径上的经济增长率和各种参数(政府税收、政府货币政策以及生产函数和消费函数的参数)之间的关系. 通过数值模拟,给出了经济增长率随着这些参数变化的图,通过它可以得到使得福利极大的最优决策.

与一般的最优模型不同的是,本节指出货币发行量的增加可以促进经济轻微地增长. 这和 Sidrauski 模型和带 Clower 约束的宏观模型给出的货币的超中性的结论具有极大的差异,同时,这一结论支持了 Tobin (1960) 给出的货币对经济增长具有促进作用的结论. 同时,本节还指出经济中的流通程度越高,经济增长率越高.

至于税收对经济增长的影响,我们发现经济增长率和收入税(包括中央政府收入税和地方政府收入税)的关系表现为 Laffer 曲线,通过它我们可以得到中央政府和地方政府最优的收入税税率.同时,我们发现中央政府的消费税和地方政府的消费税对经济增长总是有正作用,而财产税对经济增长有很大的负作用,这个结论可以支持实际经济中收取很高的消费税和很低的财产税.另外,如果地方政府已经有足够的收益,政府的转移支付会降低经济增长.本节还把上面的模型推广到具有多个地方政府的财政分权的框架,也可以得到类似的结论.

本节是宏观公共财政理论的一个最基本的模型,可以进一步进行很多的工作:(1) 本节的框架假设消费者、地方政府和中央政府的行为是通过 Nash 均衡得到的解,实际上,我们可以求出上面模型的 Stackelberg 均衡解,这样,模型的计算结果就会更复杂,当然,也会具有更现实的意义;(2) 本节是在内生经济增长的框架下考虑的,因此本节也可以在古典增长的框架下讨论,这样本节的模型就是直接推广 Lucas(1990)的框架,此时,我们可以讨论货币政策对经济的长期影响和短期影响;(3) 我们可以分别采用 Lucas(2000)和 Judd(1981)给出的福利分析方法,在内生经济增长的框架和古典增长的框架下考虑货币政策和财政政策对社会福利的影响;(4) 本节考虑的是一个封闭的经济,我们可以在开放的情况下考虑本节的类似的模型.

习题

1. 在 Barro(1990)模型中假设政府从消费者处收取收入税而不从厂商那里收取税收,即消费者的预算约束方程变成
$$\dot{a}(t) = (1-\tau)(w(t) + r(t)a(t)) - c(t) - na(t)$$
讨论此时的最优税率.

2. 在 Barro(1990)模型中引入消费税,这样政府的收入来源为收入税和消费税,讨论最优的消费税和收入税.

3. 在 Barro(1990)的模型中引入政府债券 b,这样政府的收入来源于收入税和发行的债券,即
$$\dot{b} + \tau y = rb + g$$
而且假设 $b/y = \delta$ 是政府控制的债券—产出比率,导出此时的最优税率.

4. 在 Barro 模型中引入消费者的习惯形成,按照 Carroll(2000)的方法,假

定消费者每一期的效用不是仅仅依赖于当期的消费,而且依赖于习惯资本的存量,决定于当期消费于习惯资本存量的相对大小.当期的习惯资本取决于过去的消费,而当期的消费将对未来的习惯资本造成影响.将消费者的瞬时效用定义为

$$U = \frac{(c/h^\gamma)^{1-\sigma} - 1}{1-\sigma}$$

其中,h 为习惯资本,c 为瞬时消费,σ 为消费者的相对风险规避系数,γ 表示习惯资本的重要程度.如果 $\gamma=0$,那么只有当期的消费决定效用,也就是说效用是时间可分的;如果 $\gamma=1$,那么当期消费和习惯资本存量的比例决定效用;如果 γ 在 0 和 1 之间,那么消费的绝对值和消费与习惯资本的比例共同决定效用.假定 $0 \leqslant \gamma < 1, \sigma > 1$.

习惯资本根据下式积累:

$$\dot{h} = \rho(c - h)$$

也就是说习惯资本为过去消费的加权平均,而 ρ 决定了不同时期的消费在习惯资本中所占的权重,ρ 越大,则近期的消费占习惯资本的权重就越大.假定 $0 \leqslant \rho < 1$.

消费者的福利为无限期的效用流的折现值

$$W \equiv \int_0^\infty U(c,h) e^{-\beta t} dt$$

其中 $0 < \beta < 1$ 为常数,表示时间偏好率.

根据 Barro(1990),将生产函数定义为 $Y = f(k, g) = A k^\alpha g^{1-\alpha}$,其中 A 为技术系数,k 表示人均资本存量,g 表示政府的财政支出.

假设政府税收的税率为 τ,为保证财政收支平衡,必须有下式成立:

$$\tau Y = g$$

讨论此时的政府最优税率.

5. 直接在 Barro(1990)的模型中引入货币,分别采用 Sidrauski 模型的框架和 CIA 的约束引入货币,讨论最优的税收和最优的货币供应量.

6. 在 Barro(1990)的模型中引入人们对社会地位的追求,假设消费者的效用函数为

$$u(c, k) = \frac{c^{1-\sigma} - 1}{1-\sigma} + \gamma \frac{k^{1-\sigma} - 1}{1-\sigma}$$

讨论最优税收.进一步引入消费税,讨论最优的消费税和最优的收入税.

7. 在 9.4 节给出的模型中,假设具有两个地方政府的经济.代表性消费者 1 生活在第一个地区,代表性消费者 2 生活在第二个地区.中央政府对两个地区征收一样的收入税 τ_f 和消费税 τ_{cf}.在第 i 个地区的地方政府对消费者征收收

入税 τ_s^i，消费税 τ_{cs}^i，财产税 τ_k^i．中央政府的公共开支是 f，第 i 个地区的地方政府的公共开支是 $s_i(i=1,2)$，对应这个开支，地方政府也得到对应性的转移支付 $\xi_i s_i, \xi_i$ 是中央政府对第 i 个地区政府公共开支的对应性转移支付率．同样地，中央政府通过发行货币来获得收入，它的铸币收益是 θm．我们考虑个体和地方政府都需要货币．它们都满足 CIA 约束，即部分消费必须用货币购买，它们的比例（即流通程度指数）分别为：$\varphi_1^i(i=1,2), \varphi_2^i(i=1,2), \varphi_3$．

同样地，中央政府和地方政府的公共消费、公共资产都进入代表性个体的效用函数．消费者从私人消费、中央政府的消费和资产、地方政府的消费和资产中获得正的、递减的边际效用．令 f, s_i 和 c_i 表示中央政府、地方政府和消费者的消费，k_f, k_s^i, k_i 分别表示中央政府公共资本、地方政府公共资本和消费者资本．

同样假设两个地方的效用函数和生产函数的形式都是 Cobb-Douglas 形式：

$$U(c, f, k_f, s, k_s) = \theta_0 \ln c_i + \theta_1 \ln f + \theta_2 \ln k_f + \theta_3 \ln s_i + \theta_4 \ln k_s^i,$$

$$y = k_i^{\omega_1} k_f^{\omega_2} k_s^{i\omega_3}$$

其中 $\theta_0, \theta_1, \theta_2, \theta_3, \theta_4, \omega_1, \omega_2, \omega_3$ 为正常数，且满足 $\theta_0 + \theta_1 + \theta_2 + \theta_3 + \theta_4 = 1$ 和 $\omega_1 + \omega_2 + \omega_3 = 1$．

对于两个地区的消费者而言，他们各自的行为就是通过选择 c_i, k_i, m_1^i 来最大化折现的效用．在每个地区里，地方政府 i 要选择最优的 s_i, k_s^i, m_2^i 来最大化社会福利．中央政府发行货币来填补赤字和满足市场中的纸币需求．它还要用货币来购买部分消费品，中央政府在预算约束和 CIA 约束下，选择 f, k_f, m 来最大化两个地区消费者福利的权重和，权重为 $\psi_i(i=1;2)$，它的大小表示了中央政府对两个地区福利的关心程度：

$$\max \int_0^\infty e^{-\beta t} [\psi_1 U_1(c_1, f, k_f, s_1, k_s^1) + \psi_2 U_2(c_2, f, k_f, s_2, k_s^2)] dt$$

求出经济增长率和各种经济参数的关系．

8. 公共资本的收费与经济增长．假设政府自身也有消费性支出，c_g，如支付政府雇员的工资．由于政府雇员是由居民组成，因此 c_g 也进入了居民的效用函数．因此，消费者的效用函数由私人消费 c、休闲 $(1-l)$、免费使用的公共资本 k_{gf}、收取使用费的公共资本 k_{gn} 以及政府消费性开支 c_g 组成．假设代表性消费者的效用函数如下：

$$U(c, l, k_{gn}, k_{gf}, c_g) = \theta_1 \ln c + \theta_2 \ln(1-l) + \theta_3 \ln k_{gn}$$
$$+ \theta_4 \ln k_{gf} + \theta_5 \ln c_g$$

其中 $\sum_{i=1}^5 \theta_i = 1, 0 < \theta_i < 1$，这意味着当各种消费品的消费量同时增加 m 倍时，消

费者效用的增量为 $\ln m$. 当 $m>1$，即所有消费品都增加时，消费者的效用增加，并且随着 m 的增加，效用的增幅递减；反之，当 $m<1$ 时，即所有消费品都减少时，消费者的效用减少，并且随着 m 的减少，效用的减幅递增. 消费函数的形式还意味着，任何一种消费品的数量为零将导致消费者的效用为负无穷.

假定厂商采用如下形式的 Cobb-Douglas 型生产技术：
$$y(l, k_p, k_{gn}, k_{gf}) = A l^{\omega_1} k_p^{\omega_2} k_{gn}^{\omega_3} k_{gf}^{\omega_4}$$
其中 A 是生产的规模参数，$\omega_1, \omega_2, \omega_3, \omega_4$ 分别为 l, k_p, k_{gn}, k_{gf} 的产出弹性，满足如下条件：$0<\omega_i<1, i=1,2,3,4$ 且 $\sum_{i=2}^{4}\omega_i=1$，即常数规模报酬生产函数.

政府从代表性消费者和厂商处收税，然后将税收收入用于投资公共资本及其自身的消费性支出. 本模型将公共资本分为收取使用费类的公共资本 k_{gn} 和免费使用的公共资本 k_{gf}. 这两种类型的公共资本对于企业的生产来讲都是必不可少的. 收取使用费的公共资本 k_{gf} 的积累有两个来源：其一是政府将税收收入的一部分投资于 k_{gf}，这部分税收收入记作 I_{gn}；其二是政府向这部分公共资本使用者按照一定费率收取的使用费.

在本经济系统中，代表性消费者、厂商和政府分别在各自的约束条件下独立地选择决策变量以极大化各自的目标函数值. 代表性消费者极大化其贴现效用和：
$$\max_{c,l,k_p} \int_0^\infty U(c, l, k_{gn}, k_{gf}, c_g) e^{-\rho t} dt$$
消费者的预算约束为
$$\dot{k}_p = (1-\tau_r)\frac{\partial y(l, k_p, k_{gn}, k_{gf})}{\partial k_p} k_p + (1-\tau_w)\frac{\partial y(l, k_p, k_{gn}, k_{gf})}{\partial l} l - (1+\tau_c) c - n k_{gn}$$
即用于积累私人资本的部分应该等于税后资本收入和税后劳动收入扣除消费和使用费后剩余的部分. 假定资本折旧为零. 生产函数和效用函数的形式如前所述.

假定政府是一个仁慈的政府，它将极大化贴现后加总的代表性消费者的效用函数作为自身的目标函数. 因此，政府求解的问题是
$$\max_{k_{gn}, k_{gf}, c_g, I_{gn}} \int_0^\infty U(c, l, k_{gn}, k_{gf}, c_g) e^{-\rho t} dt$$
并满足如下的预算约束：
$$\dot{k}_{gn} = n k_{gn} + I_{gn}$$
和

$$\dot{k}_{gf} = \tau_r \frac{\partial y(l,k_p,k_{gn},k_{gf})}{\partial k_p} k_p + \tau_w \frac{\partial y(l,k_p,k_{gn},k_{gf})}{\partial l} l + \tau_c c - c_g - I_{gn}$$

政府的税收收入由资本收入税收入、劳动收入税收入、消费税收入组成，扣除消费性政府公共开支 c_g 和用于投资 k_{gn} 的转移支付 I_{gn} 后的剩余部分用来积累公共资本 k_{gf}；公共资本使用费 nk_{gn} 和转移支付 I_{gn} 用来投资 k_{gn}.

（1）求出平衡增长路径的经济增长率，并且把经济增长率 γ 表示为经济参数的函数.

（2）考虑经济增长率、劳动收入税税率和消费税税率固定时，资本收入税税率和公共资本使用费率的关系.

（3）按照 Lucas（2000）的方式考虑政府公共资本收费的福利成本.

9. 只存在收取使用费的公共资本的模型. 在上面的模型中考虑一个简化的模型，假设中央计划者的行为为

$$\max_{\{c,k_g,k_p\}} \int_0^\infty U(c,k_g) e^{-\rho t} dt$$

受约束于

$$\dot{k}_g = \tau f(k_p,k_g) + Bk_g - \delta_g k_g$$
$$\dot{k}_p = (1-\tau) f(k_p,k_g) - c - Bk_g - \delta_p k_p$$

采用 CES 型效用函数：$U(c,k_g) = \frac{c^{1-\theta}-1}{1-\theta} + \alpha \frac{k_g^{1-\theta}-1}{1-\theta}, \theta>0, 1>\alpha>0, f(k_p,k_g) = k_p^\gamma k_g^{1-\gamma}, 0<\gamma<1, k_p(0), k_g(0)$ 给定. 效用函数中，人均消费 c 和人均公共资本 k_g 有相同的参数 θ，即边际效用的弹性. 之所以作出这样的假定是出于对计算方便的考虑.

在上述模型中，ρ 为消费者的主观贴现因子，k_p 为私人资本存量，k_g 是公共资本存量. 政府以 τ 的税率征收收入税，厂商则在使用公共资本时按照 B 的费率付费. 此处的公共资本可以是那些生产时必不可少的公共设施，比如由政府投资的电网，或者是那些能够提高产出的公共设施，比如一条更畅通的高速公路. 厂商们并不需要自己投资建设电网，或者修建一条高速公路，而只需要在使用这些设施时支付一定的费用. 政府的作用是收取税收和使用费用来提供和维护公共产品.

私人部门的税后收入为 $(1-\tau)f(k_p,k_g)$，其支出为消费部分 c 以及为使用公共资本支付的费用 Bk_g. 收入的剩余部分用来积累私人资本 k_p，满足 $\dot{k}_p = (1-\tau)f(k_p,k_g) - c - Bk_g$. 出于简化的目的，我们假定人口增长率以及公共资本和私人资本的折旧率均为 0.

（1）求出平衡增长路径的经济增长率；

(2) 考虑上面模型出现的经济增长的不确定性.

10. (最优税收的 First-best 框架) 下面来考虑另外一种求解最优税收的问题,假设消费者的效用函数定义在消费者的消费品 c 和政府的服务 G_s 上面,$u(c,G_s)=\dfrac{(cG_s^\beta)^{1-\sigma}-1}{1-\sigma}$,其中 $\beta>0,\sigma>0$ 为正常数,满足 $\beta(1-\sigma)<1$. 政府的服务由政府的公共开支给出,

$$G_s = G^\delta (G/Y)^{1-\delta} = GY^{\delta-1}$$

其中 G 为政府公共开支,Y 为总的产出,$\delta>0$ 为给定参数,它表示政府公共开支的拥挤程度.假设产出由资本存量通过 AK 型的生产函数生产,

$$Y = AK$$

其中 $A>0$ 为正常数.假设政府公共开支是产出的一部分

$$G = gY$$

其中 g 为政府公共开支产出比率.

因此中央计划者的问题可以表示为

$$\max \int_0^\infty u(c,G_s) e^{-\rho t} dt$$

受约束于

$$\dot{K} = (1-g)AK - c - \delta K$$

其中初始资本存量给定.

(1) 假设 g 外生给定,求出平衡增长路径的经济增长率和消费水平—资本存量比率;

(2) 假设 g 是最优选择,求出平衡增长路径的经济增长率和消费水平—资本存量比率.

考虑分散经济,假设政府收取资本收入税、债券收入税和消费税,记相应的税率分别为 τ,τ 和 ω. 这样消费者的预算约束方程为

$$\dot{K} + \dot{B} = \alpha(1-\tau)K + r(1-\tau)B - (1+\omega)c$$

记消费者总的财富为 W,它是消费者持有的资本和债券的总和,因此消费者持有资本存量的份额为 $n=K/W$.

政府从消费者的税收和发行债券中获得收入来满足自身的公共开支,即

$$\dot{B} = g\alpha K + r(1-\tau)B - \tau\alpha K - \omega c$$

(3) 通过消费者行为和均衡求出平衡增长路径的经济增长率、消费水平—资本存量比率和持有资本的份额.

(4) 假设由分散经济得到的均衡可以复制中央计划者均衡,也就是让中央计划者得到的经济增长率和分散经济均衡得到的经济增长率相等.证明下面的

结论：如果不考虑消费税，分散均衡的经济复制中央计划者经济当且仅当政府是一个净的债权人，也就是均衡的 $n>1$. 如果政府要得到均衡时的债务水平非负，一定要存在消费税.

(5) 证明政府债券不影响消费者的福利. 这样，我们可以不考虑政府债券. 此时通过分散经济得到的均衡可以复制中央计划者均衡，求出最优的资本收入税和消费税.

11. (收入分配差异与经济增长) 假设政府财政支出 g 包括两部分，一部分为生产性支出 g_1，用于改善全社会的生产效率，进入总生产函数. 例如社会生产需要政府提供法律、秩序等公共服务；另一部分直接提高居民的福利水平 g_2，它进入代表性个人的效用函数，如政府在公共消费、教育等方面的支出. 假设生产函数

$$y = Ak^\alpha g_1^{1-\alpha} l^{1-\alpha}, \quad 0<\alpha<1 \tag{1}$$

其中 A 代表技术参数，k 和 l 分别是资本和劳动的总存量. 假定经济中只有一种商品，它既可用于消费也可用于投资，其价格标准化为 1. 这里给出的生产函数的独特之处在于它纳入了政府公共开支 g_1，从而给予了政府一定的生产性职能.

假定政府通过资本税(税率为 τ)为其公共开支筹资，而且在任何时刻其预算都是平衡的. 因此

$$g = t = \tau k \tag{2}$$

与 Alesina 和 Rodrik (1994) 一样，对资本采用最广泛的定义，它包括物质资本、人力资本和所有的专利技术. 因此，资本税可以看成是对所有可积累的资源(包括人力资本)征税. 对原始劳动力(未作任何人力资本投资)的收入不征税. 我们假定政府的生产性支出比例为 $\beta(0<\beta<1)$，因此政府的生产性支出为 $g_1=\beta\tau k$，进入效用函数的政府公共开支为 $g_2=(1-\beta)\tau k$. 假定要素市场是充分竞争的.

个人的特征完全可由其资本份额来描述：

$$\sigma_i = \frac{k_i}{k} \tag{3}$$

上式刻画了收入分配的差异程度，其中 k_i 为个人 i 的资本，k 为总资本. 每个个人的收入都来自于资本和劳动，因此，个人的资本积累行为满足

$$\frac{\mathrm{d}k_i}{\mathrm{d}t} = \omega(\tau)k\bar{l} + [r(\tau)-\tau] \cdot k_i - c_i \tag{4}$$

假定个人 i 有如对数效用函数，注意政府公共开支 g_2 进入了效用函数：

$$U_i = \int_0^\infty [\ln c_i + \ln g_2] \mathrm{e}^{-\rho t} \mathrm{d}t \tag{5}$$

c_i 为消费，$\rho>0$ 为贴现率．个人视 r、k 和 τ 为既定，在(4)约束下最大化效用函数(5)．

(1) 计算出税率与个人 i 的经济增长率的关系．

(2) 讨论政治均衡时收入分配与税率的关系．个人 i 决定税率使得自己的福利极大．给出最优性条件．讨论个人资本份额 σ_i 与其偏好的税率 τ_i 的关系．中间投票人的初始资本为经济中资本份额的中位数 σ_m，经济中税率就是中间投票人 σ_m 所偏好的税率 τ_m．讨论 σ_m 与经济增长率的关系．

第 10 章 政府公共开支与经济增长

10.1 问题的提出

对经济增长动力的研究是经济增长理论的重要组成部分,影响经济增长的因素有很多,如投资、通货膨胀等等,政府公共财政政策也是影响经济增长的重要因素. Aschauer(1989)的研究发现公共资本存量,尤其是基础设施对生产率有着很大的促进作用.他直接从生产函数

$$Y = AK^{\alpha}L^{\beta}G^{\xi}, \quad \alpha + \beta + \xi = 1$$

导出回归方程

$$\ln\frac{Y}{K} = \ln A + \beta\ln\frac{L}{K} + \xi\ln\frac{G}{K}$$

和全要素增长率

$$\alpha\ln\frac{Y}{K} + \beta\ln\frac{Y}{L} = \ln A + \xi\ln\frac{G}{K}$$

在 $\ln\frac{Y}{K} = \ln A + \beta\ln\frac{L}{K} + \xi\ln\frac{G}{K}$ 的基础上,Aschauer(1989)进行实证分析,得到

$$\ln\frac{Y}{K} = \underset{[-10.51]}{-2.29} + \underset{[4.64]}{0.008t} + \underset{[4.67]}{0.38\ln\frac{L}{K}} + \underset{[15.33]}{0.39\ln\frac{G_{non\_m}}{K}}$$
$$- \underset{[0.72]}{0.011\ln\frac{G_m}{K}} + \underset{[11.41]}{0.42cu_t} + e$$

其中 G_{non_m} 为军事开支以外的政府开支;G_m 为军事开支;cu_t 为资本利用率的自然对数,用来控制商业周期的影响.可见政府开支会对资本回报产生显著的影响(虽然军事开支不显著);另外他还求出基础设施与增长率的估计系数为 $(0.24, t=5.07)$,二者显著相关.

因此,财政政策对经济运行有直接的影响,政府开支直接形成总需求;而且自 Keynes 以来,政府就频频动用财政政策来干预经济,财政政策已经成为政府可以直接控制的主要经济手段;更重要的是,政府行为是影响制度最重要、最直

接的因素,而这些行为都要表现为各种政府开支.

除了上述原因,我们再从经济史和制度经济学的角度来探讨其重要性.从经济史的角度看,政府在资本主义体系的发展中,也就是在经济增长的过程中,起了关键性的作用.14世纪的威尼斯几乎所有的帆桨船(当时主要的交通工具和海军装备)都是由城邦的兵工厂生产,并且实行商船系统以便对外倾销,国家船只每年以投标方式租赁给商人,而且要求给所有参与者以均等的机会,对于它认为有垄断倾向的特殊集团,市政会议一概予以解散;16世纪开始的西班牙、葡萄牙、英国、法国等欧洲国家对美洲、非洲以及亚洲的殖民开发若无国家的大力支持就不能维系,尤其不能没有国家的暴力机器;国家还直接出面在外国建立贸易的桥头堡,例如安特卫普的汉萨会馆、伦敦的斯塔尔会馆、威尼斯的德意志会馆等,不一而足.①而更近的如美国联邦政府出资修建了四通八达的州际公路,延伸了这个"轮子上的国家"的触角;而当1929年大萧条发生时,又是罗斯福新政挽狂澜于既倒.

从制度经济学理论的角度看,政府的职能决定了其在经济增长中的地位,并且这些职能无法由私人经济单独地完成.一般地,政府的职能有三:(1)维护一定的秩序,保护公民的权利与自由(显然,在不同的社会中,这种受保护的权利与自由的集合是不同的);(2)提供公共产品(注意,是提供而不一定是生产);(3)再分配产权(主要包括税收和转移支付).

首先,如果社会处于无政府状态中,强制只能靠其他各方的"暴力潜能"来制约,而个人都必须抵抗他人以保卫自身的利益,那么将产生巨大的社会成本,比如极高的排他成本和强制执行成本.并且这种无秩序无法产生出有效的预期,并抑制大量有利的劳动分工,使人力资本保持在低水平上,从而既减少投资,又降低资本的回报率.从社会契约的角度,Buchanan(1975)提出由政府接管保护性职能相当于在所有公民之间达成一项虚拟的"解除武装条约".其实,早在1651年,霍布斯就在他那本被黄仁宇(1993)誉为资本主义思想体系重要部分之一的《巨灵论》中就描述了人们为了避免"所有人和所有人作战"所导致的无边的恐惧,才放弃部分原始的无限自由而以一种社会契约的方式组织国家与政府,而将国家最高主权授予一人或群人,即所谓之"巨灵",此巨灵亦有通过法制保护人民之义务,而资本便能积累.当然,物极必反.政府的这种职能如果过度,则一方面会剥夺公民一些本应享有的权利,压制个性发展,不利于人力资本的形成;另一方面过度的管制也降低了企业的效率(近来出现的减少管制即是一个反面的例证).

---

① 以上案例亦取材于 Braudel(1979)Vol.2、Vol.3.

其次,经济中存在的许多公共产品由于搭便车问题而无法由私人经济有效地供给,从而通过政府靠强制性税收来筹资以提供公共产品的供给是一种虽为次优但是有效的选择.中国改革开放后,各地方政府纷纷改善当地的基础设施以便吸引外来的投资即是政府生产性职能对经济发展有重要作用的例证.当然,政府提供公共产品并不意味着一定要由政府(或其拥有的企业)来生产.例如,英国光荣革命期间政府允许私人修筑收费大道(Turnpikes)就是由私人生产公共产品(但仍应视为是政府提供,因为政府发放许可(Charters)并加以监督).

政府的再分配职能更多地基于各种"社会公正"方面的概念,而与经济效率无关甚或背道而驰.倡导由政府进行再分配的人还对其再分配方案的实践可行性抱有乐观主义态度,并以这种态度为其立论的基础,而忽视认知问题、理性的无知、政治代理人的败德风险.可见,再分配职能对经济增长无促进作用.但奇怪的是,再分配的道德立场却在犹太—基督教文明(包括前英国海外殖民者)中有较深厚的历史根源,而这些地方却是资本主义的发源地.例如欧洲历史上许多地方都有负责照顾贫民基本需要的公共贫民院.看来这个职能还有待于探讨.

综上可知,政府的职能乃是经济社会不可或缺的部分.实际上,正由于财政政策的重要性与可操作性,它与经济增长的关系也得到了较多的研究,财政政策变量不断地融入各阶段的主导模型.Krzyzaniak(1967)及 Feldstein(1974)采用 Solow 模型框架来研究税收的动态冲击;Chamley(1986)、Judd(1985)等采用 Cass(1965)和 Koopmans(1965)发展的 Ramsey 模型框架来研究财政政策;Summer(1981)、Auerbach 和 Kotlidoff(1987)等基于 Diamond(1965)的世代交替模型(OLG)来考察财政政策的动态效应.由于新古典模型的稳态增长是来自于外生要素,财政政策只能影响向稳态过渡阶段的增长率.因此,在新古典模型的框架下,税收、公债及公共开支虽然是决定产出水平的重要因素,但却几乎无法影响长期增长率;而在内生增长模型中却能将财政政策的影响变为一种长期的效应.因此,在内生增长模型中讨论财政政策变量较有意义.

10.2 政府公共开支与经济增长

10.2.1 政府开支:规模及分类

我们将主要研究政府开支的影响.为了履行上述政府职能,政府要征税或借债来应付发生的各种开支.对于税收,大部分增长模型都推断对投资和收入征税不利于增长,影响的途径简单而直接:降低所积累资本的回报.当然,不是所有种类的税收都有负面影响.例如,在劳动力供给外生的模型中,消费税就不影响增长率,因为此时消费税不会扭曲消费在今天同在未来的相对价格,从而不影响积累资本的冲动.

随着时间的推移,政府的规模及其所掌握的资源份额与日俱增.以当前最大的五个资本主义经济体——美国、日本、德国、法国和英国为例,政府公共开支占国内生产总值的百分比在 19 世纪 70 年代平均为 10% 左右(Tanzi 和 Schukencht,1995);该平均值在 20 世纪 30 年代中期升至 25% 左右;而到了 20 世纪 90 年代中期进一步升至 40%.政府开支已经成为宏观经济模型不能回避的变量.

与上述三种职能相对应,根据国际货币基金组织(IMF)的《政府财政统计》(GFS)所作的分类,政府开支根据其经济性质可分为:(1)资本性支出(用于生产或购买耐用品,对应于上面第二种政府职能);(2)经常性支出(用于支付政府雇员工资、购买非耐用品和服务、支付利息和补贴.对应于上面第一种和第三种政府职能).IMF 另一种分类是根据支出的功能来进行:(1)经济服务(交通、通信、电力和农业等);(2)社会服务(教育、健康等);(3)一般政府服务(用于一般的公共管理、国防、公共秩序与安全等);(4)其他功能.

10.2.2 Barro 的工作:将政府公共开支引入内生增长模型

Barro(1990)采用与 Romer(1986)类似的方法把政府开支引入内生增长模型,他的工作引发了几十篇将内生增长理论和公共财政结合起来的研究,成为内生增长理论的重要组成部分.

根据 Samuelson(1954)对公共产品的标准分析方法,政府购买(用 G 表示)是非排他和非竞争的,即每家企业都能从全部的 G 受益,而且一家企业对公共产品的利用并不会减少其他企业对 G 的利用.正如上面提到的,政府职能是提供公共产品,而不一定要自己生产.因此政府购买部分私人产出来为私人生产提供免费的公共服务(虽然从税收的角度看,这种服务不见得是真正的免费;但由于通过政府,使得纳税——享受公共服务不同于私人交易).因此,没有必要设定单独的政府生产函数,企业的人均生产函数可写为 $y = \Phi(k, G)$;为了获得不变规模报酬,$\Phi(k, G)$ 是一次齐次的,从而可写为

$$y = \Phi(k, G) = k\Phi\left(1, \frac{G}{k}\right) \triangleq k\phi\left(\frac{G}{k}\right)$$

为简单明了起见,设生产函数为 Cobb-Douglas 型,$Y_i = AL_i^{1-\alpha}K_i^{\alpha}G^{1-\alpha}$,即

$$y = Ak^{\alpha}G^{1-\alpha} = Ak\left(\frac{G}{k}\right)^{\alpha}$$

其中 $\alpha \in (0, 1)$ 为常数.

可见，k 和 G 单独地都具有递减规模报酬；但是，如果 k 与 G 同比例增加，则具有不变规模报酬. 为此，我们假定政府执行平衡预算，以税率 τ 征收比例税来融资.① 即有

$$G = \tau Y$$

并且假定 $\tau \in (0,1)$，从而 $\dfrac{G}{Y}$ 保持不变. 这样就获得了与 Romer (1986) 模型类似的框架，只不过反映知识积累的 K 在此被公共开支 G 代替.

在 Ramsey 框架下的最优化问题为

$$\max \int_0^\infty \frac{c^{1-\theta}-1}{1-\theta} \mathrm{e}^{-\rho t} \mathrm{d}t$$

受约束于

$$\dot{k} = (1-\tau)A k^\alpha G^{1-\alpha} - c$$

这里我们没有考虑资本存量折旧和人口增长.

显然可以得到平衡增长路径的增长率

$$\gamma = \frac{1}{\theta}\left[\alpha A^{\frac{1}{\alpha}}(L\tau)^{\frac{1-\alpha}{\alpha}}(1-\tau) - \rho\right]$$

从而可以求最佳的政府公共开支

$$\frac{\mathrm{d}\gamma}{\mathrm{d}\tau} = \frac{\alpha}{\theta}A^{\frac{1}{\alpha}}L^{\frac{1}{\alpha}-1}\left[-\tau^{\frac{1-\alpha}{\alpha}} + (1-\tau)\left(\frac{1}{\alpha}-1\right)\tau^{\frac{1}{\alpha}-2}\right] = 0$$

得到 $\tau = \dfrac{G}{Y} = 1-\alpha$.

此时政府规模处于最佳水平. 当 $0 < \tau < 1-\alpha$ 时，$\dfrac{\mathrm{d}\gamma}{\mathrm{d}\tau} > 0$，政府规模偏小，扩大规模是有利的；当 $1-\alpha < \tau < 1$ 时，$\dfrac{\mathrm{d}\gamma}{\mathrm{d}\tau} < 0$，政府规模偏大，缩小规模是有利的.

可见政府影响经济增长的途径是：更高的政府开支 G 导致更高的资本边际产品（或维持资本回报率不变），这种正效应通过 $\tau^{\frac{1-\alpha}{\alpha}}$ 反映出来. 当然，与 Romer (1986) 模型不一样，这里 $(1-\tau)$ 需要从私人产出抽出一部分，这代表了税收对资本边际产品的负效应：使税后边际产品减少. 即当 τ 较小时，政府开支对

---

① 实际上公债融资相当普遍，而且规模也不小；但引入这个变量将使模型变得极为复杂，并且还存在 Ricardian 等价成立与否的问题；或许可以将国债视为以广义货币的方式来影响经济. Alogoskoufis 和 Ploeg (1991) 发现在世代交替模型中，政府赤字会降低储蓄率，进而降低增长率. 但在无限期 Ramsey 模型中，赤字的效应依赖于受赤字影响而必须在未来加以调整的变量. 例如，如果现在较高的赤字将来要靠较高的消费税或收入税来补偿，那么人们的理性预期将使消费持久性地下降，从而使增长率降低. 相反，政府盈余同增长有很强的正相关关系. Easterly 和 Rebelo (1993) 认为有三种解释：(1) 税收平滑 (tax smoothing) 有利于增长；(2) 盈余意味着减税和增加政府公共服务可能性上升；(3) 盈余是宏观经济总体稳定的综合体现 (Fischer, 1993).

资本边际产品的正效应占主导地位;因而,适当的公共开支有利于增长,即使通过税收融资;随着 τ 上升,税收扭曲造成的负面效应超过了公共服务的正面影响,增长率终于随税率 τ 的上升而下降.

这个条件恰好使得政府规模处于自然效率状态.因为由 $y=A\cdot k^{\alpha}\cdot G^{1-\alpha}$ 可得公共服务的边际产品:

$$\frac{\partial y}{\partial G} = (1-\alpha)\frac{y}{G} = (1-\alpha)/\tau$$

当 $\tau = 1-\alpha$ 时,

$$\frac{\partial y}{\partial G} = \frac{(1-\alpha)}{(1-\alpha)} = 1$$

即单位 G 带来单位 y,刚好把 G 的好处利用殆尽,因为 G 是取之于 y 而用之于 y(否则应使 $\frac{\partial y}{\partial G}=0$ 以最大化 y).

Barro(1990)模型的一个问题是基于该模型的实证分析所采用的总量数据掩盖的事实可能比其揭露的真理要多.就财政政策而言,政府会提供有助于私人经济的公共产品或制定合理有效的税收来减少私人成本与社会成本之间的差距;但另一方面,政府也可能浪费公款,把资源用于有碍于经济增长的地方,或施行扭曲私人决策的税收体系和管制政策.

10.3 政府公共开支结构与经济增长

10.3.1 政府公共开支结构的重要性

Zou et al.(1996)在内生经济增长的框架下直接引入了生产性政府开支和非生产性政府开支,以研究这两种开支的不同组合对经济长期增长率的影响,从而细化了这方面的研究.虽然这里的模型与 Barro(1990)相似,但采用了更一般的 CES 生产函数

$$y = f(k, G_1, G_2) = [\alpha k^{-\zeta} + \beta G_1^{-\zeta} + \gamma G_2^{-\zeta}]^{-\frac{1}{\zeta}}$$

其中 $\alpha > 0, \beta \geqslant 0, \gamma \geqslant 0, \alpha+\beta+\gamma=1, \zeta \geqslant -1$,$k$ 为私人人均资本存量,G_1, G_2 为两种不同的政府开支.

同 Barro(1990)一样假设政府只通过征收单一税率为 τ 的收入税来为政府开支融资:

$$\tau y = G_1 + G_2$$

假设 G_1 占政府总的公共开支的份额为 φ,这样 G_2 占政府总的公共开支的份额

为 $1-\psi$,即
$$G_1 = \psi\tau y, \quad G_2 = (1-\psi)\tau y$$

由此,中央计划者的问题就是选择消费水平和消费路径来极大化社会福利,即
$$\max \int_0^\infty \frac{c^{1-\sigma}-1}{1-\sigma} e^{-\rho t} dt$$

受约束于
$$\dot{k} = (1-\tau)y - c$$

这里我们没有考虑资本存量折旧和人口增长.

同样,可以求得平衡增长路径的增长率为
$$\gamma = \frac{\alpha(1-\tau)\left\{\alpha + \left(\frac{G}{k}\right)^{-\zeta}[\beta\psi^{-\zeta} + \gamma(1-\psi)^{-\zeta}]\right\}^{-\frac{1+\psi}{\psi}} - \rho}{\sigma}$$

由政府的预算约束方程知道 $\frac{G}{k} = \left[\frac{\tau^\zeta - \beta \cdot \psi^{-\zeta} - \gamma(1-\psi)^{-\zeta}}{\alpha}\right]^{\frac{1}{\zeta}}$,因此,经济增长率可以表示为

$$\gamma = \frac{\alpha(1-\tau)\left\{\frac{\alpha\tau^\zeta}{[\tau^\zeta - \beta\psi^{-\zeta} - \gamma(1-\psi)^{-\zeta}]}\right\}^{-\frac{1+\psi}{\psi}} - \rho}{\sigma}$$

为考虑最优的政府公共开支结构,政府通过选择在两种政府公共开支上面的份额使得经济增长率最大.① 把上式对政府公共开支份额 ψ 求偏导,可求得最优的税收结构,即在给定政府开支总额的情况下,如何分配政府开支以使增长率最大. 这样,

$$\frac{\partial\gamma}{\partial\psi} = \frac{\alpha(1-\tau)(1+\zeta)[\alpha\tau^\zeta]^{-\frac{1+\zeta}{\zeta}}[\beta\psi^{-(1+\zeta)} - \gamma(1-\psi)^{-(1+\zeta)}]}{\sigma[\tau^\zeta - \beta\psi^{-\zeta} - \gamma(1-\psi)^{-\zeta}]^{-\frac{1}{\zeta}}}$$

据此,定义生产性政府开支为其所占政府开支总额比重上升会提高稳态的经济增长率;也就是说当 $\frac{\partial\gamma}{\partial\psi} > 0$ 时为生产性政府开支,反之则为非生产性政府开支. 注意,这种定义与 Barro(1990)和 Aschauer(1989)等人的定义不同: Barro(1990)对生产性的定义是有助于私人生产(即与私人生产有互补性);在这种定义下,Zou et al.(1996)模型中的 G_1, G_2 都是生产性的,因为 G_1, G_2 的上

---

① 在效用函数是 CES 形式和生产函数是 Cobb-Douglas 形式时,社会福利是经济增长率的单调函数,因此政府选择极大化经济增长率就是极大化社会福利.

升都会使私人资本 k 的边际产出上升.所以 Zou et al. 的定义是一种相对的定义,即在政府开支总额和生产技术既定(参数 α,β,γ 不变)时,每种政府开支存在最优的比重,如果小于这个比重,则增加这种开支会提高稳态增长率,从而是"生产性"的;反之,如果所占比重太大,增加这种开支反而会降低稳态增长率,所以是"非生产性"的.

10.3.2 政府开支:生产性开支和非生产性开支

回到 Zou 的模型,由
$$(1+\zeta)[\beta\psi^{-(1+\zeta)} - \gamma(1-\psi)^{-(1+\zeta)}] > 0$$
我们知道,当 $\dfrac{\psi}{1-\psi} < \left(\dfrac{\beta}{\gamma}\right)^{\theta}$ 时,$\dfrac{\partial \gamma}{\partial \psi} > 0$,即 G_1 是生产性开支,而 G_2 是非生产性开支;其中 $\theta = \dfrac{1}{1+\zeta}$ 是替代弹性.由条件可见,G_1,G_2 是否具有生产性,不仅依赖于 G_1,G_2 在生产函数中的参数(β,γ,即 G_1,G_2 各自的生产力),也取决于 G_1 的初始比重,这正反映了这里"生产性"定义的相对性.这样,即使某种政府开支具有很高的生产力(Barro 意义上的生产性),但是如果它的初始比例已经很高,则继续向这种开支倾斜(所谓"加大投资力度")而牺牲其他有益的政府开支(即 Barro 定义的生产性政府开支),结果非但不能提高增长率,反而会损害增长.

上述推导暗含假定:G_1,G_2 是异质的,不可相互代替的,θ 趋于 0.如果二者具有一定的替代性,情况又如何呢?由 $\dfrac{\psi^*}{1-\psi^*} = \left(\dfrac{\beta}{\gamma}\right)^{\theta}$ 得
$$\dfrac{\mathrm{d}\psi^*}{\mathrm{d}\theta} = (1-\psi^*)\left(\dfrac{\beta}{\gamma}\right)^{\theta}\ln\left(\dfrac{\beta}{\gamma}\right)$$
如果 G_1 的生产力大于 G_2,则 $\dfrac{\mathrm{d}\psi^*}{\mathrm{d}\theta} > 0$,即如果二者的替代性好($\theta$ 很大),G_1 的最优比重应越大.这是很显然的,因为既然 G_1,G_2 无太大分别而 G_1 的生产力又更高,那么就应将更多的政府开支用于 G_1 以促进增长.反之,如果二者替代性很差(θ 很小),增加 G_1 而牺牲 G_2 是不可取的.极端地,当 $\theta=0$,即生产函数是 Leontief 型时,则 G_1,G_2 应维持固定的比率,因为二者都是不可或缺的.

前述推导是在税收融资的政府开支总额不变的条件下求最优的开支结构,但要是政府开支占总产出的比例也提高呢?对增长率 r 求税率 τ 的偏导可得
$$当 \dfrac{\tau^{1+\zeta}}{B} + \tau\zeta \leqslant 1+\zeta 时,则 \dfrac{\partial r}{\partial \tau} \geqslant 0,其中 B = \beta\psi^{-\zeta} + \gamma(1-\psi)^{-\zeta}.$$

可见,政府开支占总产出的比重对增长率的影响是不确定的,它要依赖于 τ 和 B,即税收扭曲导致的损失与政府开支的生产性(通过 B 反映出来)之间的消

长.如果生产函数采用 C-D 型,则上面的条件为:当 $\tau<\beta+\gamma$ 时有 $\frac{\partial r}{\partial \tau}<0$.直观含义同上:只有当政府开支的生产率大于税率(可视为成本)时,政府规模扩张才会提高稳态增长率.

这个模型可扩展到有 N 种政府开支,每种开支各有其参数 β_i 以及所占份额 ψ_i 的情形,当 $\frac{\beta_i}{\psi_i}>\frac{\beta_j}{\psi_j}$ 时,减少第 j 种政府开支而将资源转移到第 i 种政府开支将会提高稳态增长率.

Zou et al. (1996)研究的是政府开支的结构效应,并且有一个重要的前提:政府开支总额占总产出的比重不变.实际上 Zou et al.探讨的是在宏观层次上政府资源的配置问题,同微观层次一样,资源也是稀缺的,存在一个最优的投入要素配置.这个结果对发展中国家尤其有意义.在那些国家,无论是政府智囊团,还是国际援助机构都建议削减经常性政府开支,而把更多的政府资源用于资本项目,尤其是投资于诸如公路、桥梁、电网、通信设备等基础设施.殊不知"过犹不及",过度地倾斜反而不利于经济增长,因为增长不仅依靠这些"硬件",更取决于"软件".实际上,发展中国家中很多项目建成后由于管理不善,并未发挥出应有的作用.

接下来,让我们转入实证分析,看看它是支持还是反对理论;但在此之前,要先审视一下实证分析的可靠性.实际上计量分析本身也可能很脆弱,这里实证研究可能存在的问题除了前面评述相关分析提及的因果倒置可能性[1]和数据选择主观倾向性导致偏差问题外,还有一个更大的问题是经济主体的内生性问题,这个内生性不同于增长模型的内生性.

2000 年诺贝尔经济学奖授予了芝加哥大学经济系的 Heckman 和加州大学伯克利分校经济系的 McFadden,以表彰他们开创的微观计量经济学方法对经济学尤其是计量经济学科学化的杰出贡献.他们的工作表明经济统计与计量中大量地存在系统性的偏差.其中一种偏差就是没有考虑经济行为主体的可能的理性选择(或 Hechman 所说的"自我选择",即行为的内生性问题),而导致系统性偏差.例如,就业选择往往并非随机,而是当事人深思熟虑的结果:只有当预期的市场劳动力价值超过作为家庭主妇的价值时,已婚妇女才会选择就业,也才可能进入调查者的样本.结果,在职已婚妇女中的高收入者的比例被高估了.

---

[1] Easterly 和 Rebelo(1993)提出如果仅有部分公共开支,如交通和通信投资,与增长显著且稳健地正相关,则这可视为反驳因果倒置的间接证据.因为如果是经济增长导致公共开支,则所有类型的公共开支都应与增长显著相关.而 Zou et al. (1996)采用解释变量向前五年移动平均的方法来避免这个问题.但是采用向前五年移动平均导致同一国家的数据存在系列自相关,这样普通最小二乘法(OLS)估计量的标准差是有偏但一致的.为此,Zou et al.扩展了 Hansen 和 Hodrich(1980)的方法来予以纠正.

但问题有时还更为复杂,不仅涉及行为主体的理性预期,还与复杂的具体环境条件有关. 例如,考虑已婚妇女的"教育溢价":低学历的并且就业的已婚妇女往往由于种种特殊缘由(比如具有家庭关系,甚至只是时来运转)而有获得较高收入的可能,从而使教育溢价被低估.

这个问题在宏观经济计量中也会存在,并且由于宏观经济系统的复杂性,问题只会更难以处理. 这里考虑政府规模与增长率. 如果政府行为是外生给定的(或者认为政府决策者在宏观经济调控上缺乏理性,或者由于政客不为民众谋福利或由于政治斗争而出尔反尔),则可将政府行为视为随机行走,从而能产生在各个税率上的经济数据(即大部分时候不处于最优税率上),这些数据将可能构造出理论所希望的曲线,或者将理论证伪. 实际上,这种情形已接近理想中的经济实验.

对于 Barro (1990) 模型而言,以税率(或 $\frac{G}{Y}$)为横轴,增长率为纵轴,则应拟合一条倒 U 形曲线. 而且随着非生产性的政府开支(进入消费者效用函数,或为"坏政府"所消耗①)的上升,曲线应向下移动(这也要求非生产性政府开支也是随机行走的). 因为更高的非生产性政府开支既对私人生产无促进作用,又导致更高的收入税税率;结果降低了人们的投资愿望,经济增长率也就下降(这暗含着私人生产者和消费者是理性的). 就国别横截面研究而言,如果 $\frac{G}{Y}$ 固定不变而平均边际税率升高或产权保护的外生恶化,其增长率和储蓄率就下降. 相反,如果政府行为是内生的(这就意味政府行为是理性的,因为模型研究的乃是理性的最优化行为),则所有的政府几乎总是执行最优税率,并把政府开支的好处利用殆尽(即前面的 $\frac{\partial y}{\partial G}=1$). 这时,对于单个国家的时间序列数据而言,将无法拟合出那条倒 U 形曲线. 而对于国别数据,$\frac{G}{Y}$ 的变动只是由于各国的生产函数系数不同;并且 α 下降会使增长率下降,因为相应地 $\tau=1-\alpha$ 上升会使更多的产出成为公共开支,而这需要由扭曲性税收来融资. 但总体而言,由于理性的各国政府都会力图使 $\frac{G}{Y}$ 对增长率的边际效果降至零,从而 $\frac{G}{Y}$ 与增长率的相关性应很弱.

处理政策内生性的另一种方法是将政策视为一个政治过程的结果(Persson 和 Tabellini,1991;Cohen 和 Michael,1991;Alesina 和 Rodrich,1991),而不

---

① 对非生产性的政府消费而言,因为政府消费所占的比例乃是由对公共服务与私人服务的相对偏好决定的,而"偏好不受理性的管辖". 所以,它仍然与增长率和储蓄率负相关.

是简单地视为最优化的结果.这种"政治经济学"的方法强调在不同政治体制下会有不同的结果,例如民主国家和非民主国家的政策形成以及执行将是不相同的,又例如分配公正性问题.但问题在于诸如民主程度这样的变量很难在实证分析中加以研究.政府行为内生化更一般的形式是指定适当的政府目标函数并使之最大化.Davoodi、Xie 和 Zou(1995)以及 Zhang 和 Zou(1996)开始了这方面的初步研究.

此外,另一个问题是回归方程是否为线性.即便政府开支都用于促进增长,但政府开支的正面效果与税收扭曲的负面效果之间的消长可能是非线性的.这样,线性国别回归就无法捕捉到真正的相关关系.

10.3.3 实证分析的结果

经过这番说明之后,让我们来回顾一下相关的计量研究.其结果并不一致,正反映了计量本身存在问题.尽管有如此多的陷阱,但只要审慎地看待计量结果,总还能得出一些有意义的论点,至少是聊胜于无.

Kormendi 和 Meguire(1985,参见前面的论述)根据 IMF《国际财政统计》(IFS)的数据研究了第二次世界大战以后 47 个国家 20 年的数据,他们发现真实 GDP 平均增长率与政府消费开支占 GDP 比重或其平均增长率之间不存在显著的相关关系.他们定义的政府开支包括了用于国防和教育的大部分开支,但把政府的公共投资和转移支付排除在外.这样,虽然他们称其政府开支为"政府消费",但并不意味着他们定义的政府公共服务主要影响效用函数而非生产函数.

Grier 和 Tullock(1987)在 Summers 和 Heston(1984)采集的数据的基础上把 Kormendi 和 Meguire 的分析扩展到 115 个国家.他们采用相同的定义,但在数据分析上作了改进,使用了横截面—时间序列分析,并且不再用 20 年的平均值,而是用为期 5 年的移动平均(MA(5)).他们发现在真实 GDP 增长率与政府开支占 GDP 比重的增长率之间存在着显著的负相关关系;特别地,这种负相关关系主要源于 24 个经合组织成员国(OECD).请注意,这里用的是政府开支比重的增长率而不是比重本身;这很可能反映了发达国家政府规模已经过度膨胀超过了最佳规模.

Landau(1983)对 104 个国家数据的研究表明在人均真实 GDP 增长率与政府消费开支和 GDP 的比率之间也存在显著的负相关关系.他定义了同样的政府消费开支.但在回归分析中,他先固定了教育投资数额;问题在于如果把教育投资视为广义投资的一部分(增加人力资本)而政府开支的负作用又在于通过扭曲的税收来减少税收,那么这个回归只分析了政府开支对非人力资本投资的影响.

Barth 和 Bradley (1987) 对 16 个经合组织成员国 1971—1983 年数据的研究也表明在真实 GDP 平均增长率与政府消费开支比重之间存在负相关关系. 然而他们也发现, 政府投资占 GDP 的比重从统计上看对增长无显著影响; 并且, 当私人投资对 GDP 的比率保持不变时 (也就是政府投资未"挤出"私人投资, 从而只是测度政府投资对资本回报的影响, 因而更符合 Barro 模型的情况), 虽然不存在显著相关关系, 但总估计却是正值.

1. Barro 的回归结果

Barro (1989) 为了更好地对其模型作计量分析, 调整了 Summer 和 Heston (1988) 的数据以适合他对政府消费与政府投资的定义. 他将政府在国防和教育上的开支归为政府投资, 由于难以获得各国政府持有的资本存量的数值, Barro 用当年政府投资与总投资的比率来衡量政府规模的大小. 如上所述, 如果政府行为是最优化的, 则增长率与政府投资比例之间应显示出极弱的横截面相关关系; 反之, 如果政府并非最优化自身行为, 则应存在或正或负的相关系数, 这取决于初始政府公共服务是太少抑或太多. 对于 Barro 分析的 76 个国家的数据, 相关系数为 0.014, 但样本标准差为 0.022, 故点估计是正值但不显著地异于零. 这与政府最优化自身行为的情况相吻合. 如果用政府投资对真实产出的比率来代替政府投资对总投资的比率, 结果不变. 并且, 把投资率引入回归方程, 系数为 0.73, 样本标准差为 0.039; 而政府投资对真实产出的比率的回归系数变为 -0.015, 样本标准差为 0.019. 从理论上看, 投资率这一变量反映了影响投资和增长的其他变量. 政府投资的影响仍是不显著的, 其点估计值变为负值反映挤出效应: 在总投资不变的情况下, 较多的政府公共投资意味着较少的私人投资, 而政府投资需要由扭曲性税收来融资, 并且税收扭曲导致的损失超过了公共服务带来的好处. 至于政府消费开支, Barro 对 98 个国家数据的研究表明它与增长率之间为显著负相关, 系数为 -0.12, 样本标准差为 0.03.

2. Easterly 和 Rebelo 的回归结果

Easterly 和 Rebelo (1993) 的工作是对财政政策、发展水平以及增长率之间统计关系的实证研究的综合性概括. 他们的数据主要有两大类: 一类是 1970—1988 年间一百多个国家的横截面资料, 另一类是 28 个西方国家 1970—1988 年的年度资料. 关于公共投资的效应, 他们的结论主要有:

(1) 对交通和通信的投资同增长率一致性地正相关, 并且系数值很大 (介于 0.59 与 0.66 之间). 并且这些投资与私人投资不相关, 这意味着: ① 不挤出私人投资; ② 对增长的促进主要是通过提高私人投资的社会回报, 而非直接促进私人投资.

(2) 公共总投资 (特别是公共企业投资) 一致性地与私人投资负相关. 这

一方面可能是由于"挤出效应",或者也可能只是由于定义上的问题,因为公共总投资＝社会总投资－私人总投资.但是公共企业总投资似乎对增长没有影响.

(3) 中央政府的投资一致性地与增长及私人投资相关,并且系数值很大,分别为 0.4 和 1.这可能是由于中央政府投资更具有公共产品性质,如对基础研究的投资、对重点高校以及国防的投资等.

(4) 农业投资一致性与私人投资负相关,且系数在 0.94 左右.

3. Devarajan、Swaroop 和 Zou 的实证研究

既然不同类型的政府开支具有不同的用途与特性,就有必要研究政府开支的构成对经济增长的影响,这样也为对政府开支进行分类实证研究提供了理论上的框架,而后者也正是很多计量工作的不足之处(Diamrnd,1987).

与其模型相一致,Zou et al.(1996)的计量分析着重检验政府开支的各主要组成部分与增长的关系.但同先前的计量工具不同的是,他们的计量分析考虑得更周全.

首先他们采用横截面—时间序列数据,包含了 43 个国家从 1970 年到 1990 年的资料,其中既有中央政府开支总额,也有用于国防、教育、医疗、卫生以及交通和通信的分类数据.实际上,采用横截面—时间序列数据得到的结果与仅仅采用横截面数据大不相同,后者可能无法避开共同内生性和因果倒置等陷阱.其次,不同于以往许多计量工作仅仅是简单的相关关系,他们的回归方程更多地具有整体性(或结构性)这表现在:

① 方程包含了 5 个哑变量以控制同地区有关的因素.

② 方程包含了外部冲击(用 SHOCK 表示)这一变量,这一变量会影响增长但又与政府开支构成无直接关系.这一变量是用国际真实利率(R)和各国的出口价格指数(PX)与进口价格指数(PM)的波动的加权平均来测度;权数是债务(DEBT)、出口(X)及进口(M)分别对 GDP 的比值,即

$$SHOCK_t = (R_{t+1,t+5} - R_{t-4,t})(DEBT/GDP)_t \\ - (PX_{t+1,t+5} - PX_{t-4,t})(X/GDP)_t \\ + (PM_{t+1,t+4} - PM_{t-41,t})(M/GDP)_t$$

方程包含了反映其他国内政策的变量,用外汇黑市交易汇率对官方汇率的溢价来测度.

因变量采用人均真实 GDP 增长率的 5 年向前移动平均值,这有两个意图:① 消除短期波动的影响,并且不减少样本容量;② 有助于缓解困扰许多计量研究的共同内生性(the joint endogeneity)和因果倒置(reverse causality).例如,如果教育开支与增长负相关,那并不一定意味着教育开支是非生产性的;相反

可能是由于低增长国家企图加速增长而加大教育投入,而教育开支发挥作用存在时滞(人力资本的形成需要时间).这样通过采用人均 GDP 增长率在未来 5 年内的移动平均值就能较好地解决这个问题.在这种情况下,如果存在因果倒置,即增长导致教育支出增加,则要求政府预期到未来 5 年内的衰退并在现在就加大教育开支.

这个回归分析的严谨还体现在其作者并不满足于简单地用 OLS 回归,而是考虑了不同样本集、固定效应(如文化因素)、非线性关系的影响,从而使回归分析更加稳健.

由于这个回归主要是分析政府开支构成对增长的影响,故回归方程引入税收占 GDP 的比重(TE/GDP)来控制水平效应(level effect)及与之相关的政府融资(通过税收)带来的影响.

回归方程为

$$\text{GRPCGDP}_{(t+1,t+5)}^{i} = \sum_{j=1}^{5}\alpha_j D_j + \alpha_6 \left(\frac{\text{TE}}{\text{GDP}}\right)_t^i + \alpha_7 \text{BMP}_t^i + \alpha_8 \text{SHOCK}_t^i + \sum_k \alpha_k \left(\frac{G_k}{\text{TE}}\right)_t^i + \mu_t^i$$

其中 $\sum_k \alpha_k \left(\frac{G_k}{\text{TE}}\right)_t^i$ 为所要研究的各种政府开支占税收总额(根据假定,也就是政府公共开支总额)的比重,G_k 为所要研究的各种政府开支[①].

回归的结果

① 政府开支总体水平与经济增长[②]

二者相关系数为正,但不显著$(0.016, t=0.43)$.这与模型预测的一致,即政府开支虽然具有正的外部性,但扭曲性税收会带来社会产出的净损失.

② 经常性政府开支与资本性政府开支[③]

增长率 GRPCGDP 与经常性政府开支的比重 Ncur/Te 显著正相关,系数为$(0.046, t=1.98)$.这意味着经常性政府开支每增加一个百分点,人均 GDP 增长率会增加约 0.05 个百分点.这与 Barro(1990)的计量结果很不同,正反映了二者理论框架的差异.在 Barro 那里,经常性政府开支只进入效用函数,而不影响生产函数,所以 Barro(1990)的结果是经常性开支与增长呈负相关,而资

---

① 这些政府开支包括:按开支的经济性质分为经常性政府开支(Ncur)和资本性政府开支(Cap);按开支的功能分为国防开支(Def)、医疗卫生开支(Hlth)(其中又再分为 3 个子类:用于医院的开支(Hosp)、用于诊所的开支(Inhlth)和其他医疗卫生开支(Othlth))、教育开支(Ed)(其中又再分为 3 个子类:中小学校的开支(Schl)、大学的开支(Univ)和其他教育开支(Othed)),以及交通与通信开支(Tac).
② 参见本章末附录 A 中的表 1.
③ 同上.

本性开支与增长呈正相关.

③ 按功能分类的政府开支与经济增长[①]

国防和基础设施同人均增长率显著负相关,医疗卫生开支与教育开支同人均增长率虽是正相关,但不显著.这个结果同上一个结论相一致.因为基础设施开支中资本性支出占大部分.注意前面 Easterly 和 Rebelo(1993)的回归结果是二者以很高的系数显著地正相关.关键在于他们未区分结构效应和水平效应:即基础设施支出的增加如果需要以其他政府公共开支的减少为代价并且初始的比重已经很大,则这种增加不利于增长,这是结构效应;如果不需要牺牲其他政府公共开支,则由于基础设施的公共产品性质,当然是多多益善,有利于增长,这是水平效应.另外,Easterly 和 Rebelo 回归中的公共投资包括了各级政府及所属企业在交通和通信上的投资.使用更大的范畴当然更符合模型的定义,但问题在于数据来源有问题,各国统计口径大相径庭,从而使数据不具有一致性.同样,这个结果也对盲目倾斜于基础设施建设敲响警钟.

④ 各种公共医疗开支与经济增长[②]

公共医疗开支总额和人均健康支出都与人均增长负相关,虽然前者并不显著.在医疗开支的子类中,用于医院与诊所的开支与人均增长率的关系都不显著,虽然系数都为正值;只有其他医疗卫生开支这一项显著地与人均增长率正相关,看来这一子类中的疾病预防、医学应用研究及新型保健网络的开发更多地具有正的外部性,对经济增长有某些促进作用,例如通过促进人力资本积累的途径;而通常的看病就医更接近于私人经济的运行方式.从这个结果看,政府应更多地把资源用于诸如全国性免疫与防疫、病理研究、新药开发等具有公共性的领域,而不是直接提供公费医疗.就中国而言,公费医疗已经成为政府的一个沉重负担,减少了政府所能支配的资源,因而有必要加以改革,培育民间医疗体系,逐步减少公费医疗开支.

⑤ 各种教育开支与经济增长[③]

教育开支总额与人均增长率的相关关系竟然是不显著的,而且系数为负值.就教育的 3 个子类而言,中小学教育开支与人均增长率的相关关系不显著,但系数为正值(0.075);大学教育开支与之正相关,但显著性不大($t=1.18$);只有其他教育开支显著地与之正相关,且系数较大(0.63).这里其他教育开支包括教育的辅助性服务(如为学生提供的交通、饮食、医疗等服务)、教育研究开支(如资助研究教育行政管理、教学法、学习理论及课程设计等问题的项目)等等.

---

① 参见本章末附录 A 中的表 1.
② 同上.
③ 同上.

⑥ 不同样本：发达国家与发展中国家①

当把回归样本局限于 21 个发达国家时,得到的结果几乎恰好与前面的结果相反.这时,经常性政府开支与人均增长率显著地相关($-0.074, t=-4.72$),而资本性政府开支则是显著地正相关($0.072, t=4.57$).这样的结果与人们的常识相反：一般地,人们认为发展中国家缺乏基础设施和其他公共产品而发达国家则反之.有两个观点可以解释为何在发达国家中资本性政府开支更具生产力：一是经济体系的最优公共产品水平占总产出的比重依赖于该经济体系的市场扭曲程度,扭曲越大,公共产品越难以发挥作用,其最优的水平也就最低(Hulten, 1994).发展中国家普遍地存在严重的扭曲,所以其最优水平较低,而发达国家正相反.这方面的例证不少,比如中国有些高速公路建成后车流量极小,而其原因就在于不当的规划、管理、定价等.二是发展中国家的基础设施等公共产品相对于其并不很大的市场规模而言可能已经是过多了.

⑦ 固定效应模型②

每个国家都有其独特的一面,所以在横截面回归分析中,不考虑这一点可能使某些未被考虑到的因素干扰我们所关心的相关关系.但全面地考虑这些因素是不可能的,这些因素太复杂或太深层,很难对之加以测度.一种方便的办法是使用固定效应模型(Hsiao, 1992),即在回归方程中加入截距项,以之反映未被考虑的那些与各国特殊国情(如文化)相关的因素(在下式中用 α_i 表示).这时回归方程变为

$$GRPCGD_{t+1, t+5}^{i} = \alpha_i + \beta_k X_{k,t}^{i} + \mu_t^{i}$$

其中,X 为向量,其分量为原来回归的独立变量;但各样本观测值序列要减去该时间序列的均值以构造出新的样本,然后对之采用最小二乘法.

结果是经常性政府开支比重仍然是显著地与人均增长正相关,尽管系数值较小($0.035, t=2.7$);资本性政府开支比重仍与之显著负相关($-0.059, t=-3.41$).最重大的变化是交通与通信开支同人均增长的负相关变得不再显著了($-0.037, t=-1.14$,原来为 $-0.145, t=-3.16$).这可能是由于采用固定效应模型较原先只考虑洲际差异的回归模型而言减少了自由度.另一个不同是原先不显著的外部冲击变量的系数变得很显著(从 $-0.05, t=-0.75$ 变为 $-0.096, t=-3.67$);而外汇黑市溢价正好相反(从 $-0.013, t=-2.50$ 变为 $0.0004, t=0.44$).这比较直观,既然采用了固定模型以反映各国国情,而外汇黑市溢价恰好也是用来测试一些因国而异的因素(如政治稳定性),因而外汇黑市溢价失去

---

① 参见本章末附录 A 中的表 2.
② 参见本章末附录 A 中的表 3.

显著性就很正常了(实际上二者存在多重共线性问题),而各个国家对外部冲击的反应实际上是会很不一样的.如石油提价对 OPEC 国家的影响就截然不同于 OECD 国家,因而 SHOCK 变量变得显著了.

⑧ 非线性模型[①]

前述回归分析假定解释变量和被解释变量之间主要是线性关系;而实际上,理论与直觉都告诉我们,非线性关系可能会更好地刻画真相.例如某一政府开支从较小的比重开始增加,则其边际产出以递减的速度上升,这本身便不是线性的.为简便计,设增长率是经常性政府开支比重及其平方、资本性政府开支比重及其平方以及外部冲击和外汇黑市溢价的函数.结果是经常性开支比重是显著正相关的($0.24, t=2.39$).但其平方在 95% 置信度时不是显著的($-0.001, t=-1.95$);不过系数为负,正如预计的那样反映了经常性开支的边际产出上升的速度是递减的.在这一点上,线性模型并没有损失多少信息.但资本性政府开支比重就有点问题了:它变得与人均增长不显著地正相关($0.11, t=1.80$),而其平方项则是显著地负相关,尽管相关系数较小($-0.003, t=-2.62$).不过函数形式相符,为倒 U 形二次曲线,从而有一个最优的比重值,在这里为 18%.所以总体上采用了平方项的非线性模型支持了 Zou et al.模型的理论结论.

⑨ 全部政府开支与中央政府开支的区别[②]

Zou et al.(1996)与前面 Easterly 和 Rebelo(1993)在这个问题上做法不同;后者采用了较为合理的全部政府开支作为解释变量,但存在数据不一致的问题.为此,Zou et al.选用《政府财政统计》(GFS)中具有完整且一致的各级政府开支统计的 9 个国家的时间序列数据单独进行回归,以便考察仅采用中央政府数据是否对回归有根本的影响.相应地,各种政府开支比重发生变化:国防开支由于主要由中央政府负责而比重下降,教育开支则由于在地方政府预算中占有更高比重而比重上升.为了加以对比,分别采用全部政府开支数据和中央政府开支数据进行相同的回归.结果是:两组回归系数符号与大小都相近,但显著性都很小.而用以检验两组系数是否显著相同(即二者之差是否显著异于 0)的 t 检验表明应接受原假设,即使用两种数据从统计的角度看是相同的.

综上所述,Zou et al.(1996)的计量工作证实了其理论模型的结论,即对一定的政府预算,各种政府开支存在着其最优比重使得增长率最高;如果某种政府开支初始比重已经较高,则尽管这种开支看起来多么重要而有益,结果也可

[①] 参见本章末附录 A 中的表 4.
[②] 参见本章末附录 A 中的表 5.

能是得不偿失、过犹不及.实际的情况是许多国家尤其是发展中国家不恰当过分倾斜于资本性开支(特别是基础设施投资)而牺牲经常性开支,结果错误地配置了稀缺的政府资源,没有实现原本可能更快的经济增长.就好比虽说好钢用在刀刃上,但如果没有足够结实的刀背,再好的刀刃也无用武之地.

10.4 政府公共开支的增长和波动对经济增长的影响

本节讨论政府公共开支的增长和波动对经济增长的影响.从理论方面,我们给出了一个随机模型把政府公共开支与经济增长联系起来,从而讨论政府公共开支的增长与波动对经济增长的影响.从实证方面,我们选取了从 1970 年到 1994 年的 90 个国家的政府公共开支方面的数据为样本来讨论:(1) 政府经常性项目开支和资本性项目开支的增长和波动对经济增长的影响;(2) 政府公共服务、国防、教育和社会福利服务等方面开支的增长和波动对经济增长的影响.

关于政府公共开支影响的研究从 20 世纪 80 年代开始兴起. Kormendi 和 Meguire (1985),Aschauer (1989),Barro (1990),以及 Fischer (1993) 等学者把政府总的开支分成公共消费性的开支和公共投资性的开支研究了政府总的公共开支对经济增长和生产率的影响.另外,Easterly 和 Rebelo (1993) 以及 Devarajan、Swaroop 和 Zou (1996) 等学者讨论了政府公共开支结构和经济增长的关系.关于政府公共开支的波动与经济增长的关系,Bertola 和 Drazen (1993) 以及 Gali (1994) 研究了政府公共开支的波动对宏观经济的影响;Ramey 和 Ramey (1995) 研究了政府总的公共开支的波动对增长和投资的影响.虽然已经有很多的研究,但是据我们所知道的,目前还没有关于政府各种公共开支的增长和波动对经济增长的影响的研究. Bertola 和 Drazen(1993) 以及 Ramey 和 Ramey (1995) 的研究中没有考虑到政府开支的组成,更没有给出理论上的模型来说明政府公共开支的波动对经济增长的影响.本节利用 Bertola 和 Drazen (1993) 以及 Gali (1994) 的方法,特别是 Ramey 和 Ramey (1995) 的思想,考虑到政府公共开支的组成和政府公共开支的波动,从理论和实证方面得到政府各种公共开支的增长和波动对经济增长的影响.

本节安排如下:第一部分给出了政府公共开支的增长和波动与经济增长关系的理论模型,导出了经济增长率与各种政府开支增长率的均值与方差的关系,给出了比较静态分析的结果;第二部分采用计量经济学的方法分析政府各种开支的增长和波动对经济增长的影响;第三部分作出总结.

10.4.1 模型

我们沿用 Arrow 和 Kurz(1970),Barro(1990),Turnovsky(1995),Turnovsky 和 Fisher(1995),以及 Devarajan、Swaroop 和 Zou(1996)的假设,假设代表性消费者的效用函数定义在消费者的私人消费 c 和政府的多种开支 g_1,$\cdots$,g_n 上,数学表示为 $u(c,g_1,\cdots,g_n)$. 同时,假设消费者从私人消费和政府的公共开支中得到正的、递减的边际效用. 不失一般性,在本节我们取 $n=2$,同时,为了得到显示解,本节选取类似 Baksi 和 Chen(1996)用到的效用函数形式,假设 $u(c,g_1,g_2)=\dfrac{c^{1-\gamma}}{1-\gamma}g_1^{-\lambda_1}g_2^{-\lambda_2}$,其中 λ_1,λ_2 和 γ 为常数,满足:当 $0<\gamma<1$ 时,$-1<\lambda_1$,$\lambda_2<0$;当 $\gamma>1$ 时,λ_1,$\lambda_2>0$.

对于产出的生产过程,本节沿用 Eaton(1981),Gertler 和 Grinols(1982)等的假设,假设产出的生产过程为

$$dY = Ak(dt + dy) \quad (10.2.1)$$

其中 A 为正常数;dy 为布朗运动 y 的增量,服从均值为 0、方差为 $\sigma_y^2 dt$ 的正态分布.

方程(10.2.1)给出的生产过程表示了在 $(t, t+dt)$ 期间的产出包括两部分:第一部分为确定性的产出,它由生产函数 Ak 给出;第二部分是由随机项 $Akdy$ 给出的不确定性部分,它表示了生产过程的各种冲击带来产出的不确定性.

为引入政府公共开支的增长和波动,本节假设政府的两类公共开支服从于下面的几何布朗运动:

$$dg_i = \mu_{g_i} g_i dt + \sigma_{g_i} g_i dz_i, \quad i=1,2 \quad (10.2.2)$$

其中 z_i 为标准布朗运动;μ_{g_i} 和 σ_{g_i} 为正常数,它们分别表示了第 i 种政府公共开支增长率的平均值和方差.

市场上存在两种资产:私人资本 k 和政府债券 b. 假设私人资本 k 的回报率为 dR_k,它定义为 $dR_k = \dfrac{dY}{k} \equiv r_k dt + du_k$,其中 r_k 是资本回报率的确定性部分,du_k 是资本回报率的不确定性部分;政府债券 b 的回报率是确定的,它由 $dR_b = r_b dt$ 给出(r_b 是政府债券的确定性回报率).

政府的收入来源于收入税和发行的债务,它的花费为满足公共开支 g_1,g_2 和支付债券的利息. 假设政府的收入税税率为 τ,因此政府的预算约束可以表示为

$$dg_1 + dg_2 = \tau dY + db - b dR_b$$

在政府预算约束给定下,消费者的预算约束由消费者的税后收入(包括资本回报和债券的回报)等于消费和投资给出,它可以表示为

$$\mathrm{d}w = ((1-\tau)r_k n_k w + r_b(1-n_k)w - c)\mathrm{d}t + w\mathrm{d}v \qquad (10.2.3)$$

其中 $\mathrm{d}v$ 为随机过程 $\mathrm{d}v \equiv (1-\tau)n_k \mathrm{d}u_k$；$w = k + b$ 为消费者总财富，n_k 和 n_b 分别表示消费者持有私人资本和政府债券的份额，满足 $n_k + n_b = 1$。

消费者的最优行为就是在自己的预算约束条件和初始财富给定下选择自己的消费路径、财富的积累路径以及持有的私人资本和政府债券的份额来极大化他的贴现效用和，即

$$\max E_0 \int_0^\infty u(c, g_1, g_2) \mathrm{e}^{-\rho t} \mathrm{d}t$$

受约束于方程(10.2.3)，证券组合约束 $n_k + n_b = 1$，以及给定的初始财富 $w(0)$。其中 $0 < \rho < 1$ 为贴现因子。

由本章末附录 B 中的推导，我们得到了均衡时的消费水平—财富比率 c/w（这也可以理解为消费边际倾向）和消费者持有私人资本的份额 n_k，也得到了经济增长率的平均值的表达式

$$\phi = E \frac{\mathrm{d}w}{w} = [(1-\tau)A n_k + r_b(1-n_k) - c/w] \qquad (10.2.4)$$

其中 c/w 和 n_k 在附录中给出。

为得到政府各种公共开支的波动对经济的影响，在方程(10.2.4)中对 $\sigma_{g_i}^2$ 求导数，我们得到 $\dfrac{\partial \phi}{\partial \sigma_{g_i}^2} = \dfrac{1}{2} \dfrac{\lambda_i(\lambda_i + 1)}{\gamma}$。因此，当 $0 < \gamma < 1$ 时，$\dfrac{\partial \phi}{\partial \sigma_{g_i}^2} < 0$；当 $\gamma > 1$ 时，$\dfrac{\partial \phi}{\partial \sigma_{g_i}^2} > 0$。这样当消费的跨时替代弹性较大时，政府公共开支的波动越大，经济增长率越低；反之，当消费的跨时替代弹性较小时，政府公共开支的波动越大，经济增长率越高。这一结论和 Ramey 和 Ramey(1995)给出的计量经济学的分析不很一致，与 Pindyck(1991)从理论上研究得到的政府波动越大，导致投资和增长降低的结论也不一致，但是，和 Obstfeld(1994)用最优投资和证券组合选择的模型同样得到了增长和政府波动的不确定关系类似。

在方程(10.2.4)中对 μ_{g_i} 求导数，得到了平均经济增长率对政府各种公共开支的平均值的导数为 $\dfrac{\partial \phi}{\partial \mu_{g_i}} = \dfrac{1}{2} \dfrac{\lambda_i}{\gamma}$。因此，当 $0 < \gamma < 1$ 时，$\dfrac{\partial \phi}{\partial \mu_{g_i}} < 0$；当 $\gamma > 1$ 时，$\dfrac{\partial \phi}{\partial \mu_{g_i}} > 0$。这样，政府公共开支的增长率的平均值和政府公共开支波动对经济增长的影响是一致的。当消费的跨时替代弹性较大时，政府开支的增长率的平均值越大，经济增长率越低；反之，当消费的跨时替代弹性较小时，政府开支的增长率的平均值越大，经济增长率越高。

10.4.2 实证分析

为了检验政府公共开支的增长和波动对经济的影响，我们选取1970年到

1990 年 90 个国家关于政府开支的数据. 数据来源于国际货币基金组织的《政府财政统计》(GFS) 和《国际财政统计》(IFS). GFS 中政府的公共开支可以按照两种方式来分类：一种是按照政府开支的经济类型，另一种是按照政府开支的职能类型. 按照政府开支的经济类型来划分，政府的公共开支可以分成政府经常性项目的开支(包括购买商品和服务、支付工资、支付利息和补贴等) 和资本性项目的开支(包括证券的投资、土地和资本转移等). 按照政府开支的职能类型来划分，政府的公共开支可以分成：(1) 一般性的公共服务开支；(2) 国防开支(包括国防和维护公共安全与秩序的开支)；(3) 教育开支；(4) 社会福利改善开支(包括健康、社会安全、住房文化等等)；(5) 交通运输开支(道路、水上交通、铁道和航空)；(6) 经济事务与服务开支(包括能源、农业、森林、渔业等). 我们选取这些数据，分别求出它们的增长率的平均值和方差(均值表示这些政府开支增长率的平均值，方差表示政府开支的波动).

根据 10.4.1 节的理论模型，我们可以把经济增长率表示为这些政府开支的增长率的平均值和波动的函数，即

$$\phi = \phi(\mu_{g_1}, \mu_{g_2}, \cdots, \mu_{g_n}, \sigma^2_{g_1}, \sigma^2_{g_2}, \cdots, \sigma^2_{g_n}, Z)$$

其中 $\mu_{g_i} (i=1,\cdots,n)$ 和 $\sigma^2_{g_i} (i=1,\cdots,n)$ 分别表示各种政府开支增长率的平均值和方差, Z 表示其他影响经济增长的因素，如：(i) 初始人均 GDP，我们可以从 Summers-Heston 数据库中选取. 我们选取的是 1970 年的人均 GDP；(ii) 开放程度，这一数据用进出口之和除以总的 GDP 得到；(iii) 人口增长率，从 IFS 得到；(iv) 人力资本，这一数据来自于《世界银行发展报告》(WDI)；(v) 平均税率，这一数据从 IFS 得到.

1. 经常性项目开支和资本性项目开支的增长和波动对经济增长的影响

在表 10-1 中我们给出政府的经常性项目开支和资本性项目开支的增长和波动对经济增长的影响. 从回归方程中，我们知道经济增长率与政府经常性项目支出增长率的平均值有很好的正相关关系；而与政府资本性支出增长率的平均值没有多大的关系. 这个结果比较出人意料，与人们通常认为政府资本性支出对经济增长会有正的影响不一致. 我们这一发现和前面的理论模型得到的结果是不矛盾的，我们在那里给出了既可以是正的影响也可以是负的影响. 和已有的一些经验分析比较, Barro (1990) 发现政府公共开支的增长对应较低的经济增长率, Devarajan、Swaroop 和 Zou (1996) 发现的政府经常性支出占政府总的支出份额增加导致经济增长增加, 政府资本性支出占政府总的支出份额增加导致经济增长降低. 我们的结论有所不同, 我们发现无论政府公共开支或经常性支出还是公共投资或者资本性支出的增长率的平均值对经济增长都有正的影响, 只是后面的影响没有统计学的意义. 这主要是因为我们这里讨论的是政

府经常性项目支出和资本性项目支出的增长率的平均值对经济增长的影响,而不是政府公共开支占 GDP 份额或者政府经常性项目支出与政府资本性支出占政府总的花费的份额对经济增长的影响.

至于政府公共开支波动对经济增长的影响,表 10-1 给出的回归方程也给出了非常有意义的结果.我们得到无论政府经常性项目支出还是资本性项目支出,它们的波动都会导致经济增长率的降低.这一结论支持了 Pindyck 和 Solimano(1993)以及 Ramey 和 Ramey(1995)给出的宏观经济政策的不稳定降低经济增长率的结论.只是,我们这里给出了对他们的结论更细致的描述,我们给出的是经常性项目支出和资本性项目支出的波动对经济增长的负面影响,而不仅仅是讨论政府总的公共开支的波动的影响.

至于回归方程中的其他变量,我们发现初始 GDP 对经济增长率的影响是负的,通货膨胀率和开放程度对经济增长都具有正的影响,人口增长率对经济增长具有负的影响.

为了检验上面回归结果的稳定性,我们逐步地增加变量来检验前面的回归系数是否仍然保持原来的符号.首先,在回归方程(1)中增加变量:平均税率,我们发现平均税率对经济增长的影响是正的,但是不具有统计学的意义;此时仍然能保持政府两类公共开支的增长率的平均值和波动的影响效果不变.在回归方程中添加人力资本变量,我们发现人力资本对经济增长有正的影响,同样保持政府两类公共开支的增长率的平均值和波动的影响效果不变.我们还可以添加其他的变量来讨论稳定性,这里不一一讨论.

表 10-1 线性回归的结果(括号里为 t-统计量)

解释变量	因变量:人均 GDP 增长率		
	Eq (1)	Eq (2)	Eq (3)
常数	0.009	0.008	−0.011
	[0.821]	[0.572]	[−0.554]
经常性开支增长率的平均值	0.409	0.409	0.370
	[3.808]	[3.695]	[3.415]
资本性开支增长率的平均值	0.020	0.020	0.028
	[0.473]	[0.474]	[0.735]
经常性开支增长率的方差	−0.086	−0.086	−0.074
	[−2.668]	[−2.722]	[−2.284]
资本性开支增长率的方差	−0.005	−0.005	−0.005
	[−2.585]	[−2.646]	[−2.534]

(续表)

解释变量	因变量：人均 GDP 增长率		
	Eq (1)	Eq (2)	Eq (3)
初始 GDP	−1.31E-06	−1.33E-06	−3.66E-06
	[−1.441]	[−1.458]	[−3.127]
通货膨胀率	0.005	0.005	0.005
	[2.299]	[2.301]	[2.272]
开放程度	0.018	0.018	0.013
	[3.315]	[3.055]	[1.620]
人口增长率	−1.143	−1.138	−0.658
	[−3.674]	[−3.155]	[−1.182]
税率		0.001	0.001
		[0.047]	[0.038]
人力资本			0.0004
			[2.570]
R^2	0.447	0.447	0.435
调整的 R^2	0.396	0.389	0.353
样本容量	96	96	88
D-W 统计量	1.934	1.934	1.685

2. 按政府职能划分的政府各种公共开支的增长和波动对经济增长的影响

在表 10-2 中，我们给出了按政府职能划分的政府各种公共开支的增长和波动对经济增长的影响. 我们发现一般性的政府公共开支增长率的平均值对经济增长的影响是负的，但是不具有统计学的意义；而一般性政府公共开支的波动对经济增长有很强的正的影响. 和按照经济类型讨论的结论不同的是，我们发现政府公共开支的波动可能促进经济增长，这可以和我们前面的理论结果吻合. 政府在国防、教育、社会福利等方面开支的增长率的平均值增加都可以使经济增长率增加，但是只有经济服务开支增加时的影响才具有统计学的意义，其余都不具有统计学的意义. 令人吃惊的是政府在交通运输方面的开支的增加对经济增长的影响是负的，政府在交通运输方面的开支增加的波动对经济增长的影响是正的. 另外，政府的国防开支增长率的波动对经济增长的影响是负的，政府在教育和经济服务上开支增长率的波动对经济增长的影响也是负的，但是已经不具有很强的统计学意义了. 我们也注意到了政府对社会福利改善方面开支增长率的波动对经济增长没有明显的影响.

政府在交通运输方面的开支的增加对经济增长的负面影响和 Easterly 和 Rebelo (1993) 给出的政府在交通运输方面的开支占 GDP 份额的增加与经济增长的正的关系相对照，我们的研究更符合 Devarajan、Swaroop 和 Zou (1996) 在对43个发展中国家的样本研究中发现的政府在交通运输方面的开支占政府总的开支份额的增加对经济增长有负面影响的结论.但是,我们这里研究的是政府在交通运输方面的花费增长率的增加对经济增长的影响,因此这种比较也是有限的.从这些实证的研究中,我们要对经济增长与政府在交通运输方面的开支的关系更重视,因为我们发现它们在GDP中的份额、在政府总的花费中的份额以及它们本身的增长率对经济的影响是不同的.政府一般性公共开支和在交通、运输方面开支的波动对经济增长的促进作用和一些理论模型得到的政府公共开支的波动对经济增长的正的影响一致,这和我们前面分析得到的与Ramey和Ramey(1995)结论一致的政府经常性项目开支和资本性项目开支的波动对经济的负面影响不一致.但是它们都符合我们前面的理论.因此,对于政府公共开支波动对经济增长的影响,我们认为政府的公共开支的不确定性可以促进经济增长,也可能阻碍经济增长.

表 10-2　线性回归的结果(括号里为 t-统计量)

解释变量	因变量:人均GDP增长率		
	Eq(1)	Eq(2)	Eq(3)
常数	0.025	0.031	0.011
	[2.582]	[2.169]	[0.508]
一般公共开支增长率的平均值	−0.0004	−0.0004	−0.0005
	[−0.239]	[−0.269]	[−0.304]
国防开支增长率的平均值	0.087	0.079	0.091
	[1.277]	[1.146]	[1.220]
教育开支增长率的平均值	0.084	0.092	0.056
	[1.201]	[1.287]	[0.774]
福利开支增长率的平均值	0.069	0.070	0.078
	[1.105]	[1.113]	[1.285]
经济服务开支增长率的平均值	0.155	0.157	0.154
	[3.227]	[3.261]	[2.976]
交通和运输开支增长率的平均值	−0.035	−0.040	−0.032
	[−1.512]	[−1.664]	[−1.094]
一般公共开支增长率的方差	0.001	0.001	0.001
	[3.224]	[2.974]	[2.971]
国防开支增长率的方差	−0.028	−0.028	−0.030
	[−2.257]	[−2.220]	[−2.416]
教育开支增长率的方差	−0.059	−0.063	−0.030
	[−1.120]	[−1.216]	[−0.534]

(续表)

解释变量	因变量：人均GDP增长率		
	Eq (1)	Eq (2)	Eq (3)
福利开支增长率的方差	0.010	0.009	0.012
	[0.521]	[0.463]	[0.689]
经济服务开支增长率的方差	−0.020	−0.020	−0.021
	[−1.435]	[−1.491]	[−1.532]
交通和运输开支增长率的方差	0.001	0.002	0.001
	[1.511]	[1.642]	[1.171]
初始GDP	−1.87E-06	−1.71E-06	−3.17E-06
	[−2.045]	[−1.843]	[−2.930]
通货膨胀率	0.005	0.005	0.005
	[4.762]	[4.701]	[4.392]
开放程度	0.018	0.020	0.016
	[2.925]	[3.067]	[2.347]
人口增长率	−1.571	−1.701	−1.222
	[−4.904]	[−4.166]	[−2.234]
税率		−0.024	−0.017
		[−0.749]	[−0.542]
人力资本			0.0003
			[2.390]
R^2	0.535	0.539	0.560
调整的 R^2	0.429	0.425	0.430
样本容量	87	87	84
D-W 统计量	1.830	1.85	1.47

本节建立了一个理论模型来讨论政府公共开支的增长和波动对经济增长的影响.从理论上我们发现政府公共开支的波动对经济的影响取决于消费间的跨时替代弹性；由计量经济学的分析，我们发现政府的资本性开支的增长对经济增长没有统计学上的影响，而经常性项目开支可以刺激经济增长，同时，这两种政府开支的波动对经济增长都有负面影响.

如果按照政府职能来讨论不同职能的政府公共开支的增长和波动对经济增长的影响，我们会发现一般性政府公共开支增长率的平均值对经济增长的影响是负的；而一般性政府公共开支的波动对经济增长有很强的正的影响.对于政府在国防、教育、社会福利等方面开支的增长率的平均值增加都可以使经济增长率增加，但是只有经济服务开支增加时的影响才具有统计学的意义，其余都不具有统计学的意义.令人吃惊的是政府在交通运输方面的开支的增加对经济增长的影响是负的，政府在交通运输方面的开支增加的波动对经济增长的影响是正的. 另外, 政府的国防开支增长率的波动对经济增长的影响是负的, 政府在教育和经济服务上开支增长率的波动对经济增长的影响也是负的. 我们也注意到了政府对社会福利改善方面开支增长率的波动对经济增长没有明显的影响.

我们需要强调的是: 和已经有的研究政府开支与经济增长的论文比较, 我们得到的结论和它们有很大的不同, 同时我们的模型也可以使人们重新认识政府公共开支与经济增长的关系.

习题

1. 在 Barro 模型中假设生产函数的形式为
$$y = Ak^\alpha f^\beta s^\gamma$$
这样, 我们可以定义 $\varphi = f/(f+s)$ 为中央政府公共开支占整个政府公共开支的份额, 这个份额越小, 说明财政分权的程度越大, 假设中央政府收取收入税, 税率为 τ_f, 假设地方政府收取收入税, 税率为 τ_s, 因此政府的预算约束方程为
$$\tau_f y = f + gs$$
$$\tau_s y + sg = s$$
求出平衡增长路径的经济增长率, 它是财政分权参数 φ 的函数, 讨论 φ 对经济增长的影响. 如果你有中国或者美国的数据, 试着讨论财政分权与经济增长的影响.

2. 试着利用中国 31 个省、市、自治区的数据讨论政府公共开支的增长与波动对经济增长的影响.

3. 试着讨论中央政府、地方政府的不同公共开支对经济增长的影响, 如在本章考虑的模型中把政府的教育开支分成中央政府公共开支、地方政府公共开支等来讨论政府公共开支对经济增长的影响.

附录 A 变量说明

GDP 为人均真实 GDP 年增长率的向前 5 年移动平均, Te 为年税收总额;

Ncur 代表经常性政府开支, Cap 代表资本性政府开支, Def 代表国防开支, Tac 代表交通与通信开支;

Hlth 代表医疗卫生开支, 其中又再分为 3 个子类: 用于医院的开支

(Hosp);用于出诊的开支(Inhlth);其他医疗卫生开支(Othlth)。

Ed 代表教育开支,其中又再分为 3 个子类:用于中小学校的开支(Schl);用于大学的开支(Univ);其他教育开支(Othed)。

East Asia,South Asia,Sub-Saharan Africa,Latin America,EMENA 分别代表东亚、南亚、撒哈拉沙漠以南的非洲地区、拉丁美洲和北非地区;

Black 为发展中国家外汇汇率黑市溢价,Shock 为反映一国稳定性的指标。

表 1 政府开支的结构与经济增长的回归结果

(中括号内的值为 t 检验的值,下同)

	Eq1.1	Eq1.2	Eq1.3	Eq1.4	Eq1.5	Eq1.6
East Asia	0.06 [0.03]	4.58 [3.50]	7.29 [3.72]	3.70 [0.82]	6.66 [2.74]	8.21 [1.32]
South Asia	0.30 [0.14]	4.65 [3.20]	5.89 [3.85]	2.61 [0.51]	7.46 [2.75]	7.86 [1.21]
Sub-Saharan Africa	−2.93 [−1.45]	1.75 [1.43]	3.66 [2.05]	0.28 [0.08]	2.93 [1.29]	4.33 [0.78]
Latin America	−3.86 [−1.96]	0.75 [0.71]	2.03 [1.25]	6.32 [1.93]	4.28 [2.11]	7.86 [1.64]
EMENA	−0.99 [−0.39]	3.38 [1.82]	5.27 [2.29]	4.22 [1.08]	3.91 [1.70]	5.78 [1.05]
Te/GDP	0.016 [0.43]	0.002 [0.06]	−0.033 [−0.86]			−0.039 [−0.48]
Ncur/Te	0.046 [1.98]					
Cap/Te		−0.045 [−1.72]				
Def/Te			−0.053 [−1.38]	0.093 [0.96]	−0.053 [−0.91]	−0.006 [−0.48]
Hlth/Te			−0.024 [−0.30]		−0.50 [−2.15]	
Ed/Te			−0.021 [−0.36]	0.017 [0.16]		
Tac/Te			−0.145 [−3.16]	−0.33 [−5.54]	−0.22 [−3.71]	−0.30 [−3.41]
Schl/Te					0.075 [0.65]	0.02 [0.07]

（续表）

	Eq1.1	Eq1.2	Eq1.3	Eq1.4	Eq1.5	Eq1.6
Univ/Te					0.38 [1.18]	0.39 [0.85]
Othed/Te					0.63 [2.64]	−0.56 [−1.02]
Hosp/Te					0.29 [0.52]	−0.70 [−2.00]
Inhlth/Te					0.02 [0.03]	0.02 [0.02]
Othlth/Te					1.03 [1.17]	1.05 [1.19]
HlthCap				−0.16 [−1.89]		
EdCap					−0.025 [−1.45]	
Black	−0.013 [−2.50]	−0.014 [−2.59]	−0.010 [−1.96]	0.003 [0.09]	−0.010 [−1.11]	−0.009 [−0.31]
Shock	−0.05 [−0.75]	−0.053 [−0.90]	0.008 [0.14]	0.005 [0.03]	−0.01 [−0.10]	−0.05 [−0.27]
Adj. R-sq	0.33	0.30	0.37	0.81	0.53	0.79
Obs.	294	305	266	54	121	54
DW	0.56	0.55	0.66	0.92	0.84	0.83

表2　发达国家政府开支的结构与经济增长的回归结果

	Eq2.1	Eq2.2	Eq2.3	Eq2.4	Eq2.5	Eq2.6
Intercept	8.55 [6.21]	1.12 [3.53]	1.18 [2.34]	1.35 [0.59]	0.77 [1.3]	0.97 [1.41]
Te/GDP	0.01 [1.37]	0.01 [1.38]	0.015 [1.79]	0.023 [2.39]	0.019 [1.66]	0.025 [2.12]
Ncur/Te	−0.074 [−4.72]					
Cap/Te		0.072 [4.57]				
Def/Te			−0.024 [−1.36]	−0.024 [−1.24]	0.005 [0.26]	−0.007 [0.33]

第 10 章
政府公共开支与经济增长

(续表)

	Eq2.1	Eq2.2	Eq2.3	Eq2.4	Eq2.5	Eq2.6
Hlth/Te			0.019 [1.48]		0.048 [3.12]	
Ed/Te			−0.029 [−1.45]	−0.071 [−2.72]		
Tac/Te			0.089 [3.5]	0.09 [3.02]	0.002 [0.05]	0.036 [1.02]
Schl/Te					−0.03 [0.03]	−0.07 [−2.12]
Univ/Te					−0.17 [−2.47]	−0.14 [−1.88]
Othed/Te					0.41 [3.52]	0.24 [1.93]
Hosp/Te				0.036 [2.13]		0.056 [3.11]
Inhlth/Te				−0.081 [−3.34]		−0.035 [−1.20]
Othlth/Te				0.10 [2.53]		0.11 [2.68]
Adj. R-sq	0.06	0.06	0.06	0.18	0.14	0.21
Obs.	319	319	285	199	211	194
DW	0.46	0.45	0.52	0.58	0.49	0.49

表 3　固定效应模型下政府开支的结构与经济增长的回归结果

	Eq3.1	Eq3.2	Eq3.3	Eq3.4	Eq3.5	Eq3.6
Intercept	0.41 [0.42]	0.1 [1.04]	0.048 [0.46]	−0.11 [−0.43]	−0.023 [−0.14]	−0.15 [−0.46]
Te/GDP	0.002 [0.07]	−0.003 [−0.13]	−0.015 [−0.47]			
Ncur/Te	0.035 [2.7]					
Cap/Te		−0.059 [−3.41]				

（续表）

	Eq3.1	Eq3.2	Eq3.3	Eq3.4	Eq3.5	Eq3.6
Def/Te			0.053 [1.42]	−0.13 [−1.23]	0.016 [0.27]	−0.11 [−0.97]
Hlth/Te			−0.013 [−0.30]		0.14 [0.62]	
Ed/Te			0.006 [0.14]	−0.16 [−1.11]		
Tac/Te			−0.037 [−1.14]	−0.14 [−1.24]	−0.04 [−0.88]	−0.13 [−1.00]
Schl/Te					0.16 [1.40]	−0.29 [−1.37]
Univ/Te					0.09 [0.45]	0.23 [0.58]
Othed/Te					0.16 [0.81]	−0.14 [−0.24]
Hosp/Te				0.75 [0.90]		0.46 [0.48]
Inhlth/Te				0.43 [0.70]		0.21 [0.26]
Othlth/Te				2.26 [2.48]		2.14 [0.26]
HlthCap				−0.39 [−3.24]		
EdCap					−0.091 −3.88	
Black	0.0004 [0.44]	0.0005 [0.61]	0.001 [1.00]	−0.009 [−0.36]	0.001 [0.18]	−0.009 [−0.33]
Shock	−0.096 [−3.67]	−0.095 [−3.67]	−0.12 [−3.86]	0.017 [0.16]	−0.096 [−1.78]	−0.065 [−0.50]
Adj. R-sq	0.06	0.08	0.05	0.26	0.15	0.06
Obs.	294	305	266	54	121	54
DW	0.96	1.05	1.04	0.84	1.03	1.01

表4 非线性模型下政府开支的结构与经济增长的回归结果

	Eq4.1	Eq4.2
East Asia	−6.4 [1.83]	2.76 [2.87]
South Asia	−6.18 [−1.76]	2.88 [2.87]
Sub-Saharan Africa	−9.37 [−2.69]	0.04 [0.05]
Latin America	−10.26 [−2.96]	−1.06 [−1.2]
EMENA	−7.55 [−2.09]	1.35 [1.09]
Te/GDP	0.02 [0.97]	0.008 [0.41]
Ncur/Te	0.24 [2.39]	
(Ncur/Te) sq	−0.001 [−1.95]	
Cap/Te		0.11 [1.80]
(Cap/Te) sq		−0.003 [−2.62]
Black	−0.013 [−4.0]	−0.014 [−4.58]
Shock	−0.048 [−1.37]	−0.059 [−1.7]
Adj. R-sq	0.33	0.32
Obs.	294	305
DW	0.57	0.59

表5 政府开支的结构与经济增长的回归结果

	EqC.1	EqG.2	t-test	EqC.2	EqG.2	t-test	EqC.3	EqG.3	t-test
East Asia	4.53 [2.25]	4.88 [2.52]	0.023	1.17 [0.53]	2.09 [0.88]	−0.286	−1.62 [−0.54]	1.41 [0.68]	−0.83
South Asia	4.92 [2.04]	5.14 [1.97]	0.086	2.54 [2.36]	2.48 [1.67]	0.035	1.695 [0.88]	0.84 [0.48]	0.33
Sub-Saharan Africa	2.92 [0.98]	2.52 [0.75]	0.11	0.28 [0.16]	−0.06 [−0.03]	0.132	−6.41 [−1.46]	−3.60 [−1.07]	−0.55

(续表)

	EqC. 1	EqG. 2	t-test	EqC. 2	EqG. 2	t-test	EqC. 3	EqG. 3	t-test
Latin America	4.68 [1.47]	1.65 [1.35]	0.072	2.25 [1.18]	1.92 [0.97]	0.119	−2.78 [−0.83]	−2.01 [−0.75]	−0.18
EMENA	0	0	0	0	0	0	0	0	0
Te/GDP	−0.025 [−0.41]	−0.025 [−0.44]	−0.048	−0.023 [−0.39]	−0.02 [−0.35]	−0.036	−0.011 [−0.13]	−0.012 [−0.164]	0.0087
Ncur/Te	−0.024 [−0.91]	−0.027 [−0.98]	0.065						
Cap/Te				0.043 [1.35]	0.033 [0.92]	0.215			
Def/Te							0.016 [0.194]	−0.086 [−1.11]	0.89
Hlth/Te							0.066 [0.336]	0.149 [0.91]	−0.32
Ed/Te							0.223 [1.35]	0.152 [1.33]	0.35
Tac/Te							0.185 [2.17]	0.062 [1.14]	1.15
Black	−0.014 [−1.45]	−0.012 [−0.91]	0.127	−0.015 [−1.56]	−0.015 [−1.19]	0.0	−0.0079 [−0.441]	−0.00008 [−0.005]	−0.345
Shock	−0.03 [−0.34]	−0.017 [−0.18]	−0.27	−0.046 [−0.54]	0.018 [0.2]	−0.505	0.042 [0.46]	0.049 [0.57]	−0.056
Adj. R-sq	0.44	0.47		0.45	0.46		0.52	0.62	
Obs.	60	57		60	57		51	46	
DW	0.96	1.00		0.95	0.097		1.02	1.46	

附录 B 最优解的求出

为了求得消费者最优问题的解,引入值函数 $V(w, g_1, g_2, t)$,同时考虑到 $V(w, g_1, g_2 t) = X(w, g_1, g_2) e^{-\rho t}$,因此最优化问题等价于极大化下面的方程:

$$u(c, g_1, g_2) - \rho X + X_w [(1-\tau) f(n_k w) + r_b (1-n_k) w$$
$$- (1+\tau_c) c] + X_{g_1} \mu_{g_1} g_1 + X_{g_2} u_{g_2} g_2$$
$$+ \frac{1}{2} X_{ww} n_k^2 w^2 \sigma_y^2 + \frac{1}{2} X_{g_1 g_1} g_1^2 \sigma_{g_1}^2 + \frac{1}{2} X_{g_2 g_2} g_2^2 \sigma_{g_2}^2$$
$$+ \frac{1}{2} X_{w g_1} n_k w g_1 \sigma_{y g_1} + \frac{1}{2} X_{w g_2} g_2 n_k w \sigma_{y g_1} + \frac{1}{2} X_{g_1 g_2} g_1 g_2 \sigma_{g_1 g_2}$$

我们得到最优性条件为
$$u_c(c, g_1, g_2) = X_w$$
$$X_w[(1-\tau)f(n_k w)w - r_b w] + X_{ww} n_k w^2 \sigma_y^2$$
$$+ \frac{1}{2} X_{wg_1} w g_1 \sigma_{yg_1} + \frac{1}{2} X_{wg_2} g_2 w \sigma_{yg_2} = 0$$

和 HJB 方程为
$$u(c, g_1, g_2) - \rho X + X_w[(1-\tau)f(n_k w)$$
$$+ r_b(1-n_k)w - c] + X_{g_1}\mu_{g_1} g_1 + X_{g_2}\mu_{g_2} g_2$$
$$+ \frac{1}{2} X_{ww} n_k^2 w^2 \sigma_y^2 + \frac{1}{2} X_{g_1 g_1} g_1^2 \sigma_{g_1}^2 + \frac{1}{2} X_{g_2 g_2} g_2^2 \sigma_{g_2}^2$$
$$+ \frac{1}{2} X_{wg_1} n_k w g_1 \sigma_{yg_1} + \frac{1}{2} X_{wg_2} g_2 n_k w \sigma_{yg_2} + \frac{1}{2} X_{g_1 g_2} g_1 g_2 \sigma_{g_1 g_2}$$
$$= 0$$

在特殊的生产过程和效用函数的假设下, 我们猜测值函数为 $X(w, g_1, g_2) = \delta w^{1-\gamma} g_1^{-\lambda_1} g_2^{-\lambda_2}$, 其中 δ 为待定参数. 把这个形式的值函数代入最优性条件和 HJB 方程, 通过比较系数, 我们可以得到
$$\frac{c}{w} = [\delta(1-\gamma)]^{-\frac{1}{\gamma}},$$
$$n_k = \frac{[(1-\tau)A - r_b] - \frac{1}{2}\lambda_1 \sigma_{yg_1} - \frac{1}{2}\lambda_2 \sigma_{yg_2}}{\gamma \sigma_y^2}$$

把 n_k 和 c 代入 HJB 方程, 有
$$c/w = [\delta(1-\gamma)]^{-\frac{1}{\gamma}}$$
$$= \frac{\rho - (1-\gamma)[(1-\tau)An_k + r_b(1-n_k)] + \lambda_1 \mu_{g_1} + \lambda_2 \mu_{g_2}}{\gamma}$$
$$+ \frac{\frac{1}{2}\gamma(1-\gamma)n_k^2 \sigma_y^2 - \frac{1}{2}\lambda_1(\lambda_1+1)\sigma_{g_1}^2 - \frac{1}{2}\lambda_2(\lambda_2+1)\sigma_{g_2}^2}{\gamma}$$
$$+ \frac{\frac{1}{2}\lambda_1(1-\gamma)n_k \sigma_{yg_1} + \frac{1}{2}\lambda_2(1-\gamma)n_k \sigma_{yg_2} - \frac{1}{2}\lambda_1\lambda_2 \sigma_{g_1 g_2}}{\gamma}$$

这就是 10.4 节所要求的解.

第 11 章 随机增长模型中的政府税收

在前面的一些章节,我们考虑了确定性条件下的政府公共开支水平对经济增长的影响和最优税收问题,下面来考虑不确定性下的政府税收对经济增长的影响,同样地,我们也要考虑最优税收问题. 我们分连续时间和离散时间的情形来考虑. 在本章,我们主要考虑连续时间的情形,在第 12 章我们来考虑离散时间的税收问题.

11.1 随机模型中的税收

假设产出和政府公共开支由下面的随机微分方程给出
$$dY = \alpha K(dt + dy) \tag{11.1.1}$$
$$dG = g\alpha K dt + \alpha K dz \tag{11.1.2}$$
方程(11.1.1)表示产出的增量的平均值为 $\alpha K dt$,方程(11.1.2)表示政府公共开支的增量的平均值为 $g\alpha K dt$,它是产出增量的平均值的 g 倍. 这里的假设是为了能得到显示解. 因为产出的生产过程受各种不确定因素的影响,如技术进步的冲击、价格的不确定性等等. 这造成了生产的产出的不确定性. dy 可以解释为不确定的冲击,假设它是独立的,均值为 0,方差为 $\sigma_y^2 dt$,即
$$E(dy) = 0, \quad V(dy) = \sigma_y^2 dt$$
由于产出的不确定性可能造成政府收入的不确定性,同时由于受到各种意外事件的影响使得政府公共开支本身也会具有不确定性. 由于它的不确定性不仅仅来源于产出,我们假设 dz 可以解释为不确定的冲击,假设它是独立的,均值为 0,方差为 $\sigma_z^2 dt$,即
$$E(dz) = 0, \quad V(dz) = \sigma_z^2 dt$$
假设市场上存在两种资产,一种是资本,另一种为政府债券. 消费者可以任意持有这两种资产. 假设政府债券的回报率服从下面的过程:
$$dR_B = r_B dt + du_B \tag{11.1.3}$$

第 11 章 随机增长模型中的政府税收

和传统的假设不同,传统的假设中政府债券的回报是确定的,一般它的表现形式为 100 元的债券,到期后会获得 100 元以上的回报,似乎没有不确定性,但是如果考虑到价格水平的不确定性,我们可以假设政府债券的回报是不确定性的. 从方程(11.1.3)我们知道政府债券在 $(t, t+dt)$ 区间的回报的平均水平为 $r_B dt$. du_B 为不确定性带来的回报的不确定性. 在宏观均衡时,我们要决定均衡回报的平均值和不确定性的回报 du_B.

在不考虑投资的调整成本时,我们将另一种资产 K 的回报定义为产出和资本存量的比率,即

$$dR_K = \frac{dY}{K} = \alpha dt + \alpha dy \equiv r_K dt + du_K \tag{11.1.4}$$

因此,我们知道资本回报率的不确定性完全来自于产出的不确定性.

假设在区间 $(t, t+dt)$ 中,政府的税收来自于政府从消费者收得的收入税,包括确定性收入税 $\tau r_K K dt$ 和不确定性的收入税 $\tau' du_K$,其中 τ 和 τ' 分别为确定性收入税税率和不确定税率. 因此政府的税收的增量为

$$dT = \tau r_K K dt + \tau' du_K = \tau \alpha K dt + \tau' \alpha K dy \tag{11.1.5}$$

因此,从上面的方程,我们知道政府的税收也是具有不确定性的. 而且它的不确定性完全来自于产出的不确定性. 政府的行为是要决定两个税收的税率.

假设消费者的财富为 W,他可以选择投资在资本存量 K 和政府债券 B 上. 记消费者的消费为 c,消费者投资在资本存量上的份额为 n_K,投资在政府公共开支上的份额为 n_B. 这样消费者投资在两种资产上的财富分别为 $n_K W$ 和 $n_B W$. 而且

$$n_B + n_K = 1 \tag{11.1.5}$$

考虑到两种资产的回报率,因此消费者的税前收入为 $n_K W dR_K + n_B W dR_B$,考虑到消费者的消费水平和政府的税收,我们得到消费者的预算约束方程为

$$dW = n_K W dR_K + n_B W dR_B - c dt - dT$$

其中初始财富 $W(0) = W_0$ 给定.

把回报率和税收代入消费者的预算约束方程,即

$$\frac{dW}{W} = \left[n_K (1-\tau) r_K + n_B r_B - \frac{c}{W} \right] dt - dw \tag{11.1.6}$$

其中 dw 为财富的不确定因素,可以表示为

$$dw = n_B du_B + (1-\tau') du_K \tag{11.1.7}$$

假设消费者的效用函数为 $u(c)$. 假设消费者的贴现因子为 β. 这样消费者的问题就是选择投资在两种资产上面的份额、消费水平和财富的积累路径极大化他的效用. 即

$$\max E\int_0^\infty e^{-\beta t}u(c)dt$$

受约束于

$$\frac{dW}{W} = \left[n_K(1-\tau)r_K + n_B r_B - \frac{c}{W}\right]dt - dw$$

$$n_B + n_K = 1$$

和 $dw = n_B du_B + (1-\tau')du_K$.

为简单起见,我们记 $\rho = n_B r_B + n_K(1-\tau)r_K$,而且我们有

$$\sigma_w^2 = n_B^2 \sigma_B^2 + n_K^2(1-\tau')^2\sigma_K^2 + 2n_B n_K(1-\tau')\sigma_{BK} \qquad (11.1.8)$$

为求解上面的问题,我们引入值函数 $v(W,t)$,它被定义为

$$v(W,t) = \max E\int_t^\infty e^{-\beta t}u(c)dt$$

受约束于 (11.1.5),(11.1.6),(11.1.7) 和初始的财富水平. 引入现值的值函数 $X(W)$,它被定义为

$$X(W) = \max E\int_t^\infty e^{-\beta(s-t)}u(c)ds = e^{\beta t}v(W,t)$$

同时,我们得到

$$L(X(W)e^{-\beta t}) = -\beta X(W)e^{-\beta t} + \left(\rho - \frac{c}{W}\right)WX'(W)e^{-\beta t}$$
$$+ \frac{1}{2}\sigma_w^2 W^2 X''(W)e^{-\beta t}$$

因此得到下面的性质.

性质 11.1.1

对应上面问题的最优性条件为

$$u'(c) = X'(W) \qquad (11.1.9)$$

$$(r_B X'(W)W - \eta)dt + \text{cov}(dw, du_B)X''(W)W^2 = 0 \qquad (11.1.10)$$

$$((1-\tau)r_K X'(W)W - \eta)dt$$
$$+ \text{cov}(dw,(1-\tau')du_K)X''(W)W^2 = 0 \qquad (11.1.11)$$

$$n_B + n_K = 1 \qquad (11.1.5)$$

其中 η 为对应约束条件 (11.1.5) 的 Lagrange 乘子. 进一步地,可以得到 Hamilton-Jacobi-Bellman 方程为

$$u(c) - \beta X(W) + \left(\rho - \frac{c}{W}\right)WX'(W) + \frac{1}{2}\sigma_w^2 W^2 X''(W) = 0$$

证明 对应优化问题定义相应的 Lagrange 函数为

$$u(c) - \beta t X(W) + \left(\rho - \frac{c}{W}\right)WX'(W)$$

第 11 章
随机增长模型中的政府税收

$$+ \frac{1}{2}\sigma_w^2 W^2 X''(W) + \eta(1 - n_B - n_K)$$

因此,我们得到最优性条件(11.1.9)—(11.1.11).同时,把满足条件(11.1.9)—(11.1.11)的消费水平和投资份额代入上面的 Lagrange 函数,得到 Hamilton-Jacobi-Bellman 方程为

$$u(c) - \beta X(W) + \left(\rho - \frac{c}{W}\right)WX'(W) + \frac{1}{2}\sigma_w^2 W^2 X''(W) = 0$$

证明完成

方程(11.1.9)仍然是通常的消费的边际效用等于财富的边际值.方程(11.1.10)和(11.1.11)是资产定价方程,它们表示在两种资产上的回报相等.而且进一步可以得到下面的性质.

性质 11.1.2

值函数满足下面的随机微分方程

$$\mathrm{d}X_W = (\beta - r_B)X_W \mathrm{d}t + X_{WW}\mathrm{d}w \qquad (11.1.12)$$

证明 由 Itô 公式,我们可以得到

$$\mathrm{d}X_W(W,t) = X_{WW}\mathrm{d}W + X_{W_t}\mathrm{d}t + \frac{1}{2}X_{WWW}\sigma_w^2 \mathrm{d}t$$

因此我们得到

$$\mathrm{d}X_W(W,t) = X_{WW}(\rho W - c)\mathrm{d}t + X_{W_t}\mathrm{d}t + \frac{1}{2}X_{WWW}\sigma_w^2 \mathrm{d}t$$
$$+ X_{WW}W\mathrm{d}w$$

把 Hamilton-Jacobi-Bellman 方程对财富求导数得到

$$u'(c)c_W - \beta X_W(W,t) + (\rho - c_W)X_W(W,t) + (\rho W - c)X_{WW}$$
$$+ \sigma_w^2 W X_{WW} + \frac{1}{2}\sigma_w^2 W^2 X_{WWW} = 0$$

考虑到最优性条件(11.1.10)和(11.1.11),我们得到

$$(r_B - \beta)X_W(W,t) + X_{W_t} + (\rho W - c)X_{WW} + \frac{1}{2}\sigma_w^2 W^2 X_{WWW} = 0$$

因此得到

$$\mathrm{d}X_W = (\beta - r_B)X_W \mathrm{d}t + X_{WW}\mathrm{d}w$$

方程(11.1.12)有很重要的意义,它是不确定性下的 Euler 方程.如果考虑到最优性条件(11.1.9),我们知道

$$X_{WW} = u''(c)c_W$$

因此方程(11.1.12)可以改写成

$$\frac{\mathrm{d}u'(c)}{u'(c)} = (\beta - r_B)\mathrm{d}t + \frac{u''(c)c_W}{u'(c)}\mathrm{d}w \qquad (11.1.12a)$$

因此,我们得到

$$\frac{E(\mathrm{d}u'(c)/\mathrm{d}t)}{u'(c)} = (\beta - r_B)$$

因此我们得到边际效用的改变率等于贴现因子和政府债券的平均回报的差. 这和确定性的情形一致. 因此它的解释可以和确定性的情形一致, 它表示了消费者的跨时均衡条件, 在 t 时刻减少一个单位的消费水平, 它可以用来投资, 如果投在政府债券上, 上面的条件表示均衡时这种选择是无差异的.

进一步在特殊的效用函数假设下, 我们可以得到显示解, 假设 $u(c) = \dfrac{c^\gamma}{\gamma}$, 其中 γ 为给定常数, 我们得到下面的性质.

性质 11.1.3

对应上面问题的显示解为

$$\frac{c}{W} = \frac{\beta - \rho\gamma - \frac{1}{2}\gamma(\gamma-1)\sigma_w^2}{1-\gamma} \qquad (11.1.9a)$$

$$\left(r_B - \frac{\eta}{\delta\gamma W^\gamma}\right)\mathrm{d}t = (1-\gamma)\mathrm{cov}(\mathrm{d}w, \mathrm{d}u_B) \qquad (11.1.10a)$$

$$\left((1-\tau)r_K - \frac{\eta}{\delta\gamma W^\gamma}\right)\mathrm{d}t = (1-\gamma)\mathrm{cov}(\mathrm{d}w, (1-\tau')\mathrm{d}u_K) \qquad (11.1.11a)$$

其中常数 δ 满足 $\delta = \dfrac{1}{\gamma}\left(\dfrac{c}{W}\right)^{\gamma-1}$.

证明 我们只要注意到 Hamilton-Jacobi-Bellman 方程为

$$\frac{1}{\gamma}c^\gamma - \beta t X(W) + \left(\rho - \frac{c}{W}\right)W X'(W) + \frac{1}{2}\sigma_w^2 W^2 X''(W) = 0$$

我们假设它的解为

$$X(W) = \delta W^\gamma$$

其中 δ 为待定的常数. 因此我们得到

$$X'(W) = \delta\gamma W^{\gamma-1}, \quad X''(W) = \delta\gamma(\gamma-1)W^{\gamma-2}$$

因此最优性条件为

$$\frac{c}{W} = (\delta\gamma)^{1/(\gamma-1)} \qquad (11.1.9a)$$

$$\left(r_B - \frac{\eta}{\delta\gamma W^\gamma}\right)\mathrm{d}t = (1-\gamma)\mathrm{cov}(\mathrm{d}w, \mathrm{d}u_B) \qquad (11.1.10a)$$

$$\left((1-\tau)r_K - \frac{\eta}{\delta\gamma W^\gamma}\right)\mathrm{d}t = (1-\gamma)\mathrm{cov}(\mathrm{d}w, (1-\tau')\mathrm{d}u_K) \qquad (11.1.11a)$$

把它们代入 Hamilton-Jacobi-Bellman 方程得到

$$\frac{1}{\gamma}(\delta\gamma)^{\gamma/(\gamma-1)} - \beta\delta + (\rho - (\delta\gamma)^{1/(\gamma-1)})\delta\gamma + \frac{1}{2}\sigma_w^2(\gamma-1)\delta\gamma = 0$$

因此, 我们得到

$$(\delta\gamma)^{1/(\gamma-1)} = \frac{\beta - \rho\gamma - \frac{1}{2}\gamma(\gamma-1)\sigma_w^2}{1-\gamma}$$

因此得到性质 11.1.3 得到的结论.

从上面的结论知道, 消费水平与财富比率是常数, 如果 $\gamma=0$ 就得到通常的结论 $c/W=\beta$. 如果 $\gamma\neq 0$, 我们会在后面进一步讨论. 方程(11.1.10a) 和 (11.1.11a) 表示资产定价公式, 其中 $\eta/\delta\gamma W$ 是与 $\mathrm{d}w$ 不相关的资产的实际回报率. 上面两个等式表示两种资产的税后实际回报率是相等的.

考虑政府公共开支和税收行为, 我们假设政府是预算约束平衡的, 因此我们有

$$\mathrm{d}(Pb) = (Pb)\mathrm{d}R_B + \mathrm{d}G - \mathrm{d}T \qquad (11.1.13)$$

上面的方程两边同时除以 Pb 得到

$$\frac{\mathrm{d}(Pb)}{Pb} = \left[r_B + \alpha\frac{n_K}{n_B}(g-\tau)\right]\mathrm{d}t + \mathrm{d}u_B + \alpha\frac{n_K}{n_B}(\mathrm{d}z - \tau'\mathrm{d}y) \quad (11.1.14)$$

同时考虑到产品市场的均衡, 我们得到

$$\mathrm{d}K = \mathrm{d}Y - c\mathrm{d}t - \mathrm{d}G \qquad (11.1.15)$$

把上面两边同时除以资本存量水平, 我们得到

$$\begin{aligned}\frac{\mathrm{d}K}{K} &= \left[\alpha(1-g) - \frac{c}{n_K W}\right]\mathrm{d}t + \alpha(\mathrm{d}y - \mathrm{d}z) \\ &= \psi\mathrm{d}t + \alpha(\mathrm{d}y - \mathrm{d}z)\end{aligned} \qquad (11.1.16)$$

1. 宏观均衡

在宏观均衡时, 要决定消费率和储蓄率, 投资在所有资产上的财富和回报率, 经济增长率和投资率, 以及每种资产的风险特征. 在我们的模型中, 外生给定的参数为政府的政策变量: 政府公共开支份额 g 以及政府的税收 τ 和 τ'; 当然还有很多偏好参数和技术参数. 外生给定的随机变量为: 政府公共开支中的不确定性 $\mathrm{d}z$, 生产中的不确定性 $\mathrm{d}y$. 下面要决定的是政府债券回报的不确定性 $\mathrm{d}u_B$, 财富水平增长的不确定性 $\mathrm{d}w$, 两种资产的平均回报率 r_B, r_K, 以及投资在两种资产上的份额 n_B, n_K. 它们由方程(11.1.9a), (11.1.10a), (11.1.11a), (11.1.12a), (11.1.13a)以及方程(11.1.14), (11.1.15)和(11.1.16)给出. 我们的目的就是由这些方程得到我们要得到的变量. 首先, 我们确定随机变量.

性质 11.1.4

政府债券回报的不确定性 du_B，以及财富水平增长的不确定性 dw 由下面的方程给出：

$$dw = \alpha(dy - dz) \tag{11.1.17}$$

$$du_B = \frac{\alpha}{n_B}[(n_B + n_K\tau')dy - dz] \tag{11.1.18}$$

证明 我们假设在平衡增长路径上，财富的增长率、资本存量的增长率和政府债券的增长率相等：

$$\frac{dW}{W} = \frac{dK}{K} = \frac{d(Pb)}{Pb}$$

同时考虑到方程(11.1.14)，(11.1.15)和(11.1.16)，我们得到性质要求的证明。

由方程(11.1.17)，(11.1.18)我们得到财富和政府债券的回报率的方差分别为

$$\sigma_w^2 = \alpha^2(\sigma_y^2 + \sigma_z^2) \tag{11.1.19}$$

$$\text{cov}(dw, du_B) = \frac{\alpha^2}{n_B}[(n_B + n_K\tau')\sigma_y^2 + \sigma_z^2]dt \tag{11.1.20}$$

$$\text{cov}(dw, (1-\tau')du_K) = (1-\tau')\alpha^2\sigma_y^2 dt \tag{11.1.21}$$

当然上面的方程还依赖于资本的持有份额 n_B。

下面我们给出以下的显示解：

性质 11.1.5

显示的消费水平—财富比率，期望经济增长率和持有的资产份额分别为

$$\frac{c}{W} = \frac{1}{1-\gamma}\left\{\beta - \gamma\alpha(1-\tau) + \frac{1}{2}\gamma(\gamma-1)\alpha^2[(2\tau'-1)\sigma_y^2 + \sigma_z^2]\right\} \tag{11.1.22}$$

$$\psi = \rho - \frac{c}{W} = \alpha(1-\tau) - \frac{c}{W} + \alpha^2(1-\gamma)(\tau'\sigma_y^2 + \sigma_z^2) \tag{11.1.23}$$

$$n_K = \frac{c/W}{\alpha(\tau - g) + c/W - \alpha^2(1-\gamma)(\tau'\sigma_y^2 + \sigma_z^2)} \tag{11.1.24}$$

而 n_B 由 $n_B = 1 - n_K$ 决定。

证明 考虑到方程(11.1.19)—(11.1.21)以及方程(11.1.10a)和(11.1.11a)可以得到

$$r_B = \alpha(1-\tau) + \frac{(1-\gamma)}{n_B}\alpha^2(\tau'\sigma_y^2 + \sigma_z^2) \tag{11.1.25}$$

事实上,把方程(11.1.10a)和(11.1.11a)相加,得到
$$r_B = \alpha(1-\tau) + (1-\gamma)[\text{cov}(dw, du_B) - \text{cov}(dw, (1-\tau')du_B)]$$
然后考虑到方程(11.1.20),(11.1.21)和 $n_B = 1 - n_K$ 就可以得到方程(11.1.25).

现在要得到方程(11.1.22),我们必须得到显示的 ρ,事实上,我们知道
$$\rho = n_B r_B + n_K (1-\tau) r_K$$
而由方程(11.1.25)我们可以得到
$$\rho = n_B \left\{ \alpha(1-\tau) + \frac{(1-\gamma)}{n_B} \alpha^2 (\tau' \sigma_y^2 + \sigma_z^2) \right\} + (1-n_B)(1-\tau)\alpha$$
$$= \alpha(1-\tau) + (1-\gamma)\alpha^2 (\tau' \sigma_y^2 + \sigma_z^2)$$
然后代入方程(11.1.9a)得到方程(11.1.22).代入方程 ψ 的表示式可以得到方程(11.1.23).同时注意到方程(11.1.16),我们可以得到方程(11.1.24).

我们现在来考虑到上面的性质给出的显示解的意义.首先我们可以得到消费水平和财富的比率是正的,即消费者的边际消费倾向是正的,$c/W > 0$.这可以从最优化条件的横截性条件得到.这是因为
$$\lim_{t \to \infty} E(W^\gamma e^{-\beta t}) = 0 \tag{11.1.26}$$
而从消费者的财富积累方程得到
$$dW = \psi W dt + W dw \tag{11.1.27}$$
因此可以得到财富的路径为
$$W(t) = W(0) \exp\left[\left(\psi - \frac{1}{2}\sigma_w^2\right)t + w(t) - w(0)\right] \tag{11.1.28}$$
因此由横截性条件可以得到
$$\gamma\left(\psi - \frac{1}{2}\sigma_w^2\right) - \beta < 0 \tag{11.1.29}$$
因此我们得到
$$\gamma\left(\alpha(1-\tau) - \frac{c}{W} + \alpha^2(1-\gamma)(\tau'\sigma_y^2 + \sigma_z^2) - \frac{1}{2}\sigma_w^2\right) - \beta < 0$$
从而得到
$$\beta - \gamma\alpha(1-\tau) + \frac{1}{2}\gamma(\gamma-1)\alpha^2[(2\tau'-1)\sigma_y^2 + \sigma_z^2] > 0$$
因此,我们知道消费者的边际消费倾向是正的.

另外,从方程(11.1.24)我们知道因为 $c/W > 0$,而且
$$\alpha(\tau - g) - \alpha^2(1-\gamma)(\tau'\sigma_y^2 + \sigma_z^2) > 0$$
因此我们得到 $0 < n_K < 1$.

2. 比较静态分析

我们已经得到了经济增长的平均值,下面来讨论各种参数对经济增长的影

响,而且我们可以求出在财富水平为 $W(0)$ 时的福利为
$$X(W(0)) = \delta W(0)^\gamma$$
其中 $\delta = \frac{1}{\gamma}\left(\frac{c}{W}\right)^{\gamma-1}$. 而我们知道 $W(0)$ 是内生决定的,初始的资本存量水平 $K(0)$ 是知道的. 因此可以从初始的资本存量得到消费者的初始财富水平为
$$K(0) = n_K W(0)$$
因此,我们可以得到消费者的财富水平为
$$X(W(0)) = \frac{1}{\gamma} n_K^{-\gamma}\left(\frac{c}{W}\right)^{\gamma-1} K(0)^\gamma \tag{11.1.29}$$

(1) 增长和税收的关系

我们知道可以把税收写成下面的线性组合形式:
$$T = \tau - \alpha(1-\gamma)\sigma_y^2 \tau' \tag{11.1.30}$$
其中 τ 为确定性的税率,τ' 为不确定性的税率.

我们可以看到不确定性税收 τ' 的增加会减少税收. 一方面,税收的增加会降低税后的资本回报,因此减少消费者资产的持有,从而降低经济增长率的平均值. 另一方面,τ' 的增加降低资本回报的风险,也就是方差,因此可以使得消费者增加资产的持有,从而增加投资,提高经济增长率. 总的影响取决于两者效果的大小. 如果 $d\tau = d\tau'$. 此时税收对经济增长的影响取决于 $1-\alpha(1-\gamma)\sigma_y^2$ 的符号. 如果 $1-\alpha(1-\gamma)\sigma_y^2$ 为正的,我们知道确定性的效果占优;反之,如果 $1-\alpha(1-\gamma)\sigma_y^2$ 为负的,我们知道不确定性的效果占优.

(2) 增长和政府公共开支的关系

我们从上面的性质中可以看到,经济增长率的平均值和政府公共开支水平是无关的,这主要是因为随着政府公共开支的增加会降低经济增长率的平均值,但是这种效果正好和因为政府公共开支的提高造成的消费者持有资本份额的增加,从而增加消费水平资本存量比率的效果,进而得到两种效果正好抵消. 因此得到政府公共开支的中性的结论.

(3) 增长和生产冲击的关系

通过比较静态分析立即得到生产的冲击对经济增长率的平均值的影响为
$$\frac{\partial \psi}{\partial \sigma_y^2} = \alpha^2(\tau' - \gamma/2)$$
因为 $\tau' > 0$,因此提高生产的冲击的方差会提高政府债券的风险,从而消费者把财富用来持有资本,因此可以直接提高增长率的数量为 $\alpha^2(1-\gamma)\tau'$,同时,也将消费函数中的 ρ 和 σ_w^2 的数量提高 $\alpha^2(1-\gamma)\tau'$ 和 α^2. 因此生产冲击对经济增长的净影响为 $-\gamma\alpha^2(\tau' - \gamma/2)$,这取决于 $\tau' > 0$ 的大小与消费者的偏好关系的大小.

第 11 章 随机增长模型中的政府税收

(4) 比较静态分析的结果

由前面的显示结果,我们可以得到税收对经济增长和社会福利的影响分别为

$$\frac{\mathrm{d}(c/W)}{\mathrm{d}T} = \frac{\alpha\gamma}{1-\gamma}, \quad \frac{\mathrm{d}\psi}{\mathrm{d}T} = -\frac{\alpha}{1-\gamma} < 0$$

$$\frac{\mathrm{d}n_K}{n_K \mathrm{d}T} = \frac{\alpha}{1-\gamma}\frac{\gamma - n_K}{c/W}, \quad \frac{\mathrm{d}X}{\mathrm{d}T} = \frac{\alpha\gamma X}{1-\gamma}\frac{n_K - 1}{c/W}$$

因此我们知道税收水平的提高可以降低经济增长率,而对消费水平—财富比率的影响取决于 γ 的符号,因此政府税收对消费水平—财富比率的影响取决于跨时消费的替代弹性.如果效用函数是对数效用函数,我们得到政府税收对消费水平—财富比率是无影响的.至于政府税收的改变对两种资产的持有的影响,我们知道政府税收的增加,降低资本存量的回报,因此消费者会减少资本存量的持有,增加政府债券的持有,因此最终影响取决于 $n_K - 1 = n_B$ 的大小.对于福利的影响,我们知道首先税收水平的增加会减少消费者将来的收入,因此降低消费者的福利的数量为 $-\alpha^2/\beta$.同时,由于政府税收的增加使得消费者的资产持有减少,消费者资产的持有减少消费者的福利,因此税收对社会福利的影响取决于消费的跨时替代弹性的大小.

(5) 资产定价关系

考虑到资产定价的关系,我们知道 $\frac{\eta}{\delta\gamma W^\gamma}$ 表示和 $\mathrm{d}w$ 不相关的资产的实际回报,同时在产出假设下,我们知道 $r_k = \alpha$,从方程(11.1.21)可以得到

$$\frac{\eta}{\delta\gamma W^\gamma} = \alpha(1-\tau) - (1-\gamma)\alpha^2(1-\tau')\sigma_y^2 > 0$$

定义市场证券组合为 $Q = n_B W + n_K W$,因此这种资产的实际净回报为 $r_Q = n_B r_B + n_K r_K(1-\tau)$,考虑到最优性条件,我们可以把上面的回报表示为

$$r_Q = \alpha(1-\tau) + (1-\gamma)\alpha^2(\tau'\sigma_y^2 + \sigma_z^2)$$

因此,我们得到

$$r_Q - \frac{\eta}{\delta\gamma W^\gamma} = (1-\gamma)\alpha^2(\sigma_y^2 + \sigma_z^2)$$

因此均衡的资产定价关系可以表示为

$$r_i - \frac{\eta}{\delta\gamma W^\gamma} = \beta_i\left(r_Q - \frac{\eta}{\delta\gamma W^\gamma}\right)$$

这里 $i = K, B$,β_i 为相应资产与市场证券组合的相关系数,分别表示为

$$\beta_B = \frac{\mathrm{cov}(\mathrm{d}w, \mathrm{d}u_B)}{\mathrm{var}(\mathrm{d}w)} = \frac{(n_B + n_K\tau')\sigma_y^2 + \sigma_z^2}{n_B(\sigma_y^2 + \sigma_z^2)} > 1$$

$$\beta_K = \frac{\text{cov}(\text{d}w, \text{d}u_K)}{\text{var}(\text{d}w)} = \frac{(1-\tau')\sigma_y^2}{\sigma_y^2 + \sigma_z^2} < 1$$

从我们的模型可以看到,政府债券比资本存量更具有风险.

11.2　随机模型中的最优税收

假设经济中的不确定性来自于两种随机过程 $\{\text{d}z, \text{d}q\}$,其中 $\text{d}z$ 和 $\text{d}q$ 为标准布朗运动,而且满足 $\text{d}z\text{d}q = \eta_{zq}\text{d}t$. 经济中,消费者存在两种投资机会:一种是风险中性的资产,它的回报率为 $r(t)$;另外一种是风险资产,它可以被看成生产性资本. 假设风险资产的价格过程服从下面的过程:

$$\text{d}P = \alpha P \text{d}t + \sigma P \text{d}z \quad (11.2.1)$$

其中 α 和 σ 为风险资产的回报率的平均值和方差. 上面这个过程表明风险资产的回报率服从几何布朗运动.

假设消费者实际工资收入 Y 是随机的,它的过程为

$$\text{d}Y = \mu_y Y \text{d}t + \sigma_y Y \text{d}q \quad (11.2.2)$$

考虑生存期为 T 年的消费者,他的效用函数定义在消费者的消费水平 c 和休闲水平 L,即 $U(c, L)$,假设效用函数满足标准的效用函数假设,消费者从消费水平和休闲中获得正的、递减的边际效用,即

$$U_c > 0, \quad U_L > 0, \quad U_{cc} < 0, \quad U_{LL} < 0 \quad (11.2.3)$$

在时刻 t,消费者选择自己的投资方式、消费水平和休闲水平来极大化消费者的期望效用和,假设 ω 为消费者投资在风险资产上面的资产份额,因此在消费者通过劳动得到收入 $\text{d}Y$ 的假设下,消费者的预算约束条件为

$$\text{d}W = \{[\omega(\alpha - r) + r]W - c\}\text{d}t$$
$$+ \text{d}Y + \omega W \sigma \text{d}z \quad (11.2.4)$$

假设劳动收入税税率为 τ,政府的税收收入用来满足政府公共开支,而且政府公共开支影响消费者的效用函数,但是,假设效用函数是可分的. 如果消费者选择的最优休闲为 $\bar{L}$,消费者的劳动收入就是确定的 $\text{d}Y = \mu_y Y \text{d}t$,这样,消费者的税后劳动收入为 $\text{d}I = \theta(1-\bar{L})Y\text{d}t$,其中 $\theta = 1-\tau$. 因此消费者的最优行为可以表示为

$$\max E_0 \int_0^T U(c, Y) \text{d}t \quad (11.2.5)$$

受约束于

$$\text{d}W = \{[\omega(\alpha - r) + r]W - c\}\text{d}t + \text{d}Y + \omega W \sigma \text{d}z$$

其中 E_0 表示对时刻 0 的所有信息的条件期望.

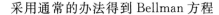
第 11 章 随机增长模型中的政府税收

采用通常的办法得到 Bellman 方程

$$0 = \max_{c,\omega}\Big\{U(c,\overline{L}) + J_t + J_W\{[\omega(\alpha-r)+r]W + \theta(1-\overline{L})Y - c\}\mathrm{d}t + \frac{1}{2}J_{WW}\omega^2 W^2\Big\} \quad (11.2.6)$$

我们得到最优性条件

$$U_c = J_W \quad (11.2.7)$$

$$0 = J_W(\alpha - r) + J_{WW}\omega W\sigma^2 \quad (11.2.8)$$

同时,从方程(11.2.8)可以得到

$$\omega^* = -\frac{J_W}{J_{WW}W}\frac{(\alpha-r)}{\sigma^2} \quad (11.2.9)$$

假设效用函数是 CRRA 形式的函数,Merton 给出了值函数的形式,而且得到

$$\omega^* W = \frac{\alpha-r}{\sigma^2\delta}\Big\{W + \frac{\theta(1-\overline{L})Y(1-\exp(r(t-T)))}{r}\Big\} \quad (11.2.10)$$

其中 δ 为相对风险厌恶系数.

记消费者的人力资本的值为

$$W_H = \int_t^T Y_t \exp(-r(s-t))\mathrm{d}s = \frac{Y(1-\exp(r(t-T)))}{r} \quad (11.2.11)$$

因此方程(11.2.10)可以改写为

$$\omega^* W = \frac{\alpha-r}{\sigma^2\delta}\{W + \theta(1-\overline{L})W_H\} \quad (11.2.12)$$

假设消费者选择休闲和资产组合,我们重新考虑消费者的行为

$$\max E_0 \int_0^T U(c,L)\mathrm{d}t$$

受约束于

$$\mathrm{d}W = \{[\omega(\alpha-r)+r]W - c\}\mathrm{d}t + \theta(1-L)Y\mathrm{d}t + \omega W\sigma\mathrm{d}z$$

其中 E_0 表示对时刻 0 的所有信息的条件期望.

采用通常的办法得到 Bellman 方程

$$0 = \max_{c,\omega}\Big\{U(c,\overline{L}) + J_t + J_W\{[\omega(\alpha-r)+r]W + \theta(1-L)Y - c\}\mathrm{d}t + \frac{1}{2}J_{WW}\omega^2 W^2\Big\}$$

我们得到最优性条件

$$U_c = J_W \quad (11.2.13)$$

$$U_L = \theta Y J_W \quad (11.2.14)$$

$$0 = J_W(\alpha-r) + J_{WW}\omega W\sigma^2 \quad (11.2.8)$$

从方程(11.2.13)和(11.2.14)得到
$$U_L = \theta Y U_c \quad (11.2.15)$$
把方程(11.2.15)对税率微分,并且假设消费者的效用函数对于消费水平和休闲是可分的,这样,我们得到
$$\frac{\mathrm{d}L}{\mathrm{d}\tau} = -\frac{YU_c}{U_{LL} - \theta Y U_{cc} \frac{\partial c}{\partial L}} > 0 \quad (11.2.16)$$
因此,税收提高将降低消费者的劳动,提高其休闲水平.

最优的资产组合和前面方程(11.2.9)给出的一致.为得到显示解,我们采用二阶段法,首先,在时刻 t,因为消费者的劳动收入是非随机的,因此,消费者选择休闲水平极大化下面的静态问题:
$$\max V(c, L) \mathrm{d}t$$
受约束于
$$C = c + \theta Y L \quad (11.2.17)$$

通过上面的问题,我们可以得到最优的休闲水平 $L^* = L(C, t), c^* = c(C, t)$,从而,我们得到 $U(C, t) = V(c^*, L^*)$.

第二步是求解下面的问题:
$$\max E_0 \int_0^T U(C, t) \mathrm{d}t$$
受约束于
$$\mathrm{d}W = \{[\omega(\alpha - r) + r]W - C\}\mathrm{d}t + \theta Y \mathrm{d}t + \omega W \sigma \mathrm{d}z$$
注意休闲已经不出现在上面的问题中了.

采用通常的办法得到 Bellman 方程
$$0 = \max_C \Big\{ U(C, t) + J_t + J_W \{[\omega(\alpha - r) + r]W + \theta Y - C\}\mathrm{d}t + \frac{1}{2} J_{WW} \omega^2 W^2 \Big\}$$

假设效用函数是 CRRA 形式的函数,我们得到消费者资产组合为
$$\omega^{**} W = \frac{\alpha - r}{\sigma^2 \delta} \{W + \theta W_H\} \quad (11.2.18)$$

比较方程(11.2.12)和(11.2.18),我们立即得到 $\omega^{**} > \omega^*$.对相同的人力资本财富,消费者选择的风险资产比固定休闲水平的风险资产来得多,因此,消费者可以通过调整劳动收入来降低消费者的投资风险.收入税税收和固定劳动供给一样,会降低消费者的风险.

下面假设消费者的劳动收入是不确定的,和上面的过程一致,此时,我们可以得到最优的休闲水平 $L^* = L(C, Y, t), c^* = c(C, Y, t)$,从而,我们得到

$U(C,Y,t) = V(c^*, L^*)$. 从而,消费者选择资产组合的过程为
$$\max E_0 \int_0^T U(C,Y,t) \mathrm{d}t$$
受约束于
$$\mathrm{d}W = \{[\omega(\alpha-r)+r]W - c\}\mathrm{d}t + \theta Y \mu_y \mathrm{d}t + \omega W \sigma \mathrm{d}z + \theta Y \sigma_y \mathrm{d}q$$
求解上面的问题,对应的 Bellman 方程为
$$\begin{aligned}0 = \max_{C,Y} \Big\{ & U(C,Y,t) + J_t + J_W\{[\omega(\alpha-r)+r]W + \theta Y \mu_y - c\}\mathrm{d}t \\ & + J_Y \theta Y \mu_y + \frac{1}{2} J_{WW}(\omega^2 \sigma^2 W^2 + 2\omega W \theta Y \sigma_{zq} + \theta^2 Y^2 \sigma_y^2) \\ & + J_{YW} \omega W \theta Y \sigma_{zq} + \frac{1}{2} J_{YY} \theta^2 Y^2 \sigma_y^2 \Big\}\end{aligned}$$

其中 $\sigma_{zq} = \sigma \sigma_y \eta_{zq}$.

这样,我们得到最优性条件
$$U_C(C^*,Y,t) = J_W(W,Y,t) \qquad (11.2.19)$$
$$0 = J_W(\alpha-r) + J_{WW}\theta Y \sigma_{zq} + J_{WW}\omega^* W \sigma^2 + J_{YW}\theta Y \sigma_{zq} \qquad (11.2.20)$$

从方程(11.2.20)可以得到
$$\omega^* W = -\frac{J_W}{J_{WW}}\frac{(\alpha-r)}{\sigma^2} - \theta Y \frac{\sigma_{zq}}{\sigma^2} - \frac{J_{YW}}{J_{WW}}\theta Y \frac{\sigma_{zq}}{\sigma^2} \qquad (11.2.21)$$

从方程(11.2.21)我们知道,在消费者不确定性劳动收入的假设下,消费者的资产组合公式中右边第一部分和通常情形一致,第二部分是劳动收入的不确定性的影响,第三部分是状态变量的影响.

从方程(11.2.19),我们知道
$$U_{CC}(C^*,Y,t)\frac{\partial C}{\partial W} = J_{WW}(W,Y,t) \qquad (11.2.22)$$
和
$$U_{CC}(C^*,Y,t)\frac{\partial C}{\partial Y} + U_{CY} = J_{WY}(W,Y,t) \qquad (11.2.23)$$

如果 $U_{CY}=0$,间接效用函数是状态不相关的,从而 $\frac{\partial C}{\partial Y}\big/\frac{\partial C}{\partial W} = J_{WY}/J_{WW} > 0$,这是因为收入和财富的边际替代是非负的.因此,方程(11.2.21)中后面两部分的符号取决于风险资产和劳动收入的协方差,如果 $\eta_{zq}<0$,我们从方程(11.2.21)得到消费者对风险资产的需求加强.

因为
$$\frac{\partial(\omega^* W)}{\partial \tau} = \frac{Y}{\sigma^2}\Big(1 + \frac{J_{YW}}{J_{WW}}\Big)\sigma_{zq} \qquad (11.2.24)$$

因此,劳动收入税对风险资产的影响取决于风险资产和劳动收入的协方差. 这个结论和消费者的劳动收入是确定的情形是不一致的.

如果工资和风险资产回报是负相关的,此时,劳动收入税将降低消费者的风险资产持有量. 这主要是部分风险已经转移到政府,消费者仅仅需要较少的风险资产来回避人力资本回报的风险. 如果工资和风险资产回报是正相关的,此时,劳动收入税将增加消费者的风险资产持有量. 这主要是部分风险已经转移到政府,消费者仅仅需要较少的风险资产来回避人力资本回报的风险. 如果工资和风险资产回报是不相关的,此时,劳动收入税将不影响消费者的风险资产持有量.

下面来考虑最优税收问题,考虑消费者的问题

$$\max E_0 \int_0^T U(C,L,t)\mathrm{d}t$$

受约束于

$$\mathrm{d}W = \{[\omega(\alpha-r)+r]W - c\}\mathrm{d}t + \theta(1-L)Y\mu_y\mathrm{d}t \\ + \omega W\sigma\mathrm{d}z + \theta(1-L)Y\sigma_y\mathrm{d}q$$

求解上面的问题,对应的 Bellman 方程为

$$0 = \max_{C,L}\{U(C,L,t) + J_t + J_W\{[\omega(\alpha-r)+r]W \\ + \theta(1-L)Y\mu_y - c\}\mathrm{d}t + J_Y\theta(1-L)Y\mu_y \\ + \frac{1}{2}J_{WW}(\omega^2\sigma^2W^2 + 2\omega W\theta(1-L)Y\sigma_{zq} + \theta^2Y^2(1-L)^2\sigma_y^2) \\ + J_{YW}\omega W\theta(1-L)Y\sigma_{zq} + \frac{1}{2}J_{YY}\theta^2Y^2\sigma_y^2\}$$

其中 $\sigma_{zq} = \sigma\sigma_y\eta_{zq}$.

这样,我们得到最优性条件

$$U_C(C,L,t) = J_W \tag{11.2.25}$$

$$U_L = \theta Y\mu_y J_W + (\omega W\theta Y\sigma_{zq} + \theta^2 Y^2(1-L)\sigma_y^2)J_{WW} \tag{11.2.26}$$

$$0 = J_W(\alpha-r) + J_{WW}\theta Y\sigma_{zq} + J_{WW}\omega W\sigma^2 + J_{YW}\theta Y\sigma_{zq} \tag{11.2.27}$$

从方程(11.2.27)可以得到

$$\omega^* W = -\frac{J_W}{J_{WW}}\frac{(\alpha-r)}{\sigma^2} - \theta Y(1-L)\frac{\sigma_{zq}}{\sigma^2} \tag{11.2.28}$$

下面考虑将来工资的不确定性如何影响消费者的劳动供给. 把方程(11.2.28)代入方程(11.2.26),得到

$$U_L = \theta Y\left(\mu_y - \frac{\sigma_{zq}}{\sigma^2}(\alpha-r)\right)J_W + \theta^2 Y^2(1-L)\sigma_y^2(1-\eta_{zq}^2)J_{WW}$$

$$\tag{11.2.29}$$

如果 $\eta_{zq}=1$,把上面的方程对税收求导数,得到

$$U_{LL}\frac{\mathrm{d}L}{\mathrm{d}\tau}=-Y\left(\mu_y-\frac{\sigma_{zq}}{\sigma^2}(\alpha-r)\right)J_W \tag{11.2.30}$$

上面方程中括号部分是正的,这可以从下面看到,从 CAPM 公式,我们知道

$$\mu_y-r=\frac{\sigma_{zq}}{\sigma^2}(\alpha-r) \tag{11.2.31}$$

因此,$\mu_y-\frac{\sigma_{zq}}{\sigma^2}(\alpha-r)=r$ 为正.从而我们得到,$\frac{\mathrm{d}L}{\mathrm{d}\tau}>0$,因此,和风险中性的劳动收入情形一致,劳动收入税可以增加消费者的休闲,降低消费者的劳动供给.

如果 $\eta_{zq}=0$,这样从方程(11.2.29)得到

$$(U_{LL}+\theta^2 Y^2\sigma_y^2 J_{WW})\frac{\mathrm{d}L}{\mathrm{d}\tau}$$
$$=-Y\left(\mu_y-2\theta\sigma_y^2\frac{Y(1-L)}{W}\left(-\frac{WJ_{WW}}{J_W}\right)\right)J_W \tag{11.2.32}$$

从方程(11.2.32),我们知道可能出现随着劳动收入税的增加,消费者的劳动供给增加、休闲减少的情形.

假设政府选择线性收入税,政府在每一时刻从消费者那里收到收入税,而对每个消费者进行一揽子的转移 $\mathrm{d}S$,因此,政府的预算约束方程为

$$\mathrm{d}S=\tau(1-L)E(\mathrm{d}Y)-\mathrm{d}G=\tau(1-L)Y\mu_y\mathrm{d}t-\mathrm{d}G \tag{11.2.33}$$

其中 $\mathrm{d}G$ 为政府的公共开支.

政府在自己的预算约束(11.2.33)下,选择最优税收来极大化消费者一生的福利,即

$$\max E_0\int_0^T U(C,L,t)\mathrm{d}t$$

受约束于

$$\mathrm{d}W=\{[\omega(\alpha-r)+r]W-c\}\mathrm{d}t+\theta(1-L)Y\mu_y\mathrm{d}t$$
$$+\omega W\sigma\mathrm{d}z+\mathrm{d}S+\theta(1-L)Y\sigma_y\mathrm{d}q$$

求解上面的问题,对应的 Bellman 方程为

$$0=\max_{C,L}\Big\{U(C,L,t)+J_t+J_W\{[\omega(\alpha-r)+r]W$$
$$+\theta(1-L)Y\mu_y-c\}\mathrm{d}t+J_Y\theta(1-L)Y\mu_y$$
$$+\frac{1}{2}J_{WW}(\omega^2\sigma^2 W^2+2\omega W\theta(1-L)Y\sigma_{zq}+\theta^2 Y^2(1-L)^2\sigma_y^2)$$
$$+J_{YW}\omega W\theta(1-L)Y\sigma_{zq}+\frac{1}{2}J_{YY}\theta^2 Y^2\sigma_y^2\Big\}$$

其中 $\sigma_{zq}=\sigma\sigma_y\eta_{zq}$.

这样,我们得到最优性条件
$$U_C(C,L,t) = J_W$$
$$U_L\frac{\partial L}{\partial \tau} = \{Y\mu_y J_W + \theta Y(\omega W\sigma_{zq} + \theta Y(1-L)\sigma_y^2)J_{WW}\}\frac{\partial L}{\partial \tau}$$
$$+ Y(1-L)[\omega W\sigma_{zq} + \theta Y(1-L)\sigma_y^2]J_{WW} \quad (11.2.34)$$
$$0 = J_W(\alpha - r) + J_{WW}\theta Y\sigma_{zq} + J_{WW}\omega W\sigma^2 + J_{YW}\theta Y\sigma_{zq} \quad (11.2.27)$$

从上面的方程可以得到
$$\tau Y\mu_y J_W\frac{\partial L}{\partial \tau} + \theta Y^2(1-L)^2(1-\eta_{zq}^2)\sigma_y^2 J_{WW}$$
$$-\frac{\alpha-r}{\sigma^2}Y(1-L)\sigma_{zq}J_W = 0 \quad (11.2.35)$$

令方程(11.2.35)中左边的部分为 $F(\tau)$,因此,它依赖于劳动收入风险和金融风险的协方差.假设 $\sigma_y^2=0$,我们得到 $F(0)=0$,因此,最优的收入税税率为 0. 在通常的情形下,收入税税率为 0 不是最优的,考虑特殊情形 $\eta_{zq}=0$,我们得到
$$F(\tau) = \tau Y\mu_y J_W\frac{\partial L}{\partial \tau} + \theta Y^2(1-L)^2 J_{WW} = 0$$

我们得到最优税收
$$\tau = -\frac{Y^2(1-L)^2\sigma_y^2 J_{WW}}{Y\mu_y J_W\frac{\partial L}{\partial \tau} - Y^2(1-L)^2\sigma_y^2 J_{WW}} \quad (11.2.36)$$

在假设 $\frac{\partial L}{\partial \tau}>0$ 下,最优税收在 0 和 1 之间. 如果 $\eta_{zq}=1$,很容易可以证明最优税收在 0 和 1 之间,但是在 $\eta_{zq}=-1$ 时,最优税收是小于 0 的.

习题

1. 资本主义精神和社会地位模型中的税收与增长. 假设消费者的效用函数定义在他的消费和财富水平上,即 $u(c,W)$. 模型的其余假设和第一节的假设一致,讨论税收对经济增长的影响.

2. 在 11.1 节给出的模型中讨论政府的最优货币政策和财政政策,假设消费者的效用函数为 $u(c,M/P) = \frac{(c^\theta(M/P)^{1/\theta})^{1-\sigma}-1}{1-\sigma}$,其中 θ 和 σ 为正常数,M 为名义货币量,假设它满足下面的增长方程:
$$\frac{dM}{M} = \phi dt + dx$$

价格水平 P 的过程为

$$\frac{\mathrm{d}P}{P} = \pi \mathrm{d}t + \mathrm{d}p$$

其中 ϕ 和 π 分别为名义货币的平均增长率和平均通货膨胀率. $\mathrm{d}x$ 和 $\mathrm{d}p$ 分别为它们的波动.

(1) 货币是没有名义回报的,求出实际货币的回报率.

(2) 在 11.1 节其余的假设下,消费者选择消费水平以及债券、资产和货币的持有量极大化消费者的期望效用和,写出消费者的问题,求出最优性条件.

(3) 求出最优的税收和最优的货币供应量,同时讨论它们的福利损失.

第 12 章 离散的最优税收理论

本章讨论作为 Ramsey 问题的动态最优税收理论. 政府的目标是在预算平衡下极大化消费者的福利. 当制定一个最优政策时, 政府把消费者和厂商纳入均衡系统来考虑. 我们首先考虑一个非随机的经济, 然后讨论一个随机经济.

模型是带有给定的政府公共开支的新古典基本增长模型的竞争均衡的情形. 在这个简单的模型中, 生产者雇佣劳动力和资本, 政府向它们收取平滑税收. 问题是如何决定这两个最优的税率. 在非随机的模型下, Chamley (1986) 和 Judd (1985) 证明了在存在渐近的稳定均衡点时, 最优的税收政策是把在资本上的税率定为零. 这个结论指出了资本收入税从长期来看既不是有效的也不可能在收入的重新分配中有作用. 这个结论在存在债券来平衡预算的前提下是显然的, 但是, 在税收系统不完备的条件下, 最优的资本收入税不一定为零, 类似 Correia(1996) 给出的框架, 我们研究了在存在某种不能收税的固定生产要素的条件下的最优税收方案.

在随机模型的情形下, 我们发现资本税和偶发状态债券的不确定性. 存在无穷多个方案来实现一个给定的竞争资源配置. 例如两个极端的情形: (1) 政府发行无风险的债券, 政府资本税率依赖于现在的状态; (2) 在一期以前把税率固定, 让债券是偶发状态. 资本税率不被约束, 通过自然状态, 最优的 Ramsey 方案决定下一期税收回报的市场现值. 在用资本收入的市场现值相除后, 就得到资本税率. 如果存在一个稳定的 Ramsey 配置方案, Zhu (1992) 证明了存在两种可能的结果. 对某种形式的效用函数, Ramsey 法则得到零资本税率, 此时可以解释为资本收入税收为零. 但是, 除特殊的效用函数以外, Zhu 证明资本收入税可以在零附近变化, 也就是存在非零测度使得资本税收为正, 也可能存在非零测度使得资本税收为负. Chari、Christiano 和 Kehoe 给出了数值实现, 由大量的经验事实可以得到最优资本税趋近于零.

回到非随机的框架, 1997 年 Jones、Manuelli 和 Rossi 在引入人力资本的前提下讨论了最优税收问题. 积累人力资本的技术是常数规模的. 他们得到的结论是在长期来看对人力资本收入不应该收税. 政府应该收取大量的消费税. 但是在政府采用债券来平衡政府公共开支的情况下,即使消费税,在极限情况下也是零.但是这个漂亮的结论的得出依赖于常数规模回报的技术、完全竞争的市场和完备的平滑税收系统.

本章讨论最优税收,而且假设政府可以决定将来的税率.

12.1 Ricardian 等价性

我们在这一节讨论 Ricardian 等价性问题.为了使读者对离散的方法有所了解,我们采用离散的方法来说明.我们这里考虑的是:具有无穷生命期限的无穷限的经济,假设经济中每个人只考虑自己的福利.

12.1.1 消费者行为

现在考虑的经济具有 N 个恒等的消费者,每个消费者的目的是极大化他的所有贴现效用和

$$\sum_{t=0}^{\infty}\beta^t u(c_t) \tag{12.1.1}$$

其中 $\beta\in(0,1)$ 为贴现因子.

$u(\cdot)$ 为前面定义的效用函数,它是严格递增的二阶连续可微的凹函数.并且满足 Inada 条件 $\lim_{c\to 0}u'(c)=+\infty$,它表明消费水平非负.$c_t$ 为在 t 期的消费水平.消费者可以投资在一种无风险的资产上,获得固定的回报率为 R,这种资产可以是投资在常数规模回报的技术上的资本,或者是政府的无风险的债券.因此,在任意时刻 t,消费者的预算约束为

$$c_t + R^{-1}b_{t+1} \leqslant y_t + b_t \tag{12.1.2}$$

初始的债券 b_0 给定.我们假设 $R\beta=1$.这里 $\{y_t\}_{t=0}^{\infty}$ 是消费者的非负的收入禀赋序列,满足 $\sum_{t=0}^{\infty}\beta^t y_t<\infty$.(因为我们考虑的是消费者行为,我们可以不必考虑厂商的具体行为,因此我们没有引入资本存量,如果引入资本存量的积累行为,我们同样可以得到下面的结论)

对于消费者的资产持有 $\{b_t\}_{t=0}^{\infty}$,我们必须给予两类约束.一类是对任意的时刻 $t\geqslant 0$ 有 $b_t\geqslant 0$.这个约束条件表明消费者只能贷款,不能借债.另一类条件是:如果消费者可以借债,必须限制消费者的债务水平.我们下面来给出这个限度.对任意的时刻 t,在方程(12.1.2)中令 $c_t=0$,从而通过求解差分方程(12.1.2)得到解为

$$\tilde{b}_t = -\sum_{j=0}^{\infty} R^{-j} y_{t+j} \qquad (12.1.3)$$

我们把 $\tilde{b}_t$ 叫做消费者的最大的借债限度，这个水平就是使得消费者不消费，把所有收入用来偿还债务，这个水平的债务就是最大的借债限度。因此我们对消费者的资产给出的第二类约束条件为 $b_t \geqslant \tilde{b}_t$。这个条件显然比约束条件 $b_t \geqslant 0$ 来得弱。

这样，消费者的问题就是选择消费水平和债券的持有来极大化他的效用，即

$$\max \sum_{t=0}^{\infty} \beta^t u(c_t)$$

受约束于约束条件 $b_t \geqslant \tilde{b}_t$，或者 $b_t \geqslant 0$，初始的债券水平 b_0 和预算约束条件

$$c_t + R^{-1} b_{t+1} \leqslant y_t + b_t \qquad (12.1.4)$$

利用 Bellman 原理或者 Lagrange 乘子，我们可以得到的最优性条件为

$$u'(c_t) \geqslant \beta R u'(c_{t+1}) \qquad (12.1.5a)$$

$$u'(c_t) > \beta R u'(c_{t+1}) \quad \text{表明} \quad b_{t+1} = 0 \qquad (12.1.5b)$$

因为我们假设 $R\beta = 1$，上面的条件和方程 (12.1.2) 表明，当 $b_{t+1} > 0$ 时，$c_{t+1} = c_t$；当 $b_{t+1} = 0$ 时，$y_t + b_t = c_t < c_{t+1}$，因此消费者是借债限制的。这个解依赖于 $\{y_t\}$ 的路径，我们可以从下面的例子中看到这一点：

例 12.1.1 假设消费者收入禀赋的路径为 $y_t = 1.5, 0.5, 1.5, 0.5, \cdots$，而且 $b_0 = 0$，因此我们得到的解为对任意的 $t \geqslant 0, c_t = 1$，而且 $b_t = 0, 0.5, 0.5, 0, \cdots$。

例 12.1.2 假设消费者收入禀赋的路径为 $y_t = 0.5, 1.5, 0.5, 1.5, 0.5, \cdots$，而且 $b_0 = 0$，因此我们得到的解为 $c_t = 0.5, 1, 1, 1, \cdots$，而且 $b_t = 0, 0.5, 0, 0.5, 0, \cdots$。

例 12.1.3 假设 $b_0 = 0$，而且 $y_t = \lambda^t, 1 < \lambda < R$。因为 $\lambda R < 1$。因此我们得到的解为 $b_t \geqslant 0, c_t = y_t, b_t = 0$。

例 12.1.4 假设 $b_0 = 0$，而且 $y_t = \lambda^t, 1 < \lambda < R$，但是对于约束限制 (12.1.4)。因此消费者收入的贴现值为

$$\sum_{t=0}^{\infty} \beta^t \lambda^t = \frac{1}{1-\beta\lambda}$$

满足预算约束条件的常数消费水平满足 $\frac{c}{1-\beta} = \frac{1}{1-\beta\lambda}$，从而消费水平为 $c = \frac{1-\beta}{1-\lambda\beta}$。把这个消费水平代入方程 (12.1.2) 得到

$$b_{t+1} = \beta\left[\lambda^t - \frac{1-\beta}{1-\lambda\beta}\right] + \beta b_t \qquad (12.1.6)$$

我们可以得到消费者的债券积累路径.

例 12.1.5 在例 12.1.3 中,假设 $\lambda<1$. 因此从方程(12.1.6)得到 $b_t \geqslant 0$. 因此即使强加了 $b_t \geqslant 0$ 的约束条件,上面给出的消费路径仍然为解.

12.1.2 政府行为

我们在模型中考虑政府行为. 政府从一揽子税收和发行债券中得到收入来满足政府的花费. 政府的预算约束条件为

$$B_t + g_t = \tau_t + R^{-1} B_{t+1} \qquad (12.1.7)$$

这里假设政府的税收为 $\{\tau_t\}_{t=0}^{\infty}$,政府公共开支为 $\{g_t\}_{t=0}^{\infty}$,B_t 为一期债券,我们假设政府可以借债,但是不允许私人借债. 因此 $B_t > 0$. 求解政府的预算约束方程(12.1.7)可以得到政府的跨时约束条件

$$B_t = \sum_{j=0}^{\infty} R^{-j}(\tau_{t+j} - g_{t+j}) \qquad (12.1.8)$$

12.1.3 Ricardian 等价

我们现在要从消费者的预算约束条件中把税收 τ_t 消去. 考虑消费者的预算约束条件(12.1.2),我们可以从方程(12.1.2)得到

$$b_t = \sum_{j=0}^{\infty} R^{-j}(c_{t+j} + \tau_{t+j} - y_{t+j}) \qquad (12.1.9)$$

在不允许借债的约束下,上面给出的债务水平必须大于等于零,而且我们可以得到"自然的债务约束"

$$\tilde{b}_t = \sum_{j=0}^{\infty} R^{-j}(\tau_{t+j} - y_{t+j})$$

下面给出均衡的定义:

定义 12.1.1

一个宏观均衡就是一个消费者的消费水平和债券水平需求 $\{c_t, b_t\}$ 和政府的财政政策 $\{g_t, \tau_t, B_{t+1}\}$ 满足:(a) 政府的财政政策满足政府的预算约束(12.1.7);(b) 在政府财政政策给定下,消费者行为是最优的.

这样,在"自然债务水平"的约束下,我们得到下面的 Ricardian 等价性质:

性质 12.1.1

假设消费者的行为受到"自然债务水平"约束限制,并且 $\{\bar{c}_t, \bar{b}_{t+1}\}$ 和 $\{\bar{g}_t, \bar{\tau}_t,$

$\bar{B}_{t+1}\}$ 为一宏观均衡. 假设存在另外的税收政策 $\{\hat{\tau}_t\}$ 满足

$$\sum_{t=0}^{\infty} R^{-t}\hat{\tau}_t = \sum_{t=0}^{\infty} R^{-t}\bar{\tau}_t \tag{12.1.10}$$

则 $\{\bar{c}_t, \hat{b}_{t+1}\}$ 和 $\{\bar{g}_t, \hat{\tau}_t, \hat{B}_{t+1}\}$ 也是一个宏观均衡, 其中

$$\hat{b}_t = \sum_{t=0}^{\infty} R^{-j}(\bar{c}_{t+j} + \hat{\tau}_{t+j} - y_{t+j}), \quad \hat{B}_t = \sum_{t=0}^{\infty} R^{-j}(\hat{\tau}_{t+j} - \bar{g}_{t+j})$$

证明 这里证明的关键步骤为政府的调整后的税收水平和债券发行政策下, 相同水平的消费水平、调整后的税收和债务仍然为消费者的最优化问题的解. 因为在"自然债务水平"约束下, 消费者面临的跨时预算约束条件为

$$b_t = \sum_{j=0}^{\infty} R^{-j}(c_{t+j} + \tau_{t+j} - y_{t+j})$$

考虑到政府的预算约束, 上面的方程可以改写为

$$b_t = \sum_{j=0}^{\infty} R^{-j}(c_{t+j} + g_{t+j} - y_{t+j}) + B_0$$

因此消费者的预算约束条件不依赖于政府税收的发行时间. 因此最优解也不依赖于税收. 政府税收政策的改变没有影响消费者的预算约束条件, 因此原来的消费水平仍然是消费者的最优解. 改变后的税收政策同样满足政府的预算约束条件. 因此也是可行的.

上面的性质依赖于强加的自然约束条件, 这个条件比消费者不允许借债的条件来得弱. 在不允许借债的约束条件下, 我们要求对任意的 $t \geqslant 0$ 成立 $b_t \geqslant 0$. 因此在这种约束条件下, 我们必须检查消费者更多的预算约束条件. 如果在条件 (12.1.10) 下面, 考虑税收时间的变化, 改变方程 (12.1.9) 可能使得消费者原来的借债限制不再是等式成立. 我们现在给出在上面条件下的 Ricardian 等价性质.

性质 12.1.2

考虑初始的均衡路径 $\{\bar{c}_t\}$ 满足对任意的 $t \geqslant 0, b_{t+1} > 0$. 令 $\{\bar{\tau}_t\}$ 为对应初始均衡的税收, $\{\hat{\tau}_t\}$ 为满足对任意的 $t \geqslant 0$ 下面条件的另一个税收政策

$$\hat{b}_t = \sum_{j=0}^{\infty} R^{-j}(\bar{c}_{t+j} + \hat{\tau}_{t+j} - y_{t+j}) \geqslant 0$$

则 $\{\bar{c}_t\}$ 仍然是对应税收政策 $\{\hat{\tau}_t\}$ 的均衡配置.

证明是很简单的, 读者可以自行证明.

存在另外的环境, 借债要给出约束限制条件. 我们假设存在生存一期的消费者, 对任意的时刻 $t \geqslant 0$, 生存一期的消费者从自己的消费中得到效用, 同时, 从下一代那里也得到效用. 因此在 t 时刻消费者的效用为

$$u(c_t) + \beta V(b_{t+1})$$

其中 $u(c)$ 和前面一样满足通常条件的效用函数,$b_{t+1} \geqslant 0$ 是 t 时刻的消费者转移给下一代的遗产,$v(b_{t+1})$ 是 $t+1$ 时刻消费者的最大效用. 这个效用定义为

$$V(b_t) = \max_{c_t, b_{t+1}} \{u(c_t) + \beta V(b_{t+1})\} \tag{12.1.11}$$

受约束于下面的预算约束条件:

$$c_t + b_{t+1} \leqslant y_t - \tau_t + b_t \tag{12.1.12}$$

和 $b_{t+1} \geqslant 0$.

我们可以继续考虑上面的条件下的 Ricardian 等价性问题. 这里 b_t 的作用和前面讨论的模型中的债务水平一致. 我们同样可以分情形讨论. 读者可以自己完成.

12.2 确定性下的离散模型的 Ramsey 问题

这是一个 Ramsey-Cass-Koopmans 模型的离散情形. 在只有一种商品的经济中,具有无穷期限的消费者的效用定义在他的消费水平和休闲水平上,我们记 t 时刻消费者的消费水平和休闲分别为 c_t 和 l_t,因此消费者的效用函数表示为 $u(c_t, n_t)$,并且假设消费者从消费和休闲中获得正的、递减的边际效用,这样消费者在生命期限内的消费和休闲带来的效用贴现和为

$$\sum_{t=0}^{\infty} \beta^t u(c_t, n_t) \tag{12.2.1}$$

其中 $0 < \beta < 1$ 为贴现因子.

假设赋予消费者一个单位的时间禀赋,他可以选择用在劳动 l_t 和休闲 n_t 上,因此满足

$$n_t + l_t = 1$$

假设产出由资本存量 k_t 和劳动力 l_t 生产,这个产出可以被消费者消费、可以被政府花费,也可以用来增加资本存量. 假设生产函数 $F(k_t, l_t)$ 满足新古典的基本假设. 这样可以把资源的约束方程表示为

$$c_t + g_t + k_{t+1} = F(k_t, l_t) + (1-\delta)k_t \tag{12.2.2}$$

其中 $\delta \in (0,1)$ 为资本存量的折旧率. $\{g_t\}_{t=0}^{\infty}$ 为外生的政府花费过程.

在新古典的假设下,生产函数是非降的、边际生产率递减的凹函数,而且有下面的 Euler 方程:

$$F(k, l) = F_k k + F_l l \tag{12.2.3}$$

方程(12.2.1)表明产出被资本回报和工资所瓜分,因此在完全竞争的条件下,厂

商的极大化利润为零.下面给出模型的基本框架.

12.2.1 政府行为

假设政府通过税收收入和发行债券来满足它的花费.假设 τ_t^k 表示在资本收入上的税率,τ_t^l 表示在劳动收入上的税率,同时假设政府发行一期债券,可以在市场上公开交易.记 b_t 为政府在时刻 t 发行的总的债券,把 t 时刻的消费品作为等价物,而且债券在 t 期开始时到期.这样,政府的预算约束方程可以表示为

$$g_t = \tau_t^k r_t k_t + \tau_t^l w_t l_t + \frac{b_{t+1}}{R_t} - b_t \qquad (12.2.4)$$

这里 r_t 和 w_t 分别表示市场决定的资本回报率和劳动力的工资率,R_t 表示从 t 期到 $t+1$ 期的一期债券的总的回报率.假设利息收入是免税的,这对于债券在政府和消费者之间交易是没有多大影响的.

12.2.2 消费者行为

在政府行为外生给定下,消费者的预算约束方程就是所有的税后收入等于储蓄,从而来增加资本存量和债券的持有.即

$$c_t + k_{t+1} + \frac{b_{t+1}}{R_t} = (1-\tau_t^l) w_t l_t + (1-\tau_t^k) r_t k_t + (1-\delta) k_t + b_t$$

$$(12.2.5)$$

消费者行为就是在政府行为给定,自己的预算约束条件(12.2.5)、初始资本存量和债券持有量给定下选择消费路径、资本积累路径、休闲路径和债券的持有路径来极大化消费者的效用(12.2.1).

采用动态规划的方法求解消费者的问题得到最优性条件为

$$u_c(t) = \lambda_t \qquad (12.2.6)$$

$$u_l(t) = \lambda_t (1-\tau_t^l) w_t \qquad (12.2.7)$$

$$\lambda_t = \beta \lambda_{t+1} [(1-\tau_{t+1}^k) r_{t+1} + 1 - \delta] \qquad (12.2.8)$$

$$\lambda_t \frac{1}{R_t} = \beta \lambda_{t+1} \qquad (12.2.9)$$

方程(12.2.6)和方程(12.2.7)就是标准的最优性条件,它们给出在最优时消费的边际效用等于财富的边际值;方程(12.2.7)表示休闲的边际效用等于用效用来度量的实际工资.方程(12.2.8)和(12.2.9)是 Euler 方程,给出了跨时的无套利假设.

把方程(12.2.6)代入方程(12.2.7)和方程(12.2.8),我们得到

$$u_l(t) = u_c(1-\tau_t^l) w_t \qquad (12.2.10a)$$

$$u_c(t) = \beta u_c(t+1)[(1-\tau_{t+1}^k) r_{t+1} + 1 - \delta] \qquad (12.2.10b)$$

同时,方程(12.2.8)和(12.2.9)表示
$$R_t = [(1-\tau_{t+1}^k)r_{t+1} + 1-\delta] \tag{12.2.11}$$
方程(12.2.11)表明了一个无套利的条件,它表明在最优时,资本和债券的回报率相等. 同样的条件可以用来处理消费者的预算约束条件,我们在方程(12.2.5)中消去公共的债务水平 b_{t+1}, 得到下面的条件:

$$c_t + \frac{c_{t+1}}{R_t} + \frac{k_{t+2}}{R_t} + \frac{b_{t+2}}{R_t R_{t+1}}$$
$$= (1-\tau_t^l)w_t l_t + \frac{(1-\tau_{t+1}^l)w_{t+1} l_{t+1}}{R_t}$$
$$\cdot \left[\frac{(1-\tau_{t+1}^k)r_{t+1} + (1-\delta)}{R_t} - 1\right] k_{t+1}$$
$$+ (1-\tau_t^k)r_t k_t + (1-\delta)k_t + b_t \tag{12.2.12}$$

方程(12.2.12)左边表示消费者的花费,右边表示消费者的收入来源. 如果在方程(12.2.12)中 k_{t+1} 的系数不为零,
$$R_t < [(1-\tau_{t+1}^k)r_{t+1} + 1-\delta]$$
消费者可以购买任意数量的资本 k_{t+1},从而消费者预算会无界;对于相反的情形,消费者可以买空任意数量的资本 k_{t+1},这个数量可以为负. 因此要存在竞争均衡,必须满足条件(12.2.11). 在这个条件下,我们继续迭代下去可以得到下面的方程:

$$\sum_{t=0}^{\infty} \prod_{i=0}^{t} R_i^{-1} c_t = \sum_{t=0}^{\infty} \prod_{i=1}^{t} R_i^{-1}(1-\tau_t^l)w_t l_t + (1-\tau_0^k)r_0 k_0$$
$$+ (1-\delta)k_0 + b_0 \tag{12.2.13}$$

这里我们用到了横截性条件
$$\lim_{t \to \infty} \prod_{i=0}^{t} R_i^{-1} k_{t+1} = 0, \quad \lim_{t \to \infty} \prod_{i=0}^{t} R_i^{-1} \frac{b_{t+1}}{R^{t+1}} = 0 \tag{12.2.14}$$

方程(12.2.13)给出了消费者预算约束的意义,它指出消费者所有的消费的贴现值之和等于消费者所有税后收入:包括右边第一项的劳动收入,余下的项表示消费者初始的财富.

12.2.3 厂商行为

在完全竞争的条件下,每个厂商都是价格的服从者. 因此对于单个厂商来讲资本回报和工资率都是给定的. 厂商雇佣工人和资本生产产出,厂商选择资本存量和劳动力来极大化它的利润,即
$$\max \Pi = F(k_t, l_t) - r_t k_t - w_t l_t \tag{12.2.15}$$
得到最优性条件为

$$r_t = F_k(t) \qquad (12.2.16)$$
$$w_t = F_l(t) \qquad (12.2.17)$$

因此,厂商雇佣资本和劳动力要满足的条件是使得资本存量的边际生产率等于利率,劳动力的边际生产率等于工资率. 在常数规模回报,即生产函数是一次齐次的条件下,由 Euler 方程可以得到厂商的最优利润等于零. 因此单个厂商的大小是不确定的.

我们可以以另外一种方式来看待最优性条件(12.2.17). 我们知道厂商的利润就是它的所有产出减去雇佣资本的花费和工人的工资,即

$$\Pi = F(k_t, l_t) - r_t k_t - w_t l_t = (F_k - r_t) k_t + (F_l - w_t) l_t$$

如果要求厂商的利润为非负而且有界,则资本存量和劳动力前面的系数必须等于零. 从而得到均衡的极大化利润等于零.

12.2.4 Ramsey 模型

为简单起见,我们采用不带角标的变量表示相应变量的路径. 我们把满足方程(12.2.2)的资本存量、消费水平和政府公共开支水平(k,c,g)叫做可行的资源配置. 我们把一个三维的非负有界向量(w,r,R)叫做价格系统;政府的政策包括四个序列(g,τ^k,τ^l,b). 一个竞争均衡就是一个可行的配置、一个价格向量和政府政策系统,它满足:(1)在给定的价格和政府政策下,可行配置极大化厂商的利润和消费者的效用;(2)在给定的价格和资源配置下,政府的政策满足政府的预算约束条件(12.2.4).

在不同的政府政策下,可能存在多个竞争均衡,这种多样性使得 Ramsey 问题更有意义. 我们的问题就是在给定的初始资本存量和债务水平下寻找一个竞争均衡极大化(12.2.1).

为了使我们的问题更有意义,我们常常对税收的大小作一些限制,如将初始的资本存量收入税τ_0^k取为零. 由于初始的资本存量给定,因此任何时刻对初始资本存量的税收都可以看成一揽子税收. 人们通常对任意时刻的税收τ_t^i也要作出限制,如必须给定一个上界. 这些界在最优税收理论中有很重要的意义,一般地,我们最后的最优税收会选取角点解,也就是这个上下界.

12.2.5 资本税收为零

沿用 Chamley 的框架,假设政府选择税后的利率和工资水平就等价于政府选择税收水平. 我们记税后的利率和工资水平分别为$\widetilde{r}_t$和$\widetilde{w}_t$. 它们可以分别表示为

$$\widetilde{r}_t = (1-\tau_t^k) r_t, \quad \widetilde{w}_t = (1-\tau_t^l) w_t$$

因而政府的税收收入可以表示为

$$\tau_t^k r_t k_t + \tau_t^l w_t l_t = (r_t - \widetilde{r}_t) k_t + (w_t - \widetilde{w}_t) l_t$$
$$= (F_k - \widetilde{r}_t) k_t + (F_l - \widetilde{w}_t) l_t$$
$$= F(k,l) - \widetilde{r}_t k_t - \widetilde{w}_t l_t$$

因此在消费者和政府的最优行为下,政府选择政府税收和花费极大化整个社会的福利.即在厂商的最优性条件(12.2.17),消费者的最优性条件(12.2.2)和(12.2.10),政府的预算约束下极大化社会福利(12.2.1).我们定义对应的 Lagrange 函数为

$$L = \sum_{t=0}^{\infty} \beta^t \Big\{ u(c_t, 1 - l_t) + \psi_t \Big[F(k,l) - \widetilde{r}_t k_t - \widetilde{w}_t l_t + \frac{b_{t+1}}{R_t} - b_t - g_t \Big]$$
$$+ \theta_t \big[F(k_t, l_t) + (1 - \delta) k_t - c_t - g_t - k_{t+1} \big]$$
$$+ \mu_{1t} \big[u_l(t) - u_c(t) \widetilde{w}(t) \big]$$
$$+ \mu_{2t} \big[u_c(t) - \beta u_c(t+1)(\widetilde{r}_{t+1} + 1 - \delta) \big] \Big\} \qquad (12.2.18)$$

其中 $R_t = [(1 - \tau_{t+1}^k) r_{t+1} + 1 - \delta]$ 由方程(12.2.11)给出.注意到这里没有显示的包含消费者预算约束,主要是因为在政府预算平衡和资源平衡下,消费者的预算约束方程是显然的.这里 ψ_t 为对应政府预算约束的 Lagrange 乘子;θ_t 为社会资源约束的 Lagrange 乘子,μ_{1t} 和 μ_{2t} 分别为对应的消费者最优性条件的 Lagrange 乘子.

我们得到的最优性条件为

$$u_c(t) = \theta_t + \mu_{1t}(u_{cc} \widetilde{w} - u_{cl}) + \mu_{2t} u_{cc}(t)$$

最优性条件相当复杂,我们仅仅就某些有用的加以说明.对于资本存量 k_{t+1} 的最优性条件为

$$\theta_t = \beta \{ \psi_{t+1} [F_k(t+1) - \widetilde{r}_{t+1}] + \theta_{t+1} [F_k(t+1) + 1 - \delta] \} \quad (12.2.19)$$

方程(12.2.19)的经济学意义是相当明确的,在 t 时刻增加一个单位的资本存量可以增加的投资量为 $F_k(t+1) + 1 - \delta$ 乘以它的社会边际值 θ_{t+1}.另外它还增加了政府税收收益 $F_k(t+1) - \widetilde{r}_{t+1}$,这样可以使得政府减少相同数量的债务和其他税种的税收,因此这种减少超额负担的边际值为 $[F_k(t+1) - \widetilde{r}_{t+1}] \psi_{t+1}$.这两种影响之和贴现到 t 时刻来看,等于在 t 时刻的投资品的社会边际值 θ_t.

在均衡点时,所有的内生变量都是常数,利用方程(12.2.17),方程(12.2.19)可以表示为

$$\theta = \beta \{ \psi [r - \widetilde{r}] + \theta [r + 1 - \delta] \} \qquad (12.2.20)$$

对于消费水平,我们得到的均衡条件为

$$1 = \beta [\widetilde{r} + 1 - \delta] \qquad (12.2.21)$$

考虑方程(12.2.20)和(12.2.21),得到
$$(\theta+\psi)(r-\tilde{r})=0 \qquad (12.2.22)$$
因为消费品的社会边际值 θ 是严格为正的,减少政府债务和税收的社会边际值 ψ 非负,因此由方程(12.2.22)得到
$$r=\tilde{r}$$
也就是 $\tau^k=0$. 即在均衡时,从长期来看资本收入税为零. 我们总结为:

性质 12.2.1

如果在 Ramsey 问题中存在均衡点,则资本收入税的极限值为零.

注意到在政府能够发行债券或者在每期必须满足平衡预算的情形下,我们同样可以得到上面的结论. 在后面一种情形下,我们只要在方程(12.2.18)中令 $b_t=b_{t+1}=0$,不存在任何困难,我们可以得到 $\tau^k=0$. 我们强调这种情形是为了说明我们要排除所有税收都为零是最优的情形,此时政府的收益为零,这样政府的花费全部来自债券市场,它用从债券市场得到的收益来平衡政府的花费. 下面我们来讨论这种可能性.

12.2.6 重新分配的极限

资本收入税的极限为零同样可以推广到具有异质的消费者的情形. 这和 Chamley(1986)提到的,以及随后 Judd(1985)讨论的结论一致. 假设存在有限的不同类型的消费者,我们记为 N,而且在每个类型中,我们假设消费者数量相同. 相应的第 i 个类型的消费者的消费水平、劳动力供给和资本存量分别为 c_t^i、l_t^i 和 k_t^i. 效用函数同样可以依赖于该类型,我们假设第 i 个类型的消费者的效用函数为 $u^i(c_t^i,1-l_t^i)$,但是为了简单起见,我们假设所有消费者的贴现因子是相同的.

政府可以对每个不同类型的消费者进行相应的转移 $S_t^i \geq 0$,但是不存在一揽子税收. 和前面的假设一致,政府由消费者的资本收入和劳动收入收取平滑税,获得收入. 我们假设政府的社会福利函数是消费者的效用函数的加权平均值,我们记政府对于第 i 个类型的消费者的权为 $\alpha^i \geq 0$,这个权的大小表示政府对这个类型的消费者的福利关心程度. 我们同样假设政府是平衡预算约束的. 同样,重复前面的过程,对于每个类型的消费者和厂商,他们各自最优化各自的最优行为,得到最优性条件,在每个类型的消费者和厂商的最优行为下,政府选择税收和政府公共开支来极大化整个社会的福利. 我们定义整个社会的 Lagrange 函数为

$$L=\sum_{t=0}^{\infty}\beta^t\Big\{\sum_{i=1}^{N}\alpha^i u^i(c_t^i,1-l_t^i)$$

$$+ \phi_t \left[F(k,l) - \widetilde{r}_t k_t - \widetilde{w}_t l_t + \frac{b_{t+1}}{R_t} - b_t - g_t \right]$$

$$+ \theta_t [F(k_t, l_t) + (1-\delta)k_t - c_t - g_t - k_{t+1}]$$

$$+ \sum_{i=1}^{N} \varepsilon_t^i [\widetilde{w}_t^i l_t^i + \widetilde{r}_t k_t^i + (1-\delta)k_t^i + S_t^i - c_t^i - k_{t+1}^i]$$

$$+ \sum_{i=1}^{N} \mu_{1t}^i [u_l^i(t) - u_c^i(t)\widetilde{w}(t)]$$

$$+ \sum_{i=1}^{N} \mu_{2t}^i [u_c^i(t) - \beta u_c^i(t+1)(\widetilde{r}_{t+1} + 1 - \delta)] \bigg\} \quad (12.2.23)$$

这里我们用到关系 $l_t = \sum_{i=1}^{N} l_t^i, k_t = \sum_{i=1}^{N} k_t^i$ 和 $S_t = \sum_{i=1}^{N} S_t^i$. 这里包含了每类消费者的预算约束和一阶条件.

我们可以写出整个一阶条件,但是这个条件相当复杂,所以只写出我们需要的某些一阶条件. 我们得到对 k_{t+1}^i 的最优性条件为

$$\theta_t + \varepsilon_t^i = \beta \{\phi_{t+1}[F_k(t+1) - \widetilde{r}_{t+1}] + \theta_{t+1}[F_k(t+1) + 1 - \delta]$$

$$+ \varepsilon_{t+1}^i [\widetilde{r}_{t+1} + 1 - \delta]\} \quad (12.2.24)$$

如果均衡点存在,所有的内生经济变量为零,则方程(12.2.24)可以改写成

$$\theta + \varepsilon^i [1 - \beta(\widetilde{r} + 1 - \delta)] = \beta\{\phi[r - \widetilde{r}] + \theta[r + 1 - \delta]\} \quad (12.2.25)$$

因为方程(12.2.25)给出的条件对于所有类型的消费者都是成立的,所以 $\varepsilon^i = 0$,这样我们同样可以得到方程(12.2.22)给出的条件成立. 因此同样地,我们得到在均衡时,资本收入税为零是一个 Pareto 最优的结果.

Judd(1985)讨论了一个特殊的情况,假设存在两类消费者. 第一类消费者只工作,不储蓄,因此他的预算约束方程为

$$c_t^1 = \widetilde{w}_t l_t^1 + S_t^1$$

第二类消费者不工作,他们拥有资本,因此他们的预算约束方程为

$$c_t^2 + k_{t+1}^2 = \widetilde{r}_t k_t^2 + (1-\delta)k_t^2 + S_t^2$$

因为这是我们叙述的一般问题的一个特例,所以资本收入税等于零仍然成立. 因此,如果政府考虑工人的福利,即赋予工人的权大于资本家的权,$\alpha^1 > \alpha^2 > 0$,则我们同样得到资本的收入税为零,因此不存在任何重新分配收入的关系,最终政府的收入全部来源于工人的工资收入税. 注意,我们这里讨论的都是在均衡点的情形,即当时间充分长时的问题,我们的分析没有给出整个收敛路径上的税收情况. 后面在一个特殊的情形下,我们会给出资本税收的显示路径,这样,我们就可以得到在收敛路径上的税收情况.

12.2.7 Ramsey 问题的最初路径

在 Ramsey 问题中,Chamley 把税收选择转化为选择$(\tilde{r}_t,\tilde{w}_t)$. 我们现在采用另外的方式来讨论这个问题,我们消去所有的价格变量,政府直接选择可行的资源配置,使得这种可行的选择和消费者、厂商的最优行为一致. Ramsey 问题的最初路径和税收作为政府的决策变量的对偶过程是相反的. 正如 Lucas 和 Stokey 分析的在不存在资本的经济中用到的过程一样. 下面我们采用 Jones、Manuelli 和 Rossi 的框架.

和方程(12.2.18)比较,我们仅仅考虑政府可以在债券市场自由交易. 这样乘子 ϕ_t 对应的约束可以用政府的现值预算约束方程或者消费者的现值预算约束方程来代替. 我们只需要其中的任意一个约束条件. 我们选择消费者的现值预算约束问题,而且资本存量因为无套利条件被消去. 为方便起见,我们可以把消费者的预算约束方程用下面现值的预算约束方程代替:

$$\sum_{t=0}^{\infty} q_t^0 c_t = \sum_{t=0}^{\infty} q_t^0 (1-\tau_t^l) w_t l_t + [(1-\tau_0^k)r_0 + 1-\delta]k_0 + b_0$$

(12.2.26)

这里 q_t^0 是 Arrow-Debreu 价格,它等于

$$q_t^0 = \prod_{i=1}^{t} R_i^{-1}$$

(12.2.27)

并且假设 $q_0^0=1$,由方程(12.2.18)中的最后两个约束方程得到的条件可以用来把方程(12.2.26)中的价格 q_t^0 和 $(1-\tau_t^l)w_t$ 代替.

我们把求解问题的步骤总结如下:

(1) 求出消费者和厂商的一阶条件和无套利条件. 由这些条件把 $\{q_t^0, r_t, w_t, \tau_t^k, \tau_t^l\}_{t=0}^{\infty}$ 表示为变量 $\{c_t, l_t, k_{t+1}\}_{t=0}^{\infty}$ 的函数.

(2) 把上面求出的税收和价格的表示式代入消费者的现值的预算约束方程. 这样得到仅仅依赖于资源配置的预算约束方程.

(3) 求解 Ramsey 问题:在预算约束(12.2.2)和由步骤 2 得到的调整的预算约束方程下极大化目标函数(12.2.1).

(4) 通过步骤 3,求得最优的资源配置方案,然后返回到步骤 1,得到税收和价格.

12.2.8 Ramsey 策略的构造

第一步:令 λ 为对应消费者的预算约束方程(12.2.26)的 Lagrange 乘子. 这样我们得到消费者效用极大化的一阶条件为

$$\beta^t u_c(t) - \lambda q_t^0 = 0$$
$$-\beta^t u_l(t) + \lambda q_t^0 (1-\tau_t^l) w_t = 0$$

通过上面的条件可以得到

$$q_t^0 = \beta^t \frac{u_c(t)}{u_c(0)}, \quad (1-\tau_t^l) w_t = \frac{u_l(t)}{u_c(t)} \quad (12.2.28)$$

同样，我们可以得到 Euler 方程，也就是无套利条件

$$\frac{q_t^0}{q_{t+1}^0} = (1-\tau_{t+1}^k) r_{t+1} + 1 - \delta \quad (12.2.29)$$

通过厂商的利润极大化条件得到最优性条件(12.2.17).

第二步：把方程(12.2.28)和 $r_0 = F_k(0)$ 代入方程(12.2.26)，我们可以把消费者的预算约束方程写为

$$\sum_{t=0}^{\infty} \beta^t [u_c(t) c_t - u_l(t) l_t] - A = 0 \quad (12.2.30)$$

其中 A 由下面的等式给出

$$A = A(c_0, l_0, \tau_0^k) = u_c(0) \{[(1-\tau_0^k) F_k(0) + 1 - \delta] k_0 + b_0\}$$
$$(12.2.31)$$

第三步：Ramsey 问题就是在约束(12.2.30)和(12.2.2)下面极大化目标函数(12.2.1). 我们可以用 Lagrange 方法来求解这个问题. 如果令 ϕ 为相应约束条件(12.2.30)的 Lagrange 乘子，为简单起见定义

$$V(c_t, l_t, \phi) = u(c_t, 1-l_t) + \phi [u_c(t) c_t - u_l(t) l_t] \quad (12.2.32)$$

这样，我们定义 Lagrange 函数为

$$J = \sum_{t=0}^{\infty} \beta^t \{V(c_t, l_t, \phi) + \theta_t [F(k_t, l_t)$$
$$+ (1-\delta) k_t - c_t - g_t - k_{t+1}]\} - \phi A \quad (12.2.33)$$

对于给定的 k_0 和 b_0，固定 τ_0^k，极大化 J. 得到一阶条件：

$$V_c(t) = \theta_t, \quad t \geqslant 1$$
$$V_l(t) = -\theta_t F_l(t), \quad t \geqslant 1$$
$$\theta_t = \beta \theta_{t+1} [F_k(t+1) + 1 - \delta], \quad t \geqslant 0$$
$$V_c(0) = \theta_0 + \phi A_c$$
$$V_l(0) = -\theta_0 F_l(0) + \phi A_l$$

这样，我们得到

$$V_c(t) = \beta V_c(t+1) [F_k(t+1) + 1 - \delta],$$
$$t \geqslant 1 \quad (12.2.34a)$$
$$V_l(t) = -V_c(t) F_k(t), \quad t \geqslant 1 \quad (12.2.34b)$$
$$V_l(0) = [\phi A_c - V_c(0)] F_l(0) + \phi A_l \quad (12.2.34c)$$

当然还包括预算约束条件(12.2.2)和(12.2.30).

现在要通过上面的条件求出最优配置 $\{c_t, l_t, k_{t+1}\}_{t=0}^{\infty}$ 的函数.

第四步：在上面的最优配置找到后,通过方程(12.2.28)求出 q_t^0 和 τ_t^l,从方程(12.2.17)求出 r_t 和 w_t,最后通过方程(12.2.29)求出 τ_t^k.

12.2.9 重新来考虑零资本税收

考虑特殊情形：存在 $T \geqslant 0$ 使得对任意的 $t \geqslant T$,有 $g_t = g$ 成立. 假设对于 Ramsey 问题存在解 $\{c_t, l_t, k_{t+1}\}_{t=0}^{\infty}$,并且收敛到常数 c, l 和 k. 这样 $V_c(t)$ 也收敛到常数. 从方程(12.2.34a)可以得到

$$1 = \beta(F_k + 1 - \delta) \quad (12.2.36)$$

从方程(12.2.28a)可以得到 q_t^0/q_{t+1}^0 收敛到 β^{-1}. 无套利条件(12.2.29)变成

$$1 = \beta[(1-\tau^k)F_k + 1 - \delta] \quad (12.2.37)$$

条件(12.2.36)和(12.2.37)表明 $\tau^k = 0$.

对初始资本收税

到现在为止,我们都是选取 $\tau_0^k = 0$ 或者某一个固定的常数. 现在,我们来考虑如果政府可以自由选择初始的税收政策,这样,由同样的讨论过程,我们得到最优性条件

$$\frac{\partial J}{\partial \tau_0^k} = \phi u_c(0) F_k(0) k_0 \quad (12.2.38)$$

如果 $\phi > 0$,则对于任意 τ_0^k 方程(12.2.38)是严格为正的. 注意到 ϕ 是对应的消费者消费的现值边际预算约束条件与资源的预算约束的影子价格的差的非负 Lagrange 乘子. 如果不存在扭曲的税收,竞争均衡将达到消费者的最优行为,因此 $\phi = 0$,这样消费者的预算约束不会对福利极大化产生任何其他的影响. 相应地,当乘子是严格为正时,扭曲的税收产生福利损失,从而得到约束条件(12.2.35)决定消费者的最优行为.

通过提高 τ_0^k 从而增加 k_0 的一揽子税收,政府对将来扭曲税收的依赖程度下降,因此 ϕ 下降. 事实上,条件(12.2.38)表明政府应该把 τ_0^k 的水平提到相当的高度使得 ϕ 下降到零. 也就是,政府可以提高在零时刻的资本收入税,把这些收入贷款给私人和厂商,然后利用每期的利息收入来满足政府的平衡收支. 因此政府的税收政策为对于任意的 $t \geqslant 1, \tau_t^k = 0; t \geqslant 0, \tau_t^l = 0$.

12.2.10 不完备市场的非零资本收入税

我们前面讨论了在完备市场条件下的最优资本收入税的极限等于零. 这个结论在不完备市场条件下是不一定成立的,Correia(1996)考虑了如果在生产中

存在一个不能收税的要素,如 $z_t = Z$,它的税收 $\tau_t^z = 0$.

现在把生产函数表示为 $F(k_t, l_t, z_t)$,而且使它的所有要素满足新古典的假设:各要素单调递增,边际生产率递减,而且是一次齐次的.由利润极大化,我们同样可以得到各要素的价格等于其各自的边际生产率,即在方程(12.2.17)中增加条件

$$p_t^z = F_z(t)$$

对于消费者行为,现在在方程(12.2.26)中要增加一项因为这个不能收取税收的因素带来的收益,即

$$\sum_{t=0}^{\infty} q_t^0 c_t = \sum_{t=0}^{\infty} q_t^0 (1-\tau_t^l) w_t l_t + \sum_{t=0}^{\infty} q_t^0 p_t^z Z$$
$$+ [(1-\tau_0^k) r_0 + 1 - \delta] k_0 + b_0 \quad (12.2.38)$$

沿用前面构造的 Ramsey 问题的解的步骤,在第二步中得到的消费者的调整的预算约束方程为

$$\sum_{t=0}^{\infty} \beta^t \{u_c(t)[c_t - F_z(t)Z] - u_l(t)l_t\} - A = 0 \quad (12.2.39)$$

这里 A 同样由方程(12.2.31)定义.在第三步中,我们把值函数定义为

$$V(c_t, l_t, k_t, \phi) = u(c_t, 1-l_t) + \phi\{u_c(t)[c_t - F_z(t)Z] - u_l(t)l_t\}$$
$$(12.2.40)$$

和方程(12.2.32)对照,因为 Z 的边际生产率的原因,k_t 作为一个要素进入值函数 V,因为 Z 是一个固定的数量,因此我们把 Z 直接引入了值函数.

除函数 F 和 V 的改变外,同样定义 Lagrange 函数,我们可以得到相应的最优性条件,相应于资本存量 k_{t+1} 的一阶条件是

$$\theta_t = \beta V_k(t+1) + \beta \vartheta_{t+1}[F_k(t+1) + 1 - \delta] \quad (12.2.41)$$

假设均衡点是存在的,我们得到均衡点满足的条件为

$$\theta = \beta V_k + \beta \vartheta [F_k + 1 - \delta] \quad (12.2.42)$$

和无套利条件(12.2.37)比较,我们得到最优的资本收入税为

$$\tau^k = \frac{V_k}{\theta F_k} = \frac{\phi u_c Z}{\theta F_k} F_{zk}$$

和前面的讨论一致,我们知道 $\phi > 0$,因此资本收入税等于零当且仅当 $F_{zk} = 0$.进一步地,上面的条件表示了资本收入税的符号依赖于这个不能收税的因素的改变对资本存量的边际生产率的影响.如果 k 和 Z 是正相关的,我们得到最优资本税为正,反之,如果两种要素是替代的,我们得到最优资本税收是负的.

另外一个得到最优资本收入税不等于零的情形是 Stiglitz(1987) 以及 Jones、Manuelli 和 Rossi(1997) 给出的例子,他们假设对于资本收入和劳动收

入必须收取相同的税收. 在不完备市场条件下, 我们也得到了最优资本收入税依赖于资本怎样影响其他要素的边际生产率.

12.3 不确定性下的离散时间的最优税收问题

12.3.1 基本框架

我们现在在随机的情形下讨论最优税收的问题. 我们采用 Zhu (1992), Chari、Christiano 和 Kehoe (1994)的框架. 在生产和政府的花费中存在一个随机的冲击 s_t, 因此生产函数和政府的花费分别为 $F(\cdot,\cdot,s_t)$ 和 $g(s_t)$. 我们把 s_t 的历史数据构成一个空间 s^t; 在给定的 s^t 下, $c(s^t)$、$l(s^t)$ 和 $n(s^t)$ 分别为消费者的消费、劳动和休闲. $k(s^t)$ 为下一期来临之前的资本存量. 这样, 在我们的框架下来讨论消费者的最优行为问题.

消费者的偏好现在定义为

$$\sum_{t=0}^{\infty}\sum_{s^t}\beta^t\pi(s^t)u(c(s^t),l(s^t)) \qquad (12.3.1)$$

假设生产函数对于劳动和资本仍然满足新古典的假设. 这样资源约束变成

$$c(s^t)+g(s^t)+k(s^t)=F(k(s^{t-1}),l(s^t),s_t)+(1-\delta)k(s^{t-1})$$
$$(12.3.2)$$

1. 政府的预算约束问题

在 t 时刻给定 s^t, 政府的收入来源于对资本收入和劳动收入的税收和发行的债券, 我们记资本收入和劳动收入的税率分别为 $\tau^k(s^t)$ 和 $\tau^l(s^t)$; 假设 $b(s_{t+1}|s^t)$ 为政府在 $t+1$ 期之前发行的债券, 这种债券可以在 t 时刻在资本市场交易, 它的价格为 $p(s_{t+1}|s^t)$. 同时, 在 t 时刻政府的花费为 $g(s_t)$, 因此政府的预算约束平衡方程表示为

$$g(s_t)=\tau^k(s^t)r(s^t)k(s^{t-1})+\tau^l(s^t)w(s^t)l(s^t)$$
$$+\sum_{s_{t+1}}p(s_{t+1}|s^t)b(s_{t+1}|s^t)$$
$$-b(s_t|s^{t-1}) \qquad (12.3.3)$$

其中 $r(s^t)$ 和 $w(s^t)$ 分别为资本和劳动的回报率.

2. 消费者的问题

消费者的预算约束条件为所有的税后收入等于消费者的所有花费, 即

$$c(s^t)+k(s^t)+\sum_{s_{t+1}}p(s_{t+1}|s^t)b(s_{t+1}|s^t)$$

$$= (1-\tau^k(s^t))r(s^t)k(s^{t-1}) + (1-\tau^l(s^t))w(s^t)l(s^t)$$
$$+ (1-\delta)k(s^{t-1}) + b(s_t \mid s^{t-1}) \qquad (12.3.4)$$

消费者的问题就是在政府的行为和厂商的行为给定的前提下,在自己的预算约束条件(12.3.4)下,极大化消费者的效用(12.3.2),我们同样可以得到最优性条件

$$\frac{u_l(t)}{u_c(t)} = (1-\tau^l(s^t))w(s^t) \qquad (12.3.5a)$$

$$p(s_{t+1} \mid s^t) = \beta \frac{\pi(s^{t+1})}{\pi(s^t)} \frac{u_c(s^{t+1})}{u_c(s^t)} \qquad (12.3.5b)$$

$$u_c(s^t) = \beta E_t\{u_c(s^{t+1})[(1-\tau^k(s^{t+1}))r(s^{t+1}) + 1 - \delta]\} \qquad (12.3.5c)$$

这里 E_t 表示对在 t 时刻以前的所有信息的条件期望,它等于

$$E_t x(s^{t+1}) = \sum_{s_{t+1}} \pi(s_{t+1} \mid s^t) x(s^{t+1}) = \sum_{s_{t+1}} \frac{\pi(s^{t+1})}{\pi(s^t)} x(s^{t+1})$$

类似无套利条件,由条件(12.3.5b)和(12.3.5c)得到

$$\sum_{s_{t+1}} p(s_{t+1} \mid s^t)[(1-\tau^k(s^{t+1}))r(s^{t+1}) + 1 - \delta] = 1 \qquad (12.3.6)$$

同样,这个无套利条件可以通过预算约束条件得到.把方程(12.3.4)的两边同时乘以 $p(s_{t+1} \mid s^t)$ 并且对所有的状态 s_{t+1} 求和,继续下去可以得到下面的消费者的预算约束条件:

$$\sum_{t=0}^{\infty}\sum_{s^t} q_t^0(s^t)c(s^t) + k(s^t)$$
$$= \sum_{t=0}^{\infty}\sum_{s^t} q_t^0(1-\tau^l(s^t))w(s^t)l(s^t)$$
$$+ [(1-\tau_0^k)r_0 + (1-\delta)]k_0 + b_0 \qquad (12.3.7)$$

这里的价格可以由前面章节的计算得到:

$$q_{t+1}^0(s^{t+1}) = p(s_{t+1} \mid s^t)q_t^0(s^t) = \beta^{t+1}\pi(s^{t+1})\frac{u_c(s^{t+1})}{u_c(s^0)} \qquad (12.3.8)$$

同样,均衡价格可以由在预算约束(12.3.7)下极大化(12.3.2)的一阶条件计算得到,这里不再赘述.进一步地,无套利条件(12.3.6)可以表示为

$$\sum_{s_{t+1}} q_{t+1}^0(s^{t+1})[(1-\tau^k(s^{t+1}))r(s^{t+1}) + 1 - \delta] = q_t^0(s^t) \qquad (12.3.9)$$

注:在前面的条件中,我们用到了横截性条件

$$\lim q_t^0(s^t)k(s^t) = 0 \qquad (12.3.10a)$$

$$\lim \sum_{s_{t+1}} q_{t+1}^0(\{s^t, s_{t+1}\})b(s_{t+1} \mid s^t) = 0 \qquad (12.3.10b)$$

3. 厂商行为

和确定性的情形一致,厂商选择劳动力和资本存量的需求来极大化厂商的利润,从而得到最优性条件

$$r(s^t) = F_k(s^t), \quad w(s^t) = F_l(s^t) \tag{12.3.11}$$

4. 资本税收和偶发状态债券的不确定性

对于给定的竞争配置 $\{c(s^t), l(s^t), k(s^t); \forall\, s^t\}_{t \geqslant 0}$,考虑可行的政府政策 $\{g(s_t), \tau^k(s^t), \tau^l(s^t), b(s_{t+1} \mid s^t); \forall\, s^t, s_{t+1}\}_{t \geqslant 0}$。我们要证明存在无穷的债券和资本税收来实现这个竞争均衡的配置。首先,劳动收入税收可以由方程(12.3.5a)和(12.3.11)决定。

直观上,偶发状态债券和税收可以从消费者的最优性条件(12.3.5a),(12.3.5b),(12.3.5c)得到。如果存在一个能减少相同资本的税后回报现值的不同的资本收入税,我们同样认为这个税收政策和竞争均衡配置一致。同样,可以证明在这种税收政策改变的情形下,同样可以得到相应的政府的不同的债券发行政策。这个可行的政策是可以构造的。

令 $\{\varepsilon(s^t); \forall\, s^t\}_{t \geqslant 0}$ 为满足下面条件的随机过程:

$$E_t u_c(s^{t+1}) \varepsilon(s^{t+1}) r(s^{t+1}) = 0 \tag{12.3.12}$$

我们可以相应地构造下面的税收和债券发行政策:

$$\hat{\tau}_0^k = \tau_0^k \tag{12.3.13a}$$

$$\hat{\tau}^k(s^{t+1}) = \tau^k(s^{t+1}) + \varepsilon(s^{t+1}) \tag{12.3.13b}$$

$$\hat{b}(s_{t+1} \mid s^t) = b(s_{t+1} \mid s^t) - \varepsilon(s^{t+1}) r(s^{t+1}) k(s^t) \tag{12.3.13c}$$

和原来的财政政策比较,我们可以证明这种政策的改变不会影响下面的事实:

(1) 消费者由方程(12.3.5a),(12.3.5b),(12.3.5c)决定的跨时的消费选择;

(2) 在用(12.3.5b)贴现的价格下,政府在 t 时刻发行的所有债券的市场现值;

(3) 政府从税收中减去支付到期债券后的收益。

因此改变后的政府政策是可行的,而且竞争均衡是不改变的。

因为存在无穷多个方式构造满足条件(12.3.13b)的随机变量,因此存在无穷多个政府政策来实现竞争均衡。我们考虑两种比较特殊的情形:一是考虑在一期前不存在不确定性;二是考虑在 t 时刻政府发行债券,承诺在 $t+1$ 时刻支付确定性的回报 $\bar{b}_{t+1}(s^t)$。我们假设债券的数量满足它们的市场现值等于原来的财政政策中计划的价值:

$$\sum_{s_{t+1}} p(s_{t+1} \mid s^t) \bar{b}_{t+1}(s^t) = \sum_{s_{t+1}} p(s_{t+1} \mid s^t) b(s_{t+1} \mid s^t)$$

考虑到方程(12.3.5c)均衡价格的表达式为

$$\bar{b}_{t+1}(s^t) = \frac{E_t u_c(s^{t+1}) b(s_{t+1} \mid s^t)}{E_t u_c(s^{t+1})} \qquad (12.3.14)$$

按照(12.3.13c)的选择,我们必须构造随机变量为

$$\varepsilon(s^{t+1}) = \frac{b(s_{t+1} \mid s^t) - \bar{b}_{t+1}(s^t)}{r(s^{t+1}) k(s^t)} \qquad (12.3.15)$$

我们可以令(12.3.14)和(12.3.15)满足条件(12.3.12).

我们现在来检验税收政策不是偶发的,但是已经在上面给定. 令 $\bar{\tau}_{t+1}(s^t)$ 为在条件 t 下,$t+1$ 时刻的资本税收,我们选择 $\bar{\tau}_{t+1}(s^t)$ 使得消费者的一阶条件(12.3.5c)不改变:

$$E_t\{u_c(s^{t+1})[(1-\bar{\tau}_{t+1}^k(s^t))r(s^{t+1})+1-\delta]\}$$
$$= E_t\{u_c(s^{t+1})[(1-\tau^k(s^{t+1}))r(s^{t+1})+1-\delta]\}$$

从而得到

$$\bar{\tau}_{t+1}^k(s^t) = \frac{E_t u_c(s^{t+1})[(1-\tau^k(s^{t+1}))r(s^{t+1})]}{E_t u_c(s^{t+1}) r(s^{t+1})} \qquad (12.3.16)$$

因此选择

$$\varepsilon_{t+1}(s^{t+1}) = \bar{\tau}_{t+1}^k(s^t) - \tau^k(s^{t+1})$$

就可以满足我们前面所有的叙述.

12.3.2 不确定情形下的 Ramsey 问题

我们现在在前面叙述的随机经济框架下讨论通过 Ramsey 问题求出资源的最优配置和最优税收问题. 计算的步骤和在非随机的情形下完全一致.

第一步,我们采用私人的最优性条件把价格表示为资源配置的函数,且已经在方程(12.3.5a),(12.3.8)—(12.3.11)给出;第二步,我们利用上面的表达式把消费者的现值的预算约束方程(12.3.7)中的价格和税收消去得到下面的方程:

$$\sum_{t=0}^{\infty}\sum_{s^t}\beta^t \pi(s^t)[u_c(s^t)c(s^t) - u_l(s^t)l(s^t)] - A = 0 \qquad (12.3.17)$$

其中 A 仍然由方程(12.2.31)给出. 继续第三步,为简单起见定义

$$V(c(s^t), l(s^t), \phi) = u(c(s^t), 1-l(s^t))$$
$$+ \phi[u_c(s^t)c(s^t) - u_l(s^t)l(s^t)] \qquad (12.3.18)$$

其中 ϕ 为相应约束条件(12.3.17)的 Lagrange 乘子. 同时,定义 Lagrange 函数为

$$J = \sum_{t=0}^{\infty}\sum_{s^t}\beta^t \pi(s^t)\{V(c(s^t), l(s^t), \phi) + \theta_t[F(k(s^{t-1}), l(s^t), s_t)$$

$$+ (1-\delta)k(s^{t-1}) - c(s^t) - g(s^t) - k(s^t)]\} - \phi A \quad (12.3.19)$$

对于给定的 k_0 和 b_0，固定 τ_0^k，选择资源的配置来极大化函数 J。得到一阶条件

$$V_c(s^t) = \theta(s^t), \quad t \geq 1$$

$$V_l(s^t) = -\theta(s^t)F_l(s^t), \quad t \geq 1$$

$$\theta(s^t) = \beta \sum_{s_{t+1}} \pi(s_{t+1} \mid s^t)\theta(s^{t+1})[F_k(s^{t+1}) + 1 - \delta], \quad t \geq 0$$

这样，我们得到

$$V_c(s^t) = \beta E_t V_c(s^{t+1})[F_k(s^{t+1}) + 1 - \delta], \quad t \geq 1 \quad (12.3.20a)$$

$$V_l(s^t) = -V_c(s^t)F_k(s^t), \quad t \geq 1 \quad (12.3.20b)$$

上面的方程揭示了 Ramesy 最优配置的有趣的性质，如果假设随机过程 s 服从一个 Markov 过程，通过方程(12.3.20)可以求出最优的资源配置法则 $c(s,k)$，$l(s,k)$ 和 $k'(s,k)$。

12.3.3　资本收入税在零附近扰动

在确定性的情形下，我们证明了在经济均衡点存在时，长期的最优的资本收入税为零。对应的在随机经济中存在的是稳定的均衡。因此，我们假设 s 是一个 Markov 过程，转移概率为 $\tilde{\pi}(s'|s) = \text{prob}(s_{t+1} = s' \mid s_t = s)$。和前面章节的记号一样，因此我们得到最优的资源配置是 (k,s) 的时间不变的函数。如果存在稳定性分布，则 $\{k_t, s_t\}$ 是在紧集合 $[0, \bar{k}] \times S$ 的 Markov 过程，其中 $\bar{k}$ 为能够取得的最大的资本存量，S 是 s_t 的有限可行性集合。记 P^∞ 为在这个稳定性分布下的概率测度。

因为资本税和状态偶发性债券具有不确定性，因此不可能得到资本税收的稳定性分布，但是我们可以研究超越不确定性的资本税率，将它定义为

$$\bar{\tau}_{t+1}^k(s^t) = \frac{\sum_{s_{t+1}} p(s_{t+1} \mid s^t)\tau^k(s^{t+1})r(s^{t+1})}{\sum_{s_{t+1}} p(s_{t+1} \mid s^t)r(s^{t+1})} \quad (12.3.21)$$

即这个税收是现值的资本收入税的市场值和资本收入的现值的市场值。考虑方程(12.3.5b)得到的均衡价格，我们知道这个表达式等价于方程(12.3.16)，方程(12.3.16)用来通过不确定的 Ramsey 问题的解重新得到唯一的固定的资本税率。上面提供的税收提供了一个多个资本税收的唯一测度。进一步地，对政府的税收而言，这也是很直观的方式。我们可以证明下面的结论：由方程(12.3.21)定义的税收在均衡分布时，它等于零或者在零附近扰动。总结为下面的性质：

性质 12.3.1

如果存在一个 Ramsey 最优配置，则由方程(12.3.21)定义的税收满足下面

的性质：
(1) 或者 $P^\infty(\bar{\tau}_t^k=0)=1$，或者 $P^\infty(\bar{\tau}_t^k>0)>0$，并且 $P^\infty(\bar{\tau}_t^k<0)>0$；
(2) $P^\infty(\bar{\tau}_t^k=0)=1$ 当且仅当存在常数 Λ 满足
$$P^\infty(V_c(c_t,l_t,\phi)/u_c(c_t,l_t)=\Lambda)=1$$

我们先考虑用这个性质来说明由方程(12.3.21)定义的税收是存在的. 一种可能是使得 $P^\infty(\bar{\tau}_t^k=0)=1$ 成立的效用函数为
$$u(c,l)=\frac{c^{1-\sigma}}{1-\sigma}+v(l)$$
即对于休闲和消费的效用是可分的. 这样，我们得到
$$V_c(c_t,l_t,\phi)/u_c(c_t,l_t)=1+\phi(1-\sigma)$$
这样满足性质 12.3.1 中第二条的条件. 从而性质成立. 同时，在效用不满足上面条件时，Chari、Christiano 和 Kehoe 用数字解证明了由方程(12.3.21)定义的税收同样趋近于零.

为得到在确定性情形下的结论，事实上，在确定性情形下，均衡时 $V_c(c_t,l_t,\phi)/u_c(c_t,l_t)$ 为常数. 因此我们同样有结论成立. 对于某些效用函数，我们得到了由 (12.3.21)定义的税收等于零，但是除一些特殊的效用函数的情形外，我们得到这个税收在零附近扰动. 我们下面来证明这个性质：

性质 12.3.1 证明的梗概

注意到从方程(12.3.21)和(12.3.6)我们知道 $\bar{\tau}_{t+1}^k(s^t) \geqslant 0(\leqslant 0)$ 当且仅当
$$\sum_{s_{t+1}}p(s_{t+1}\mid s^t)\tau^k(s^{t+1})r(s^{t+1})\geqslant 0(\leqslant 0)$$
和
$$\sum_{s_{t+1}}p(s_{t+1}\mid s^t)[r(s^{t+1})+1-\delta]\geqslant 1(\leqslant 1)$$
把方程(12.3.5b)和(12.3.11a)代入这些表达式，我们得到
$$\beta E_t u_c(s^{t+1})[F_k(s^{t+1})+1-\delta]\geqslant(\leqslant)u_c(s^t) \qquad (12.3.22)$$
当且仅当 $\bar{\tau}_{t+1}^k(s^t)\geqslant 0(\leqslant 0)$.

定义
$$H(s^t)=\frac{V_c(s^t)}{u_c(s^t)} \qquad (12.3.23)$$
由方程(12.3.20a)，我们得到
$$\beta E_t u_c(s^{t+1})H(s^{t+1})[F_k(s^{t+1})+1-\delta]=H(s^t)u_c(s^t) \qquad (12.3.24)$$
由方程(12.3.22)和(12.3.24)，我们知道 $\bar{\tau}_{t+1}^k(s^t)\geqslant 0(\leqslant 0)$ 当且仅当
$$\frac{\beta E_t\omega(s^{t+1})H(s^{t+1})}{E_t\omega(s^{t+1})}\leqslant(\geqslant)H(s^t) \qquad (12.3.25)$$

其中 $\omega(s^{t+1})=u_c(s^{t+1})[F_k(s^{t+1})+1-\delta]$.

因为对于稳定的 Ramsey 均衡存在与时间无关的资源配置方案 $c(s,k)$，$l(s,k)$ 和 $k'(s,k)$，因此 $\bar{\tau}^k_{t+1}(s^t)$，$H(s^t)$ 和 $\omega(s^t)$ 同样可以表示为 (s,k) 的函数。在转移概率 $\tilde{\pi}(s'|s)$ 下，均衡时方程(12.3.25)可以表示为 $\bar{\tau}^k(s,k) \geqslant 0 (\leqslant 0)$ 当且仅当

$$\frac{\sum_{s'} \tilde{\pi}(s'|s)\omega(s',k'(k,s))H(s',k'(k,s))}{\sum_{s'} \tilde{\pi}(s'|s)\omega(s',k'(k,s))} \leqslant (\geqslant) H(s,k) \quad (12.3.26)$$

考虑 Γ 是 $H(s',k'(k,s))$ 的加权平均，并且对任意的常数 H^* 满足性质 $\Gamma H^* = H^*$.

在正规性假设下，$H(s,k)$ 在稳定均衡时取得最大值 H^+ 和最小值 H^-. 即存在均衡状态 (s^-,k^-) 和 (s^+,k^+) 满足

$$P^\infty \{H(s,k) \geqslant H^- = H(s^-,k^-)\} = 1 \quad (12.3.27a)$$
$$P^\infty \{H(s,k) \leqslant H^+ = H(s^+,k^+)\} = 1 \quad (12.3.27b)$$

我们现在要证明如果

$$P^\infty \{H(s,k) \geqslant \Gamma H(s,k)\} = 1 \quad (12.3.28a)$$

或者

$$P^\infty \{H(s,k) \leqslant \Gamma H(s,k)\} = 1 \quad (12.3.28b)$$

则存在常数 H^* 满足

$$P^\infty \{H(s,k) = H^*\} = 1 \quad (12.3.28c)$$

首先，考虑方程(12.3.28a)，同时考虑状态 $(s,k)=(s^-,k^-)$ 和下一期的可行状态集合 $\{s',k'(s,k); \forall s' \in S\}$. 由方程(12.3.27a)，$H(s^-,k^-) \geqslant H^-$，而且因为 $H(s,k)=H^-$，条件(12.3.28a)表明 $H(s',k')=H^-$. 现在我们可以对任意的 (s^-,k^-) 继续我们的讨论，从而对于均衡的状态同样可以讨论。这样利用 $\{s_t,k_t\}$ 的遍历性，我们得到对于 $H^*=H^-$，同样的讨论可以应用于(12.3.28b)，但是利用 $(s,k)=(s^+,k^+)$ 和方程(12.3.27b)来证明(12.3.28c)是成立的.

由方程(12.3.26)我们已经证明了性质中的第一部分；至于第二部分考虑到方程(12.3.23)的定义，把性质中要求的常数 Λ 取为 H^* 即得到性质 12.3.1 的证明.

12.3.4 劳动税平滑的例子

为得到对最优税收理论的深入了解，我们下面给出几个例子来说明。我们假设政府的花费来自于物质资本。此时技术被描述为

$$c(s^t)+g(s_t)=l(s^t) \quad (12.3.29)$$

因为一单位的劳动力投入得到一单位的产出,竞争均衡的工资率等于 1,即 $w(s^t)$ = 1. 模型的其余部分和前面的完全一致. 消费者的预算约束方程由(12.3.7)给出(要把资本收入剔除). 价格和税收表示为资源配置的函数关系,由方程(12.3.5a)和(12.3.8)给出. 在利用这些关系消去价格和税收后,消费者的现值的预算约束方程变成

$$\sum_{t=0}^{\infty}\sum_{s^t}\beta^t\pi(s^t)[u_c(s^t)c(s^t)-u_l(s^t)l(s^t)]-u_c(s^0)b_0=0 \quad (12.3.30)$$

同样地,利用 Lagrange 函数,我们得到下面的最优性条件:

$$(1+\phi)u_c(s^t)+\phi[u_{cc}(s^t)c(s^t)-u_{lc}(s^t)l(s^t)]-\theta(s^t)=0$$
$$(12.3.31a)$$

$$-(1+\phi)u_l(s^t)-\phi[u_{cl}(s^t)c(s^t)-u_{ll}(s^t)l(s^t)]+\theta(s^t)=0$$
$$(12.3.31b)$$

$$(1+\phi)u_c(s^0)+\phi[u_{cc}(s^0)c(s^0)-u_{lc}(s^0)l(s^0)]$$
$$-\theta(s^0)-\phi u_{cc}(s^0)b_0=0 \quad (12.3.31c)$$

$$-(1+\phi)u_l(s^0)-\phi[u_{cl}(s^0)c(s^0)-u_{ll}(s^0)l(s^0)]$$
$$+\theta(s^0)+\phi u_{cl}(s^0)b_0=0 \quad (12.3.31d)$$

上面的模型是 Luacs 和 Stokey(1983)讨论的,在这篇文章中他们提出了最优税收政策的时间相容性问题.

下面的计算对于我们计算一些例子有很大的帮助. 首先,把方程(12.3.5a)和(12.3.29)代入到方程(12.3.30),得到

$$\sum_{t=0}^{\infty}\sum_{s^t}\beta^t\pi(s^t)u_c(s^t)[\tau^t(s^t)l(s^t)-g(s^t)]-u_c(s^0)b_0=0 \quad (12.3.32)$$

把方程(12.3.31a)两边同时乘以 $c(s^t)$,方程(12.3.31b)两边同时乘以 $l(s^t)$,求和得到

$$(1+\phi)[c(s^t)u_c(s^t)-u_l(s^t)l(s^t)]$$
$$+\phi[u_{cc}(s^t)c(s^t)^2-2u_{lc}(s^t)l(s^t)c(s^t)+u_{ll}(s^t)l(s^t)^2]$$
$$-\theta(s^t)(c(s^t)-l(s^t))=0 \quad (12.3.33a)$$

把方程(12.3.31c)两边同时乘以 $(c(s^0)-b_0)$,方程(12.3.31d)两边同时乘以 $l(s^0)$,相加得到

$$(1+\phi)[(c(s^0)-b_0)u_c(s^0)-u_l(s^0)l(s^0)]$$
$$+\phi[u_{cc}(s^0)(c(s^0)-b_0)^2-2u_{lc}(s^0)l(s^0)(c(s^0)-b_0)$$
$$+u_{ll}(s^0)l(s^0)^2]$$
$$-\theta(s^0)(c(s^0)-b_0-l(s^0))=0 \quad (12.3.33b)$$

因为效用函数是严格凹的，在方程(12.3.33)中二次项是负的. 最后，把方程(12.3.33a)乘以 $\beta^t \pi(s^t)$，对时间和所有的状态求和得到

$$(1+\phi)\left(\sum_{t=0}^{\infty}\sum_{s^t}\beta^t\pi(s^t)[c(s^t)u_c(s^t)-u_l(s^t)l(s^t)]-u_c(s^0)b_0\right)$$

$$+\phi Q-\sum_{t=0}^{\infty}\sum_{s^t}\beta^t\pi(s^t)\theta(s^t)(c(s^t)-l(s^t))+\theta(s^0)b_0=0$$

这里 Q 是二次项的和. 考虑方程(12.3.30)和(12.3.29)，我们得到

$$\phi Q+\sum_{t=0}^{\infty}\sum_{s^t}\beta^t\pi(s^t)\theta(s^t)g(s_t)+\theta(s^0)b_0=0 \qquad (12.3.34)$$

方程(12.3.34)使我们进一步认识到乘子 ϕ 的经济学意义. 它要求消费者预算约束的影子价格超出相应经济资源约束的影子价格 $\{\theta(s^t); \forall s^t\}_{t\geqslant 0}$. 我们首先检查在什么条件下，这个乘子等于零. 在方程(12.3.31)和(12.3.34)中令 $\phi=0$，我们得到对任意的 $t\geqslant 0$，

$$u_c(s^t)=u_l(s^t)=\theta(s^t) \qquad (12.3.35)$$

而且，得到

$$\sum_{t=0}^{\infty}\sum_{s^t}\beta^t\pi(s^t)\theta(s^t)g(s_t)+\theta(s^0)b_0=0$$

把上面的方程除以 $u_c(s^0)$，并且利用方程(12.3.8)，我们得到

$$\sum_{t=0}^{\infty}\sum_{s^t}q_t^0(s^t)g(s_t)=-b_0$$

换言之，当政府以初始的债务水平 $-b_0$ 来满足所有的将来政府公共开支的现值时，则 Lagrange 乘子 $\phi=0$. 这就是说，消费者的现值预算不能对消费者的福利增加任何影响. 这里的理由是政府不必要增加任何扭曲税收，也就是由方程(12.3.5a)和(12.3.35)可以得到 $\tau^l(s^t)=0$. 如果政府初始的债务超过将来政府公共开支的现值，政府会把这个超出的部分作为一揽子转移给消费者，此时同样的约束条件 $\phi=0$ 仍然成立. 对于相反的结果，当政府公共开支的现值超过政府发行债券的初值时，则 Lagrange 乘子 $\phi>0$. 如 $b_0=0$ 并且 $g(s_t)>0$，考虑到 $Q<0$ 和 $\theta(s^t)>0$，由方程(12.3.34)仍然得到 $\phi>0$.

我们采用 Lucas 和 Stokey 的三个例子，在这里我们假设 $b_0=0$.

例 12.3.1 对任意的 $t\geqslant 0, g_t=g$.

利用约束方程(12.3.29)和 $l_t+n_t=1$，以及最优性条件(12.3.31)，我们得到

$$(1+\phi)u_c(c_t,1-c_t-g)$$

$$+ \phi[c_t u_{cc}(c_t, 1-c_t-g) - (c_t+g)u_{lc}(c_t, 1-c_t-g)]$$
$$= (1+\phi)u_l(c_t, 1-c_t-g) + \phi[c_t u_{cl}(c_t, 1-c_t-g)$$
$$- (c_t+g)u_{ll}(c_t, 1-c_t-g)] \tag{12.3.36}$$

因为上面的条件在任何的时期都成立,因此最优的资源配置是常数,即对任意的 $t \geqslant 0$,有 $(c_t, l_t) = (\hat{c}, \hat{l})$. 因此从方程(12.3.5a)知道实现这个最优配置的税率为常数,即对任意的 $t \geqslant 0$,有 $\tau_t^l = \hat{\tau}^l$. 从而,方程(12.3.32)表明政府预算约束在每期是平衡的.

政府发行债券用来消除这种扭曲性. 因为政府花费已经平滑,根本不用政府债券来改变税收的时期.

例 12.3.2 对于 $t \neq T, g_t = 0$,但是 $g_T > 0$.

在方程(12.3.36)中令 $g_t = 0$,则对于 $t \neq T, (c_t, l_t) = (\hat{c}, \hat{l})$,同时,由方程(12.3.5a)得到对于 $t \neq T$,有 $\tau_t^l = \hat{\tau}^l$. 利用方程(12.3.33)来研究税收收益. 对 $t \neq T, c_t - l_t = 0$ 并且考虑到 b_0,则方程(12.3.33)中最后一项被消去. 因为 $\phi > 0$,方程(12.3.33)中第二项为负的,因此第一项必须为正. 因为 $1 + \phi > 0$,这表明

$$0 < \hat{c} - \frac{u_l}{u_c}\hat{l} = \hat{c} - (1-\hat{\tau}^l)\hat{l} = \hat{\tau}^l \hat{l}$$

我们得到对于 $t \neq T$,税收收益为正. 对于第 T 期,方程(12.3.33)的最后一项 $\theta_T g_T$ 为正. 因此,第一项的符号是不确定的:在时刻 T,对劳动力可以收税也可以补贴.

这里债券就可以用来影响税收的扭曲性. 在时刻 T 后面或前面的任何时刻政府的最优财政政策为:在 $t = 0, 1, \cdots, T-1$,政府采用节余政策,用这些节余来购买私人的债券,在时刻 T,卖出所有的债券来满足政府公共开支 g_T,可能还需要对劳动收入收税,并且新发行债券. 对于 $t \neq T$,利息等于政府税收收入. 因此,税收在每期的扭曲性是相同的.

例 12.3.3 对于 $t \neq T, g_t = 0$,但是以概率 α 出现 $g_T = g > 0$;以概率 $1-\alpha$ 出现 $g_T = 0$.

和前面的分析一样:对于 $t \neq T, (c_t, l_t) = (\hat{c}, \hat{l})$,同时我们也得到如果 $g_T = 0$,我们有 $(c_T, l_T) = (\hat{c}, \hat{l})$. 我们同样可以证明在每期政府的税收收益为正. 下面我们讨论政府以债券的发行来平滑税收的扭曲性.

在 $t = 0, 1, 2, \cdots, T-2$,政府采用节余政策,同样来购买私人的债券. 和例12.3.2不同的是在 $T-1$,此时政府卖掉所有的债券加上劳动力税收来购买一期的偶发状态债券,如果 $g_T = g$,这个债券得到收益;如果 $g_T = 0$,将得不到收益. 进一步地,政府购买一种权利. 和例12.3.2一致,非偶发的债券将发行下去,得到的收益为 $\hat{\tau}^l \hat{l}$,但是它在一期以前发行. 如果在下期 $g_T = 0$,政府满足预算约

束平衡方程. 如果 $g_T=g$, Ramsey 均衡的构造使得政府持有的私人的未定权利的回报为 g 加上 τ_t^l 的利息支付. 在 $T+1$ 及其以后的讨论和例 12.3.2 一致, 不管在 T 时刻政府公共开支水平如何.

这是税收平滑的另外一个例子, 在 T 时刻左右税收的扭曲都是一样的. 同样给出了不确定情形下政府财政政策的风险传递.

12.3.5 人力资本税收为零

现在返回去考虑非随机模型, Jones、Manuelli 和 Rossi (1997) 考虑了如果技术有常数规模回报的人力资本、物质资本积累, 则人力资本的劳动收入的长期税收等于零.

我们假设人力资本由下面的技术积累:

$$h_{t+1} = (1-\delta_h)h_t + H(x_{ht}, h_t, l_{ht}) \qquad (12.3.37)$$

其中 $\delta_h \in (0,1)$ 为人力资本的折旧因子. 函数 H 表示了由商品 x_{ht}、人力资本 h_t 和劳动力 l_{ht} 投入来生产人力资本品的生产函数. 人力资本用来生产有效的单位劳动 e_t,

$$e_t = M(x_{mt}, h_t, l_{mt}) \qquad (12.3.38)$$

其中 x_{mt} 和 l_{mt} 是在这个过程中投入的商品和劳动力投入. 假设函数 H 和 M 对于商品都是一次齐次的, 而且是二阶连续可微的, 各个投入要素的边际值是正的, 但是是单调递减的. 现在商品生产函数中的投入要素的劳动力部分由有效的单位劳动来代替. 因此商品的生产函数为 $F(k,e)$, 同样的新古典的假设对资本存量的投入和有效劳动的投入成立. 现在消费者的偏好仍然由方程 (12.3.11) 给出, 但是休闲被重新定义为 $n=1-l_{ht}-l_{mt}$.

经济的总的资源约束条件 (12.3.2) 变成

$$c_t+g_t+k_{t+1}+x_{mt}+x_{ht}=F(k_t, M(x_{mt},h_t,l_{mt}))+(1-\delta)k_t \qquad (12.3.39)$$

消费者的预算约束条件变成

$$\sum_{t=0}^{\infty} q_t^0(1+\tau_t^c)c_t = \sum_{t=0}^{\infty} q_t^0[(1-\tau_t^l)w_t l_t - (1+\tau_t^m)x_{mt} - x_{ht}]$$
$$+ [(1-\tau_0^k)r_0+1-\delta]k_0+b_0 \qquad (12.3.40)$$

这里我们增加了两个税种 τ_t^c 和 τ_t^m, 这样就增加了政府对不同边际值的控制. 把方程 (12.3.38) 代入方程 (12.3.40), 令 λ 为相应预算约束方程 (12.3.40) 的 Lagrange 乘子, α_t 为方程 (12.3.37) 相应的 Lagrange 乘子. 这样得到消费者的最优性条件为

$$\beta^t u_c(t) - \lambda q_t^0(1+\tau_t^c) = 0 \qquad (12.3.41a)$$

$$-\beta^t u_l(t) + \lambda q_t^0(1-\tau_t^l)w_t M_l(t) = 0 \qquad (12.3.41b)$$

$$-\beta^t u_l(t) + \alpha_t H_l(t) = 0 \qquad (12.3.41c)$$

$$\lambda q_t^0 [(1-\tau_t^l) w_t M_x(t) - (1+\tau_t^m)] = 0 \qquad (12.3.41d)$$

$$-\lambda q_t^0 + \alpha_t H_x(t) = 0 \qquad (12.3.41e)$$

$$-\alpha_t + \lambda q_{t+1}^0 (1-\tau_{t+1}^l) w_{t+1} M_h(t+1)$$
$$+ \alpha_{t+1}[1 - \delta_h + H_h(t+1)] = 0 \qquad (12.3.41f)$$

把方程(12.3.41e)代入到方程(12.3.41f),得到条件

$$\frac{q_t^0}{H_x(t)} = q_{t+1}^0 \left[(1-\tau_{t+1}^l) w_{t+1} M_h(t+1) + \frac{1-\delta_h + H_h(t+1)}{H_x(t+1)} \right]$$
$$(12.3.42)$$

利用最优性条件来化简方程(12.3.40)中右边的值. 首先,因为函数 H 的齐次性,方程(12.3.37)可以写成

$$h_{t+1} = (1-\delta_h) h_t + H_x(t) x_{ht} + H_h(t) h_t$$

从上面的表达式中求出 x_{ht},并且把它代入到方程(12.3.40),可以得到

$$\sum_{t=0}^{\infty} q_t^0 (1+\tau_t^c) c_t = \sum_{t=0}^{\infty} q_t^0 \Big[(1-\tau_t^l) w_t M_x(t) x_{mt} + (1-\tau_t^l) w_t M_h(t) h$$
$$- (1+\tau_t^m) x_{mt} - \frac{h_{t+1} - (1-\delta_h + H_h(t)) h_t}{H_x(t)} \Big]$$
$$+ [(1-\tau_0^k) r_0 + 1 - \delta] k_0 + b_0$$

由一阶条件(12.3.41d)我们知道 x_{mt} 项等于零. 重新安排后得到

$$\sum_{t=0}^{\infty} q_t^0 (1+\tau_t^c) c_t = \Big[\frac{(1-\delta_h + H_h(0))}{H_x(0)} + (1-\tau_0^l) w_0 M_h(0) \Big] h_0$$
$$- \sum_{t=0}^{\infty} h_t \Big\{ \frac{q_{t-1}^0}{H_x(0)} - q_t^0 \Big[\frac{(1-\delta_h + H_h(t))}{H_x(t)}$$
$$+ (1-\tau_t^l) w_t M_h(t) \Big] \Big\}$$
$$+ [(1-\tau_0^k) r_0 + 1 - \delta] k_0 + b_0 \qquad (12.3.43)$$

大括号内的项由一阶条件等于零,因此方程(12.3.43)可以简化为很简单的条件

$$\sum_{t=0}^{\infty} q_t^0 (1+\tau_t^c) c_t = \Big[\frac{(1-\delta_h + H_h(0))}{H_x(0)} + (1-\tau_0^l) w_0 M_h(0) \Big] h_0$$
$$+ [(1-\tau_0^k) r_0 + 1 - \delta] k_0 + b_0$$

沿用我们构造 Ramsey 问题解的过程,我们要把价格过程表示为资源配置的函数. 首先,我们假设 $\tau_0^c = \tau_0^k = \tau_0^l = \tau_0^m = 0$,同时令 $q_0^0 = 1$,条件(12.3.41a)表示

$$q_t^0 = \beta^t \frac{u_c(t)}{u_c(0)} \frac{1}{1+\tau_t^c} \qquad (12.3.44a)$$

由方程(12.3.41b),(12.3.44a)和条件 $w_t = F_e(t)$,我们得到

$$(1+\tau_t^c)\frac{u_l(t)}{u_c(t)} = (1-\tau_t^l)F_e(t)M_l(t) \qquad (12.3.44b)$$

同时,由方程(12.3.41c),(12.3.41e)和(12.3.44a)得到

$$(1+\tau_t^c)\frac{u_l(t)}{u_c(t)} = \frac{H_l(t)}{H_x(t)} \qquad (12.3.44c)$$

由方程(12.3.41d)和条件 $w_t = F_e(t)$ 得到

$$1+\tau_t^m = (1-\tau_t^l)F_e(t)M_x(t) \qquad (12.3.44d)$$

对于给定的资源配置,方程(12.3.44)把价格表示为资源配置的函数,由(12.3.44c)决定价格 τ_t^c,(12.3.44a)决定 q_t^0,(12.3.44b)决定 τ_t^l,方程(12.3.44d)决定 τ_t^m.

下面的任务就是要决定各种税收和价格.方程(12.3.42)给出了消费者人力资本的跨时选择,它同时也给出了价格和税收的另一个约束.方程(12.3.44d)可以看成消费者面对他的有效劳动力供给选择的边际处理,但是这个税收同样影响消费者对人力资本的动态选择.因此,在 Ramsey 问题中,我们将强加某些与方程(12.3.44b)和(12.3.42)相容的约束条件.为得到这种另外的强加的约束条件,从方程(12.3.44b)中求得 $(1-\tau_t^l)$,把方程(12.3.42)滞后一个单位时间.从方程(12.3.44a)和(12.3.44c)中消去价格 q_t^0,这样最后的约束条件变成

$$u_l(t-1)H_l(t) = \beta u_l(t)H_l(t-1)$$
$$\times \left[1 - \delta_h + H_h(t) + H_l(t)\frac{M_h(t)}{M_l(t)} \right] \qquad (12.3.45)$$

和构造 Ramsey 问题解的过程一样,通过方程(12.3.44a)在方程(12.3.40)中消去 $q_t^0(1+\tau_t^c)$.考虑到方程(12.3.5a),(12.3.5b)和(12.3.5c),消费者的调整后的预算约束方程变成

$$\sum_{t=0}^{\infty} \beta^t u_c(t) c_t - \widetilde{A} \qquad (12.3.46)$$

其中 $\widetilde{A}$ 由下面的方程定义:

$$\widetilde{A} = \widetilde{A}(c_0, l_{m0}, l_{h0}, x_{m0}, x_{h0})$$
$$= u_c(0)\left\{ \left[\frac{1-\delta_h + H_h(0)}{H_x(0)} + F_e(0)M_h(0) \right] h_0 \right.$$
$$\left. + [F_k(0) + 1 - \delta]k_0 + b_0 \right\}$$

在第三步中,为简单起见定义

$$V(c_t, l_{mt}, l_{ht}, \phi) = u(c_t, 1 - l_{mt} - l_{ht}) + \phi u_c(t) c_t \qquad (12.3.47)$$

这样,我们定义 Lagrange 函数为

$$J = \sum_{t=0}^{\infty} \beta^t \{ V(c_t, l_{mt}, l_{ht}, \phi) + \theta_t [F(k_t, M(x_{mt}, h_t, l_{mt}))$$
$$+ (1-\delta) k_t - c_t - g_t - k_{t+1} - x_{mt} - x_{ht}] \}$$
$$+ \nu_t [(1-\delta_h) h_t + H(x_{ht}, h_t, l_{ht}) - h_{t+1}] - \phi \widetilde{A} \qquad (12.3.48)$$

注意在定义 Lagrange 函数时,我们并不是忘记了约束条件(12.3.47). 我们可以证明,最优性条件在均衡点时就可以得到约束条件(12.3.47). 因此由方程(12.3.48)和(12.3.47)得到的均衡点是相同的,因此我们可以省略(12.3.47).

对于给定的 k_0 和 b_0,极大化 J. 得到均衡时的一阶条件

$$V_c = \theta \qquad (12.3.49a)$$

$$V_{l_m} = -\theta F_e M_l \qquad (12.3.49b)$$

$$V_{l_h} = -\nu M_l \qquad (12.3.49c)$$

$$1 = F_e M_x \qquad (12.3.49d)$$

$$\theta = \nu H_x \qquad (12.3.49e)$$

$$1 = \beta \left[1 - \delta_h + H_h + \frac{\theta}{\nu} F_e M_h \right] \qquad (12.3.49f)$$

$$1 = \beta [1 - \delta_k + F_K] \qquad (12.3.49g)$$

因为 $V_{l_m} = V_{l_h}$,因此由方程(12.3.49b)和(12.3.49c)可以得到

$$\frac{\theta}{\nu} = \frac{H_l}{F_e M_l} \qquad (12.3.50)$$

把它代入方程(12.3.49f),得到

$$1 = \beta \left[1 - \delta_h + H_h + \frac{M_h}{M_l} H_l \right] \qquad (12.3.51)$$

方程(12.3.51)给出的条件和方程(12.3.45)在均衡点的条件一致. 因此,我们从带约束条件(12.3.45)时的问题和从(12.3.48)得到的均衡点条件是一致的.

下面来考虑最优的税收 τ^l,把方程(12.3.49e)代入到方程(12.3.50),得到

$$H_x = H_l / F_e M_l \qquad (12.3.52)$$

消费者的最优性条件(12.3.44b)和(12.3.44c)表明在均衡点满足

$$(1 - \tau^l) H_x = \frac{H_l}{F_e M_l} \qquad (12.3.53)$$

从方程(12.3.52)和(12.3.53)立即可以得到最优的税收 $\tau^l = 0$. 从而由 $\tau^l = 0$,从方程(12.3.44c)和(12.3.44d)得到 $\tau^m = 0$. 因此,在这个模型中不管是对劳动收入收税还是对人力资本的回报收税,最优税收的长期水平仍然为零.

12.3.6 是否所有的税收都为零

在连续时间的无穷期限确定性的模型中,均衡时的所有税收都等于零,在这种具有生命周期的模型中结论是否如此呢? 下面来讨论. 我们知道在前面的模型中,我们讨论了均衡时的税收水平 $\tau^k = \tau^l = \tau^m = 0$. 但是,$\tau^c \neq 0$. 这可以从方程(12.3.44b)和 $\tau^l = 0$ 看到

$$1 + \tau^c = \frac{u_c}{u_l} F_c M_l \tag{12.3.54}$$

由方程(12.3.49a)和(12.3.49b)得到

$$F_c M_l = -\frac{V_{l_m}}{V_c} = \frac{u_l + \phi u_d c}{u_c + \phi(u_c + u_{cc} c)} \tag{12.3.55}$$

因此得到

$$\tau^c = \frac{u_l u_c + \phi u_d u_c c}{u_c u_l + \phi(u_c u_l + u_{cc} u_l c)} - 1 \tag{12.3.56}$$

因为在不存在扭曲税收时,$\phi = 0$. 因此,τ^c 可以等于零. 对于次优的情形 $\phi > 0$,因此 $\tau^c = 0$ 当且仅当下面的条件成立:

$$u_c u_d c = u_c u_l + u_{cc} u_l c \tag{12.3.57}$$

上面的等式在一般情形下是不成立的. 但是 Jones、Manuelli 和 Rossi 指出下面的效用函数正好可以满足条件(12.3.57).

$$u(c, l) = \begin{cases} \dfrac{c^{1-\sigma}}{1-\sigma} v(l), & \sigma > 0, \sigma \neq 1 \\ \ln c + v(l), & \sigma = 1 \end{cases}$$

如果均衡点存在,此时所有的税收都等于零. 因此所有的收入来自于消费者在刚开始时的税收. 如果政府初始时对消费者收取的税收足够大,可以利用这些税收的利息来支付政府在每期的开支,则最优的税收在均衡时为零. 因为均衡时的利率满足 $R = \beta^{-1}$,我们可以采用政府的预算约束条件(12.2.4)来得到政府应该购买的债券为

$$b = \frac{\beta}{\beta - 1} g < 0$$

注:这里讨论的问题是在不确定性情形下完备市场的情形,现代经济学中的市场常常是不完备的,关于不完备市场的税收现在已经有大量的文献进行了讨论,但是它们都是基于其中某一个角度来分析的,如 Ayagari(1994)假设市场具有借贷约束时的最优税收. 在他的讨论中,因为市场受到借贷约束,因此市场上债券的回报将不等于资本存量的边际生产率. 因此,他给出了均衡的资本收入税是不等于零的结论. 在他进一步的讨论(Ayagari 和 McGrattan,1998)中利

用这个框架讨论了政府债券的福利损失问题. Lin 和 Gong(2007)利用这一框架讨论了中国经济中债券对福利的影响. 如果引入市场上消费者能力的差异,即利用 Mirrlees(1971)在微观框架下对消费者能力的假设. Kocherlakota、Golosov 和 Tsyvinski(2003)通过分散经济复制中央计划者经济讨论了最优税收的问题,在这个框架下,市场的不完备性来源于消费者能力的差异. 之后,他们在一系列的工作中利用这一思想解决了公共财政理论的大量问题,读者可以参考.

12.4 OLG 模型中的最优税收

在标准的 OLG 模型中,假设存在两种商品:消费品和劳动. 假设消费者的生存期 $I \geqslant 2$ 期,每一代具有恒等的消费者,为简单起见,假设人口是常数. 经济中包含消费者、厂商和政府. 假设厂商的生产函数由新古典的函数 $F(K_t, L_t)$ 给出,在厂商的利润极大化假设下,我们得到下面的最优性条件:

$$r_t = F_1(K_t, L_t) - \delta, \quad w_t = F_2(K_t, L_t) \tag{12.4.1}$$

其中 δ 为资本存量的折旧率.

假设 C_t 和 L_t 为总量的消费水平和劳动力供给,即

$$C_t = \sum_{i=1}^{I} c_t^i, \quad L_t = \sum_{i=1}^{I} \varepsilon^i l_t^i \tag{12.4.2}$$

其中 c_t^i 和 l_t^i 分别为年龄为 i 的消费者在时刻 t 的消费水平和工作时间, ε^i 为劳动时间的效率. 因此,消费者的效用函数表示为 $u(c_t^i, l_t^i)$,并且假设消费者从消费和休闲中获得正的、递减的边际效用,这样消费者在生命期限内的消费和休闲带来的效用贴现和为

$$\sum_{i=1}^{I} \beta^{i-1} u(c_t^i, l_t^i) \tag{12.4.3}$$

其中 $0 < \beta < 1$ 为贴现因子.

12.4.1 政府行为

假设政府通过税收收入和发行债券来满足它的花费. 假设 τ_t^k 表示在资本收入上的税率,τ_t^l 表示在劳动收入上的税率,同时假设政府发行一期债券,可以在市场上公开交易. 记 D_t 为政府在时刻 t 发行的总的债券,把 t 时刻的消费品作为等价物,而且债券在 t 期开始时到期. 这样,政府的预算约束方程可以表示为

$$G_t = \tau_t^k r_t K_t + \tau_t^l w_t L_t + D_{t+1} - R_t D_t \tag{12.4.4}$$

这里 r_t 和 w_t 分别表示市场决定的资本回报率和劳动力的工资率,R_t 表示从 t

期到 $t+1$ 期的一期债券的总的回报率. 假设利息收入是免税的, 这对于债券在政府和消费者之间交易是没多大影响的.

这样, 经济的资源约束条件为

$$C_t + G_t + K_{t+1} = F(K_t, L_t) + (1-\delta)K_t \qquad (12.4.5)$$

其中 $\delta \in (0,1)$ 为资本存量的折旧率. $\{g_t\}_{t=0}^{\infty}$ 为外生的政府公共开支过程.

12.4.2 消费者

在政府行为外生给定的前提下, 消费者的预算约束方程就是使所有的税后收入等于储蓄从而来增加资本存量和债券的持有. 即

$$c_t^i + a_{t+1}^{i+1} = (1-\tau_t^l)w_t\varepsilon^i l_t^i + (1+(1-\tau_t^k)r_t)a_t^i \qquad (12.4.6)$$

$$a_t^1 = 0, \quad 0 \leqslant l_t^i \leqslant 1, \quad c_t^i \geqslant 0$$

因此, 消费者出生时没有资产, 他通过购买政府债券或者从别的家庭和公司取得资产而持有资产. 在时刻 0, 资本存量和债券在初始的 s 代人之间分布. 假设 $\bar{a}_0^s$ 为第 s 代人的初始禀赋. 因此, 他的预算约束为

$$c_0^s + a_1^{s+1} = (1-\tau_0^l)w_0\varepsilon^s l_0^s$$
$$+ (1+(1-\tau_0^k)r_0)\bar{a}_0^s \qquad (12.4.7)$$

市场出清时

$$K_{t+1} = \sum_{i=1}^{I} a_{t+1}^i - D_{t+1} \qquad (12.4.8)$$

在给定的税收政策和政府公共开支下, 一个竞争均衡被定义为一个序列 $\{\{c_t^i, l_t^i, a_t^i\}_{i=1}^{I}\}_{t=0}^{\infty}$, 生产计划为 $\{K_t, L_t\}_{t=0}^{\infty}$, 政府债券 $\{D_{t+1}\}_{t=0}^{\infty}$ 和价格 $\{r_t, w_t, R_t\}_{t=0}^{\infty}$ 满足:

(1) 消费者在预算约束(12.4.6)下极大化消费者的效用(12.4.3), 时刻 0 以前出生的消费者在预算约束条件(12.4.7)下极大化其效用(12.4.3);

(2) 厂商的最优性条件(12.4.1)得到满足;

(3) 市场出清条件(12.4.2)和(12.4.8)成立;

(4) 政府预算约束条件(12.4.4)成立;

(5) 可行性条件(12.4.5)成立.

12.4.3 政府最优税收问题

在税收行为中经常会出现时间的不相容性问题, 我们这里考虑的是具备时间相容性的政府政策. 政府的目标函数可以表示为每代人的效用的加权和, 即

$$W(\{c_t^i, l_t^i\}) = \sum_{t=0}^{\infty} \sum_{i=1}^{I} \omega_{t+1-i}\beta^{i-1}u(c_t^i, l_t^i) \qquad (12.4.9)$$

其中 ω_t 为 t 时刻出生的人的权.

性质 12.4.1

在政府政策给定的前提下,一个均衡的配置满足下面的条件:

$$\sum_{i=1}^{I} c_t^i + \bar{G}_t + K_{t+1} = F\left(K_t, \sum_{i=1}^{I} \varepsilon^i l_t^i\right) + (1-\delta)K_t \quad (12.4.10)$$

$$\sum_{i=1}^{I} \beta^{i-1}(c_{t+i-1}^i U_{c_{t+i-1}^i} + l_{t+i-1}^i U_{l_{t+i-1}^i}) = 0 \quad (12.4.11)$$

$$\sum_{i=s}^{I} \beta^{i-s}(c_{i-s}^i U_{c_{i-s}^i} + l_{i-s}^i U_{l_{i-s}^i}) = U_{c_0^s} a_0^s \quad (12.4.12)$$

和下面的边际条件:

$$\frac{U_{c_t^1}}{U_{l_t^1}} \varepsilon^1 = \cdots = \frac{U_{c_t^I}}{U_{l_t^I}} \varepsilon^I \quad (12.4.13)$$

$$\frac{U_{c_t^1}}{U_{c_{t+1}^2}} = \cdots = \frac{U_{c_t^{I-1}}}{U_{l_{t+1}^I}} \quad (12.4.14)$$

另外,对于满足约束条件(12.4.10)—(12.4.14)的资源配置,我们可以构造一个政府的税收路径,政府债券路径和价格路径与上面的配置构成一个竞争均衡.

证明 从方程(12.4.2)和(12.4.5)可以直接得到方程(12.4.10).求解消费者行为得到最优性条件为

$$\beta^i U_{c_t^i}(t) = \alpha_t^i \quad (12.4.15)$$

$$\beta^i U_{l_t^i}(t) = -\alpha_t^i(1-\tau_t^l)w_t\varepsilon^i \quad (12.4.16)$$

$$\alpha_t^i = \alpha_{t+1}^{i+1}[(1-\tau_{t+1}^k)r_{t+1} + 1] \quad (12.4.17)$$

其中 α_t^i 为对应的 Lagrange 乘子.

把方程(12.4.15)乘以 c_t^i,方程(12.4.16)乘以 l_t^i,然后相加,同时考虑消费者的预算约束条件和方程(12.4.17),就可以得到方程(12.4.11).

如果政府对于消费者收取的税收是一致的,从方程(12.4.15)和(12.4.16)可以直接得到方程(12.4.13)和(12.4.14).

对于性质 12.4.1 的第二部分,我们构造税收

$$(1-\tau_t^l) = -\frac{U_{l_t^i}(t)}{U_{c_t^i}(t)\varepsilon^i F_2} \quad (12.4.18)$$

$$(1-\tau_t^k) = \frac{1}{F_1 - \delta}\left(\frac{U_{c_t^i}(t)}{U_{c_{t+1}^{i+1}}\beta} - 1\right) \quad (12.4.19)$$

而且 $R = 1 + r(1-\tau_t^k)$.其余的条件可以得到证明.

政府在条件(12.4.10)—(12.4.14)下选择税收极大化社会福利,我们考虑

下面的函数：
$$V(c_t^i, l_t^i, \eta_{t-i}) = U(c_t^i, l_t^i) + \eta_{t-i}(c_t^i U_{c_t^i} + l_t^i U_{l_t^i}) \tag{12.4.20}$$

这样 Ramsey 问题可以表示为
$$\max \sum_{t=0}^{\infty} \sum_{i=1}^{I} \omega_{t+1-i} \beta^{i-1} V(c_t^i, l_t^i, \eta_t^i) - \sum_{s=2}^{I} \eta_{1-s} U_{c_0^s} a_0^s \tag{12.4.21}$$

受约束于
$$\sum_{i=1}^{I} c_t^i + \bar{G}_t + K_{t+1} = F(K_t, \sum_{i=1}^{I} \varepsilon^i l_t^i) + (1-\delta) K_t \tag{12.4.22}$$

这样，我们得到最优性条件
$$\omega_{t+1-i} \beta^{i-1} V_{c_t^i} - \mu_t = 0 \tag{12.4.23}$$
$$\omega_{t-i} \beta^i V_{c_t^{i+1}} - \mu_t = 0 \tag{12.4.24}$$
$$\omega_{t+1-i} \beta^{i-1} V_{l_t^i} + \mu_t F_2 \varepsilon^i = 0 \tag{12.4.25}$$
$$\mu_{t+1}(1 - \delta + F_1) - \mu_t = 0 \tag{12.4.26}$$

和横截性条件
$$\lim_{t \to \infty} \mu_t K_{t+1} = 0 \tag{12.4.27}$$

从上面的条件得到
$$\omega_{t+2-i} V_{c_{t+1}^i}(1 - \delta + F_1) = \omega_{t+1-i} V_{c_t^i} \tag{12.4.28}$$
$$\frac{V_{l_t^i}}{V_{c_t^i}} = -F_2 \varepsilon^i \tag{12.4.29}$$
$$V_{c_t^i} = \frac{\omega_{t-i}}{\omega_{t+1-i}} \beta V_{c_t^{i+1}} \tag{12.4.30}$$

对于在时刻 0 的初始的 s 代人，最优性条件和上面的不同，我们得到
$$\frac{V_{l_0^i} - \eta_{1-s}[U_{c_0^s l_0^s}((1 + F_1(1 - \tau_0^k)a_0^s) + U_{c_0^s} F_{12}(1 - \tau_0^k)a_0^s)]}{V_{c_0^i} - \eta_{1-s} U_{c_0^s c_0^s}((1 + F_1(1 - \tau_0^k)a_0^s))}$$
$$= -F_2 \varepsilon^i \tag{12.4.31}$$

$$\frac{V_{c_0^i} - \eta_{1-s} U_{c_0^s c_0^s}((1 + F_1(1 - \tau_{0,s}^k)a_0^s))}{V_{c_0^{i+1}} - \eta_{1-s} U_{c_0^{s+1} c_0^{s+1}}((1 + F_1(1 - \tau_{0,s+1}^k)a_0^{s+1}))} = \beta \frac{\omega_{s+1}}{\omega_s} \tag{12.4.32}$$

由方程(12.4.30)和(12.4.28)得到
$$\beta V_{c_{t+1}^{i+1}}(1 - \delta + F_1) = V_{c_t^i} \tag{12.4.33}$$

比较竞争均衡和上面的条件，我们得到
$$\tau_{t+1}^k = \frac{1}{\beta r_{t+1}} \left(\frac{V_{c_t^i}}{V_{c_{t+1}^{i+1}}} - \frac{U_{c_t^i}}{U_{c_{t+1}^{i+1}}} \right) \tag{12.4.34}$$

$$\tau_t^l = 1 - \frac{U_{c_t^i}}{U_{l_t^i}} \frac{V_{l_t^i}}{V_{c_t^i}} \tag{12.4.35}$$

性质 12.4.2

对于 $t \geqslant 2$,如果偏好满足

$$\frac{c_t^i U_{c_t^i c_t^i} + l_t^i U_{l_t^i c_t^i}}{U_{c_t^i}} = \frac{l_t^i U_{l_t^i l_t^i} + c_t^i U_{c_t^i l_t^i}}{U_{l_t^i}} \tag{12.4.36}$$

那么资本收入税为 0.

证明 条件(12.4.36)可以写成

$$c_t^i U_{c_t^i c_t^i} + l_t^i U_{l_t^i c_t^i} = A U_{c_t^i} \tag{12.4.37}$$

$$l_t^i U_{l_t^i l_t^i} + c_t^i U_{c_t^i l_t^i} = A U_{l_t^i} \tag{12.4.38}$$

考虑最优性条件,我们得到

$$(1 + \eta_{t-i}) U_{c_t^i} + \eta_{t-i}(c_t^i U_{c_t^i c_t^i} + l_t^i U_{l_t^i c_t^i}) = \mu_t \tag{12.4.39}$$

因此,我们得到

$$(1 + \eta_{t-i}(1+A)) U_{c_t^i} = \mu_t \tag{12.4.40}$$

因此

$$\frac{U_{c_t^i}}{U_{c_{t+1}^{i+1}}} = 1 + F_1 - \delta \tag{12.4.41}$$

考虑最优性条件,同样得到

$$(1 + \eta_{t-i}) U_{l_t^i} + \eta_{t-i}(l_t^i U_{l_t^i l_t^i} + c_t^i U_{c_t^i l_t^i}) = -\mu_t F_2 \varepsilon^i \tag{12.4.42}$$

也就是

$$(1 + \eta_{t-i}(1+A)) U_{l_t^i} = -\mu_t F_2 \varepsilon^i \tag{12.4.43}$$

因此对于所有 i, $U_{c_t^i}/U_{l_t^i}$ 是相等的.

在 $t=1$ 时,资本和劳动税都不等于零,根本原因是初始的人与初始的资本分布相关.

$$\tau_1^k = \frac{1}{\beta(F_1-\delta)} \left[\frac{(1+\eta_s) U_{c_0^s} + \eta_{s-i}(c_t^s U_{c_0^s c_t^s} + l_t^s U_{l_t^s c_t^s}) - \eta_{1-s} U_{c_0^s c_0^s} a_0^s}{(1+\eta_s) U_{c_1^{s+1}} + \eta_{s-i}(c_{t+1}^{s+1} U_{c_{t+1}^{s+1} c_{t+1}^{s+1}} + l_t^s U_{l_t^s c_{t+1}^{s+1}})} \right] - \frac{U_{c_0^s}}{U_{c_1^{s+1}}}$$

满足上面性质的效用函数很多,如

$$U(c,l) = W(G(c,l))$$

就满足上面的性质,更特殊的例子如 $U(c,l) = \frac{(cl^{-\gamma})^{1-\sigma}-1}{1-\sigma}$,但通常讲的可分的效用函数 $U(c,l) = \frac{c^{1-\sigma}-1}{1-\sigma} - v(l)$ 或者 $U(c,l) = \frac{(c^{\gamma}(1-l)^{1-\gamma})^{1-\sigma}-1}{1-\sigma} - v(l)$ 是不满足这个条件的.

注:上面的结论从两个方面改进了已有的结论:首先,考虑了生存有限期的消费者,这样,这个模型可以结合政府的其他政策工具来讨论,如政府的社会保障制度.读者可以参考 Lin 和 Gong(2007)等相关文献;其次考虑了整条税收

路径上的最优税收,这个模型的结论是讨论离散框架下的税收,当然,可以在连续时间的框架来考虑,读者可以参考 Gong 和 Wong(2007).

习题

1. 财政政策与价格水平的决定. 假设消费者的效用函数定义在消费者的私人消费,即 $u(c)$. 假设消费者从私人消费中获得正的、边际递减的效用,即

$$u'(c) > 0, \quad u''(c) < 0 \tag{1}$$

产出的生产由新古典生产函数 $y = f(k)$ 给出,其中 y 表示产出,k 为资本存量. 假设生产函数 $f(k)$ 是严格单调递增的、严格凹的二阶连续可微函数,即

$$f'(k) > 0, \quad f''(k) < 0, \quad f(0) = 0 \tag{2}$$

消费者的资产包括他所拥有的资本存量 k 和政府债券 B_t,他的预算约束可以表示为

$$\frac{dk}{dt} + \frac{dB}{P\,dt} = (1-\tau)f(k) + i\frac{B}{P} - c - T \tag{3}$$

其中 i 是政府债券的名义回报率,也是名义利率;P_t 表示价格水平,T 是政府一揽子税收,τ 是政府收入税税率.

引入实际的政府债券 $b = B/P$,这样方程(3)可以改写为

$$\frac{dk}{dt} + \frac{db}{dt} = (1-\tau)f(k) + rb - c - T \tag{4}$$

其中 $r = i - \dfrac{\dot{P}}{P}$ 为政府债券的实际回报率.

方程(4)表明消费者的税后收入(包括资本回报和持有的政府债券的回报)用来满足自己的消费和增加资产. 为了防止消费者无限制地借贷下去,我们必须强加借贷限制

$$\lim_{t \to \infty} (k_t + b_t) e^{-\int_0^t r(v)\,dv} \geq 0 \tag{5}$$

在政府行为给定的前提下,消费者在预算约束条件(4)和借贷限制(5)下选择自己的消费路径、资本存量的积累路径和政府债券的持有来极大化自己的贴现效用和,即

$$\max_{c,k,b} \int_0^\infty u(c) e^{-\beta t}\,dt$$

受约束于预算约束条件(4)和借贷限制(5),以及给定的初始资本存量 $k(0) = k_0$ 和政府名义债券 $B(0) = B_0$. 这里 $\beta \in (0,1)$ 为贴现因子,是外生给定的常数.

第 12 章
离散的最优税收理论

政府从收入税 $\tau f(k)$、一揽子税 T 和发行新的债券中得到收入,用来支付政府自身的公共开支 g 和支付债券的利息,因此,政府的预算约束方程可以表示为

$$\dot{b} = rb + g - T - \tau f(k) \tag{6}$$

把方程(6)两边同时积分得到

$$\max_{t \to \infty} b_t e^{-\int_0^t r(v)dv} = b_0 + \int_0^\infty (g - T - \tau f(k)) e^{-\int_0^t r(v)dv} dt$$

政府跨时预算约束成立当且仅当

$$\lim_{t \to \infty} b_t e^{-\int_0^t r(v)dv} = b_0 + \int_0^\infty (g - T - \tau f(k)) e^{-\int_0^t r(v)dv} dt = 0 \tag{7}$$

方程(7)表明了政府节余的现值要足够来偿还初始的债务. 如果方程(7)对任意的价格水平都是成立的,我们称一个政策为 Ricardian 型的政策. 否则,我们称这个政策是非 Ricardian 型的政策.

(1) 写出消费者的最优性条件.

(2) 给出宏观均衡政策的条件,决定价格水平(价格水平由政府债券的实际值与政府财政节余相等来决定). 并且给出非 Ricardian 型的政策的例子来决定价格水平.

(3) 进一步,假设消费者的效用函数为 $u\left(c, \dfrac{M}{P}\right)$. 写出消费者的最优化问题和政府的预算约束方程. 当政府政策是非 Ricardian 型的政策时,可以通过宏观均衡决定唯一的价格水平路径. 给出一个政府非 Ricardian 型的政策的例子来决定价格水平.

2. (OLG 模型中的政府税收与习惯资本) 在 OLG 模型中假设消费者在年轻和年老时的消费水平分别为 c_t^1 和 c_{t+1}^2,消费者在年轻时的收入为 w_t,储蓄水平为 s_t,市场利率为 r_t,人口增长率为 n,这样消费者的预算约束方程可以表示为

$$c_t^1 + s_t = w_t$$
$$c_{t+1}^2 = (1 + r_{t+1}) s_t$$

消费者的效用函数定义在消费者的消费水平和因为消费形成的习惯上面,我们把它表示为

$$U = u(c_t^1) + \beta u(\hat{c}_{t+1}^2)$$

其中 β 为贴现因子,$\hat{c}_{t+1}^2 = c_{t+1}^2 - \delta c_t^1$,$\delta$ 为消费者习惯的影响程度.

(1) 导出此时资本存量的动态积累方程,讨论均衡时的资本存量和储蓄水平与 δ 的关系;

在上面的模型中引入政府税收,这样,消费者的预算约束变为

$$c_t^1 (1 + \tau) + s_t = w_t$$

$$c_{t+1}^2(1+\tau) = (1+r_{t+1})s_t + t$$

其中 τ 为消费税税率，t 为政府转移支付.

政府的作用仅仅用来转移，因此政府的预算约束方程为

$$c_t^1 \tau(1+n) + c_{t+1}^2(1+\tau) = t$$

(2) 讨论此时资本存量的动态积累方程. 考虑税收对均衡时的资本存量的影响，比较引入习惯形成后这两种影响的不同.

参 考 文 献

Abel, A. B. and O. Blanchard, 1983, An intertemporal equilibrium model of saving and investment. *Econometrica*, 51: 675—692.

Abel, A. B., 1981, Taxes, inflation, and the durability of capital. *Journal of Political Economy*, 3(80): 548—560.

Abel, A. B., 1982, Dynamic effects of permanent and temporary tax policies in a q-model of investment. *Journal of Monetary Economy*, 9: 353—373.

Abel, A. B., 1987, Optimal monetary growth. *Journal of Monetary Economy*, 19: 437—450.

Abel, A. B., 1985, Dynamic behavior of capital accumulation in a cash-in-advance model. *Journal of Monetary Economics*, 10: 55—71.

Abel, A. B., 1990, Asset prices under habit formation and catching up with the Joneses. *American Economic Review*, vol. 80(2): 38—42.

Adelman, I. and H. Chenery, 1966, Foreign aid and economic development: The case of Greece. *Review of Economics and Statistics*, 48: 1—19.

Alogoskoufis, G. and R. Ploeg, 1991, *Endogenous Growth and Overlapping Generations*. London: Birkbeck College, Mimeo.

Aristotle, 1958, *The Politics of Aristotle*. Oxford: Oxford University.

Arrow, K. and M. Kurz, 1970, *Public Investment, the Rate of Return, and Optimal Fiscal Policy*. Johns Hopkins University Press.

Arrow, K. J. and J. E. Stiglitz, 1969, A new view of technological change. *Economic Journal*, vol. 79: 573—578.

Arrow, K. J., 1962, The economic implications of learning by doing. *Review of Economic Studies*, vol. 29 June: 155—173.

Arturo Anton, 2001. On the welfare implications of the optimal monetary policy. Cornell University.

Aschauer, D., 1989, Is government spending productive? *Journal of Monetary Economics*, 23: 177—200.

Atje and Jovanovic, 1993, Stock markets and development. *European Economic Review*, vol. 37: 632—640.

Atkinson, A. and J. Stiglitz, 1972, The structure of indirect taxation and economic efficiency. *Journal of Public Economics*, 1: 97—119.

Atkinson, A. and J. Stiglitz, 1976, The design of tax structure: Direct versus indirect taxation. *Journal of Public Economics*, 6: 55—75.

Atkinson, A. and J. Stiglitz, 1980, *Lectures on Public Economics*. McGraw-Hill Inc.

Auerbach, A. J., 1983, *The Taxation of Capital Income*. Harvard University Press, Cambridge, Massachusetts, and London.

Auerbach, A. and L. Kotlidoff, 1987, *Dynamical Fiscal Policy*. Cambridge MA: Harvard University Press.

Auerbach, A., 1985. The theory of excess burden and optimal taxation. *Handbok of Public Economics Vol II*, Elsevier, Amsterdam.

Ayagari, R., 1994, Uninsured idiosyncratic risk and aggregate savings. *Quarterly Journal of Economics*, 109: 659—684.

Bakshi, G. S. and Z. Chen, 1996, The spirit of capitalism and stock-market prices. *The American Economic Review*, 3: 133—157.

Bardhan, P. K., 1967, Optimum foreign borrowing. In: K. Shell, ed. *Essays on the Theory of Optimal Economic Growth*. The MIT Press, 117—128.

Barro, R. J., 1990. Government spending in a simple model of endogenous growth. *Journal of Political Economy*, 98: S103—S125.

Barro, R. J., 1991, Economic growth in a cross section of countries. *Quarterly Journal of Economics*, 106: 407—443.

Barro, R. J. and X. Sala-i-Martin, 1995, *Economic Growth*. New York: McGraw-Hill Inc.

Barro, R. J., 1981, Output effects of government purchases. *Journal of Political Economy*, 89: 1086—1121.

Becker, G. and C. Mulligan, 1997, The endogenous determination of time preference. *Quarterly Journal of Economics*, 112: 729—758.

Becker, Gary S. and R. Barro, 1988, A reformation of the economic theory of fertility. *Quarterly Journal of Economics*, vol. 103, 1(February): 1—25.

Becker, Gary S., 1965, A theory of the allocation of time. *Economic Journal*, vol. 75 (September): 493—517.

Becker, Gary S., 1991, The Demand for Children, chapter 5 in: *A Treatise on the Family*. Cambridge MA: Harvard University Press.

Becker, Gary S., K. M. Murphy, and R. Tamura, 1990, Human capital, fertility, and economic growth. *Journal of Political Economy*, vol. 98 (October): Part II, S12—S37.

Behrman, J. R., 1990, Women's schooling and non-market productivity: A survey and a reappraisal, Working Paper, University of Pennsylvania.

Benhabib, J. and J. Gali,1995, On growth and indeterminacy: Some theory and evidence. Mimeo, New York University.

Benhabib, J. and K. Nishimura, 1979, The Hopf bifurcation and the existence and stability of closed orbits in multisector models of optimal economic growth. *Journal of Economic Theory*, 21: 421—444.

Benhabib, J. and K. Nishimura, 1981, Stability of equilibrium in dynamic models of capital theory. *International Economic Review, 22: 275—293.

Benhabib, J. and R. Perli, 1994, Uniqueness and indeterminacy: Transitional dynamics in a model of endogenous growth. *Journal of Economic Theory*, 63: 113—142.

Bergin, P. R., 2000, Fiscal solvency and price level determination in a monetary union. *Journal of Monetary Economics*, 45: 37—53.

Berthelemy and Varoudakis, 1995, *Thresholds in Financial Development and Economic Growth*. The Manchester school, Supplement, 63: 70—84.

Bertola, Giuseppe and Allen Drazen, 1993, Trigger points and budget cuts: Explaining the effects of fiscal austerity. *American Economic Review*, 80: 11—26.

Bird, R., 1993. Threading the fiscal labyrinth: Some issues in fiscal decentralization. *National Tax Journal* XLVI: 207—227.

Blanchard, O. J. and S. Fischer, 1989, *Lectures on Macroeconomics*. The MIT Press, Cambridge, Massachusetts.

Blanchard, O. J., 1981, Output, the stock market, and interest rates. *American Economic Review*, 71: 132—143.

Blanchard, O. J., 1985, Debt, deficits, and finite horizons. *Journal of Political Economy*, 93: 223—247.

Boone, P., 1994a, The impact of foreign aid on savings and growth. Mimeo, London School of Economics.

Boone, P., 1994b, Politics and the effectiveness of foreign aid. Mimeo, London School of Economics.

Braun, J., 1993, *Essays on Economic Growth and Migration*, Ph. D. dissertation, Harvard University.

Brito, D. L. and W. H. Oakland, 1977, Some properties of the optimal income tax. *International Economics Review*, 18: 407—423.

Brock, W. and S. J. Turnovsky, 1981, The analysis of macroeconomic policies on perfect foresight equilibrium. *International Economic Review*, 22: 179—209.

Brock, W., 1974, Money and growth: The case of long-run perfect foresight. *International Economic Review*, 15: 750—777.

Brock, W., 1975, A simple perfect foresight model of money. *Journal of Monetary Economics*, 1: 133—150.

Brueckner, J., 1996, Fiscal federalism and capital accumulation. Mimeo, Department of Economics, University of Illinois at Urban-Champaign.

Buchanan, J. M., 1975, *The Limits of Liberty: Between Anarchy and Leviathan*. Chicago: University of Chicago Press.

Burmeister, E. R. and A. R. Dobell, 1970, *Mathematical Theories of Economic Growth*. New York: Macmillan.

Burnside, C. and D. Dollar, 2000, Aid, policies, and growth. Forthcoming in the *American Economic Review*.

Calvo, G., 1996, Inflows of capital to developing countries in the 1990s. *Journal of Economic Perspectives*, 10: 123—139.

Carlstrom, C. T. and T. S. Fuerst, 1999, Money growth and inflation: Does fiscal policy matter? *Economic Commentary*, Federal Reserve Bank of Cleveland. April.

Carroll, Christopher D. and Weil, David N. 1994, Saving and growth: A reinterpretation. *Carnegie-Rochester Conference Series on Public Policy*, vol. 40: 133—192.

Cass, D., 1965, Optimum economic growth in an aggregate model of capital accumulation. *Review of Economic Studies*, vol. 32: 233—240.

Chamley, C., 1985, Efficient taxation in a stylized model of intertemporal general equilibrium. *International Economic Review*, 26: 451—468.

Chamley, C., 1986, Optimal taxation of capital income in general equilibrium with infinite lives. *Econometrica*, vol. 54: 607—622.

Chang, W. Y., Yi-ni Hsieh, and Chingchong Lai, 2000, Social status, inflation, and endogenous growth in a cash-in-advance economy. *European Journal of Political Economy*, 16: 535—545.

Chari, V. V., Lawrence J. Christiano, and Patrick J. Kehoe, 1996, Optimality of the Friedman rule in economies with distorting taxes. *Journal of Monetary Economics*, vol. 37 (April): 203—223.

Chenery, H. and A. Strout, 1966, Foreign assistance and economic development. *American Economic Review*, 56: 679—733.

Chenery, H. and M. Bruno, 1962, Development alternatives in an open economy. *Economic Journal*, 72: 79—103.

Chenery, H. and P. Eckstein, 1970, Development alternatives for Latin America. *Journal of Political Economy*, 78: 966—1006.

Chenery, Robinson and Syrquin, 1986, *Industrialization and Growth: A Comparative Study*. New York: Oxford Uonversity Press, for the World Bank.

Christensen, L. R., D. Cummings, and D. W. Jorgenson, 1980, Economic growth, 1947—1973: An international comparison. in: *New Developments in Productivity Measurement and Analysis*. NBER Conference Report, Chicago: University of Chicago Press.

Claessens, S., M. Dooley, and A. Warner, Portfolio capital flows: Hot or cold? *The World Bank Economic Review*, 9: 153—174.

Cochrane, J. H., 2000, Money as stock: Price level determination with no money demand. NBER Working Paper 7498.

Cochrane, J. H., 2001, Long-term debt and optimal policy in the fiscal theory of price level. *Econometrica*, 69: 69—116.

Cole, H., G. Mailath, and A. Postlewaite, 1992, Social norms, saving behavior and growth. *Journal of Political Economy*, 100: 1092—1125.

Constantinides, George M., 1990, Habit formation: A resolution of the equity premium puzzle. *Journal of Political Economy*, vol. 98(3): 519—543.

Cooley, T. F. and G. D. Hansen, 1991, The welfare cost of moderate inflation. *Journal of Money, Credit, and Banking*, 23: 482—503.

Daniel, B., 2001, The fiscal theory of the price level in an open economy. *Journal* of *Monetary Economics*, 48: 293—308.

Davoodi, H. and H. Zou, 1998. Fiscal decentralization and economic growth: A cross-country study. *Journal of Urban Economics*, 43: 244—257.

Denision, E. F., 1967, *Why Growth Rates Differ?* Washington, D. C.: Brookings Institution.

Devarajan, S., V. Swaroop, and Zou, Heng-fu, 1996, The composition of public expenditure and economic growth. *Journal of Monetary Economics*, vol. 37: 313—344.

Devarajan, S., D. Xie, and H. Zou, 1998, Should public capital be subsidized or provided? *Journal of Monetary Economics*, 41: 319—331.

Diamond, P. A., 1975, A many-person Ramsey tax rule. *Journal of Public Economics*, 4: 335—342.

Diamond, P. and J. Mirrlees, 1971, Optimal taxation and public production 1: Production efficiency and 2: Tax rules. *American Economic Review*, 61: 8—27 and 281—278.

Diamond, P., 1965, National debt in a neoclassical growth model. *American Economic Review*, vol. 55: 1125—1150.

Dietmar Wellisch, 1999, *Theory of Public Finance in a Federal State*. Cambridge University Press.

Dotsey, M. and P. Ireland, 1996, The welfare cost of inflation in general equilibrium. *Journal of Monetary Economics*, 37: 29—47.

Dowrick, S., 1992, Technological catch up and diverging incomes: Patterns of economic growth 1960—1988. *The Economic Journal*, vol. 102: 600—610.

Duesenberry, James S., 1949, *Income, Saving, and the Theory of Consumer Behavior*. New York: Oxford University Press.

Dupor, B., 2000, Exchange rates and the fiscal theory of price level. *Journal of Monetary Economics*, 45: 613—630.

Dynan, Karen E., 1999, Habit formation in consumer preferences: Evidence from panel data. Forthcoming, *American Economic Review*.

Easterly, W. and S. Rebelo, 1993, Fiscal policy and economic growth: An empirical investigation. *Journal of Monetary Economics*, 32: 417—458.

Eaton, J., 1989, Foreign public capital flows. In: H. Chenery and T. N. Srinivasan, eds. *Handbook of Development Economics*, vol. 2, North-Holland.

Eaton, Jonathan, 1981, Fiscal policy, inflation, and the accumulation of risky capital. *Review of Economic Studies*, 48: 435—445.

Ebert, Udo, 1986a. On the characterization of the optimal nonlinear income tax. Discussion Paper A-66, *SFB 303*, Bonn.

Ebert, Udo, 1986b, Properties of the optimal nonlinear income tax, Discussion Paper A-66, *SFB 303*, Bonn.

Ebert, Udo, 1992. A reexamination of the optimal nonlinear income tax. *Journal of Public Economics*, 49: 47—73.

Feldstein, M., 1974, Tax incidence in a growing economy with variable labor supply. *Quarterly Journal of Economics*, vol. 88: 551—573.

Fershtman, C. and Y. Weiss, 1993, Social

status, culture, and economic performance. *Economic Journal*, 103: 946—959.

Fershtman, C., K. Murphy, and Y. Weiss, 1996, Social status, education, and growth. *Journal of Political Economy*, 106: 108—132.

Feyzioglu T., V. Swaroop, and M. Zhu, 1997, Foreign aid's impact on public spending. *World Bank Economic Review*.

Fischer, S., 1979, Capital accumulation on the transition path in a monetary optimizing model. *Econometrica*, 47: 1433—1439.

Fischer, Stanley, 1989, Ricardian equivalence: An evaluation of theory and evidence. in *NBER Macroeconomics Annual*. Cambridge, Massachusetts: MIT Press, 263—304.

Fischer, Stanley, 1993, The role of macroeconomic factors in growth. *Journal of Monetary Economics*, 32: 484—512.

Fisher, I., 1937, Inflation, income taxes, and the rate of interest: A theoretical analysis, *American Economic Review*, 66: 809—820.

Frank, R., 1985, *Choosing the Right Pond: Human Behavior and the Quest for Status*. Oxford University Press.

Fry, M. J., 1991, Domestic resource mobilization in developing Asia: Four policy issues. *Asian Development Review*, vol. 9: 15—39.

Fry, M. J., 1995, *Money, Interest, and Banking in Economic Development* (second edition). Baltimore: Johns Hopkins University Press.

Fry, M., 1978, Money and capital or financial deepening in economic development? *Journal of Money, Credit, and Banking*, 10: 464—475.

Fry, M., 1980, Saving, investment, growth, and the cost of financial repression. *World Development*, 8: 197—217.

Gali, Jordi, 1994, Government size and macroeconomic stability. *European Economic Review*, 38: 117—132.

Gastil, R. D., 1979, Freedom in the world (Transaction Books, New Brunswick, NJ.).

Gertler, Mark and Earl Grinols, 1982, Monetary randomness and investment. *Journal of Monetary Economics*, 10: 239—258.

Gillman, Max, 1993, The welfare cost of inflation in a cash-in-advance economy with costly credit. *Journal of Monetary Economics*, 31: 97—115.

Giovannini, A., 1983, The interest elasticity of savings in developing countries: The existing evidence. *World Development*, 11: 601—607.

Giovannini, A., 1985, Saving and the real interest rate in LDCs. *Journal of Development Economics*, 18: 197—217.

Glomm, G. and B. Ravikumar, 1994, Public investment in infrastructure in a simple growth model. *Journal of Economic Dynamics and Control*, 18: 1173—1187.

Gong, Liutang and Heng-fu Zou, 1997, A fiscal federalism approach to optimal taxation and intergovernmental transfers in a dynamic model, Mimeo, Peking University and Wuhan University.

Gong, Liutang and Heng-fu Zou, 2000, Foreign aid reduces domestic capital accumulation and increase foreign borrowing: A theoretical analysis. *Annuals of Economics and Finance*, 1(1): 147—163.

Gong, Liutang and Heng-fu Zou, 2001, Dynamic analysis of foreign aid, foreign borrowing, and capital accumulation. *Review of Development Economics*, 5(1).

Gong, Liutang and Heng-fu Zou, 2001, Money, social status, and capital accumulation in a cash-in-advance model. *Journal of Money, Credit, and Banking*, 33(2): 284—293.

Gong, Liutang and Heng-fu Zou, 2001, Optimal taxation and intergovernmental transfer in a dynamic model with multiple levels of government. *Journal of Economic Dynamics and Control*.

Gong, Liutang and Heng-fu Zou, 2001, Social status, fiscal policies, asset pricing, and stochastic growth. *Journal of Economic Dynamics and Control*.

Gong, Liutang and Heng-fu Zou, 2001a. Public expenditure, taxes, federal transfer, and endogenous growth. Mimeo, Peking University and Wuhan University.

Gong, Liutang, 1998, Local and global stability for the infinite-horizon variation problems. *ACTA Mathematica Scientia*, 3: 278—284.

Gong, Liutang, 2000, Applications of Hamiltonian and Laplace transform in an economic growth model. *ACTA Mathematica Scientia*, 4(20).

Gong, L., and Zou, H., 2001b. Optimal design of federal grants to localities in a static model. Working Paper, Development Research Group, The World Bank.

Gordon, R., 1983. An optimal taxation approach to fiscal federalism. *Quarterly Journal of Economics*, 567—586.

Gramlich, E., 1993, A policy maker's guide to fiscal decentralization. *National Tax Journal*, XLVI: 229—235.

Grier, Kevin B., and Gordon Tullock, 1989, An empirical analysis of cross-national economic growth, 1951—1980. *Journal of Monetary Economics*, September: 259—276.

Griffin, K., 1970, Foreign capital, domestic savings and economic development. *Bulletin of Oxford University Institute of Economics and Statistics*, 32: 99—112.

Grinols, Earl and Stephen Turnovsky, 1992, Extrinsic risk, financial market volatility and macroeconomic performance. *Journal of Economic Dynamics and Control*, 17: 1—36.

Grinols, Earl and Stephen Turnovsky, 1993, Exchange rate determination and asset prices in a stochastic small open economy. *Journal of International Economics*, 36: 75—97.

Guesnerie, R., and J.-J. Laffont, 1984, A complete solution to a class of principle agent problems with an application to the control of a self-managed firm. *Journal of Public Economics*, 25: 329—369.

Haavelmo T., 1970, *A Study in the Theory of investment*. The University of Chicago Press, Chicago and London.

Hansen, L. P. and R. J. Hodrich, 1980, Forward exchange rates as optimal predictors of future spot rates: An econometric analysis. *Journal of Political Economy*, vol. 88: 830—853.

Harris, M., 1987, *Dynamic Economic Analysis*. New York: Oxford University Press.

Hulten, C., 1994, Optimal growth with infrastructure capital: Theory and implications for empirical modeling. Mimeo, University of Maryland.

International Monetary Fund, 1986, *A Manual on Government Finance Statistics*. Washington DC: International Monetary Fund.

Jermann, Urban J., 1998, Asset pricing in production economies. *Journal of Monetary Economics*, vol. 42(2): 257—275.

Jones, E. L., 1988, *Growth Recurring: Economic Change in World History*, Oxford: Clarendon Press.

Jones, E. L., 1994, *Patterns of Growth in History*, in J. J. James and M. Thomas (eds.) *Capitalism in Context*. Chicago: University of Chicago Press.

Jones, L. and Manuelli, R., 1990, A convex model of equilibrium growth: theory and policy implications. *Journal of Political Economy*, 98: 1008—1038.

Jones, L., Manuelli, R. and Rossi, P., 1993, Optimal taxation in models of endogenous growth. *Journal of Political Economy*, 101: 485—517.

Jones, L., Manuelli, R. and Rossi, P., 1997. On the optimal taxation of capital income. *Journal of Economic Theory*, 73: 93—117.

Jovanovic, B., S. Lach, 1991, *The Diffusion of Technological Inequality Among Nations*, Working Paper, New York University.

Judd, K., 1982, An alternative to steady-state comparison in perfect foresight models. *Economics Letter*, 10: 55—59.

Judd, K., 1985, Short-run analysis of fiscal policy in a simple perfect foresight model. *Journal of Political Economy*, 93: 298—319.

Judd, K., 1987, Debt and distortionary taxation in a simple perfect foresight model. *Journal of Monetary Economics*, 20: 51—72.

Judd, K., 1990, Optimal taxation in dynamic stochastic economics. Working Paper, Stanford University.

Kamien M. and Schwartz, *Dynamic Optimization: The Calculus of Variations and Optimal Control in Economics and Management*.

Kim, Se-Jik, 1992, Taxes, growth and welfare in an endogenous growth model. Ph. D. dissertation, Univ. of Chicago, 1992.

King, R. G. and Rebelo, S., 1990, Public policy and economic growth: Developing neoclassical implications. *Journal of Political Economy*, 98: S126—S150.

King, R. G., 1990, Observable implications of dynamically optimal taxation. Working Paper, University of Rochester.

King, R. G. and R. Levine, 1993, Finance, entrepreneurship, and growth: Theory and evidence. *Journal of Mone-*

tary Economics, vol. 32 (December): 513—542.

Knack, S. and P. Keefer, 1994, Institution and economic performance: Cross country test using alternative institutional measures. Working Paper, American University.

Kocherlakota, N., Golosov, M., and Tsyvinski A., 2003, Optimal indinect and capital taxation. Review of Economic Studies, 70: 569—587.

Kocherlakota, N. and C. Phelan, 1999, Explaining the fiscal theory of price level. Federal Reserve of Minneapolis Quarterly Review, 23: 14—22.

Kolm, S., 1975, Rendement qualitatif et financement optimal des politiques d'environnement. Econometrica, 43: 93—114.

Koopmans, T. C., 1965, On the concept of optimal growth. Pontificia Academic Scientiarum: 225—288, Vantican City.

Kormendi, R., and P. Meguire, 1985, Macroeconomic determinants of growth: Cross-country evidence. Journal of Monetary Economics, September: 141—163.

Krzyzaniak, M., 1967, The long run burden of a general tax on profits in the neoclassical world. Public Finance, vol. 22: 472—491.

Kuznets, S., 1966, Economic Growth of Nations: Total Output and Production Structure. New Haven CT: Yale University Press.

Kuznets, S., 1973, Modern economic growth: Findings and reflections. American Economic Review, vol. 63, 3 (June): 247—258.

Ladron-de-Guevara A., S. Ortigueira, and M. S. Santos, 1999, A two-sector model of endogenous growth with leisure. Review of Economic Studies, 66: 609—631.

Laffont, J.-J., and E. Maskin, 1980, A differentiable approach to dominant strategy mechanisms. Econometrica, 48: 1507—1520.

Laffont, J.-J., 1986, Optimal taxation of a non-linear pricing monopolist. Journal of Public Economics, 33: 137—155.

Laffont, J.-J., 1985, Optimal taxation of a nonlinear pricing monopolist. GREMAQ, 8521.

Leamer, E., 1983, Let's take the con out of econometrics. American Economic Review, vol. 73: 31—34.

Leeper, E., 1991, Equilibria under "active" and "passive" monetary theory. Journal of monetary Economics, 27: 129—147.

Levine, Ross, and David Renelt, 1992, A sensitivity analysis of cross-country growth regressions. American Economic Review, September: 942—963.

Levy, V., 1987, Does concessionary aid lead to higher investment rates in developing countries? Review of Economics and Statistics, 69: 942—963.

Levy, V., 1988a, Aid and growth in Sub-Saharan Africa: The recent experience. European Economic Review, 32: 1777—1796.

Levy, V., 1988b, Anticipated development assistance, temporal relief aid, and consumption behavior in low-income countries. *Economic Journal*, 97: 446—458.

Loyo, E., 1998, Going international with fiscal theory of the price level. Manuscript, John F. Kennedy School of Government, Harvard University.

Lucas, R. and N. Stokey, 1984, Optimal growth with many consumers. *Journal of Economic Theory*, 32: 139—171.

Lucas, R. and Stokey, N., 1983. Optimal fiscal and monetary policy in an economy without capital. *Journal of Monetary Economics*, 12: 55—93.

Lucas, R. E. Jr., 2000, Inflation and welfare, *Econometrica* 68(2): 247—274.

Lucas, R., 1988, On the mechanics of economic development. *Journal of Monetary Economics*, 22: 3—42.

Lucas, R., 1990, Supply-side economics: An analytical review. *Oxford Economic Papers*, 42: 293—316.

Lucas, R. E., Jr., 1972, Expectations and the neutrality of money. *Journal of Economic Theory*, vol. 4: 104—124.

Lucas, R. E., Jr., 1993, Making a miracle. *Econometrica*, vol. 61, March: 251—272.

Lucas, Robert E. Jr., Econometric policy evaluation: A critique. *Carnegie-Rochester Conference Series on Public Policy*, 1976, vol. 1: 7—33.

Malthus, T. R., 1798, *A Essay on the Principle of Population*. London: W. Pickering, 1986.

Marshall, A., 1898, *Principles of Economics*. The MacMillan Company, New York, eighth edition.

Maskin, E. and J. Riley 1984, Monopoly with incomplete information. *Rand Journal of Economics*, 15: 171—196.

Matsuyama K., Endogenous price fluctuations in an optimizing model of a monetary economy. *Econometrica*, 59: 1617—1631.

Mckenzie L. W., 1983, Turnpike theorem, discounted utility, and the von-Neumann facet. *Journal of Economic Theory*, 30: 330—352.

Mieszkowski, P., 1972, The property tax: An excise tax or a proEt tax? *Journal of Public Economics* 1: 73—96.

Miller, S. M. and F. S. Russek, 1997, Fiscal structures and economic growth at the state and local level. *Public Finance Review*, March: 213—237.

Mirrlees, J., 1971, An exploration in the theory of optimum income taxation. *Review of Economic Studies*, 38: 175—208.

Mirrlees, J., 1975, The theory of moral hazard and unobservable behavior-Part I, Mimeo (Nuffield College).

Mirrlees, J., 1976, Optimal tax theory, a synthesis. *Journal of public economics*, 7: 327—358.

Mirrlees, J., 1986, The theory of optimal taxation, in: K. J. Arrow and M. D. Intrilligator, eds. *Handbook of mathematical economics*, Vol. III, ch. 24: 1197—1249.

Murinde, V., 1994, Emerging stock markets: A survey of leading issues discussion paper series in financial and banking economics. Cardiff Business School FABER/94/3/1/B.

Myles, G., 1995. *Public Economics*. Cambridge University Press.

North, D. C. and P. P. Thomas, 1977, The first economic revolution. *Economic History Review*, vol. 30, 2nd series, No. 2: 229—241.

North, D. C., 1992, *Transaction Costs, Institution, and Economic Performance*. San Francisco: International Center for Economic Growth.

Oates, W., 1972, *Fiscal Federalism*. New York: Harcourt Brace Jovanovic.

Oates, W., 1993, Fiscal decentralization and economic development. *National Tax Journal*, XLVI: 237—243.

Oates, W., 1999, An essay on Escal federalism. *Journal of Economic Literature* 37: 1120—1149.

Obstfeld, M. and K. Rogoff, 1983, Speculative hyperinflations in maximizing models: Can we rule them out? *Journal of Political Economy*, 91: 675—687.

Obstfeld, M., 1981, Macroeconomic policy, exchange-rate dynamics, and optimal asset accumulation. *Journal of Political Economy*, 89: 1142—1161.

Obstfeld, M., 1982, Aggregate spending and the terms of trade: Is there a Laursen-Metzler effect? *Quarterly Journal of Economics*, 97: 251—270.

Obstfeld, M., 1990, Intertemporal dependence, impatience, and dynamics. *Journal of Monetary Economic*, 26: 45—75.

Obstfeld, M., 1995, Effect of foreign resource inflows on savings: A methodological overview. Mimeo, University of California, Berkeley.

Obstfeld, M., 1999, Foreign resource inflows, saving, and growth. In K. Schmidt-Hebbel and L. Serven (eds.), *The Economics of Saving and Growth*. Cambridge, UK: Cambridge University Press.

Obstfeld, Maurice, 1994, Risk-taking, global diversification, and growth. *American Economic Review*, 84: 1310—1329.

Pack, H. and J. R. Pack, 1990, Is foreign aid fungible? The case of Indonesia. *Economics Journal*, 100: 188—194.

Pack, H. and J. R. Pack, 1993, Foreign aid and the question of fungibility. *Review of Economics and Statistics*, 258—265.

Papanek, G., 1972, The effect of aid and other resource transfers on savings and growth in less developed countries. *Economic Journal*, 82: 934—950.

Papanek, G., 1973, Aid, foreign private investment, savings, and growth in less developed countries. *Journal of Political Economy*, 81: 120—130.

Persson, T. and G. Tabellini, 1996a, Federal fiscal constitutions, risk sharing and moral hazard. *Econometrica*, 64: 623—646.

Persson, T. and G. Tabellini, 1996b, Federal fiscal constitutions: Risk sharing and redistribution. *Journal of Political Economy*, 104: 979—1009.

Pindyck, Robert, and Andres Solimano, 1993, Economic instability and aggregate investment. *NBER Macroeconomic Annual*, 259—303.

Pitchford, J. D., 1989, Optimum borrowing and the current account when there are fluctuations in income. *Journal of*

International Economics, 26: 345—358.

Pontryagin L. S., 1962, *Ordinary Differential Equations*. Reading, Mass: Addison-Wesley.

Rahman, M., 1968, Foreign capital and domestic savings: A test of Haavelmo's hypothesis with cross country data. *Review of Economics and Statistics*, 50: 137—138.

Ram, R., 1986, Government size and economic growth: A new framework and some evidence from cross section and time-series data. *American Economic Review*, March: 191—203.

Ramey, Garey and Valerie Ramey, 1995, Cross-country evidence on the link between volatility and growth. *American Economic Review*, 85: 1138—1151.

Ramsey, 1928, A mathematical theory of saving. *Economic Journal*, vol. 38.

Ramsey, F., 1927, A contribution to the theory of taxation. *Economic Journal*, 37: 47—61.

Rebelo, S., 1991, Long-run policy analysis and long-run growth. *Journal of Political Economy*, 99: 500—521.

Rivlin, R., 1992, *Reviving the American Dream: The Economy, the States, and the Federal Government*. Brookings Institution, Washington, D. C..

Romer, D., 1996. *Advanced macroeconomics*. The McGraw-Hill Companies, Inc.

Romer, P. M., 1983, Dynamic competitive equilibrium with externalities, increasing returns and unbounded growth. Ph. D. thesis: *Department of Economics*, University of Chicago.

Romer, P. M., 1986, Increasing returns and long run growth. *Journal of Political Economy*, vol. 94: 1002—1037.

Romer, P. M., 1987, Crazy explanations for the productivity slowdown. in S. Fisher (ed.), *NBER Macroeconomic Annual*. Cambridge MA: MIT Press.

Romer, P. M., 1990, Endogenous technological change. *Journal of Political Economy*, vol. 98: S71—S102.

Romer, P. M., 1994, The origins of endogenous growth. *Journal of Economic Perspectives*, vol. 8: 3—22.

Romer, P. M., 1995, Comment and Discussion. *Brookings Papers on Economic Activity*, No. 1: 313—320.

Rosenberg, N. and L. E. Birdzell, 1986, *How the West Grew Rich: The Economic Transformation of the Industrial World*. New York: Basic Books.

Rostow, W. W., 1960, *The Stages of Economic Growth: A Non-Communist Manifesto*. Cambridge: Cambridge University Press.

Ryder, Harl and Geoffrey Heal, 1973, Optimal growth with intertemporally dependent preferences. *Review of Economic Studies*, 40: 1—31.

Samuelson, P., 1986, Theory of optimal taxation. *Journal of Public Economics*, 30: 137—143.

Scott, G., 1989, *A New View of Economic Growth*. Oxford: Oxford University Press.

Scully, G. W., 1992, *Constitutional Environments and Economic Growth*. Princeton NJ: Princeton University Press.

Segerstrom, P. S., 1991, Innovation, imitation, and economic growth. *Journal of Political Economy*, vol. 99: 807—827.

Shah, A., 1994, The reform of intergovernmental fiscal relations in developing and emerging market economies. The World Bank.

Sheshinsky, E., 1971, The optimal linear income-tax. *Review of Economic Studies*, 297—302.

Sheshinski, E., 1967, Optimal accumulation with learning by doing. in *Essays on the Theory of Optimal Growth* (ed. by K. Shell), Cambridge: MIT Press.

Sidrauski, M., 1967, Rational choice and patterns of growth in a monetary economy. *American Economic Review, Papers and Proceedings*, 57: 534—544.

Simonsen, M. H. and R. P. Cysne, 2001, Welfare costs of inflation and interest-bearing money. *Journal of Money, Credit, and Banking*, 33(1): 90—100.

Sims, C. A., 1994, A simple model for the study of the determination of the price level and the interaction of monetary and fiscal policy. *Economic Theory*, 4: 381—399.

Sims, C. A., 1997, Fiscal foundations of price stability in open economies. Manuscript, Yale University.

Solow, R. M., 1956, A contribution to the theory of economic growth. *Quarterly Journal of Economics*, vol. 70: 65—94.

Solow, R. M., 1957, Technical change and the aggregate production function. *Review of Economics and Statistics*, Vol. 39: 312—320.

Solow, R. M., 1970, *Growth Theory: An Exposition*. Oxford: Oxford University Press.

Solow, R. M., 1985, Economic history and economics. *American Economic Review*, vol. 75: 327—331.

Solow, R. M., 1988, Growth theory and after. *American Economic Review*, Vol. 78: 307—317.

Solow, R. M., 1997, *Learning from "Learning by Doing": Lessons for Economic Growth*. Stanford, CA: Stanford University Press.

Spence, M., 1977, Nonlinear prices and welfare. *Journal of Public Economics*, 8: 1—18.

Stern, N., 1991, The determinants of growth. *The Economic Journal*, vol. 101: 122—133.

Stockman, A. C., 1981, Anticipated inflation and the capital stock in cash-in-advance economy. *Journal of Monetary Economics*, 8: 387—393.

Stokey N., R. Lucas, and Prescott, *Recursive Methods in Economic Dynamics*. Havard University Press, Cambridge, Massachusetts.

Stokey, N. and Rebelo, R., 1995, Growth effects of flat-rate taxes. *Journal of Political Economy*, 103: 519—550.

Summer, R., 1981, Capital taxation and accumulation in a life cycle growth model. *The American Economic Review*, Volume 71, Issue 4: 533—544.

Summers, R. and A. Heston, 1995, Summers-Heston Database, version 5.6a.

Summers, R., and A. Heston, 1995, Summers-Heston Database, version 5.6a.

Summers, R., and A. Heston, 1988, A new set of international comparisons of real product and price levels estimates for 130 countries, 1950—1985. *Review of Income and Wealth*, 34: 1—25.

Tanzi, V. and L. Schukencht, 1995, The growth of government and reform of the state in industrial countries. IMF Working Paper, Washington DC: International Monetary Fund, Mimeo.

Taylor, A. and J. Williamson, 1994, Capital flows to the new world as an intergenerational transfer. *Journal of Political Economy*, 102: 348—371.

Taylor, M. and L. Sarno, 1997, Capital flows to developing countries: Long-and short-term determinants. *The World Bank Economic Review*, 11: 451—470.

Economic growth: Explaining the mystery. *The Economists*, 1992, Jan. 4—10: 15—18.

Tobin, J., 1965, Money and economic growth. *Econometrca*, 33: 671—810.

Turnovsky, S. and W. Brock, 1980, Time consistency and optimal government policies in perfect foresight equilibrium. *Journal of Public Economics*, 13: 183—212.

Turnovsky, S. and W. H. Fisher, 1995, The composition of government expenditure and its consequences for macroeconomic performance. *Journal of Economic Dynamics and Control*, 19: 747—786.

Turnovsky, S., 1995, *Methods of Macroeconomic Dynamics*. MIT Press.

Turnovsky, S., 1996, Optimal tax, debt, and expenditure policies in a growing economy. *Journal of Public Economics*, 60: 21—44.

Turnovsky, S. and Brock, W., 1980, Time consistency and optimal government policies in perfect foresight equilibrium. *Journal of Public Economics*, 13: 183—212.

Turnovsky, S. J., 2002, The transitional dynamics of fiscal policy: Long-run capital accumulation and growth. Working Paper, University of Washington.

Turnovsky, S. J., 1990, The effects of taxes and dividend policy on capital accumulation and macroeconomic behavior. *Journal of Economic Dynamics and Control*, 14: 491—521.

Turnovsky, Stephen, 1993, Macroeconomic policies, growth, and welfare in a stochastic economy. *International Economic Review*, 34: 953—981.

Uzawa, H., 1961, On a two-sector model of economic growth. *Review of Economic Studies*, 29: 40—47.

Uzawa, H., 1968, Time preference, the consumption function, and optimum asset holdings. In: *Value, Capital, and Growth: Papers in Honour of Sir John Hicks*, J. N. Wolfe eds., Chicago: Aldine.

Uzawa, H., 1965, Optimum technical change in an aggregative model of economic growth. *International Economic Review*, vol. 6: 18—31.

von-Neumann J., 1945, A model of general economic equilibrium. *Review of Economic Studies*, 13: 1—9.

Weber M., 1958, *The Protestant Ethic*

and the Spirit of Capitalism. Charles Scribner's Sons, New York.

Weil, P., 1987, Love the children: reflection on the Barro debt neutrality theorem. *Journal of Monetary Economics*, vol. 19, 3(May): 377—391.

Weiss, L., 1980, The effects of money supply on economic welfare in steady state. *Econometrica*, 48: 565—576.

White, H. and J. Luttik, 1994, The countrywide effects of aid. *Policy Research Working Paper*, 1337, The World Bank, Washington, D.C..

Wildasin, D., 1998, Externalities and bailouts: Hard and soft budget constraints in intergovernmental Escal relations. Working Paper, #1843 World Bank Policy Research.

Woodford, M., 1994, Monetary policy and price level determinacy in a cash-in-advance economy. *Economic Theory*, 4: 345—380.

Woodford, M., 1995, Price level determinacy without control of a monetary aggregate. *Carnegie Rochester Conference Series on Public Policy*, 43: 1—46.

Woodford, M., 2001, Fiscal requirements for price stability. *Journal of Money, Credit, and Banking*, 33(3): 669—728.

World Bank, *World Development Indicators*. Washington, DC.

World Bank, 1994, *World Development Report*. Washington DC: The World Bank.

World Bank, 1997, *Private Capital Flows to Developing Countries: The Road to Financial Integration*. Oxford University Press.

Wu Yangru and Zhang Junxi, 1998, Enodogenous growth and the welfare costs of inflation: a reconsideration. *Journal of Economic Dynamics and Control* 22: 465—482.

Wu Yangru and Zhang Junxi, 1998, Monopolistic competition, increasing returns to scale, and the welfare costs of inflation. *Journal of Monetary Economics*, 46: 417—440.

Xie, D., 1997, On Time Inconsistency: A Technical Issue in Stackelberg Differential Games. *Jounal of Economic Theory*, 76: 412—430.

Yang, X. and Borland, J., 1991, A microeconomic mechanism for economic growth. *Journal of Political Economy*, vol. 99: 460—482.

Zhang, T. and H. Zou, 1998, Fiscal decentralization, public spending, and economic growth in China. *Journal of Public Economics*, 67: 221—240.

Zhu Xiaodong, 1992, Optimal fiscal poticy in a stochastic growth model. *Journal of Economic Theory*, 58(2): 250—289.

Zou, G., 1991, Growth with development. Ph. D. Dissertation, University of Southern California.

Zou, H., 1994, Dynamic effects of federal grants on local spending. *Journal of Urban Economics*, 36: 98—115.

Zou, H., 1994, The spirit of capitalism and long-run growth. *European Journal of Political Economy*, 10(2): 279—293.

Zou, H., 1995, The capitalist spirit and savings behavior. *Journal of Economic*

Behavior and Organization, 28: 131—143.

Zou, H., 1996, Taxes, federal grants, local public spending, and growth. *Journal of Urban Economics*, 39: 303—317.

龚六堂, 2000, 经济学中的优化方法, 北京大学出版社。

龚六堂, 2000, 经济增长理论, 武汉大学出版社。

龚六堂, 2000, 政府花费改变对经济的长期影响和短期影响, 税务研究, 2: 12—16。

龚六堂, 2000, 政府花费改变对经济影响的理论分析, 经济数学, 17: 31—37。

龚六堂, 2001, 高级宏观经济学, 武汉大学出版社。

龚六堂, 2002, 动态经济学方法, 北京大学出版社。

龚六堂、邹恒甫, 1999, 国外经济援助的理论分析, 数量经济与技术经济研究, 11: 40—47。

龚六堂、邹恒甫, 2000, 政府花费、税收、政府转移支付和内生经济增长, 中国科学基金, 1: 15—18。

邹恒甫, 2000, 财政、税收和动态经济学, 北京大学出版社。